CCER/CMRC "中国经济观察"系列（第一辑）

见证经济
追赶大时代

卢　锋◎编

北京大学出版社
PEKING UNIVERSITY PRESS

图书在版编目(CIP)数据

见证经济追赶大时代/卢锋编. —北京:北京大学出版社,2014.4
(CCER/CMRC"中国经济观察"系列)
ISBN 978-7-301-24077-9

Ⅰ.①见… Ⅱ.①卢… Ⅲ.①中国经济-文集 Ⅳ.①F12-53

中国版本图书馆 CIP 数据核字(2014)第 063535 号

| 书　　　名：见证经济追赶大时代
| 著作责任者：卢　锋　编
| 责 任 编 辑：刘誉阳
| 标 准 书 号：ISBN 978-7-301-24077-9/F·3919
| 出 版 发 行：北京大学出版社
| 地　　　址：北京市海淀区成府路 205 号　100871
| 网　　　址：http://www.pup.cn
| 电 子 信 箱：em@pup.cn　　QQ:552063295
| 新 浪 微 博：@北京大学出版社　@北京大学出版社经管图书
| 电　　　话：邮购部 62752015　发行部 62750672　编辑部 62752926　出版部 62754962
| 印　　刷　者：北京大学印刷厂
| 经　　销　者：新华书店
| 　　　　　　　787 毫米×1092 毫米　16 开本　24 印张　540 千字
| 　　　　　　　2014 年 4 月第 1 版　2014 年 4 月第 1 次印刷
| 定　　　价：65.00 元

未经许可,不得以任何方式复制或抄袭本书之部分或全部内容。
版权所有,侵权必究
举报电话:010-62752024　电子信箱:fd@pup.pku.edu.cn

序

印象是2005年年初的某个宴请场合，我和宋国青教授相邻坐在远离主宾席的陪桌，席间得以随意交谈。其时国青教授在某家著名财经机构兼职做宏观经济研究已有七八年，正考虑调整工作状态将更多时间投入到北京大学中国经济研究中心（CCER）的科研教学工作中。席间他主动向我提及，就国际大宗商品市场与宏观经济问题一起合作做些研究。

我知道，此前中心领导曾征询国青教授的意见，能否把研究重心更多地转向CCER。我个人作为国青教授的忠实读者也向他表示过，如果他能用更多的时间在CCER主持课题研究，我个人非常乐意参与并协助。这次国青教授主动建议，不管是他深思熟虑的想法，还是席间的闲言散语，我自然不会轻易放过。于是产生了举办"中国经济观察"季度报告会的设想，以便让宋国青教授、周其仁教授以及CCER其他资深教授能在这个平台上定期报告他们的经济观察和研究成果。

想法初成后借一次谈话机会请教了周其仁教授和胡大源教授的意见，二位都很赞同并予以鼓励，认为这项活动有助于加强CCER的宏观经济研究，而且对CCER主办的北京大学国际MBA项目也有积极的支持作用。其仁教授表态会积极参与，又语出惊人地要求"不办则已，要办就要准备办十年"，一句话定下这项工作以十年为期的时间表。我当时接答其仁教授：只要你和国青持续参加，我保证坚持做十年协调服务的"跑龙套"工作。随后向中心领导汇报，时任中心主任的林毅夫教授极为赞赏，不仅表态中心将提供必要支持，还承诺尽可能亲自参与这项工作。当时主持中心日常工作的常务副主任李玲教授也积极支持这项计划。

"中国经济观察"季度报告会通常在每年2月、4月、7月和10月下旬的第一个周六下午召开，从一点半开始到六点或稍迟结束。上半场主要讨论经过选择的经济改革发展的重大热点问题，下半场主要讨论当前宏观经济形势和政策，上下半场会各安排半小时左右的听众与嘉宾的问答互动。2005年4月下旬举办了"中国经济观察"第1次季度报告会，同年7月下旬第2次报告会增添了邀请宏观经济分析特约机构提供短期宏观经济指标预测的"朗润预测"项目，特约参与机构从最初不到十家增加到后来近三十家。

这项工作至今已持续开展十个年头，达到了其仁教授当年"十年为期"的要求。与北京各类财经报告会比较，"中国经济观察"季度报告会有一些特点。如主讲嘉宾以CCER教授为骨干，同时外请不同领域的专家，在演讲内容和风格上具有一定程度的CCER朗润园的风格。在具体的操办方式上，坚持上述简单的设计架构。由于这个项目持续关注和分析我国经济改革发展的重大问题，十年间成为观察、认识转型期中国经济的一个特殊课堂，也成为很多北京大学学子和其他有心听众学习经济学方法的一个特殊课堂。

每次报告会后，我们将报告内容先整理成报告会快报于次日在网站发布，后续整理演讲全文后结集印发或上网发布，历次报告会快报与全文报道都在CCER网站上有完整保留。"朗润预测"结果也是每次都在网站发布,现已成为研究中国宏观经济预测的数据库资料,甚至有CCER研究生和国外研究生以此作为学位论文的研究对象。报告会前后历时十年,得到北京大学同学和各界朋友的广泛支持,一直保持人气旺盛的场面,以至于有时不得不设置三个视听设备连接场地以满足听众的需要。报告会得到了媒体朋友的大力支持,不少场次的报告会内容被几十家甚至更多媒体报道转载。

今年是CCER成立二十周年,在北京大学国家发展研究院(NSD)领导姚洋教授、胡大源教授的鼓励和支持下,我们把截至2013年10月、共35次报告会的精华内容结集出版。经与北京大学出版社责任编辑的多次协商,最后决定在精挑细选的基础上编辑四册各自相对独立同时相映成趣的系列专辑。第一辑为《见证经济追赶大时代》,收录历次报告会快报以及历次"朗润预测"数据。第二辑为《把脉中国开放宏观经济》,收录有关宏观经济形势分析的内容。第三辑和第四辑为《透视中国改革发展热点》与《纵论开放经济与全球化》,分别收录相关主题的报告内容。

首先要感谢国青教授的十年辛苦,他孜孜不倦的投入是这个项目能够坚持十年的基本前提条件之一。除了一次提交书面发言外,国青教授坚持在每次报告会上做压轴演讲,成为这个项目最具代表性的主讲嘉宾。感谢CCER与NSD的历届领导林毅夫教授、周其仁教授、姚洋教授、胡大源教授、李玲教授、巫和懋教授等人的大力支持,不仅在场地和其他方面优先满足,还亲自参加报告会发表演讲。毅夫教授、其仁教授是参加报告会演讲次数最多的几位嘉宾,他们的精彩演讲成为历次报告会的重要"卖点"。要特别感谢CCER第一任常务副主任、先后担任央行行长助理和副行长的易纲教授,他在百忙之中先后八次莅临报告会并发表高质量的演讲,受到参会同学和听众的热烈欢迎。不少外请嘉宾不止一次参与报告会,感谢他们的大力支持和精彩演讲。还要感谢先后参与"朗润预测"项目的三十几家宏观经济分析特约机构,他们的积极参加与支持使得"朗润预测"项目得以持续、顺利地实施。

感谢十年来支持这项工作的广大听众。由于座位有限,有时长达五个小时的报告会结束时,仍有一些听众在后面站立聆听演讲和参与讨论,一起分享会场不时爆发的欢声笑语。感谢该项目的工作人员唐杰、刘鎏、李远芳、陈建奇、姜志霄、张杰平等人,他们在不同时期参与报告会的组织和联络工作,对这项工作的持续开展发挥了不可或缺的作用。感谢CCER简报小组的很多研究生参与整理报告会快报和演讲全文,使得历次报告会能够留下完整、系统的文字记录。感谢很多北京大学和其他高校的同学志愿承担历次会务工作。还要专门致谢CCER的行政人员、保洁人员、后勤人员,他们在邢惠清女士、高娟女士的领导下密切配合,为几十次报告会的顺利举办提供了保障服务。这次编辑出版报告会系列,感谢姜志霄、张杰平寒假期间加班帮助整理、编排文稿。最后要特别感谢北京大学出版社林君秀女士、刘京女士、郝小楠女士以及她们的同事,由于她们在2014年春节前后加班排版校读,这套系列专辑才得以在最短的时间内出版。

卢锋

2014年3月于北京大学朗润园

目 录

第 1 次　报告会快报 / 1
宋国青:当前宏观经济形势 / 1
哈继铭:中国经济过热的风险 / 2
李扬:国际储备分析 / 2
周其仁:成本优势的变化 / 2

第 2 次　报告会快报 / 4
林毅夫:下半年宏观经济走势 / 4
王建:中国经济的短期和长期问题 / 6
袁钢明:放松货币化解通货紧缩? / 8
宋国青:"防冷重于防热" / 9
周其仁:房价的确是一个政治问题 / 12

第 3 次　报告会快报 / 14
宋国青:通货紧缩阴云散去,汇率调整机会再来 / 14
梁红:中国宏观经济展望 / 16
张曙光:拓展内需,提升消费 / 17
卢锋:人民币实际汇率趋势演变 / 19
平新乔:增长方式转变与政府行为 / 20
林毅夫:解读"十一五"规划建议 / 21

第 4 次　报告会快报 / 24
易纲:当前世界经济的失衡和对策 / 24
胡大源:环境经济评估与预测 / 25
许宪春:经济普查年度中国 GDP 核算的变化 / 27
卢锋:我国劳动生产率增长速度估测——经济普查结果解读 / 29
宋国青:谁来控制内需? / 31

第 5 次　报告会快报 / 34
林毅夫:关于社会主义新农村建设的几点思考 / 34
蔡昉:新农村建设新在哪里? / 36
余永定:中国宏观经济形势 / 38
宋国青:宏观经济景气状况和调控 / 39
周其仁:争议四起的经济原因 / 41

第 6 次　报告会快报 / 45
林毅夫:2006 年上半年宏观经济形势 / 45

卢锋:入世五年看农业——我国农产品贸易和供求演变趋势 / 48
李振宁:股权分置改革的经验和启示 / 50
梁红:汇率、贸易顺差和宏观调控 / 52
高善文:理解中国的通货膨胀问题 / 54
宋国青:中国投资率太低 / 56

第 7 次　报告会快报 / 59
樊纲:当前宏观经济形势 / 59
宋国青:国内收入分配偏斜导致消费率下降 / 62
夏斌:如何看待和运用外汇储备 / 65
卢锋:外汇储备过万亿美元的现象透视 / 66
周其仁:收入分配的一个倾向与另一个倾向 / 68
平新乔:中国地方财政支出规模的膨胀趋势与公共管理成本 / 69

第 8 次　报告会快报 / 72
林毅夫:关于人民币汇率问题的思考与政策建议 / 72
易纲:当前宏观经济金融形势和货币政策分析 / 75
黄海洲:全球流动性与中国宏观经济政策 / 77
宋国青:人民币升值效果显著 / 79
卢锋:我国资本回报率与投资增长关系 / 81
周其仁:关注医改——医疗服务的资源动员 / 84

第 9 次　报告会快报 / 87
林毅夫:中国当前经济的主要问题与出路 / 87
黄益平:中国经济的增长潜力 / 89
施建淮:中国资本账户开放的进展及评论 / 91
卢锋:我国承接国际服务外包的政策调整问题 / 92
诸建芳:警惕"要素红利"的逆转 / 94
宋国青:人民币汇率与中国贸易 / 96

第10次　报告会快报／100
  林毅夫：内外失衡条件下的政策选择／100
  宋国青：货币过快增长引起通胀趋势／102
  陈志武：从"钱化"和资本化看流动性问题／104
  周其仁：小产权，大机会／106
  卢锋：近年棉花进口增长与滑准税争论／108

第11次　报告会快报／113
  易纲：美国次贷危机——起源、传导与启示／113
  汪同三：中国经济形势分析与预测／115
  肖耿：中国股市的社会与个人风险及回报／116
  卢锋：粮价走势观察／118
  宋国青：总需求增长渐缓，居民收入增长较快／120
  周其仁：农村建设用地转让的选择／122

第12次　报告会快报／125
  林毅夫：访欧答问三题／125
  易纲：市场机制调整见效，经济失衡正在收敛／127
  宋国青：生产弱共振，需求强脱钩／129
  祝宝良：2008年中国经济发展的几大趋势／131
  贾康：中国财税体制、政策与改革／132
  周其仁：通货膨胀与价格管制／134

第13次　报告会快报／136
  徐滇庆：房价变动趋势／136
  卢锋：输入型通胀理论的实证探讨／138
  张曙光：先收租、后交利，收租与减税并行／140
  沈明高：成本正常化——推动通胀还是挤压利润？／142
  宋国青：内需猛烈增长／144

第14次　报告会快报／148
  许善达：1994年税制改革的问题和未来展望／148
  董保华：中外劳动合同法的比较与启示／149
  卢锋：中美经济外部失衡的镜像关系／149
  龚方雄：宏观经济中的不确定性以及政策性风险／150

宋国青：农产品价格与通货膨胀／151
周其仁：中国要力争独善其身／151

第15次　报告会快报／154
  黄海洲：理解全球金融危机／154
  卢锋：格林斯潘做错了什么？／155
  陈兴动：国内需求可以支持的中国经济增长是多少？／156
  宋国青：收入财富大调整／157
  周其仁：体制政策要靠前／158

第16次　报告会快报／160
  易纲：零利率和数量宽松货币政策是否有效？／160
  王庆：2009—2010年展望——复苏之路如何走？／162
  卢锋：奥巴马新政的四大看点／163
  平新乔：关于增值税与营业税及个税起征点的研究／164
  宋国青：需求快速回升的可能性增大／165

第17次　报告会快报／167
  梁红：全球金融危机下的中国资本市场与宏观经济／167
  王志浩：2009年中国经济展望／169
  宋国青：企业负债率支持信贷高增长／170
  施建淮：现行国际货币体系的问题与改革／171
  陈平：经济波动、汇率共振和中国对策／172
  卢锋：经济追赶与国际货币体系演变——人民币占优策略探讨／174

第18次　报告会快报／176
  张涛：进一步加大对中小企业的支持力度／176
  王志乐：全球公司——跨国公司发展的新趋势／177
  卢锋：国际大宗商品价格波动／178
  汪涛：复苏与调整——中国经济展望／179
  孙明春：中国经济展望——资产价格通胀的重现／180
  宋国青：出去投资／181

第19次 报告会快报／182
　　陈志武：中国经济转型的挑战——制度抑制消费增长／182
　　平新乔：禀赋差异、资产结构与农村金融市场／183
　　周其仁：民营工业很争气——金融危机冲击下的中国工业增长／184
　　卢锋：治理产能过剩问题探讨／185
　　连平：中国经济有望步入新一轮较快增长／187
　　宋国青：宏观调控下的增长减缓／187

第20次 报告会快报／189
　　郭小碚：交通设施建设与经济增长／189
　　胡大源：气候变化应对与低碳经济／190
　　卢锋：奥巴马元年美国经济透视／192
　　李迅雷：2010年中国经济走入偏热区间／193
　　宋国青：目前有轻度通胀倾向／194
　　周其仁：向下调整的困难——对2010年达沃斯论坛的感受／196

第21次 报告会快报／198
　　余永定：2010年的中国宏观经济形势／198
　　周其仁：谈货币政策／199
　　黄益平：一段历史和一个传说的启示／200
　　彭程：结构失衡与资产泡沫／202
　　卢锋：新时期经济增长与宏观调控的特点／203
　　宋国青：贸易条件与利率汇率／204

第22次 报告会快报／206
　　曾湘泉：对当前就业形势的几点认识和思考／206
　　周天勇：中国的劳动力市场与刘易斯拐点／208
　　卢锋：希腊债务危机观察／209
　　陈兴动：欧洲大紧缩与中国结构性紧缩／211
　　高善文：转型之痒／212
　　宋国青：短期需求疲软／214

第23次 报告会快报／216
　　查道炯：国际能源政治形势与我国的能源路径选择／216
　　张帆：企业对汇率升值的反应／218
　　黄益平：中美汇率之争——根源、发展与应对／219
　　曹远征：宏观调控下的中国经济／220
　　陆挺：第四季度经济展望／221
　　宋国青：总需求快速回升／222

第24次 报告会快报／224
　　易纲：应对发达国家量化宽松货币政策的最佳选择／224
　　王小鲁：灰色收入与政府改革／227
　　黄海洲：后危机时代全球政策、机会和资产配置／228
　　宋国青：货币增长有所抑制及货币度量的一些问题／230
　　卢锋：美国经济走势与对华政策重估／231

第25次 报告会快报／233
　　李实：中国低工资人群和最低工资政策／233
　　华生：破解中国房地产调控困局／235
　　卢锋：BRICS合作的背景根源与前景探讨／236
　　魏凤春：我国宏观经济中周期复苏的逻辑／238
　　苏畅：高油价对中国经济和投资的影响／239
　　宋国青：贸易条件变化与顺差下降／241

第26次 报告会快报／243
　　贾康：从地方债审计结果应引出的一些基本认识／243
　　詹向阳：辩证看待融资平台发展／245
　　李力行：成都改革的新进展——农地确权与集体建设用地入市／246
　　周其仁：点评地方债务与土地制度之间的关系／248
　　卢锋：中国贸易条件与福利变动（2001—2011）——开放大国经济的"飞去来器效应"／250
　　宋国青：经济增长的长周期／251

第27次 报告会快报／253
　　平新乔：中国保障性住房建设的目标模式探讨／253
　　任兴洲：对保障性住房建设及相关制度与政策问题的认识／255

胡晓明:珠三角小企业经营与融资现状的调研结果/256
彭文生:政策引导通货膨胀回落/259
诸建芳:出口负贡献时代来临/260
宋国青:通货膨胀的货币决定与国际传导/261

第28次 报告会快报/264
张长春:基础设施投资的规模、结构与效益/264
张军:中国的基础设施投资现状与评价/266
汪同三:对当前宏观经济的几点看法/268
卢锋:我国就业转型的五点特征与启示(1978—2011)/269
宋国青:内生性紧缩可能性不大/271

第29次 报告会快报/274
张斌:中国的金融市场化改革新浪潮/274
黄益平:资本项目开放与对外直接投资/276
卢锋:人民币可兑换之路——金融深化改革与扩大开放关系/278
徐建国:地方债折射财政金融体制落后/280
范剑平:当前宏观经济形势和宏观调控政策取向/281
宋国青:周期正在消失/283
陆挺:有关经济增长预测的一个回应/286

第30次 报告会快报/287
林毅夫:国际金融经济危机——原因和教训/287
易纲:抓住机遇、防范风险,以平常心看待企业"走出去"/290
王志浩:中国若干经济数据探讨/292
宋国青:CPI与PPI不同变化带来的难题/294

第31次 报告会快报/297
林毅夫:遵循比较优势发展战略,避免中等收入陷阱/297
庄巨忠:超越低成本优势——中国经济如何避免落入中等收入陷阱/300
贾康:持续推进制度建设,冲破技术天花板/302
宋立刚:浮动汇率有助于金融和银行体制改革/304
姚洋:关于中国增长潜力和教育公平的两点评论/306
梁红:中国经济的长周期和短周期/307
李迅雷:中国经济下一轮增长靠什么/309
宋国青:居民收入逆周期/310

第32次 报告会快报/313
哈继铭:全球经济展望与中国城镇化/313
徐高:理解中国城镇化的人口视角/316
卢锋:中国当代农业革命(1978—2012)——大国城镇化的前提条件/317
王庆:中国经济的"新常态"/319
宋国青:货币产出比与资本产出比/321

第33次 报告会快报/323
姚洋:户籍制度改革及其影响/323
郑秉文:中国"统账结合"的养老保障——症结何在、路在何方/326
何宇鹏:农民工市民化的实现途径/328
李雪松:未来十年中国经济总量与结构的变化趋势/329
潘向东:接受更低一些的经济增速/331
宋国青:财政政策的短期影响/333

第34次 报告会快报/336
林毅夫:中国经济发展和中非合作/336
石纪杨:中国企业在非洲的机遇与挑战/338
卢锋:从"华坚现象"看我国对非投资类型的演变/339
程漫江:中国经济转型的几点思考/341
诸建芳:放权解局/342
宋国青:M2流通速度和机构货币/344

第35次 报告会快报/347
周其仁:生产能力与市场能力——当前经济形势的一个问题/347
张曙光:宏观形势、对外开放和环境保护/350
张斌:经济趋势性下行的逻辑/351
宋国青:从总需求预测的角度看利率/353

附 录 朗润预测/356

第1次 报告会快报

（2005年4月23日）

2005年4月23日14时30分到18时20分，CCER"中国经济观察"第1次报告会于北京大学中国经济研究中心（现已改为"国家发展研究院"）万众楼举行。这次报告会在卢锋教授和李玲教授的主持下，讨论了当前的宏观经济形势、成本优势的变化、国际储备等方面的内容。中国国际金融公司首席经济学家哈继铭博士，中国社会科学院金融所所长李扬教授，中国经济研究中心的宋国青教授、周其仁教授发表演讲并回答听众提问。中国经济研究中心师生、北大国际MBA校友、商业和金融机构以及政府、大学、研究所的200余名人员参加了会议，报告会吸引了来自三十余家的媒体记者。

卢锋教授首先对CCER"中国经济观察"项目进行了介绍。项目背景是，中国经济绝对规模和增量规模在全球的比重越来越大，中国经济变化在中国甚至在全球范围内产生了很大的影响，社会各界需要对这一现象进行系统的研究，而中国经济研究中心的很多老师对此颇有经验，既形成了一些独特的风格，也有一些一以贯之的观点。这个项目将主要依托中国经济研究中心的研究人员，同时邀请外部机构相关领域的专家学者，每个季度主办一次报告会，研究范围侧重于中国宏观经济预测、国内外市场大宗商品供求和价格、与投资环境相关的制度和政策。贴近中国经济发展现实，对其进行细致持续的观察，并在此基础上进行理论性和方法性探讨将是这个项目的特色。周其仁教授补充到，CCER"中国经济观察"一旦开始，就要办十年，以成为一个持续的平台。下文为主讲嘉宾的演讲摘要。

宋国青：当前宏观经济形势

宋国青教授分析了2005年第一季度的宏观经济运行情况。宋教授认为，工业生产季度增速创1995年以来最高纪录，工业生产存在较严重的偏热，这个情况如果再持续几个季度，恐怕就是严重过热。通货膨胀方面出现反弹，尽管目前的M2增长率不支持4%

以上的 CPI 通货膨胀率,但在真实利率偏低的情况下,如果不加以抑制,M2 增长率有内生性冲高的倾向。投资环比增长率可能还在低位。由于人民币真实汇率双重下降,贸易顺差猛烈增长。如果去年年底以来贸易顺差没有猛烈增长,现在应当是相当明显的通货紧缩了。

哈继铭:中国经济过热的风险

哈继铭博士赞同宋教授对于经济过热的判断,同时强调,和去年上半年相比,这次经济过热中该涨的都涨了,不是结构性过热,而是全面过热,其政策含义很明显,如果说结构性过热需要用行政手段或者部门手段来调控的话,全面过热就需要用利率、汇率等总量的、宏观的手段进行调控。哈博士认为,分析通货膨胀不能只看 CPI,因为 CPI 代表的消费行为在中国国民经济总体活动中所占的比重只不过是 50% 多一点,而广义价格指数显示出的通胀压力要比 CPI 大得多。对于宏观调控的手段,哈博士认为,利率不是没用而是极为有用,人民币汇率没有被严重低估但汇率制度的改革迫在眉睫。随着美国利率的不断提高,美元可能会随之走强,这将是中国经济面临的风险。

李扬:国际储备分析

李扬教授在正式演讲前对经济过热的判断提出了疑问,因为中国货币市场的短期利率一直在节节下降,贷款增加也在下降。李教授认为,对于货币政策的分析要考虑到现在越来越多的监管政策具有货币政策效应。比如银行进行拨备时,对于抵押贷款拨备 50%,对于一般贷款拨备 100%,银行自然有发放抵押贷款的倾向。对于银行资本充足率的监管政策也对货币供给产生重大影响,而这方面的要求在逐渐加强。至于未来的利率调整,情况也比较复杂,其中一个方向是接轨国际惯例,加大利率存贷差。李教授还介绍了国际储备理论方面的最新进展,特别强调了国际储备作为国家财富的功能,现在国际储备可以交给私人机构进行管理,也可以投资股票,和过去完全不一样了。

周其仁:成本优势的变化

周其仁教授的演讲来源于去年对长江三角洲、珠江三角洲的一些企业的访问。以中集集团和比亚迪公司为案例,周教授指出,欧洲、美国、日本公司的优势在于独创性,而中国公司的优势就是成本优势。这是因为,中国劳动力资源极其丰富,改革过程中制度成本急剧降低。同时,对于厂房、流水线的大量投资也导致了有关大批量制造的知识的快速积累。然而,中国的成本优势正在发生变化,具体表现在:民工荒、民工维权意识加强导致民工工资上涨;能源价格提高;土地控制过于严格;环境保护费用增加;政府税费膨胀;等等。在要素成本上升的同时,如何维持中国经济的国际竞争力?对此现象,华为等一些公司的反应是提升管理水平和技术水平,还有一些公司则转移到成本更低的地区。

另一个应对策略是,加快政府对银行、股市、土地市场、大国企改制、民企成长、垄断行业的市场开放等核心经济部门的改革,进一步降低制度成本。

演讲结束后,参会者进行了提问。18时20分,持续了近四个小时的CCER"中国经济观察"第1次报告会在热烈的气氛中闭幕。

第2次 报告会快报

（2005年7月30日）

2005年7月30日下午，CCER"中国经济观察"第2次报告会在北京大学中国经济研究中心万众楼举行。这次报告会在卢锋教授和林毅夫教授的主持下，讨论了下半年宏观经济走势、房地产价格、政策应对等方面的内容。中国宏观经济学会常务副秘书长王建，清华大学中国与世界经济研究中心袁钢明，北京大学中国经济研究中心林毅夫教授、宋国青教授、周其仁教授发表演讲并回答听众提问。中国经济研究中心师生、北大国际MBA校友、商业和金融机构以及政府、大学、研究所及多家媒体参加了会议。

卢锋教授首先介绍了CCER"中国经济观察"项目的一些基本情况。CCER"中国经济观察"项目始于经济中心成立十周年之际，中心的领导和同仁希望借此推动CCER的进一步发展，并为社会做出新的贡献。该项目对中国宏观经济热点问题、中国经济改革和投资环境问题、国内外大宗商品的供求和价格关系三个方面进行持续地观察、分析和探讨。项目主要包括两个内容：一是举行季度报告会，讨论当前宏观经济方面的主要问题，并向社会报告其内容和结论。二是约请宏观经济预测机构对基本的季度指标加以预测，目前已经有15家机构同意参加。这次有12家机构预测了2005年第三季度GDP的同比增长率，简单平均值是9.23%；有11家机构预测了第三季度CPI的同比增长率，简单平均值是1.47%。下文为主讲嘉宾的演讲摘要。

林毅夫：下半年宏观经济走势

林毅夫教授演讲的主要内容包括四个方面：中国在今年下半年或是明年年初很可能会再度出现通货紧缩；中国出现通货紧缩不像外国出现通货紧缩那么严重，经济还会继续保持高速增长；通货紧缩是一个表象，背后有很多问题，应该利用这次机会进行必要的结构调整，使中国经济快速走出通货紧缩的阴影；对中国人民币汇率改革的看法。

中国1998—2002年物价指数持续下降，产生了通货紧缩，虽然2003—2004年物价指数有所回升,但只是一个表象,通货紧缩背后的原因并未消除。构成零售商品价格指数的16大类商品中,有10类商品的价格指数自1998年至今持续下降,只有4类商品的价格指数在2003年上涨了,包括金银珠宝、印刷品、食品和燃料。其中,金银珠宝价格上涨是因为1998年以来利率太低,不少居民改持金银珠宝保值造成。印刷品价格上涨幅度较小,而且在价格指数中所占比重非常小,所以影响不大。比较有影响的两类是食品和燃料。食品价格主要取决于农产品的生产,农产品生产供不应求造成了价格上涨。燃料价格上涨的原因有两点:一是城市里尤其是夏天对于电力的需求非常多;二是2003年后对高耗能行业的投资增大,对电力的需求增加。另外,国际石油价格上涨对其也有所影响。2004年价格上涨商品增加了饮料和建材两类。饮料价格上涨是因为饮料以农产品作为原料,由农产品价格上涨所造成。建材价格上涨是因为2003年以来投资热造成了对建材需求的增加。燃料能源作为上游产品,价格的上涨应该会传导到其他产品,但是没有看到这种传导机制,原因在于供大于求的情形没有根本改变。在今年下半年,金银珠宝和印刷品的价格可能还会继续上涨,但由于所占比重小,影响不大。农产品产量连续两年增加,所以今年农产品和食品价格会下降,上游农产品价格的下降还会造成下游饮料价格的下降。建材价格一定会下降,一方面由于宏观调控,投资增长有所降低;另一方面2003—2004年投资的那部分建材行业转变成生产能力,而需求没有供给增加得快。燃料价格,即使仍然上涨较多,但独木不成林。总体上,今年第四季度到明年,价格指数将会下降到出现负数,即出现通货紧缩。

国外如果出现通货紧缩,国民经济一定会出现负增长或零增长,产生就业等很多问题,但中国不会出现这种现象,因为通货紧缩的背后机制不同。国外的通货紧缩是由于泡沫经济破灭,产生财富效应,消费需求和投资需求下降。中国出现通货紧缩是由于前一轮投资过热,生产能力比需求增加得快,形成过剩的生产能力,造成价格下降。其中没有财富效应,消费需求增长基本不变。今年上半年城市和农村收入增长很快,消费需求将继续保持高速增长,预计今年和明年的消费增长略高于7%。投资方面虽然会受到通货紧缩的影响,但中国处于发展中阶段,有三个方面的有利因素:中国处于工业化早期,产业升级的机会多;产业内部结构调整的空间大;地方政府的投资积极性高。预计今年的投资增长可以达到20%,明年的投资增长至少15%。如果今年的消费增长7%,投资增长20%,那么经济将增长9%。如果明年的消费增长7%,投资增长15%,那么预计经济可增长8%。因此,对国民经济健康快速增长很有信心。

解决通货紧缩应当避免"一放就活,一活就乱"的问题,尤其是对投资、贷款的发放应审慎。今年上半年新开工项目和新增贷款都集中在6月份,应该避免用贷款启动市场,形成新的过剩生产能力。应对通货紧缩的对策是要启动农村需求,收入和基础设施两个因素限制了农村消费。应该通过积极的财政政策,多投资一些和生活、商业流通、文化有关的基础设施来改善农村的生活条件。这会带来三方面的好处:启动农村已有的购买力,消化过剩生产能力;增加农民就业,增加农民收入,形成良性循环;缩小城乡差距。另一方面,通过发展劳动密集型产业转移农村劳动力,增加农民收入,从而增加农民消费需求。

最近人民币汇率有了新的变化,升值2%,恢复了有管理的浮动政策,并且参考一揽子货币。能否使人民币汇率不再成为一个大的问题,关键在于能否打消货币投机的压力。2002年以来,热钱投机人民币升值,有政治和商业两方面原因。政治层面压力是没有经济根据的,因为中国和美国生产的是不同类的产品,所以人民币升值不会解决美国的贸易赤字和就业问题。商业上的投机也是没有经济基础的。从1996年以来的贸易顺差来看,投机人民币贬值时,贸易顺差较大;而投机人民币升值时,贸易顺差较小。同时,中国贸易顺差占GDP的比例也是逐年下降。在这样的情况下,热钱投机的一方面原因是东亚金融危机泡沫破灭以后缺乏投资机会,另一方面原因是根据过去经验,只要国际上施加政治压力货币必定会升值。但由于中国现在的汇率低估只有2%—3%,不会超过5%,如果在此情况下升值15%—20%,对中国经济必然不利,对美国也是不利的。一方面,美国现在没有大选压力,不会对人民币施加压力;另一方面,中国资本账户不开放,投机人民币的交易成本很高。在这样的情况下,只要中国政府和美国、日本、欧盟达成共识,人民币投机的压力就会打消,人民币就会恢复1994年以来有管理的浮动制度,根据当年的状况每年进行1%—2%的升值。

王建:中国经济的短期和长期问题

宏观经济学会常务副秘书长王建研究员讨论了经济的短期和长期问题。今年以来对经济趋势的讨论出现了防热和防冷两种不同的意见,他认为原因在于大家所依据的数据不同。主张防热的人会提到投资增长了25%,跟去年相比只有两三个百分点的差别;消费也比去年高很多,社会消费品零售总额高1.8个百分点;出口增长和去年差不多。主张防冷的人会谈到CPI走低,5月份CPI增长1.8%,6月份只有1.6%;企业效益不好,下游产业亏损;M1和M2之间有4个百分点的差距,表明流通中的货币在转为定期存款,货币从经济中退出。经济不会既热又冷,因此对以上数据的解释是,今年上半年需求仍然在高水平上增长,但供给增长的速度比需求增长的还要快。所以经济增长速度没有放缓,但企业的效益变差。如果上述判断成立,估计下半年经济可以保证9.5%的增长速度,明年会低大约一个百分点。

从三大需求结构来分析,先看投资。这一轮的投资始于2003年,主要是对重工业的投资。投资的规律是开始进行土建,后面进行设备的安装调试和试生产。根据经验,对重工业的投资中,土建和设备占总投资的比重分别为60%和40%。重工业建设周期大概是五年,今年恰是在这个周期的中期阶段,之后主要是安装设备。今年投资增长了25%,那么明年投资的增长速度应该在25%的三分之二,即18%左右。投资占了一半以上的GDP增长速度,因而明年的经济增长应该接近9%。再看消费,中国的农村消费市场是非常重要的。如果上一年农民的收入增加,下一年消费市场的环境就好。去年是农村消费增长的一个高峰,比往年消费增长要高2.6个百分点,因为去年农村政策好,天又帮忙,人也努力,出现了量价齐涨的情况,农民增收。今年农产品产量继续增加,但价格会下降,由此估计农民的纯收入增长是5%,低于去年。相应的,消费市场会受到影响,如果今年的社会商品零售额增幅在12%以上,那么明年应该在10%左右。最后看出口。首先是世界经济的问题,去年是世界经济增长的一个高峰,全球增长了5.1%,但今年日本经济突然减速,欧盟受到内需不足和油价上涨的困扰,美国不但摆脱不了双赤字,而且又在不断加息,具有紧缩作用。所以,对世界经济的预测都在不断调低。其次是人民币汇率升值后出口会受到影响。明年投资、消费和出口的情况都会比今年差一些,所以估计明年的增长率是8.5%。

目前中国经济最大的问题是生产过剩问题。就经济态势而言,今年保九,明年保八,都不会有问题,经济出现问题将会在2007年,因为2007年是本轮投资高峰的终点,那时会投放大量的生产能力。虽然今年第四季度就可能出现比较明显的通货紧缩,但发生生产过剩还是要到2007年。

本轮投资规模非常大。如果2002—2007年投资的平均增长率是20%的话,那么这一轮投资的总额是35万亿人民币,也就是说等于"七五"、"八五"、"九五"和"十五"前两年的总和,是1986—2002年这16年投资的总和。另一个重要情况是投资的主体发生变化。以往的投资,包括1992年那次投资高潮,都是以国有部门为主体的。但这一次不同,2004年投资的65%是非国有部门投入的。今年上半年非国有部门投资的比重进一步上升到71%。国有单位的投入产出比远远低于非国有部门,所以投资主体的变化必然会造成投入产出比大大提高。总量很大,投入产出比又很高,那么这次释放出的生产能力将会非常大。现在已经有了生产过剩的征兆,比如今年年初钢材价格下跌20%,水泥价格也在下降,许多生产水泥和电解铝的企业处在亏损和微利的边缘。煤炭产量去年增加了2亿吨,今年估计还会继续增加2亿吨,需求只有1.8亿吨,所以煤炭紧张的局面在今年可能出现全面缓解,并有略微的过剩。现在唯一紧张的是电力。但是在建的发电能力很大,到2010年时中国的发电能力将是世界第一,那时也会有些过剩。

20世纪90年代初,工业品已经是全面过剩。因为这一轮汽车和住宅消费才拉动了对钢材、水泥、电解铝的需要。但是投资本身又大量消耗基础材料,比如,对钢材需求密度最大的就是钢铁工业本身。投资基础材料造成为了解决短缺而增加短缺的现象。如果投资高峰过去了,就什么也不短缺了。这一次是非国有部门作为投资主体,而且有数据表明非国有部门贷款的比重是42%,那么有将近3万亿元贷款给了非国有企业。过去国有部门投资效益不高,但国有的体制会把问题掩盖起来。现在如果非国有企业投资出了问题,还不了款而倒闭,就会增加银行的坏账,并可能通过银行体系使生产过剩向全社会蔓延,这正是发达国家历史上所发生的生产过剩危机。所以,现在把问题说得严重一点,有助于早一点想到怎么去对付这些问题。生产过剩的根本原因还是因为收入分配不合理,是收入的差距导致了相对过剩。但解决收入差距绝非一两天的事情,而两年后就要面对过剩的问题,缓不救急。出口是一个重要的解决方法。所以王副秘书长不同意现在提升汇率。解决人民币汇率问题的成熟条件是大体上改善了中国的收入分配状况,出现了从投资主导型增长向消费主导型增长转变的趋势。近期的汇率调整有些不恰当,但如果是受到了巨大的外部压力,也没有办法。如果继续调整汇率就有问题了。

袁钢明:放松货币化解通货紧缩?

清华大学中国与世界经济研究中心研究员袁钢明演讲的题目是"通货紧缩来临,还是放松货币化解?"。他首先介绍利用大型宏观模型进行预测的结果,今年第二季度 GDP 和 CPI 变化率的实际值分别是 9.5% 和 2.1%,模型的预测值分别是 9.8% 和 2.1%。对第三季度的预测分别是 10.07% 和 -0.89%,对第四季度的预测分别为 8.06% 和 -0.62%。第二季度 GDP 的预测值较实际值高,而且预测今年下半年的走势是通货紧缩,同时经济增长率很高。

通货紧缩和经济增长并存,似乎难以判断经济走势。目前对宏观经济的争论也集中在经济是趋冷还是趋热,并由此派生出了调控是否适当的问题。判断经济走势的主要依据是以价格指数变动为主呢,还是以生产和投资增长为主呢?袁钢明认为应以价格指数变动为主。

近期的主要经济现象是各类价格都在下降。消费价格指数连续大幅度下降,从 3 月的 3.9% 下降到 6 月的 1.6%。这种价格下落已经超出了正常范围,因为年初的预测还是 4%,现在已经在 2% 以下,这个变化一定会对经济态势造成损伤性影响。但也有另一种意见,认为调控的目标就是要把它降到 2% 以下,因而目前是在正常范围内。袁研究员认为这个现象是紧缩过度的不良后果,是意料之外的。最近几个月消费价格指数的下降主要是由于粮食价格的下降造成的。这可以从粮食和食品的价格与消费价格总指数的关系中得出,甚至可以说,粮食、食品价格涨落支配消费价格总指数变动。不仅如此,粮食和食品的价格还支配了零售价格指数的涨落。到 2005 年 6 月,各种物价指数情况分别是:消费物价指数为 1.6%,其中,粮食价格为 -1.1%,食品价格为 2.1%。零售商品价格指数为 0.5%,其中,粮食价格为 -1%,食品价格为 2.3%。非食品消费价格指数下落到 0.9%。有一种说法认为,虽然现在最终消费品的价格在下降,但是生产资料价格的上涨将最终抬高消费品的价格。袁研究员的观点是消费价格、工业品生活资料价格先行下降,引发工业品生产资料价格、原材料价格下降。目前,主要投资品、工业品价格已经由涨转落,房地产过热也在降温。最后,价格下降造成了工业企业效益下降。近期企业的销售收入基本不变,但利润下降很快,这显然是由于价格变化造成的。同时,产成品资金增速下降。如果销售收入增长,这个现象往往表明销售顺畅。现在销售收入变化不大,这表明企业的资金紧张,企业已经没有能力惜售,无力等待价格上涨再卖出。

从货币供应量和贷款增幅来看,M1 和 M2 从 2004 年年初的 20% 左右下降到现在的 15%。贷款增幅的下降较货币更大。这种压缩需求的做法使 GDP 和 CPI 过低,而失业率高,对经济影响不利。一个有趣的变化是 M2 的增幅由年初的 13%—14% 增加到 6 月份的 15.67%,表明央行可能采取了放松措施,但这点放松是于事无补的。估计货币贷款可能会进一步放松。现在的情形是其他指标都很好,就是价格有问题。即使现在生产很高,价格指数全面下落,经济也一定会往下走。目前的价格水平已经落入通货紧缩警戒区,值得注意。

宋国青:"防冷重于防热"

根据统计数据,今年中国第二季度的 GDP 增长率为 9.5%,CPI 增长率为 1.7%,货物进出口增长率分别为 31% 和 16%。对此,北京大学中国经济研究中心的宋国青教授认为这些数据的大部分与他们的预测非常接近,可以说是在意料之中。就 CPI 来说,现在的情况与去年年底的预测以及根据今年第一季度情况所做的预测差别不大,原因在于国内的情况和预测很一致,预测有一些偏差主要是由于第一季度的贸易顺差比原来预测的要高。

在 CCER"中国经济观察"第 1 次报告会上,宋教授曾经提出过总需求 U 形反转,他认为现在看来这个反转在第二季度又在往回反了,而这个变化的基本原因是贸易顺差在月环比意义上的剧烈变化。因为美元在去年第四季度大幅度贬值,中国的贸易顺差在去年第四季度和今年第一季度猛烈增长,使总需求回升;但是美元在今年以来呈现出升值态势,中国的贸易顺差自 3 月份开始趋于平稳,对经济增长的拉动作用急剧减弱。按照与上年同期相比的度量数据,2005 年第二季度的主要宏观指标表现出高增长低通胀的特点。但是,宋教授认为这个情况主要是由于去年同期经济活动指标的比较异常的表现引起的,是所谓"基数问题",并不表示现在的情况是高增长低通胀。他特别强调这一点,认为在现在的情况下同比增长率数据及其变化会引起很大的误解。

部分由于 2003 年的货币供给的剧烈波动,部分由于 2004 年 4 月开始的一轮猛烈的宏观调控,2004 年上半年宏观经济主要指标的变化比较剧烈。具体结果是,在 2004 年第二季度,生产水平、投资水平和贸易顺差水平相对较低,货币数量增长极慢,而价格上升较快。这些情况使得 2005 年第二季度的同比增长率表现出了相反的变化,生产增长率、投资增长率和贸易顺差增长率比较高甚至特别高,货币增长率上升,而通货膨胀率下降。

宋教授打了一个比方。比如一个出租车司机 7 月工作了 20 天,6 月工作了 30 天,结果是 7 月的收入比 6 月下降了三分之一,这是对的。但出租车司机又说,他 6 月的收入与去年 6 月持平,而 7 月的收入比去年 7 月增长了 1 倍。这两组数据没有任何矛盾,因为实际的情况是,去年 7 月他只干了 10 天,导致今年 7 月的收入比去年大幅度增长。这就是同比增长率的"基数效应"。对于这样的情况,同比增长率的高低及其变化对于反映当前的情况是没有意义的。现在说的第二季度的经济增长率,分母是去年的数字,分母小也可以引起比值高。

贸易顺差比去年同期大幅度增长是今年宏观经济的特中之特。2004 年上半年的货物贸易记录为逆差 68 亿美元,占 GDP 的 -1.0%;2005 年上半年实现了 398 亿美元的顺差,占 GDP 的 4.8%。一里一外,货物贸易顺差的增量为 467 亿美元,占 GDP 的比例上升了 5.8%。按名义额计算,顺差增量占 GDP 增量的 44.7%;按可比价格计算,顺差增量对 GDP 增长的贡献要大得多。

按照现在的情况,宋教授预测 2005 年全年的货物贸易顺差将达到 1 112 亿美元,而去年仅为 320 亿美元。按照这个宋教授认为可能偏于保守的预测,今年的贸易顺差将比去年增加近 800 亿美元,或 2.5 倍。其实上半年的贸易顺差经季节调整以后已经达到了

520亿美元。上半年实际的贸易顺差是将近400亿美元,但其中包含季节性因素。在现在的情况下,上半年的贸易顺差相对比较小,而下半年比较大,如去年上半年是逆差68亿美元,下半年是顺差388亿美元。所谓季节调整,就是对一年中因为季节因素引起的偏低的部分增加一些,而对偏高的部分减去一些。

随之而来的问题是,贸易顺差增加将对国际经济产生何种影响?中国经济上一次比较大的贸易逆差发生在1993年,后来进行了宏观调控,从1994年开始顺差节节上升。在中国的顺差从1993年到1997年上升的过程中,发生了一个重要事件,即亚洲金融危机。宋教授一直认为,1993—1997年间中国贸易顺差加大与亚洲金融危机应合在一起加以考察。作为一个大国,中国实施宏观调控以抑制国内需求导致贸易顺差大幅度增加,最终将引发诸如汇率调整和贸易摩擦等形式的国际调整,回过头来再抑制中国的贸易顺差。有些国家实行固定汇率,在一定的其他条件下就可能导致金融和经济危机。所以,一个大国由贸易顺差猛增带动的经济增长本身就包含着对自己不利的因素。去年年底到今年年初,中国贸易顺差猛烈增长。由于东南亚国家基本放弃了固定汇率,就通过本币贬值来保持平衡。过去一段时期日元对美元贬值因此对人民币的贬值就是一个例子。更进一步说,中国贸易顺差增加的一个结果是人民币对于非挂钩货币的升值,这是通过美元的升值实现的。对于挂钩货币来说,汇率无法自动调整,结果可能是更多的贸易摩擦。

期望贸易顺差持续高速增长是靠不住的,从现在的情况看甚至在短期内都是不现实的。虽然在同比的意义上第二季度贸易顺差很大,但是这也是"基数效应"。剔除季节因素后,第二季度的顺差和第一季度大致持平,虽然以后还可能有所增长,但是继续大幅度增长是非常困难的,甚至是不可能的。所以,如何启动国内需求以保证经济平稳发展,是现在的一个重大问题。

今年上半年GDP同比名义增长14.7%,实际增长9.5%,GDP隐含价格指数上涨4.7%。去除贸易顺差,国内名义需求增长8.4%,剔除价格上涨因素,内需实际增长仅为3.5%,而仅国内消费实际增长一项对内需增长的贡献已达3%—4%左右。如果假定GDP、货物贸易及消费数据是可靠的,那么实际投资的增长率差不多是零。如果国内投资的名义增长率在20%左右,加上名义总消费的增长可能超过10%,如何能使国内需求仅增长8.4%?

这里说的投资是总投资,包括固定资产投资和存货投资,后者是指存货的增加。如果其他数据和固定资产投资数据基本可靠,结果就是存货投资大幅度下降。因为绝对数太大,单用存货变化很难解释。

当然,这其中可能存在各种统计和估计误差,包括GDP和贸易及消费的统计都可能有一定误差。统计部门对这些误差在做全年平衡时会加以部分调整。不过,从不同数据历史稳定性和可能误差等角度分析,结合主要工业产品产量和进出口等方面的数据,宋教授更倾向于"国内实际投资同比增长率很低"这一看法,认为各大项中,固定资产投资的季度数可能包含相对更大的误差。这样的话,依据上半年和第二季度的固定资产投资同比增长率等数据来估计目前的总需求情况就可能产生很大偏差,何况同比增长率数据本身就有"基数效应",去年第二季度的投资数据相对比较小。

对短期预测来说,最近几个月的变化情况有更重要的意义。6月的投资比起前几个月来究竟如何,现在很难估计。宋教授对这一点不愿意轻下判断,认为不排除6月的投资在环比的意义上增幅比较大的可能。

今年上半年,规模以上工业增加值的同比增长率为16.5%,6月同比增长16.8%。如前所述,这样的高增长是由基数效应引起的,不反映当前的情况。当前的情况要通过观察最近几个月的月度变化情况才能看出来。在考虑月度变化情况时,对有关数据做季节调整是很重要的。对此,宋教授的计算和估计结果是,6月比3月增长了2.9%,折合年增长率为12.0%;6月比5月增长0.9%,折合年增长率为11.8%。这样的增长率对应的GDP增长率约为8%。从过去的情况看,8%的经济增长率背后的总需求可以说是达到了通货紧缩的"警戒线"。如果这一状况继续,到明年第二季度,GDP的同比增长率就会达到8%左右。

宋教授强调,8%的经济增长率本身并不是多大的问题,主要的问题在于,在短期内经济增长速度下降过快,企业的成本来不及调整,将导致利润的剧烈下降。因为经济增长速度下降同时伴随着价格的相对下降甚至绝对下降,企业利润面临着双重的下降压力,这导致企业利润对于经济增长速度的弹性在边际上大约为10倍左右。利润在短时期内的过于猛烈的下滑可能导致金融部门坏账增加以及银行"惜贷"等一系列问题。季节调整后的CPI环比表现良好,折合年率大约3%,另外6月的工业品出厂价格指数经季节调整后与上月基本持平。宋教授认为,目前的CPI本身没有什么问题,同比增长率的下降是基数效应,因为去年第二季度的CPI比较高并且快速上升。但是,工业品出厂价格面临向下的压力。不过,他认为上下游价格之间没有必然的联系,所谓"上下游价格传导"并不成立。货币当局可以通过调节货币以控制总需求,将CPI的涨幅控制在适当范围内。这里只有"预测误差"问题导致的短期波动,没有必然的通货膨胀率周期。

当前宏观经济形势根本上源自于去年的"百日调控"的周年效应,就是基数效应。目前M2的环比增长率甚至可以说是"恰如其分"。唯一的疑虑来自于当前货币增长的结构问题。在贷款受到抑制的情形下,货币增长在很大程度上源自于外汇储备增加,在结构上是否与增加贷款等效,这一点值得进一步研究。

宋教授坦言,现在也加入"看冷"的"大合唱"之中,一方面的原因是确实存在总需求走软的可能性;另一方面的考虑则是,若大家都"看低"经济走势,会引起当局的重视,可能引发新一轮的刺激政策,如此更有可能避免经济步入紧缩的轨道。在当前很多方面不确定性较大,特别是国内投资增长"疑点重重"的情形下,如果不对问题加以足够关注,宏观经济有可能出现不甚理想的局面。

总而言之,宋教授坚持认为不存在出现中长期通货紧缩的必然原因;短期内可能由于政策调控不当而出现暂时的总需求疲软甚至通货紧缩,或者说本来要防冷弄成防热,但还是相信刺激总需求政策的有效性。另外,由于利用利率、汇率手段抑制总需求相对容易,但要重新启动总需求则较为困难,因此宋教授建议"总需求宁强勿弱"。从汇率方面考虑,这一点更为重要。如果下一步决策层认为有必要再调汇率,先行增强内需以抵消汇率变化对贸易及总需求的影响是非常重要的。

周其仁:房价的确是一个政治问题

周其仁教授认为包括房价在内的许多经济问题都具有政治含义,但处理所有具有政治含义的经济问题时仍然要尊重经济规律。在演讲中,周教授首先解释了什么是政治含义和房价中的政治含义,其次借鉴历史经验中的几个具有政治含义的经济问题处理今天的房价问题,再次从制度变量看待房地产市场,最后点评了近期广东省出台的新的地方性法规对于土地供给机制的积极影响。

国务院办公厅于2005年3月颁布的《关于切实稳定住房价格的通知》,4月27日国务院召开的常务会议,5月11日七部委颁布的《关于做好稳定住房价格工作的意见》中把房价提高到了政治高度,作为当前宏观调控的突出任务。从近几年房地产价格和投资数据可以看出房价走势明显受到政策影响。国务院政策出台后,房价从今年年初的高速上涨转为变缓,房地产开发投资同样减缓。从媒体报道可以看到近年来房地产价格高速增长,但房地产在经济上的严重性远远不如政治上。

许多观点认为中国的房地产"泡沫"有房价猛跌、出现负资产族和银行危机的危险,对此要认真分析。房价会跌,但房子依然还在;负资产族仍然有现金流可以维持生活;银行出现危机在于没能谨慎地审查贷款,是银行自身的问题,与房价大起大落无关。"泡沫"这个术语只是对资产价格大起大落的描述和比喻,并没有增加我们对资产市价变化起落的推测能力和解释能力,因此不适合作为制定经济政策的基础。房价收入比是以现在的收入购买一套房子所需的时间。如果房价持续上升,收入上升较慢,这个年限就会变长甚至遥遥无期。其中的政治含义在于房价收入比的变化会影响城市布局,如上海出现的"分圈"现象,即不少本地居民居住在城市外圈。虽然世界各地城市里本地居民的比例都不高,然而中国城市的问题在于发生这一现象的时间很短,因而难以接受。住房自有率对于社会稳定、犯罪率、社会文明程度有影响,中国的自有住房率是世界最高的,城市为80%,农村为100%。问题在于在房价持续增长下,新增人口的自有住房率会怎样。关于房地产开发商获取暴利的问题,值得考虑的是,如果获取的暴利是合法的,那么说明国民经济中有一些需求没有得到满足,降低合法暴利应该讨论市场准入的问题。炒房的数据从数量和资金上都非常高,《纽约时报》报道,上海六分之一的高级住宅没人住,北京为四分之一,深圳为三分之一,未来几年还会大幅增长。传统的观念认为买了是为了用,但市场经济下会出现买是为了卖的情况。投机会加剧收入分配的差别,是中国转型社会中的一个备受关注且短期内没有办法解决的问题。

房价上涨的原因是市场上有购买力表达的房地产需求没有得到满足。从需求上看,包括开放环境下跨国、跨地区的需求,不同收入水平对于住房的需求,投资保值的需求,银行将其巨额储蓄作为贷款发放出去的需求等。从供给上看,包括银行融资的供给和供地不足等。需求曲线是倾斜的,如果供不应求,先满足的一定是高端需求。从数据上看,土地开发指数和房地产价格具有反向关系。

历史上菜、猪、粮、烟都曾经是政治问题。它们的共同性在于,当收入差别表现为对某些商品的购买能力差别的时候,经济问题就具有政治性;收入差别和购买力差别越大,问题的政治含义就越严重。解决这些问题的经验是,在处理具有政治含义的经济问题时,不可能单纯依赖经济规律;但是,在运用非价格的政治手段解决这些问题时,要尽可能给市场留下空间和时间,使供给的竞争可以逐步满足各个层次的市场需求。价格机制的作用会减弱经济问题的政治性。在实施短期调控政策的时候要兼顾长期影响。

我国现存的房地产市场尚不是一个自由放任的市场,从制度变量上看有金融服务体系和供地机制两个问题。目前供地以政府征地批租为主,农地直接入市似乎存在,但是没有法律地位,交易成本很高。政府卖地和农民卖地的区别在于,政府的集中供地模式对价格信号的反应不如私人有效,如果房价带动地价上涨,供地就会增加,就会满足房地产的最终需求。

广东省新近出台的《集体建设用地使用权流转管理办法(草案)》于今年10月1日起开始实施,允许农村集体建设用地直接进入市场,出让、出租、转让使用权,但是不得用于商品房地产开发建设和住宅建设。同地应该同权,不过即便如此,广东省的做法也是值得高度评价的,为满足各个层次的土地需求做出了贡献,通过地方立法积累经验以便推进统一的土地市场的建立。

第 3 次 报告会快报

（2005 年 10 月 29 日）

2005 年 10 月 29 日下午，CCER"中国经济观察"第 3 次报告会在北京大学中国经济研究中心万众楼举行。这次报告会在卢锋教授和李玲教授的主持下，讨论了中国宏观经济展望、拓展内需、人民币汇率、"十一五"规划建议等方面的内容。高盛（亚洲）有限责任公司中国首席经济学家梁红博士，北京天则经济研究所张曙光教授，北京大学中国经济研究中心卢锋教授、平新乔教授、林毅夫教授发表演讲并回答听众提问。未能到会的宋国青教授提交了书面发言。会议还发布了对第四季度宏观经济运行"朗润预测"的初步结果。中国经济研究中心师生、北大国际 MBA 校友、商业和金融机构以及政府、大学、研究所及众多媒体参加了会议。下文为主讲嘉宾的演讲摘要。

宋国青：通货紧缩阴云散去，汇率调整机会再来

北京大学中国经济研究中心宋国青教授提交了题为《通货紧缩阴云散去，汇率调整机会再来》的书面发言。发言首先说明货币供应量是预测通货膨胀率的最佳指标，然后提出通货紧缩阴云散去为升值提供了良机。

今年第二季度 CPI 同比迅速下降，还有其他一些指标包括房地产成交量以及钢材价格的变化等也快速走低，不少研究者认为通货紧缩将要出现。从纯预测的意义上看，这样的看法本来是不对的，但对于促使政策调整的作用则是相当大的。在这个意义上具有歪打正着的意思。宋教授强调指出，中国根本不存在出现持续时间较长的通货紧缩的无法改变或者很难改变的原因。这个世界上本来就没有这样的原因。日本出现过很长时间的通货紧缩，一个重要原因是见了手术刀就换医生，其实并不需要太大的手术。

对于 CPI 趋势的不同看法反映的是预测方法的不同。对于 CPI 的预测方法可以分为四类。第一类用简单的自回归模型也就是根据"惯性"来预测。2004 年的 CPI 比去年上升了 3.9%。按照以往的年度数据，用这类方法可以预测 2005 年的 CPI 涨幅约为

3.0%。根据月度数据预测的结果会低一些或者低很多,它取决于月度数据的时间跨度和模型的具体设置。第二类方法是上游产品价格的快速上升将会传导到下游产品,引起下游产品价格的较高涨幅。依据这个看法对 2005 年通货膨胀率的预测是 3.0% 左右甚至达到 4.0%。这种对 CPI 的较高预测在去年下半年到今年 4 月间很有影响。宋教授采用的方法属于第三类,即主要基于 M2 增长情况。宋教授认为,M2 对 CPI 通货膨胀的预测作用是无与伦比的。只根据 M2 一个指标来预测短期的通货膨胀率,达不到 90 分也能达到 60 分。宋教授在年初对 2005 年全年 CPI 涨幅的预测是 1.8%(《证券市场周刊》),在去年 11 月的预测是 1.6%(招商证券报告)。现在看来,全年的 CPI 涨幅将达到 1.9%,上下误差很难超过 0.1 个百分点。针对上游价格向下游传导的看法,宋教授在 4 月底 5 月初专门写了一篇题为《货币是王》的文章,强调货币的作用。现在看来,对这个问题的讨论可以写上句号了。预测 CPI 的第四类方法与"货币为王"的假设不同,是生产能力过剩导致通货紧缩的观点。

关于"货币为王"的一个小的疑问是,在贷款增长率比较低而外汇储备占款增长率比较高的情况下,货币的功效是否会受到影响。这里考虑的是货币供给的结构问题。现在还不能很清楚地给出答案,但是疑问并不大。即使假定通过央行购买外汇形成的货币与通过商业银行贷款形成的货币对于总需求的决定有点差异,但也是相当小的。9 月末的 M2 在剔除季节因素后按年率算比 6 月末上升了 19.7%。在这样的增长率面前,考虑总需求增长率变化的方向,贷款增长率与货币增长率的差异问题可以忽略不计,只看 M2 就够了。

2005 年以来,货币 M2 的增长面临两种威胁。在第一季度的统计数据报告以后,尤其是受到上游价格向下游传导假设的影响,很多分析认为还要继续控制总需求。特别是,在这以前和以后一段时间,关于房地产问题的讨论日益热烈,导致了一些抑制房地产需求政策的出台。在一段时间里,房地产成交量猛烈下降。这是第一种威胁。2004 年,美元一直在贬值,尤其第四季度猛烈贬值,构成了推动中国出口和贸易顺差猛烈增长的一个原因。但是进入 2005 年,美元汇率开始上升,7 月人民币也有小幅升值,使得人民币对其他货币的汇率有了相当大幅度的上升,形成了对于出口和贸易顺差增长的抑制因素。事实上,第二季度以来,剔除季节因素后贸易顺差的环比增长率是很低的。在这样的情况下再猛烈压制国内投资尤其是房地产投资,将 M2 的增长率再打回去的可能性是有的。这是第二种威胁。

不过用不着过分担心。压几个月就会出毛病,形势比人强,压制的政策来得有多快去得就会有多快。所以宋教授只是担心会出现几个月的通货紧缩。从过去三个月的 M2 增长情况看,通货紧缩阴云在变成降水之前就消散了。如果说现在还有一点点阴云的话,那是禽流感。

通货紧缩阴云散去使得人民币升值再次面临好机会。2005 年贸易顺差占 GDP 的比例将接近 6%,按国际收支平衡表的口径将超过 7%,而外汇储备增量占 GDP 的比例将达到 12% 左右。要将这些比例逐个压到零左右,须有内需的大幅度增长。在这样的情况下,培育内需尤其是投资需求非常重要。

税收的调整对于刺激消费需求有一定作用,但是相对于需要增加的内需而言远远不够,增加投资是必然的。从这个角度看,比较强的内需,尤其是投资需求,是较大幅度调整汇率的必要准备。在2002年年底到2004年年初的两年时间里,调整汇率的机会一直都很好,现在这样的机会再次来临。如果下定决心坚决不调汇率也不通过其他方式抑制外汇储备增量,现在倒是需要考虑控制总需求了。

梁红:中国宏观经济展望

中国经济基本面良好。如果中国经济有问题,问题会出在汇率上。这是梁红博士的基本看法。

从GDP增长率来看,没有减慢的迹象,学界讨论很多的软着陆或硬着陆都没有出现。但如果从内需占总需求的比例来看,宏观经济经历了一个比较大的波动,从去年第一季度高于100%降到今年第一季度的40%,自此以后就开始触底回升。这个回升是大量贸易顺差向内需传导和宽松货币政策的结果。由于货币政策的滞后期大约是一年,现在宽松的货币政策意味着未来不会出现很多专家担心的通货紧缩,反而有轻微的通胀压力。

企业利润率回升也是中国经济基本面良好的例证。关于企业利润率的一个流行观点是,目前生产资料价格增长超过CPI将会造成企业利润被挤压。但这样的看法得不到历史数据的支持。即使不考虑油、煤、矿产等上游产业而只考虑下游产业,"PPI减CPI之差"和"利润率增长"之间有正相关关系这个分析结果也基本不变。这说明,中国企业的利润率更多地受到宏观因素和总需求的影响。当总需求增加时,企业利润率明显增加,而不必从供给方面担心中国经济。

第三季度统计数据公布后,高盛公司上调了GDP增长的预测(今年为9.4%、明年为9%)。上调预测的原因之一是中国经济基本面良好,但更重要的原因是政策取向发生根本变化。去年4月中国经济过热时,政策制定者和社会普遍认为主要问题是内需,尤其是投资过热,而外需和FDI正常,政策导向是紧缩和控制投资。目前对于汇率调整的基本判断发生根本性变化,开始紧缩外需、刺激内需,比如放松货币政策、调整税收政策、转变房地产政策取向等,在人民币汇率是否低估这个问题上形成了基本共识,剩下的争论是应该早调还是晚调、应该快调还是慢调。

人民币升值有两方面原因。一是人民币本身有升值压力。中国经济过去五年发展很好,未来五年预期很好,经济增长带来升值压力。二是美元自身有贬值压力。近年欧洲各国和日本经济也不景气,但欧元升值50%,这是因为美元自身有问题。两方面都是中长期因素,人民币升值压力不是短期或临时性问题,也不是挺过一天、一个月或者一个季度问题就会得到解决。印度人均GDP只有中国的一半,但其三年内汇率升值15%—16%,经济仍然保持高增长,说明升值也不是不可以承受的。20世纪80年代日本经济出现的问题主要是因为六七十年代日元没有升值。

如果把经常项目赤字作为衡量标准,1985年美国经常项目赤字占GDP的比例大约为3.5%,当时美元加权汇率贬值38%才纠正了其贸易赤字。今天美国经常项目赤字占GDP的比例约为6.5%。即使全世界其他国家允许美国有3%的经常项目赤字,仍需要调3%。如果参照历史数据,美元至少需要贬值30%。而美元到今天为止仅仅贬值了

12%,主要是欧元、加元和一些小国货币的升值。

人民币不但没有升值,还跟着美元从 2002 年开始一起贬值。一进一出产生了很大差别,2003 年估计人民币低估了 15%,现在保守的估计也有 20%。一个后果就是外汇储备的剧增,外汇储备占 GDP 的比例达到了大国历史上的最高水平。外汇储备是中国人借给美国人的外债,美国需要不断借新债还旧债,中国必须不断为美国提供融资才能维持这个体系的运作。而且随着油价、金价快速上涨,外汇储备的实际购买力受到了巨大的侵蚀。和 2002 年相比,外汇储备翻了近两倍,但是用 2002 年的油价和金价计算,外汇储备仅增长了 50%—60%,剩下的是已经损失了的国民财富。

汇率低估的另一个后果是过度依赖外需。如果美国经济软着陆,尚可以给中国经济留出足够时间调整不均衡,逐渐减少外需和增加内需。但是如果美国经济快速下滑,中国作为一个本可以不依赖于美国就可以快速增长的经济体,在此时一定会受到很大影响。尽管中国对油的依赖度很低,但是如果油价持续上涨,美国经济把欧洲经济拉下去,那么中国的外需从哪里来?

在政策取向发生根本变化后,需要考虑的是汇率调整后的问题。短期内,较为宽松的货币政策和适当财政政策的支持是必需的,对企业的减税、两税合并、增值税改革都是支持内需的积极做法。此外对于投资的看法,包括对房地产投资的看法,都需要进一步改变。如果没有投资的快速增长,不可能有消费的长期持续增长。与投资相关的是融资,包括中国资本市场的改革和银行的改革。从长期的角度看,需要考虑如何启动农村消费的问题,以及如何让农民分享土地升值。

需要提醒的是,在实施汇率调整和支持经济发展的短期政策时,要避免产生新的问题。中国的发展比美国快,投资回报率比美国高,风险也比美国高,但中国现在的长期利率由于基础货币大量投放而大幅度地低于美国。如果这个现象持续下去,经济结构会产生很大的扭曲。

张曙光:拓展内需,提升消费

张曙光教授的演讲主要包括两个方面:当前中国经济面临的两个问题以及原因和解决措施。具体措施包括:调整政府收入和居民收入的关系,调整政府的支出结构,调整内外经济的关系。

目前中国经济面临两个主要问题:一是国内经济增长面临着外需过旺、内需不足,投资强劲、消费不足的结构性矛盾;二是经济增长过于依赖高投资、高消耗。

要解决这些问题,首先应该从调整政府收入和居民收入来着手。这几年政府财政收入年均增长速度在 20% 以上,超过居民人均收入和 GDP 的增长速度;从政府财政收入占 GDP 的比例看,1995 年和 1996 年所占比例最低,这两年财政收入占 GDP 的 10.2%、财政支出占 GDP 的 11.7%;到 2004 年财政收入提高到占 GDP 的 19.3%、财政支出提高到占 GDP 的 20.7%,所占比重几乎增加了一倍。

政府财政收入的增长主要是依靠税收的增长,税收来源于居民和企业,这对经济是一个紧缩性的因素。如果把政府财政收入的增长与经济建设联系起来,财政支出来自财政收入，而国家经济建设的支出又主要投入到国有企业，所以这个紧缩实际上是对非国有企业的紧缩，而有利于国有企业的扩张。

调整政府和居民收入的主要方向应该是减税。内外资企业所得税并轨和增值税转型应该尽快在全国推开。个人所得税起征点的提高也是一个好事，但是社会各界对这个问题讨论过多，而忽略了个人所得税中的扣除问题。现在的个人所得税是以个人而不是家庭为单位征税。例如，对于一个是双职工没有人口需要抚养的家庭和另一个是双职工但要抚养两三个人的家庭而言，这两个家庭的人均税收负担有很大的差距，为什么不考虑这种情况，而只在起征点是1 500元还是1 600元的问题上吵个不亦乐乎？因为按家庭人均税收负担征税会大大增加政府的工作量，所以才会出现当前的问题。

其次，要调整政府的支出结构。现在从中央到地方的各级政府都把经济增长而不是社会发展作为自己的首要任务。政府远远没有承担起自己在基础教育、公共卫生、就业、廉租屋建设以及社会保障等方面的责任。以最近讨论的"医疗改革失败"为例，有人把失败的原因归咎于市场化，张教授不这样认为。医疗改革之所以失败，最重要的一点是政府放弃了自己在公共医疗方面应该承担的责任，把不该市场化的东西推给了市场，这才是问题的原因所在。又如，尽管这几年教育经费可能增长得很快，但是教育经费主要增长在高等教育方面，而基础教育的投入过低。基础教育中由中央财政支出的比例仅占总支出的2%，地方省市财政支出占总支出的11%，其他全部是县乡两级支出，而百分之六七十的地方县乡两级财政是赤字，所以所谓"义务教育"经费实际上还是由老百姓自己承担，政府并没有承担起自己的责任。如果政府能解决这些问题，居民的收入和支出的预期都会稳定，消费就会增长起来。

当前政府财政支出中所占比例最大的三项分别是：经济建设支出、社会文教支出和政府的行政经费支出。以2003年的统计数据看，政府经济建设的支出占总支出的30%以上，虽然这个比例在近年来有所降低，但它说明当前我国经济建设中政府主导的色彩还非常浓，政府主导的成分需要进一步减少。2003年社会文教支出占政府支出的26.2%，政府行政经费支出占19%。从1995年到2003年，社会文教支出在总支出的比例中上升不到1个百分点，而行政经费支出在总支出的比例中上升了4.4个百分点。2004年和2005年情况一样，这说明政府的职能和行为依然是扭曲的。

最后，需要调整内外经济的关系。一方面要改变现行的片面重视经济增长、引进外资的政策，以及对外贸易失衡的局面；另一方面要让国人增加收入，积累财富。这几年内外经济严重失衡，今年的贸易顺差将突破1 000亿美元，明年可能达到1 160亿到1 200亿美元，但是对外贸易的增长只带来GDP的增长而没有带来福利的增加，原因是国内能源价格和劳动力成本低廉，外资和外贸消耗了大量的能源和原材料，造成了国内能源和原材料的负担，也增加了环境成本。每年的贸易顺差意味着我国的积累实际上给他国使用了，相当于中国每年对外资补贴10 000亿人民币。虽然历史证明重商主义政策在国家发展的初期适用，但是任何一个政策长期实施都会出现问题。

另外一个问题是现在在向外资开放的同时也应该向内资民营企业开放。外资企业投资国内的金融业有着丰厚的回报。以汇丰银行参股交通银行为例，据交通银行今年上半年年报披露，交通银行上半年净利润46.05亿元，税前利润68.84亿元，按此估计汇丰银行可以分得20亿元收入,汇丰银行的投资五年就可以收回。但是目前政府却对内资民营金融机构采取限制态度,例如政府拒绝新设内资民营银行。民营企业不怕外资竞争,就怕政策管制。如果不支持民营企业,开放以后就难以形成对外资的竞争实力。总之,对外开放和对内开放应该同时推进,特别是在金融领域。

卢锋:人民币实际汇率趋势演变

在长期经济增长背景下,依据国际经济学标准理论,一国货币实际汇率会表现出升值趋势。但是1979年以来有关我国的估测数据显示,人民币对美元实际汇率以及对13个主要OECD国家加权实际汇率,在20世纪80年代有一个持续下降的趋势,90年代这个下降趋势发生改变,但也没有持续升值。这就提出三个问题:中国80年代经济增长速度很快,为什么人民币实际汇率会持续下降?90年代为什么会有一个趋势的改变?近来人民币汇率是否存在低估失衡的压力?现存理论和观点还不能逻辑一致地解释这三个问题。卢锋教授的演讲简略系统地考察了这三个问题。

理论分析认为可贸易部门劳动生产率的相对追赶对实际汇率具有最重要的解释意义。卢教授首先以最具可贸易性的制造业作为可贸易品部门的代表,观察1979年至2004年有关数据,发现中国劳动生产率的基本走势是:80年代前后增长得很慢,90年代中期开始增长比较快,特别是过去10年前后增长更快。将中国劳动生产率的增长和发达国家比较,在80年代中国制造业的劳动生产率相对于发达国家基本上没有增长,甚至还略有下降。这一情况到90年代初期和中期开始发生转变,特别是在过去十年前后发生稳定快速的相对增长。如果把工资增长从劳动生产率的增长中扣除,来比较中国与发达国家的情况,发现在80年代中国劳动生产率相对下降幅度更大,但是在过去十年中也有较快正增长。综合劳动生产率与人民币实际汇率的情况,卢教授发现劳动生产率没有相对增长时,人民币实际汇率贬值;劳动生产率相对增长比较快时,贬值趋势发生了变化。

那么为什么80年代人民币会持续地贬值?过去几年劳动生产率增长这么快,但为什么实际汇率还没有持续升值呢?卢教授认为,在计划经济时期,中国的汇率实际上是被高估的,在80年代有一个非常重要的任务,就是要消化汇率高估的这个压力。对此我国改革大致采取了两步骤进程。首先利用双重汇率、出口补贴等形式,使计划时期体制设计所暗含的汇率高估问题明显化和外在化,然后在推进和配合贸易自由化和经济开放进程中,改变这些扭曲形态的影响,这一改革过程客观上导致实际汇率的持续贬值。

近几年汇率还没有升值的原因可以分两段考虑:第一段是1998年到2002年,主要是内外部短期特殊因素导致的。内部因素就是通货紧缩,通货紧缩意味物价相对发达国家比较低,其他条件给定时会导致实际汇率贬值。还有一个是外部的经济危机影响,就是亚洲金融危机导致对人民币汇率贬值的预期,通过短期改变外汇供求关系对人民币汇率造成贬值压力。这两方面短期因素的影响,暂时屏蔽了因为可贸易品部门劳动生产率相对增长带来的实际汇率升值的趋势作用。

第二段是2002年3月以来,我国宏观经济逐步走出通货紧缩,随着新一轮宏观景气形成及加强,一般物价水平逐步回升。从外部环境看,亚洲金融危机影响开始烟消云散,爆发危机国家的宏观经济和国际收支局面得到改观。内外经济环境变动,使可贸易品部门劳动生产率相对强劲增长,派生的人民币实际汇率升值趋势表现为实际汇率均衡水平升值趋势,需要名义汇率适当升值或物价适当上涨来体现或释放。然而受种种复杂原因影响,到今年"7·21"汇改政策之前,盯住美元汇率制度未能较快改变,同时由于采取强势宏观调控措施,实际汇率的升值压力未能得到较好释放,形成目前明显低估的失衡问题。

无论从理论还是经验看,有理由推论我国经济长期快速增长和追赶,会派生出人民币实际汇率长期升值的趋势。卢教授认为,这个分析结论在逻辑上可以事先给出三种未来检验结果。第一种结果是"有幸言中",即中国经济持续增长并且人民币实际汇率较大幅度升值。第二种是"经验证伪",即中国经济持续增长但是人民币实际汇率没有较大幅度升值。最后一个是"不幸言中",即中国经济增长严重受挫,同时人民币实际汇率没有显著升值。

卢教授最后强调指出,人民币升值趋势是中国经济发展阶段性成功的客观要求,也是将来经济持续增长的前提条件。在政策面上,需要调整中国汇率制度和宏观调控政策,对本币实际汇率升值趋势给以呼应和配合,因而"7·21"汇改是一个具有重要积极意义的事件。如果相关政策组合作用在客观上不让实际汇率升值,可能会对中国经济增长带来负面影响。

平新乔:增长方式转变与政府行为

平新乔教授讨论了政府的预算外财政和加强技术创新的制度保证两个问题。政府在这些方面的行为转变将有利于经济增长方式的转变。

中国目前12万亿元左右的GDP中,大概三分之一左右由政府所支配。2004年的税收收入是2.5万亿元,这属于预算内资金;还有一块预算外财政,据平教授估计为8 000多亿元;还有既不在预算内又不在预算外的8 000亿元左右非预算资金。所以地方政府有总计1.6万亿元左右的预算外和非预算资金,加上税收收入,大概有4万亿元的资金掌握在政府手里。怎么把这一块资源用好,和我们国家增长方式的转变很有关系。对于地方政府来说,地方预算外的财力又达到了预算内规模的一半左右。2004年,地方预算内财政支出大概为1.6万亿元,除此以外,还有8 000亿元左右预算外支出是由地方自己解决的。

预算外财政规模的扩张在中国有其刚性,数据表明,预算外支出和预算外收入基本上是平衡的,1996年以后预算外收支的规模先有一个下降,以后又上升,到2003年达到现在的规模。这是总的趋势。

预算外财政对我们国家的地区差距、收入差距有显著影响。地方预算内财政并未起到本应具有的改善地区间收入差距的功能,而地方预算外财政与非预算财政则显著扩大了区域间的收入差距。2002年各省预算内财政的差距比1998年略有减小,而预算外支出的差距在扩大,各地之间教育基金、公路基金等各种基金规模的差距比预算外支出的差距还要大。

预算外支出主要用于招商引资等和工业有关的支出,而预算内财政主要和教育、卫生等公共事业有关。目前,我们的教育、卫生、环保等公共品提供严重不足,但是工业发展、招商引资的投入猛增。对支农支出、行政管理支出、基础设施建设支出、政府公共事业支出等领域的分析表明:(1)目前的教育主要靠预算内而不是靠预算外财政解决。(2)随着城镇化水平提高,预算外支农支出减少;乡村规模越大,预算内支农支出越少;预算内支农资金有规模效应,而预算外支出没有;政府对预算外资金有机动权,可以比较主动地对自然灾害做出反应。(3)预算外的道路交通建设投入和人均GDP以及外资投资增加有显著正向关系,表明政府对道路建设反应比较敏感;城镇化水平越高,政府对地方道路交通方面的建设投入反而越少,这说明中国城镇化和工业化是脱钩的。(4)地方政府可能有把预算内的经费和资源转移到预算外的行为,把本可以列入预算内的资源转移到预算外,因为预算外受人民代表大会的监督比较少;人均GDP增加以后,预算内的行政管理费用增加不多,而预算外人均行政管理费用增加得非常快;预算外的行政管理费用没有规模经济,乡镇规模越大,预算内人均行政管理费用递减,但预算外行政管理费用上升,效率不高;随着城市化水平提高,预算内人均行政开支减少,而预算外人均行政开支增加,这说明预算外支出有效率递减的问题。

预算外财政和增长方式有什么关系?我们国家从中央到地方,上一级政府用GDP考核下一级政府领导,导致领导人往往只考虑经济发展,而经济发展需要资源,预算内资源有限制,只有通过预算外来解决。结果中国预算外财政的规模膨胀那么快,难以缩小。平教授认为,政府主导的增长方式本能上就是粗放式的,只有市场主导的增长方式才有可能走上集约化高的、自主创新的道路。因此,政府应该带头集约资源。要转变增长方式,地方政府这只手要进行适当的转变。

平教授接下来讨论了技术创新的问题。我国国有企业占有了大量的技术创新的资源,从20世纪80年代到2003年,我国99%的政府科技投入都投向国有企业、国有部门,而从专利申报情况看,国有企业的创新仅占60%,还有40%来自非国有部门。国有部门利用资源的效率较低,国有企业不光垄断了市场,还垄断了知识产权、垄断了创新的资源,如果科技体制不改变,技术创新不向民间转移,很难提高我们国家的创新能力。

技术推广有两种方式:一种方式是外国企业卖给我们技术;另一种方式是我们政府把专利买下来。专利发明者希望企业购买专利之后垄断,然后把获得的利润差额给自己,垄断的后果是技术创新的速度变慢。就我们自己来讲,我们的国有企业得到大部分科技创新的资源,推广又局限在国有企业内部,导致创新的激励不足。如果要改变我们的增长方式,从根本上启动我们国家的创新能力,那就应该从科技体制上下工夫。

林毅夫:解读"十一五"规划建议

林毅夫教授主要谈了"十一五"期间中国经济的挑战、建设社会主义新农村、自主创新是动力还是陷阱、人民币升值空间等四个问题。

"十一五"期间,中国经济面临多方面的挑战:第一,生产能力普遍过剩,通货紧缩的短期压力仍然存在。实际上,2005年9月,消费价格指数同比增幅已经低于1%,商品零售价指数已经降到了零,而且这个趋势还会延续。按照经济学定义来讲,已经出现了通货紧缩。通货紧缩背后的原因还是生产能力全面过剩的情形没有完全消除。即使在2003年、2004年走出通货紧缩的状况下,商品物价指数包括的16类商品当中,分别有12类和10类的价格一直在下降。一旦导致那几类商品涨价的短期因素消失,通货紧缩就会重新出现。第二,经济体制当中"一放就活,一活就乱,一乱就收,一收就死"的循环现象还没有消除。2004年3月开始,政府提出宏观调控,要控制几个部门投资增长过快的情形,今年1—4月固定资产投资增长幅度减小到最低,而3月、4月以后又开始上升,5月、6月、7月一路走高,这和过去所谓"一收就死,一放就乱"的现象类似。第三,外贸增长非常快,人民币升值的压力非常大。第四,经济发展当中资源消耗比较大,环境恶化,可持续发展的情形令人担忧。第五,经济总体发展水平低。第六,城乡收入差距、地区收入差距大,各项社会事业的欠账多,影响社会的稳定,也可能影响将来经济继续发展的可能性。第七,财政、金融、国企改革还不到位。一些研究表明,现在地方政府的负债已经达到8 000亿元。第八,政府、市场关系尚未理顺。如果完全靠市场的话,在体制转轨过程中,已经出现各种混乱的情形;如果政府加强干预和控制,又和我们走向社会主义市场经济相违背。

"十一五"规划的主要特点是明确提出以"科学发展观"作为我们未来经济发展的指导原则。科学发展观所要达到的具体目标,是统筹城乡发展、统筹区域发展、统筹经济社会发展、统筹人与自然和谐发展、统筹国内发展和对外开放这"五个统筹"。"十一五"规划和过去相比,有两个亮点。第一个亮点是提出了建设社会主义新农村,第二个亮点是强调必须增强自主创新的能力。

"建设社会主义新农村"的提出,不仅大大有利于解决当前生产能力过剩的问题,还是构建和谐社会的关键措施。作为"新农村运动"最早的倡导者之一,林教授在1999年提出"新农村建设",这是和当时的通货紧缩的形势有关的。从1998年开始的通货紧缩,最重要的经济基础是生产能力全面过剩。由于中国是转型中国家,不少政策限制让一些需求没有办法实现,要把过剩的生产能力存量消化掉,最有效的办法是找到一个既有需求的愿望又有支付能力,但是尚未释放出来的存量需求。当时考虑了四个方面的存量需求:第一个是外国对中国的直接投资;第二个是民间的投资;第三个是城市的商品房、汽车消费;第四个也是最重要的是农村的需求,占总人口58%的农村人口的消费水平远远低于城市人口的消费水平。当前,启动存量需求的前三个方面都已经解决了,并取得很大的效益,唯一没有真正启动的是农村消费。

限制农村消费的因素有两点:一是农民的收入水平太低;二是农村和生活有关的基础设施严重不足,例如电网、电视节目信号、自来水、道路、商业网点等。如果能够用更多的财政支出来支持农村和生活有关的基础设施建设的话,可以起到四两拨千斤的作用。政府对基础设施建设的投入本身是投资需求,同时会创造很多的消费需求;同时农村的基础设施的投资一般是劳动力密集型的,所选用的原材料也都是当地产的,可以给农民创造很多的就业机会,这也是增加农民收入的一种方式。当然,新农村建设还能缩小城乡的差距,只有农村的生活也能够现代化,我们才能够说有一个现代化的中国,也只有这样我们才能构建和谐社会。

"自主创新"是"十一五"规划的又一个亮点。毫无疑问,自主创新是经济长期增长的动力。但是,对于像中国这样的后发国家,技术创新有两种方式:一种是引进,另一种是自主研发。到底哪一种比较好,需要通过成本和效益的比较决定。在绝大多数的情形下,后发国家引进技术的成本远远低于自己发明技术的成本。因此,能够比较好地引进技术作为技术创新动力的发展中国家,有办法维持二十年、三十年,甚至四十年远远高于发达国家平均每年2%的增长速度。

中国现在的技术水平和发达国家还有很大差距,还有相当大的空间靠引进技术、消化技术作为技术创新的来源。而自主创新可能体现在两方面:一方面,外国的技术实际上适合外国的要素禀赋结构,中国劳动力成本比外国低得多,在引进外国技术时,生产流程中很多步骤必须改造,增加劳动力的使用。另一方面,对于中国有比较优势,并且比中国发达的国家没有比较优势的产业,中国必须自主研发。

林教授认为,在强调自主创新的时候要非常谨慎,不要变成新的赶超。如果在没有优势的产业上赶超,政府必然通过价格信号的扭曲进行保护和补贴,价格扭曲以后就是靠行政的方式来配置资源,导致原来讲的"科学发展观"的目标无法实现。必须确实落实以企业为主体、以市场为导向,产学研相结合的政策,避免拔苗助长。

关于人民币升值问题,林教授认为,从长期来讲,人民币实际汇率会升值;从短期来看,今年贸易顺差估计可以超过1 000亿元,很可能超过国内生产总值的5%。贸易顺差扩大的原因主要在于美国,因为对于采取管理浮动汇率的国家或完全浮动汇率的国家,像日本、欧盟国家等,对美国的顺差也是加大的,因此不能简单地认为,我们对美国顺差加大就是采取固定汇率和人民币汇率低估造成的。采取有管理的浮动,小幅度波动是最优选择。

第4次 报告会快报

（2006年2月11日）

2006年2月11日下午，CCER"中国经济观察"第4次报告会在北京大学中国经济研究中心万众楼举行。这次报告会在卢锋教授和李玲教授的主持下，讨论了世界经济的失衡与对策、中国GDP核算、劳动生产率增速估测、环境经济评估等方面的内容。中国人民银行行长助理兼北京大学中国经济研究中心教授易纲，国家统计局国民经济核算司司长许宪春，北京大学中国经济研究中心宋国青教授、胡大源教授和卢锋教授发表演讲并回答听众提问。会议还发布了有关2006年第一季度宏观经济运行"朗润预测"的初步结果。中国经济研究中心师生、北大国际MBA校友、商业和金融机构以及政府、大学、研究所及众多媒体参加了会议。下文为主讲嘉宾的演讲摘要。

易纲：当前世界经济的失衡和对策

易纲教授首先说明，"失衡"主要是指国际收支的失衡，而国际收支失衡在去年主要表现为贸易失衡。中国对美国和欧洲有巨大顺差，但对日本、韩国、中国台湾、东盟十国等国家和地区有较大逆差。这种贸易上的不平衡反映了全球化、反映了国际分工，也反映了世界经济的一个新格局，即中国从邻国那里进口原配件产生逆差，加工后出口到美国、欧洲形成顺差。在这种格局中，一方面中国赚的钱比较少，创造的增加值比较低；另一方面中国作为最终产地也承受美国和欧洲的很大压力，反倾销等问题的焦点也都集中在中国。尽管中国有顺差也有逆差，但总体来说，在去年有1 000多亿美元贸易上的顺差，外汇储备增加也比较快。2005年年底中国有8 189亿美元外汇储备，只比日本差99亿美元，中国不久可能要成为世界第一大外汇储备国。这是中国面临的一个好事，同时也是挑战。

中国的一年期央票利率与一年期美元LIBOR（the London Inter-bank Offered Rate）都是具有代表性的利率。2005年1月，这两个利率相等；在此之后，一年期美元LIBOR已经高于一年期央票利率。2005年3月17日,央行降低超额准备金利率,从1.62%降到0.99%,此后这两个利率的利差就变得比较大。现在一年期美元 LIBOR 已接近5%,而央行一年期票据的利率在1.8%左右,也就是说人民币跟美元的利差超过3%。这个利差和易教授说的不平衡是什么关系呢?就是这个利差为中国汇率的稳定、为不平衡的调整创造了一个比较好的时间窗口和一个比较好的条件。根据利率平价理论,预期的汇率变化百分比应当等于两国利率之差。也就是说,如果美元利率比人民币利率高3%,而人民币升值幅度在3%或3%以内,那么从套利的角度说,攻击人民币就无利可图。根据美国最近的数据,美国产能利用率还在提高,美国的经济还是相当强劲。格林斯潘在任期结束时又加了一次息即第14次加息。现在的联邦基金利率是4.5%。人们认为再加一次即加到4.75%的概率在80%以上,甚至还有人预测可能还要再加一次息。这样一个时间窗口和利差窗口,实际上是为中国的货币政策和宏观经济政策的调整提供了一个时机。

现在对于全球经济失衡有三种流行的观点。第一种观点认为目前中国大顺差、美国大逆差、亚洲中央银行资金流向美国这样一个不平衡的状态是市场的选择,因此是可以持续下去的。这种观点是少数人的观点,不是很受欢迎。第二种观点认为亚洲国家尤其是中国的一些宏观政策是全球经济失衡的原因,所以要求中国和亚洲国家调整宏观政策。这种观点比较流行。第三种观点认为目前的不平衡主要是美国的双赤字和亚洲的高储蓄,所以美国做调整的必要性是最大的,其他国家的调整只是对美国调整的一个补充,也就是说不平衡的根本原因在于美国。这三种观点的政策含义显然是不一样的。

易教授得出四个结论:第一个结论是,当前全球经济的失衡主要是市场力量自愿选择的结果,从某种意义上说是互利的。它可以持续到一定程度,但不可能永远持续下去。第二个结论是,这样一个失衡必须引起重视,全球主要经济体必须从现在就开始进行政策调整,但是调整过程一定是一个渐进的过程。第三个结论是,要关注硬着陆的风险,但是硬着陆可能性不大。第四个结论是,国际经济失衡是很多基本面的失衡,而汇率调整对于调整这种巨大失衡的作用是十分有限的,所以不能够把希望寄托在汇率调整上,或者是主要寄托在汇率调整上。比如说美国储蓄率低、中国储蓄率高是一个特别大的基本面的事实。通过调整人民币的汇率来增加美国的储蓄率是不可能的,也不可能通过汇率调整来大幅度降低中国的储蓄率,不能把这种大的经济基本面的失衡寄托在某一个名义变量的调整上。当然汇率调整还是应当值得我们重视的,这种调整会是一个渐进的、平稳的过程,并且会朝着我们预期的方向进行。

胡大源:环境经济评估与预测

胡大源教授首先介绍了三次北京市居民问卷调查的基本情况。调查时间分别是1996年、2000年和2005年,都在同一个季节。调查对象是北京市城八区城镇居民,包括城八区农业户口。调查内容都有综合分析、环境、交通这三个部分,但是不同年份侧重点不太一样,最开始涉及住房和金融,2000年对互联网做了分析,2005年增加了医疗与健康方面的问题。抽样方法是随机抽样(分层抽样+系统抽样)。调查方式是入户访问。三次调查中接受调查的户数分别是1996年633户、2000年805户、2005年545户。可对北京市城八区600万城镇居民进行推断,在95%的置信度下平均抽样误差小于4%。

综合三次调查来看,北京市民对于住房、治安、教育等问题的关注程度基本上持平,而对交通、环境、医疗的关注程度明显上升,特别是对医疗的关注在2005年的调查中明显比以前高出一大块。在环境方面,对于湖河水质、空气质量、垃圾清运、城市绿化和环境噪音的不满意程度呈下降趋势,但是对自来水水质的不满意程度明显上升。70%的北京市民认为过去五年中北京的空气质量有所改善,但是通过分析"不满意""一般"和"满意"的具体比重可以发现,真正认为满意的还是比较少,只是原来"不满意"的部分转移到"一般"了。北京96%的天数中首要污染物为悬浮颗粒物,空气污染防治是北京环境保护工作的重点。20世纪80年代至90年代,北京是世界上悬浮颗粒物污染最严重的大城市之一。以1993年和2001年两次申奥为契机,北京空气污染物排放降低,颗粒物污染得到改善。

对于环境变化的价值评估有三种方法。第一种方法是直接损失评估。以沙尘为例,可以计算医疗保健费用、清扫费用、财产贬值损失、能见度降低的不利影响等。但是这种方法并不为经济学家所接受,它有两个最大的缺点:一是它通常只表明了损害的一部分,按照这种方式往往会低估危害的严重性;二是这种方式非常被动,没有考虑自身调整的能力,不符合经济学原理。所以国际上过去20年间研究的重点已经转移到显示偏好法和陈述偏好法这两种方法。第二种方法是显示偏好法(Revealed Preference),其假定存在交易市场,可直接参照市场价格;即使不存在交易市场,也可通过市场商品关联因素推算,如Hedonic Price(享乐定价法)借助房地产市场价格进行估计,Travel Cost(旅行费用法)借助旅游成本进行估计。这两种方法目前在中国有很大的局限性,因为没有发展良好的房地产市场,同时旅游也没有像发达国家那么方便。第三种方法就是陈述偏好法,国内翻译成CV法、或然评价法或者状态评价法。这种方法操作起来非常直接,通过问卷调查直接询问民众的支付意愿。

这三次调查中都有这样的陈述偏好法问题:"如果可以将北京空气中颗粒物的污染含量降低一半,您的家庭每年最多愿意支付____元?"。调查结果显示,"平均愿付值"在1996年是157元,2000年是158元,2005年是223元,有明显的上升趋势。分类别来看,收入较高者对改善空气质量的平均愿付值较高;认为空气质量在下降的人的平均愿付值较高;健康状况差的人的平均愿付值较高。陈述偏好法容易受到批评的特点就是不太稳定。但是从平均愿付值的比例分布来看,三次调查中都集中在50元和100元,其他数值的分布也比较稳定。

陈述偏好法的优点是适用面广,操作灵活,能综合反映环境破坏的损害,特别是被动使用价值(passive use value),包括存在(existence)价值、遗产(bequest)价值、期权(option value)价值、非使用(nonuse)价值等。陈述偏好法的缺点是不确定性、不完全符合经济学理论,可能产生的偏差是出于对策或抵触心理而不能如实陈述偏好,或者对自身偏好不确定,以及对部分和整体的支付意愿缺乏考虑等。

关于环境预测的部分,需要强调几点:燃煤污染物(二氧化硫和烟尘)继续下降;汽车尾气污染上升;沙尘污染不确定,因为决定沙尘污染的不确定因素多,包括沙尘天气变化趋势、沙尘源、防护林的效果、各部门的治理与协调等。

许宪春:经济普查年度中国 GDP 核算的变化

国家统计局经济核算司许宪春司长介绍了经济普查年度以及普查年度以前年度 GDP 核算的变化情况。主要有十二点:第一,数据资料来源的变化;第二,GDP 计算方法的变化;第三,GDP 核算范围的变化;第四,某些具体问题处理方法的变化;第五,统计口径分类的变化;第六,GDP 数据的变化;第七,调整后的 GDP 数据使用情况;第八,GDP 数据的变化对有关问题判断的影响;第九,关于《经济普查年度 GDP 核算方案》;第十,关于 GDP 历史数据的修订;第十一,非经济普查时期统计调查制度的改革和完善;第十二,非经济普查时期 GDP 核算方案的制订。

第一,GDP 数据资料来源的变化主要表现在三个方面:首先,是企业财务统计资料的变化。在常规年度(即非经济普查年度)企业的财务统计资料主要包括规模以上工业企业、资质以内的建筑业企业以及限额以上批发、零售、餐饮企业的资料。没有纳入常规年度统计的企业,主要是资质以外的建筑业企业、限额以下批发、零售、餐饮业企业和其他类型的服务业企业,平时对于它们的资料掌握得较少,此次经济普查针对这些企业设置了财务状况和经营状况调查表,以获得其财务统计资料。其次,是个体经营户资料的变化,包括个人从事的批发、零售、餐饮、建筑等行业。在常规年度,个体经营户主要由工商管理部门统计,而工商管理部门并不是对所有的个体经营户都进行了登记,这次经济普查对登记和未登记的个体经营户都进行了调查。最后,是企业主业之外的附属产业活动资料。很多的商业企业、建筑企业,很可能从事一部分其他工业活动,平时的调查没有包括这部分工业活动,而经济普查把这部分附属产业包括了进来。

第二,GDP 计算方法的变化可以概括为两点:一是资料来源的变化引起的,经济普查针对常规统计中缺乏统计资料的企业、个体户和附属产业活动单位,设计了相应的增加值计算方法,改变了推算增加值的办法;二是在普查年度同时采用了生产法、收入法和支出法这三种 GDP 计算方法,同时提供这三种方法的计算结果。

第三,GDP 核算范围的变化可以概括为两个方面:一个方面,利用经济普查资料拓宽了核算的范围,例如,企业主业活动以外的附属产业单位、以前由于未经过工商管理登记而遗漏的单位,现在也包括在核算范围里;另一个方面,利用住户调查资料拓宽核算范围,这里主要是指居民出租住房的服务、保姆服务、家政服务、家教服务等。

第四,某些具体问题处理方法的变化。在常规年度的统计中,由于一些复杂的原因对一些问题的处理方法和国际标准是不完全一样的。例如,金融媒介服务费用的处理方法。在常规年度,把各产业部门利息支出净额作为中间投入处理,把居民储蓄利息作为金融业增加值处理;而在经济普查年度,把金融媒介服务支出分摊到各产业部门和最终使用部门,作为相应产业部门的中间投入和最终使用部门的最终使用处理,居民储蓄利息不再作为金融业增加值处理。关于计算机软件,在常规年度,没有明确规定计算机软件支出是作为固定资本形成还是作为中间投入来处理;而在经济普查年度,计算机软件支出作为固定资本形成处理。关于居民自有住房虚拟折旧处理方法的变化,常规年度居民自有住房价值按历史成本价格估价,经济普查年度按当期建筑成本价格估价;常规年度农村居民自有住房虚拟折旧率为2%,城镇居民自有住房虚拟折旧率为4%,经济普查年度分别调整为3%和2%。

以上四个因素的变化都对GDP的数据产生了影响,但是影响最大的还是资料来源的变化,占到90%以上。

第五,统计口径分类的变化,即产业部门和支出项目类别的变化。产业部门在常规年度分为26个,而在经济普查年度分为94个。居民支出项目也进行了细化,农村居民消费支出和城镇居民消费支出在常规年度分类较粗,粗略地分成食品、医疗等大类,经济普查年度利用农村和城市住户调查资料对此细化;货物和服务出口与进口在常规年度没有进一步划分,而在经济普查年度利用国际收支平衡表资料对此细化。

第六,GDP数据的变化。这次经济普查之后,经济普查年度的GDP总量从136 876亿元调整到159 878亿元,增加23 002亿元,提高了16.8%。其中,第三产业增加21 298亿元,提高了48.7%,从而第三产业比重也发生了变化:从31.9%上升到40.7%,提高了8.8个百分点。实际上,在1991年进行的的第一次第三产业普查的时候,对第三产业产值也做过调整。1991年GDP总量从20 188亿元调整到21 618亿元,增加1 430亿元,提高了7.1%,其中第三产业增加值增加1 430亿元,提高了24.7%;1992年GDP总量从24 363亿元调整到26 638亿元,增加2 275亿元,提高了9.3%,其中第三产业增加值增加2 275亿元,提高了33.1%;1991年第三产业占GDP的比重从28.7%上升到33.4%,提高了4.7个百分点;1992年第三产业占GDP的比重从28.2%上升到34.3%,提高了6.1个百分点。

第七,GDP数据的使用。根据有关部门研究决定,"十五"时期经济和社会发展情况的评价要以普查数据为主,2005年及以后年度和季度GDP核算办法也已经出台,对历史数据进行了修订,以便以往的年度数据和经济普查的数据衔接,"十一五"时期经济和社会发展规划的制定也以普查的数据为主要依据。

第八,GDP数据的变化对有关问题判断的影响。一些重要的比例关系,如财政收入、教育支出、研发支出占GDP的比重,M2占GDP的比重,万元GDP能耗,万元GDP消耗的钢材、铜、铝、铅、锌,万元GDP用水量等指标都随GDP数据的变动而变化。对我国经济发展水平的判断,总结一下:首先,经济增长方式仍然是粗放型的,我们消耗的重要资源占GDP的比重仍然很高;其次,关于服务业发展水平的判断,仍然没有改变,印度、孟加拉国、哈萨克斯坦等国家第三产业占GDP的比重都比我国经济普查调整后的数据还要高十多个百分点,所以我国服务业比重仍然很低;最后,关于最终消费和资本形成总额比例关系的判断,消费率有所上升但不如预期的明显,原因在于居民服务消费上升的同时,存货增加也在上升。此外,GDP数据调整可能对中国承担国际义务产生影响。

第九,简要介绍一下《经济普查年度GDP核算方案》。制定这个方案的目的是:首先,提高经济普查年度GDP核算的科学性和规范性,从而提高GDP数据的准确性和完整性;其次,保证地区与国家之间、地区与地区之间GDP数据的可比性;最后,提高经济普查年度GDP核算的透明度,GDP数据的透明便于用户理解、监督和正确地使用这一数据。这个方案确定了经济普查年度GDP的核算范围、GDP核算的产业部门分类和支出项目分类,规范了经济普查年度GDP核算的资料来源和计算方法,尽可能保证透明度。

第十,历史数据的修订。经济普查年度的数据变了,为了保证历史数据的可比性需要对历史数据进行修订,这也是国际惯例。生产核算修订到1993年,使用核算初步打算修订到1978年。采取趋势离差法修订历史数据后,从2000年到2004年,GDP总量的变化,除了2000年是9 000亿元以外,其他年份都是在1万亿元以上,增长速度的变化在0.5—0.8个百分点之间。第三产业的比例,2004年变化8.8个百分点,2005年变化9.3个百分点。

第十一,为避免普查之后数据大起大落,要改革和完善非经济普查时期统计调查制度。例如,建立部分服务业企业和个体经营户的抽样调查制度、建立健全有关管理部门的服务业常规性统计调查制度、建立资质等级以下建筑业企业和个体经营户的抽样调查制度、建立规模以下固定资产投资和计算机软件支出抽样调查制度、建立健全价格指数统计制度。

第十二,为了保证以后的数据和经济普查的数据对接,要制定非经济普查时期GDP核算方案,规范它的核算范围、资料来源、分类等,使得常规年度的数据和普查年度数据可比,使得国家数据和地区数据之间有可比性,同时提高透明度。

卢锋:我国劳动生产率增长速度估测——
经济普查结果解读

卢锋教授首先简略讨论了劳动生产率增长与经济追赶的联系。如果把发展中国家经济追赶看成人均收入和产业结构朝发达国家逼近的一个收敛过程,那么劳动生产率相对发达国家的持续增长实际上既是经济追赶的必要条件,也是充分条件。劳动生产率在持续追赶中有一个特点,就是不同部门的追赶速度不同。通常情况下,可贸易品部门劳动生产率追赶得比较快,而不可贸易品部门劳动生产率追赶得比较慢。在过去二十年中,最发达的七个国家制造业劳动生产率年均增长大概是3%,服务业劳动生产率年均增长1%。但是当代经济有一个重要的特点,就是服务业出现了大量生产型的、B2B的、中间型的服务活动,因而可能有不同于传统时代的经济属性。

经济普查数据有两个指标跟劳动生产率有关系:第二、第三产业的增加值和第二、第三产业的就业人数。经济普查对这两个数据都做了重要的调整,具体表现为以下几个方面:

首先,第二产业GDP的调整非常小,几乎可以忽略不计。其次,第三产业GDP的调整非常大。经济普查后2004年第三产业名义GDP为65 018亿元,比原来统计年鉴上的43 721亿元增加21 297亿元,上调幅度48.71%;调整后年均增长率17.76%,比原来统计年鉴上的年均增长率13.93%提高3.8个百分点。不过,第三产业名义GDP的调整中有很大一块来自通缩指数的调整。根据统计年鉴和经济普查所公布的名义GDP和实际增长率,可以算出每个部门的通缩指数。与运用统计年鉴数据得出的结果相比,经济普查后第三产业2004年相对于1992年隐含通缩指数(implicit deflator)从178上升为226(年均值从4.92%升到7.03%),上调幅度为26.97%。相比之下,经济普查后第三产业实际增加值调高了17.2%。这17.2%和通缩指数变化27%相乘大致等于名义增加值的变化。最后,看一看经济普查后就业人数的变化。根据经济普查前的统计年鉴数据,第二、第三产业的就业人数合计将近等于4亿,而经济普查公报中的对应数字是3亿出头,调减了9 000多万人口。就业人数调减主要发生在第三产业,该部门调减了7 592万人。假定就业人数历史趋势的相对变化是相同的,通过计算统计年鉴上各年第二、第三产业就业人数的增长率,再根据2004年经济普查公报中的第二、第三产业就业人数,就可以计算出以前年度和经济普查就业人数口径一致的数据。

经济普查后GDP调整了,就业人数调整了,那么就可以对两个产业的劳动生产率做出三种估计。第一种估计不考虑普查因素,仍然使用原来的统计年鉴数据;第二种估计使用经济普查得出的增加值和统计年鉴的就业人数;在第三种估计中,增加值和就业人数都使用普查数据。第三产业劳动生产率的三种估计分别为10 667元、12 504元和18 661元(1992年价)。

怎么解读三种估计结果,怎么选择估计数呢?卢教授的初步想法是,增加值的调整应是可信的改进,然而就业数调整存在一些疑问。第一,如果第三产业就业人数的普查数据是对的,那么跟历史时期比较就会发现它甚至比1994年的第三产业就业人数还要略微低一点。第二,如果接受普查的第三产业就业人数,并且大体接受现在对城镇地区失业率的估计,那么农村劳动力在过去十年中反而增加了7 000多万。第三,如果普查数据正确,农村劳动力也是对的,那么城镇失业率可能需要大幅上调到20%—40%左右。

解答上述疑问还需要等待系统公布经济普查结果,详细考察不同就业指标定义的内涵关系,对有关问题进行专题研究。也可以考虑普查结果低估第二、第三产业就业人数的可能性。以下几点因素可能导致低估:首先,媒体报道和统计局有关人员提到,普查数据是单位上报数据,而统计年鉴常规报告的就业数据来源是住户调查。服务业中有很多临时的摆摊设点、家政保姆等,可能被住户调查调查到,但因为没有单位而反映不到单位就业人数中。其次,上报单位可能由于一些客观原因,对自己雇用的人数掌握不够。最后一个可能是,即使知道准确的就业人数,但因为雇佣关系不规范、劳保待遇不到位等因素也可能倾向于压低上报的就业数据。由于这类误差并不具有随机性,因而可能对就业人数产生低估影响。

最后讲一下中外劳动生产率增长态势的比较。在改革开放以来的二十多年间,中国制造业和服务业的劳动生产率比改革初期大概增长了6倍和3倍,显著高于发达国家。在不同时段,劳动生产率的相对增长是不一样的。服务业劳动生产率的相对增长比较平稳;制造业劳动生产率的相对增长在20世纪80年代反而是下降的,但是在90年代特别是90年代中期以后有了显著提高,所以劳动生产率追赶有一个加速的趋势。尽管劳动生产率有成倍增长,但是2003年中国制造业和服务业的劳动生产率仅分别大约相当于美国的8.8%和6.5%,估计现在与发达国家仍存在10倍上下的差距。劳动生产率的巨大落差为中国经济未来的持续高速增长提供了一项最重要的客观条件。

宋国青：谁来控制内需？

首先是关于预测的情况。现在对2006年中国宏观经济进行预测，是一件非常乏味的事情。因为预测结果和去年数据差不多，有点像"傻瓜预测"。而在2004年年底和2005年年初预测2005年指标时，则与现在预测2006年有很大不同。当时绝大部分有关2005年通货膨胀率的预测结果具有"说三道四"的特点，即预测CPI增长3%—4%。但是从中国经济研究中心毕业的几个学生对CPI提出的个人独立预测结果，都是增长一点几个百分点，与宋教授预测的1.8%很接近，最终与实际经济表现很接近。这不只是说明预测有好有坏，而是说去年经济波动比较大，导致预测差别很大。从目前情况来看，中国经济波动比过去小了，渐渐趋于稳定。2006年本身的一些因素，也决定了中国经济可能相当平稳，没有太大的波动和意外。

与国内的情况比较起来，国外的情况很值得关注。观察一下最近几个月的国际金属价格指数和工业原材料价格指数，从去年11月到现在，两个价格都在暴涨。根据CRB金属价格指数，2005年前十个月平平淡淡，5月、6月还稍微跌了一点，11月开始上涨。11月中旬还发生了一个插曲，国家物资储备局抛售了几万吨储备铜，当时的本意是为了平抑铜价，但此后铜价仍然在涨。当时铜价是4 000美元左右，前几天一直在5 000美元左右，总的来说铜价涨得很厉害。工业原材料价格和金属价格的变化趋势类似。价格的变化可能有基金操纵市场的原因，但从另外一个角度来看，国际经济确实发生了一些变化。基金操纵和国际经济基本面两个方面的变化，到底哪个是主要的，分别能解释多少波动，这是需要研究的。

下面具体看一下五个国家——中国、美国、德国、日本和韩国——的工业生产情况，其中中国数据只包括规模以上工业，美国、德国、日本、韩国则包括了全部工业。粗略来看，全球工业生产在2005年保持了比较强的增长势头，而中国的涨幅又比其他四国高得多。美国总体增长平稳，年中由于刮台风出现一段下降，后来10月、11月很快恢复。德国增长比美国快一些，尽管前两个月和12月稍有降低，但是无关大局。截止到2005年年初，日本已经持续了整整五年的零增长，而从2005年9月到12月开始猛涨，最后两个月的增长率跟中国相当，如果折合成年增长率是16%。韩国增长得也很迅速，美国、德国、日本三国以及所有其他OECD的发达国家，在过去6年当中，工业共增长8%—10%，韩国一个月之内就增长了百分之四点多，11月上涨得更是迅速，尽管小国经济波动会大一点，但是韩国经济猛涨也是实际情况。解释韩国和日本2005年的迅速增长，能想到的因素就是汇率，汇率一发生变化，工业生产就发生变化，所以汇率变化的影响还是很大的。

汇率变化引起了世界经济结构发生调整。美元对其他货币加权平均汇率，在2005年以前的三年一直在贬值，2005年年初开始升值，年底又贬值了一点，总的来说，2005年美元是升值的。再看日元，2002年、2003年开始升值，2004年年底又开始贬值，跌了大约15%。对比日元兑美元的汇率和日元出口额，尽管按美元计算的日本出口没有多少增长，甚至还有所下降，但是，以日元计算的日本出口额在2004年年底、2005年年初大幅度上升，因为日元对美元贬值了百分之十几。

这是汇率变化对世界经济的影响,再来看汇率对中国出口的影响。2005年按美元计算的中国出口额,全年增长很高,贸易顺差很大,但是增长主要发生在2004年年底和2005年年初,2005年年内一路下跌,现在下降得很厉害。参照一下人民币汇率,2002年到2004年,人民币连续三年贬值,出口连续三年大幅度增长;反过来,2005年人民币升值了,出口额开始下降。对比人民币汇率与中国出口额对趋势的偏差两个变量,可以发现,二者有非常显著的负相关性:汇率一升,出口迅速减弱;汇率一降,出口迅速增强。

几年以前,甚至一年多以前有"人民币升值是一场灾难"的说法,虽然从远期来讲还不足以完全证伪这种观点,但至少从简单的指标来看,目前经济情况是很平稳的。日元贬值带来日本经济的大大增强,欧元升值使得欧元区经济总体来说稍微强了一些,而人民币升值和美元升值没有对经济造成危害。这样看来,货币贬值能推动真实经济,货币升值不影响真实经济,那么最好的办法就是汇率天天变动,互相交替升值。这个推理是否正确呢?汇率调整对真实经济到底有什么影响?

对于一个总需求已经正常,生产能力正常发挥的经济,货币升值对经济稍微有一点影响,主要是结构方面或者其他方面,这是大部分国家的情况;但是对于一个总需求严重不足、疲软的经济,如果有一点刺激,经济一下就强起来,中国2002年的情况就是这样,出口受到刺激,经济就得到恢复了。所以,通过汇率贬值刺激总需求,在需求不足和通货紧缩的情况下是有用的,如果需求本来是正常的,再通过总需求刺激扩大内需,就会导致通货膨胀,接下来就需要进行宏观调控。现在的日本可能相当于中国2002年下半年到2003年上半年的情况,经济是在上升,但离过热还比较远;韩国基本算得上过热了,1月的增长率已经达到百分之四点多,虽然上个星期通过加息来调节,不过加得很少。

简单说一下内需和外需的关系。如果扩张内需有严重障碍,那么扩大一点外需就能把总需求拉起来;如果内需能够收放自如,一旦外需膨胀,就控制总需求,所以内需和外需可以起到互相弥补的作用。这是中国去年到今年的情况,人民币升值导致出口变弱,同时货币供给主动增加,从而增加了内需,总的结果是,整个经济相当平稳,外需下降的同时内需弥补上去了(主要是投资内需)。美国也差不多是这样的情况,汇率对整个需求没有太大的影响。而日本在内需疲软和生产水平偏低的情况下,贬值引起出口和总需求扩张以及生产水平提高,同时也改善了内需,可能会摆脱长期低迷局面。小结一下,汇率变化对出口的影响是直接的,但对总需求和实际生产可能有也可能没有影响。

下面简单说几个结论:

第一,全球经济强劲增长的趋势还要维持一段时间。韩国增长得很快,但通货膨胀已经很高,这时无论被动还是主动,都要对经济加以控制,要继续加息。日本还没有达到正常增长率,也许接近了,但至少离过热还很远,还可以继续增长一段时间。因为没有出现通货膨胀的迹象,不加息也是可以的。日本的经济规模比较大,因而对世界经济影响较大。考虑日本、韩国强劲增长的势头,全球经济增长就不只是短期现象,也许会持续半年或一年等较长一段时期。

第二,2006年中国经济平平淡淡。2006年出口增速下降,外需会稍微弱一点,内需(主要是投资)会上去一点。按照央行现在的水平,只要看到通货膨胀率早早去控制,并注意国际上的变化,保持经济的平稳增长是没有什么问题的。2006年的顺差、经济增长速度和通货膨胀率将与去年持平。

第三,国际收支不平衡的问题。去年以来,美国一直要求中国扩大内需,中国和日本内需扩大了,结果是金属材料价格猛涨,对于原料进口国来说,这是很难承受的,因此日本等亚洲国家的国际收支不平衡情况变得非常快。2005 年,中国的贸易顺差比 2004 年增长好几倍,从 300 多亿元增加到 1 000 多亿元,从现在的情况来预测,2006 年顺差可能就是零增长,2007 年也许会下降,争论已久的贸易顺差猛增的势头基本已经过去了。新的情况是,短期内原材料价格猛涨,石油价格总体来说也较高,这对于原料进口国来说是很大的负担,会导致进口国贸易条件恶化,与出口国之间的不平衡扩大。解决这个问题需要国际上慢慢调节内需,适当抑制内需。这就回到"谁来控制内需"的主题上来,讲的不是谁来控制中国内需,而是谁来控制国际内需。实际上,国际内需就是国际总需求,此国的外需就是彼国的内需。从原材料来说,国际总需求太强了,需要考虑让哪个国家控制。现在全球利率很低,尤其是考虑到通货膨胀之后更低,虽然美国加息了,但是伴随美元高利率的是美元贬值,所以美国实际利率也很低。在全球利率很低的情况下,需求扩张是很自然的,所以要从这个角度出发控制总需求,对市场经济国家来说只能加息,中国还可以行政调控。

第四,谈一下人民币汇率。根据利率平价,人民币有升值的预期,人民币利率应该比美元利率低。央行官员最近的讲话,也许暗示大家人民币今年将升值 2%—3%。汇率升值之后,只要能通过利率扯平,套利的问题也就解决了。但这里面隐含一个问题,如果把汇率随便定在一个非常歪曲的方向上,通过利率来保汇率,怎么样?回答这个问题,就要考虑,整个宏观经济有很多方面的平衡,除了汇率、利率之外,一个很重要的平衡是真实的投资报酬率和银行贷款利率、存款利率要平衡,不平衡就会出问题。如果通过利率保汇率,那么中国的通货膨胀来临之后下一步又将如何进行宏观调控,是行政调控,是提高利息,还是控制土地?这说明汇率不调整终究是个问题,利率本来是用来调控通货膨胀的,而不是用来保汇率的,所以把汇率放在一边,用利率同时保汇率和通货膨胀是不可能的,调控手段和目标的数目至少要一样多。不过今年上半年调整汇率问题还不是很重要,下半年可能会比较明显。短期内还有一个控制银行贷款的问题,按照现在的宏观经济情况和利率水平,实际上的贷款需求非常高,如果不是对贷款进行控制而是放开贷款,那么银行贷款会很多。控制银行贷款不是长远之策,这个问题也需要考虑。

总结一下,今年中国经济平平淡淡,应该没有什么太大的变化。国际上可能会有加息的问题,尤其是美国和日本是否加息,将是短期内影响进出口的比较重要的因素。

第 5 次 报告会快报

（2006 年 4 月 30 日）

2006 年 4 月 30 日下午，CCER"中国经济观察"第 5 次报告会在北京大学中国经济研究中心万众楼二楼举行。北京大学中国经济研究中心卢锋教授宣布会议开始并介绍了"朗润预测"的主要指标。这次报告会上半场由中国人民银行行长助理、北京大学中国经济研究中心易纲教授主持，讨论了社会主义新农村建设等方面的内容。北京大学中国经济研究中心主任林毅夫教授、中国社会科学院人口与劳动经济所所长蔡昉教授发表演讲并回答听众提问。下半场由北京大学中国经济研究中心卢锋教授主持，讨论了中国宏观经济形势、宏观经济景气等方面的内容。中国人民银行货币政策委员会委员、中国社会科学院世界经济与政治研究所所长余永定教授，北京大学中国经济研究中心宋国青教授、周其仁教授发表演讲并回答听众提问。中国经济研究中心师生、北大国际 MBA 校友、商业和金融机构专业人士、政府官员、学术研究人员以及媒体记者 200 多人参加了会议。下文为主讲嘉宾的演讲摘要。

林毅夫：关于社会主义新农村建设的几点思考

温家宝总理在今年政府工作报告中谈到，2006 年面临五个新问题：第一，粮价走低，粮食生产资料价格上涨的压力不小，农民增收的压力非常大，种粮的积极性受到影响。第二，固定资产投资增幅仍然偏高，在投资上还有过热的可能性。第三，产能过剩问题日益突出，相关产品价格下降，库存上升，企业利润减少，亏损增多，潜在金融风险增加。第四，看病难、看病贵和上学难、上学贵等问题突出，涉及群众切身利益的不少问题还没有得到很好解决。第五，安全生产形势严峻，采矿方面发生的安全事故非常多。

林教授个人认为第一个和第三个问题是相通的。2003—2005 年能够走出 1998—2002 年的通货紧缩，是因为粮食价格上涨、快速增长的固定资产投资带动能源和建材价格上涨。除了这两方面，其实其他商品的价格在不断下降。到了 2006 年，其他商品的价格还在继续下降,但是粮食价格开始走低,建材价格也因为生产能力已经形成而不上涨甚至下调。2006年的宏观局面是产能过剩,产能过剩的压力可能比2003—2005年的情形更严重。

产能过剩是通货紧缩的根源,产能过剩的问题一定要解决。解决途径有两个,一是要防止固定资产投资的反弹,二是启动存量需求。我国最大的存量需求在农村。存量需求是指有支付能力,但因为体制性、结构性或者制度性原因而使需求没有办法实现。农村消费水平低下,一方面是因为农民收入水平低,另一方面是因为和生活有关的基础设施严重不足。1998年的农村人均纯收入实际上比1991年城市人均可支配收入高,但彩电、冰箱、洗衣机的拥有量却低了很多,而彩电等产品从1991年到1998年价格下降很多。在收入水平相当、产品价格下降的情况下,农村需求仍然比城市低很多,从而证明收入并不是最主要的因素。最关键的因素是现代化的消费必须要有现代化的设施,要有电、自来水、上下水、电视信号、道路等。基础设施缺乏是限制农村消费的主要因素。

以基础设施建设为主要内容的新农村建设不仅可以启动农村巨大的农村消费市场,还可以实现农村现代化,构建和谐社会和全面建设小康社会。如果农村里每家都能看上彩电的话,他们的思想观念可以现代化。如果村村通路,那么农村就可以和市场连接起来,农民就可以进入到现代市场经济体系中。若没有这些基础设施,或者这些相关设施不能改善,那么城乡之间就不仅是收入差距大,生活差距也很大。这样就不可能有和谐的社会,也不可能有全面的小康社会。

新农村建设也可以增加农民收入。众所周知,增加农民收入从长期来讲可持续的唯一方式就是不断把农村劳动力从农村的第一产业转移到城市里面的第二、第三产业。我国从1998年开始生产能力全面过剩,出现通货紧缩。与此相对应,从农村转移出来的劳动力减少,农村人均纯收入增长放缓。一直到2003年走出通货紧缩以后,第一产业人数才开始出现下降。

如何进行新农村建设需要仔细的研究,林教授根据自己的理解提出以下几点看法:

首先,关于社会主义新农村建设完成的时间,林教授认为到2020年比较合适。这是因为,社会主义新农村建设是构建和谐社会的必要内容;没有农村的现代化就没有全国的现代化,没有农村的小康社会也就没有全面的小康社会的建设。

其次,关于社会主义新农村建在何处。除了城市近郊不再务农的地方和不宜有人类经济活动、功能定位上属于禁止开发地区外,社会主义新农村以建设在现有的自然村为宜。自然村靠近农地,方便农民干活。农民当然有文化、生活等方面的需要,但那是一个星期一次、半个月一次,只要进城比较方便即可。此外,建设社会主义新农村的主要内容是公共基础设施的建设,住房是农民的私有品,不能为了建设新农村而要求农民建新房。因此,要绝对避免拆现有房子、毁村,集中建新村。认清这一点,就不会出现很多人担心的社会主义新农村建设会跟过去一些政策那样让农民做了很多事、花了很多钱去达标,而实际上得不到多少好处。

再次,关于建设社会主义新农村的资金来源。据估计农村公共基础设施建设的资金投入总共需要4万亿元,到2020年平均每年需要2 700亿元。对于公共基础设施建设,林教授认为主要应该由政府和社会投入资金。关于政府投入,总理在政府工作报告中提出要下决心调整投资方向,把国家对基础设施建设的投入重点转向农村。林教授认为政府加大投资力度会有所帮助,但政府投入总的来说仍很有限。2005年中央政府对农村公共基础设施的投入是293亿元。今年中央政府对三农的投入将增加442亿元,即使全部用到基础设施投入上,距离2 700亿元还有相当大的距离。公共基础设施并不需要完全由政府投入,有些有回报的项目可以动员社会资金、银行贷款等,具有私人品性质的项目可以采取以政府补贴、农民资金投入为主的方式。农村公共基础设施项目小而分散,鼓励农民投资、投劳有利于项目的监督、施工和质量的保证与"民主管理"目标的实现。原来韩国的农民跟中国有很多相似的地方,是一盘散沙,但在推行新乡村建设当中,通过鼓励农民投入以村为基础的公共设施,逐渐形成了一个比较好的文化氛围。

最后,关于社会主义新农村建设和城市化的关系。林教授认为,即使把农民转移出来,留在农村的人还是会非常多。根据乐观的估计,2020年城市人口最多占比60%,那么农村里面还有40%的人口,即将近6亿人。如果不改善基础设施,这6亿人的生活水平仍"跟非洲一样",那到2020年实现的就不是全面的小康社会。即使到2050年,中国达到中等收入水平,就像韩国和中国台湾现在的收入水平,那时候农村人口至少还占30%,这些人同样要有现代化的设施。因此,建设社会主义新农村跟城市化应该是并行不悖的。

蔡昉:新农村建设新在哪里?

在这个时候提出社会主义新农村建设,"新"就新在劳动力市场已经出现了阶段性的转折。当一个国家把无限供给的农村剩余劳动力掏干的时候,就到了发展经济学中的刘易斯转折点。这个转折点非常重要。在此之前不论有多少新增就业,工资都不会涨,这是一个典型的二元经济发展;在这一点之后劳动供给不再是无限的,工资开始上涨,人均收入开始实质性地增长,这是一个典型的现代经济增长。一个国家的发展可以是几百年甚至上千年,但是刘易斯转折点应该只出现一次。我们比较幸运,因为我们即将看到这一点。如果把刘易斯转折点看成一个区域的话,我们已经生活在刘易斯转折区域了。

首先,劳动力市场的阶段性转折体现在就业增长加快,失业率下降,劳动参与率回升。这里的失业率不是国家统计局公布的登记失业率,而是真实的调查失业率。2004年中国的实际失业率只有5.8%。仅仅是失业率还不能确切表达劳动力市场状况,应该结合劳动参与率来考察。劳动参与率下降也是劳动力市场的一个重要指标,它意味着有相当多的人对劳动力市场失去了信心,被迫退出了劳动力市场。我国的劳动力市场参与率从20世纪90年代后期以来也一直是下降的,但是2006年也开始回升。

其次,是民工荒。从2004年开始,沿海地区出现"民工荒"。当时蔡教授也和大多数人一样,认为这是周期性的现象。但是后来发现,从那个时候到现在,"民工荒"的问题丝毫没有得到解决,反而从珠三角地区转移到长三角地区,再转移到中部劳动力输出省份。而且不是技工荒,缺的全是普通工人。

工资上涨和劳资关系(以及政府立场)向有利于劳动方的变化也表明劳动力市场的阶段性转折。以前我们都在呼吁给农民工涨工资,但是没有用。政府不能给农民工涨工资,企业家不听我们的。但是现在我们确实看到了农民工工资的上涨。企业家真雇不到人了,只好涨工资。从国际比较来看,中国现在制造业的工资水平在国际上是非常低的,但是和发达国家、转轨国家、其他发展中国家相比,中国是全世界制造业工资上涨速度最快的国家,而且快出很多。蔡教授预计在今后几年里,这个速度还会加快。

新农村建设要把握几个重点:

第一,转移农村劳动力。农村劳动力转移出来不仅是建设新农村的一个必要条件,同时也有经济增长的效益。世界银行2004年的一项模拟表明,在今后如果能够把农业劳动力转移出1%、5%和10%的假设下,GDP分别可以提高0.7、3.3和6.4个百分点。转移农村劳动力还有利于减少城乡差距和地区差距。为了减少这些差距我们实行过很多政策,包括再分配政策、西部开发战略、东北振兴战略、减轻农民负担等,但是都没有起到很好的效果。如果从历史上看别的国家是怎么消除地区差距的,很容易得出一个结论,它们的再分配政策都没有起到什么作用,归根结底是靠人口的自由流动消除的。

第二,提高农业生产率。研究农业经济的人经常说农业需要保护、需要反哺,因为农业天生是一个弱势产业,或者说农业带有一点公共品的色彩。但是摩根斯坦利和一些学者都发现,在20世纪90年代,我国农业与工业、建筑业和服务业相比,全要素生产率的增长表现得更加突出,而且这个特征将继续保持。这使得农业的盈利性丝毫不逊色于非农产业,提高农业生产率不仅必要而且可行。

第三,社会主义新农村建设的工作重点以及投入优先领域,应该在于农村教育、卫生事业和社会保障体系,以及其他公共服务体系的建设,以提高农村的总体社会发展水平。目前60%—70%的民工都是初中生,他们对现在的岗位是非常适应的,但是接下去对更高学历的劳动力的需求会不断增加。此外在农村的社会保障中,养老问题非常紧迫。由于城市的计划生育政策比较严格,而且在城市里养一个孩子的成本比较高,因此大家很自然就会觉得城市的老龄化问题会严重一些。但是由于人口流动因素,农村的老龄化程度比城市还要严重。

第四,合并自然村既有紧迫性也有必要性,这一点和林毅夫教授的观点不太一致。支持合并自然村的理由主要有三个。首先,农村家庭户的增长率快于人口增长率(虽然人口在增长,但是家庭规模在缩小),自然就出现了宅基地不够的现象,占用承包田建房的现象很普遍。如果合并自然村就可以省出不少地。其次,农村基础设施建设资金不足,需要从规模经济中挖潜。如果自然村相对集中,比如有三分之二的自然村可以撤掉,这样修公路原来需要10公里,现在只需要5公里,可以省出很多钱。再次,农村人口凋零以后,社会治安问题也比较严重,而随着户籍制度的放松、年轻人在城市落户,农村社会化养老问题也要提到日程上来。这些都需要自然村的相对聚集。对于一些关于合并自然村的担心,基层干部并不认同。比如合并自然村后离农地的距离远了,基层干部说现在都是机械化,近一点和远一点就是加一下油门的差距。关于合并自然村是否违背农民意愿,实际上通过一些制度上、政策上的约束就可以避免。比如有的地方成立一个五老理事会,就是由农村的老干部、老党员、老权威、老教师等比较受尊重、有一定群众代表性但又不当干部的人成立一个理事会,所有合并自然村的决定都由他们来做出,有不同意见的话村干部也找他们商量,农民也找他们反映。

余永定：中国宏观经济形势

对于中国经济的决策者来讲，他们非常关注的是经济增长速度和通货膨胀的关系。教科书上说经济增长速度高，通货膨胀就可能高。在过去十几年中，教科书上的说法基本符合中国的实际情况。唯一不太肯定的是，当经济增长速度比较高之后，究竟需要多长时间通货膨胀率就会上去？以前大概是四到五个季度之后。但是现在这种滞后关系不是很清楚了。这样就给决策者出了一个难题，即经济运行到底处在什么状况？

对于2006年的经济前景，余教授比较关心的是两个问题。第一个是中国经济增长到底在什么水平上。现在大家对这个问题还不是太担心，但是余教授认为中国是一个人口众多的国家，每年的新增劳动力非常多。如果中国不能保持相当高的经济增长速度，不能使经济增长速度保持在9%左右，其政治后果是非常严重的。第二个是通货膨胀率。一个国家只有创造了一个很稳定的物价环境，也就是大家对物价上涨的预期是非常稳定的，企业家才能谈得上进行投资，居民才不会产生一些不合理的消费行为，经济才可能顺利增长。2002年以后，中国经济一直维持比较高的增长速度，而对通货膨胀也没有失去控制，这种形势是前所未有的、非常好的。另外中央银行货币供应量的增长速度是比较高的，特别是最近M2的增长速度是18.8%，已经相当明显地超过了预定的水平。在这种情况下中国居然没有出现严重的通货膨胀，是怎么回事？一方面可以感到高兴，另一方面又必须小心，一定是出现了什么问题，这个问题在哪儿？

分析经济增长前景有两个基本分析方法，一个是从长期入手，另一个是从短期入手。长期增长趋势有各种各样的模型，其中最简单的就是哈罗德-多马模型。哈罗德-多马模型假设劳动力供给是充分的，只考虑资本供给约束的影响，让经济增长速度等于投资率除以资本产出率。与此相对照，美国等发达国家主要受劳动力约束，在分析经济增长潜力的时候主要考虑劳动生产率提高的速度和劳动力增长的速度。除了这两种模型就是标准的、建立在新古典经济增长理论基础上的模型。它可以分析各个要素在经济中所占的比重及其对经济增长的贡献度。这是在研究中国长期增长潜力的时候应用比较广泛的方法。

现在我们关心的是短期经济增长潜力，主要考虑需求方。假设有充分的生产能力，那么经济增长到底会是什么样的呢？这时候要做的就是把总需求分成各个构成部分，然后考虑各个构成部分的增长情况，即GDP增长速度 = 消费增长贡献 + 投资增长贡献 + 政府增长贡献 + 净出口贡献。用这种方法比较容易分析经济增长到底前景如何，会出什么问题。

2006年固定资产投资和净出口的变动是非常值得关注的，因为这两个因素在2005年是推动中国经济增长的两大动力。根据传统的经验，应该大致有这么一个关系：如果企业利润的增长速度下降，固定资产的增长速度也往往下降，进而引发GDP增长速度下降。2005年中国利润率的增长幅度下降比较明显，企业亏损面很广，亏损量也比较大。从这样一些数字来看，应该有理由认为投资增长的势头会下来，这是符合逻辑的。但是经济的发展往往不是按照逻辑发展的，这说明理论的假设前提和推导可能有问题。我们要用自己的思想适应中国的实际,而不是让中国经济发展的实际来印证自己的逻辑。另一方面,2005年的产能过剩非常严重,这应该使固定资产投资增长速度下降,但实际情况不是这样。

对于净出口的变动趋势,如果今年的贸易顺差也是1 200亿美元,那么净出口增长速度为零,净出口对GDP的增长贡献就为零。仅仅这一块,就会使中国经济增长速度出现一个明显的下降。一般来讲,当某一年净出口增长速度非常高的时候,下一年的净出口增长速度就会有明显的下降。按道理来说,在2006年净出口增长速度将会下降,但是实际上不是这样,增长还是相当强劲,这也是一个令人惊讶的地方。

总而言之,这种形势是出人意料的。怎么解释呢?2006年第一季度这些指标反映的是暂时性变化,还是趋势性变化?余教授倾向于认为2006年的基本形势和在2005年年底所做的判断没有太大变化。为什么在利润率增长速度下降比较严重、产能过剩比较严重的情况下,固定资产投资增长速度还那么强劲?余教授认为要考虑其他因素,特别是非经济因素。今年是"十一五"规划的第一年,传统上这一年在各个地方都是一个大干快上的时期。同时,明年省级政府要换届了,这个时候各个省的省长都有一种多投资的冲动。另外,银行去年出于上市考虑而采取比较谨慎的做法,原来计划要放的贷款没有放,一到2006年就把积压的贷款放出来,造成了贷款和货币增长速度过高。是不是就是由于这些因素呢?现在虽然不能得出非常肯定的结论,但是余教授觉得这些因素肯定在起作用。

现在应该考虑中国宏观经济政策的组合问题。余教授主张货币政策要紧缩,与此同时,财政要做好准备,一旦需要就可以实行扩张性的财政政策。经济增长不能用货币增长政策来推动,而要用财政政策来推动。另外,中国的货币政策目标太多,包括经济增长速度、通货膨胀、汇率稳定等。在这种情况下,中央银行很难实行独立的货币政策,往往是顾此失彼。

宋国青:宏观经济景气状况和调控

宋国青教授的报告主要包括五个方面的内容:投资高增长的基础是内需替代外需;当前经济的景气情况;M2和汇率构成的领先指标情况;贷款和货币供给及其调控;存款利率的问题。

第一,今年的经济增长速度比较高,第一季度的情况稍微有些令人出乎意料。从同比增长率来看,经济增长速度稍高,通货膨胀率稍低,投资增长率稍高。对此的看法是,实际增长率10.2%,即使高也只是高了零点几个百分点,并不明显偏高。估计长期的经济增长率在9.3%左右,这样一个速度是可以维持较长一段时间的。从短期来讲,2003年、2004年投资增长得快一些,短线改善得很厉害,例如电力,使得总的生产能力快速扩大,估计短期潜在增长率稍弱于10%。消费价格指数和工业品出厂价格指数加权得到的价格指数为1.8%,通货膨胀率不高,经济增长率只高了0.2或0.3个百分点左右,这意味着现在的总需求情况很好,从同比增长率角度看不出来哪里不正常,至于生产高一点、价格低一点的问题,只要保持总需求稳定,是会自动调整的。投资的情况,从GDP增量的平衡表来看，也没什么特别的地方。2005年第一季度的贸易顺差比2004年第一季度多了250多亿美元，约合2100亿人民币；今年第一季度的贸易顺差比去年多了60多亿美元，约合400多亿人民币，增量减少了约1600亿人民币。消费很稳定，分别是1800多亿人民币和1900多亿人民币。1600亿人民币占去年固定资产投资（11000亿人民币）的比例为15%，也就意味着如果今年总需求的同比增长率与去年一样，因为今年顺差增量的变化，投资增长率应该上升15个百分点，事实上投资增长率增加了5个百分点，总需求比去年低了三四个百分点左右，这也是很正常的情况。

第二，当前总需求的情况。举例来说同比与环比的差别，一辆汽车在过去一个小时行驶50公里，这个平均速度对现在是什么状态的预测价值非常小，而前一分钟速度的预测价值会比较大，如果我们假设存在惯性的话。所以很多时候同比不能说明近期变化，需要看环比变动情况。具体来看工业的情况，季节调整后规模以上工业增加值三个月增长年率在今年3月份猛涨，是1997年以来最高的增长速度。季节调整后的价格指数，差不多是零膨胀。经济增长快，通胀为零，这是件很好的事情。GDP没有月度数据，特别是没有对历史季度GDP数据的调整结果使新老季度GDP的名义额不可比，因此用规模以上工业增加值与加权价格指数的乘积作为近似总需求指数，因为规模以上工业增长率高于GDP增长率，近似指数的增长率平均也高于总需求增长率，但两者的短期波动方向高度一致。从这个指标来看，当前的经济情况还是很好的。用过热等词来形容似乎还很遥远，从数字来看，2002年4月到现在共48个月，近似总需求三个月增长年率的平均值是19.7%。如果近似总需求年增长率低于15%肯定是通货紧缩，低于10%是非常严重的通货紧缩，如果达到25%稍微过热一点，达到30%就可以用"过热"这个词。2006年3月是23%，直接从数字上看，稍微热一些，但不能用太厉害的词来说明现在的情况。对于需求冲击，产量的反应在先，价格的反应在后，这一点与国际经验是一致的。按照目前的情况，过一段时间价格会上涨。但并没有一个很稳定的时间差，还有通货膨胀预期的因素在里面。

第三，领先指数以较高的速度增长。从预测总需求的角度看，M2和汇率是两个重要的指标，简单地用二者0.8:0.2的权重来构造一个领先指数。把领先指数和工业增长率放在一起来看，领先指标的预测性很好。2003年以来，M2增长率走出一个"V"字形，而工业增长率走出一个"W"字形，中间的波动是由汇率变化引起的。从汇率来看，在2004年年底到2005年年初贬值得很厉害，促使出口和顺差增加，但是在2005年年内上升，是对顺差的一个不利因素。总的来说，货币和汇率非常重要，不过这个比例关系不是很稳定。看领先指标的增长情况，3月的M2数据可能有点问题，不管怎样，总的来说，领先指标是往上走的，不过不是很强，所以按照这个指标，微微进行调控是很好的做法。

第四，调控货币供给和汇率。这里把汇率不均衡作为一个前提，当然如果能够取消汇率不均衡最好了。预期2006年贸易顺差增加1300亿美元，外汇储备和由此形成的M2继续增加。估计中国的均衡利率，上调一两个点没问题，是不是足够还不知道，但至少没有的问题。简单做一个国际比较，现在中国跟美国总的通货膨胀率相差一个百分点，但是利率低了好几个百分点。问题是中国的投资回报率与美国相比谁高谁低，如果中国投资回报率低于美国，那么中国均衡利率低于美国是对的；如果中国投资回报率高于美国,那么为什么中国的利率还要低一点呢,利率平价上会出现麻烦。如果未来几年仍然保持低利率会有问题,因为中国的整体利率水平偏低,跟实际上的经济投资报酬率之间有一个严重的不平衡,一个自然的结果就是借钱投资。去年的利率水平本来是无法稳住的,不过由于银行改制、资本充足率的要求等偶然因素,使得银行没有猛放贷款,但是现在这个约束慢慢放松了,放松之后贷款肯定会增加。利率本来是不均衡的,只要别的因素不起作用它就无法维持。当前的主要问题是 M2 的增长势头,并不是说增长多少,主要是汇率和利率都偏低,宏观经济基本的平衡器官出现问题了,只有靠外力平衡,而外力平衡又总是会带来各种各样的问题。

关于调控货币的手段,增发央票的主要效果相当于提高准备金率,把商业银行能贷款的钱拿走,不让贷款。提高准备金率,被大家认为是一剂猛药,不过这不是主要问题,因为作为一个连续变量,总有一个点不那么猛烈,却也不温和,主要问题是提高准备金率人为增大了存贷款利差。商业银行吸收存款有成本,然后贷款获得收益,还要将一部分作为准备金,因此贷款的收益要有一部分用来补充作为准备金的那部分成本,这样提高准备金就扩大了存贷款利差,并不是说这样做不行,主要是效率的问题,中国为了保持汇率的稳定,拼命扩大存贷款利差,是件很糟糕的事情。

第五,存款利率的问题。一个问题是把自有资金的机会成本人为压低会出现很大的歪曲。1997 年以前中国积攒了一个非常庞大的存粮,主要原因就是真实利率太低,现在不存粮改为存房。这个情况就是利率歪曲的一个效果,当然这只是各种坏效果里面的一个,不是全部,甚至不是一个很坏的效果。另一个问题是提高存款利率到底有多大坏处。说利率低有利于消费,从短期宏观平衡角度来说不存在这个问题。主要的不利方面就是利率提高后,所谓的"热钱"会进来,不过到底有多少"热钱"流进来,中国的损失到底有多大?比如因为中国提高存款利率一个百分点,多进来 300 亿美元套汇,人民币低估 10%,那么套汇带来的损失是 30 亿美元,外汇在利率上损失两三个点,使得总共的损失是 20 多亿美元,即一两百亿人民币,这跟利率歪曲造成的损失相比非常小。因此对这个问题可以做数量分析,如果以 200 亿人民币的代价把利率拉平,使得国内各方面都平衡下来,收益要大得多。

周其仁:争议四起的经济原因

最近主要有三场大争论:一是银行贱卖;二是今年全国人民代表大会(以下简称"人大")召开后大型企业海外上市被看作贱卖;三是郎咸平对国有资产(以下简称"国资")转让和定价提出的批评。在这些争议中每个人都有自己的看法。但是今天不讨论孰对孰错,而是退一步看为什么有这么多争议,这些争议本身对经济活动有什么影响。

周教授认为这三场争论涉及的是同一个问题,即国资的转让和定价。首先,能否转让,为什么转让。其次,除了国有单位向国有单位转让,能否向非国有单位转让?能否向境内外私人转让?最后,如果转让应当参照什么标准进行定价?应该参照账面值、谈判中形成的价格还是公开市场上的价格(包括 IPO 上市之前的定价,上市后每时每刻的价格以及国内外不同市场上的价格)?更棘手的问题是,应当由谁做决定?决定的合理性和程序性如何体现？一旦出现分歧应如何解决？

国资是很特别的、市场经济中很少有的一种资产，中国正在进行将这一资产与市场经济相结合的试验。国资的特别之处在于：第一，在法律上是属于全国人民的财产，在观念上全体人民对国资拥有与生俱来的权利。国资是"你的、我的、大家的"这样的说法很激动人心，特别是对于一无所有的年轻人。香港回归以后，香港人是否拥有国资？也没有清楚的界定。第二，国资是在消灭私有制的特定历史背景下形成的。和股份制不同，以消灭私产为基础的公产不是以私产为基础的公产。很多人喜欢用委托代理模型解释国资，但问题是谁委托谁、何时委托的？第三，资产范围广、数量多。第四，历史上多次发生重大变更，从中央划到地方，再从地方收到中央，要搞清楚来龙去脉必须付出巨大的努力。第五，在行为上，公民个人究竟如何履行"主人"的权利和义务、议事准则和参与程序这些从来都没有清楚的界定。第六，事实上，国资从来由政府或政府任命的代理人控制和管理。周教授一向主张，需要把国资的法律状态和实际状态区分开来。

原来国资不需要转让，通过计划指令进行调拨。从计划转向市场以后，历史形成的国资就出现了麻烦，这不是国资好不好或者应不应该的问题。对此阿尔钦（Alchian）进行了原发性分析。他的例子是，一个小镇上有一个礼堂，由1000个人拥有。共有两种拥有方式，一种方法是每人一股，另一种方法是1000个人作为"成员"共同拥有这个礼堂。这两种体制下的礼堂会有什么不同？阿尔钦认为最大的不同是转让权不同。如果有清楚的权利界定，一个人不看好礼堂，可以以一个价格转让对礼堂的所有权，看好礼堂的人可以买，资源再组织的成本低。在成员式的体制下，永远都在开会、讨论、辩论，因为成员的权利是与生俱来的、不能放弃的，不能让给别人。如果大家对于一个资源的看法一致，成员式体制也没有问题。麻烦在于每个人对同一资源的用途、未来收益的看法都不同，而每个人的看法也会发生变化。国资一旦进行转让和定价，其交易费用就极高。

全世界的资产每时每刻都在流转，香港、纽约、伦敦市场都没有出现资产流失这些争议，唯独我国对资产转让争论不休。争论不仅是动嘴，它会带来实际经济影响。改革开放以来影响中国经济效率的重要事件，其背后共同的影子就是对国资的争议。

首先，中国股市的股权分置等一系列问题都与此有关。早年设置非流通股，实质上是为了避开国资定价的问题。国资进入股票市场后，价格涨了好说，如果跌了没人敢负国资流失的责任。于是设定国资不流通，不交易就没有价格问题，也没有国资流失问题。中国当时是沿着这一思路完成了国资同市场经济的结合，但是时间长了以后，发现当初绕不过去的问题最后仍然绕不过去。

其次，中国银行业的不良资产和国资流失问题也有关系。全世界的投资没有不出错的。问题是错了就应当了结，好比打仗有了伤兵要安置，不安置而一直背着，军队就难以作战。国有银行为什么不了结不良资产？因为不良资产往往比账面价值低很多，按实际价值了结会引发国资流失问题。于是一任行长接一任行长地拖，谁都不愿意让国资的账面价值在自己手中从一元变成三角。后来1997年亚洲发生金融危机，周边国家都在处置银行不良资产，于是有了国际参照系。中国派代表团去考察，包括财政部代表、纪委代表，发现国外原价一元的不良资产只能卖两毛。只要中国的银行不良资产能按照高于两毛的价格出售，也就可以交代了。此外，还学会了拍卖方式，出价最高的就是不良资产的实际价值。一步步走来,很不容易。尽管想了很多办法,国资的盘活能力还很低,从收购兼并占 GDP 的比重就可以看出来。

最后,北京的官员、专家永远担心的产能过剩不是自然现象,而是人选择行为的结果。问题是发现市场机会时不能重组过剩的产能。中国的产业界闲置了大量的土地、设备、厂房,却不能迅速成为新的生产能力,因为它们不能轻易以一个价格转让,这是国资根深蒂固的一个问题。

只要关系到国资,争议就非常激烈。批评的人振振有词,因为是在为全国人民说话;防守的人胆战心惊,因为国资贱卖特别是贱卖给外国人难以交代。于是陷入一个"罕见的困境":国资转让有代价,不转让也有代价。转让的代价是,国资拥有世界上最大的"主人群体",人们根据不同的标准和不同的主观估值,对同一资产的未来净收益必定具有十分不同的判断;从来没有清楚的权利划分和执行程序,没有收敛分歧意见的机制。所以国资转让过程中争议四起是必然现象。随着社会主义民主的发展,现在的言论自由程度也是惊人的,造成关于国资转让的争议更加激烈。不转让的代价是,如果国资从来就不转让,是不是就一直完整无损地实现"权利为全国人民所拥有,收益为全国人民所分享",是不是就会像一个正常公司那样创造收益?关于"转让的代价"与"不转让的代价"究竟孰轻孰重,人们也不容易达成一致意见。

争论不休必然是一个损失,为什么不去生产、不去学习、不去娱乐?虽然电影很难看,但也比争吵要好。为什么这么多人争吵?怎么能减少这一交易费用?对此目前有几种主张。

第一种主张是停止国资转让,如郎咸平、巩献田等。巩献田将众多法学专家关于《中华人民共和国物权法》的工作叫停,主要理由就是国资不能流失。废除了转让权的国资怎样运营?一个可能的模式是"免费开放的高速公路",其中国资不作为经营型资产,而是对所有人开放。另一个可能的模式是由议会审查通过一个很低的收费标准,收取少量的营运成本,这就是美国国家公园模式。靠收费不可能盈利,也不可能增值保值。将来可能有一部分国资要走这一条路。然而停止国资转让也有一个问题,就是现在有很多竞争领域的国企亏损也很高,并非不转让、不交易、不改制就很好。

第二种主张是规范转让权。一方面是对"国资委新政"进行规范,即行政性规范,比如制定一些政府规章来约束交易的上限值和下限值。这样的好处是大家有章可循,问题是可能和市场要求不吻合,会影响到公司的竞争力,比如为了将最高收入和平均工资的比例控制在规定允许的范围内而提高平均工资。另一方面的规范是"民主的私有化",即国资可以界定为私人,但是过程要开放、透明、民主参与。究竟是全民表决、人大主导还是互联网式的民主?这里的问题超出了经济学的范围,需要其他学科来讨论。由人大管国资的主张听起来顺理成章,然而人大是否有这种决策的能力?从人大每年对预算的管理来看,距离理想状态还很大,连预算超收超用、教育医疗预算不足等问题都不能解决,再把几万亿资产交给人大,人大代表能否管好是一个问题。来自互联网的一份关于"你认为国企上市是否造成资产流失"的调查资料显示,75% 认为国资流失,14% 认为市场价格合理,说不清的只有 9%。从历史上看,争论非常激烈的最近几年,正是国有企业的利润增长很快的时期。20 世纪 90 年代听不到这样的争论,80 年代根本没有。所以说民意、舆论也和市场一样"没准"。最后一个方面的规范是出台一部正式的国资转让法,然后授权有关部门执行。这种想法也面临很大的挑战,因为资产转让多种多样。

第三种主张是近年周教授通过调查形成的,包含几个要点:首先,中国太大,不能由全国决定问题。十六大讲的产权分级所有是一个基础,青岛的事情由青岛去讨论,联想的事情由科学院讨论,各方同意就通过,不要由全国人民讨论,否则交易费用太高。其次,真正国家一级的中央资产,需要有一定的程序去解决。这是从实际已有的经验寻找解决难题的出路,但可能没有多少人接受。

总之,围绕资产转让和定价的争议四起,是进入转型的国资派生出来的经济现象,根源在于国企国资的性质。"争议四起"已经并将继续增加国资转让的制度成本。在经历了1997—2002年大规模的国企改制、重组之后,国资转让的难度上升、速度下降,对国民经济未来发展将有重要影响。我们还需要探索可能的解决途径。

第6次 报告会快报

（2006年7月29日）

2006年7月29日下午，CCER"中国经济观察"第6次报告会在北京大学中国经济研究中心万众楼举行。这次报告会的主题包括上半年宏观经济形势、股权分置改革、农产品贸易、汇率、通货膨胀等方面的内容。上海睿信投资管理有限公司董事长李振宁，高盛（亚洲）有限责任公司中国首席经济学家梁红博士，光大证券首席经济学家高善文，北京大学中国经济研究中心林毅夫教授、宋国青教授、卢锋教授发表演讲并回答听众提问。会议还发布了有关2006年第三季度宏观经济运行"朗润预测"的结果。中国经济研究中心师生、北大国际MBA校友、商业和金融机构以及政府、大学、研究所及众多媒体参加了会议。下文为主讲嘉宾的演讲摘要。

林毅夫：2006年上半年宏观经济形势

林毅夫教授首先分析了今年上半年以来的宏观经济状况，接着指出这些问题给国民经济带来的不利影响，并探讨了产生的原因以及有效的调控措施，最后林教授对适合我国当前产能过剩突显情况下的宏观经济理论进行了一些理论讨论。

今年上半年经济总体运行良好，保持平稳较快发展的势头，但是出现了投资、信贷、外贸顺差增长过快的情形：1—6月固定资产投资和去年同期相比增长了29.8%，其中城镇固定资产投资增长31.3%；广义货币供应量M2增长18.4%，前6个月金融机构人民币贷款增加2.15万亿元，占全年贷款增长目标的86%；外贸顺差持续增长，1—6月累计达614亿美元，比去年同期增加218亿美元，仅5月、6月就分别实现顺差130亿美元和145亿美元。投资、信贷、外贸顺差增长过快三个问题高度相关，其中投资增长过快是这三个问题的核心问题。

投资、信贷、外贸顺差增长过快对国民经济带来的不利影响主要有五个方面：第一，当前投资增长过快的后果不在于通胀的压力而是产能过剩的恶化。投资在没有建成前是需求,建成之后是供给。当前投资增长过快带来的主要问题不在于通胀压力,而是等投资建成后变成产能,会使现在已经凸现的产能过剩问题更加严重。第二,对外经济不平衡反映的是国内产能过剩。我国今年消费增长非常迅速,但是,在多数产业产能过剩的状况下,国内的需求仍然相对不足,于是反映为对外的不平衡。第三,外贸顺差扩大导致国内外经济更加不平衡。今年3月底,我国的外汇储备已经达到8 751亿美元,超过日本成为世界第一。外贸盈余继续增加,使得人民币升值的压力加大,并引发对人民币升值的投机;加剧了国际贸易摩擦;外汇占款大量投放,对投资过热火上浇油。第四,宏观调控面临两难选择。就利率政策而言,控制投资增长过快的常规方法是提高利率。但是,在产能过剩的情况下,提高储蓄利率会降低消费需求,使产能过剩的情形更难摆脱。但只提高贷款利率而不提高储蓄利率就会扩大利差,使银行有更大的增加贷款的冲动,结果和控制贷款以抑制投资增长的愿望相违。就汇率政策而言,升值固然可以减少出口、增加进口,使国际收支平衡,降低升值压力;可是出口减少、进口增加将使产能过剩的情形更趋严重。第五,房地产业表现异常。我国房地产业投资连续多年保持百分之二三十的增长,供给增加很快,空置面积很多,而价格却依然持续上升,而且楼盘还以一般市民无力购买的大户型为主,使得现在城市一般居民对商品住宅的需求跟现在的供给之间存在结构和支付能力上的双重矛盾。

上述投资、信贷、外贸顺差增长过快,既有我国当前发展阶段正常的原因,也有改革不到位的体制性和政策性的根源。现存的体制性和政策性问题主要表现在以下四个方面:

第一,银行业过于集中。我国的金融体系以银行业为主,而银行业务则集中于四大国有商业银行。大银行先天就比较倾向于大项目,在每一个发展阶段,投资就往往轮番集中在少数几个行业,例如,汽车、房地产、建材、能源等。而中小企业则很难从银行得到贷款。在我国目前的状况下,中小企业发展相对不足,减少了就业机会,扩大了收入分配的不平均,使居民的储蓄倾向提高,在其他投资机会有限的情况下,更多的储蓄资金进入大银行。

第二,地方政府的行为。GDP增长率对地方政府官员考绩的重要性和现行的生产型增值税,使得地方政府无论从政绩考虑还是从财政收入考虑,都有动机去鼓励投资。

第三,鼓励出口的退税政策和鼓励外商直接投资的优惠政策,包括税收"两免三减"。

第四,房地产投机性需求。首先,我国有钱的人,在县城里赚了钱,就要到市里买房;在市里赚了钱,就要到省会城市买房;在省里赚了钱,就要到北京、上海买房。这些外来户有相当大的比例把购房作为投资,买来的房子空着没人住,属于投机性需求的成分。其次,我国是全世界对外国人进入本国房地产市场最开放的发展中国家。外国人的购房投资成为资本账户尚未开放情况下的一个漏洞。有些外资机构为了投机人民币升值,它们将外汇换成人民币合法投资房地产。一方面,增加了我国的外汇储备和人民币的升值压力;另一方面,抬高了房地产的价格。等待人民币升值以后,这些投机资本再从房地产套现,设法换成外汇,来双双获利。这些国内和国际投机需求购买的房地产以有利于投机的大户型为对象,房地产的价格不断被哄抬高,开发商也就不愿意建造一般市民有能力购买而利润微薄的小户型住宅。

当前我国的生产、金融、外贸都处在一个比较宽松的环境,应该利用这个有利时机,解决经济中存在的一些结构性、体制性问题,同时采取一些短期配套措施,以保持经济平稳较快的发展。第一,控制投资和信贷增长过快。为抑制当前过快的投资和信贷增长,央行可以采取定向票据和提高准备金率以减少银行过度充足的流动性;同时,运用窗口指导,加强银行在贷款时对贷款企业的行业准入和贷款条件的审查和要求。第二,抑制银行贷款过度集中于大企业和少数行业。短期内应该要求商业银行遵照有关政策,加大对中小企业贷款的支持力度。从长期来讲,关键在于大力发展地区性中小银行,降低我国银行的集中度。第三,减少地方政府的投资冲动。从短期来看,最好的办法是:管住土根,控制土地开发的总量;加强"招、拍、挂"的政策,增加土地供给的透明度,并使地价向市场价格回归。从长期来看,必要的政策措施包括:改生产型增值税为消费型增值税,降低地方政府为税收而过度刺激投资的积极性;禁止地方政府用税收减免等方式创造不公平的市场竞争环境,用不符合国民待遇原则的政策吸引投资;改变地方政府官员的考核指标,消除 GDP 崇拜,按照科学发展观重新拟定地方政府官员的评价体系;等等。第四,改革在"双缺口"条件下形成的外资、外贸政策。应采取的必要的措施包括:实行"两税合一",取消外资企业的税收优惠,统一内外资企业的所得税税率和税收政策,按世界贸易组织(WTO)的原则实行国民待遇;降低,甚至取消出口退税率。第五,抑制房地产投机需求。除了"国八条""国六条"和建设部等九部门的"十五条"提出的增加小户型住房的供给、提高按揭首付的比例、五年内转售必须缴纳营业税外,还可以考虑:征收物业税,房地产的业主按面积每年付税;征收房地产转手交易时的资本获益税,这一政策前两天刚刚出台。

最后,林教授反思了主流宏观理论对中国当前产能过剩状况指导意义的局限性。按照新古典宏观经济理论,包括理性预期理论,当投资增长过快和外贸顺差过大时,有效的治理措施应该是提高利率、汇率,让市场价格发挥更大的杠杆作用来取得投资和外贸的均衡。可是,如果经济存在严重的结构失调,上述依靠价格来进行边际调整的主张,就不能产生使经济恢复均衡的预期效果。以我国为例,如前所述,由于产能过剩的存在,试图以提高利率和汇率来抑制投资和减少外贸顺差的意图都会使产能更为过剩而出现两难的选择。

凯恩斯主义强调,当国民经济中存在严重的结构失调时要使国民经济恢复均衡,政府对市场的直接干预就是不可或缺的。但是,即使凯恩斯主义也不完全适用于我国当前的情况,因为,凯恩斯主义宏观理论的前提是投资和消费需求严重不足,造成结构失衡,而我国的实际情况是投资增长过快,造成产能严重过剩,投资或消费需求都不疲软。所以,凯恩斯主义宏观经济理论的政策建议是以政府的财政政策刺激投资和消费需求,来推动国民经济的增长和经济均衡的恢复。我国要解决的问题是控制投资过热,避免产能过剩的恶化,并启动内需使国民经济恢复均衡。

经济理论来自于经济现象,我国当前这种产能过剩和投资冲动并存的宏观现象过去不曾出现过,因此,也没有完全适用于我国情况的现成理论可以作为宏观政策的参考。但是,任何经济现象都可以用经济理论来解释,现在没有合适的理论,正说明这是进行理论创新的大好机会。结合我国当前发展阶段、转型时期的地方政府、银行和企业行为特征来研究宏观政策问题,不仅能对我国经济的转型和发展做出贡献,而且能对宏观经济理论的发展做出贡献。

卢锋：入世五年看农业——
我国农产品贸易和供求演变趋势

作为2001年中国加入WTO时的热点，人们对农业问题的担心是，农业开放的承诺是否会影响中国的粮食安全，是否会给中国农民的收入带来负面影响，甚至是否会造成一千多万农民失业。

中国的问题需要持续的观察。在入世五年之后的今天，我们有必要对照实际的经济发展情况，重新审视并评估中国农业在开放环境下的表现。这对于我们认识中国经济运行的规律，考察农业及与农业相关的其他问题，是非常有意义的。

入世之后，中国的农业出口额有所增长，但进口额增长更快，2003年净出口开始下降，2004年以后则出现了净进口的格局。2004年有约50亿美元的贸易赤字，2005年这个数字有所减少，2006年预计将维持2005年的情况。

考察农产品进出口的结构，可以发现，在占农产品贸易总额85%—90%的15类农产品中，有8类农产品呈现净出口增加或净进口减少趋势，其中又可细分为四种。第一种是非常具有竞争力的主力净出口农产品，包括水产品和蔬菜水果。中国总是稳定地在出口这类农产品，每年净出口额为几十亿美元。第二种是重要的净出口产品，包括茶与咖啡，每年净出口额为1亿—10亿美元。第三种是虽有大幅波动但净出口稳定的产品，包括肉类、烟草。第四种是有净出口趋势的产品，包括谷物等。大米、小麦、玉米等谷物出现净进口显著减少甚至净出口，这是我们始料不及的。十多年前，中国还在大量进口谷物，但在入世几年后呈现出不同的态势。

除以上8类农产品外，在15类主要农产品中，另有7类处于净进口局面。这7类又可大致分成三种类型。第一种是制造业（纺织）部门的原料，包括棉花、皮、毛、丝。第二种是动物产品部门的投入品，包括大豆等油料。中国目前每年进口1 000多万吨大豆，这一点也出乎研究者意料。第三种是需求超常增长的，即牛奶。过去五年，中国的牛奶需求出现了一个"大浪"式的增长，尽管国内牛奶产量以每年30%的速度增长，但仍然赶不上需求。

通常人们认为出口是好事，但对进口可能存有疑虑。随着经济的持续发展和人民币实际汇率的升值，中国的农业进口很可能会继续增加，净进口格局可能将成为一个趋势，并继续扩大。那么，如何认识中国农产品的进口？可以根据三个标准加以观察评估。

第一，看进口与国内同类产出的关系。如果在进口增加的同时，国内的产量有所减少，从发挥比较优势的角度看，并不一定是坏事；而如果进口增加的同时，国内产量也在同步增加，那就说明国内产品没有被进口品所替代，更不必过分担心。比如，棉花、大豆、羊毛等产品，过去五年进口增加很快，但国内产出也明显上升。牛奶更是如此。

第二，看进口与国内下游产品的关系。比如大豆，主要有两类消费需求：第一类是榨成植物油，满足人们收入提升后对膳食改善的需求；第二类，大豆榨油的副产品——豆粕是优良饲料的重要原料。大豆进口增加，一方面可以满足国内植物油生产增长的需求，另一方面可以满足动物生产部门的增长对高质量饲料的需求。

第三,看进口与国民经济整体的关系。比如,农产品原材料进口,支持了一些中国具有比较优势的部门的发展。过去五年,棉纺织业就业人数有明显的增加,结合各方面数据,实际数目应该在300万人左右。这是一个不小的数字。而且,增加的就业人员大多是农民工。所以,在整个国民经济的背景下,通过纺织业的加工、增值以及出口,棉花等原料的进口实现了巨大的市场价值,也实现了我国丰裕的农村劳动力的价值。

过去五年的经验显示,农产品进口对中国经济发展起到了巨大的积极作用:它发挥了中国制造业的比较优势,促进了农村劳动力的转移;发挥了农业内部的比较优势,促进了肉、蛋、鱼等动物产品部门的生产;还满足了国民对牛奶等特殊产品在特定时期超常增长的需求,间接地促进了国民素质的提高。因此,农产品进口增长的局面,不仅符合经济学原理,也符合科学发展观和"以人为本"的理念,与调节国际收支平衡的目标也是一致的。

进一步思考当前农业贸易结构的深层原因,我们不禁要问:为什么入世以后,农业没有如一些事前的担心那样"全盘皆输"呢?回答这一问题,需要我们对中国农业供给能力和需求增长的一些参数做一个重新的思考和评估。简而言之,其结论有两点:第一,中国农产品的供给能力并不"弱质";第二,中国农产品需求的增长也不是"刚性"的。

要判断一个国家的农产品供给能力,最直接有力的指标是农业劳动生产率。按照通常的简易算法,用农业GDP直接除以农业的就业人数即可得到。但问题在于,GDP是价值量而非实物量,不能直接反映农业生产者的生产能力。我们利用中国历年农产品成本收益调查所得的微观数据,对每一种产品的产量和用工人数做了度量。结果显示,1981—2004年间,中国农业劳动生产率的年增长率最低约5%,最高超过10%,平均约为6%—7%。对于这样一个在20多年时间里,劳动生产率年均增长6%—7%的部门,评价其为"弱质",可能不再准确和适当了。

从理论角度看,农业劳动生产率取决于农民的人均物质资本量、人均耕地、人力资本含量以及技术和制度因素。在人均耕地面积没有增加的前提下,劳动生产率提升主要是由于:体制调整因素,如新的产权制度的引入、市场的激励和政府的支持;科技进步因素,如农机、电力、化肥、生物品种、塑料薄膜覆盖等技术投入广泛应用;道路和物流设施改善促进专业化分工水平;等等。

在需求方面,农业需求的决定因素,一是人口,二是收入。现在,中国人口总量增速已有所下降,将于2030年前后达到的人口峰值,估计不超过14.5亿。在人口结构方面,到2030年,中国的人口老龄化程度将从目前的10.9%上升到24%。总抚养比在今后五年会下降1.5个百分点,之后就将上升,在30年里增加21个百分点。因此,五年后人口结构因素对食物需求可能表现出逐步为负的影响。总体来看,人口因素对于食物需求增长的贡献现在每年大概只有0.7%—0.8%,并且会持续下降;10—15年后,人口需求对食物增长的贡献可能会变成负值,这将是一个重要转折。

至于收入方面,在中国这样一个快速发展的经济体中,农产品需求的收入弹性是非常重要的。但严格计算收入弹性对数据的要求非常高,很难实现。我们可以使用农产品人均表观消费量(即国内产量加净进口)与人均收入数据,计算其三年平均值比例变动比率,作为对需求收入弹性的一个近似估计。

计算显示,主要食物和农产品需求平均的人均收入弹性大约位于0.5—0.6的区间,这意味着人均收入增加1%,主要食物和农产品需求平均将增加0.5%—0.6%。即便人均收入保持7%—8%的高增长,收入增长每年对食物需求的贡献也只有3.5%—4.0%。

加总人口因素和收入因素对食物需求的贡献,食物需求年增长不超过5%,且呈下降趋势。因此,在农业劳动生产力年转移1%的前提下,6%—7%的农业生产率增长率基本能够满足国民对食物需求的增长。

而且,中国处于一个开放的环境中,在目前中国与国际农产品价格同步持续下降的条件下,中国完全可以通过进口一些农产品,使食物安全的目标更加有效地得以实现。在这个意义上,传统农业社会和计划经济下讨论的农业供给能力绝对不足的问题,也许早已解决。

总体来看有几点结论:第一,近年在农产品出口增长的同时,出现了农产品净进口的局面。这个局面还会继续维持并扩大。第二,这个局面符合中国整体经济发展的利益,并且具有发展的可持续性。第三,要重新思考和评估中国农业是弱质产业、中国农产品需求刚性增长这样的流行判断。这对于确定我国在"多哈谈判"以及区域、双边谈判中对农业贸易的立场,对于我国土地政策长远框架的设计具有借鉴意义。

李振宁:股权分置改革的经验和启示

首先,李振宁先生介绍了中国资本市场股权分置改革的历史背景和改革过程。

20世纪90年代初中国资本市场成立时,将股票分为由公众购买、可以在二级市场交易的流通股和由发起人持有不能在二级市场交易的国有股和法人股。流通股在交易所的撮合下进行交易,而国有股和法人股则通过一对一的协商,按照净资产进行交易,从而形成一个"双轨制"市场,拥有两套价格体系。

管理层和中央领导对股市的认识有一个逐步的过程。改革开放初期,初步想法是试行股票市场,不行可以关闭。随后逐渐发现股市可以为国企解困服务,于是提出"为国企解困服务"的口号,1997—2000年国企发行几千亿股票,出现捆绑上市,甚至好企业不上市,有问题的企业通过股票市场解决负担的情况。在这样的指导思想下,股市基本上处于一种恶性循环。1992年上证综指曾达到1 500点,当时香港恒生指数为2 000点,美国道琼斯指数为2 000点。现在美国道琼斯指数为11 000点,香港恒生指数为17 000点,而上证综合指数改革前一度跌破千点。这段时期的中国资本市场可以归纳为一个行政主导的市场,本质上是政府解决自身短期问题和企业用来圈钱的手段。买股票的人大多抱着投机心理,因为三分之二的非流通股票一旦流通,再好的股票也会跌去一半。政府在需要融资时出利好措施向上抬价,发觉投机过度就向下压。中国股市就在这样一个恶性循环中蹒跚了十几年。

这段时间管理层也发现了这些问题,并试图解决这些问题。1996年11月国务院曾提出方案想让国有股以市价流通。当时股市行情很好,从500点上升到1 500点,非流通股只有500多亿股(这次股权分置改革前非流通股增加到4 000多亿股)。因为担心其影响太大,第一次尝试没能成功。1999年财政部也提出方案,试图按十倍以下市盈率的标准对十家企业进行减持试点,由于执行中存在很多问题,试行两家后也不了了之。

2001年国企解困基本完成,而社保缺2万亿元资金,当时考虑能否通过在二级市场出售国有股为社保筹集资金。2001年6月24日国务院发布文件,宣布发行新股过程中将出售部分老股为社保筹集资金。文件发布后,上证综指从2 200点跌到500点,社会上怨声载道,出现一片反对之声。2001年10月国务院宣布停止执行6月份的文件,这在证券行业是前所未有的,反映了当时严峻的形势。

2001年国有股减持停止后,证监会组织了一个大讨论,集思广益,由理论界、市场各方面人士参与,征求国有股减持方案。这次讨论开民主之先河,收到了4 000多份方案,从中得到几点共识:第一,将减持国有股补充社保基金与解决证券市场问题相结合,也就是实行全流通,因为证券市场是中国社会主义经济体系中必不可少的环节。第二,尊重历史,对现有投资者有所补偿。历史上很多国企通过造假包装上市,如果让那些原来只能卖净资产的股票以市价交易,让股民承受损失必然会引起不满。第三,本着多赢原则,让市场中的各方得利,而不只是某一利益集团得利。

由于召开十六大等原因,改革在周小川任证监会主席的任期内没有实行。2003年尚福林主席继任后,证监会成立了"改革发展白皮书"研究小组为中国资本市场进行定位,研究成果反映在国务院"国九条"中。"国九条"概括起来就是为中国的资本市场重新定位,从国家战略的高度认识中国资本市场。

经过几年研究,去年开始进行股权分置试点,首先推出四家,然后是四十多家,现在80%以上的上市公司已经完成或者正在进行改革。新股实行新办法,新老划断,同时实现了中国股市的牛熊转折,从1 000点上升到现在的1 600点。此外,改革中对券商进行治理,引进国外成熟做法,在法律上扫除信用交易和期货交易的障碍。以改革作为突破点,使整个资本市场面貌发生很大改观。

其次,李振宁总结了股权分置改革中的几点成功经验。

第一,路径选择正确。当时有很多方案,大多主张按某种模式进行统一改革,证监会研究认为采取统一方式在中国改革过程中缺乏成功先例。例如农村改革首先在凤阳县的小村庄实施改革试点,然后进行推广,最后三年把问题解决。证券市场改革同样如此,由于1 400家上市公司情况千差万别,并涉及两类股东利益的划分,如果采用统一模式,无论用再好的数学公式把参数算得再合理,也没有哪位领导敢拍板。通过市场化的方法,把统一决策分散成市场主体之间的博弈协商,证监会就可以作为一个仲裁者处于有利的位置。证监会既不代表民营经济,也不代表国有资产,不应为两方划分利益。证监会能做的是"三公",其中特别强调保护公众投资者的利益,所以把这个问题交给市场解决。

这里有一个特别条款。按照公司法,上市公司的重大结构变化需要三分之二表决通过。但仅有三分之二表决通过还不够,因为大股东往往占70%—80%,只要他们举手,全都会按市价减持。因此,除了公司法规定的三分之二股东通过,流通股单独表决也需要三分之二的股东通过。这样在大股东和小股东之间形成制约,双方通过讨价还价解决问题。最终多数大股东都倾向于送股方案,即非流通股股东让出部分股票给流通股股东,换取流通权。目前解决了一千多家上市公司,没有谁找证监会,因为都是自己投票的结果。这种市场化的途径是非常成功的方式。

第二,尊重国情和历史。股权分置改革过程中及改革后,不了解中国国情的外资机构批评中国股权分置的做法违背了商业原则,认为大股东的流通权是与生俱来的权利。在美国、日本、中国香港,流通权确实与生俱来;而在中国内地,大股东的股票从一开始就不能流通,这就会使得其行为不端正。当时国有企业的考核标准是净资产。比如一家公司的 B 股每股 3 元,以 20.8 元增发 A 股,净资产立刻从 3 元增加到 6 元。如果仅仅通过经营,即使年增长 30%,除去分红 10%,需要 5 年才能把净资产翻一番。因此,体制引导大股东通过寻租赚钱,而不是认真经营上市公司。尽管中国经济翻了几番,上市公司的业绩并没有跟上。

第三,中央领导高屋建瓴,看到银行和证券市场两方面都要抓,不能只依赖于银行贷款进行融资,资本市场对防范金融风险起着重要作用。

第四,李振宁指出股权分置改革带来的两点启示。第一,政府需要把主要精力放在制度建设而不是日常调控上。十六大有一条是让市场在资源配置上发挥基础性作用,但如果经济上稍有波动,政府就不停地调控,市场会难以发挥作用。第二,抓主要矛盾。现在经济有些过热,贷款太多,人民币投放量太大,主要是汇率的问题。现在全世界原材料都在涨价,人民币不升值意味着我们贵买贱卖。第三,目前我国在海外发行了大量股票,其中中国银行、中国建设银行、中国工商银行等发行了几百亿美金,再兑换成人民币会进一步增加投放。如果把 B 股市场建设好,通过在 B 股市场发行可以吸收国内的美金,对于延缓人民币升值有一定作用。

梁红:汇率、贸易顺差和宏观调控

今天是梁红博士第三次在中国经济研究中心参加会议,第一次是 2003 年听宋国青老师讲"走出通缩和人民币汇率"的问题;第二次是 2005 年 10 月,大家在这里争论 2006 年中国经济到底是通货紧缩还是通货膨胀,是产能过剩还是经济过热的可能性大一些的问题;现在 9 个月过后,今天再讨论短期宏观经济走势的话,好像没有什么意义了。在当前经济比较热、宏观调控正在实施的过程中,下面讨论的问题是究竟以什么样的政策手段可以让经济降温。

从梁博士三次到中心参加会议来看,第一次谈的就是人民币汇率。当时在座的所有专家、学者有一个基本的看法,就是人民币汇率第一是没有被太大的低估,第二是就算被低估问题也不太大。宋国青老师讲这个问题不解决,会给我们未来几年宏观政策的制定和执行带来很大的问题。果然我们现在又面临三年来的第二次调控,梁博士希望这次调控能够比较对症地做一些政策调整,能够找到问题的根本原因,也希望这是最后一次讨论人民币汇率和宏观调控问题,不要 12 个月、18 个月以后我们还讨论同一个问题。但是,从已有数据和当前政策的一些态势来看,情况并不是特别乐观。

高盛公司对当前经济形势的一个基本判断是低估的汇率带来大量的外汇流入,央行对冲存在困难,从而银行流动性变得比较大,企业出现了大量的贷款,整个需求走热。解决总需求过热在政策选择上有两个办法:要么压制外需,要么压制内需。如果压制外需,人民币汇率就要变动;压制内需有很多办法,包括调整利率、储备金率等,但更多的肯定是包括行政性的控制投资的手段。高盛认为2006年调控的情形会好于2004年,首先是因为现在中国领导人和各部委认识到了内需的重要性,认识到在调控的时候,不管用什么样的手段,都应该注意保护内需的势头;其次这次调控会更多地采用市场手段。但市场化手段运用起来还是很慢,会有困难,最后可能更多还是要用行政手段。

如果假设今后将保持汇率不动或基本不动,或2%—3%的小幅调整,那么这对解决中国宏观问题是没有帮助的。在这个前提下,如果用行政手段来压制投资,贸易顺差将会增加而不是降低。数据显示,中国贸易顺差大量增长一般是在宏观调控之后第二年,从20世纪80年代的1984年、1985年到1990年、1991年、1994年、1995年到21世纪的2005年都是这样。再加上今年是第一次GDP增长与贸易顺差同时走高,因此,如果汇率不变或小幅变动,压不压制投资明年贸易顺差都将非常大。现在市场上还有一个令人担心的问题是美国明年经济会走弱。值得强调的是,即使美国经济下滑也未必会减少我们的顺差。美国经济下滑可能会减少我们的出口,但中国和亚洲很多国家传统上对待外需减速的办法就是压缩进口,结果使得贸易顺差不降反升。因此,不管是用宏观调控的手段来压制内需,还是美国明年经济下滑,从预测角度看,应该都不会帮助我们解决贸易顺差的问题。解决这一问题的根本办法在于增加内需,即让人民币升值,增加进口。国内有人主张减少出口退税来解决贸易顺差,而出口退税减少只能减少出口不能增加进口,等于是升值再加一个提高进口关税,扭曲了相对的贸易价格,还不如搞通货膨胀。

现在普遍认为,经济增长有点偏热,第二季度GDP增长11.3%。我们用名义GDP减掉贸易顺差来度量内需,看它对经济增长的贡献度。数据显示,2004年调控之后,内需的贡献度下降,然后随着央行2005年第二季度货币政策的放松,内需的贡献度明显回升。然而从今年第一、第二季度以来,虽然整体GDP增长速度在加快,但是内需的贡献比例在下降。从现在的数据来看,经济增长的80%来自于内需,出口顺差的贡献是20%。如果贸易顺差的增长是零贡献率的话,名义GDP的增长还是可以保持在11%—12%,经济可能正好不冷不热。也就是说,如果没有顺差这么大的增长,投资不见得就是过热。因此,问题出在贸易顺差增长过快上。如果要保证目前的贸易顺差增速而不调整汇率,当然会投资过热,进而引发消费过热和全面通货膨胀。

那么汇率到底是被低估还是高估?市场汇率应该是所有中国人民银行、国家外汇管理局官员不再担忧外汇储备,外汇储备除利息外不再有新增部分时所决定的汇率。由于日本也经历过外汇储备迅速增加且数额巨大、汇率被低估的情形,我们将中国与日本的外汇储备情况做比较,发现日本虽然经历了外汇储备的迅速增长,但1974—1985年间外汇储备占GDP的比例一直处于2%左右。而中国1994年这一比例约为9%,随后缓慢上升至2000年的14%左右,而2000年之后这一比例迅速攀升,到2005年已高达35%以上,并且增幅仍没有任何变缓的趋势。因此,可以认为汇率存在低估,而且不是简单的低估,是很大幅度的低估。现在的问题是如何使这一比例的增幅变缓。如前所述,只靠减少或取消出口退税是不能解决根本问题的,因为没有解决进口的问题。鼓励出口、增加市场份额、进行升级换代等无可非议,但问题是如何增加进口。

2004年大家觉得内需过热、投资过热的时候,突然就是贸易逆差,贸易逆差的幅度还相当大,上半年都是逆差。但为什么这次经济这么热,顺差还越来越大?可能是两个方面的问题:一是汇率低估的程度可能比想象得要大;第二个更严重的问题是,过去两三年汇率没有调整,新增的产能有很多进入进口替代部门,经济结构发生了变化。因此,汇率调整不仅仅是一个宏观调控的问题,还有一个中长期的问题,如果汇率信号是错的,新增产能、新的产业结构可能会变得越来越糟。如果现在不及时大幅度地调整汇率,以后通过汇率来解决问题可能会难上加难。

　　最后,中国有没有可能重复日本的错误?所谓日本的错误,就是货币政策定位首先是确定汇率政策,汇率逐渐升幅,然后利率政策就成为一个剩余变量。2004年中国的收益率曲线比美国高。经过宏观调控后,到2006年6月30号的数据显示,则是美国的收益率曲线高于中国;不仅如此,中国现在的收益率曲线比2004年的还低。由于资本的逐利性,虽然央行提高了贷款利率,但是老百姓的存款利率、政府的无风险债券利率仍然很低,企业和个人必然会另寻出路,进入房市、股市等。因此只提高贷款利率而不增加存款利率,引发的问题可能比解决的问题更多。由于中国的投资风险比较高、收益比较高,所以我们希望中国和美国的收益率曲线的相对位置会换过来,比如美国停止加息,中国不断加息,不断缩小差距。但要完成这种转换,估计需要两三年的时间。在这个时期内,经济可能会不断的趋热,通货膨胀率会上升。一旦汇率政策固定下来,不调整,或者只调两三个百分点,最后还是要依靠行政手段,但行政手段也不能从根本上解决问题,而且风险很大。首先是短期美国经济下滑会增加出口风险;其次是结构上的问题。有分析说今年的贷款主要有两大块,一个是政府的基建(和"十一五"有关),还有就是一些制造业(主要是高端制造业),都是冲着替代进口或出口去的,这将进一步恶化经济结构问题。

高善文:理解中国的通货膨胀问题

　　观察1980年至今中国工业品出厂价格指数与美国生产资料(中间品)价格指数,可以大致认为,1995年是一个重要的分水岭。1995年以前,中美两国生产资料价格指数并不是特别相关;而1996年以后,中美两国生产资料价格指数在年度频率上表现出很强的同步趋向。较为表层的解释是,在此期间,中国经济发生了两个重大变化:一是1994年中国实施了汇率体制改革;二是1996年中国经常账户贸易彻底放开。1994年至今,人民币对美元名义汇率大体稳定;在高度稳定的汇率制度与高度开放的贸易体系下,根据简单的"一价定律",中美两国贸易品价格同步波动是一个较显然的结论。1996年至今年4月的月度数据同样显示,中美生产资料价格指数呈现出较明显的同步变化特征。由此带给我们最重要的启示是:对于考察和分析中国的通货膨胀,至少对于分析中国贸易品的通货膨胀而言,必须在全球经济供求平衡以及全球主要经济体的货币政策实施状况的背景下加以研究与判断。

　　如果说中国国内的宏观调控政策(包括货币政策在内)能够对中国贸易品的价格走向产生方向性影响,那么这种影响必须是首先能影响全球贸易品的供求平衡,也必须以全球主要经济体已经实施了既定的货币政策为前提条件。对于诸如PPI之类的总体价格指数而言,在绝大多数条件下,中国仍然只是一个价格接受者,在很大程度上不具有影响价格变化方向的能力。

即使美国的生产资料价格指数也是在全球经济范围内形成的。除了汇率在边际上所产生的微小影响外,对于美国生产资料价格指数的变化方向与幅度,我们更倾向于用全球工业品增长率的波动来加以解释。美国 PPI 变化的驱动因素大致有三个,主要包括:石油或其他主要大宗商品价格变化、美元汇率变化,以及 OECD 国家工业增长率的波动。其中第三个是最为主导性的因素。

考察中国更为一般意义上的通货膨胀问题时,无论是在年度还是月度频率数据中,我们都可以观察到一个比较明显的特征,即中国食品价格的涨落与中国 GDP 平减指数(年度频率数据,月度频率数据以 PPI 为代表)的涨落在趋势以及拐点附近具有高度一致性。其重要意义在于:如果我们关注于微观层面的供求关系,那么瓦尔拉斯定律只能确定商品间的相对价格。但在宏观层面上,我们更关注于名义总体价格水平的确定及其波动状况。高博士个人的理解是,总体价格水平依赖于整个经济体系中的"名义锚"。对于主要经济体而言,"名义锚"指的是中央银行货币政策的可信度与公信力。总体而言,经济中的"名义锚"是高度稳定的。要获得货币政策的公信力,至少有两种办法:一是直接将中央银行独立出来;二是固定汇率。就实际数据以及朴素的经济直觉而言,中国经济的"名义锚"实际上也是汇率。过去十多年间,中国人民银行将人民币汇率锁定于美元汇率;所以,我们也"进口"了美国货币政策的公信力。

我们强调中国的 PPI 可能是中国(通货膨胀)的"名义锚",其重要性在于,中国贸易品占产出的比重远远高于日本、美国以及西欧国家贸易品占产出的比重。在此背景下,我们才能解释如下现象:OECD 国家工业增长波动,再叠加美元汇率之类的其他因素,很大程度上决定了美国的 PPI 波动,美国 PPI 的波动决定了中国 PPI 的波动,中国 PPI 的波动导致中国 CPI 乃至中国粮食、食品价格指数的波动,进而决定了中国整个经济体系的通货膨胀表现。

在微观层面上,同上述宏观层面的分析相一致,中国钢材价格指数与全球钢材价格指数的波动也基本同步,但存在两点重要差异:一是 2002 年、2003 年中国经济较热时,中国钢材价格指数始终高于全球钢材价格指数。而最近,情形正好相反,而且全球钢材价格指数反弹的起点大致领先于中国一个季度左右。但在这种一致性的大背景下,上述差异意味着什么呢?意味着中国与全球钢材价格指数的驱动因素是不同的,这一认识可以经由钢材进出口量的变化加以验证。从过去两个多月的数据来看,实际上这种影响已经比较明显地反映于中国的 PPI 之中。但这绝不意味着中国政府有能力影响 PPI 或 CPI 乃至食品价格指数的走势。在此背景下,中国的通货膨胀即使在某些时候、某些地点与中国国内的供求平衡有微弱联系,但在平均意义上,以及在绝大多数情形下,价格水平或通货膨胀与国内的供求平衡是两个相互独立的事件。

以下补充说明关于产能过剩的问题。仔细观察今年以来中国与全球钢材产量的情况,我们可以发现,尽管今年全球钢材需求显著增长并拉动了全球钢材指数的上涨,但全球钢材新增产量的 76% 来自于中国。如果我们考察第一季度或者 1—4 月的数据,这一比例更是高达 85%。尽管如此,高博士想强调的一点是,考察中国的产能过剩、供应过剩问题,必须置于全球经济供求平衡的背景下,而不能将中国作为一个封闭经济体来对待;在一定程度上是全球产能向中国转移的结果。换言之,为什么今年中国钢材产量增长如此之大,而全球其他地区的产量却不增长呢?因为全球其他地区钢铁行业没有投资。进一步地追问,为什么它们不投资呢?因为它们把资本都投向了中国。这是生产全球化、贸易全球化与经济全球化的自然结果。

宋国青:中国投资率太低

最近几年讨论中国宏观经济问题时,最后的落脚点都是中国的投资率太高。这里列举几个现象:顺差和消费都是总需求的组成部分,不过宏观调控压制总需求,通常都是压制投资而不压制消费和出口,原因就是认为潜在的投资率太高了。中国的投资率与其他国家比较确实高,但如何界定"太"字是个问题。还有人认为中国的储蓄率太高,也等价于说投资率太高,否则储蓄率高拿去投资就可以了。说生产能力过剩和投资率高更是有直接的关系。此外,对汇率问题的看法和储蓄率太高的说法在很大程度上是一个逻辑,中国的投资率太高,储蓄率更高,所以应该把多储蓄的部分借到国外,也就是贸易顺差,资本输出,所以汇率应该是现在这个水平或者更低,至少不应向上大幅度调整。另外,有人认为投资增长率太高,等价于经济增长率太高或者投资率太高。经济增长率高总不能说是个问题,因此还是投资率太高。所以很多宏观问题的讨论,最终都聚焦到投资的问题上去,这就需要对此有很好的理解。

中国的投资率与国际比较很高,但是中国的人均资本(就总量而言,不涉及具体的行业)比发达经济低得多,中国的人均资本是美国的二三十分之一,因此多积累也是可以的。现在投资很多,很多人担心将来需求不足,这里面潜在的假设就是说投资不是需求,事实上投资也是需求,就算消费需求不足,只要企业愿意就可以继续投资,投资需求很高同样可以保持总需求和总供给的平衡,所以归根结底还是投资的问题。

可以从人力资本角度理解这个问题。过去说美国的人均收入是中国的40倍,现在差别可能小了一些,简单地理解为美国的人均资本高,中国的人均资本低,或者说富国的资本多,穷国的资本少,所以富国的收入高。后来开放了国际贸易,资本从富国流到了穷国,两国的人均收入慢慢趋同。不过现在看到的情况是,资本从中国流向美国而不是从美国流向中国。这里面的问题就要考虑人力资本了。美国的工资率是中国的三四十倍,如果美国的人力资本也是中国的三四十倍,那么两国的人均资本相同。将劳动力按人力资本打折后,在资本完全流动的情况下,打折后的人均资本各国都一样。现在中国可能正在经历人力资本高速增长的一个时期,微观上的证据暂时没想好,只是简单地举一些例子。农民进城后可以很快提高知识,到了城市之后需要找房子、打电话、办信用卡、找邮局甚至公安局,那些生活在城市里需要知道的事情都是知识。因此城市化可以大幅度提高移民的人力资本水平,高速城镇化可以导致全社会人力资本水平的高增长,因此人均资本可以高增长,投资可以高增长。

这里说的投资少是说人均资本存量太少。现在人力资本提高得非常快,物质资本的速度也可以提高得更快一些,依据是现在的利润率非常高。关于企业利润的数据处理有许多复杂问题,如1998年开始有一个"三年脱困",企业债转股,口径上不可比。还需要进行通货膨胀调整,然后还有会计准则的改变。很重要的一点是,现在说企业利润上涨的是石油、电力等企业,而一般的制造业企业的利润上涨幅度小,不过中国作为一个整体,是资源的进口国,所以资源价格整体上升,对企业利润来说不一定是正面影响,可能是负面影响。换句话说,如果资源价格没有上升,或者上升得少一点,中国的企业利润应该比现在更好。如果把这个因素考虑进去,可能会对利润的数据做一点调整,不过初步估算的结果是变化不大。季节调整后规模以上工业企业的利润总额,从2000年、2001年每个月的400亿元到今年5月的1600亿元,上涨了3倍。规模以上工业企业利润比上年同月增长率,这是国家统计局直接报告的数据,2005年低一些,之后很快增长了。规模以上工业企业利润总额占增加值的比例,1998年的时候不到8%,现在是22%,从这个比例看上涨了两倍。1998年、1999年、2000年那三年有一个脱困的问题,可能有一些影响。把各种影响利润的因素考虑进来的话,比例上升这一点仍然是比较明显的,只不过是上升的幅度可能会有所调整,不一定有这么大。

规模以上工业企业净资产利润率,即企业利润与报表中的所有者权益(总资产减掉总负债)的比例,2005年是18%,今年的预测是19%。而银行一年期存款利率为2.25%,简单从账面来看,投资收益率远远高于银行存款利率,因此投资需求多。当然,这个净资产利润率还要进行一些调整,首先是税率调整,所得税税率是33%,不过实际执行中可能不到30%,大概20%多。还要进行一个复杂的通货膨胀率调整,之后再调回名义收益率,大概是12%—13%。与贷款利率6%或7%、存款利率2.25%相比,肯定是有投资需求的,这就是投资的动力所在,所以这两年的情况是稍微放松一些,投资就迅速上涨。包括今年上半年投资也上涨得很快,前五个月的城镇固定资产投资增长率大概是30%。其中国有和国有控股投资增长20%左右,国有与非国有投资大概是各占一半,那么非国有投资的增长率大概是40%多。1998年、1999年通货紧缩时,1998年的年平均存款利率是5%多,贷款利率可能是9%多,利润率即投资报酬率是5%多,这个时候一定投资不足,投资不足就是通货紧缩。当然这里面的数据还需要进一步调整,包括会计准则方面的问题,具体的影响也需要进一步分析。

回到刚才的问题,投资报酬率这么高,还说资本太多了,显然是有问题的。只要生产函数中资本的边际效用是递减的,那么只能是资本太少的情况下,投资报酬率才高。投资报酬率高,需要继续投资,直到投资报酬率降低为止才达到均衡。投资率太高和太低的标准到底是什么?就是均衡的投资报酬率和利率保持一个适当的关系。有人愿意借钱,有人愿意投资,自然的结果就是最优的和均衡的。从这个标准来讲,现在投资报酬率显然很高,投资不足。

现在说通货膨胀率低,这是简单的度量问题,其实并不低,工业品出厂价格月环比年增长率在五六月是10%以上,6月是15%,现在是高通胀,而不是低通胀。这一情况可以通过季节调整后的消费价格指数和工业品出厂价格指数反映出来,这是定基比价格指数,其斜率即为通货膨胀率,同比增长率的指标并不准确,在有些情况下严重误事。从4月开始的最近几个月,工业品价格在大涨,按年率看,在10%以上,大概是15%。消费价格指数涨得稍慢一点,现在应该是5%左右的通货膨胀率。因此不存在高增长、低通胀的说法。另外,货币的数据,从6月的增长率来看,是通货紧缩而不再是过热了,这一结论还不能确定,宏观调控可以等等看。因为6月的数据不知道是稳定的,还是偶然的情况,央行早先提出调高存款准备金率,7月5日开始执行,可能在6月底通过调整头寸出现了这样一个结果,因此6月的数据是不确定的。总的来说,货币量不是太高,宏观调控也不着急,等两个月是可以的,否则把经济调控下去再往上调整是很麻烦的事情。

第 7 次 报告会快报

（2006 年 10 月 29 日）

2006 年 10 月 29 日，CCER"中国经济观察"第 7 次报告会在北京大学中国经济研究中心万众楼举行。这次报告会的主题包括当前宏观经济形势、收入分配、外汇储备、地方政府支出等方面的内容。国民经济研究所所长樊纲教授、国务院发展研究中心金融研究所所长夏斌教授、北京大学中国经济研究中心卢锋教授、宋国青教授、周其仁教授、平新乔教授发表演讲并回答听众提问。下文为主讲嘉宾的演讲摘要。

樊纲：当前宏观经济形势

樊纲教授主要谈了一下这几个月来对经济进行观察所产生的想法。

首先，是对当前短期宏观经济情况大体的分析和预测。第三季度经济的下滑，大家认为来得比较突然，但一定程度上这也是预料之中的。因为尽管今年上半年投资增长了 30%，但经济并没有非常过热的趋势。原因在于：

第一，很多部门仍然存在很大的过剩生产能力，也就是说，2003 年、2004 年高增长所产生的一些生产能力最后被证明是过剩的。这个趋势在去年下半年非常明显，今年上半年实际上仍在继续。尽管被其他一些部门的投资增长掩盖了，但问题还是存在的，包括钢铁、水泥、重型机械、电力、纺织（它们是前几年投资高增长的重要组成部分）等 12 个部门中存在不同程度的过剩。在讨论经济增长趋势上，这个事实体现在以下几个容易被忽视的指标上：一是产业投资并不快，这一轮增长还是由地方政府的基础设施投资所推动的。有相当一部分大型产业投资出现增长速度下滑，比如浙江投资增长速度下降到 10% 以下，上海甚至出现两个月的负增长。2003 年、2004 年的高增长最初是由政府投资带动的，然后因为生产资料短缺从而推动各个部门开始高投资。但在今年上半年的增长中，消费品和服务业部门增长得更快一些，其他的生产资料部门增长速度都在放缓。二是上半年贸易顺差继续了去年的走势，表明国内需求并不旺盛。进口增长比较缓慢，比去年略微高一点,为21%—22%,出口速度则继续了去年30%的增速,因此出现大量外贸顺差,这是国内需求并不旺盛的表现。三是从经济周期的角度看,在1992—1994年开始的高增长中,没有出现低谷,这不符合经济学的原理,过剩生产能力还是需要消化的。经济政策制定得好,可以适当地熨平波动,但不能完全消除。总的来讲,周期是一定存在的,过热之后肯定有调整,这也是导致经济放缓的一个因素。

第二,政策因素。年初的投资高增长有两大原因:一是政治周期,即地方政府的投资冲动,去年全国范围内的换届选举基本结束,省长、市长、县长基本上新官到任,开始新规划,不可避免地产生投资冲动。二是银行今年第一季度的突击放款,第一季度贷款增长额占全年计划贷款增长额的50%以上。其中一个制度原因是银行改革,银行为了在年底之前收回贷款,显示利润和资本充足率,急于把贷款投放出去,从而导致放款量急剧上升。紧接着是采取了两项政策。一个是土地政策,严格控制地方政府的投资冲动。这一轮控制的速度相当快,而且相当及时。过去很少或很长时间之后才动用政治手段,这一次直接采用政治手段,很快控制住了土地审批和地方的投资项目,体现在新开工项目的投资计划总额这个指标上。在投资过热的时候,这个指标非常高,一般都在50%以上。但最近几个季度一直在下滑,9月为11%。另一个是央行针对突击放款所采取的紧缩措施(当然也有其他诸如货币发行过多、外汇储备过多等原因),包括两次提高准备金率、提高利率的措施。可以认为,这次调控政策已经见效,见效的突出表现是抑制住了基础设施建设公共投资总额,整体的投资速度就会随之放缓,经济增长速度也就开始放缓。

这种调整的趋势还会继续,但从政策角度看,还需要先观察一段时间再进行决策。到目前为止,今年的增长速度还是比较快的,在10%以上。因此,现在说总需求不足仍为时过早。投资增长速度仍然在20%以上(24%左右),不是太低,所以虽然从长期来看扩大内需是必然的,但短期内不应该扩大内需。同时,经济逐渐下调的趋势也表明不宜再出台紧缩性的政策。

其次,讲一下外部不平衡对中国经济的影响。众所周知,中国现在面临一个新的大问题,即外部不平衡问题,也就是外汇储备太多。也许此时此刻,外汇储备正在突破1万亿美元的大关。经常项目顺差估计到年底会达到GDP的7%,并且这种趋势没有逆转的迹象。明年出口可能会继续强劲,进口仍然很低,仍有可能像今年一样增加两三千亿美元的外汇储备,后年也许还会继续。何时结束是目前最重要的问题,也是值得研究的大问题。

经济学原理告诉我们不均衡总是不好的。考察以往的各种危机,与我国的现实情况相去甚远。以往衡量经济危机的一些指标和我们的指标格格不入,甚至相反。比如说,亚洲金融危机之前,大家通过拉美国家的教训知道有几个因素会导致经济危机,从国内角度看是财政赤字和通货膨胀,控制住这两个指标,经济基本上不会出什么大问题。因此亚洲各国这两条指标控制得比较好,财政赤字和通货膨胀都比较低。我国的财政赤字和通货膨胀现在都很低,政府财政赤字是世界上财政赤字最低的国家之一,政府债务占GDP比例也是最低的国家(至少在发展中国家)之一,大概是16%—17%。欧盟成员国加入欧盟的条件是财政赤字占GDP的比例小于3%,或者政府债务占GDP比例不超过60%,日本现在是160%,与之相比,我们的比例很低。CPI上半年有上升的趋势,但后来又缓慢下来,不到1%。基于这个经验,各国都控制住了国内印制货币的问题,但是其他两个问题,也造成了金融危机:一是财产泡沫、股市和房产泡沫;二是金融市场开放即资本流动导致的风险。日本、中国香港是典型的财产泡沫,泰国、印度尼西亚主要是金融市场开放导致的股市和房产泡沫等。韩国虽然没有开放金融投资,但对短期商业债务的监管很少。中国现在在这两项上也控制得不错。

现在中国出了一个新的大问题,即长期大额的双顺差(经常项目顺差和资本项目顺差)导致的外汇储备大幅增加。通常认为如此巨额的外汇储备风险来自于美元大幅贬值。如果当前的有管理的小幅浮动汇率制度不变,如果美元贬值,人民币也贬值,那么尽管我们的欧元等资产会出现损失,但美元资产短期内不会出现大的损失。因为贬值,我们对欧盟、日本的外贸顺差大幅增长,新的交易的不平衡又会出现,这也会有风险,但这个风险在资本账户基本封闭的情况下似乎不是很大。尽管如此,我们仍然需要研究和考虑——真正的危机是我们任何人没有想到的危机,是迄今为止我们的知识所不能解决的问题。所以,一个基本的政策结论是通过各方面的政策来缓解双顺差的局面,放缓外汇储备高额增长的趋势。调整汇率既不能解决美国的贸易逆差问题,也解决不了我们的高额顺差问题,因为一旦人民币升值,虽然经常项目的顺差可能减少,但投机于人民币升值的资本账户顺差将急剧上升,外汇储备最终还会上涨,不能从根本上解决问题。因此需要各方面的配套措施,包括如何管理资本账户、如何实现贸易的平衡、如何实现自身的调整等来综合地解决这一问题。

外部不平衡的问题可以通过下面一些措施来缓解。在经常项下,可以而且应该抓紧时间做的是普及农民工社保。我们不愿意大幅度升值,是怕对国内企业的成本造成很大的冲击,使企业的竞争力下降。但是,调整汇率在一定条件、一定幅度内是可以的,也是必然的。企业可以通过这种成本变动来调整自己的经营方式,实现产业升级等,并且可以在一定程度上改善出口和进口的关系。调整汇率从根本上是美元本位的国际金融体系、美元发放过多的问题(60%的美元在美国之外流通),这是美国的问题,我们不能调整太多汇率,否则就变成世界上最穷的人去给最富的人所造成的问题买单。但我们的确可以在劳动成本上做文章。目前农民工社保的覆盖率非常低,现在的社保体系是当地化的,仅限于当地,不能在全国流通,即农民是流动的,但在当地所交的社保基金不是流动的;社保法在对非正式部门的农民工的保护上很不利。因此,与其更多地调整汇率,不如更多地实施社保。现在调整社保,既有利于解决社会差距拉大的问题,又有利于解决我国当前的外部不平衡问题。与调整汇率相比,这是有利于长远发展的更好的措施。

在资本项下,除了调节其他形式的外资进入,更重要的是控制企业境外融资。企业境外融资近几年增加很快,而我们已经有巨大的外汇储备。并不是反对境外上市,境外上市的重点应该是借助境外市场的制度来监管我们的企业,其比例可以适当减少。应该更多地考虑如何利用国内资产,利用国内储蓄,利用已有的外资企业,甚至可以想办法鼓励外国人到中国来发行债务,把我们的美元用到国外去。在制度不健全的情况下,借款是风险较小的资本流出形式,我们应该鼓励。

宋国青:国内收入分配偏斜导致消费率下降

宋国青教授的报告主要有五个方面的内容:一是对国民收入分配有关数据的分析和估算;二是分析最近几年居民储蓄的数据;三是数据分析的一些结论;四是关于国民收入分配结构的一些问题;五是关于当前宏观情况的简单看法。

虽然我们一直在说刺激消费,但居民消费占 GDP 的比例从 1998 年以来下降了 8 个百分点。按照 2005 年调整后的 GDP 数据,居民消费占 GDP 的比例为 38%,而美国 2005 年的消费率是 70%。到底是投资率高引起消费率低还是消费率低引起投资率高,这里面的因果关系值得讨论。比较普遍的看法认为个人消费倾向低。中国无论是和其他国家相比还是和自己的过去比,目前的居民消费倾向确实比较低。但是,消费倾向的绝对高低是一回事情,它的变化又是另一回事情。消费倾向低最多能解释消费率比较低,而不能解释消费率持续下降的情况。

这里分析的基本数据来自《中国统计年鉴》中 1992—2003 年的资金流量表。由于原表没有根据 GDP 修正后的数据进行调整,为了比较,在推算 2004—2006 年的数据时,统一按照旧的 GDP 口径进行计算。通常 GDP 有三种算法:生产法、分配法和收入法,这里谈的大致上是收入法 GDP,反映国民收入在政府部门、企业部门和住户部门之间的分配情况。截至 2003 年,政府部门和企业的可支配收入,即企业未分配利润占国民收入的比例一直在上升。2004 年以来的相应情况还没有做出来,但是参照国家财政收入占 GDP 的比例和规模以上工业企业利润占 GDP 比例迅速上升的情况可以估计,政府部门和企业部门可支配收入占 GDP 的比例进一步大幅度上升,目前看不到任何下降甚至走平的迹象。

政府部门和企业部门可支配收入比例迅速上升,结果只能是居民可支配收入在国民收入中的比重下降。居民可支配收入占国民总收入即国民生产总值的比例,1992 年的时候为 69%,到 2003 年下降到了 62.5%,根据财政收入和工业利润的数据推算 2006 年的比例大约为 55%。

可以根据这些数据计算居民的消费倾向。在 1992—2003 年的资金流量表中,居民消费倾向是上升的。根据推算的数据计算,2004—2006 年的居民消费倾向也没有下降。总的来说,从国民收入分配平衡表的角度看,没有理由认为居民消费倾向有明显的下降趋势。

下面从其他的角度来检查一下居民储蓄占国民收入比例的变化情况。这里采用了两个居民储蓄余额的数据指标,一个是居民的本币储蓄存款和手持现金,两者之和占名义 GDP 的比例从 1979 年到 2003 年一直大幅度上升,从 2003 年到现在则基本上持平或者轻微下降。这是一个非常重要的转变。因为储蓄存款是个人储蓄中增长最快的部分,手持现金的增长也相对比较快,两者的总和要比其他金融资产增长快。这两者占 GDP 的比例不上升,那么其余部分的比例就会下降,加起来的比例就会是下降的。另外一个指标是在储蓄存款和现金之外,再加上凭证式国债和外币储蓄存款。这四部分余额占 GDP 的比例从 2003 年以来是下降的,作为当年储蓄的金融资产增量占 GDP 的比例明显下降。其他的金融储蓄还包括保险和股票等,合起来算的比例还要下降更多。在居民金融资产余额占 GDP 的比例下降的过程中,金融资产增量即当前储蓄占 GDP 的比例显著下降。

关于居民购买住房涉及的储蓄问题在最后讨论,这里只提到两点:一是这部分的可比增量并不像看起来的那么大;二是消费和储蓄的经济学意义和统计定义不完全一致,其中有一些可以争论的理论问题。考虑到这些,现在还不能肯定地说居民的消费倾向在上升,但是非常肯定地说下降也缺乏数据支持。

总结一下上面的分析,有几个结论:按国民收入分配核算口径算,一是居民储蓄占 GDP 的比例下降;二是居民可支配收入占 GDP 的比例快速下降;三是居民总储蓄占国民总储蓄的比例快速下降,即政府部门和企业部门总储蓄占国民总储蓄的比例快速上升;四是居民消费倾向的变化,考虑到居民买房的问题和各种估计误差的问题,难以做出比较准确的判断,可能是微降、持平甚至上升。

国民收入分配比例的变化是很大的事情。居民可支配收入占 GDP 比例的变化,从 1978 年到现在是一个大的倒 U 形,1994 年以前快速上升,从 1998 年开始下降,最近几年快速下降。这种状况持续下去会有很大的问题。且不说居民消费倾向能不能改变,就算可以发生一些变化,也赶不上收入比例下降的影响。所以,在国民收入分配格局的趋势没有非常大的变化的情况下,居民消费占 GDP 的比例只能下降,也就是投资加上贸易顺差占 GDP 的比例只能上升。

需要注意的一点是一些收入概念隐含的问题。应该区别财政收入、财政可支配收入、财政赤字和财政储蓄。十年以前很多研究认为,中国财政收入占 GDP 比例和其他国家比起来太低,强调要使财政收入的比例上升。其实财政收入在一定程度上只是一个流水账,包含了转移支付,把转移支付去掉是财政的可支配收入。我国政府部门可支配收入占 GDP 的比例其实是相当高的,近年来更是大幅度上升。另外,通常所说的财政赤字是经常账户的概念,还应该有一个资本账户。因为财政有很大一部分投资,如果经常账户有赤字,但资本账户盈余大,加起来还是盈余。在这种情况下只讲财政赤字是有问题的。从国民收入分配和投资消费的角度看,重要的是政府储蓄的概念,就是政府部门可支配收入减去消费,也就是经常账户与资本账户赤字或盈余之和。美国 2005 年财政收入占 GDP 的比例是 29%,中国是 17%。从这个指标来看,中国比美国低 10 个百分点左右。不过政府部门总储蓄占国民总收入的比例,中国 2003 年是 9%,2005 年大约是 10%,美国的这一指标在 2005 年是 -5%。

还有一点是在国民收入核算中,区别国有部门和私有部门比区别政府部门和其他部门更重要。从国民收入分配的角度看,应该将国家财政和国有企业的收支盈亏合并计算,就是并表。从国民收入分配大格局的角度看,国家财政和国有企业包括国有银行都姓国,在一定的意义上是左口袋和右口袋的关系。如果将政府部门和国有企业合并算账,国有部门可支配收入和总储蓄将占国民收入的很大一部分并且快速上升。

从现在的情况看,国民收入分配格局的调整有非常大的空间。个人储蓄是为退休后养老做准备,但国家储蓄很多就没有必要了,特别是没有必要让国有部门储蓄占国民收入的比例在已经比较高的水平上持续大幅度上升。这个问题可以说是"藏富于民"还是

"藏富于国"的问题。一个有关的理论是李嘉图等价,其意思是,"国"本来就是"民"的,财富放在"国"的口袋与放在"民"的口袋是一样的。但事实上差别很大,"民"并不认为"国"的口袋里的财富是自己的,或者不知道"国"的口袋里有多少,其中又有多少最后与自己有关。具体到消费上面,居民消费还是与居民财富而不是国民财富关系更大。

简单说一下对当前宏观经济情况的看法。9月货币的环比增长率很低,如果只是货币增长率下降则问题并不大,但是把汇率考虑在内,二者结合构造的领先指标下降得更加厉害,差不多到了2001年以来的最低线,下一步要刺激经济才行。最近几年的宏观景气三起三落,上半年看到经济热开始压,到下半年又开始放,导致经济不断波动。其中谈得很多的问题是投资率太高、投资增长率太高,等等。应该把这两个问题区分开来。一个是总需求增长率过高,这个问题在今年上半年其实并不很严重,适当调控就可以了。另一个问题是投资率太高,在消费率持续下降的情况下,投资率或者投资加上贸易顺差的比例上升是没有办法的。评论这次宏观调控见效快,也是从总量上看,但到明年计算投资加顺差占GDP的比例又会上升。这个比例的中长期趋势与短期的宏观调控其实没有多大关系。

最后谈谈居民购买住房和储蓄的问题。最近几年的一个重要情况是个人购买住房的支出增长很快。个人买房的首付和归还贷款的本金应当算在当前储蓄中,金融资产方面储蓄比较低的一个原因是买房支出增长快。但是在国民收入分配的有关概念中,土地转移导致的收入和支出并不构成国民收入。比如说,一户城镇居民买一套房子花了100万元,相应的社会投资为40万元,另外60万元是土地的价格。土地的价值并不算成是生产出来的,相应的收入支出只是转移支付。在这个例子中,相应的生产增加值即国民总收入和社会储蓄只有40万元,而不是100万元。

从平衡表的角度看,如果说城镇居民买房支出的100万元都是储蓄的话,在卖地农民那里应当算60万元的负储蓄,整个居民储蓄还是只有40万元。这里说的投资和储蓄都是毛或者总的意思,没有减掉折旧。净投资和净储蓄是总投资和总储蓄减去折旧的余额。

城镇居民买房支出中包含的买地的支出很大,但农民得到的卖地收入却要少得多,这个大差价的存在是个重要的情况。从经济分析的角度看,如果土地的实际价值接近农民的实际收入,那么将土地从低价值的农业转移到高价值的城镇住房,社会效用增加了。但是目前统计中的国民收入这些概念并不包括土地转移引起的价值变化。

最近几年所谓"热钱"进来的很多,其中相当一部分用于购买住房,这部分实质上不应当算做国内居民的收入和储蓄。还有一点是住房制度变化导致的不可比性。原来是单位分房,现在改成个人买房,有关的收入和买房支出的增加不可比。要比较的话,应当将原来分的房子按合适的价格计算为虚拟收入和储蓄。

最重要的是,房价上升导致的储蓄增加是虚的,真实的住房储蓄的增加应当用住房质量和数量的增加来计算。按这个口径计算储蓄,调整收入适用的价格指数就应当包括房价。这样算下来,虽然上面说的一些比例会发生变化,但是居民真实可支配收入和真实储蓄的增长率仍然不高。正是考虑到这一点,将居民购买住房中用于购买土地的部分不算为居民储蓄即全部算成农民的负储蓄,问题不是很大。不过这里和其他方面还是有很大的不确定性,所以关于居民消费倾向的变化还是难以有比较准确的判断。

夏斌:如何看待和运用外汇储备

根据 7 月央行和有关部委出台的政策,夏教授判断到年底经济不会出现什么问题。经济增长将维持在 10% 左右,物价也不会高,就业等没有什么大的变化,最后的问题还是外部不平衡的问题,即双顺差导致外汇储备过多、汇率调整、货币发放过多、投资难以控制的问题,因此汇率问题是当前的主要问题。

夏教授在 7 月 21 日出版的《第一财经日报》上将其总结为五个字:第一,"改"。汇率问题绝对不是升值的问题,而是要改革汇率形成机制,把外汇市场做大、做深。所谓做大,就是让更多的人参与外汇市场交易,在市场上形成一个更大的池;所谓做深,就是把市场上的各种避险金融工具都发展起来,让机构、银行"失业",大家来参与。第二,"疏"。首先要算出适度的储备,多出的部分要使劲往外花,想办法让老百姓到境外花钱,用掉外汇。第三,"堵"。不该进来的外汇、违法违规的外汇要尽力堵住。我们现在实行的是人民币资本项下有限的兑换,在讲汇率改革的同时,要注意奖励出去、限制进来。有助于引进海外先进技术、先进管理的外汇要引进来,与此无关的应该坚决堵住,包括调整房地产政策、外贸政策,放慢除香港以外的海外上市的节奏,规范招商引资政策。第四,"冲"。央行面临大量外汇储备所产生的过多人民币供应,要积极对冲人民币。这个工作还有操作空间,也是稳定当前汇率的重要环节。第五,"内"。即扩大内需,扩大消费。要综合地考虑外汇储备的问题,而不要将精力单方面地集中在人民币要不要升值的问题上。

以上是总的看法,在这个背景之下,再来看外汇储备,无非就是五个字中"疏"字的一些内容。第一,超适度的外汇储备能不能用?我个人认为可以。首先是超适度的外汇储备和适度的外汇储备的区分。根据中国的对外负债、进出口规模的现状、投资的回报利润以及经验的统计项目的遗漏,计算出适度的外汇储备,我个人认为 7 000 亿元足够。当然,这是一个动态的概念,可以适当地调整和变动。7 000 亿元之外的就应该积极地去用,在保证经济稳定、通胀很低以及央行调控政策有效的情况下,是可以在海外使用外汇的,不用就是国民福利的损失,是长久战略的损失,而且面临美元贬值的风险。

第二,怎么用?作为方向性的指导,国际上没有统一的标准。我个人认为,可以用于解决历史问题,比如注资国有商业银行;也可以用于解决国民经济短期运行问题;同样,还更可以用于国家的经济战略。因此,使用的方向是全面的。在具体操作上,现在有一些已形成共识,比如购买石油和其他稀缺资源,参股收购国外一些重要的企业,引入有利于中国自主创新的各种技术、人才;又比如鼓励企业走出去,鼓励居民对外投资理财,藏汇于民,藏汇于企业。

除此之外,可以对当前的外汇体制进行适度的改革。长期以来,国家比较穷,外汇储备比较少,由央行一家银行来管理是可以的。但最近有不同的意见,财政部也想管理外汇储备。外汇储备的首要功能是防范国家金融风险,满足外汇流动性需要,第二个功能是获取一般的投资收益。从央行现在的情形来看,主要是满足流动性,防范金融风险,用于投资的还很少。随着外汇储备的增长,可以考虑将超适度的外汇储备用于国家经济战略上。在这个前提之下,大的体制不要变,主要的外汇储备由央行来管,可以拿出一部分由财政部,或者成立专门机构,代表国家来管理外汇,重点体现在经济收益和国家经济战略利益上的投资需求。这个由央行一家来做有难度,因为其本身宏观调控的责任很重大,人员也有限,而且有些投资又不仅仅局限于金融投资,所以成立适当的机构来满足一般的投资需求和国家经济战略利益上的需求是可以的。

值得强调的是要小步改革,动作不要太大。比如财政部发行250亿—500亿美元,约合2 000亿—4 000亿人民币的债券,到国外去用,这对货币调控、宏观政策管理只有利没有弊。具体做法是:第一,财政部从市场上发行债务,筹集人民币向央行购汇,这可以直接减少国内货币供给,协助央行减少货币供给的压力,进行有效的宏观调控。第二,财政购买外汇以后,主要用于海外的和国内的战略性投资,包括对大银行投资,到境外投资石油等能源,这样从长期来看可以明显增强国家的持续竞争力。第三,财政购汇以后,除了绝大部分用于战略性投资以外,少部分也可适当地采购海外企业制造的,而国内教育、医疗、环保、安全生产、农村基础设施建设等事业亟须的物质和设备,对于加快推进和谐社会有很大的好处。比如说到国外去买X光机、B超机,下拨给农村合作医疗机构,是完全可以的。当然,如何操作还可以进一步研究。第四,除了上述三种用法之外,适当少量地用于社保基金补充,因为数量少,是不会对财政形成压力的。如果在这一过程中出现阶段性的注入资金导致的少量缺口,通过财政购汇的投资收益是可以填补的。

在使用外汇的过程中,应该整合中央汇金公司,将其从央行独立出来,真正按照国家战略意义来选择投资项目,由这样一个机构专门负责海内外金融投资,甚至包括实体企业两大领域的融资。有人担心这样做与法律有冲突,我个人认为没有违法。首先,《中华人民共和国中国人民银行法》规定,中国人民银行持有、管理、经营国家外汇储备。现在的做法是财政部从市场上筹集人民币,向中央银行买汇,这已经不构成外汇储备,没有违背《中华人民共和国中国人民银行法》。其次,全国人大常委会批准的关于国债余额的管理办法规定特种国债不列入国家预算,何况发特种国债是投资海内外企业,是有外汇资产存在的,不真正构成赤字的压力。最后,当前财政形势不错,内需消费不够,应该尽可能扩大财政赤字,解决国内消费问题以及医疗、就业、三农等问题,这和外汇没有关系。

网上有人提出反对意见,认为这样做容易引起通货膨胀。我个人认为财政筹钱买汇,把人民币回收了一部分,而且还是到海外买东西,是不会引起国内通货膨胀的。应该是美国和其他国家担心我们购买过多会导致它们的通货膨胀。另外,有人担心不断开放的趋势下资本大进大出的问题。要知道人民币资本项目开放是一个比较长、比较缓慢的过程,绝对不是媒体所说的几年间就要开放。而且同时在加强对人民币有限度的管理,在这个背景下短期资金流入是受限制的,我们在股市上限制外资进来,中国的金融机构也对外资进入有比例限制,所以这是一种多余的担心。

卢锋:外汇储备过万亿美元的现象透视

卢锋教授从三个方面对外汇储备做了分析。首先,从经济学理论和发展经验看,万亿美元外汇储备是前所未有的特殊现象。其次,从三个角度来探讨为什么会出现这一现象。一是与加工贸易和外商直接投资的互动作用;二是和当代经济全球化与产品内分工有深层联系;三是和近年人民币实际汇率的低估有关。最后,谈一点启示意义。从中国经济发展长期的角度看,这一个现象揭示了中国实际汇率的升值趋势,将使中国经济的名义追赶超过实际追赶,并且带来新的政策性问题。

首先,今年9月底外汇储备达到9879亿美元,外汇储备月度变动的趋势是200亿美元,10月很有可能超过万亿美元。外汇储备飙升是和中国国际收支持续双顺差相联系的,在过去17年中有14年是双顺差。这种情况是前所未有的。对早期发展经济学有重要影响的Chenery-Strout模型认为,发展中国家应该出现经常账户赤字和资本账户盈余。这一现象非常符合经济学的直觉,同时也基本符合20世纪60年代的国际经验。中国的双顺差和外汇储备是一个反标准理论的新现象。通过观察50个最大的经济体过去几十年的国际收支账户可以发现,总的观察年份是1336年,其中两个账户为正的双顺差有154年,占12%;两个账户顺差都超过GDP的1%和2%的分别有56年和29年,占4%和2%。中国从1982年开始有国际收支账户数据,到2005年为止,双顺差的百分比远高于50个国家的平均水平。尤其是两个账户盈余同时超过GDP的2%(不妨叫做显著双顺差)的年份占26%,相比50个国家的2%,中国出现显著双顺差的频率是世界的13倍。更加值得注意的是,出现显著双顺差的国家主要分为如下几类:一是东亚小型开放经济体;二是北欧发达小型开放经济体;三是少数石油输出国。像中国这样巨大的发展中国家出现显著双顺差,几乎绝无仅有。

其次,如何解释这一现象?下面从两个角度进行分析。一方面,经常账户顺差主要来自贸易账户,而贸易账户的顺差又主要来自加工贸易;另一方面,资本账户的盈余主要由大规模FDI的流入所带来,而FDI又与加工贸易有着重要联系。从2003年的数据看,80%的加工贸易是由三资企业实现的,其中绝大部分由外资独资企业实现。中国的外汇储备飙升至前所未有的水平,从结构上看,是由FDI和加工贸易两方面因素共同塑造、共同决定的。

再次,当代经济全球化出现一个特点,即国际分工从原来以产品为基础的分工进一步深化到以工序、区段以及产品内生产环节作为基本分工单位和基本分工层次。在产品内分工的时代,发展中国家选择发展战略时多了一种可能,即可以通过劳动密集型环节介入加工贸易,介入产品内分工,介入全球的供应链,进入一个开放成长的平台,通过学习在产品内分工的内部阶梯逐步往上走,走出一条开放发展的道路。发展中国家进行加工贸易,也就是发达国家生产环节外包的过程。双顺差、双赤字或全球失衡,在一定的意义上,是以产品内分工为基础的当代经济全球化进一步拓展在宏观层面上的表现。在这一意义上,它具有某种经济合理性或可持续性。

最后,中国双顺差规模的快速扩大,外汇储备的快速飙升,和人民币实际汇率失衡具有某种联系。实际汇率是调节开放经济下内外经济关系的一个基本价格变量。根据国际经济学中的Balassa-Samulson效应,一国在快速追赶中,可贸易品部门相对不可贸易品部门的劳动生产率相对国外相同指标的追赶决定实际汇率,可贸易品部门相对国外的单位劳动成本决定名义汇率。1995年以来,中国对美国相对劳动生产率增长66%,这应该导致实际汇率升值,但人民币实际汇率反而出现8%—9%的贬值。从这个意义上说,万亿外汇储备具有某种不可持续性,政策存在需要调节的地方。

如果这一分析有道理,其前瞻性意义是,中国相对劳动生产率的追赶将持续展开。中国因为技术进步、资本积累、人力资本提升以及制度改进,生产函数将持续发生变动,推动可贸易部门相对劳动生产率进一步追赶,进而导致实际汇率进一步升值。升值的直接含义是中国在今后20年中,名义追赶速度将快于实际追赶速度。如果今后20年中中国人均实际GDP前十年每年增长7%,后十年每年增长6%;美国的人均实际GDP每年增长2%[①];加上实际汇率增长1倍,按2005年美元不变价,2025年中国人均GDP将达到11 000—13 000美元的水平。中国人均收入相对美国的比例,将从现在的4.1%上升到2025年的20%。对于中国而言,这将是一个历史性的跃迁。中国人口即将快速老龄化,中国如果现在不发展,可能永远不会有跃迁的机会。因此,中国要珍惜快速发展的局面。

另一方面,经济成长新阶段也意味着挑战。这一前景取决于生产函数的持续变动。中国改革还有很长的路要走,还存在民营企业准入问题,土地、矿产等特殊资源的产权制度问题。对于企业,还存在产权改革、完善治理结构的问题,存在发挥学习效应、积累人力资本的问题,存在推进技术创新、提升产业结构的问题。

周其仁:收入分配的一个倾向与另一个倾向

收入差距过大最近引起很多关注,2002年基尼系数达到0.46,在国际比较中处于较高水平。不过基尼系数存在高估和低估因素。一个问题是不同居民的开支成本不一样,因为城乡之间、地区之间物价指数不同。世界银行的研究小组利用2001年数据对基尼系数进行了物价指数调整。调整前的基尼系数是0.447,调整后是0.395。由于城乡差异对基尼系数贡献很大,物价指数调整后基尼系数是下降的。而李实教授做了另一个方向的调整。现在的基尼系数是按照合法的货币收入计算的,而实际上还有很多实物收入、福利收入。将这些包括进去之后基尼系数会提高。无论用哪一种调整方法,离准确反映我国的"收入状况"都还有不小的距离。

收入作为经济学的概念并不简单。Irving Fisher对收入的定义是:收入是财产(资产、资源)提供的服务,而且他认为收入最重要的作用是带来享受,人们争取收入实际上是争取享受。在衡量收入时不能只考虑货币工资,因为很多享受和货币工资无关,尤其在我们这个转型社会中。而是应该把货币的、实物的、合法的、非法的、灰色的收入全部包括在内来考虑收入分配问题。由此提出收入分配的另一个倾向。

收入到底如何分配?简单地说主要有两个因素。一是权利的界定:即什么人可以获取收入。产权使用会带来收入,产权转让也会带来收入,产权安排决定收入分配格局。例如,以前农民必须按中央计划进行耕种,不能自由打工,不能自由种植,不能搞副业。这种体制就决定了农民的收入。改革允许农民做原来不许做的事,大部分农民的实物货币收入都增加了。另一个例子是姚明。姚明的收入如何决定?首先是权利的界定:一个

[①] 美国1978—2005年间人均实际GDP每年增长1.85%。

在中国培养的运动员能不能到国际上被别国雇用？NBA要他,他能不能去？过去的体制是不允许的。上海体育部门和他达成一个收入分享协定,愿意让他出去。这一权利的界定就决定了姚明的收入。

陈兆丰卖官案很有价值,因为卖官是一个非法权利,非法权利通常只能卖很低的价钱,而陈兆丰共非法收受207人334次所送人民币284万元,另外,还有545余万元人民币不能说明合法来源。非法权利能够卖这么大的价钱是重要现象。不管研究能不能跟上,事情已经发生了,而且这类事情不是个别现象。首先,卖官鬻爵不是受西方资产阶级影响,而是我们本土的。不过我们本土历史上的卖官鬻爵和今天存在很大差别。历史上通常是财政出了问题时才卖官,卖官获得的钱是归公的(当然那个时候的"公"是皇帝),今天卖官得到的钱归书记。其次,历史上卖的官多数情况是虚职,而今天卖的却是实权,买官是投资,拿到官位后再卖官回收,对社会公正和秩序的破坏非常严重。这并不违背刚才说的产权决定收入的原则,而是因为权利界定中存在含糊的地方,或是法律界定和实际界定存在差别,或是界定以后监督、控制跟不上,才出现这样的情况。

不管是什么阶层、什么人,决定收入来源的第一个因素是权利的界定,第二个因素是市场供求。农民工收入低,有打工的权利很重要,但是还存在供应量很大的问题,这要随着经济发展慢慢消化。南方出现了民工荒,工厂就会提高工资,否则招不到好的工人。

当我们觉得收入分配出现很大问题,需要干预的时候,有两个选择。如果说合法货币收入差异太大,我们的选择之一可以是调节合法货币收入。如果我们把所有的注意力放在合法货币所得的差异上,就会忽略经济需要进一步解决的其他问题。如果贸然采取调控措施,有时可能适得其反,比如导致实物工资的盛行。另一个选择就是解决分配不公。收入差距大和分配不公是两个概念,很容易混淆。分配不公可能是收入差距大的一个原因,但是收入差异大可能还有其他原因。比如说姚明和农民工的收入差别很大,能不能说因为收入差距太大就限制这些差距呢？如果权利界定是合理的,市场供求使一些人的收入非常高,那也无可厚非。如果硬性去限制,会对经济增长的其他方面带来损害。

基尼系数的衡量还需要很多人继续研究,但是不能把它作为收入分配的中心指标,因为基尼系数可以量出差异,但不能量出不公。现在社会真正反映强烈的不是收入差异而是分配不公。有些机会收入很高,但其他人不能分享,这才是问题所在。最突出的两个例子:一是行政权力,二是垄断部门。

平新乔:中国地方财政支出规模的
膨胀趋势与公共管理成本

平新乔教授从五个方面详细讨论了地方政府掌握的财政资源,并分析了地方财政的效率问题。

第一,地方公共支出占当地GDP的比重,即预算内支出与预算外支出之和与本省本地区的GDP之比。在1994—2003年这10年中该比重从15.6%上升至21.0%,共上升了5.4个百分点。分省来看,公共支出占当地GDP比重高的省份大都集中在西部不发达地区。越是发达地区,如江苏、浙江、广东、山东等沿海省份,公共支出占当地GDP比重反而低。

第二,人均地方财政支出的变化。全国人均地方财政支出从1994年人均589元增加到2003年的2120元,10年间涨了2.6倍,这个增速很快,可以说是世界少有。当然,"人均地方财政公共开支"在省与省之间的差异是很大的,而且这种差距在1994—2003年间并没有缩小。

第三,地方政府预算内支出占全部预算支出的比重。尽管在1994年分税制之后地方政府的预算内财政收入占全部预算收入的比率下降了,2005年为47.7%。但如果看支出结构,则地方政府预算内支出占全部预算内财政支出的比重一直在70%左右。与其他国家相比,中国的比例是最高的。

第四,地方政府的预算外支出规模。按现有统计口径计算的预算外收入与支出,仅仅是地方政府预算以外财政收入与支出的一部分。预算外收入只是国家法律允许的地方政府的非税收入,其中主要是行政事业收费与政府基金收入,没有包括非预算收入和土地出让收入。2004年,全国预算外收入为4 699亿元,其中行政事业收费为3 208亿元,占三分之二以上。这种行政性收费主要用于行政部门的正常维持,因为3 134亿元行政事业收费就直接作为"行政事业支出"而花掉了。

第五,土地财政的规模。土地出让收入则既不列入预算内,又未列入预算外管理。土地财政对于各地政府都有吸引力,但并不是每个省、市、县都有土地财政的机遇,这个机遇就是招商引资。这也导致了全国范围内东、中、西部地方政府采取了三种不同的财政行为:东部重土地,中部重收费,西部则是靠转移。

从各省出售土地的收入可以发现政府土地财政收入最高的省份依次为:湖南(1 177亿元)、江苏(1 054亿元)与浙江(1 028亿元)。仅这三个省地方政府的土地收入就达3 259亿元,接近全国地方政府出售土地收入的一半。这表明,土地财政虽然规模很大,但分布很不均匀。政府支付给失地农民和居民的补偿金在出售土地收入中所占比率极低。对浙江省S县与Y市的调查显示,该比率只有3%—5%。另外,考虑到地方会给省、中央上缴大约2%的批租收入,地方政府(县、市级)大约占用了出售土地收入的90%左右。

总体来看,中国地方政府在目前中国财政资源格局中并不处于"弱势"。如果我们将2004年地方政府手中的预算外收入4 323亿元(地方占当年预算外收入的92.5%)与上述地方政府留用的6 151亿元土地出让收入两者相加,其和为10 474亿元。这已经接近于2004年地方预算内收入11 893亿元的水平,相当于地方预算内财政收入的88%。再加上中央政府转移给地方政府的财政收入,2004年中国地方政府的实际可支配财力为30 367亿元。这个数字,是当年中国中央政府财政支出7 894亿元的3.85倍,占2004年中国GDP总额159 878亿元(普查后数字)的19%。我们并不否认不少地区尤其是一些农业产区的县、乡政府财政状态窘迫的事实,但从以上计算的结果看,中国地方政府总体说来没有"哭穷"的理由。

问题正在于,地方政府该有的财政收入没有拿到,不该有的财政收入可能自己悄悄发展出来了;该花的钱没有花,而不该由地方政府花的钱却大笔花出去了。这种财权(财政收入权)与事权(支出权)的结构扭曲,才是当前中国地方政府财政规模膨胀与公共品提供不足两种现象并存的体制原因。因此,主要的问题可能不是"事权(支出权)"一方与作为另一方的"财权(收入权)"之间的总量不对称,而在于"事权"和"财权"本身配置不当,才造成地方财政预算绩效的递减。

在过去10多年里,地方政府在规模膨胀的同时效率如何?"行政成本"可用GDP的"行政成本弹性"来度量。1996—2003年这八年间行政支出增加了约1.92倍,同期GDP增加了近0.91倍,行政成本弹性是2.03。也就是说,中国GDP每增加1个百分点,地方政府行政成本就要上升2.03个百分点。中国以地方政府主导的经济扩张,不仅使GDP的自然能耗上升,而且使GDP的人力资本成本与组织成本也急剧上升。

下面以教育质量为例说明地方预算外支出对政府公共服务绩效的影响。这里用师生比(即小学教职工与在校小学生的比例)来度量教育质量。计量结果表明,在其他条件相同的情况下,预算外收入增加时,地方政府提供教育的效率更低;预算外收入减少时,地方政府提供教育的效率更高。而预算内财政支出与教育质量是正相关。有趣的是,地方政府预算外收入增加时,地方政府修建公路的效率提高;而预算外收入减少时,地方政府修建公路的效率降低。这说明地方政府重视和招商引资有关系的基础设施投入,对于其他基本公共品的投入则是有问题的。

第 8 次 报告会快报

（2007 年 2 月 4 日）

2007 年 2 月 4 日下午，CCER"中国经济观察"第 8 次报告会在中国经济研究中心万众楼举行。这次报告会在胡大源教授和卢锋教授的主持下，讨论了人民币汇率、当前宏观金融形势、全球流动性、投资回报率、医疗改革等方面的内容。中国人民银行行长助理易纲、巴克莱银行大中华区首席经济学家黄海洲、北京大学中国经济研究中心林毅夫教授、宋国青教授、卢锋教授、周其仁教授发表演讲并回答听众提问。会议还发布了有关 2007 年第一季度宏观经济若干指标"朗润预测"的初步结果。中国经济研究中心师生、北大国际 MBA 校友、商业和金融机构以及政府、大学、研究所及众多媒体参加了会议。下文为主讲嘉宾的演讲摘要。

林毅夫：关于人民币汇率问题的思考与政策建议

人民币汇率近几年来成为国内外关注的焦点，外汇储备急剧增加更加深了人们对人民币币值低估的看法。人民币币值是否严重低估最重要的证据应该看经常账户。如果币值严重低估，国内可贸易商品的价格在国际上的竞争力就强，出口就会多，同时国外可贸易商品的价格在国内就会高，进口就会少，因此，经常账户盈余的绝对量和经常账户盈余相对于贸易总量以及相对于国内生产总值的比例就应该都很大；反之，如果币值严重高估，经常账户盈余的绝对量和相对于贸易总量以及国内生产总值的比例就应该都很小。

当国际上开始热炒我国人民币升值时的 2003 年，我国贸易盈余的绝对额 255 亿美元少于 1998 年、1999 年国际上热炒我国人民币贬值时的 435 亿美元和 292 亿美元。即使 2005 年我国的贸易盈余增加到 1 020 亿美元，贸易盈余占进出口总额的比例只有 7.2%，低于 1998 年、1999 年的 13.4% 和 8.1%。虽然 2006 年的贸易顺差为 1 775 亿美元，绝对量很大，但汇率如果真的低估，贸易顺差的相对量也应该大。1997 年进出口总额只有

3 252 亿美元,2006 年有 17 607 亿美元,但顺差占进出口总额的比例,1997 年为 12.4%,2006 年只有 10.1%。人民币是否低估还可以从贸易盈余占国内生产总值比重的国际比较中得到印证。如果我国人民币的币值比其他国家和地区货币的币值低估,那么我国贸易盈余占国内生产总值的比率应该比其他国家和地区高。但是中国内地贸易盈余占国内生产总值的比例在东亚经济体中处于最低水平,以 2004 年为例中国内地只有 1.7%,远低于日本的 3.7%,新加坡的 19.8%,中国台湾的 6.6%,韩国的 4.2%,马来西亚的 13.7%,菲律宾的 3.2%,泰国的 4.5%,中国香港的 8.1%。如果国际上金融炒家真是以币值偏离均衡作为汇率投机的依据,那么这些炒家炒的对象应该是新加坡、马来西亚、中国香港、中国台湾、韩国等国家和地区的货币而不是人民币。从上述贸易盈余情况的比较来看,合理的推论是人民币的币值并没有严重低估。

最早提出人民币币值低估问题的不是学术界、经济界,而是政治界。2003 年日本政府指责我国人民币币值低估,出口产品便宜,导致国际上出现通货紧缩。但是,2003 年我国贸易量仅占世界贸易总量的 4%,而日本贸易总量约占世界经济总量的 25%,也就是我国的贸易量只占世界经济总量的 1% 左右,即使我国出口的产品全部免费赠送也不能引起国际的通货紧缩。日本政府之所以提出这个问题是因为日本从 1991 年起房地产和股市泡沫破灭,出现连续十多年的通货紧缩。小泉纯一郎首相 2001 年以治理通货紧缩为号召上台,到了 2003 年尚未能摆脱国内通货紧缩的困境,看到我国进出口贸易快速增长,就以人民币的币值低估导致国际和日本出现通缩为借口来转移国内的政治压力。美国指责中国故意低估人民币币值向美国大量出口廉价产品,抢走了美国的市场和就业机会,造成美国经济增长缓慢,失业率增加。实际上我国生产和出口的主要为劳动密集型的产品,这些产品在美国基本已经不生产,中美两国的经济和贸易结构完全是互补的。我国对美国贸易顺差的增加是原来东亚国家和地区出口到美国的劳动力密集型产品转移到我国来生产,属于美国进口来源地的调整,并没有挤占美国自己原有的产业和市场。如果人民币升值,美国不是需要以比较高的价格继续从中国进口这些产品,就是必须从其他国家进口这些产品,而它们的产品必然比中国现在的产品价格高,美国总的贸易逆差会增加而不是减少。美国提出人民币币值低估同样是出于国内政治的需要,2001 年的"9·11"恐怖袭击、阿富汗战争、伊拉克战争使美国政府财政赤字激增,经济疲软,炒作人民币汇率问题可以在选举时找一个替罪羔羊。

因此,国际上提出的人民币币值严重低估的问题并不存在。不过外汇储备在急剧增加,1996 年到现在扩大 10 倍,但这是有外部因素的。美国自 20 世纪 90 年代中期以来贸易赤字占国内生产总值的比例不断增加,以 2004 年为例,比例达 5.6%,总量为 7 000 亿美元。美国是当前世界第一大经济体和贸易国,美国贸易赤字的激增必然使和美国贸易关系密切的其他国家积累了大量的经常账户盈余。

在外部因素不改变的状况下,即使人民币大幅度升值,外汇储备还会急剧增加。从日本的经验来看,日元的汇率从 1985 年的 238.05 日元/美元大幅升值为 1986 年的 168.03 日元/美元时,经常账户的顺差反而从 1985 年的 491.69 亿美元增加到 1986 年的 858.45 亿美元,外汇储备则从 1985 年的 265.1 亿美元增加到 1986 年的 422.39 亿美元。1987 年日元汇率继续升值到 144.52 日元/美元,贸易顺差则继续增加到 870.15 亿美元,外汇储备猛增到814.79亿美元。贸易盈余一直到1988年才开始有所下降,而且,经过两三年调整后,到了1991年外贸顺差又大幅攀升。外汇储备变动的趋势基本上和外贸盈余变动趋势相同,1989年后有所下降,但是从1992年开始又大幅攀升。

在汇率调整期间,许多从事进出口贸易的企业可以以低报进口的原材料和中间产品的价格、高报出口最终品的价格,来虚增贸易盈余以套取汇率升值的收益,在汇率升值期间或是预期汇率会升值时,经常账户的顺差反而会扩大,外国资金也会通过各种渠道,流入套利,使资本账户出现更多剩余。在经常账户和资本账户顺差都扩大的情况下,外汇储备会增加更多。在上述的套利期过后,汇率大幅升值将会降低出口部门和进口替代部门的竞争力,使出口减少,进口增加,而降低经常账户的盈余,但是,将会伴随着出口部门和进口替代部门产能过剩的情形,而使物价下跌,抵消掉汇率升值的效果。所以,在一轮调整过后,经常账户的盈余很可能依然如故。

而且我国目前产能过剩的情形已经相当凸显,如果汇率大幅升值,将使产能过剩的情形雪上加霜,甚至有可能导致严重通货紧缩。企业利润将大幅下降,好不容易压下来的银行呆坏账可能又会迅速反弹,甚至引发经济金融危机。如果幸运地在大幅升值后没有出现大的经济金融危机,经过一轮调整后我国经济会继续持续发展,外资仍将会为了利用我国改革开放20多年来在制造业上形成的卓越群聚效应,而把我国作为出口加工基地,以及为了进入我国快速扩张的国内市场而继续大量涌进,资本账户仍将会有巨额的盈余。在经常账户和资本账户都有大量盈余的情况下,外汇储备则将继续快速增加。

我国外汇储备在2006年已经过万亿,如何解决这个问题,既是挑战也是机遇。应对挑战,必须以实际行动稳住预期,抑制外汇升值投机。从2005年7月21日恢复有管理的浮动汇率制开始,最初人民币升值2%,到去年年底累计升值4.5%,今年1月升值速度加快,累计升值0.6%。我们应该坚持有管理的小额浮动。因为人民币如果大幅升值固然可以打消投机压力,但是,很可能会诱发金融危机,此时,国际金融投机家很可能反过来炒人民币贬值。对于我国来说,应付升值压力只要增发自己能够印制的人民币即可,相对容易;应付贬值压力则需动用外汇储备去稳定币值,外汇储备总有用完的可能,应付起来相对难。所以,在人民币币值没有严重低估、国内经济承受能力不高的情况下以大幅升值去消除国际炒家的投机压力,国民经济将会为此付出巨大代价。

投机者的目的是试图从汇率的大幅升降中获取暴利,如果他们认为我国汇率有可能按他们预期的方向和幅度变动,就会加大投机的压力;反之,如果确信人民币汇率没有大幅升降的可能,投机者自然会离开,投机压力就会消失。我国目前资本账户尚未开放,外国的金融炒家投机人民币的成本很高。只要我国坚持目前所采取的自主的、灵活的、可承受的原则,在有管理的浮动汇率制度下,以行动表明每年人民币汇率升值的幅度只会在3%左右,投机者在赚不到钱而且亏本的情况下就会走开,人民币投机的压力就会消失。

当然,也要抓住这些机遇进行改革。第一,改革在双缺口条件下形成的外资、外贸体制。改革开放初期,为了克服外汇缺口对我国经济发展的瓶颈限制,1985年开始我国政府采取了出口退税政策鼓励出口以多赚取外汇。同时,给外资企业许多政策优惠。现在外汇已经不再短缺了,外贸政策应该以鼓励我国企业利用国内、国外两个市场,实现资源的最优配置为目的。外资政策应该改为以吸引国内所没有的、对我国经济发展至关重要的高新技术和鼓励到我国亟待发展的落后地区投资为主要目的。

第二,扩大国内消费需求,改善宏观管理能力。一方面,我国政府应该采取积极的政策扩大国内需求,以消化过剩生产能力;另一方面应该防止投资过热的不断出现,避免产能过剩的情形继续恶化和向更多的产业蔓延。

第三,完善外汇储备管理体制。在满足储备资产必要的流动性和安全性的前提下,对外汇储备实施分档,将富余储备交由专门的投资机构进行管理,提高外汇储备的整体收益水平。例如在价格合适的时候,增加石油等战略资源的储备,或者与石油和其他战略资源的生产国合作,投资战略资源生产、储备的基础设施,争取这些战略资源的稳定供给;或者成立专门的管理国家外汇资产的投资公司,进行海外股权投资、战略投资者投资;或者可以用来补充社保基金的不足。

易纲:当前宏观经济金融形势和货币政策分析

过去四年中国的经济增长都在10%以上,从1978年到2006年GDP平均增长9.7%。在这个过程中中国的劳动生产率特别是制造业的劳动生产率快速增长,每年的劳动生产率增长约在8%—10%之间,1978年约为1 000元/人,而2005年接近6 000元/人。中国的全要素生产率(TFP)也有显著的提高。全要素生产率的显著提高反映了体制激励机制和管理上的全面改进。全要素生产率和劳动力增长推动产出快速增长,使得资本产出比没有因投资率上升而过快增加。目前资本回报还是很高的,大约在年率20%左右。

对于当前我国经济面临的主要问题,主流看法是:投资增长过快、信贷投放过多、贸易顺差过大、资源消耗过大、环境污染严重和环境容量超过极限。外汇储备在2003年后增长比较快,2003年到2006年四年共增加了7799亿美元,每年的增长率分别达到40%、51%、34%和30%。有一种说法认为,中国有1万多亿美元的外汇储备,相对应要有8万亿人民币发放出去,导致流动性过剩。

在1998年到2002年面临通货紧缩压力时,货币当局想办法投放基础货币,放松银根。1998年把法定存款准备金率从13%降到8%,一下降低了5个百分点。1999年又从8%降到了6%,降低了2个百分点。当时外汇储备的增长率很低,1998年和1999年只有3.65%和6.69%。通过购买外汇放出的基础货币是比较少的,主要是通过降低法定存款准备金率来反通缩。2003年以来情况发生了变化。2003年开始的伊拉克战争和"非典",对中国经济的影响是很不确定的。不过那个时候货币当局已经发现,流动性是偏多了,所以在2003年4月开始用发行央行票据的方式收回流动性。8月23日央行宣布9月提高存款准备金率1个百分点。从2003年到2006年外汇储备共增加7799亿美元,吐出基础货币大约64 000亿人民币。同期央行5次提高法定存款准备金率,共计3个百分点,收回流动性约1万亿人民币,2006年年底央行票据余额为3万亿人民币。也就是说,在吐出的64 000亿人民币的流动性中,通过存款准备金率的提高收回了1万亿的流动性,通过央行票据收回了3万亿人民币的流动性。虽然央行票据可以随时抵押、随时变成流动性，但这3万亿人民币从总数上是减少了，市场总的流动性减少了。在6.4万亿人民币的流动性中收回了4万亿人民币的流动性，而且每年经济增长要求货币供应量增加约5 000亿元基础货币，这四年经济增长要求2万亿人民币的基础货币。所以，目前流动性虽然还是偏松，但并没有有些人想象得那么大。

观察世界各国的汇率和物价，会发现按照购买力平价计算，发展中国家的GDP都会比较高，也就是说对发展中国家都会有个购买力平价的折扣。这个折扣有很多原因，除了商品质量、货币可兑换性、关税、运输成本外，法治环境、产权保护、治安问题、人口素质和自然环境等都是重要的影响因素。

近年来中国这么"火"是因为社会主义市场经济体制初步确立，为树立科学发展观和建设和谐社会，依法治国、保护产权，《中华人民共和国物权法》即将出台以及建设资源节约型、环境友好型社会。所有这些都起到稳定预期、提高信心的作用，从而改变了世界对中国产品、不动产、人力资源的价值评估，中国的东西正在变得越来越值钱。例如房子产权，一手房和二手房的交易规则都越来越清晰，使得交易成本大幅下降，产权得到了保护，人们得到了稳定的预期。这些进步和改变使得同一套房子现在的价值要比十年前大大提高了。中国的法制建设、依法治国在很多方面都有了重要的进步，正是这些进步改变了世界对中国的看法和印象。一个东西值多少钱在很大程度上取决于人们觉得值多少钱。如果中国的形象在改变，那么中国的东西就变得越来越值钱。

现在我们还在改善中国形象的过程中，虽然我们有了很大进步，但还差得很远。目前中国最大的问题是环境污染的问题、人口素质的问题、法制精神不强的问题和不尊重别人的问题等。如果国民的素质在提高，环境污染治理得更好，那么中国的东西就会更值钱，原来的价值评估就显得中国的东西太便宜。中国的商品、能源、不动产、劳动力都物美价廉，全世界的需求就高，就会出现不平衡，出现贸易顺差、投资过热、外汇大量流入、货币供应量偏多等。

现在我们看到的中国高投资回报率是在造成了大量负外部性情况下取得的，在这种情况下市场对这种不均衡做出调整，有两种途径：一种是涨价，另一种是人民币升值。我们的商品和要素价格已经对不均衡做出了调整。过去十年除了CPI上涨较慢外，多数资产和要素价格上涨较快，在一定意义上缓解了不均衡。最重要的要素价格——工资快速上涨。1990年、1991年一个普通干部的工资是100多元钱，现在同样的人同样的职务大约是5 000元，城里人的工资年均上涨约10.5%。如果工资价格上涨的速度和劳动生产率、全要素生产率相匹配，那么汇率可以不升值。能源、原材料、大商品价格大幅上涨，房地产的价格大幅上涨，中国相对几年以前离均衡点更加接近。

严格执法等于涨价。中国的很多企业特别是制造业企业因为没有达到排放的标准，造成了大量的社会成本，最终这些成本要由政府和纳税人买单，治理环境会使得这些企业成本上升。整顿市场秩序也意味着价格上涨。中国有个顽症是公路超载，三分之二的恶性交通事件和公路超载有关，如果打击公路超载就意味着运费要涨。提高劳动标准，实行最低工资制，不拖欠农民工工资，制定最长工作时间和最少休息时间的要求，建立社会保障体系，所有这些都会体现在成本中。成本的增加意味着要么利润减少，要么涨价。

解决中国国际收支不平衡的问题需要采取扩大内需、增加进口、实行"走出去"战略及汇率等多种综合措施,而不能单纯依靠汇率升值。随着贸易多元化和国际货币间汇率波动的加剧,看待人民币币值需要从兑美元的汇率转向有效汇率(即一揽子汇率)的视角。名义汇率不考虑通货膨胀,实际有效汇率是一揽子汇率,考虑了各国通货膨胀。1994年开始的汇率改革合并了市场调剂汇率和官方汇率,变成了一个汇率。1994—2001年,人民币实际有效汇率和名义汇率都是升值的,因为事实上我们一直是盯住美元的,那段时间美元处于强势,人民币跟着美元也走强。2002年以后美元走软,盯住美元的人民币也跟着走软。走软的谷底一直到了2005年年初。2005年7月实行了汇率改革,之后人民币实际有效汇率和名义汇率总体上都在走强。据BIS测算,2006年年末人民币名义和实际有效汇率指数分别为97.18和93.51,比2005年7月汇改前上升了3.7%和4.8%。

中国向美国出口物美价廉的商品,据美国学者估计,中国每年补贴每个美国家庭500美元,每年补贴美国约400亿美元。也就是说,如果美国不从中国进口而从其第二进口国进口,要多花400亿美元。中国购买美国国债等资产使美国长期利率降低了20—25个基点,降低了美国住房抵押贷款利率的水平。粗略估算,利率的下降使美国家庭总共少付200亿—400亿美元的利息。两项加总,2005年中国对美国补贴约600亿—800亿美元。但是美国、日本、欧洲等经济体对我们的压力越来越大,我们的这种策略不但没有得到好报,反而受到了越来越多的批评。

其他国家在面临和我们相似压力时的做法值得借鉴。日本用了两年多完成了汇率的大幅升值,日本的货币政策在有些小地方有失误,但总体来说宏观政策还是使日本国民的福利最大化了。《广场协议》和《卢浮宫协议》之间也是德国马克大幅升值的时期,德国处理得很好,没有发生大面积的资产泡沫。新台币也是用了大约五年多的时间从大约40新台币/美元升值到26新台币/美元。这些国家和地区的许多做法需要我们认真研究。

总结来说,看待问题应该用一揽子的视角。很多事情实际上和货币升值是等价的,比如保护环境、提高劳动标准、加大社保力度、严格执法。这些都意味着提高成本、降低竞争力、减少利润,往均衡方向调整。当然这些都是慢变量,不是一朝一夕就能做好的事。在经济分析中我们要把价格变量和其他实质变量、快变量和慢变量这些工具组合运用好。中国是幸运的,在我们前面有很多经验可以借鉴,比如日本、德国、中国台湾地区的经验。通过经济观察的分析,对这些问题的认识会更加深刻,未来在宏观经济政策和其他经济政策上犯错误的概率将进一步减少,中国经济的前景会更加光明。

黄海洲:全球流动性与中国宏观经济政策

中国流动性问题与全球流动性问题紧密相关。全球化给全球金融体系带来了深刻变化,其重要的表现就是全球流动性过剩。从20世纪90年代到现在,虽然有诸如亚洲金融危机、俄罗斯金融危机等,新兴市场国家和全球经济依然呈现快速的增长,其中中国的增长速度是最快的。我们预测中国2007年的经济增长率为9.8%左右。

2005年之后,金融对经济的影响产生了根本性变革,重要原因是全球的流动性今非昔比。新兴市场国家在全球流动性加大的过程中扮演了很重要的角色,并且已经变成了资本输出国。从 2002 年开始,整个新兴市场国家的外汇储备增长很快。2006 年第四季度,仅中国大陆、中国台湾、泰国、印度和韩国五个经济体,就新增了 1 100 亿美元外汇储备。新兴市场国家变成资本输出国的背景是由于过去二十年来这一轮全球化带来的结构性变化。

在新兴市场国家中,官方是资本输出的主要参与者。这些输出资本的特点是数量很大,对冲不足。过去认为新兴市场国家流动性不够,一旦有风吹草动,就可能会发生金融危机。过去发生的几次危机,如亚洲金融危机、俄罗斯金融危机、土耳其金融危机、阿根廷金融危机等,使得这些国家一朝被蛇咬,十年怕井绳,结果导致这些国家外汇储备迅速增加。

新兴市场国家成为资本输出国,导致这些国家金融风险发生了结构型变化。以前风险在负债方,流动性冲击导致货币危机进而导致金融危机。而现在这些国家面临着新的危机,即风险从负债方转移到了资产方。由于美国利率调整或美元下跌,新兴市场国家没有对冲的投资可能面对大量的损失。有的新兴市场国家经济基本面很强,有的不是很好,经济不好的国家就可能出现隐患。当拼命增加外汇储备的时候,资本缩水的风险也随之而生。负债方的风险正在降低,而资产方的风险却逐渐在增加。所有新兴市场国家都在投资资本,基本上是投资于固定收益产品,导致了固定收益产品供给相对不足。

在全球流动性不足的情况下,也是私人资本输出最快的时候,同时也是最危险的时候,例如 1998 年。但是当全球流动性整体增加,2007 年私人资本迅速增加并不一定会导致危机。包括中国在内的很多新兴市场国家,投资很多在国外的固定收益证券上,导致证券价格上升,收益率下降。

充足的流动性在各个货币之间分散化的投资,引起了外汇汇率波动的增大。对中国来讲,如果仍然盯住一个货币,风险会大大增加。所以,从这个角度来讲,支持中国人民银行积极推进外汇改革,多元化投资外汇储备,来保护国家经济。同时中国也在积极鼓励私人资本到海外投资。这其中包含了"藏汇于民"和"藏汇于国"之间的关系。如果老百姓懂得在海外投资,"藏汇于民"是好事情;否则,就不一定是好事情。例如日本 80 年代在海外的投资是老百姓出去投资的,主体是日本的私人企业,但这些投资的回报率很低。因此,如果老百姓投资水平不高,"藏汇于民"只是把风险转嫁给了老百姓,我们要警惕类似日本的情况发生。"藏汇于民"还是"藏汇于国"很值得思考,这里有两个问题:一是外汇储备的规模应该有多大,二是其中有多大的比例应该放在老百姓的手里。

全球流动性增加,使得多元化国际投资增加,引起汇率波动增大,而固定收益类产品短缺,收益率较低。从这个角度简略分析中国宏观经济政策。中国外汇储备已经接近 1.1 万亿美元,占 GDP 的 40%。简单估算,假设中国外汇储备的 60% 投资于美元,如果美元贬值 10%,外汇资产的损失是中国 GDP 的 2.4%。如果这个风险不能得到有效的化解,将会导致很大损失,所以中国需要进行积极的外汇管理。怎样实现资产从美元资产转换为其他货币资产,这需要高超的艺术。从金融的角度看,需要改善投资组合,除了投资债券之外,也要投资于股票、商品、石油和衍生品。

汇率制度方面,中国很有必要增加人民币汇率的灵活性,同时让人民币升值。要发展新的对冲工具,即汇率方面的避险工具和在岸市场。进行资本账户的有序开放和推进人民币的国际化。

货币政策方面,中国人民银行更加成熟,2006年是中国政府采用货币政策非常积极的一年。从货币状况指数来看,现在中国的货币政策基本上是中性的。不过,中国的流动性仍然是过剩的。从银行间利率和存款准备金率方面来看,2006年10月以前存款准备金率的提高会导致银行间利率的提高,但是2006年10月以后这种关系不存在了,银行准备金率的提高并未导致银行间利率的同步提高。中国人民银行的紧缩政策并没有导致资金成本的相应上升,说明货币供给相对于需求来说仍然是过剩的。流动性问题变得更加严重,这是因为2006年第四季度中国的外贸出口和净出口都增加得很快,几乎是以前没有的速度,新增加的流动性部分冲销了中国人民银行回收流动性的努力。

由公式 $X - M = (Y - C - G) - I$ 可以看出,国家的经常账户盈余等于储蓄和投资的差额。对中国来说,流动性过多是由于出口过多或者储蓄过多。不过中国不一定有过度储蓄。公认的问题是中国的投资率过高,信贷投放过快。最近也有研究认为中国的投资回报率是很高的,应该继续扩大投资。从全球流动性的角度看,我的结论和他们是一致的。为什么流动性这么多?为什么投资不足?过去二十年,发达国家把工厂迁移到发展中国家,由于发展中国家人工比较便宜,全世界的资本净投资量在下降,但是产出没有下降,整体资本品的量在下降。因为真实经济和金融经济没有很好地匹配,结果是全球已有金融资本过剩。

从宏观政策角度,在全世界投资减少的情况下,中国的最优选择应该是继续投资,如投资各种不会引起产能短期过剩的行业,同时大量增加进口,如技术原材料、能源,即增加实物资产,而不是金融资产。发展经济有两种办法,即"砍树经济"和"种树经济"。从代际迭代模型来考虑,2020年之后,中国老龄化现象很严重。这种情况下,最优的选择是做出对子孙后代有利的长期投资,保护资源和环境。消费问题,会随着投资问题的解决而解决的。

总之,中国经济的长期增长是由市场化、城镇化和全球化推动的,而城镇化将是推动经济增长的最主要的动力。稳投资、促进口、带消费,发展国内金融市场,改进国际资产投资,是对宏观经济政策的建议。中国这样的大国,面临跨地区、跨时间的风险,全球化降低了跨地区的风险,但是跨时间问题需要中国自己解决。

宋国青:人民币升值效果显著

宋国青教授的报告主要有以下几个方面的内容:外汇收入增长的一些情况;贸易条件与汇率;出口数量指数、顺差与汇率问题;从分析中得到的一些结论和看法。

首先是外汇收入增长的一些问题。问题的提出,源于对国际收支平衡表的分析。对2006年的国际收支平衡表进行估计,2006年货物贸易顺差(国际收支平衡表口径)估计为2 176亿美元,海关口径是1 775亿美元,由于海关口径与国际收支平衡表口径存在差别,平衡表按货物的离岸价格,而海关按进口商品的到岸价格,两者大约相差进口额的5%,所以估计2006年平衡表口径的顺差,要增加400亿美元,即为2 176亿美元。外商直接投资 630 亿美元,两者相加估计为 2 806 亿美元,但是外汇储备却只增加了 2 473 亿美元。现在的问题不是热钱流入,而是钱往外流,原因是什么?

去年外汇收入 3 000 多亿美元,中央银行增加了 2 400 多亿美元,还有 600 多亿美元在商业银行里。商业银行用这些外汇储备到外面投资,可以看作第二外汇储备。如果这种现象完全是商业银行的私人企业行为,则没有问题,但如果是政府行为的话,只是外汇储备换了个名称,所以还是应该将中央银行与商业银行并表来看。包括中央银行在内的全部金融机构外汇占款一直在增加,去年增加了 2.78 万亿人民币(约 3 490 亿美元)。从中剔除中央银行的外汇占款,得到其他金融机构的外汇占款,去年是快速增加的。从金融机构的外汇信贷收支表中可以看到,有价证券及投资 2006 年比去年增加 573 亿美元,外汇买卖(余额)比去年年底增加 728 亿美元。总体的外汇增加还是很多,只不过有一些放在其他金融机构,并没有放进中央银行。

金融机构的外汇资产问题是值得关注的事情。商业银行存有大量的外汇储备,需要考虑成本和收益。收益按美元利率 5% 多一点算,如果人民币兑美元一年升值 5%,那么收益为零,而成本方面,人民币存款利率 2.52% 是基本成本,再加上其他交易成本,总成本约 3% 左右,这样净亏损 3 个百分点。虽然美元利率的收益可能较低,但即使其他资产期望收益率高,由于风险较大,去掉风险贴水,期望收益率是差不多的。现在金融机构的外汇资产还不多,大约为 2 000 多亿美元,按 2006 年的速度猛增,2007 年外汇收入(不扣除金融机构外汇投资)可能超过 3 700 亿美元,到时对商业银行来说是很大的问题。当然还有一种可能是人民币不升值反而贬值,那对商业银行来说当然是件好事情。

不过另外的情况是,如果利率稍微上调,商业银行亏损得更多。同时上调存款和贷款利率,对商业银行来说收益和损失基本持平,因为虽然贷款数量少,但还有债券、央票等其他金融资产,与存款利率基本一致,所以同时提高存贷款利率,资产和负债的价格同时上调,影响不大。但外汇储备这一部分在提高利率的时候只有亏损。因此商业银行将成为反对升息和调整利率的有力大军。与此相关的问题是,如果对人民币升值 3%—5% 的预期是确定的,升值 5% 商业银行会亏损 3 个百分点,升值 3% 勉强不亏损,那为什么商业银行还要持有外汇储备呢?如果让商业银行自主决定,可能会全部卖给央行。

其次是贸易条件与汇率。季节调整后货物进出口价格指数在 2002 年前猛跌,2002 年后猛涨。现在进口价格大概恢复到 1997 年的水平,出口价格比 1997 年低了 18%。当谈到出口额增长时,要看在什么情况下发生,如果在出口价格上升 10% 的情况下发生,那么实际出口增长了 10%;如果出口价格下跌了 10%,实际出口数量则增长了 30%。中国这几年来的出口额看起来很稳定,但实际出口量的增长率却发生了天翻地覆的变化。原因就在于出口价格发生了很大变化,所以分析时直接采用名义出口额有时会引起很大误解。

考虑影响贸易条件(出口与进口价格指数的比例)的因素,一个是大商品价格,例如石油涨价,对于中国这样的石油进口国,贸易条件会发生很大变化,不过计算的结果是大商品价格变化对贸易条件的影响比较小,因为即使石油涨价,还有数量上的弹性等问题。

对影响贸易条件的主要因素包括生产效率、真实汇率的变化、资源产品价格[①]的相对变化做些分析,结论是由于生产效率的上升,贸易条件每年下降1.2%;CRB指数上升,贸易条件恶化,弹性约为0.1(可能低估);真实汇率上升,贸易条件改善,弹性约为0.35。真实汇率每年上升3%可以抵消生产效率提高导致的贸易条件恶化,即保持贸易条件不变,技术进步等效率的提高变成了汇率升值。如果汇率不变,那么效率提高只有通过降价转移出去了。

再次是出口数量指数、顺差与汇率问题。在贸易基本平衡的时候,贸易条件即出口价格与进口价格的比例基本上可以说明问题,出口价格上升10%,进口价格同时上升10%,对顺差并没有什么影响,基本是中性的。如果贸易顺差或者逆差很大,贸易条件就不能反映贸易价格的全面信息,进出口价格同时上升10%,在贸易顺差的情况下赚钱,在逆差的情况下就亏损。

根据货物出口名义值和价格指数计算数量指数,将货物出口数量指数平滑后,计算比上月增长年率,结果显示从2002年到现在不是上升,而是一路下降。出口额在此时段内并没有下降,差不多走平,主要原因是出口价格从原来的下跌变为上升。谈到外汇多的时候,是说买外汇的成本多,外汇本身从来都不会嫌多,同样的物品卖的价钱越多越好。贸易价格指数的变化,会使成本和收益发生变化。要想减少贸易顺差,降低买外汇的成本,就要使出口数量降下来。从现在的现象来看,出口实物量增长率相对下降,贸易额不变,是很好的事情。当然从成本的角度看,绝对增长率还是挺高的,出口年率大概为20%,如果能控制到10%左右会更好,不过总体来说情况在朝着好的方向发展。

再看真实货物贸易顺差,这里不是分别计算出口实物量和进口实物量,然后将它们相减,而是简单用名义顺差除以出口价格指数得出真实顺差。从平滑后的月增长年率来看,实物量顺差增长率一直在下降。剔出资源型产品价格上升对贸易条件的影响,汇率升值后贸易条件改善,顺差的实物增长率下降,2006年下半年下降得很快。

最后是从数据分析中得到的一些结论。货物出口数量指数环比增长率大幅下降,但仍处于高位。升值对于抑制实物量出口和顺差效果显著。真实汇率年升值3%较弱,扭转不了真实顺差上升的趋势;升值5%大概可以扭转真实顺差上升的趋势,但仍然太慢,整个过程会持续很长时间,其间外汇储备将继续大幅度增长,达到四五万亿美元,所以最好升值速度再快些。目前汇率是总纲,在国内通货膨胀的压力不大的情况下,对汇率和利率两个选择,应该坚决确保汇率升值,利率可以从属,甚至可以降低利率,打击热钱,用其他的手段控制贷款等。现在刚开始出现了扭转顺差的有利时机,应该好好把握,否则等到一年外汇增加5000亿美元的时候再来考虑扭转顺差问题困难会更大。

卢锋:我国资本回报率与投资增长关系

如何看待投资增长是分析宏观经济形势的关键问题之一,观察资本回报率变动是认识投资增长机制的关键问题之一。针对前一阶段媒体的有关争论,CCER"中国经济观

[①] 采用CRB指数衡量资源产品价格,但由于中国进口结构与CRB指数结构有很大不同,这个指标并不好。

察"研究组对改革开放以来工业资本回报率进行了专题研究,并于2007年1月11日召开研讨会发布了初步研究结果。今天一方面汇报研究结果要点并回应讨论中对数据误差的质疑,另一方面探讨如何看待资本回报率增长与投资增长关系问题。

1. 我国工业资本回报率估测的主要结果

研究组对九个资本回报率系列指标仔细估测后得到几点初步发现:

第一,资本回报率从1998年开始大体呈现强劲的趋势性增长。如工业净资产净利润率从1998年的2.2%增长到2006年的13.4%,总资产净利润率从0.8%上升到5.5%。观察1978年以来工业资本回报率的走势,经历先降后升的趋势性变动,似乎正在演绎一个V字形态。

第二,在一个物价变动环境中,会计核算固定资产的方法会对资本回报率测算引入相关变量度量方法不一致的问题,因而从经济学分析角度看,会计利润率受到物价变动的影响,会高估或低估真实资本回报率。我们对会计利润率进行物价变动因素调整,近年真实回报率仍维持在10%左右的较高水平。

第三,私营企业的资本回报率高出国有企业30%—40%甚至70%—80%,说明私营企业效率较高。过去八九年国有企业回报率增长幅度较高,说明国有企业改革的政策有所成效。2005年国企74%的利润来自石油、电力、黑色冶金、烟草制品等四个垄断和管制程度较高的行业,仅石油行业就占国企全部利润的43%。民营企业的利润主要来自纺织、非金属矿制品、通用设备制造等高度竞争的行业。这又提示国企盈利增长相当程度上仍是依赖行政管制政策保护。

第四,资本回报率与经济景气波动存在显著正向联系。近期我国宏观经济运行经历了通货紧缩和景气高涨等不同周期阶段变动,同期资本回报率持续强劲增长,说明我国资本回报率变动主要代表某种趋势性变动,而不仅仅是宏观景气周期变动的结果。

第五,我国工业资本回报率胜过日本,逼近美国。20世纪90年代中后期我国资本回报率处于低谷时远不及日本和美国,近期我国资本回报率快速增长,目前会计利润率已超过日本,与美国制造业同一指标相比差距快速缩小,私营企业与美国回报率水平已相当接近。

2. 样本企业数量变动对资本回报率影响的问题

上次研讨会与会人员大体认同上述估计结果,不过有专家提出企业样本数据不断"优化"可能高估回报率问题。依据国家统计局相关指标设计,样本企业目前是国有和规模以上非国有企业,"规模以上"的标准是年销售额500万元以上。该指标从1998年开始实行,此前对应指标是乡及乡以上独立核算工业企业。近年样本企业确实在增加,1998—2005年间样本企业从16.5万个增加到27.2万个,占工业企业增加值的比重从57%上升到94%。不过用一个选择数量决定多少企业进入样本,并不等同经济学意义上相对某个目标函数的优化问题。这一因素是否必然高估回报率? 如果样本选择标准是利润率:利润率较高的企业进入,较低的企业退出,那样会导致平均回报率系统高估。然而实际选择标准是销售额,略加思考可以看出它并不必然高估样本企业平均回报率。

假如企业销售额与利润率没有正向关系,样本数量变动导致更多500万元销售额以上的企业进入样本,对回报率肯定没有系统性影响。提出上述质疑的潜在假设是利润率与销售额存在显著正向关系。不过如果这一假设能够成立,更多企业达到 500 万元门槛进入样本,通常会处于样本企业的平均规模以下,这样反而会降低整个样本企业的平均销售额规模,并进而降低样本企业的平均利润率。这样看来,样本企业的所谓"优化"问题似乎更可能低估而不是高估回报率。这个问题可以通过观察样本企业的数据进一步研究,然而逻辑推论不支持必然高估回报率的结论。

3. 资本回报率与投资增长关系的初步讨论

此前媒体的有关争论存在一个被各方潜在接受的假设,就是认为资本回报率高低是资本投资增长合理性的最重要的判定标准,因而回报率水平对评估投资是否过热以及相关政策具有借鉴意义。阅读文献可以看到,世界银行研究员和单伟建博士都接受这一假设。讨论研究报告时,有专家提出需要重新探讨资本回报率与投资增长之间的关系,媒体的有关评论意见也提出了类似观点。

资本回报率与合意投资增长关系的问题确实比较复杂。投资理论标准模型的基本思路,是以资产或财富现值最大化为前提,通过比较资本边际收益与投资边际成本来判断均衡资本存量水平,从而对均衡投资水平做出解释。无论是最简化两期决策模型,还是净现值(NPV)多期决策模型,比较股票未来收益贴现值与重置成本的"q 理论",都体现了上述分析思路。如资本边际收益高于投资边际成本,则说明均衡意义上资本存量不足,较快投资增加资本具有经济合理性。资本回报率持续增长通常与资本边际收益之间存在正向关系,因而可以推论近年来回报率持续增长对投资增长具有重要的解释作用。这应是此前争论各方接受资本回报率与投资增长关系分析立场的学理性依据。

困难在于处理和估计投资机会成本不存在简单的答案。先看资金利率这个基本指标,然后再讨论其他因素影响。近年我国存款和贷款的名义利率分别为 2% 和 5% 左右,利用适当物价指数调整后实际利率都不到 1%,远远低于目前资本真实回报率 10% 左右的水平。再看国外利率,美国过去近半个世纪长期债券的年实际利率平均值约为 3%,也远远低于我国目前资本的真实回报率。如果把利率看作投资机会成本,我国投资的较快增长无疑具有经济合理性,甚至可以说投资可以更快增长。

问题在于用利率表示投资机会成本存在多方面的局限性。例如我国利率管制没有完全放开,如果利率浮动可能会提高投资机会成本。这一观察有道理,同时提示我国宏观经济管理更应更好地利用利率工具。不过结合美国利率看,即便利率放开管制,上述结论也不会根本改变。另外考虑预期和风险因素也会使资本回报率与投资关系更为复杂。不过无论是采取"理性预期""适应性预期"还是"傻瓜预期"等预期形成机制假说,都有理由假设近十年回报率趋势性增长必然会转化为预期收益率增长从而推动投资增长。从风险角度看,随机性风险可以通过分散化措施规避,只有系统性风险才会影响上面的讨论。不过并不存在有说服力的证据,能证明我国经济系统风险近十年来持续增加。因而风险和预期因素不足以显著改变上述结论。

还有资源、环境等社会成本问题。虽然钢铁等部门的经验证据显示单位产出能耗等环境成本较快下降,然而由于我们仍处在工业化和城市化高速推进的阶段,环境成本总量不可避免地仍在上升。从经济学角度评估环境成本需要注意几点:一是环境成本不仅影响利润,可能在更大程度上影响劳动者收入,因而即便对讨厌利润并同情劳动者的人士,提高环境成本也具有双刃剑含义。二是好环境具有较高的"收入需求弹性"属性,因而简单地把发达国家的环境标准运用到我国不符合经济规律,也可能不符合和谐社会方针。三是环境成本缺少市场评估标准,因而难免产生任意性和主观性。从逻辑关系看,如果无穷夸大环境成本,会在根本上质疑我国经济有无可能实现持续增长和追赶目标。

部分环境成本可能已直接或间接地反映在利润率数据中。例如近年原料价格大幅上涨,可理解为通过价格机制使部分环境成本在多数企业资本回报中得到反映。政府加大执法力度的工作成效,也使环境成本在价格和资本回报率信息中得到部分反映。当然不排除环境等社会成本尚未充分反映,对充分反映真实环境成本会在多大程度上降低资本回报率以及投资增长合理性依据的问题,还需要专门研究深入探讨。不过考虑资本回报率与可观测投资机会成本之间的巨大落差,有理由相信考虑经济学分析意义上的真实环境成本后,我国目前资本回报率显著高于投资机会成本的判断仍然会成立。

周其仁:关注医改——医疗服务的资源动员

医疗卫生服务具有许多不同于其他活动的特殊性。不过它与其他经济社会活动又有一个很重要的共性,即医疗卫生服务同样要通过特定的体制,来动员社会的人力、物力、财力和技术等资源,以满足不断增长的需要。首先来看我国医疗卫生系统的资源动员的实际状况以及其变化趋势和特点。

2005年,我国共有医疗机构29.9万个,其中包括1.87万家医院、4万家卫生院、20.7万个门诊部所;共有卫生人员542.7万人,其中包括193.8万名医生和134.9万名护士;拥有313.5万个床位。1978—2005年,我国医疗机构数增长了76%,卫生人员数增长了74%,床位增长了43%,诊疗人次增长了40%。这其中,护士数量增长最快,2005年护士数量是1978年的3.5倍,但医生人数反而比历史最高数还低。同期我国GDP(现价)增长了50.5倍,卫生总费用增长约70倍,其中个人现金支付医疗费用增加了197.2倍。相比之下,医疗资源增长显得微不足道。

与世界各国相比,中国个人医疗支出比例是偏高的,政府支出比例是偏低的。卫生总费用的增长快于GDP的增长,个人现金支付的医疗费用增长也比GDP的增长要快,这里边包含了人口的因素,人均增加比率会小一些,但是仍然是很快的。1978—2005年,卫生机构、人员、床位和诊疗人数均增长不到1倍,这表明我国医疗卫生资源的动员,严重跟不上社会对医疗卫生服务的需要。医疗卫生领域,尚保留鲜明的短缺特征。在需求增加这么快的情况下,医疗卫生资源动员远远不能满足社会对医疗卫生服务的需要,是"看病难、看病贵"的根本原因。

所有医疗卫生系统组织均具有以下特点:96%的床位按非营利机构注册;82.8%的医院、95.1%的床位、90.4%的卫生人员(88%的执业医生)属国有和集体机构;52.8%的医院、80.1%的床位、77%的卫生人员(74.2%的执业医生)归政府办医疗机构;人事控制方面,绝大多数医院院长由政府任命,医生执业资格、医疗服务人员编制由政府控制和审批;新设卫生医疗机构必须经由行政审批;价格机制方面,所有医疗服务、药品和用品的价格受行政管制;政府出资少(17%)但是管事多。

96%的床位是按照非营利机构来设置的,是不征税的。民间机构要进去,如果按照营利机构设置,则要缴纳所得税。如果按照非营利机构设置,就遇到投资回报的问题。很可能出现"捆绑"现象,例如用批地作为建立非营利医院的条件。非营利的情况就不能动员很多的资源加入医疗服务中,当然不排除慈善的动机。上述政策造成的结果,就是非营利的医疗机构很多。显然,这种情况不能被称为"过度市场化"。相比较而言,教育解决的就要比医疗好。根据教育法,教育是非营利的。但是在关于民营教育的相关法律中,允许民间资本进入教育取得合理回报。这样就可以动用很多社会资源参与教育,但是在医疗行业,由于缺少相应的政策诱导机制,这样的情况并没有发生。

在人事任命方面,医院的人事由政府任命。这有很多含义:由于这种制度安排,为了给领导看病,医院进口了大量的医疗设备。层层的服务与领导的医疗小组所耗费的资源可能比公费吃喝要严重得多。对这些阶层,看病很容易。据统计,公费医疗中80%用于行政官员。人事任命问题,在很多的讨论中被回避掉。而这个问题,却正是问题的核心。

新设医疗卫生机构必须报批导致新增医院的数量不足,审批制度对很多地区民营医院的发展造成了很大的限制。

医疗卫生服务的价格也是由政府管制。复杂的医疗服务价格,是由物价局控制,并不是市场决定。所以医疗行业的特点是,政府出钱很少,但是管制很多,即"包而不办"。医疗行业比教育和其他领域都要困难得多。现在政府控制的医院,非常像20世纪80年代的政府招待所,利用对外经营所得,来维持政府领导的需要。

人力资源方面更加离谱。从1978年到2005年,我国卫生人员中医生增加了85%,护士增加了2.5倍;同期我国高等医药专业人才招生增长了11.5倍,中等医药专业招生增加了6倍。然而2005年全国医生人数比1997年减少了4.7万人,同期全国累计毕业的高等医学专业人才达85.4万人。一个需求猛增的部门,却难以动员人力资源进入服务,这在国民经济的其他部门,很难看到类似的现象。

从这些角度来看,医疗行业并没有市场化。市场化的定义,通俗地讲,就是"你挣钱不能妨碍别人挣钱"。有效的市场竞争,才能使社会资源达到优化配置,以最好的价格、最好的治疗为国民提供服务。以餐饮业为例,需求者也有收入差距,有钱有势者在餐饮上的高消费并不妨碍别人的消费。只要准入放开,就会有各种各样的餐饮企业为消费者服务。从来没有听说过吃饭难,现在同样的经济结构、收入结构,却出现看病难的问题。根据韩启德院士报告中的数据,肿瘤医院的病人平均每个患者和医生讲话不超过6分钟,可见服务质量不是很好。因此,医疗行业与邮政、铁路类似,是市场化很弱的部门。

现在以卫生部主导形成的医改方案,主张政府主导,为医疗服务买单。周教授不反对。但是,这样能不能调动资源来参加服务?首先,政府买单会导致需求更大,但是由于政府主导,相应供给不足,没人愿意提供服务。其次,在中国的情况下,政府买单最终还会导致税负增加,最终仍然是老百姓买单。卫生部倡导的"社区医院"本身是好事情,但是怎么具体实施,仍然是一个问题。义务教育虽然在农村免除了学费,但是数量庞大的农民工子女却不能享受这个政策利益。"社区医院"同样面临如何解决流动人口看病的问题。要解决这个问题,一个可行的办法,就是对老百姓提供医疗券(coupon)直接补贴。老百姓走到哪里,就可以在哪里使用。

基本医疗的计算本身就是一个大问题。举个例子,全国高血压病人1.5亿,高血脂患者1.5亿,这些人每人每天至少需要1元的药物,两类患者一年就需要1 000亿元,如果再加上分配费用1 000亿元,仅这两类病人就需要2 000亿元。而卫生部有些专家建议中央政府出资3 000亿元就可以建立全面医疗保障体系,这显然是不现实的。资金不足最终仍然会导致管制,从而进一步导致资源动员不足。英国20世纪60年代曾有三分之一受过高等医学教育专业的人才到美国就业,原因是由于"从摇篮到坟墓"的医疗保险体制导致资金不足,从而政府不得不对医疗行业进行管制,结果导致医生职位不足。这些情况,最终迫使英国最后发展出私人医疗卫生系统。英国的教训,很值得我们深思。

卫生部的"全民医保、免费看病"宣传会对医保缴纳产生负面影响。不论是在城市还是农村,很多人担心这种宣传导致老百姓缴纳相应社会保障和医疗保险费用减少,所以劳动保障部不同意卫生部的意见。

老百姓无钱看病和看病的财务负担过重,是目前我国医疗卫生领域的一个问题;社会已形成的有购买力的需求,未能有效动员资源投入医疗卫生服务,是另外一个问题。如果不能针对性地解决后者,就难以解决前者。政府"包而不办"是医疗卫生资源动员能力低下的病根。"政府主导"的医改模式在国家财力实际上还比较有限的情况下,不得不进一步强化价格管制、市场准入和医疗资源的行政配置,从而进一步减弱医卫系统的资源动员能力。同时,"政府主导",特别是所谓"靠税收建立全民保健"的构想,容易刺激更大的医卫需求。由此可能出现公众预期被调高、原有筹资动力(社保、合作卫生)减弱、多部门行政扯皮增加、医卫服务供不应求矛盾更为加剧的后果。

第9次 报告会快报

（2007年4月28日）

2007年4月28日，CCER"中国经济观察"第9次报告会在北京大学中国经济研究中心万众楼举行。这次报告会的主题包括当前经济问题、资本账户开放、国际服务外包、人民币汇率与国际贸易、要素红利等方面的内容。花旗银行亚太区首席经济学家黄益平博士，中信建投证券首席宏观分析师诸建芳博士，北京大学中国经济研究中心林毅夫教授、施建淮教授、卢锋教授、宋国青教授发表演讲并回答听众提问。下文为主讲嘉宾的演讲摘要。

林毅夫：中国当前经济的主要问题与出路

改革开放初期大家非常关注的国企改革、银行呆坏账等问题已得到较好解决，它们现在都已不再是制约中国经济发展的主要矛盾。旧的问题得到解决的同时也出现了新的问题。这表现在以下方面：(1) 人均收入水平低。(2) 投资增长过快，投资集中于某些产业，消费相对不足，贸易顺差过大。(3) 资金资源过度密集，就业创造不足，可持续发展成问题。(4) 流动性过剩与不足并存。(5) 城乡收入差距不断扩大、收入分配不均、社会保障不健全等社会问题。

在此背景下，政府提出科学发展观。林教授认为科学发展观包括两个方面，一个是手段，另一个是目标。手段是通过快速经济发展缩小同发达国家的差距。在经济发展过程中要实现五个统筹，包括城乡间协同发展、地区间协同发展、经济发展和社会发展相协调，经济发展的同时考虑自然和资源的可持续性，以及国内与国际市场的统筹。目标是发展以人为本，即提高人们生活水平，构建和谐社会。面临的问题是，这样的手段和目标如何能够真正落实。

之所以经济发展不能以人为本，出现不和谐现象，有人担心经济发展的可持续性，林教授认为主要原因是市场改革不到位，体现为以下两个方面：

一个是金融结构和资金价格方面的问题。尽管股票市场的重要性在提高,现在的金融结构仍以大银行为主,去年通过大银行运用的人民币资金占整个金融体系的75%。大银行先天性地是为大企业大项目贷款的,而在当前发展阶段,资金回报最高、最具有竞争力的是劳动密集型中小企业。但是,得不到金融支持成为阻碍中小企业发展的最主要障碍。结果就是创造就业不足,城市新增就业困难,大量农村劳动力不能转移到城市非农产业,进一步抑制工资水平,加剧城乡收入差距和收入不均问题。农民得不到金融支持,仅仅依靠自我积累,生产规模难以扩大,农业产业化、农业现代化发展缓慢,农民收入增长困难,进一步扩大城乡差距。

处于中国这样发展阶段的国家,银行利率应该有10%,而中国现在贷款利率只有6.3%,储蓄利率只有2%,即存贷差在4%左右,而其他国家存贷差一般只有1%。在贷款利率10%、存贷差1%的情况下,储蓄者能够享受的利率是9%,而目前还不到3%。储蓄者是收入相对低的人群,而贷款者是相对富有的人群。在利率抑制的情况下,相当于储蓄者补贴银行和能贷到款的大企业,造成"富者越富,穷者越穷",加大收入分配不均。

另一个是资源价格不合理的问题。目前的资源税费是20世纪90年代初所制定的,按照当时资源价格的1.8%征税,而且是从量征收。较低的资源价格是补贴国有矿产企业的一种方式。改革前国有矿产企业的产品出售价格很低,改革后国有矿产企业承担了退休职工、社会冗员等社会负担。为了补偿国有矿产企业,政府就征收很低的资源税费。但是情况在渐渐变化。过去只有国有矿产企业才能开矿,现在民营企业、三资企业也可以开矿。90年代初期资源价格被人为压低,90年代中期以后资源价格与国际接轨。那些没有沉重社会负担的民营或三资矿产企业就成为暴利行业。比如一处矿产的地下价值可高达几百亿元,而开矿权只需几千万元,每年所交税费微不足道。由此造成寻租行为盛行,社会风气败坏。由于很多技术、资金实力不足的企业进入,经常出现矿难。

林教授认为"金融结构和资金价格"与"资源价格"是目前经济体制中最重要的两个问题,它们都是计划经济遗留下来的、没有改革到位的地方。目前改革的方向是:首先改善金融结构,增加能够给中小企业和农户提供贷款的地区性中小银行。其次要放开资金、资源价格,各种要素价格完全由市场竞争决定,反映相对稀缺性。这样企业选择产业、产品、技术时就会按照比较优势,进入能够充分利用相对便宜资源要素的产业,形成竞争优势,实现经济又快又好发展。

多发展劳动密集型产业,一方面可以形成竞争优势,更快积累资本,使资本从相对短缺变成相对丰富,劳动力从相对丰富变成相对短缺,资金回报逐渐下降,劳动力回报不断上升,富人具有优势的资产(即资本)逐渐贬值,穷人具有优势的资产(即劳动力)增值,改善收入分配。另一方面能创造更多的就业机会,让只有劳动力的穷人分享经济发展的果实,使得农村剩余劳动力能够不断转移到城市,缩小城乡差距和地区差距。在收入分配得到改善后以及中小企业和农户资金需求得到满足后,消费倾向就会提高,中国将会转向内需拉动型的经济增长,改善依靠出口解决国内产能过剩的情形。当价格充分反映稀缺程度,资源使用就会节约,环境的可持续性也能得到较好的解决。

除了深化市场体制改革,政府职能也需要完善。政府最基本的职能是维持社会秩序。我国还处于转型时期,法律和金融体系的健全需要政府积极作为。如果能够按照比较优势发展,剩余会非常多,要素禀赋结构提升和产业升级会非常快。在这样的情况下,劳动力就业不仅取决于就业机会,还取决于就业能力。提高就业能力也需要政府发展教育。对于经济中一部分永久或暂时失去就业能力的人,需要政府通过二次分配的方式给予帮助。此外,政府还要解决市场无法解决的外部性和信息不对称问题:一是金融机构监管;二是社会保障;三是公共卫生和医疗;四是避免投资潮涌现象。

要实现又好又快的经济增长,应该深化市场体制改革,让市场发挥基础作用,同时作为发展中国家和转型国家,政府也要扮演比发达国家政府更多的角色。

黄益平:中国经济的增长潜力

根据经济历史学家 Angus Maddison 整理的过去两千年的世界经济数据,可以看到亚洲以及中国在世界经济中比重的变化。值得注意的有两个方面:

一是从两千年前一直到两三百年以前,中国在世界经济中的地位一直是举足轻重的,中国和印度的经济总和占世界经济50%左右。随着西方发生工业革命,中国经济占世界经济的比重直线下降。最近中国和印度在世界经济中的比重出现强烈反弹。这也是现在人们对中国经济兴趣日益增加的主要原因。Maddison 预测 2030 年中国将成为世界上最大的经济体,对此不同经济学家在时间判断上存在差别,但看法基本差不多,即亚洲在今后的半个世纪到一个世纪肯定会成为世界上最重要的经济实体。

二是从过去两千年的经济数据看,经济增长是一个近期才出现的现象:前一千八百年的世界经济增长非常缓慢,人均 GDP 基本停滞不前。最近两三百年的经济增长是由工业革命引发的。经济增长的领导者从西欧开始,然后转移到美国,20 世纪下半期又换到亚洲,最近中国和印度成为主要的推动力量。经济增长的主要领导者在最近几百年内不断提高增长速度。欧美经济在 19 世纪和 20 世纪的增长速度为 4%—5%,东亚 20 世纪下半期增长速度为 7%—8%,现在中国和印度的增长速度接近 10%左右。

中国和印度今后能不能维持 10%的增长速度?对此存在乐观和悲观的两种看法。乐观者认为,10%没有问题,甚至更高一点也可以;而悲观者则预期经济硬着陆随时可能发生。看经济增长能不能持续下去,最关键的一点是看经济增长源泉的构成。经济增长的源泉包括要素增长和生产率增长。要素增长很重要,尤其是投资增长。只有投资增长才能够推动技术进步和生产率增长,但是生产率增长更为重要。没有技术进步和生产率增长的经济增长会无法持续。

20 世纪八九十年代,生产率增长对中国和印度的经济增长起到了非常大的作用,因此我们对中国经济能够持续高速增长有信心。有两个因素可以支持这样的判断。第一个因素是后发优势。尽管中国和印度增长高达 8%—10%,经济还远落后于世界水平,赶超潜力还非常大。亚洲经济增长和过去欧美经济增长存在一个很大的区别:欧美经济高速增长时是技术的领导者,不断推动生产前沿往外移;亚洲经济高速增长大多是一个赶超过程,我们离前沿仍然有很大的距离。因此我们仍然有很大的潜力通过赶超来实现较高的增长。第二个因素是经济改革会持续下去。过去二三十年中国和印度经济的快速增长,归根到底就是实行了市场化改革。市场化改革改善了生产要素的配置,推动了生产率的高速增长。从这两点来看,中国和印度的高速经济增长是可持续的。从中国经济的领先指标看,短期内保持10%的增长速度的可能性是非常高的。

对于中国和印度今后五年经济增长的预测,多数金融市场人士和经济学家认为增长速度将要回落。他们认为中国和印度的经济增长速度已经超过趋势水平,因此今后几年增长速度有可能回落。为什么会有这种看法有多种多样的原因,现在可以看到的是,中国和印度经济都面临着一些短期的挑战。印度经济现在面临非常大的经济过热风险,如通货膨胀直线上升,经常账户赤字不断扩大,熟练工人和非熟练工人的劳动力成本都不断上升,基础设施的瓶颈日益显现等。把这些指标放到一起考虑,结论只有一个,就是印度经济的增长速度已经超过了趋势水平,所以印度中央银行过去一年一直采取紧缩货币政策。这些情况说明印度在经历了过去两年9%的增长后,短期内有可能出现增长速度下降。中国虽然不存在典型意义的经济过热,但是出现了很多结构性问题,包括过度投资和对外部市场依赖过高,这些因素对今后经济长期持续的高速增长可能会带来问题。

对于中国经济,一直有两种极端看法。一个极端看法是认为10%—12%的经济增长可以一直持续下去。既然这样的经济增长速度已经持续了五年,那么为什么今后五年就不能继续持续,今后十年就不能继续持续?另一个极端看法是中国经济即将崩溃的论断从来没有消失过。为什么会出现这样两种极端的看法?

回顾中国的改革,产品市场改革走得既快又远,而要素市场的改革非常缓慢。这在造成超常繁荣的同时出现了成本扭曲等一系列问题。各种要素市场包括劳动力、土地、资金、环境都出现同一个现象,就是成本被人为压低。压低成本有主观上的原因,也有非主观的原因,但归根结底是由于以经济增长为中心的政策导向。这样一个思路与过去计划经济实施的政策有很大类似。这样的策略在计划经济时期没有成功,但在今天显得比较成功。最主要的一个原因是以前没有市场引导要素配置,改革解决了这方面问题。另一个重要因素是,改革以前经济个体没有自主权,并且缺乏激励,这个问题也通过改革得到了解决。

我们经历的是一个逐步的改革过程,取得了很好的效果,但是也导致了明显的问题。例如没有对环境做出充分的补偿,实质上降低了生产者的成本。其他问题也是如此。现在企业很有钱而老百姓钱不多也是和要素价格扭曲有关。消费发展较慢也与此联系在一起。改革中的成功和矛盾是同一个问题的两方面反映。因此,下一步可能是通过要素市场的市场化改革,由市场来决定它们的价格。可想而知,生产成本会逐步上升,但是否会导致经济增长速度回落有待观察。

认为经济增长10%有一定难度的一个原因是中国对外部市场的依存度越来越高。去年上半年经常账户盈余占GDP的比例高达8%,这对于一个大国是非常罕见的。中国的出口已经占GDP的36%,并且出口每年增长20%—30%。这样一个不平衡的增长在过去并没有问题,今天却带来贸易争端、贸易顺差过大、外汇储备增长过快、汇率低估的问题。东亚国家的发展策略和中国有很多类似的地方,它们当初并没有出现这些问题,理由只有一条:中国是大国,它们是小国。

前面讨论了中国经济的增长潜力,但是并没有给出明确的估计。一方面,我们认为现在的经济增长速度太快,未来可能有所回落;另一方面,中国经济将会保持高速增长,有一天会成为世界最大的经济体,对此黄博士认为毫无疑问。

施建淮:中国资本账户开放的进展及评论

开放条件下国与国之间的经济交易大致可以分为三类:(1)本国商品和外国商品之间的交易。这可以认为是同一时点内的交易。(2)一个国家的商品和服务与另一国资产之间的交易。这是一种跨期的国际交易。(3)国与国之间发生的资产与资产的交易。

对于这三种交易发生的原因和所获得的好处,现有经济学理论都有比较明确的结论。通过第一种交易,可以获得静态的比较优势,这也是中国目前正在做的事情。在第二类交易中,由于资产是在未来支付的,可以获得跨期比较优势,同时平滑消费。关于第三种交易,通常认为,基于实际需要(比如为贸易融资)的资产交易是好的,而纯粹的资产和资产的交易是虚拟的,不会有实质经济利益。实际上,这种看法是非常片面的。第三种交易对于开放经济国家越来越重要,对于目前的中国来说尤其如此。纯粹的资产与资产之间的交易,其目的主要是规避风险。以前经常说贸易是经济增长的发动机,现在应该用资产交易来代替贸易成为经济增长的发动机。

目前,每天外汇交易量达上万亿美元,而国际贸易一年的交易总量也就是3万亿美元左右,也就是说,国际货币交易量是国际贸易的100多倍。此外,货币交易的增长速度也非常快。全球平均每天的外汇交易量2004年为1.9万亿美元,与2001年相比增长了57%;全球平均每天的外汇衍生产品交易量2004年为1.2万亿美元,与2001年相比增长了112%,这些都是规避风险的客观需求。

与经常账户开放相比,从金融安全和经济发展的角度来讲,资本账户开放具有更加根本的意义,这是中国金融改革最重要的步骤。逐步放松对资本流动的管制是中国外向型经济发展到今天的一个必然要求,也是经济全球化不可逆转的趋势。资本账户开放与很多领域进行的改革都是密切联系的。第一,为了配合2005年7月21日进行的汇率形成机制改革,国家外汇管理局出台了一系列的外汇管理措施,比如加快对企业实行远期结售汇,银行间可以开办结售汇、掉期业务,等等。改革措施非常密集。但是效果并不尽如人意,比如远期结售汇市场非常冷淡,交易量非常小。第二,加入WTO之后,我国金融服务业已非常开放,金融业的开放必然带来资本的大量流动。如果资本账户还进行管制的话,一方面管制效果不理想,另一方面也不能获得金融自由化应有的好处。第三,中国现在的经济开放度越来越高,对外贸易依存度超过70%。在商品和服务贸易如此开放的情况下,就必须有资产交易的开放来对冲风险。第四,人民币国际化现在已经不是中国要不要推进的问题。人民币在周边国家交易使用的规模越来越大,在限制不住的情况下,应该适时地去推动。第五,推动对外贸易采用人民币进行结算,可以获得减少企业风险、增强金融实力、增加铸币税收入等益处。

目前中国的资本账户管制存在很多问题,一是管不住,二是没效果,三是成本非常高。短期外债是货币政策当局最应当关注的资本交易,因为短期外债的流动性非常高,可能对经济产生冲击。2003年以来,中国短期外债增长非常迅速,该管的没有管住。注意,这些还都是官方审批同意的外债数据,这些资金在很大程度上都是冲着人民币升值来的热钱,因此基于行政审批的管制是没有效率的。

既然管制的效率低下、成本上升,并且管制引发了一系列问题,如外汇储备急剧上升,与其继续毫无意义的管制,不如放开。当然,资本账户开放应具备很多条件,中国现在基本都满足,如宏观经济稳定,通货膨胀比较低,经济持续稳定增长,贸易和财政处于盈余状态,人民币存在升值预期,汇率更具弹性,等等。另外,金融体系的改革已经有很大进展,除了存款利率仍然存在一个上下限,利率已经基本上市场化。这是资本账户开放的有利时机。

根据发展中国家的经验,资本账户开放初期面临的都是资本的大量流入,对中国来说更是如此,那么如何应对资本的大量流入?中国的人均资本存量很低,不到美国的十分之一、世界平均水平的五分之一,因此资本多不是坏事。但是资本的构成非常重要,要引导和吸引长期资本的流入,减少短期资本的流入。比如智利对资本征税的政策类型是对资本流入总量没有影响,但是对资本构成确实有影响,它会有效地限制短期资本流入,并且这是一种基于市场的机制。

如何来评估我国资本账户开放的进展呢?施教授认为,直接投资项已经非常开放,对外直接投资基本没有限制。对于外国在华直接投资,除了一些宏观的产业指导,很多地方政府都是极力欢迎的,只不过最近加强了对收购类型投资的管制。但是资本"走出去"的效果很不理想,比如联想、海尔、TCL等走出去后都是亏损。在证券投资方面,国内居民对外进行股权投资(比如通过 QDII)管制很严,在债务证券投资方面也可以通过 QDII 购买,并且允许国外非居民到中国来发行债券,这对中国债券市场发展非常有帮助。施教授认为,对这两个子项目都可以进一步放开,比如对 QDII 的机构和额度审批越放开越好,另外还可以考虑让更多的国际机构发行人民币债券。最重要的是管住其他投资这一项,而这一块恰恰没有管住。

最后做一个简单评论。首先,资本账户应该采取基于市场的手段,因为现在中国经济已经非常开放。其次,原来的方针应该改变,应开放中国居民到国外投资,要避免本末倒置的改革。现在为了避免人民币升值,推出一系列"走出去"的措施。但是根据"不可能三角",如果资本账户开放,那么固定汇率是十分危险的。从这个意义上讲,还要加快人民币汇率改革的步伐。此外,应该取消结售汇制度,还汇于民,而不是藏汇于民,因为外汇本来就是"民"的。我们在改革过程中非常担心风险,但事实上国有企业、国家机构是最不担心风险的,而私人是最在乎风险的。还汇于民后,人们自然会做出最好的决策。

卢锋:我国承接国际服务外包的政策调整问题

国发〔2007〕7号文件全面阐述和强调了加快我国服务业发展的意义、政策方针和措施,其中第一次在中央经济方针层面把承接国际服务外包作为下阶段扩大开放和促进服务业发展的重点问题提出来。卢教授对承接国际服务外包的问题从经济学角度加以观察分析。

1. "承接国际服务外包"的概念探讨

外包(outsourcing)一般指特定产品生产的某个或若干工序、环节、区段转移到企业外部完成,是对产品内分工(intra-product specialization)生产方式的一个特定角度表达。服务外包(service outsourcing)的对象是劳务性投入,指服务品生产过程部分流程或制造品生产中劳务流程从特定企业内部转到外部完成。如果外包的对象是属于服务业内部的一个区段、环节、流程,则属于服务外包。如果制造业的服务流程如财会管理、人事管理或者售后服务包出去,也叫服务外包。

外包的元结构是由发包方和接包方组成,至少存在两个企业;也可能是多级的发包,一级发包方发给二级发包方,二级发包方再发给三级发包方……最后可以有 n 个环节的外包,将全世界连成了一个网络。所以产品内分工、外包、供应链实际上都是同一个现象的不同表述。国际服务外包就是服务外包元结构中的发包方和接包方是在不同国家,在业内一般被称为 offshore outsourcing。这是从发包方角度来说的。如果是站在承接方的角度来说,也可以称为 inshore outsourcing。

从理论上来说,在国际服务外包中发展中国家既有可能是接包方,也有可能是发包方。但是在现实中,考虑到比较优势,所以发展中国家更多的是承接服务外包。中国参与国际服务外包的方式主要是承接国际服务外包。服务外包虽然早已存在,但是过去十几年兴起的当代服务外包具有全新特点。当代服务外包一般分成两大类:一类是软件和计算机服务外包(ITOs),另一类是商务流程外包(BPOs),就是把制造业里面原来不能包出去的部分也包出去,把原来不可贸易的部分变成可贸易的。

2. 当代国际服务外包的经济学观察

从经济分析思路考察,外包或服务外包兴起,归根到底是成本和利益的相对比较力量推动经济分工深化的结果。设想将一个完全内置式生产系统转变为一个高度外包型生产系统,这一转型过程会使采取这一策略的企业获取新增利益,同时也要支付额外成本。给定技术、制度等外生性因素,利益和成本的比较决定外包或产品内分工理论意义上的平衡点。技术和制度等外生条件改变,则会推动利益和成本相对平衡位置向有利或不利于外包扩大的方向转变。

服务外包的潜在利益来源包括比较优势效应、规模经济效应、经验经济效应、结构"瘦身"效应,等等。通过外包也会产生额外的成本。这类成本主要包括信息交流成本,人员旅行沟通和协调的成本,信息外泄、对方要挟等风险成本,以及协调跨境经济活动制度性成本等。20世纪90年代之后,外包能够发展起来主要包括以下几方面原因:信息技术革命降低了信息传递成本;航空技术进步降低了商务旅行成本;WTO规则和各国政策走向开放降低了跨境经济活动的制度交易成本;市场竞争程度提升对企业通过外包提高效率产生更大的推动作用。

3. 我国承接国际服务外包的问题和原因

虽然我国承接国际服务外包取得初步成绩,然而与一些国家的经验比较,或者与我国制造业参与国际分工的水平比较,总体来看我们在这一领域目前处于相对落后的局面,如果不能尽快转变有可能面临在正在兴起的服务全球化浪潮中被边缘化的风险。从规模来看,2005年我国计算机信息服务出口加上流程外包约为20亿美元,只有加工贸易盈余的百分之一,不到印度的十分之一,也落后于爱尔兰、菲律宾等国。从承接外包内容构成看,主要集中在和制造业强项相联系的软件和 IT 服务外包方面,在潜力更大的商务流程外包方面只有少数比较成功的案例。从市场结构看,主要从日本接单,在欧美等全球主流服务外包市场虽有个别成功的案例,然而尚未全面进入和打开局面。企业平均规模较小和相对竞争力较低。

我国承接国际服务外包存在的问题背后有一些客观原因。例如我国与印度等国比较,在适合服务外包人力资源条件,特别是具有熟练英语能力的人才方面存在不足,对发展国际服务外包具有重要制约作用。另外我国制造业开放发展较快,对人才和资源的吸引在客观上也对承接国际服务外包有不利影响。然而同时也应看到,我国对国际服务外包在一段时期重视不够,有关政策调整相对滞后也对行业发展产生不利影响。特别是在税收优惠政策、外资准入和鼓励政策、针对性知识产权保护以及人才培养方面缺乏切实有效的措施,也是这一领域相对落后的重要原因之一。

4. 促进发展国际服务外包的政策建议

目前我国服务和软件外包正面临新一轮的发展机遇。我国整体经济增长强劲,为服务外包发展提供了巨大的潜在市场;跨国公司在中国快速发展,对软件和服务外包提出了更迫切的要求;政府强调科学发展观,更加重视发展服务业,明确提出发展承接国际服务外包的方针。应当利用这一时机,通过综合政策调整开创承接国际服务外包新局面。对此提出十条政策建议:一是从开放经济发展的全局层面认识承接服务外包的重要意义。二是比照国际上其他国家的类似政策,对承接国际服务外包企业实行大力度的优惠政策,包括实行流转税零税率原则,减免企业所得税,等等。三是放宽服务外包领域外商直接投资的政策门槛,把承接国际服务外包列入国家鼓励外商直接投资的行业目录。四是进一步完善与承接国际服务外包相关的知识产权保护立法和执法。五是对承接国际服务外包的某些关键环节(如人员培训、CMM5 资质认证等)提供必要资助。六是在有关部门的指导帮助下,建立真正由业内企业主导和管理的服务外包行业协会。七是进一步改革电信体制,规范电信垄断企业行为,通过降低电信资费缓解我国企业在这个成本项目上缺乏国际竞争力的压力。八是鼓励大学和职业学校大力培养不同层次既懂软件又具备语言能力的人才。九是利用我国外汇储备和财力比较充裕的条件,通过在英语师资方面实行"请进来"和"送出去"的方法,切实改进我国普通中小学的英语教育水平。十是加强和改进对软件信息服务以及流程服务外包的统计。

诸建芳:警惕"要素红利"的逆转

"要素红利"严格来讲不是一个比较规范的学术性说法,但是目前在证券市场中有"人口红利""资源红利"这些说法,所以诸博士也将这些提法概括为"要素红利"这样一个概念。目前市场中也有很多人在从这个角度探讨问题,主要在做两件事情:一是解释现在的市场繁荣,二是寻找未来的投资方向。诸博士也谈了一下这方面的观点。

目前主要存在三种思路。第一种思路是从人口红利出发,推演出资产价格的提升,从中得出结论说目前还是存在比较多的投资机会,其中还涉及一些具体行业方面的分析。这种思路可以从两条路径展开。一条路径是从人口红利推演出储蓄率很高,资金流动性过剩,比较充沛的资金供应直接对市场产生影响,提升各种资产(房地产、金融服务等)的价格;另一条路径是高储蓄率导致资金比较充裕,利率水平比较低,从而刺激投资增长,带动经济增长,提升企业业绩水平,最终提高资产价格。换言之,上述两条路径一个是从资金面展开研究,一个是从企业业绩提升方面进行分析。

第二种思路是人口红利导致储蓄过剩,从而资金的充裕引起资产价格的重估。这就是说在市场上有很多的资金追逐各种各样的资产,使各种资产的价值得到重估,使得债市、股市、房地产市场等出现繁荣。

第三种思路是从巨额外汇储备开始进行的经济分析。巨额外汇储备引发 ODI(即对外直接投资),通过对外直接投资带动出口,把中国国内的产能引向国外,保持中国行业或者经济的景气。从整个逻辑来看,其实这种分析思路也可以追溯到人口红利上面去。

前面三种思路总体上蕴含了一个人口红利的概念,即从人口出生的非稳态性来看,某一个阶段劳动力人口会有一个增长,从而导致比较高的储蓄率。除了人口红利因素以外,诸博士认为还有两个因素对现在企业盈利水平提高产生了比较大的作用,即资源红利和人工成本红利。资源红利是指由于对土地、水、能源等价格的压制,以及以环境、安全为代价,使企业得到的利润;人工成本红利是指通过实行低工资、低福利,转化成的企业盈利水平。诸博士没有做很具体的量化分析,但是从数据和现象可以看出上述情况的存在。

可以从工资的增长和劳动生产率的提高来考察人工成本红利。最近几年,两者的增长都比较快,但是相对而言,劳动生产率的提升更明显,呈现向上的趋势,而工资增长基本稳定,二者形成了一个"剪刀差"。工资的增长赶不上劳动生产率的提高,就意味着一部分劳动生产率的提高已经转化成企业的利润。

从经济总量来看,大体上也存在这样一种现象。从 20 世纪 80 年代末到 2000 年这样一段时间里面,劳动者报酬占企业总收入的份额大体上都在 50% 左右。但从 2000 年到 2005 年,发生了比较大的变化,劳动者报酬所占份额下降了 10 个百分点,相应地,企业盈利上升了 10.5 个百分点。

上面讲的是人工成本红利,下面看一下资源红利的情况。由于价格的扭曲,企业没有为高能耗付出应有的代价。这其实是资源红利转化为了企业利润。从单位产出能耗的国际比较来看,总体来说中国的能耗还是比较高的。我国的能耗大致相当于日本的 6.4 倍、美国的 3.9 倍、印度尼西亚的 1.1 倍、印度的 0.8 倍,即中国比印度略好一点,比印度尼西亚略差一点。另外,还可以从高污染的代价来看。从统计数据也可以看出,中国的污染物排放距离政府目标的差距是比较大的。这种成本企业没有承担,但其实已经转嫁给社会、转嫁给未来。

上述资源红利、人工成本红利可以部分解释当前企业利润水平高的情况。如果上述状况能持续下去,那么企业的盈利水平还能保持在比较高的状态,不会出现比较大的变动。但是从目前政策走向、执政理念或者社会要求来看,诸博士认为今后几年内这种状况会有一种逆转性的变化,即要素红利的格局会有一个大的转变。

首先,人工成本会进行一定的重估。诸博士认为主要有两个影响因素。一个是"十一五"期间,就是未来五年当中,劳动力格局会发生一些变化;另一个是政府已经意识到收入分配中劳动力报酬偏低。从经济工作会议或者两会比较重要的文件当中,都可以看出国家有意在初次分配当中提高劳动报酬的比例。

其次,要素价格的重估。"十一五"规划中对资源和环境提出了硬性的指标,只有在价格上升对成本产生一种压力时,企业才会去降低能耗、通过装备的更新或者技术的提高来解决这些问题。

综合上面人工成本的变化和要素价格重估带来的影响,可以引申出几个趋势性变化:

第一个趋势是产业整合的加速。这样做的结果是资源向龙头企业或者潜在的龙头企业集中。从景气程度来看,那些行业龙头或者潜在的行业龙头的景气会提升。同时,有些企业可能会被兼并或者被边缘化,甚至最后消失掉。

第二个趋势发生在装备行业。这意味着整个产业里面各个行业都有一种装备上的更新和技术上的提升。因为不这样做的话,很难实现前面提到的资源、能源的节约和经济的可持续增长。这个推理延伸下去,就是装备行业在要素价格重估这个大的背景下,景气方面会得到大的提升。

第三个趋势是在消费领域,特别是服务消费领域,景气可能会得到明显的提升。其主要的支撑因素有四点:(1)劳动力价格重估,劳动报酬提高,为消费需求增长、消费结构升级奠定了物质基础。(2)与国际比较,中国城市化水平还是比较低的。从当前的趋势来看,城市化会加速或者稳固提升。(3)社会保障制度的替代效应。现在国家已经对社会保障有了更进一步的重视。这对居民的实际支出和预期方面的改善都会有很大的帮助。(4)消费服务领域更加看好。尽管已经有很大的改善,但是与国际进行比较的话,中国目前的消费结构还是比较低级的一种状态。在食品、衣着方面,中国的消费比重还是比较高的,然而在居住、其他商品和服务方面的消费比重还比较低。

综合前面所讲的内容,诸博士认为在政策或者理念的推动下,要素红利格局会发生逆转,要素价格重估不可避免。随着要素红利的逐步削弱或消失,可能对整体利润水平产生不利的影响。在这个过程中,也会发生一些结构性变化。有些行业或者领域的景气程度不会下降,反而会提升。从投资的角度来看,下列行业会存在比较多的投资机会:一是行业龙头;二是装备制造行业;三是消费领域,尤其是消费服务领域。

宋国青:人民币汇率与中国贸易

宋国青教授的报告主要有三个方面的内容:贸易顺差和汇率;投资和顺差;汇率、投资与货币,也就是顺差、投资和汇率三个变量两两之间的相互关系。最后是关于汇率的一些初步结论。

首先是贸易顺差与汇率之间的关系。季节调整后货物贸易顺差额(海关统计口径的季节调整后出口减去季节调整后进口)有三个阶段性趋势:1986—1997年顺差上升;1998—2003年顺差下降;最近几年顺差又在上升,并且上升幅度很大。今年第一季度季节调整后的顺差绝对额为600亿美元,可以肯定全年将有2400亿美元的贸易顺差,而且国际收支平衡表中的贸易顺差额会更大。最近公布的数据中，美国第一季度 GDP 增长率很低，只有 1.3%。由此可以想象，如果美国经济更好的话，中国的贸易顺差可能会更大。这是顺差额的绝对波动，看不出有什么特别的情况。接下来看贸易顺差占 GDP 的比例，即顺差率的情况。1994—1997 年顺差率上升，1998—2003 年顺差率下降，2004 年后顺差率上涨。现在的顺差率与历史相比，稍微大些，但也没有什么问题。如果把顺差率与人民币实际汇率指数（用美元、韩元、欧元和日元根据其与中国的贸易份额加权构建）放在一起，会发现两者在上述三个阶段的走势相同。按照一般的逻辑，真实汇率度量的是国内外价格的比例，如果汇率上升，对出口影响不利，对进口影响有利，顺差占 GDP 的比例应该下降，不过中国却是上升的。而如果我们来看美国的美元真实汇率指数与净出口占 GDP 的比例，二者的确是反向的关系。

如何解释中国人民币升值，顺差率反而增大的现象呢？一种简单的解释是：2004 年以来如果没有汇率升值，在汇率不变的情况下，可能顺差率更高，也许不是现在的百分之八点多，可能是 10%，升值已经抵消了一部分顺差的增加。按照这个逻辑，在 1998—2003 年间，如果不是因为汇率贬值，可能顺差率会下降得更厉害。这里面涉及贸易顺差的自然上升率，即如果汇率不变，贸易顺差率每年上升多少。在真实汇率即国内外相对价格不变的情况下，即企业的成本与产品价格不变，进出口价格比价不变，那么经济效率较高的国家，企业市场份额就会扩大，导致出口增加，顺差率上升。因为中国经济尤其是制造业的效率相对提高，因而有顺差的自然上升率。而如果想要保持贸易平衡，效率的提高将导致真实汇率升值，即出口价格相对进口价格上升。所以用来解释上面的情况是，2004 年以来自然上升率很高，升值使实际上升率低于自然上升率；而 1998—2003 年，汇率下降应当引起顺差率上升，实际不升反降，意味着自然上升率更低。顺差率的自然上升率在两段时间内分别是下降和上升，也就是说中国的经济效率在这两段时间内相对外国分别是下降和上升。这需要在 2004 年找到一个很重要的变化，来解释中国自然顺差率的扭转。即使能够找到这样的事件，还是存在与其他变量如劳动生产率的变化严重相悖的问题。

由此我们认为在用汇率解释顺差率的时候可能存在遗漏变量。这里做一个形象的比喻，称作兔子赶狼或狐假虎威模型。兔子在后面追赶狼，如果得出结论是狼怕兔子，这与常识相悖。之所以得出这样的结论是因为观察遗漏了一个重要变量——在兔子后面的老虎，只有把老虎放到模型中，才能理解狼为什么会在兔子的前面跑了。在汇率和顺差率的关系上，也有理由怀疑存在另外一个变量影响顺差，因此我们进一步去寻找，我们找到的遗漏变量是投资，顺差对投资也有反应，投资就是我们认为的"老虎"。

下面来看投资与顺差的关系。在 1984—1985 年、1988—1989 年、1993—1994 年、2004 年几次宏观经济过热时，名义投资增长率（固定资本形成总额比上年增长率）很高，进口增加，顺差率下降。这里是年度数据，没有经过任何人为的处理特别是季节调整，因此能够反映原貌，不过不能很好地反映滞后关系。进一步看投资与顺差的季度数据，季节调整后顺差率和固定资产投资增长率，也存在三段变化区间：1998 年之前投资增长率下降，顺差率上升；1998—2003 年投资增长率上升，顺差率下降；2004 年后投资增长率下降，顺差率上升。顺差率对真实汇率与投资增长率都有反应。投资的年度数据显示二者的关系在众多变量影响下,仍然比较稳定,说明投资增长率与顺差率的关系非常显著。投资的影响要比汇率的影响更大些,就像太阳能够遮住月亮的光芒一样,投资与顺差的关系掩盖了汇率与顺差的关系。当然到现在为止这些也只是假设而已。

考虑到投资数据本身可能有问题,而货币与投资的关系很强,货币增加,投资增长;货币减少,投资降低。因此为了排除数据问题的影响,进一步考察顺差率与货币增长率(M2)的关系,也验证了顺差率与投资增长率确实存在上面所述的关系。投资增长与顺差率反向变动的原因在于价格和工资的短期黏性,货币增加,投资增加,引起真实变量的变化。货币冲击只有短期效果,短期的含义是货币供给、投资增加后,在还未充分传导到工资价格之前,货币当局已经把货币和投资增长率控制下去了,否则如果货币持续走高,传导完成,结果只是出现通货膨胀,真实经济又恢复到原状。

用相对效率变化、投资增长率和真实汇率三个变量来解释顺差率,虽然这三个变量都对顺差率有影响,但由于投资增长率和真实汇率之间有很强的相关性,所以把三者放在一起做回归,存在多重共线性的问题。就像兔子赶狼模型一样,如果老虎、兔子和狼永远跑在一条直线上,是无法区分狼到底是怕兔子还是怕老虎。二者的位置只要稍微有些变化就可以识别。或者采取控制实验的办法也能加以区分,不过宏观经济是无法进行控制实验的。

这就引出汇率和投资增长率的关系。人民币实际汇率指数和固定资产投资增长率间,存在很强的相关性。中国在通货紧缩期间,投资增长率太低,货币供应增长率太低,而人民币在这段时间内汇率很高。后来人民币贬值了,投资增长率上升。这就是我们说的共线性问题。无法说清二者之间谁变化在先,谁影响谁。采用规模以上工业增加值对趋势的偏差,来度量经济的冷热程度,可以看到2001年前后是中国经济最糟糕的一段时间,经济不好,此时汇率很高,这不是偶然的,而是有重要的确定性的关系。这是因为1997—1998年亚洲金融危机期间,其他亚洲货币如日元、韩币贬值,人民币不仅不贬值反而是相对这些货币升值,因此影响经济。汇率与投资增长率,在1994—1997年间汇率高、投资增长率低,这不是因为汇率对投资起作用,而是因为当时的通货膨胀率太高,1994年CPI增长20%多,因此中国政府要控制通货膨胀,主动进行宏观调控,控制货币,控制投资。1997年后政府不再试图控制投资,而是要刺激投资,但投资不高,此时低投资增长率与高汇率有很大关系。在总需求不足的情况下,升值可能对真实经济发生不利影响。后来人民币贬值,出口增强,投资增长和货币供应在2002—2003年上涨。2004年宏观调控以后,投资增长独立于汇率变化,投资增长率在很大程度上被货币供应和其他宏观政策决定。如果2004年不进行宏观调控,按照现在的利率、汇率来内生决定货币供应,那么现在通货膨胀会很高。由于不希望总需求过度,所以进行宏观调控,人为确定一个合适的货币增长率。此时货币和投资增长率与汇率已经没有什么关系了。

最后谈一下估计的结果,虽然可靠性较差,不过可以确定的是汇率对顺差占GDP的比例具有合理的影响,即升值导致顺差率下降,贬值导致顺差率上升。具体到影响的大小,大概在0.2左右(计量结果的可靠性和稳定性比较差),即汇率升值1个百分点,顺差率下降0.2个百分点。这样看来,3%的升值速度不足以把顺差率控制下去;5%的升值速度大致可以控制顺差率的上升；要使得顺差率持平或略有下降，还要很长时间。按照现在的情况，如果升值速度再快一点，达到6%—7%，那么到明年年中或者第三季度，可能会扭转顺差占GDP比例上升的趋势。甚至到今年下半年，顺差率上升的速度就会缓和。当然前提是投资和货币供应有些回升。

第10次 报告会快报

(2007年7月29日)

2007年7月29日,CCER"中国经济观察"第10次报告会在北京大学中国经济研究中心万众楼举行。这次报告会的主题包括滑准税、小产权、货币增长、流动性等方面的内容。耶鲁大学管理学院陈志武教授,北京大学中国经济研究中心林毅夫教授、周其仁教授、卢锋教授、宋国青教授发表演讲并回答听众提问。下文为主讲嘉宾的演讲摘要。

林毅夫:内外失衡条件下的政策选择

今年上半年,我国宏观经济保持平稳较快增长。GDP同比增长11.5%,粮食再获丰收,城乡居民收入增长较快,财政增长较多,总体经济形势与去年相似,目前的问题和2006年7月29日的CCER"中国经济观察"报告会讨论的问题基本一致:投资增长过速,货币信贷增长过快,外贸顺差外汇积累过大,环境资源压力很大。政府进行调控时可采取"扬汤止沸"和"釜底抽薪"两种政策。"扬汤止沸"是利用财政政策、货币政策以及法律和行政手段等短期措施进行调控。"釜底抽薪"是分析问题背后的体制和发展原因,采取治本的办法。

目前经济中内外失衡的问题主要体现在几个方面。一是投资增长过热,消费相对不足。2003年以来投资每年增长25%以上,消费占GDP比重从2001年的60.1%下降到2006年的50%,由此导致生产相对过剩。二是投资集中于少数行业,形成"潮涌"现象。2003—2004年集中在汽车、建材、房地产等行业,后来集中在有色金属、电力等行业。投资建成后会加剧这些行业的生产过剩。三是资本账户和经常账户"双盈余"。外贸顺差今年上半年达到1 200亿美元;资本账户中外商直接投资今年估计将超过600亿美元。四是城乡收入差距扩大。城乡收入差距从1984年的1.8:1上升至现在的3.3:1,大大高于国际平均水平1.8:1。五是收入分配恶化。改革开放以来"让一部分人先富起来"的政策使收入分配逐渐恶化,目前收入基尼系数超过0.4。六是资源和环境压力巨大。去年我国GDP占世界的5.5%,能源、钢材和水泥使用分别占世界的15%、30%和54%,最近太湖蓝藻等环境恶化事件不断发生。

这些问题不仅同时存在,而且互相影响。由于富人消费倾向较小,财富集中在少数富人手里会导致消费相对不足,将财富更多用于投资,使得生产能力过剩,增加出口和贸易顺差。如果仅仅根据表面现象进行治理,问题会继续存在,所以要找到问题背后的原因。

内外失衡的原因之一是改革不到位。我国实行渐进式改革,过渡时期市场制度和计划遗留制度并存。目前主要有三方面改革不到位。首先是金融结构改革不到位。一方面,我国金融结构以大银行为主,偏重大企业的金融结构导致劳动密集型中小企业发展不足。大量农村剩余劳动力无法转移到非农产业,城乡二元经济结构难以消除,城乡收入差距扩大。就业机会不足使得工资增长缓慢,城市内部收入差距也越来越大。我国2006年以劳动密集型中小企业为主体的服务业的增加值占GDP的比例为39.5%,低于相同发展水平国家的平均水平53%。另一方面,银行利率过低,贷款利率仅7%左右,存款利率也受到抑制仅3%。结果使得相对贫穷的储蓄者以较低利率补贴相对富有的贷款者和银行,加大收入差距。

其次是资源税费改革不到位。改革开放以前为补贴重工业发展,资源由国有矿产企业开采,再以极低价格卖给重工业企业。改革之后引入市场竞争,允许民营、三资企业进入资源开采业,资源价格仍然人为压低。为了补贴背负着退休工人、冗员等社会负担的国有矿产企业,国家只征收极少资源税和资源开发补偿费,两者相加平均为1.8%。20世纪90年代矿产资源价格和国际接轨,而资源税费仍然维持较低水平。对于没有社会负担的民营、三资企业,采矿成为暴利行业。这加剧了收入分配恶化,同时导致贪污腐败现象的出现。

最后是行政垄断改革不到位。虽然我国正向市场经济过渡,仍有不少行业维持行政垄断,比如能源、电力、金融等行业。垄断产生垄断利润,成为收入分配恶化的原因之一,并滋生寻租现象,加剧收入分配恶化,败坏社会风气。

除了改革不到位,内外失衡问题和现在的发展阶段有关。首先,投资增长过快、消费相对不足与我国发展阶段有关。我国仍是发展中国家,存在很多产业升级的空间,由于资金相对丰富和投资机会较多,投资增长非常快。不仅国内企业投资快速增长,外资也大量进入。改革开放30年为制造业发展打下了良好基础,国内收入增长形成了巨大的市场潜力,吸引大量外国企业到中国投资、生产、销售。

其次,"潮涌现象"也与我国的发展阶段有关。发达国家一般处于世界产业链前沿,企业通常根据自己的判断进行投资,对下一阶段具有竞争优势的产业不会达成共识。只在某些特定情况下,企业才可能形成对下一阶段优势产业的共识。比如20世纪20年代的汽车产业和90年代的互联网产业,投资也出现"潮涌现象"。发展中国家产业升级基本沿发达国家走过的道路逐级而上,产业需要升级时下一阶段符合比较优势的产业有迹可寻,企业和银行间容易形成共识,所以大量投资集中在少数行业,建成后出现产能过剩。这一方面导致出口增加,另一方面一些企业无法获得预期盈利,投资不能收回成为银行呆坏账来源。

"双盈余"也与当前发展阶段有关。改革开放初期我国是标准的"双缺口"发展中经济,既缺资金又缺外汇。政府在 80 年代开始制定吸引外资、鼓励出口的优惠政策,这些政策直到最近才有所改变。同时"双盈余"也与美国有关。美国国内只消费不储蓄同时保持财政赤字,经常账户赤字占 GDP 比重从 1992 年不到 1% 增加到去年 7%。美国经济规模占世界的 30% 左右,其他与美国贸易关系密切的国家必然表现为巨额的贸易盈余。

最后,资源和环境问题也与发展阶段有关。我国处于以制造业为主的工业化阶段,经济发展必然伴随能源、资源的大量使用和环境压力增加。一方面由于能源资源价格不合理加上惩罚力度不够,企业缺乏内在动力节约能源和资源使用,一些企业即使安装减排设备也不愿运转;另一方面,地方干部升迁主要与 GDP 增长相联系,资源节约和环境改善过去在干部考核中不占重要地位,地方干部不重视能源资源和环境要求。

我国正处于改革开放以来最好的一段时期,我们需要利用这段时期从根本上解决体制性问题和发展中问题。针对改革不到位问题,首先应当按照今年金融工作会议所提出的改善金融结构的精神,大力发展地方性中小银行、农村银行、小额信贷、中小企业担保等地方性中小型金融,支持劳动力密集型中小新企业和农户发展,创造就业机会,促进农村劳动力转移和现代农业发展,缩小城乡差距。其次将资源税费调高到合理水平,使资源行业成为正常利润行业。同时尽可能开放垄断行业,对于不能放开的行业,要加强价格、成本、收益分配的监管。

对于发展带来的问题,我国目前已不再是"双缺口"经济,应该调整外资政策和出口退税政策。对于"潮涌现象",政府应该利用总量信息优势,随时公布有关信息,同时规范产业准入。"双盈余"有国内和国外两方面结构的原因,不能单纯通过人民币升值得到解决。我们应该保持目前稳定、小幅、主动、可控、灵活的升值。对于资源环境,一方面应该提高资源价格到合理水平,对环境要求制定较高标准,加强违规惩罚力度和执行强度;另一方面应该按照科学发展观的要求制定干部升迁的考核指标,促使地方干部推动地方经济发展的同时,积极引导、监督企业节约能源和保护环境。

宋国青:货币过快增长引起通胀趋势

宋国青教授认为,目前已经出现了通货膨胀率上升的倾向,如果不进行政策调整,通货膨胀将会上升。宋教授首先介绍了第二季度工业生产增长加快的情况,其次分析了引起经济快速增长的直接因素——投资和出口变化以及货币供给变化,最后讨论了通货膨胀情况和关于利率调控的政策建议。

今年 6 月工业增加值同比增长 19.4%,这么高的增长率在 2004 年 3 月出现过,但两次基数不同:2003 年 3 月经济活动偏冷,去年 6 月经济活动偏热。打个比方,两次跳高的幅度相同,但起点不同,2004 年站在地下室跳高,现在站在屋顶跳高,所以绝对高度差别很大。需要注意的是,今年 6 月工业生产同比增长 19.4%,并非平均分布在过去 12 个月中。去年下半年 6 个月仅增长 4.5%,今年上半年 6 个月增长 14.1%,折合年率 30%。这是过去十年从未有过的现象。

其他一些指标相对较低。今年 6 月工业品出厂价格同比增长 2.5%,低于 2004 年 3

月的3.9%。今年6月投资同比增长28.5%,今年第二季度同比增长27.4%,远低于2004年1月、2月国家统计局公布的53%同比增长率。这可能是支持"目前尚未过热"的重要依据。

结合通货膨胀率等指标粗略估计,现在的偏热程度大概是GDP的1%—2%。1978年以来GDP偏冷或偏热幅度最高达到5%,现在1%的幅度本身问题不大,关键看过热原因。如果由偶然因素引起,那么稍加调控甚至不必调控经济就会自己趋于平稳。如果原因没有消失甚至还在加强,就要引起注意。目前高达30%的工业生产增长年率相当于GDP增长18%—20%,增长势头远高于潜在生产能力。

此外我国一直存在一个通货膨胀加速机制。由于名义利率变化滞后于通货膨胀率变化,通货膨胀率上升会引起真实利率下降,并引起投资扩张,进一步引起通货膨胀率上升。

工业生产快速增长的原因之一是投资。国家统计局报告的今年6月投资增长率为28.5%,看起来不是特别高,但是需要考虑投资统计方面的问题。按照国家统计局数据,每年12月投资占全年比例显著高于其他月份,1997年12月的投资占全年的35%,而第一季度投资仅占全年的10%,12月的投资数据异常可能和年报、月报统计口径不同有关。经过统计调整,12月所占比例持续下降,使得12月同比增长率非常低,而第一季度同比增长率非常高。由于上述统计问题,2004年第一季度投资的45%同比增长率可能高于实际增长率,当时根据投资数据推断经济过热存在投资统计方面的问题。

工业生产快速增长的另一个原因是贸易顺差。进口从去年下半年到现在没有出现异常,去年下半年出口增长也比较缓慢。今年1月、2月出口猛烈增长,2月同比增长率超过50%,考虑春节因素实际增长60%—70%。3月出口大幅下跌,可能是因为企业1月、2月改变政策预期提前出口。第一季度整体出口增长率变化不大。与2004年贸易逆差不同的是,现在是贸易顺差。2004年第一季度贸易逆差对GDP同比增长率贡献−2.3%;今年第二季度贸易顺差同比增长74.6%,对GDP同比增长率贡献4.3%,比2004年第一季度增加6.6%。按固定资本形成计算投资占GDP 42%计算,GDP同比增长率增加6.6%相当于投资同比增长率增加15.7%。

从去年年初开始有大量资金进入股市。其中,以个人名义和企业名义开户的钱算作客户保证金,计入M2;通过基金公司或者信托等机构间接购买股票的钱不计入M2。从个人直接开户情况看,客户保证金成倍增长,4月、5月同比增长3倍多,绝对额接近1万亿元。未计入M2的部分可能有相当大的数量。结果是M2增长率很低,实质性货币增长率很高。这里并不是说货币的定义或度量方法有问题,但是在目前的定义和统计下,遗漏了一部分重要信息。这一部分信息的公布有很多技术上的困难,在5月才推算出4月的数据。如果有这部分数据,通货膨胀预测的准确度就会提高。

现在大家经常把流动性问题或货币过快增长同外汇收入相联系。外汇收入最近一两年必然持续快速增长,但可能没有人认为今后一两年通货膨胀率持续增长。目前通货膨胀率较高,主要因为货币度量出现了一点"问题"。这是一个偶然现象,与外汇收入增长之间没有必然联系。

今年6月工业品出厂价格同比增长2.5%,低于2004年。这首先是因为去年6月的价格水平已经很高,其次是因为生产资料和消费资料比值偏高。同时由于生产资料进口比例高于消费资料,人民币升值对二者的影响是不一样的。

非食品价格指数同比增长率连续几个月只有1%左右。根据过去经验,通货膨胀率高时,食品价格增长更快,非食品价格相对稳定。但由于CPI中食品份额较大,最近肉价上涨可能会对CPI产生短期影响。但今年天气比较有利,雨水充足秋粮收成往往比较好,目前玉米价格已经下跌。这对短期通货膨胀可能起到一点抑制作用。不过,通货膨胀一般要比总需求扩张晚几个月的时间。今年5月、6月工业生产猛烈增长,而价格没有变化。这可能是因为滞后效应,通货膨胀率仍有上升倾向。

利率杠杆调控需要注意长短期结构问题。如果通货膨胀会持续三年,应当提高三年期存款利率。如果通货膨胀只有三五个月,应该大幅上调短期利率,维持长期利率基本不变,否则会对以后产生不利影响。中国过去一直由央行控制所有期限结构的利率水平,可以考虑让市场调节长期利率,央行只控制短期利率。今后债券市场发展也要考虑这个问题。

陈志武:从"钱化"和资本化看流动性问题

今天主要讨论流动性问题。从数据来看,很容易认为中国现在流动性已经不仅仅是过剩,而是非常过剩。1980年中国广义货币(M2)占GDP的比值为20%,到2003年这一比值达到198%。正如后面将要讲到的,我们还不能立刻就下这样的结论,还要深入了解中国经济货币化、金融化、资本化进程背后的机理,包括经济变迁、社会转型、政治制度变化等。

流动性过剩不仅在中国存在,全球范围内流动性也是过剩的。1900年美国金融资产总值(年末金融票据和各种各样证券的价值总和)约为640亿美元,1945年第一次超过1万亿美元,而到2006年这一数字上升到129万亿美元。稍做计算可以知道,第二次世界大战以后,差不多每隔十年,美国金融资产总量就会翻一倍。这样的绝对量数据意义不大,因为美国经济每年都在增长,为了支撑更大的经济,金融资产总价值也应该同时上升。下面来看美国金融资产和经济的相对比重。所有证券和票据的总值与GDP的比例在1880年为2.2,1900年上升到3.2,到去年年底约为10。也就是说,美国经济的金融化程度越来越高。

在看完这些数据之后,有人会问,中国和美国这样迅速的金融化、资本化会不会导致金融不稳定和道德风险?至少在美国这个问题还不是很严重。美国过去26年的月度数据显示,萧条(recession)月份只有16个月,也就是说,过去26年中只有1年多一点的时间经济出现负增长,其他时间经济总体波动是非常小的。因此,从这个意义上讲,高度金融化并不必然使一个经济、社会更加不稳定。

那么这种金融化会不会带来其他一些问题?陈教授认为,通货膨胀率是判断流动性过剩与否的最准确指标(当然房价等是否纳入通货膨胀率的计算是另一个问题)。不能因为我们口袋里的钱多了,银行的钱多了,资产价格上涨了,就说存在着流动性过剩,尽管它们也会提供一定信息。美国的通货膨胀率现在也就是2.0%—2.2%,西欧国家通货膨胀率基本上都在1%—2%左右,日本的通货膨胀率最近还是负值,而中国可能比较例外。至少从全球的范围来看,表面上金融资产供应太多、流动性过剩,但又存在着普遍的低通胀。这本身就是一个很有趣的问题。为了研究全球特别是中国经济这些年所发生的本质上和结构上的变化,陈教授认为需要观察过去二十多年特别是1990年以后"钱化"和资本化的情况。

为了理解"钱化"和资本化对流动性以及金融资本供应量的影响,首先要厘清以下几个概念:钱、资本和财富。这种区分还是很重要的。简单来说,钱是一个货币的概念,在所有的财富载体中它的流动性是最好的。不管一个社会有没有钱、有没有资本、有没有纸币或金属货币,它都有很多财富。财富不是钱,因为它不能被任意处置,比如说卖掉。当所有的土地、企业、矿产资源、自然资源,还有我们未来的劳动力都可以被市场化买卖的时候,钱和财富的距离就会缩短。资本的概念相比财富小一些,但是在量上比钱又多一些。资本是能够产生财富的财富,其流动性介于财富和钱之间,或者从法律的角度讲是流动起来的产权,因此资本更多的是法律上的一个构造物。对于钱、资本和财富的理解是否到位,会在很多法律法规中反映出来,比如说最近出台的《中华人民共和国物权法》规定,农村土地的使用权可以转让,也就是说土地所承载的财富可以钱化,可以租出去,但是不能被抵押。从钱、资本、财富的划分来看,现在农村土地使用权可以钱化,但不可以资本化。

钱化是为了缩短钱和财富之间的距离,资本化是缩短资本和财富之间的距离。19世纪后半期,美国工业化迅速发展,随着铁路网络的建设,城市就业人数的增加,人口流动大大增加,城市化速度加快,社会结构解体,通过家庭成员之间来对养老、意外、生病等进行融资的家庭内部融资模式不再适用,很多原来在家庭、朋友网络内部的经济活动都被外部化、显性化。伴随这些变化,美国金融化程度得到极大提高,由此产生的第一个结果是基础货币供应量大大增加。中国改革开放以后的情形和这一时期的美国比较类似。

讨论流动性过剩的问题,我们必须考虑这种货币化的进程。在这个进程中,对钱的需要增加,人们收入增加。当然,这种增加中有一部分是"虚"的,即原来通过亲戚、朋友的分散投资一直是存在的,只不过现在都用钱来计算,并且统计进GDP中来,表现为GDP和货币供应(M0,M1,M2)的增加。如果金融市场本身比较发达的话,这一部分货币供应增加不会带来通货膨胀压力。这也就是为什么收入和流动性都在增加但在全球范围内通货膨胀都不是一个问题。

市场化缩短了钱和财富之间的距离,使财富"钱"化。下面来看资本化。以前研究资本主要集中在资本的好处和坏处上,而很少着力在这个"化"字上,即如何使财富和未来的收入流转化为现在可以重新配置的资本。总体而言,一个社会中资本化的来源包括以下四个方面:(1)企业的资产(包括厂房、土地和其他有形资产)以及企业未来收入的折现流,这是美国式金融资本主义的一个核心内容。(2)土地和自然资源。(3)个人的未来劳动收入流,这可能是任何一个社会最难资本化的,因为一个核心问题是人不能拿来直接做抵押。个人的未来收入流的资本化很难,但也有一些替代的方式,下面会具体再讲。(4)政府的未来收入流。陈教授去年发表的文章《治国的金融之道》专门谈过这个问题,政府要敢于把未来的收入流资本化,促进国家和人民福利的增进。

具体而言，对企业未来收入流进行资本化大致有两种途径，一种是在股票市场发行股票，另一种途径就是发行企业债券。比如分众传媒在纳斯达克的市值达到40亿美元。我们要问，分众传媒这40亿美元是怎么来的？如果仔细计算，我们就会发现其中至少有35亿美元是来自于对未来收入的贴现。再具体一点讲，江南春相当于另一个央行行长，在收购二十几个公司的过程中提供了很大的类似货币甚至优于货币的流动性。很多被收购公司在分众传媒股票和现金之间选择了股票。在这种融资模式下，相当于增加了很多中央银行。陈教授从很多境外私人股权经理那里了解到，过去一年里他们的投资速度大大加快，这和中国A股市场以及全球金融市场所能提供的投资机会越来越多有关系，由此带动工业增长的效果可能和央行增发货币差不多。

把未来收入流贴现到现在进行资本化的另一个结果是钱的概念发生变化。举个例子，一个中国人张三和美国人盖茨，过去和未来的收入流完全相同，唯一不同的是美国人盖茨可以将其未来收入的一部分通过金融市场转移到现在来使用，而张三不能。这样的第一个结果是美国人盖茨会显得更加有钱，可以借助这一部分资本化的钱来扩大和分散投资，可以使未来创造收入的空间扩展，会扩大未来投资的机会空间和选择空间。

最后，讲一下内需不足的问题，即如何刺激国内的消费，使得经济增长方式从出口导向型向内需拉动型转变。为此，陈教授在过去一年时间里搜集了有关美国个人劳动收入流贴现、个人信贷发展演变的历史资料。陈教授发现直到1928年以前整个美国社会对于信贷消费都看得很负面，认为借钱花的人在品质和道德上都存在问题，认为他们贪图享受、不够自律。但是在20世纪20年代有两件重要的事情，一个是Julian Goldman Stores Inc.推动美国消费信贷，使消费最大化的概念深入人心；另一个是GMAC（通用金融子公司）在1927年请哥伦比亚大学经济系主任Seligman做了一项消费信贷到底是好是坏的研究，把人们对消费信贷的观念完全扭转了过来。Seligman教授认为，所有的生产信贷和消费信贷都是一样的，都具有生产性。其解释是消费信贷所借的钱可以买更好的西装、更好的车，这样也许可以帮助借款人找到更好的工作以及在拓展业务时找到更好的客户。

作为总结，对于今天的中国，尽管流动性越来越多，我们应该思考钱多的因素到底有哪些，有哪些因素会对通胀有很大影响，有哪些没有多大影响，还有哪些会对中国金融业结构调整形成非常大的压力。只有这样，才能更清楚和准确地看待当前的流动性问题。

周其仁：小产权，大机会

"小产权"不是一个物理特征，从外观上看不出什么是"小产权"。像很多商品和服务一样，权利安排的制度信息并不显示在外。

对于小产权房，周教授首先关心的是原先居住在此的农民如何着落。如果原住户一直闹事，那么价格再便宜也不能买。根据调查，"正房一对一调换，偏房二对一调换，村里赠送若干平方米，超出面积按某一价格计算"是比较常见的做法。一方面旧房换新房，另一方面给予货币福利，构造了村与当地居民之间的关系。

另一个需要关心的问题是房屋买卖合同是怎样的。搜集到的销售合同写明"乙方购房后对房屋享有永久所有权"。为什么是"永久所有权"？销售人员解释，因为这是农民的地，没有"70年"的期限，所以"小产权"是永久的。看来，"小产权"是否真的"小"还不一定。合同中还写明"依法享有出租、转让、买卖、赠与、继承权力""甲方为乙方办理入住手续一年内，要给予房屋产权证。拿到产权证要发生变更时，要到相应主管部门办理"。而所谓相应主管部门就是村委会。

"小产权"到底小在什么地方？至少应该搞清几件事情。什么是农村"宅基地"？什么是"农民房"？我国有9亿农民，绝大多数住在房子里。房子有好有坏，但都是重要的物业财产，构成重要的经济关系和社会基础。但有关"宅基地"和"农民房"的法律表达非常欠缺。1962年中共八届十中全会通过了《农村人民公社工作条例修正草案》。该草案第21条写明："生产队范围内的土地，都归生产队所有。生产队所有的土地，包括社员的自留地、自留山、宅基地等等，一律不准出租和买卖。"这就是著名的"三级所有、队（即生产队）为基础"。但该草案第45条规定："社员的房屋，永远归社员所有。社员有买卖或者租赁房屋的权利。社员出租或者出卖房屋，可以经由中间人评议公平合理的租金或者房价，由买卖或者租赁的双方订立契约。"也就是说，房屋可以出租、买卖，但是地不能出租、买卖。

看完法律条文，再看习惯做法。周教授注意到两点。一是即使在"文化大革命"前后，一直有社员买卖房屋的案例，但交易量很小。二是房屋转手实际遵循的是"房地一致"准则。农民实际做法虽如此，法律上却相当麻烦。比如房子着火后，谁有权利重新建造房子？这正是为什么要界定清楚经济利益的原因——如果利益关系不界定清楚，人们就不得不花大量精力来处理相关纠纷。但通常而言，如果房屋没有被破坏，一般是连房带地一同转让。

我国在土地所有制之外，还有土地用途的行政管制。首先是土地规划。比如购买"小产权"房，要问是否合乎规划，规划是否被批准。其次是土地的性质。我国土地用途分建设用地、农用地和荒地三类，其中建设用地分为城市建设用地和农村建设用地，"宅基地"属于农村建设用地。如果小产权房的土地不是农村建设用地而是从农地转过来的，那就非常危险。将农地转为建设用地，按规定要开发出相同面积的农地。如果不能开发出新的农地，就需要用货币购买相应指标。最后是合乎现有规定的集体所有权的土地和其上的房屋能否交易在法律上一直是个悬而未决的问题。《中华人民共和国物权法》制定过程中对这个问题的争论非常大。由于担心城里人特别是权力人物占用农村土地，一些委员建议禁止城市居民在农村购置宅基地。最后达成的妥协是："宅基地使用权的取得、行使和转让，适用《中华人民共和国土地管理法》和国家有关规定"。而《中华人民共和国土地管理法》和国家有关规定对此并没有清楚的规定。

所谓并"大产权"又是怎么来的？《中华人民共和国宪法》（以下简称《宪法》）和原来的《中华人民共和国土地法》（以下简称《土地法》）禁止土地买卖、租赁，《中华人民共和国刑法》中也有相关规定。为适应改革开放要求，中国土地制度发生重要变化。人大常委会专门开会修改《宪法》，规定国有土地不得买卖和租赁，但土地使用权可以转让。这种由政府批租给市场的制度就是"大产权"。1982年《宪法》规定城市土地全部国有，但是随着城市化推进，城市面积需要扩大，原来的农村土地如何转成城市土地？农地转用的唯一途径就是征地。《土地法》规定,农地征用、规划及补偿标准全部由政府制定,同时由政府执行。当年的平衡机制是政府征用农民土地,要对农民进行安置。现在随着国企改革,不再对失地农民进行安置,改为货币补偿。1997年之前的《土地法》规定,货币补偿标准最高不超过原用途收入20倍,但没有规定最低标准。所以理论上一分钱不补偿也不违法,这导致各地出现很多纠纷。最终修正货币补偿标准,规定最高补偿可达到农民原收入30倍,必要时可高于30倍,最低要保证农民生活不能比原来差。

现有土地制度大致可以概括为三句话:农地恒为农地;农地转为非农用必经由国家征用;国家土地可批租。但在"小产权"和"大产权"之间有一块灰色地带没有界定清楚。《土地法》规定,"除农村和农民自用的建设用地外,所有农地转用,必须同时完成'从集体所有权转为国家所有权'的转变",现在所有争执都出在"农村和农民自用的建设用地"上。

农村建设用地包括农民的宅基地和乡镇企业用地。地价上涨时,经营这些土地就有利可图。一方面外资企业需要土地,另一方面农民希望将土地资本化,由此出现了合作办企业。南海农民以集体为单位土地入股,分享合办企业利润,再由集体将所得利润在农户与集体之间进行分配,形成所谓"南海模式"。土地由此实现市场化,流向出价高的领域。昆山车塘村的做法是先把农村闲散地垦复变成农地,然后可以申请相同面积的建设用地,建设用地可用于合作办企业。这种做法在江苏南部、上海郊区、浙江一带很流行,也为中国成为"世界工厂"提供了土地支持。最近两年开始做"宅基地"的文章。农民很快学会如何充分发挥宅基地价值,开始将自己的房子租出去。最早看到的是北京大红门外的浙江村有15万人在那里做俄罗斯服装生意,当地农民把自己的房子腾出来出租给浙江人。随着进一步发展,农民开始建造楼房收取更多租金。再发展下来,农民开始了宅基地的置换。小产权房和大产权房之间的差价造成了对小产权房的需求。

目前是难得的机会,旧的土地制度已经不适合当前情况,城市土地供求之间存在巨大差异,地价急剧升高,土地应该对价格做出反应。日本地价虽然狂涨,但是看不到土地闲置现象,寸土寸金,每块土地都被安排得很好。中国不是土地少所以土地才贵,中国是土地制度太贵。必须改革我们的土地制度。政府为什么一定要当唯一的"地主"?如果政府是唯一的"地主",土地配置就必须服从行政指令,城市化过程中这会造成很严重的资源配置损失。所以一定要开放一级市场,让农民集体所有的土地能够合法进入。

卢锋:近年棉花进口增长与滑准税争论

我国入世时农业承诺允许通过关税配额方式进口89.4万吨棉花。近年棉花进口量大幅增长,2004—2006年棉花进口逐年分别突破100万、200万和300万吨三个数量级台阶,远远超过关税配额的数量上限。我国棉花进口以及表观消费量占全球的比重2006年都上升到40%左右。

棉花进口快速增长引发近年业内不同意见的争论和政府决策高层的关注与重视。如何看待棉花进口增长?如何看待棉花进口配额和2005年引入的滑准税管制方式?对这些问题需要借鉴经济学分析方法,在全面观察分析我国棉花产业经济实际变动情况的基础上加以认识与解答。

1. 棉花进口与国内棉花生产部门的关系

对棉花进口与国内棉花产业的关系需要结合相关经验证据加以研判。从我国棉花的产量、区域结构、劳动生产率、植棉收入等不同角度考察，发现棉花进口损害国内棉花生产的判断缺乏依据。

首先，从我国棉花单产和总产看。改革开放以来棉花生产呈现持续发展趋势，单产2006年增长到1248公斤，总产量2006年增长到年近700万吨，都打破了历史纪录。

其次，从我国棉花生产的区域分布结构看。改革开放以来棉花主产区的区域分布结构变动的最重要特点，是新疆在全国产量中的比重大幅上升，从20世纪80年代初的4%上升到90年代后期的23.7%，去年进一步跃升到32%，使新疆有利于棉花生产的资源优势得到比较充分的发挥；经济增长较快的江苏、山东以及长江中游主产区湖北占全国产量的比重相对下降，体现了比较优势原理调节棉花区域生产结构的成效。

再次，从我国棉花生产的劳动生产率看。改革开放以来，我国棉花生产的劳动生产率变动分为三个阶段。第一阶段是70年代末和80年代前中期的超常增长期，劳动生产率从1978年的0.6公斤/工日快速增长到1987年的1.6公斤/工日，平均每年递增11.5%。第二阶段是，1988—1997年的波动徘徊期，到1997年劳动生产率仅为1.7公斤/工日，与1987年相差无几。第三阶段是90年代末以来的快速增长期，2006年达到3公斤/工日。

最后，从我国植棉收入与棉花进口的关系看，数据显示植棉利润经历剧烈波动，植棉用工收入也有显著波动。不过，植棉收入与棉花净进口存在某种正向关系，这一正向关系在1993—2005年的数据中表现得相当显著。当然这一正向统计关系并不代表因果联系，很可能是表示某种第三方因素（如国内宏观经济和全球经济运行状态）同时影响棉农收益和棉花净进口，不过实际情况确实显示棉花进口伴随国内棉农收入的某种增长。

2. 棉花进口与棉纺织及制品业的关系

作为现阶段具有较强比较优势的制造业部门，我国棉制品以及整个纺织行业入世后快速增长，整体水平近年迈上了新台阶。得益其劳动密集型要素利用的特点，棉制品及相关行业增长在直接带动出口和经济增长的同时，还对增加就业尤其是推动我国农村劳动力转移做出了重要贡献，棉花进口是支持这一发展模式的前提条件之一。

一是棉花进口支持我国纺织及纤维制品行业入世以来跨上一个新台阶。例如我国纱产量1980—2000年从253万吨增长到657万吨，20年增长404万吨，年均增长率为4.89%，然而到2005年增长到1412万吨，2000—2005年五年间增长755万吨，年均增长率为16.5%。布匹、服装等纺织和制成品产量也有类似增长。

二是棉花进口支持我国棉制品出口快速增长。七类HS编码二位数棉制品贸易数据显示，这些产品净出口从1992年的81亿美元增长到1999—104亿美元，年均增长率约为2.7%；1999—2004年从104亿美元增长到253亿美元，但是2006年飙升到超过1000亿美元。考虑棉花作为原料经过加工制作后进一步发生贸易的整体平衡情况，我国棉花净进口规模将大幅减少甚至可能变成净出口。

三是棉花进口推动了制造业部门就业增长和农民向非农部门的转移。入世以来，棉纺织业平均每年新增就业约75万人,总共新增就业约300万人。业内人士普遍认为,近年纺织部门90%以上的新增工人为农民工。取得这些成就以棉花和其他纤维大量的新增投入为必要前提,对此国内棉花增产贡献很大,棉花进口同样功不可没。

3. 我国棉花进口配额的经济学分析

应当肯定我国入世谈判对棉花等农产品采用关税配额具有必要性。当时很多人担心农业开放承诺将导致国内农民大量失业,有计量模型结果预测农业开放将导致上千万农民失业。在当时形势下用关税配额的方式处理棉花等所谓"敏感性"大宗农产品准入问题,有助于化解不同的意见争论,对中美达成农业协议以至成功实施入世战略都有重要意义。

然而评估目前政策时需要看到,配额作为进口管制的一种特殊方法存在固有局限。经济学常识告诉我们,假如确实需要干预进口,配额与常规关税相比是一个缺乏效率的方法。从理论上看,配额管制与通常关税措施的主要差异表现在于把关税收入变成获得配额厂商或/和贸易商的超额利润或"租",并会诱发企业和官员的"寻租"行动。从我国近年棉花进口的情况看,业内人士担心长期发放配额可能鼓励寻租行为,甚至可能滋生腐败,与上述理论分析的逻辑具有一致性。

虽然明知缺乏效率,在有些场合仍选择配额作为进口管制手段,一个基本的考量是对某些所谓"敏感"产品担心关税手段难以实现数量控制目标,采用配额可以事先保证进口数量被限定在一定水平。因而对于采用配额手段的理性主体,是以牺牲效率为代价获得对所谓"敏感行业"进口数量封顶的利益,效率损失可以理解为换取上述假设"合意"状态所支付的"保险费"。从我国入世情况看,认为农业开放会带来难以承受的冲击的观点影响很大,入世谈判又绕不过农业开放,支付低效率的"保险费"至少具有某种逻辑依据。

问题在于入世以来我国棉花产业发展的实际表现显示,近年棉花进口大大超过配额上限并没有带来灾难性影响,而是对经济成长包括增加农民就业和收入做出了重要贡献。由于棉花增发配额进口与包括我国农民在内的整体经济发展利益具有一致性,在入世谈判的特殊环境下引入的低效率配额管制方法也就失去了学理层面的支持,需要给予重新评估。另一方面,在国内外棉价差距拉大因而配额实际具有每吨上千元转让价格的背景下,行政部门采用不透明方式发放数以百万吨的进口配额指标,长此以往在操作层面难免会发生诸多问题,同样要求对配额管制的必要性给予重新评估。

4. 我国棉花进口滑准税的经济学分析

部分出于应对配额管制存在的问题,我国从2005年5月开始实行滑准税政策,即对增发配额进口棉花依据国内目标价征收最高达40%的不同比率从价关税。引入滑准税在两重意义上具有积极意义。一是它可能成为配额管制向关税管理过渡的中间环节。二是它为取消应对贸易争端临时实行的纺织品出口税提供了一个形式配套措施。然而从理论分析和实际情况看,滑准税存在多方面问题。

滑准税与配额及固定税率关税都具有保护国内生产者的政策意图,然而实现机制具有重要区别。在配额和普通关税政策下,政府限制进口,实际进口与国内产出(及库存)构成国内供给,国内供求与价格互动调节资源配置;这时政府通过限制进口间接影响国内价格,然而没有直接干预价格。滑准税作为一种可变税率,其正常运作需要假设存在某个合意的国内棉价下限,实际需要政府确定保护价或"地板价",进口棉花在可变税率调节下确保不低于保护价水平。滑准税暗设保护价干预要求,是这一新税种在理论和操作上存在问题的最重要根源。

保护价意味着对市场价格调节过程的直接干预和限制,长期实行可能出现两类不利局面。一是可能滑入高保护、低效率、难退出的体制状态。欧盟在这方面的前车之鉴值得反思。目前欧盟对农业采取的高度保护主义体制,发轫于战后欧共体类似于滑准税的可变进口关税(variable import levy)。如果高保护不符合贸易体制的演变潮流,不符合我国经济开放成长的根本利益,滑准税通往高保护体制的可能性应具有警示含义。二是从我国20世纪90年代中后期农业保护政策的实践看,保护价干预加剧了粮棉供求相对过剩,粮棉年度结转库存规模甚至比全年社会消费量还要大,给中国农业发展银行分别带来几千亿元和几百亿元的亏损挂账。政府意识到保护价的巨大财务成本后不得不放开价格,大量库存的释放既打压市场又导致粮棉价格多年在低位徘徊,加剧了当时的通货紧缩和农民收入增长乏力的困境。保护价干预从美好愿望出发,最终导致各方受损的结果,是目前政府有关部门对相关政策进行选择时仍应记取的教训。

即便实行比较温和因而也许不会带来90年代后期那样严重财务后果的保护价政策,在具体操作层面也会面临较多困难。如何确定合意价格水平?如何处理国内外价格差异?如何平衡不同部门、地区和利益集团对合意价格的立场差异?这些问题决定了滑准税是一个在制定政策层面交易成本不小的"昂贵"政策。另外,滑准税对低档棉花进口存在歧视性待遇,其人为排斥利用国外低档棉花的政策效应并不合理,也不利于鼓励国内棉花质量提升。滑准税的计算过程比较复杂,给企业带来更多的交易成本,同时还会给少数不法企业提供钻漏洞的机会。综合考虑,引入滑准税虽有积极意义,但是长期实行会带来一系列问题,因而需要考虑调整对策。

5. 开放型棉花产业经济价格接轨的必要性与政策建议

开放环境下我国棉花产业经济存在三方面制约关系。一是多重主体并存,包括棉农、纺织企业及工人就业、流通商以及国外贸易伙伴。二是多重替代关系,国内棉花面临进口棉以及国产和进口化纤的替代竞争,国内纺织品和服装在国际和国内市场面临同类产品的替代关系。三是棉花供应链系统定价的客观属性,即棉花作为纺织品上游原料,均衡价格形成不仅取决于国内棉花供求及其相关因素,而且受到替代品化纤价格的制约,特别受到国外棉价以及下游棉制品国内外供求关系的影响。

开放型棉花产业的有效运行要求国内外棉花价格接轨。开放型经济意味着国内外同贸易商品价格一体化,很难想象一国可贸易品价格与国际市场存在巨大落差并剧烈变动,仍然存在健全高效的开放型经济体制。一般而言,可贸易品价格接轨是开放型市场经济的题中应有之意。

质疑棉花价格接轨的一个重要理由,是认为外国棉花补贴对我国棉农形成不公平竞争。美国等少数发达国家确实对棉花提供了大量补贴,强调这一因素对中外棉花国际竞争力的影响是正确的,然而能否由此得出我国应实行高保护政策的结论还需要探讨。根本问题在于需要分析强干预与放松管制政策对我国经济发展的利弊大小。如果强干预和高保护政策缺乏效率,不利于我国经济整体的发展利益,即便少数国家实行这类政策我们也不宜仿效。另外需要看到,实行农业补贴和其他高保护政策的国家实际上身处困境,在WTO新一轮谈判中更是处于被动防守地位。我国实行改革开放战略推动经济成长,农业体制方面尚未锁定在高保护状态而仍有较大选择度,不宜效仿在原产地已日见式微的保护主义政策,而应从开放发展的角度寻求调整思路,并对新世纪全球化制度建设发挥更为积极主动的作用。

近年国内棉价相对国际棉价显著增长,到2007年上半年国内价格高出国际35%—40%左右,即便采用离岸价衡量我国棉花大约也存在两成的名义保护。考虑人民币汇率升值趋势,我国棉价较高的局面还会延续甚至发展。从开放环境下内外棉价一体化的要求角度看,棉花贸易存在进口数量不足以及(或者)进口管制方法交易成本过高的问题,逐步改变这一局面应是棉花政策调整的基本考量之一。

最后对棉花政策调整提出两点思路。一是在多哈谈判对棉花贸易形成新的多边规则以前,保留入世承诺的关税配额,配额分配除了照顾加工贸易企业进口棉的需求外一律采取公开拍卖方式发放。另外,增发配额应尽量满足市场需要,基本不做数量限制,并采用低于5%的关税税率取代滑准税。二是结合多哈谈判议程,在棉花问题上力促发达国家取消出口补贴和国内保护扭曲,同时主动提出我国取消棉花进口关税配额,改用低固定税率甚至零税率。鉴于目前棉花价格现存保护状态,考虑在新农村建设项目框架下对主产棉区提供一次性转移支付或(和)直接补贴,作为棉花贸易政策调整的过渡期配套措施。

第11次 报告会快报

（2007年10月28日）

2007年10月28日，CCER"中国经济观察"第11次报告会在北京大学中国经济研究中心万众楼举行。这次报告会的主题包括美国次贷危机、中国经济形势、股市、农村建设用地、粮价走势等方面的内容。中国人民银行行长助理易纲教授，中国社会科学院数量经济与技术经济研究所所长汪同三教授，清华-布鲁金斯中心主任肖耿教授，北京大学中国经济研究中心周其仁教授、宋国青教授、卢锋教授发表演讲并回答听众提问。下文为主讲嘉宾的演讲摘要。

易纲：美国次贷危机——起源、传导与启示

在美国，按揭贷款可以按照借款人的信用和其他因素分成优质（prime）、类优（alternative）、次贷（subprime）。次贷是对信用记录比较差（有迟付、破产之类的欠佳信用记录）、信用记录不全、月收入没有达到住房抵押贷款申请标准、负债与收入的比例可能偏高的那些人发放的贷款。

次贷的发生与低利率有关系。数据显示，美国次贷发生最快的时期是2003—2006年，这几年也恰恰是利率最低的一段时期。二者关系稍微存在一点滞后，但基本逻辑是很明确的。

次贷危机的传导机制是：住房者/借款人从贷款人这里借到钱，贷款人将贷款转给特殊目的公司（就是SPV），SPV找到承销人把贷款打包并证券化，经过评级公司评级，该证券就可以在市场上出售。市场上的购买者包括养老基金、保险公司、共同基金和对冲基金等，也有一些个人投资者。次贷这样一种金融创新使得美国不够住房抵押贷款标准的居民买到房子，同时通过贷款打包和证券化将风险分散到了全世界。

美国次贷危机以利率上升为导因，房价由上升转为下降，形势发生了逆转。传导的导火索是评级的下调。信息不对称使次贷衍生品投资人对评级机构有较高的依赖度。

评级机构只能用建立在历史数据之上的计量模型来推算违约概率。一旦房价、利率变化,模型原有的假设条件不复存在,评级机构需要对模型进行大幅度的调整。2007年7月,评级公司下调了一千多只按揭贷款抵押债权的评级,导致市场出现恐慌。监管当局对次贷问题也是有责任的,它们没有提前预警次贷风险。次贷危机爆发后,很多学者或市场研究人员对评级公司和监管当局有大量的负面评价。

这次受到次贷危机冲击的首先是美国按揭贷款银行和公司,次贷违约率13.33%,直接贷款损失约1 730亿美元。另外一类损失者是购买了次贷衍生产品的各国银行、对冲基金和保险公司等,比如德国的银行就买得比较多。我们中国的银行在这个市场投资数量比较小,投资策略比较保守,所持产品的信用等级比较高,投资期限也比较长,所承担的次贷损失只占非常小的一个比例。第三类受害者是虽未购买次贷衍生产品,但依靠资产支持商业票据融资的银行。比如被媒体报道最多的英国北岩银行。北岩银行存款很少,但是发放了很多住房抵押贷款,它的资金来源就是不断在市场上发行资产支持商业票据。受到次贷问题的冲击,北岩银行即使愿意付出很高的利率也不能将资产支持商业票据发行出去,票据的承销商无法兑现承诺,造成北岩银行的现金流断裂,进而引发银行挤兑。

次贷危机正开始渗透到实体经济。渗入实体经济的渠道主要是房价。房价下跌使得整个形势雪上加霜。房价越跌,次贷借款人的房子就越难以销售出去,还款就出现困难。这时银行就可能把他们的房子拿来强制拍卖,这就导致房价进一步下跌。房价的下跌使得次贷借款人的负资产上升,进一步加深次贷危机。

次贷危机出现后各国央行采取了救助措施。救助措施包括向银行间市场提供短期流动性贷款,做出保障性声明或承诺,增加贷款抵押品种,降低利率等措施。起初,关于救助也有争论。比如英国英格兰银行经过一两个星期之后才终于决定救助北岩银行。该行行长发布了郑重声明,坚持防范道德危机的重要性。他要让那些没有妥善管理风险的银行受到损失并吸取教训,而不是一旦出现问题就由央行提供流动性。但是当危机发生后,这种理念还是要面对现实,最后英格兰银行还是决定救助。

需要注意的是,媒体报道时都是欧洲央行注资多少多少亿、美联储注资多少多少亿,其中的关键字是"注资"。实际上,央行提供流动性时需要商业银行提供抵押品,需要支付利息,不是无偿拨付。这样做主要是为了防范道德风险,避免公众和金融机构有不切实际的预期。此外,央行的注资大多都是隔夜的,7天、1个月甚至3个月的注资是很少的。比如欧洲央行今天提供了900亿元的流动性,明天又提供了600亿元的流动性。其实第一天提供的900亿元在第二天就到期了,第二天提供600亿元流动性时实际收回了300亿元。有人将一段时间的注资金额加总起来得到了一个天文数字,这个数字意义不大。各国央行采取的一个救助措施是扩大抵押品范围。原来的抵押品只能是国债或者AAA级债券。扩大抵押品范围后金融机构就能借到更多的流动性。甚至有些折价的抵押品也可以按照面值来算。这体现了央行的救助行为具有一定的灵活性。但是原则还是短期和有偿救助。这个原则是需要强调的。

美国次贷危机对我国的影响是加大了宏观调控的难度。美国有可能进入减息周期,美联储已经减息50个基点,市场预期本月底美联储还要减息25个基点。我国目前面临一些通胀的压力,今年央行已经五次提高利率。这样,美国减息,我国加息,就会增加美元贬值的压力,加大我国宏观调控难度。我国还是要加强市场基础建设,发展直接融资,分散风险。虽然次贷危机造成了全世界的恐慌,但从正面来看,美国这种金融创新还是分散了风险,对我国还是有启示意义的。

展望未来,大家的意见并不是很一致。美国财政部长保尔森就认为需要两年或者更多时间才能恢复信贷市场上的信心,格林斯潘则认为次贷危机高峰已过。我们的态度是认真地关注这件事,从中吸取经验教训,使得我们中国的资本市场、债券市场、金融衍生产品市场发展得更加健康。

汪同三:中国经济形势分析与预测

中国社会科学院每年要做两次预测,一次是4月的春季预测,一次是10月的秋季预测。今年的秋季预测刚刚做完。今天讲讲社科院在这次预测过程中对几个重要变量的考虑。

更应该关注的不是预测的绝对值,而是看有没有转折点(turning point)。有转折点是一种质的预测,没有转折点也是一种质的预测。首先必须在质的预测上把握住,然后才是量的预测。举个例子,去年的经济增长率为11%,今年实际增长率为11.2%,预测10.9%和11.5%有本质的区别,虽然在绝对误差上二者是一样的,都是0.3%。后者对趋势的判断是正确的,而前者对趋势的判断是错误的。在这个例子中,预测11.6%都比预测10.9%要好,因为前者对趋势的判断是正确的,尽管绝对误差大于后者。

第一,是对GDP增速的预测。从2003年以来我国GDP增速始终在10%或10%以上。这样一个好势头已经使数量经济与技术经济研究所连续四年犯错误。在2003年年底中央召开经济工作会议时,胡锦涛主席和温家宝总理讲中国要开始新一轮的宏观调控。他们在做2004年预测时,根据会议精神,认为会出现经济减速。但当2004年统计结果出来时,他们发现错了。2004年年底中央会议的精神还是要继续完善和加强宏观调控,那他们就认为2005年应该比2004年低一点。到2005年统计数据发表时,他们发现又错了。同样的错误也发生在2006年。这三次的错误都是方向性的错误,是比较严重的。到了今年年初的时候,他们预测2007年经济增长率为10.9%,比2006年高。但是只过了半年,统计局发布的数据表明他们又错了。只是今年这一次不是方向性的错误,而是程度性的错误。在今年9月、10月预测2008年经济增长的时候遇到同样的问题:到底增长率会继续提高还是有所下降?他们的预测是不到11%左右。但是他们的底气并不足,只能说经济"应该"有一个向下的转折点了,即经济增长率不能比11.5%再高了。

第二,讲一下关于投资的预测。从2003年开始新一轮宏观调控以来,投资的增长速度确实是在逐年下降,从2003年的27%到2004年的26%、2005年的25%以及2006年的24%。政策取向在这一期间是没有变化的,一直认为投资增长过快,应该降下来。所以他们预测2008年投资增长率应该继续下降。不过,投资到底是否出现反弹仍然存在疑问。此外,十七大刚刚结束,按照政治周期理论,2008年投资又会增长。总的来讲,他们相信从2003年开始的投资水平下降趋势将有很大的概率得以保持。

第三,看关于消费的预测。2003年以来消费增长速度在不断增加。他们面临的一个问题就是选择什么指标来衡量消费。现在有两个可供选择的指标。一个就是社会消费品零售额。它的局限性在于政府消费也在其中,一些生产资料的购买也在其中,再者它不反映服务方面的消费。另一个指标是居民入户调查的消费额。它能比较全面地反映居民消费的情况,但是准确度不够,可能样本太小,不具有代表性。我们通常所说的消费实际上是社会消费品零售总额。现在的问题是今年前三季度这两个指标在变动方向上是相反的。社会消费品零售额在扣除价格因素后实际上是下降的,而入户调查的消费数据又是上升的,这就给预测消费提出了难题。

第四,谈谈价格。CPI现在是一个热点问题。我们现在要问的是:今后的CPI会不会上升,或者CPI会不会降低到类似2005—2006年那样的低水平?对这个问题的回答要看现在存不存在通货膨胀的因素(或者说物价上涨的因素)。虽然这一次的价格上涨是由于猪肉引起的,基本上也还是属于农业的问题,但我们要注意这背后至少还隐藏着五个可能引起价格上涨的因素:(1)成本推动因素。2006年以前我们的生产资料价格指数PPI一直是明显高于CPI的,它会有一个传导过程,尽管如何传导、在什么程度上传导以及什么时候传导我们并不是很清楚。另外一个成本推动因素是职工工资,数据显示职工工资的增加是比较明显的。(2)需求拉动因素。主要表现为货币供给问题、流动性过剩问题。流动性多了,必然引发更多的需求。在2006年以前,居民收入增长速度一直低于经济增长速度,这是中国投资消费比例失调的根本性原因。今年上半年,城乡居民收入有了较大幅度的增加,城市居民收入增长开始快于GDP增长,而农村居民收入增长和GDP增长已经很接近。(3)经济增长特别是投资增长太快。(4)节能减排的要求。"十一五"规划要求单位GDP能耗降低20%,主要污染物排放减少10%。这个任务在2006年完成得很不理想,2007年开始实行很多强硬的措施,并且取得了一定成效。从长期看,这是好的,但短期内这使得成本上升,从而推动价格上升。(5)国际市场上的石油、谷物等价格的影响。比如石油价格已经飙升到90多美元一桶,而这在两年前是很难想象的。这些主要商品价格的变动都会对国内CPI产生影响。这些因素都使得对于2008年通胀的预测充满变数。

第五,讲一下顺差。2005年和2006年顺差在明显上升,2007年达到2 500亿美元的顺差已经不是什么悬念,2008年这个数字是否还会增加?有研究人员认为贸易顺差会长期持续下去,而且会增加,2008年贸易顺差很可能突破2 600亿美元。我们现在的认识已转变为顺差大小已经不是问题,而是如何保证由外贸顺差产生的高额外汇储备保值增值,因此成立了中国投资有限责任公司。也就是说,在达成外汇顺差持续增加的共识上,我们的关注点已经发生变化。

肖耿:中国股市的社会与个人风险及回报

发展资本市场的目的就是为了鼓励投资者承担风险,也鼓励社会承担风险。整个社会如果不愿承担风险,就会像过去计划经济一样没有创新和改革,因为改革就是一种风险,当然风险是有回报的。

资本市场存在个人的风险及回报,也存在社会的风险及回报。股市泡沫破裂以后,如果个人投资者手上还有股票,那么他们的财产就会遭受损失,这是个人层面的风险。但是他们的损失可能换来崭新的行业。比如美国的高科技泡沫带来了网络和IT产业,导致了生产率的大幅度跃进和生活水平的极大提高;美国次贷问题至少使中低收入的人能住上好的房子。这是社会层面的回报。

社会的风险和回报是我们应该认真考虑的。目前中国股市牛气冲天,老百姓积极入市。笔者的亲属都在炒股,而且兴致盎然,收获颇丰。既然老百姓这么愿意去投资、去资本市场承担风险,那么这些上市公司拿到投资者的钱后去做了什么?也就是说,我们社会通过一个机制把钱集合起来,又去创造了什么?中国现有上市公司是否是中国最好的公司,它们本身的结构有没有发生变化,它们的经营是否越来越有效率,它们是否能在泡沫破灭之后给后代留下些什么?这些是需要仔细考虑的问题。毕竟,投资者在将钱交给上市公司之后是无法收回资金的。

虽然美国资本市场有泡沫,但长期来看投资者还是赚钱的。香港恒生指数通过回归可以发现其发展趋势,可从长期来看投资者也是可以赚钱的。这表明,社会的风险与回报和个人的风险与回报从长远来看是一致的。但从东京股指来看,这二者就不一致。东京股指从20世纪80年代后期至今的个人投资回报几乎为零,社会回报也很难讲。日本过去十几年时间的萧条和它资本市场的效率低下很有关系。资本价格是效率低的最突出反映。资本价格归根结底是实际利率。实际利率为零或者为负值就意味着资本借贷是不要钱的,这对于整个社会效率的影响很大。

最近两年时间上证指数直线上涨,实在不知道用什么函数来拟合,看起来相当可怕。上面几个指数都没有这样的走势。不过除了上证指数,其他几个指数的起始时间都是1970年,而上证指数的起始时间是1995年。如果把上证指数的图缩小一点,和其他图的时间跨度在比例上保持一致,那么上证指数看起来也不那么可怕。这个泡沫从现在看来好像很大,但中国资本市场才刚刚起步,发展空间还很广阔。一个这么大的经济以这么快的速度发展,中国资本市场完全有可能成为世界上最重要、最大、最有效率的市场,这是一个世纪才有一次的机会。如果上海股票市场能和纽约、香港看齐的话,那么现在的泡沫问题就不大。

中国制定政策时最重要的出发点应该是就业问题。按照农业部数据,民工平均工资是每月120美元。农民的货币收入应该比这个水平更低,否则他们就不会出来打工。因此,中国还有4.8亿的劳动力每月收入不高于120美元。这意味着中国还有很多劳动力没有充分就业,或者说就业效率不是很高。这也就是通常所说的"剩余劳动力"。"剩余劳动力"这个词容易造成误解,实际上这些人并不是闲散人员,而是他们的就业是不充分的。同时我们也知道,中国的出口远远大于进口,有巨额经常项目剩余,这意味着存在资本剩余。资本剩余和劳动力剩余的同时出现是不符合古典经济学的。在古典经济学的生产函数中,只要投入劳动和资本就会有产出。这其实是过于简化的描述。实际上,劳动力和资本的结合需要中介,最重要的中介就是金融业。

资本市场的功能是把资本放在最有效率的项目上,从而雇用劳动力,解决就业问题。政策制定者不应该担心股指是向上走还是向下走,而更应该关注资本市场的社会风险和回报,看资本市场能不能把剩余劳动力和剩余资本结合起来创造就业,能不能把最好的投资项目筛选出来并淘汰不好的项目。在实际生活中,我们可以感到,中国很多地方需要大量的投资,有很好的项目在等着投资,比如交通、环境、能源、教育、医疗等。但是同时,很多没有效率的投资大量存在,多到让我们感觉过热了。这样,没有效率的投资把好项目挤出去了。中国金融体系的管制太多,好的项目上不去,不好的项目管不住,社会风险巨大。这个问题应该尽早解决,否则当股指升到太高时,解决这个问题时个人回报和风险所造成的不稳定因素会制约对于社会风险和回报的处理。

资本市场最重要的任务是处理风险,把好的项目挑选出来,让资本和劳动力结合。但是处理风险是非常难的,任何社会都不可能有完美的方法来处理风险。我们现在既然要让个人、企业去处理风险,就不应该允许单方向风险的存在。单方向风险的例子包括:人民币只会升不会降,股指只会上不会下,房价只会涨不会落。在这种情况下,人们是无法处理风险的。正因为风险是单向的,所以现在很多普通百姓在对企业和股票投资并没有深入了解的情况下就能投资炒股赚钱。这是不正常的。我们需要出现的情况是,投资者在炒股炒汇时应该不知道股指或汇率将会向上还是向下。如果投资者对未来没有把握,这就对了,就要求投资者去动脑筋。

单方向风险在中国的存在缘于制度性因素。限于篇幅,这里不一一针对各项制度说明风险为什么是单方向的,只举人民币这个例子。大家都认为人民币将来会升值,现在通货膨胀也很低,所以都选择持有人民币,不持有美元。如果中国有通货膨胀,老百姓就会考虑持有美元。这不是建议中国采取通货膨胀,而是要强调,一定要让老百姓看到持有人民币不仅有升值的可能还有潜在的风险。这样他们才会对于持有什么样的货币进行分析和判断。普通老百姓就会借助于专业人士,由最优秀的人去分析风险并且进行风险重组,把所有聪明才智利用起来,这样整个社会处理风险的能力就加强了。

卢锋:粮价走势观察

讨论粮价走势出于两点考虑。肉价上涨是今年新一轮CPI走高的结构性原因,虽然在价格调节以及政策作用下肉价已稳中有降,然而粮价会不会上升并进一步推高CPI?另外,从过去的经验来看,讨论粮食供求和价格存在如何区分周期阶段性变化和长期趋势的问题。如果说目前粮价仍处于周期性上升阶段,它是否同时意味着我国粮食供求转而进入长期相对紧张的状态。下面结合有关数据讨论这些问题。

我国粮食产量在过去三年持续增长,到2006年达到4.97亿吨,三年累计增幅超过15%。今年早稻产量仍然增长,秋播面积也略有增长,粮食产量有可能再次超过5亿吨。不同粮食品种的产量在改革开放时期的趋势变动差异很大,基本特点是稻谷、小麦增长幅度较小,玉米和大豆这些饲料粮增长幅度较大。

近年粮食净进口持续增长,净进口总量在2005年、2006年连续超过2 000万吨,2006年更是第一次超过2 500万吨,即500亿斤,达到消费量的5%以上。但是不同粮食品种贸易平衡方式的变化与早年预测形态极为不同。三种主要谷物的净进口这几年持续减少,只有大豆净进口在增加,目前大豆进口已超过国内消费量的一半以上。

今年前八个月的数据显示大豆进口仍在增加,然而由于其他粮食净出口增长,粮食总净进口减少了20%。这涉及宏观经济形势和粮食净进口关系的问题。一种可能的解读思路是,本来中国需要进口较多粮食,但是由于某种因素,比如国外粮食价格比较高或者国内汇率低估,实际净进口粮食较少。在粮食产量给定的情况下,粮食净进口的减少会对国内粮价产生影响。

粮食产量加净进口是表观消费量,从长期看即便没有考虑库存仍能由此观察到消费量趋势的变动。1980—2006年间人均实际收入增加了8—9倍,粮食表观消费量增长不到20%,人均收入增长对粮食表观消费量增长的带动作用较小。但是不同粮食品种差别很大。2006年大豆人均表观消费量是1980年的4倍,其他三种粮食人均表观消费量在二十多年中增长很有限,其中大米还略有减少。

做一个简单近似的收入弹性估计:人均消费量取五年平均数,人均收入增长也取五年平均数,再把两个五年平均数的年度增长率相除求得一个比率值。由于收入以外其他条件过去二十多年发生重要变动,不能将其称为弹性值。有关食物生产消费最重要的其他因素变动包括:大豆等高效率饲料粮所占份额增加,低粮耗动物产品如鱼类和奶制品人均消费需求大幅增加,饲料加工利用效率的提高,对耕地投入竞争性很低的水果等食物产量和需求大幅增加,等等。

不过如果上述食物结构变动具有可持续性,上述比率值大体衡量了给定上述变动前提下粮食消费量与收入变动之间的数量关系,趋势值提示人均粮食总消费与人均收入变动之间的长期关系。该趋势值从20世纪80年代前期的0.3上下持续下降,到90年代中后期已接近于零,近年进入负值范围。结合人口专家关于我国人口峰值调整的估计,我国粮食总消费需求峰值可能在5.5亿—6.0亿吨间,显著低于早先预测的7亿吨,甚至7.5亿吨。

即便粮食供求增量变动大体平衡并且长期供求关系不存在特别问题,如果库存需求因为周期因素增长很快也会带来价格上涨的压力。粮食库存数据最为缺乏,质量问题也较多。外国研究机构认为我国粮食库存从1960年的700万吨上升到1999年的3.2亿吨,此后大幅下降,到2006年下降到大约1.15亿吨,提示目前我国粮食库存规模偏小,补充库存带来的需求增长压力就比较大。不过对该数据系列的准确性难以直接核对。

国家粮食部门公布每年国有企业的粮食购销量。如果把每年收购减去销售的差量看作库存净增加,并与1978年美国农业部库存数据相结合,可以得到现在中国粮食库存上限应当是3.46亿吨。这个上限值应大大高估现有粮食库存规模:粮食销售可能没有包括损耗,甚至大量陈化粮处理是否计入销售也不清楚。

这又涉及讨论多年的有关部门应公布粮食库存数据的问题。在一个开放市场经济环境下,现实粮食经济问题早已从历史上因为长期匮乏派生的政治敏感问题,转变为通过市场机制和政策调节保证粮食供求和价格相对平稳的问题,提高库存数据质量并定期公布库存信息对于正确引导市场预期具有积极意义。守着库存数据不对社会公布,等于人为添加了不确定因素,政策手段与目标存在矛盾。

我国农户持有大量粮食库存。从不同渠道多方收集的数据显示,农户人均粮食库存量从1978年的128千克上升到1998年的662千克,但是最近几年农户人均粮食库存下降,2005年下降到535千克。国家发展和改革委员会对2006年4月1日—2007年4月1日农户粮食库存进行专项调查,结果显示农户户均库存减少20千克左右,减幅约为1.8%。

我国市场粮价于1995年达到高峰后持续下跌,到2003年年底才开始反弹,2005年有所下降但过去一年多又显著上涨。粮食实际价格过去近三十年的变动大体可分为三个周期,上个周期在1995年达到高峰,目前仍比1995年低三成左右。1995年通胀率很高,当时粮价上涨部分具有对通货膨胀反应甚至超调的性质。今后如果宏观经济政策能保证总需求不至于像90年代前中期那样过度增长,粮食实际价格达到1995年的水平可能性不大。

目前全世界粮食库存量是三十年来的最低水平,国际市场粮价上涨。全世界粮食消费结构近年有一个重要变化,就是玉米受乙醇汽油需求增长的拉动,"其他部分消费(不包括种子和饲料消费)"大幅增长,说明能源价格已经对粮食供求平衡关系造成显著影响。不过从过去半个世纪的长期数据来看,石油价格对粮食价格的影响相对减弱。20世纪七八十年代发生石油危机时,实际粮价也在最高点,之后实际粮价走势总的来讲是在走低,对石油价格的反应也在减小,很难想象实际粮价会重新回升到70年代的峰值水平。

近期粮价有另一个重要变化,小麦价格在过去几个月的时间内涨了将近70%。历史上小麦价格通常相当于大米价格的一半,但是目前二者几乎一样高。最重要的原因是两个小麦主要出口国(澳大利亚和加拿大)由于天气干旱和灾害而减产。小麦价格的上涨会导致原来休耕的土地投入生产,后续反应还有待观察。不过对于中国小麦出口已显示拉动作用,后续影响也有待进一步观察。

比较我国与国际粮价的走势,中外玉米价格比较接近,一价定理得到较好体现。大米国内价格相对增长较快,加上汇率升值,传统出口优势显著减弱。历史上我国长期进口小麦,然而目前小麦的国际价格比国内高六成左右,极为罕见。国内大豆价格远远高于国际价格,目前高出50%左右。大豆进口急剧增长,背后可能存在多方面的复杂原因,然而如此大比例的价差显然是一个基本原因。

下面是几点初步结论。首先,由于制度改革和技术进步的作用,我国长期的粮食安全保障程度显著提高,历史时期以绝对短缺和匮乏为特征的传统粮食安全问题早已发生实质改变。其次,短期内粮食价格走势仍存在相当不确定性:小麦主产国对国际麦价的反应、我国小麦出口的前景、我国粮食库存实际规模的大小、石油价格走势等因素都会对粮食供求关系造成影响,对短期和中期粮价走势引入不确定性。笔者倾向于认为,如果货币供应与宏观总需求增长不至于失控,石油价格上涨导致粮价全面猛涨并把我国通胀率拉高到两位数的可能性很小。

宋国青:总需求增长渐缓,居民收入增长较快

宋国青教授分别就近期总需求增长与居民收入增长两方面内容进行了讨论。首先分析了近期影响总需求的一些因素,然后讨论了农产品比价和工业品上下游比价变化对

过去一段时期及今后几年居民收入增长的影响。

从工业生产看,6月工业增加值猛烈增长,7—8月急剧下跌,9月恢复增长。第三季度名义GDP环比增长率大幅降低。工业生产猛烈波动显示总需求波动剧烈。由于剔除肉价波动影响后的消费需求平稳,投资需求波动的可能也不很大,总需求波动的主要原因是贸易顺差的大幅度变化。由于近年贸易顺差持续增长,贸易顺差占GDP比重已经很高,因此其波动会给总需求带来很大影响。今年前几个月贸易顺差猛烈增长,第三季度下降。从数据看,7月调减出口退税率的政策起了很大作用,此外目前国际经济的一些变化以及节能减排政策也可能有一定影响。

物价方面,由于近期肉价变化,9月CPI环比指数下降,但商务部公布的10月食用农产品价格指数继续上升。工业品出厂价格3—8月增长折年率超过4%,9月环比增长年率为3%。其中生活资料价格因食品价格下跌而持平,生产资料价格增长年率为5.1%。10月煤炭和钢材价格上升幅度较大。主流观点认为通货膨胀不严重的一个重要原因是生产资料价格增长很慢。9月生产资料同比增长2.7%,而2004年生产资料价格增长超过10%。需要注意的是,食品以外的生活资料价格环比增长率很高。

总的来说,目前通货膨胀率高于2%的部分有60%—70%是货币因素推动,其他是猪肉因素推动。如果货币供给增长稳定,肉类价格回落后通货膨胀率将下降到4.5%左右。目前食品价格基本上已经上升到顶点。由于存在月度异常波动的可能,CPI同比增长率有可能反弹超过7%,但环比增长率大幅上升的可能性较小。总的通货膨胀变化要看货币供给情况和粮价情况,需要进一步关注的是粮库存量和秋粮收购情况。

总结近期宏观经济,9月工业生产水平基本适当或略微偏高,10月价格情况显示总需求增长率可能略有回升。政策上需要进一步紧缩,但微调即可。由于贸易顺差存在前低后高的季节性规律,年底信贷尚需收紧。如果货币政策保持稳定,2008年经济增长率预测为10.5%。

根据国家统计局的数据,2007年中国经济的一个重要转变是居民可支配收入增长较快。前三个季度城镇居民人均名义可支配收入的增长率与名义GDP相当;而1997—2006年城镇居民人均名义可支配收入的增长率比名义GDP的增长率年均低2.1个百分点,农村居民人均纯收入低得更多。这里说的"收入"相当于国民收入账户中的"收入"概念,不包含股票、房产等资产价值变化因素。

从国民收入账户资金流量表看,居民可支配收入占国民可支配收入的比例过去十多年呈下降趋势。居民可支配收入占比从1992年的70%下降到2004年的58%。根据家计调查数据推算,2006年该比例可能下降到50%。政府收入占国民可支配收入比例从1994年税制改革后一直上升,2004年略有下降,约占国民可支配收入的20%。企业可支配收入占国民可支配收入的比例在2004年发生飞涨,超过20%。相比之下,美国的企业利润占GDP约11%—12%,居民可支配收入占GDP 70%左右。

过去十多年中,影响工资增长的一个因素是粮价大幅下跌。粮价下跌造成农民务农收入下降,会加快农村人口向城市转移,增加城镇劳动力供给,从而减慢工资上涨速度。从经验数据看似乎并不一致,1995—2002年粮价从最高点跌去一半,但这段时期农民转移速度不仅没有加快,甚至有所减慢。原因是这段时期存在一个更重要的影响因素——

通货紧缩,1998—1999年大规模下岗阻碍农民转移。同80年代结合起来大概可以看出,粮价下降时期城市工资增长较慢,粮价上涨时期城市工资增长较快。

近几年影响居民收入增长的另一个因素是上下游比价上升。企业利润中的一部分来自资源的租。近几年石油、矿石等上游价格增长使得资源的租增加,由此造成利润份额上升和工资份额下降。上下游比价可以用工业品出厂价格中的生产资料价格与生活资料价格比值衡量,该比价从2002年年初开始上涨,2006年7月达到顶点后开始下跌。影响比价下跌的短期因素是需求结构的变化,2004年前后投资高速增长,目前投资、消费和出口相对均衡。

今后几年粮价和上下游比价可能发生转变。粮食价格长期趋势是下降的。前几年粮价下跌过头,最近略有回升。今后的趋势可能是缓慢下降,比如每年下跌1%。影响上下游比价的中长期因素有两点:一是全球比价的未来趋势。今后几年全球上下游比价可能发生较大逆转,至少不太可能继续猛涨。从过去一百年看,石油价格趋势是下降的,但拐点具体什么时候发生无法预期。二是人民币升值因素。生产资料价格受进口影响,人民币升值使得国内生产资料价格涨幅低于国际水平。而消费价格主要由国内决定。如果国际上下游比价不变,国内上下游比价就会下跌。即使国际上下游比价略有增长,人民币升值因素也会将国内上下游比价拉低。

未来几年农产品比价趋于平稳,上下游比价可能发生逆转,如果财政转移收支增大,居民收入份额下降的趋势将倾向于改变。

周其仁:农村建设用地转让的选择

本次报告和第10次CCER"中国经济观察"报告会上讨论的内容有些关系。上次报告是讲房价上涨之后会引起很多变化。小产权房就是大城市周围的农民做出的反应。他们用手中的地开发出没有正规产权的小产权房来供应市场,以获取城市化中土地价格上涨的好处。这里留下了一个问题,即离城市较远的地方的农民怎么办?他们有没有机会?这也是今天要和各位讨论的内容。

这个题目背后蕴含着一个大问题。我们国家的土地政策控制得这么严,是因为决策层担心城市化会占用很多土地。事实上,城市化是节约土地的。为什么在我们国家却出现城市化会占用很多土地?这是因为我们国家的农民进城之后,他们在农村的土地并没有省下来,他们的房子和农村建设用地还在原地。这也是一个资源配置和收入分配问题。

周教授先介绍了一些他看到的地方经验,因为这个问题不是经济学家首先提出的,而是现实世界的人们率先做出了反应;然后讨论里面蕴含的问题和潜在的机会。

2005—2006年浙江长兴县在新农村建设的旗号下开始重新改造村庄。财政出钱建一批两层或三层的新房,经过复杂的协商过程,当地政府和农民建立协议,商定按照农民原来土地和房屋的价格,给予相应的补偿,让农民都迁入新房子,将原来比较分散的农民集中起来居住。由此腾出来的土地就可以在两个方面做文章。一方面,将老房子拆掉,把土地进行复垦,经国土部门检查验收后,让其重新成为农地,然后由农业公司去投资,搞高附加值的农业,即农业产业化。另一方面的文章是周教授最感兴趣的。老房子原来占用的土地是农村建设用地。土地复垦之后,就可以把建设用地指标用于城市建设。这其实是财政用钱买用地指标。土地指标用法也有几种,比如一种是县城直接用,还有一种是卖到诸如义乌这些地方去。

类似的事情也发生在成都邛崃县羊安镇仁和村。他们的做法又有几类不同的情况。第一类是搬到规划好的新村去住,第二类是搬到集镇上,第三类是搬到县城,第四类是搬到成都。如果进成都,政府就进行货币补贴。对于最后这一类农民,政府设定了一组条件,比如在城里是不是有稳定的工作,是不是有存款等。符合这些条件的进城农民和村里签订合同,放弃在村里的宅基地之后,政府会补给他们一笔钱。所有这些活动都涉及复杂的合同条款,如原来的土地如何、旧房子如何、换的新房子如何、权利如何等,形成了一整套村庄的协议系统。

邛崃县仁寿村则是另一种做法。他们给农民提供不同的户型,由农民根据自己的实际情况选择。每个家庭的经济条件不同,有的要住两层的,有的要住平院式的;有的要大一点的,有的要小一点的。在此范围之内,还可以选择不同的档次。

周教授在云南大理开会时遇到的一位出租车司机的情况也很能说明问题。现在这位出租车司机夫妇两人在大理工作,租房居住。他们的父母带着孩子住在老家。老家的院子占地400多平方米,离大理有40分钟车程。他目前遇到的一个大麻烦是没有钱接孩子去大理读书。老家的房子虽然很大,但在当地卖不出多少钱,出租出去很困难。而在40分钟车程之外的大理市,每亩土地最新拍卖价格高达375万元。土地很贵,而有地的人很穷,其间是不是存在交易的可能?这是值得研究的。

2004年宏观调控之前,在南方江浙一带,用地指标流通已经是经常发生的事。义乌市还曾经与新疆达成了买卖指标协议,这种做法后来被叫停了。地方政府很多做法需要批评,但是他们的很多做法也值得肯定。如果地方的做法都不可取,中国经济也不能发展到今天。现实是在城市化高速发展的时候,资源配置有新的要求。这时财政出资介入,并不是援助农民进行农村建设,其实是在配置一项高度稀缺的资源,即用地指标。这其实是政府在执行市场的职能。理论文献上将政府和市场分开讨论,好像政府和市场是完全分开的。但中国是一个大国,地方政府某种意义上类似于公司,差不多是一个无限的、永不破产的公司。既然有类似于公司的地方,它们就注定对价格有一定的敏感度,在资源配置和收入分配方面的做法有些合理的东西。当然,政府做主角存在两个问题。一是政府的财力有限。有些县的财力可以搞一个样板,但还不足以普遍解决问题。二是存在行政性配置,政府规划好的地方可能不是市场集聚的地方。

下面参照一个历史经验,说明指标可以成为交易的标的物。在过去,我国的外贸、外汇是国家垄断的,企业将货物卖给国家外贸公司后就要结汇。1980年,国家为了激励企业从事出口业务,进行了外汇制度改革,规定外汇可以留成。问题是有外汇留成指标的企业未必需要用汇,需要进口设备的企业可能手中没有外汇,于是开始买卖留成外汇指标。当时还不敢称为"买卖",而是叫"调剂"。中国银行在上海、北京等12个地方建立了外汇调剂中心。1985年之前调剂价还有价格管制,即管理部门制定了比官方汇率略高的内部结汇价,在外汇调剂中心以不得高于内部结汇价10%的价格进行外汇指标的买卖。

1985年,深圳做出了一个重要举措,即取消了价格管制,让出价高者得。后来,外汇调剂中心由12家发展到了120家。这其实就是外汇公开市场。1993年,进行外汇制度改革、实行汇率并轨的时候,实际上就是参照外汇公开市场确定并轨后的汇率水平。这段经历对我们现在解决土地问题还是很有启发意义的。我们目前对土地进行管制,管制必然导致额度问题。国家的土地额度按照行政区划分配,但是行政区划与城市化并不一致,出现不同地区对土地的需求供给不一致的情况,这可以通过市场来解决。

重庆、成都市政府有关部门面向全世界公众征集城乡统筹综合改革试点方案。周教授建议重庆试办土地交易所,买卖土地指标。他们很感兴趣。不过将这个建议付诸实施还是有很大难度。土地和外汇指标交易不同。外汇是标准化商品,在质量上不会有问题。但是土地的情况就复杂得多,比如土地指标对应的土地在哪里,原来是不是建设用地,是否确实变成农业用地等问题都需要考虑。这是对我们现行的政治体制、行政体制和考核体制的一大考验。将来的价格走势则是另一个挑战性的问题。初始阶段,市场不愿意往农村投资,农村的土地指标供给很少,指标价格就会很贵;等到指标供给多了,指标价格就会下降,最后会服从级差地租定律。

第12次 报告会快报

（2008年2月24日）

2008年2月24日下午，CCER"中国经济观察"第12次报告会在北京大学中国经济研究中心万众楼举行。这次报告会的主题包括市场机制调整、中国经济发展趋势、财税体制、通货膨胀等方面的内容。中国人民银行副行长易纲教授，国家信息中心预测部副主任祝宝良，财政部财政科学研究所所长贾康，北京大学中国经济研究中心林毅夫教授、宋国青教授、周其仁教授发表演讲并回答听众提问。下文为主讲嘉宾的演讲摘要。

林毅夫：访欧答问三题

这次欧洲之行访问的国家主要是三个：比利时、瑞典及德国。在整个访问活动中，无论是记者采访、跟政府有关部门的交流还是学术报告，欧洲各界普遍关心如下三个问题：(1) 美国次贷危机、经济萧条或滞胀对中国经济的影响；(2) 中国经济是否会出现奥运会后萧条；(3) 中国中长期经济发展之挑战与展望。

1. 美国次贷危机、经济萧条或滞胀对中国经济的影响

对于这个问题，林教授个人的看法比较乐观。首先，由于中国银行业购买的次贷很少，次贷危机对中国金融业几乎没有任何直接的影响。其次，美国虽然为中国第二大贸易伙伴和最大的出口盈余来源国，但是中国的出口以中低档的消费品为主，其收入弹性低。林教授认为美国经济萧条最多会让中国出口增长速度下降，绝对不会出现负增长。出于同样的原因，即使美国经济萧条影响到欧洲经济、日本经济，对中国对欧洲、日本等经济体出口的影响也会相对较小。最后，如果美国经济出现滞涨，对于中国来讲，可能还会有些有利的因素。众所周知，美联储的主要任务是控制通货膨胀，美国的消费品主要依靠进口。美元贬值将使进口价格上涨，从而导致消费品价格上涨。目前情况下，美国为了防止物价不断上涨，将会避免美元继续贬值，那么人民币对美元、对欧元升值的压力

就会有所减少。总体来说,对缓解我们汇率政策压力是有一定作用的。

2. 中国经济是否会出现奥运会后萧条

我们应该很有信心地认为,中国不会出现奥运会后的经济萧条。第一,在2008年北京奥运会后,还有2010年上海世博会和广州亚运会,以及以后的一系列重要国际活动。这些国际活动的举办都需要大量的基础设施投资,不像一些国家那样很少举办大规模国际活动。第二,我国的经济规模巨大。我国去年的经济规模已经超过3万亿美元,是希腊举办奥运会时GDP的16倍,是澳大利亚举办奥运会时GDP的7.7倍。奥运会投资在我国总投资中所占比重相对较小。第三,中国基础设施投资的空间非常大。不仅如此,即使现在中国已是世界工厂,但产品附加值的提高空间还很大,产业升级的机会还很多,这也需要大量的投资来支持。第四,近年来城乡居民收入保持了较快的增长水平。同时考虑正在进行的城镇化过程,中国未来五年、十年间消费增长保持10%或者更高的水平是完全有可能的。第五,外商投资也将继续维持在高位。奥运会后,中国将进一步和国际经济融合。中国将更加了解世界,世界也会更加了解中国。这将为我国产品的出口提供更加良好的环境。

3. 中国中长期经济发展之挑战与展望

(1)金融业是否会出现危机

亚洲国家经济发展当年也很好,但也曾出现金融危机。中国会不会也出现金融危机?我国股票市场过热和银行呆坏账问题经常被国外媒体报道。我认为即使股票市场波动大一点,但是只要股票市场调整不导致银行呆坏账大量增加,银行不出现危机,那股票市场调整就仅仅是社会内部的利益再分配,就不会演变成为全面的金融危机、经济危机。至于呆坏账比例高的问题,20世纪90年代末至21世纪初,据国内报道银行呆坏账比例为20%左右,国外学者的研究是40%以上,当时就没有出现银行挤兑或破产。现在我们的呆坏账比例已经压缩至5%以下,即使将来反弹到7%—8%,在有国家保障的前提下也不会出现银行挤兑或破产问题。因此林教授相信不会出现银行危机,也就不会爆发全面的金融危机和经济危机。

(2)社会动荡是否会发生

在境外的报纸(包括中国香港、美国和欧洲等)上经常可以看到关于中国各地有人抗议等群体性事件的报道,难免令境外民众产生中国是一个坐在火山口上的国家的印象。但是林教授认为在中国目前快速发展和转型的过程中,社会矛盾是不可避免的。不管是发展还是转型,必然有利益的重新分配,很难让每个人满意。中国有300万个村庄,在一些个别村庄出现一些群体性事件是不可避免的。但是这些事件比例小,影响范围非常有限,而且中国政府对此高度重视,掌握信息充分,反应迅速,能够有效地避免这些地方性的矛盾演变成为全国性的事件。尤其在十七大后中国政府提出科学发展观,致力于构建和谐社会,改善收入分配,缩小地区差距,促进社会事业发展,缓解各种社会矛盾。因此,未来5—10年,中国社会在总体上将保持安定团结。

(3)中美关系以及中国和其他发达国家的关系是否会恶化

随着中国这样一个大国的崛起,国际关系的重新平衡甚至冲突和摩擦是不可避免的。但经济利益还是占主要地位。随着中国的发展,在出口增加的同时,中国购买外国产品越来越多,对发达国家的经济增长和就业至关重要。至于中国大量的出口对发达国家的传统产业造成的影响,因为这些传统产业在发达国家已是微不足道,所以影响面非常有限。虽然这微不足道的部分经常制造出很大的声势,引起关注,但实际牵扯的金额非常小。

中国的对外投资引起了一些关于安全和国际关系的争论。仔细看我们会发现,中国目前的对外投资都是商业行为,可以在商业利益回报上得到支撑,并不是国外媒体和政治学者所讲的"战略性投资"。所谓战略性,是指进行远低于市场回报的投资。对美国乃至世界而言,反恐以及朝鲜和伊朗核问题依然是目前主要的国际问题。中国作为联合国常任理事国、朝鲜的邻国会扮演重要角色,在战略意义上与发达国家一致。最后,中国政府在处理国际问题上具有高度的智慧,既坚持原则性又有灵活性。

因而中美关系以及中国和其他发达国家的关系不能说没有摩擦,但总体看好,可以用李白所讲的"两岸猿声啼不住,轻舟已过万重山"来描述。中国将会拥有一个相对良好的外部环境。

(4) 中国经济持续增长的最有利条件为何

首先,中国领导人充分了解当前的机遇和问题,在处理和解决问题上务实而有智慧。中国政府采取的政策是实事求是、解放思想、与时俱进的。这也正是中国政府在改革开放三十年来以及今后能够不断克服困难前进的根本原因。其次,与其他国家相比,中国的地方干部具有很强的执行能力。再次,中国的企业虽然不够规范,但是具有较强的灵活性,善于学习,有很强的适应能力。同时,中国内地的民众与20世纪50—80年代的中国香港地区、中国台湾地区、韩国和日本民众一样,对于经由自己的努力来改善生活具有强烈的愿望。只要政策、环境许可,老百姓将尽一切努力想方设法抓住一切机遇。最后,作为最大、最开放、增长最快的发展中国家,巨大的国内市场、良好的基础设施、勤劳能干的老百姓都将吸引大量的外国直接投资涌入中国,并带来新的资本、管理、技术和市场。

易纲:市场机制调整见效,经济失衡正在收敛

易纲教授的演讲分为以下三个部分:

1. 当前货币政策取向和人民币升值的影响

目前媒体经常讨论人民币对外升值和对内贬值是中国经济的"怪现象"。其实这两者并不矛盾。人民币对外升值和对内贬值其实是在同方向上调整的两个渠道。以前中国的商品便宜,现在要变得不那么便宜,可以通过人民币升值和价格上涨这两个渠道来实现,也是对不均衡市场和不均衡经济的调整过程。

人民币升值后,对外国商品和服务的购买力上升。我国目前大量进口大豆、石油等物资,在这些物资价格普遍上涨的情况下,由于人民币升值的原因,进口价格上升幅度有所减少。由于国内物价的上涨,人民币对内购买力下降。若中国一年进口1万亿美元,相当于GDP的30%,以此为权重综合考虑人民币对内对外的加权购买力基本持平,至少没有降低。

人民币升值对扩大内需的影响如何?亚洲金融危机后,扩大内需成为中国重要的宏

观经济政策取向。但是扩大内需、调整经济结构是一个非常困难的过程。人民币升值通过价格变化能够非常有效地引导资源向国内需求配置。价格引导的力量强过很多行政主导或措施,能够最有效率地引导资源配置向国内倾斜。所以说,市场比人强,形势比人强,价格比人强。

因此,我们要继续完善以市场供求为基础、参考一揽子货币进行调节、有管理的浮动汇率制度,进一步发挥市场供求在人民币汇率形成中的基础性作用,增强人民币汇率弹性,继续按照主动性、可控性和渐进性的原则,保持人民币汇率在合理、均衡水平上的基本稳定。

去年经济工作会议确定了货币从紧的方针。此后国际和国内发生了两个比较大的变化。一方面,美国次贷危机进一步暴露,危机更加深化,美联储两次大幅度降息;另一方面,国内出现严重冰雪灾害。但是通货膨胀依然是目前面临的首要危险。因此,2008年我们将继续落实从紧的货币政策,综合运用多种货币政策工具,控制货币信贷过快增长;继续通过公开市场业务操作和准备金政策大力对冲流动性;通过窗口指导和道义劝说,引导商业银行合理控制信贷投放。在经济总量进一步加大的情况下,易教授预计2008年M2的增长率为16%,银行贷款增长率将低于2007年。同时,加强信贷支农,做好灾后恢复生产和春耕备耕的各项金融服务工作。

2. 中国金融资产配置的市场调整

改革开放以来,M2占GDP的比例持续快速增长,近几年才走平。M2占GDP的比例提高,一方面是金融深化的必然,另一方面说明了我国金融结构中资本市场发展滞后,银行储蓄一直是投融资的主要渠道。对此问题,易教授在1996年写的论文中进行了分析。现在看一下最新情况。

在2007年年末实体经济部门持有的主要金融资产余额中,通货及存款类金融资产(如现金,本、外币存款,证券公司客户保证金、委托存款等其他存款)余额43万亿元,比上年增长16.9%;流通股资产市值6万亿元,比上年增长2.8倍;基金类资产市值3万亿元,比上年增长3.3倍;保险类资产2万亿元,比上年增长25.1%;信托权益类资产6 671亿元,比上年增长1.8倍;理财类资产5 128亿元,比上年增长1.9倍。实体经济部门金融资产余额比上年下降的是债券类资产余额7万多亿元,下降2.4%。

2007年金融市场的巨大发展说明,市场机制在运行,整个金融资产配置经由价格和市场引导在向符合经济规律的方向调整。实体经济部门(非金融企业和住户)普遍增持股票、基金类金融资产,减持存款和债券类资产。银行贷款虽然继续在各类融资中居于主导地位,但股票融资比重明显提高。

作为总结,我们总说中国太依靠间接融资了,需要大力发展直接融资。那么怎样才能大力发展直接融资?实际上2006—2007年就是大力发展直接融资的机遇。这两年中国金融资产结构优化明显,是符合大力发展直接投资的方向的。在中国金融资产配置调整这个问题上,易教授还是强调这三句话:形势比人强,市场比人强,价格比人强。

3. 全球资本流动与新兴市场的调整

新兴市场资本流入大量增加。具体表现是:外汇储备大幅增加,FDI流入创下新高,非FDI资本流入快速增长,货币大幅升值,资产价格明显上升。把前两个部分的主题扩大到全世界,可见对全世界而言市场在运行,资本按照市场规律流动。

从新兴市场应对资本流入的措施和经验来看:一是增强汇率灵活性;二是实行通胀目标制,允许汇率自由浮动,利用利率管理资本流入;三是积极运用财政政策;四是加强金融监管;五是鼓励资本流出,加强资本账户管制。

现在有种观点认为资本管制是有效的,应该加强资本管制。易教授在这里用其他各国的经验来对此进行讨论。20世纪90年代初,智利、哥伦比亚、巴西和泰国面临着相似的宏观经济问题,实行了资本管制措施,但实施效果不甚理想。

资本管制有这样的规律:刚实行管制的时期有一定作用,但时间长了市场将会以更大反弹、更大规模的流入来抵消政策的有效性。资本管制无法根除资本大规模流入。局部性的资本管制对于开放经济体作用有限,被管制的资本总可以通过未被管制的渠道流入国内。如果实行全面的资本管制,则代价太大,不仅影响经济效率,还可能导致腐败问题,因为难以持续。对于中国来说,还有港澳台同胞、海外侨胞等特殊情况,资本管制的难度更大。此外,衍生工具的发展降低了资本管制的有效性,投资者会研发新的金融产品来规避资本管制。

比较有效的办法是放松对国内资本外流的限制,更重要的是加强宏观经济政策的协调,接近合理水平的汇率、利率以及宏观经济政策对于调节资本流动是最重要的。

通过以上三个部分可以得到同一个道理,市场机制正在运行,经济不均衡正在收敛。在这样的调整过程中,市场比人强,形势比人强,价格比人强。

宋国青:生产弱共振,需求强脱钩

"共振(comove)"是过去研究描述不同国家经济协同波动现象的词语。"生产弱共振"指国际生产对国内会有一些弱的影响。"脱钩(decouple)"是高盛去年提出的描述中国经济与美国经济脱钩现象的词语。"需求强脱钩"指国内需求与国际可以完全脱钩。下面首先从货币供给情况说明通货膨胀压力增大,然后说明"生产弱共振,需求强脱钩"的具体情况,最后讨论通货膨胀的不同观点及其对预测和政策的影响。

以前根据M2进行短期预测的效果一直很好,2006年下半年开始出现问题。2007年5月发现货币度量存在问题,采用国外资产和国内信贷总和作为货币供应量指标比M2能够更好地预测通货膨胀率。去年"通胀高峰可能已经过去"的提法需要检讨,现在看来高峰不但没过去,还不知道什么时候过去。当时的错误在于高估了政府宏观调控的决心,政府下一步行为没有好的模型能够预测,在很大程度上需要猜测。

货币度量出现问题主要因为存款性公司对其他金融性公司负债中有一块未计入M2,而且增长很快,2007年11月同比增长84.5%,这导致M2低估货币增长率。这部分货币高速增长可能和2006年起资金不断进入股市有关,过去增长不高影响不大。

货币快速增长的一个可能原因是额度外信用的扩大。额度外信用扩大表现在两方面:一是金融机构外汇贷款迅速增长。2007年1—12月,外汇存款减少77.4亿美元,其中企业外汇存款增加103.2亿美元,而外汇贷款增加537.8亿美元。2008年1月外汇贷款仍在快速增长,比去年12月增加了169亿美元。二是国内信贷增长高于贷款增长。

2007年9—11月金融机构人民币贷款增长5 070亿元，而同期国内信贷增长9 814亿元，人民币贷款以外的信贷增长很快。由于企业贷款积极性很高，额度控制之外的地方会流出很多货币。现在推测2008年1月货币增长率依然很高，货币支持的通货膨胀率在6%以上。其余部分可能受猪肉和雪灾因素影响。

另一个原因是国际经济不景气对国内经济的影响。国际经济首先影响出口，出口再影响国内经济。从数据看，出口主要受汇率和国际经济两方面影响。2008年人民币汇率会大幅上涨，加上国际经济不景气，出口增长率则会下降。

出口对国内经济的影响在不同时期表现不同。2000—2003年间表现为"强共振"：出口下降，工业生产下降，通货紧缩加重；出口上升，工业生产上升，走出通货紧缩。近几年表现为"弱共振"，出口与国内经济关系减弱，甚至"反振"，最近几个月在出口下降的同时出现通货膨胀。

"强共振"是总需求不足时的特殊情况，传递机制是出口通过货币影响内需。出口下降使得企业贷款减少，货币供应量下降，内需下降；出口上升使得企业贷款增加，货币供应量上升，内需上升。"强共振"的前提是货币政策"失灵"，货币供应被扰乱了。2001年货币当局希望增加货币供应，但采取的政策达不到。在国内需求和经济增长正常的时期，外需下降完全可以通过扩大内需来平衡。现在出现出口下降，稍微放松国内信贷就可以保证总需求。现在过早考虑把从紧宏观调控改为适度宏观调控，可能会贻误。

对通货膨胀的解释当前存在两种观点。一种观点很简单，即通货膨胀是货币现象，钱多了就涨价了；另一种观点是"成本推动通货膨胀"，这有点类似二十年前，1988年就听到很多人谈论"成本推动通货膨胀"。目前政策可能对两种意见都有所取，所以一方面紧缩货币，另一方面控制成本。两种观点的政策含义是截然不同的，过多考虑后一种看法可能对货币紧缩造成贻误。所以现在对通货膨胀率看高的一点原因是担心宏观调控可能不会下重手。

对于货币政策目标也存在两种观点。一种观点强调，短期内货币政策要兼顾通货膨胀目标和经济增长目标，背后的逻辑是短期内通货膨胀对经济增长有刺激作用，或者说通货膨胀控制得太厉害会导致经济增长下降，所以货币政策需要在两个目标之间做一些权衡；另一种观点就是不能权衡。

现在世界上有很多国家的货币政策实行单一目标，货币政策不管其他只管通货膨胀率。单一目标背后就是不承认成本推动，不承认通货膨胀和经济增长率目标的权衡。权衡在某种程度上起的是兴奋剂的作用，吃兴奋剂会在短期见效，后果会抬高通货膨胀预期。1988年的抢购一般认为是"价格闯关"引起，但很重要的一点是连续多年的高通胀、低利率抬高了通货膨胀预期，最后只要有一点冲击，通货膨胀就上去了。通货膨胀仅仅在出乎预期的时候管用，这在某种程度上是大家上当受骗的结果，政策不能寄希望于让人上当受骗。

从预测的角度，现在看政府下重手控制通货膨胀的决心没有达到应有程度，因此未来较高的通货膨胀率可能会持续较长时间。

祝宝良:2008年中国经济发展的几大趋势

祝宝良主任的演讲分为以下六个部分:

1. 我国经济增长潜力不断提高

据测算,2003—2007年,我国的潜在经济增长能力分别为9.8%、10.2%、10.6%、10.8%和11%,高于改革开放28年来潜在增长率9.7%左右的平均水平。最近连续几年经济和投资高位增长导致我国资本积累的速度快速提高,形成了大量生产能力,大大增强了我国经济增长的供给能力。自主创新能力不断提高,科技进步加快,农村劳动力不断向劳动生产率较高的非农产业转移,全要素生产率增长速度基本保持改革开放以来年均3%左右的水平。国内基础设施和重大工程建设得到明显加强,煤、电、油、运等瓶颈制约明显缓解,充裕的国家外汇储备也增强了我国利用国外资源的回旋余地。

2. 世界经济增长放慢对我国经济影响不大

中国以及其他发展中大国经济与美国、欧洲等发达国家经济出现了脱钩现象。世界经济的变化也可以通过外部需求的调整引导我国内部需求发生变化,缓解内外经济失衡加剧的矛盾。外部需求减少有利于抑制贸易顺差过大的矛盾,减少我国经济由偏快转为过热的风险。俄罗斯、印度等发展中国家经济强劲增长,有利于我国开拓这些国家的市场,实行贸易多元化战略,减少对美国、欧洲等发达国家的出口依赖。美元贬值会减少低附加值产品、高污染和高耗能产品的出口,有利于促进我国经济增长方式转变。出口总量减慢和出口结构调整,会通过生产要素的重新配置促进国内产业结构调整,第三产业会得到较快发展,有利于调整投资、消费、出口的比例关系,促进消费增长。

3. 近期极端气候灾害对我国经济的影响有限

在看到冰雪灾害对我国经济带来诸多负面影响的同时,也应该指出,这一影响是暂时的。要吸取2003年治理SARS冲击的经验,避免高估雪灾的负面影响。如果现在重新评估2003年SARS对经济运行的负面影响和政府为减少SARS冲击所采取的经济手段,可以发现,2003年SARS疫情爆发后,当时对其负面影响的判断偏悲观了些,为保证经济增长势头,政府采取了一系列刺激手段,从而促使2003年出现信贷猛增的局面,并推动经济运行在2004年上半年转向"过热"。有鉴于此,我们对当前的雪灾损失也不宜估计得过于严重。

4. 我国经济将由加速增长转变为高位趋稳小幅回落

GDP增速将从2007年的11.5%回落到2008年的10.5%左右,下降0.9个百分点。经济增长呈现先低后高的趋势,其中第一季度经济增长10.2%左右。

一是消费需求拉动作用加大。连续多年宏观经济景气较旺,新增就业人数增加较多,居民收入增长较快,消费结构升级对消费仍然会保持较强的促进作用,这些基本因素决定了2008年我国消费品市场销售增长率仍将保持高位。

二是投资增长基本稳定。在企业利润增长加快、设备利用率在2007年第四季度达到历史最高值85.3%的情况下,企业投资的积极性仍然高涨;企业自有资金增长较快,为企业扩大投资提供了资金保障;2007年新开工项目增长较多,为2008年投资提供了增长惯性；政府主导的投资体制基础没有改变，政府换届会拉动投资增长。

三是外贸顺差增速有所回落。世界经济增长减慢，针对中国的贸易摩擦增多，国内 2007 年密集出台的控制出口过快增长和调整外贸结构的政策效果在 2008 年进一步明确显现，人民币升值步伐有所加快，各方面生产要素成本逐步提高。这些因素的共同作用将使得 2008 年我国出口增速下降，进口增长基本稳定。

5. 成本推动型物价上涨压力加大，全年呈前高后低走势

祝主任认为，这次物价上涨主要表现为成本推动型通货膨胀和结构型通货膨胀。一是我国以及印度等新兴经济体的快速发展增加了对初级产品的需求，投机炒作初级产品的金融衍生工具不断创新，地缘政治纷繁复杂，进一步推动了初级产品的价格上涨。二是可贸易的制造业商品价格基本稳定，不可贸易的商品价格上涨较快，物价上涨呈现出明显的结构性特征。三是农业部门比较收益低，政府没有补贴的产品（除了粮食外）生产受到影响，供给不足。

2008 年物价上涨的这种成本推动型和结构型特征仍很明显。一是农产品价格将继续上涨。2008 年世界粮食供求处于紧平衡状态，库存持续下降，美国生物、能源加工的快速发展，发展中国家农产品消费量不断增加，都会继续推动农产品价格上涨。二是国际原油价格仍存在上涨压力。三是资源价格改革推动价格水平上升。四是劳动力成本将进一步上升。五是通胀预期不断加强，对物价形成支撑。

6. 宏观经济政策基本取向

如果认定通胀主要是成本推动型的，货币政策怎么办？因为货币政策是调控需求的，用来治理需求拉动型通胀很管用，治理成本推动型通胀可能就不是那么有用。再者，我们历次的通胀都是需求拉动型的，只要控工资、控贷款，物价就会下来。改革开放以来，我们还没有治理成本推动型通胀的经验，因此还需要进一步去研究相关的政策措施。

在这种情形下，祝主任认为：第一，从紧的货币政策不能变，这一政策主要是防止通胀预期；第二，财政政策应该在防止成本推动型通胀方面发挥作用，包括增加对居民的补贴以及对农产品进行补贴等；第三，在人民币汇率问题上，应该加大人民币汇率形成机制的改革力度，促使人民币适度地升值，抑制输入性的通胀。

贾康：中国财税体制、政策与改革

贾康所长的演讲分为以下四个部分：

1. 关于公共财政的基本理解

财政到底怎样适应社会主义市场经济转型的全局要求从而实现自己必然的转型是在 1998 年提出的，方向即是建立公共财政框架。在过去十年中，公共财政虽被反复讨论，但现在还没有一个权威的、公认的、经典的定义。贾所长提出以下四条基本的特征以供参考：(1) 公共财政必须是以满足社会公共需要为政府理财的基本目标和工作重心。(2) 公共财政是以提供（高质量低成本的）公共产品与公共服务（这些是市场不能有效提供的）为满足公共需要的基本方式和手段。(3) 公共财政是在公民权利平等和政治权力制衡基础上规范的公共选择，形成政府理财的决策与监督机制。(4) 公共财政以公开、透明、体现资金完整性和公众意愿、事前决定、收支脱钩、严格执行、追求绩效、可问责的现代意义的预算作为政府理财的具体运作方式。

按照贾所长理解的公共财政的导向和基本特征,他认为在动态发展中应该抓住一些主导性的因素,包括:(1)在政府和财政的基本职能中收缩生产建设职能。(2)要合理掌握财政分配的顺序,注意轻重缓急。(3)形成规范的公共选择机制,即催生民主化、法制化的一系列管理条件和机制。(4)政府财政部门、税收部门要形成理财系统为公众服务的意识和制度规范。现在我们的征税系统已经非常正面地提出要为纳税人服务,企业不需要想尽办法"款待好"国税、地税的征税人员,只需要在网上报税的终端系统自己报税就可以了。(5)理财的方式必须转变,努力发展"四两拨千斤"的机制。(6)在公共财政框架下,政府理财势必要形成一个公共收支预算(指经常性收支)、国有经营性资产管理预算、社会保障预算等相互之间既具有独立性但又必须协调配套的复式预算体系。

2. 财税体制

1994 年以后我国在分税制的发展道路上取得了一系列的进步,但是我们必须注意到一个引起各方关注的问题,就是在省以下财税体制方面出现了难题。在五个层级的政府和财权中,地方四个层级的财力重心越来越向更高层的省和市来提升,而事权出现了向基层县和乡下压的情形,因此出现了财力和事权的背离,造成了基层财政的困难。

对这个问题已经有很多的探讨,贾所长和其他研究者提出了一个解决省以下体制问题的基本思路,就是在中国推行财税体制的扁平化改革。具体做法是县管乡、省管县,将原来的五个层级财政转化为中央、省和市县三个层级,实现"一级政府,一级政权,一级事权,一级财权,一级税基,一级预算,一级产权,一级举债权"。这样一个体制,再加上中央和省的自上而下的转移支付,就能解决欠发达地区的财力问题,实际上达到财政与其公共职能相匹配的目的。

3. 财政政策

市场经济条件下政府的调控必须走向间接调控,而间接调控主要依赖的就是两大政策:一个是财政政策,另一个是货币政策。后者更多的是调节总量的问题,而前者主要侧重调节结构问题。货币政策调节更多的是中央银行调控下的商业信贷体系、金融体系,按照成本效益分析,支持直接效益高、风险度相对低的生产厂商和相关项目。而财政必须追求所谓的社会效应、综合效益,更多地考虑雪中送炭,这是它们不同的运行机理和侧重点。当然两大政策之间也存在相互协调的密切结合部,比如国债、国库现金管理和最近的超额外汇储备如何运用等。

财政政策过去存在的问题,可以概括为四个字"收、支、平、管"。比如说政策哲理方面必须要深入探讨一下。现在很多官员仍然坚持"量入为出"的理财观念,但是从公共财政的逻辑源头考虑,我们似乎应该考虑需要支出什么,然后以此来匹配相应的财力,也就是"量出制入"。还有关于政策原则的讨论。过去我们一直坚持年度收支平衡、略有结余的原则,但改革开放三十年来几乎从来没有实现过。因此,三十年来财政收支平衡的原则和现实显然是无法吻合的,不但不能实现年度的收支平衡,而且按照一般理解的长期动态平衡也无法解释。另外,具体政策体系可以有多种分类,涉及许多技术性的内容,这还需要我们将来做进一步的讨论。

4. 财政改革

中国的财政体制、政策需要三个层面的创新:首先是制度创新。做好省以下分税制的落实和整体分税制的进一步提升和改造。进一步完善以二十多种税为基础的多层次复合税制。其次是管理创新。具体包括:综合预算;国库单一账户集中收付;政府集中采购;收支两条线;税费改革;绩效评估;等等。最后是技术创新。预算的收支科目已经实行了分类改革,使它让公众更容易了解政府的钱对应什么职能,以后可以使我们的收支分类和国际接轨。另外,推进金财——金税工程和政府"十金"网络系统,通过对接和联网,一个指令就可以得到明确的收支概况。

以上三个层面的创新显然需要互动。另外在财政改革方面,外部的改革配套是不可缺少的。行政管理体制、市场制度建设、财产制度都必须实行配套改革的联动,才可能实现前面提及的财政改革的内容。比如,各级政府都必须有自己的税基,那么现在的市县一级应该享有的税基是物业税,即不动产税。要开征不动产税,必须先具备规范的、有公信力的财产登记和保护制度。

周其仁:通货膨胀与价格管制

最近的情况是,在通胀走高的形势下,一方面货币供给的增长速度依然很快,另一方面政府实施了临时价格干预措施。这两件事都不太大,但是组合到一起,周其仁教授认为这个小问题里可能有一个大危险。

目前在认识上存在着将货币总量和物价结构混为一谈的倾向。2004年以来,流行的思维就是结构性的分析方法,比如结构性过热、结构性房地产价格问题、结构性股市泡沫。现在通胀指数超过了5%或6%,我们还是称之为结构性物价上涨。这当然没有什么错,但是一味强调结构问题就会忽略对总量问题的观察和警惕,会对国民经济产生较大的影响。

价格干预包括两种形式:一是上限管制,就是用行政或法律的力量限制商品服务的最高价,凡是在市场上以高于规定最低价出售商品服务的卖家,被看做违规或违法;二是下限管制,则是由管制当局规定最低价,不得在市场上以低于规定最低价的价格出售商品服务。除了直接管制价格数量,也存在通过直接限制某些行为,或限制合约的非价格条款来限制某些生产或交易的活动,从而间接管制了物价。

今天主要通过讨论几种产品,看看目前的价格管制。第一个是电。关于电的矛盾几年来一直没有解决:煤价是在基本开放的市场上由供求力量形成的,而电价是由政府管制的。2007年以来煤价大幅度上升,发电公司必须买煤发电,而电价不能涨,结果导致发电公司亏损。另外还需要指出的是,在煤价形成中也存在着非市场干预,比如由于强调煤矿安全生产而关闭大量中小煤矿,有下限管制之效。国民经济发展到今天,这种两难问题不是简单的对错能解决的。解决这些问题需要考虑分寸、时机与量度等。

第二个是粮。目前对食品实行价格上限管制。由于政府大量抛售库存,国际粮价的上涨没有传导至国内。这当然是好事情,如果粮价也大涨,那通货膨胀就更严重了。但是也有隐忧,因为目前的粮价是为下一个生产周期提供信号的。粮食相对价格压得低,农民生产的意愿就会下降。更重要的是考虑粮食问题时,不仅要考虑生产问题,还要考虑库存问题。当农民的通胀预期起来以后,惜售行为就会出现。

第三个是劳动力。现在有了一个最低工资限制。目前最低工资水平与市场决定均衡价尚未相差很多,因此可以说最低工资对劳动力价格的歪曲程度不是那么高。在劳动力市场上较严重的问题是非价格管制,即2008年1月生效的新《中华人民共和国劳动合同法》。按照新《中华人民共和国劳动法》规定,周六、周日工作,需要加工资。这其实是在限制那些宁愿在周六、周日不要加倍工资而要工作的人。再比如一些单位已经出台通知,所有的短工合同只签一次,不能签第二次。这些事实都表明在劳动力这个重要的要素上,我们下限管制的力量其实在增加。

第四个就是土地。维持政府征地和独家供地制度,排斥集体土地入市,实质上也是一种下限价格管制,因为它限制了供应量,降低了土地供给之间的竞争,一定会抬高土地价格。周教授不相信土地价格会抬高房价,但是在需求不变的情况下,土地价格往上升,会使得高房价得以实现。目前局部地方和城市出现的房地产市场"拐点",是房贷收缩即需求管理的结果。在房地产供给方面,下限价格管制导致的推高压力并没有根本消除。

以上四种产品可以分为两类:一类是产出品,我们实行价格上限管制;另一类是重要的要素投入品,我们实行价格下限管制。两种政策组合在一起,周教授认为会产生一个打击生产的效果,对于治理通货膨胀是不利的。20世纪80年代,饲料粮价刚放开,猪肉价格依旧管制。用江苏农民的话讲就是:"议价饲料平价猪,谁养猪谁是猪。"这是很深刻的一课。

所以周教授主张货币要紧一点,物价要松一点。不要花很大力量去管制物价,但货币控制要坚定不移。在价格管制中,不要将要素价格往上顶,产出价格往下压。在实施紧缩的货币政策时,反对意见会很多。但是不要看到就业和经济增长下来一点,就说货币还是松一松吧。只要货币松一松,物价就又要起来了。通货膨胀尤其损害中低收入家庭,于是实行物价管制。若是这样演变下去,小问题真有可能变成一个大问题。通货膨胀会成为一个中期慢性问题,始终挥之不去。其间,行为的歪曲、效率的损失都不容忽视。严控货币在前期可能会有些痛苦,企业界、居民、舆论、政治上都会面临压力,这时需要顶住。形象的比喻就是现在温度已经很高,重要的是要撤火,釜底抽薪,而不能说底下再加把火,上头加个盖,那么轻则烧糊,重则炸锅。中国经济就是处在这种关键的时候。周教授希望他讲得言过其实,但是即便是有一点点这样的危险性,也值得提醒各位注意。

第 13 次 报告会快报

（2008 年 4 月 27 日）

2008 年 4 月 27 日下午 CCER"中国经济观察"第 13 次报告会在北京大学中国经济研究中心万众楼举行。这次报告会的主题包括房价变动、输入型通胀、税收改革、内需等方面的内容。北京大学中国经济研究中心客座教授徐滇庆，北京天则经济研究所学术委员会主席张曙光，花旗集团中国区首席经济学家沈明高博士，北京大学中国经济研究中心宋国青教授、卢锋教授发表演讲并回答听众提问。下文为主讲嘉宾的演讲摘要。

徐滇庆：房价变动趋势

徐滇庆教授首先解释了最近房地产商降价促销的原因，继而提出了房价观测的原则，最后从供求关系、货币流动性过剩和资产重新定价三个角度说明房价上涨的压力在 2008 年并没有减少反而越来越大。

1. 房地产商为何降价促销

首先，房地产企业普遍自有资金严重不足。目前全国房地产企业自有资金平均不到 25%，还有很多低于 20%。其次，房地产企业在自有资金投入很少的情况下，在 2006 年、2007 年过度扩张，土地占用大量资金。据估计，房地产企业目前固定在土地上的资金超过 1 万亿元，房地产企业资金链十分脆弱紧张。再次，从去年 10 月开始，CPI 上升，通货膨胀压力加大，中央把执行了 7 年的稳健的货币政策调整为从紧的货币政策。这对房地产企业是个巨大的挑战。最后，土地政策从紧。国家规定了土地闲置一年收费、闲置两年无偿收回的反囤地措施。

2. 房价观测的原则

（1）房价观测不能拿短期的某个地区、某个楼盘的房价波动作为宏观的变化。某个城市或地区的月统计数据具有较大的偶然性，短期波动可以很大。这因为楼盘是一个非连续函数，中心城区和郊区的房屋成交比例稍有变化，就可能导致均价大幅波动。

（2）观测房价只能以成交价的历史数据为依据，而不能拿房地产商的要价为参照。房地产商与其他企业一样，有其营销策略，那就是漫天要价，就地还钱。分析去年年底和今年的一些降价活动，一定要注意区分宏观统计数据和房地产企业营销策略。比如上海浦东有个楼盘叫汤臣一品，要价是每平方米11万元。尽管汤臣一品没有卖出去，但是汤臣集团在上海浦东盖了一大片小区，其均价比其他公司要高500—1000元，因为大家一提到汤臣就想到汤臣一品，想到汤臣一品就想到高档楼盘。如果有一天，汤臣的营销策略达到目的了，然后把汤臣一品的售价从11万元降到8万元，能认为汤臣一品降价了吗？

从国家统计局和发改委关于房价的统计数据来看，房价并没有下降，依然保持着两位数字的增长，只是增幅降低了。2008年1月，全国70个大中城市房屋销售价格同比上涨11.3%，环比上涨0.3%；2月，全国70个大中城市房屋销售价格同比上涨10.9%，环比上涨0.2%；3月，全国70个大中城市房屋销售价格中新建住房销售价格同比上涨11.4%，环比上涨0.3%。

3. 房价上涨的理论分析

从理论上分析，房价上涨的原因主要有以下三个方面：供求关系、货币流动性过剩和资产重新定价。

（1）从供求来看，房地产市场上的需求包括正常需求和投资（或投机）需求。有人以美国出现次贷危机、房价下跌来类比中国房地产市场。这种说法忽略了中美处于完全不同的发展阶段。美国人均住房面积在60多平方米，而中国只有不到30平方米；美国人均住房面积多年维持在同一水平，而中国人均住房面积则处于每年递增1平方米的上升期。简单的类比是缺乏根据的。从正常需求来看，2006年全国人口净增700万人，5年来平均每年农村进城人口1780万人，每年结婚的新人980万对，大学毕业生500多万人。同时，城乡居民收入持续增加。

有人说，老百姓买不起房，因而房价将会下降。徐教授认为，这种说法是错误的，因为"老百姓"并不是一个确切的定义。中国有13亿人口，贫富差距很大，12%的人拥有将近80%的银行存款。13亿人口的12%就是1.5亿人。1.5亿高收入人口已相当于一个世界大国，远远超过英国、法国，它们足以将未来五年新建的商品房全部购完。

投机房地产资金主要来源于国内富裕群体和海外流动资金。海外出现次债危机，美元贬值，人民币升值，国内利率高于美国，大量流动资金进入中国，特别是进入中国房地产市场。

从供给角度看，房地产市场是否能扩大供给？当前土地供给有限，要用70%的面积盖廉租房、经济适用房、小户型房，于是商品房供给量受到限制。

（2）流动性过剩依旧严峻。2008年第一季度外汇储备增加1539亿美元，其中55%的部分不能解释，只有45%来自外贸顺差和FDI。同时，紧缩政策后，货币贷款增速依然不断增加。2007年全年贷款增速为16.5%。2008年1月贷款增速17.5%，2月贷款增速16.6%，3月贷款增速16.2%。

（3）关于负利率与资产定价问题。2008年3月，消费价格指数（CPI）为8.2%，基准利率为4.14%,出现了4个百分点的负利率。受到多种因素的牵制,利率在短期内升不了多少,而通货膨胀率也降不下来。只要有负利率,银行中的居民存款就会流动。关键在于这些钱会往哪里流?理论上,金融市场有五个部分:证券市场、债券市场、房地产市场、期货市场和外汇市场。而我国的债券市场规模不大,期货市场和外汇市场基本上都没有开放,资金很可能流入股市和房地产市场。

商品房在2007年的成交规模是2.5万亿元。如果今年增加1万亿元的需求,那就是3.5万亿元,那就不得了。而新增1万亿元是个太低估的数字。姑且不论19万亿元银行存款的流出部分,仅是今年新增的2万亿元收入就未必会进银行。如果大量资金流入商品房,那商品房价格就会出现剧烈上涨。

在房价上升过程中,最重要的是要照顾好民生,以民为本,多盖一些廉租房、经济适用房和小户型房,让老百姓能够安居乐业。从资产定价的角度来观察,房价很可能还要涨上一段时期。等到金融结构调整到一个新的稳定状态,房价暴涨的趋势才能得到根本性的逆转。

卢锋:输入型通胀理论的实证探讨

去年以来我国在对新一轮通货膨胀原因的讨论中,非货币通胀的解释观点比较重视三方面因素的影响:去年较多讨论猪肉价格飙升拉动食物价格上涨,引入通胀压力;今年年初援引南方部分省区暴雪冰冻冲击正常供给拉高成本,并加剧通胀压力;最近则强调国际粮价和资源性商品价格上涨引入或加剧通胀压力。第三点属于输入型通胀观点。下面从理论背景和经验证据两方面对输入性通胀论进行初步考察。

1. 输入型通胀理论的逻辑和渊源

输入型通胀是非货币主义通胀理论之一,非货币通胀发生机制可用加成定价模型表述:$P = [W/AP + IC_d + IC_f + OC] + PM$,即企业定价取决于平均成本(包括单位劳动成本、国内和进口投入品成本、其他成本)和毛利润率。用一句话来概括,非货币通胀理论认为,形形色色的"外生冲击"拉高微观企业定价,并在宏观面导致通胀。

非货币通胀理论是在第二次世界大战以后发展起来的。英国、美国作为胜利国,战后工会力量强大,工人通过工会组织在劳资谈判中要求较快工资增长。工资增长超过劳动生产率的增长速度,意味着单位劳动成本及平均成本上升。凯恩斯学派论者认为工会推动工资较快增长是当时通货膨胀现象的主要根源。这类观点在20世纪50—60年代比较流行,可看作第一代结构性、成本推动型通胀理论的主流观点。

70年代初爆发了第一次中东危机,国际油价大幅上涨并引发随后粮价飙升。由于石油和粮食的可贸易性较高,一些西方国家对这些商品存在不同程度的进口依存度,油价和粮价飙升被解释为当时通货膨胀的关键原因,输入型通胀成为第二代非货币通胀理论的重要观点。撒切尔夫人和里根主政时工会力量削弱,输入型通胀在非货币通胀理论中的地位更显重要。

2. 中国因素与若干矿产品的国际供求关系

首先以铁矿石、精炼铜、原铝和石油等四种矿物品为对象,考察输入型通胀理论对我国实际情况的解释作用。这些矿物品的国际价格近年大幅上升。如2007年精炼铜价格为7131美元/吨,是2003年1779美元的4倍,原铝价格是2003年的1.87倍,原油价格是五年前的2.32倍,铁矿石价格是2.74倍。另外,四种矿物品2001—2007年消费增长率比1970—2001年有不同程度的大幅增长。"量增价涨"事实显示,需求激增是价格上涨的基本原因。

我国是不少大宗资源性商品的重要进口国,依据国际商品价格飙升提出输入型通胀似乎顺理成章。然而这类推论实际采用的是国际经济学中所谓"小国模型"的分析思路理论,即假设国外价格变动与我国基本无关,或我国是价格接受者。评估输入型通胀理论观点,关键是要结合相关经验证据考察上述假设是否符合实际。

为定量考察我国消费变动对全球消费影响,计算我国这些大宗商品最近五年消费增量的三年平均值,并除以同期全世界这些商品消费增量的三年平均值,其所得比率值被称作我国对特定商品需求增量的全球贡献度。初步测算结果显示,过去五年我国对原铝需求增量全球贡献度为51.6%,精炼铜增量贡献度为55.9%,铁矿石(生铁)贡献度为85%,原油贡献度为33.5%。我国对上述四种原料能源矿产品需求增量的贡献度的简单平均值高达56.5%。

需要指出,我国在工业化和城市化特定阶段对资源投入的大规模密集增长是难以避免的,也具有经济合理性。我国需求增长显著提升全球需求,对资源供应国以及区域甚至全球经济增长做出了积极贡献。另一方面由于这类产品短期供给弹性较小,我国需求增长会通过"巨型经济体(giant economy)"效应不同程度地拉高国际价格。因而输入型通胀理论需要的国际价格外生性前提假定未必成立。至少就上述大宗商品而言,与其说是"外部输入通胀",还不如说"通胀出口转内销"。

3. 粮棉贸易与国内外价格的关系

近来国内外粮食市场波动和价格上升成为引人注目的问题。尤其是国际小麦、大米价格最近大幅飙升,导致少数国家出现短期市场性抢购,甚至引发个别国家政局动荡。新一轮国际粮价急剧增长在国际援助、能源政策、贸易规则等全球治理领域提出了一系列新问题。具体到国际粮价与我国粮食供求变动的关系,依据对相关经验证据的观察,大体可以得出两点判断:一是我国的需求变动对近一年多来的国际粮价飙升影响很小;二是近来国际粮价飙升对国内粮价的影响也比较小。

从粮食贸易结构和总量变动看,我国2004年粮食进口大幅飙升,随后粮食净进口变动较小,因而对最近一年多国际粮价飙升影响较小。对于国际粮价飙升的根源,卢教授在其他文章中专门做了讨论。我国在不同粮食品种上的贸易地位以及粮食贸易量变动,决定国际粮价对国内粮价以及一般物价的影响。我国作为最重要的大豆净进口国,国际大豆价格飙升对国内影响较大。然而我国也是小麦、玉米、大米等谷物的净出口国,由于净出口量增长比较有限,国际价格飙升影响较小。

观察我国改革时期三种主要谷物的市场价格数经历了三个运行周期。1995年粮价达到阶段性高峰并出现相对过剩,伴随产量、进口和库存大量增加;90年代后期粮价持续几年下降;世纪之交则在低谷徘徊。粮食供求到2003年年底发生阶段性转折并进入周期上涨通道,三种谷物价格最大幅度的上涨发生在 2003 年年底和 2004 年上半年,2005 年前后有所下降,2006 年和 2007 年分别上涨 8% 左右。国内最近粮价上涨尚属温和,也说明国际粮价的传导作用至今较小。

国际棉价过去三年持续增长,不过与粮价目前"内低外高"的格局不同,国内棉价过去几年一直高于国际价格。虽然差距近来缩小,目前国内棉价仍显著高于国际水平。国内外棉花贸易价差一段时期内持续存在的政策背景,是近年我国对棉花贸易实行配额和滑准税管理措施。由于国内棉花价格高于国际市场,从直接关系看当然谈不上输入通胀问题。

近年我国棉业经济表现出两方面特点,对评估输入型通胀的分析思路具有间接认识意义。一是我国棉花的净进口和消费量超常强劲增长,显然对近年国际棉价回升发挥了显著推动作用。我国棉花净进口从 2002 年几乎为零,猛增到 2006 年创纪录的 363 万吨。我国棉花消费增量占全球消费增量比重 2001—2003 年为 69%,过去四年上升为 91%。二是我国棉纺织品净出口近年强劲增长。2001 年我国棉纺织品净出口 134 亿美元,2006 年 444 亿美元,是 2001 年的 3.31 倍。据业内人士估计,2005 年棉纺织品间接净出口 250 万—300 万吨棉花,可见近年净进口棉花绝大部分由制造业净出口实现外销。

通过广义加工贸易实现的我国棉花净进口与棉制品净出口有机匹配,从一个侧面显示我国入世后进一步融入全球经济体系。它同时提示,对中国这样经历开放成长的巨型经济体而言,输入(输出)通胀(通缩)这类概念会在相当程度上失去认识价值。

4. 几点小结

(1)过去五年我国四种矿物品的需求增量全球贡献率在 34%—85% 之间,它们的国际价格近年较快上涨相当程度上内生于我国的需求增长。

(2)近来国际粮价猛涨,然而由于国内贸易和流通政策等方面原因,国内粮价最近两年上涨相对温和,外部粮价飙升对我国传导效应至今较小。

(3)近年我国棉花消费和净进口量大幅上升推动国际棉价上升,然而我国国内棉价仍显著高于国际价格。初步结论是输入型通胀观点比较缺乏经验证据支持。

政策含义在于,虽然结构性根源说具有一定解释功能,新一轮通胀的主要原因在于过去一段时期总需求较快增长以及货币扩张过多,因而需要更多地采用货币政策和其他总量性措施加以治理。方法论的含义在于,我国在一些重要经济领域的需求增量全球贡献度很高,客观上具有"巨型经济体"的地位,国际经济学的"小国模型""价格接受者"等标准假定基本不适用。认识中国经济成长的具体规律,需要重视和运用大国的分析思路和方法。

张曙光:先收租、后交利,收租与减税并行

张曙光教授对于国企分红提出了先收租后交利的看法,认为对于国有企业占用资源的租金应先收租。由于收取租金会增加政府收入,因此需要减税政策来做配合。

先从国有企业的改革说起。简单来说,国有企业改革有两个非常重要的内容:一个

是产权改革,另一个是国家和国有企业利益关系的改革。国有企业的产权改革有两个方面突破:一个方面是抓大放小和国有企业的民营化,另一个方面是股份化改造。这里的股份化改造不是国有部门互相参股,而是民间资本和外国资本参股国有企业。除了产权改革,国家和国有企业的利益关系也进行了改革。

国家和国有企业的利益关系是通过三个重要经济范畴的概念表现出来的:租金、税收和利润。这三者之和是企业总收入扣除成本后的毛收入。与这三个概念对应的是国家的三种身份:资源所有者、公共管理者、资本投资者。国有企业产权改革的背后实际上就是围绕国家和国有企业利益关系进行的。整个改革过程都渗透着这个问题:到底国家和企业各拿多少,怎么拿,拿的先后次序是什么?

在计划经济体制下,国有企业的管理体制是利润全部上交,支出全部下拨,于是租、税、利三者煮成一锅无法分开。利改税以后,利润和税收这两个东西开始分开了。二者分开具体体现在以下几个方面:第一,不管是国有企业还是非国有企业都必须向国家交营业税和所得税,结束了国有企业不交税的历史。第二,在国有企业交税的同时,实行了一项政策"拨改贷",即国家不让企业交利,但也不给企业投资。企业用利润去投资视同国家投资,投资形成资产是国有资产。第三,中央鉴于国有企业的困难,在分税制文件中明确规定采取以下过渡措施,即1993年之前成立的国有企业暂时免交利润,微利企业上交的利润也不退库。可以看到,分税制和利改税确实是规范国家和企业关系的一个重要办法。现在要国有企业交利,并不是否定以前的改革,只是把过去的暂免交利改成重新交利而已。

国有企业交利符合改革的方向,而且符合现在的实际。承认国有企业交利的合理性并不意味着张教授同意国资委和财政部的当前政策,因为在某种程度上,这个政策在理论上是一种混淆,在实践上也不是一种前进。为何张教授对这个政策持这样的态度?关键在于这个文件混淆了租和利这两个范畴,不仅未理清国家和企业的关系,而且在一定程度上混淆了这种关系。张教授认为我们需要认识到以下几点:第一,租金是资源要素的价格,不是投资资本的收益。无论国有企业还是非国有企业,只要使用国家的资源都要向国家交租。第二,在土地租金方面,地租有绝对地租和级差地租之分,绝对地租是国家不应该拿的,国家要拿的是级差地租。即使土地是私人所有的,国家也要拿级差地租,这是由级差地租的来源决定的。比如一条道路的通车、地区规划的改变会使得该地区地租大量上升。第三,收租和交利的方式不一样。租金要通过征税的方式拿走。弄清了这个问题,也就弄清了政策中混淆的地方。

或许文件制定者会说,我们对租和利做过区分,比如垄断性企业交利比例是10%,一般性企业交5%,军工和科研企业不交。张教授认为这个说法也是没有道理的。虽然是一个国家,但国家作为资源所有者、公共管理者与资本投资者的身份是不同的,所以它拿的东西也是不同的,在拿的方式、拿的次序上也不一样。现在国资委提出要企业交资源税,但国资委并没有得到授权可以分享国家租金。投资取利是资本所有者的行为,在这方面国有资本和私人资本没有任何不同,但收取资源租金是资源所有者的行为。在中国既然资源是国家的,那么收租应是国家的行为,不能混同为资本所有者的投资行为。这不是中国的特色,而是一个普遍的原则。现在通过交利的方法来收租,这不是一种混淆又是什么?

中国的国有企业,特别是国有垄断部门的利润是怎么来的?现在很多人在讨论国有垄断部门时都用一般的产业经济学或者规制经济学的理论来解释。这个理论可以解释中国的一部分问题,但不能解释中国的全部问题。中国垄断部门的利润有第二个来源,而且是非常重要的来源,那就是资源要素的价格比较低。资源要素的管理沿用了计划经济体制下的那一套做法,即国家把资源要素授予某个部门使用,而收取很少的、象征性的使用税。有人估算,国有农场和国有大中型企业占有的土地租金加上煤炭、石油的租金大概是 3 796 亿元。如果加上城市其他资源和人文景观资源,租金大概上万亿元。

资源要素的低价格使得国家向国有垄断部门进行大量的利益输送,造成两个非常荒唐的后果。首先,它把租金变成了利润,变成了企业经营者的劳动成果,变成了它自己的收入,于是给企业经营者占取全民财富打开了方便之门。其次,它通过这种利益输送养肥了一个庞大的利益集团,利益集团凭借手中的垄断权利来挥霍老百姓的财富、来要挟政府。

总结一下,国有企业交利这个问题很重要,在处理上应该先收租、后交利。根据本文建议,收租必然进一步增加政府收入。周教授认为,政府收入增加为减税提供了条件,使减税的政策能够得以实施。如果收了租而不减税,那么国家的收入会更多。国家收入更多,我们的改革可能就更难,因为改革都是在日子难过的时候推进的,日子很好过的时候是不可能改革的。所以收租和减税要同行,而且收租和减税的后果是不一样的。收租主要增加国有垄断部门上交的东西,减税是面向全社会的,对整个社会有利。通过这样一个办法就可以对整个社会财富分配政策进行一个重要的调整。

沈明高:成本正常化——推动通胀还是挤压利润?

讨论食品通胀或者原材料价格上涨的文章很多,本文的讨论范围有所不同,主要讨论中国制造业成本上升对其产品价格和利润的影响。制造业和食品、原材料的价格波动特征是不一样的,这跟市场结构有关系。中国的制造业相对来说是竞争性的行业,而农产品和原材料行业的竞争程度不是很高,特别是原材料行业主要以国有企业垄断为主。

1. 制造业成本低估

到目前为止,中国主要投入品的价格都是扭曲的。在存在诸如此类成本扭曲的情况下,沈明高博士认为有一些价格上涨是有其合理性的。这里着重讨论两种投入品:资金和大宗商品。

首先来看资金。如果一个被管制的经济在开放之后,其存款利率平均要上涨 2 个百分点。与此同时,贷款利率也基本会上升 2 个百分点甚至更多,具体幅度取决于市场竞争情况,这意味着企业借款成本将上涨更多。

再来看大宗商品。从 2002 年到 2006 年,全球能源价格平均每年上涨 29%,中国的汽油和电力价格指数平均每年上涨9%。中国国内能源价格上涨慢主要是政府干预的结果。这部分好处直接转嫁给了制造业。

他对劳动力、土地、大宗商品、资金成本、环境成本和其他成本的扭曲进行了估算。估算结果表明，制造业的成本扭曲总计为3.8万亿人民币。这相当于去年GDP的15.5%，也相当于去年规模以上工业企业利润的2倍。

2. 为什么投入品价格改革滞后

投入品价格改革的相对落后大概有四个方面的原因：(1) 就业压力。如果政府人为地压低投入品价格，企业相对来说就会获得超额利润，企业投资的意愿就会增加，就业机会就会增加。(2) 国有垄断。从90年代后期国有企业"抓大放小"到现在，国有企业基本上已经撤回到资源性、垄断性行业。(3) 控制通胀。实际上在2002—2003年通缩的时候资源价格改革的时机是比较合适的，但当时主要的担心是投资和经济增长放缓，改革能源价格有可能使经济增长更加缓慢。因此，通缩的时候能源价格改革有压力，而通胀的时候更有压力，因为资源价格改革会使通胀水平更高。所以，无论通胀是高还是低，资源价格改革总是找不到合适时机。(4) 产权不够清晰，产权保护乏力。

目前中国的成本正常化刚刚开始。所谓成本正常化，是指主要投入品的价格将会由市场来决定，制造业将面临一个正常化的成本。这次全球范围内的大宗商品价格上涨、农产品价格上涨，在一定程度上是成本正常化的一种形式。如果到明年这些商品的价格有所下滑，那么政府就会推动资源、能源价格改革，中国的投入品价格将很难出现之前的价格低位。

成本正常化的结果实质上是消费者和生产者之间的收入再分配。成本扭曲的一个最重要的结果就是拿老百姓的钱补贴投资者，拿消费者的钱补贴生产者。同时，政府拿到的纯收入也是在扩大的。因此，成本正常化涉及的不仅仅是生产者和消费者之间的收入再分配的问题，也有家庭和政府之间的再分配的问题。

3. 成本正常化后中国制造业还有没有优势

沈博士的判断是中国的制造业优势还会保持下去，原因主要有三个方面：

(1) 中国大陆的劳动力成本优势还会继续保持下去。这里有两个例子：一个是韩国，另一个是中国台湾地区。这两个经济体1975年的人工成本都相当于美国的5%，而当时的人均GDP大约是2 000美元，跟中国大陆目前的情况基本相似。2004年韩国和中国台湾地区的人均GDP都达到了15 000美元左右，所不同的是此时中国台湾地区的人工成本只相当于美国的25.8%，而韩国的人工成本相当于美国的50%。如果有一天中国大陆的人均GDP也达到了15 000美元，中国大陆相对于美国的人工成本大概会是多少？沈博士的看法是，中国大陆与台湾地区、韩国的最大差别是其规模非常大，因而劳动力供给相对充足。也就是说，很可能中国大陆人均GDP达到15 000美元的时候，其人工成本会比中国台湾地区和韩国的都要低，或者保守地说，其人工成本最多也超不过韩国的水平。

(2) 中国制造业的规模经济优势。中国制造业的每一个部分几乎都可以在中国生产。全球能够与这么长的产业链相媲美的国家并不是很多。

（3）中国潜在的消费市场优势。成本正常化从一定程度上讲是生产者和消费者之间的收入再分配,如果工资提高,消费者的消费能力就可以提高,现在很多为出口而生产的企业在未来的某个时候应该会为国内的市场生产,甚至到时候不考虑为出口生产。

4. 成本上升的影响

从理论上讲,成本上升有两种结果,要么是成本推动的通货膨胀,要么是挤压利润。在目前的情况下,哪种可能性更大呢?从扭曲的成本结构角度看,后一种可能性会更大一些。利润被挤压之后就是被并购或者破产。因此,应该可以看到新一轮的包括并购在内的行业整合。行业整合会减少企业数量,当其结束的时候,相应的一些领头的行业企业可能会获得定价权,这时候整个制造业成本的上升才可能会引发通胀。也就是说,我们看到的应该是利润挤压、行业整合,然后才是通胀这样一个过程。如果所有的企业都不倒闭,那么说成本上涨推动通胀就缺乏坚实的逻辑基础。企业都不倒闭的一种可能是成本上涨并不严重,另一种可能是企业还能够继续消化成本的上涨。

宋国青:内需猛烈增长

与去年第一季度相比,今年第一季度内需增长率很高。宋国青教授首先讨论第一季度总需求和内需增长情况,其次讨论进口额和进口价格的关系,再次讨论最近货币供给的情况,最后对一些观点进行总结。

1. 总需求和内需

首先看总需求,第一季度名义 GDP 同比增长 22%,3 月名义工业增加值同比增长 27.2%,创十多年以来最高纪录。其中可能存在特殊因素,比如由于雪灾,2 月的一部分生产推迟到 3 月实现,但总体上总需求增长强劲。同时贸易顺差从去年第三季度开始大幅下降,季节调整后贸易顺差占 GDP 比重从 2007 年第二季度的 8.8% 下降到 2008 年第一季度的 6.3%。顺差下降有出口增长速度下降和进口增长速度上升两方面的原因。进出口实物量变化不大,主要是进出口价格发生变化,进口价格涨幅高于出口价格,贸易条件恶化。总需求增长率大幅增长,外需增长率大幅下降,内需增长率必然大幅上升。月度贸易数据不包括服务贸易,严格地说是内需和服务顺差之和大幅上升,但服务贸易影响相对较小,主要是内需上升。

今年第一季度贸易顺差同比下降 11%,比去年第一季度 71% 的同比增长率低 82%,这导致第一季度总需求下降至少 5%。而第一季度名义 GDP 同比增长率比去年高 5%,因此第一季度内需同比增长率至少比去年第一季度上涨 10%。实际消费增长假定和去年一样,名义消费增长率因为价格上涨比去年高 5%。如果消费投资各占一半,投资增长率需要比去年第一季度高 15%。考虑存货投资和服务贸易因素,固定资产投资增长率至少比去年第一季度高 10%。

国家统计局公布的第一季度固定资产投资增长率与去年第一季度基本一样。一个可能的解释是去年的投资增长率存在水分。过去每年报告月度投资增长率 20%—30%,年末报告年度投资增长率只有百分之十几。可能今年第一季度报告的投资同比增长率

24.6%更加真实。也就是说,如果统计因素导致投资数据和其他数据不一致的问题,问题不是出在今年,而是出在以前。

顺差下降和投资上升具有一定联系。顺差下降有两方面原因:一方面,美国经济不景气和人民币升值导致出口下降;另一方面,内需猛烈增加导致进口增长率上升。内需上升对顺差至少有一半贡献,其中主要是投资增长。固定资产投资和进口同比增长率非常相关,每当国内出现高通胀,投资大幅增长,进口就会大幅度增加。1999—2000年期间进口增长率大幅度上升的情况较为特殊,是由1998年发生通货紧缩严厉控制进口,1999—2000年加入WTO前大幅削减关税、取消额度所导致的。

2. 进口额和进口价格的关系

目前对于通货膨胀的一个解释是"输入型通货膨胀",认为国际价格上涨引起国内通货膨胀。与小国不同,中国作为大国对国际价格产生很大影响。比较进口额和进口价格同比增长率,两者相关性很高。进口额和进口价格谁是因、谁是果可以有两种逻辑。一种是中国要买一定数量商品,进口价格上涨引起中国总支出增加;另一种是进口商品数量给定,中国花越多钱购买,价格越高。从过去的例子看,中国一买国际价格就上涨,比如粮食和铜。

如何验证谁是因、谁是果?从数据上可以看事情发生的先后,变化在先是因,变化在后是果。先后关系并不一定是因果关系,变化在先的有可能预期到变化在后的要变化而抢先一步。由于中国进口额变化很大程度上是出乎预料的,用先后关系解释因果关系可能有一些道理。从1997年第一季度至2008年第一季度进口额和进口价格季度环比增长率数据看,上期进口价格和当期进口额不相关,但上期进口额和当期的国际价格正相关。即中国进口价格上升不引起中国进口额上升,中国进口额上升引起中国进口价格上升。

中国进口增加引起进口价格变化的重要因素是中国是大国。而美国也是大国却没有类似关系,一个重要区别是两国的稳定程度和可预期性不同。中国总需求波动比美国大得多,几年前还是通货紧缩,现在则是通货膨胀,通货膨胀率几年内从-3%上升到8%。总需求波动大导致进口波动大。如果需求上涨能够事先预期到,生产者可以提早增加生产,就怕半夜三更敲店门说要吃海鲜大餐,店主只能做条小鱼,并且还要涨价。所以对于大国来说需求稳定非常重要。

即使对于小国,国际价格上升也不必然"输入"通货膨胀。首先,如果保持总支出不变,购买进口货物支出增加,购买国内商品支出就会减少,进口价格上升将带来非进口货物价格下降。其次,国际价格上涨可以通过汇率升值抵消。国际价格传导机制至少面临上述两道阀门,剩下能溜进国内的只是漏网之鱼。周其仁老师举的例子是日本,美国、中国使劲向日本输入通货膨胀就是输不进去。日本资源进口幅度可能比中国更大,按照"输入型通货膨胀"逻辑,国际资源涨价,日本一定有通货膨胀。通货膨胀还是取决于货币,而日本货币始终不能增加。

3. 货币流通速度加快

货币学派解释总需求的关键在于货币流通速度。如果有人说"总需求增加是因为货币流通速度加快",却不给出货币流通速度加快的理由,等于说"我什么都不知道"或者"我不想回答你的问题"。另一种说法是,货币流通速度不变,货币增加导致总需求上升。货币流通速度确实会变,解释总需求需要说明货币流通速度的变化情况。最近总需求上升大概80%因为货币增加,剩下20%由货币流通速度加快引起。

货币流通速度加快有多种解释。一是食品价格上升导致被动消费。被动消费指减少储蓄增加消费,导致货币存量相对减少,货币流通速度加快。如果可以用数据说明食品价格上升导致居民储蓄倾向下降、消费倾向上升,就能说明食品价格上升导致通货膨胀上升。但拿出这个证据很困难,家计调查数据可靠性较差。

二是过去发生通货膨胀时,会出现民间借贷、企业间融资现象。20世纪90年代政府抓"三角债"工作,解决企业间的拖欠问题。其实这些问题很大程度上是主动而不是被动的,是企业对付通货膨胀和负利率的工具。在负利率期间,资金富余企业把钱借给资金短缺企业,有好处双方分摊。这实际上不是货币流通速度加快,而是新生成货币没有纳入货币统计。

货币流通速度加快在负利率期间总会出现,不能把货币流通速度加快全都归结为结构问题。即使把货币流通速度加快全部归结于结构性问题,对于8%的通货膨胀率最多只能解释2%,甚至不到1%。通货膨胀主要是因为货币增加。

货币供应量同比增长过去四个月略有减缓,现在大约为20%,但其中有很大不确定性。首先,企业间借贷、民间融资等体制外货币不被统计。其次,一些可替代货币的资产不计入货币,比如股市融资。现在只能说出现了不太稳定的下降苗头,不过出现有利苗头总比没有苗头要好。现在还要把货币增长率继续往下压,首先压到18%,即使稍微压过头再放松也没关系。

4. 一些观点的总结

通货膨胀的一个副产品是粮食和资源类产品相对价格偏低。通货膨胀上升时经常会控制价格,有些价格控制影响不大,有些价格控制后果十分严重。现在的粮价控制就是一个严重问题。现在国际情况是没有粮食,无论拿多少钱买粮,买到的只是高价。在这种情况下要给农民一个很强的信号,就是赶快去种粮食,采取国内外粮价隔绝的办法对刺激粮食供给非常不利。石油价格也是如此,现在都说节约能源,油价却很便宜,总得让价格起一点作用。所以要赶快治理通货膨胀,理顺相对比价,让价格正常发挥功能。

现在的好消息是3月数据出来以后,领导层和主流看法稍有变化,似乎对出口不景气导致国内需求下降的担心小了一点,更趋向于从紧控制通货膨胀。宋教授个人觉得这个好消息比货币增长率略有下降的好消息更好。只要政府决定控制通货膨胀,通货膨胀就不是太大的问题。如果一会儿讲"结构性通货膨胀",一会儿讲"输入型通货膨胀",最后会延误通货膨胀治理。通货膨胀从去年到现在就是被各种说法延误了,本来小病早治打两针就没事了,结果拖成大病。

第一季度进口价格指数同比上涨16.8%,出口价格指数上涨不到8%,按照进出口量平均值计算,贸易条件恶化导致国内损失1 500亿元,短期内影响的主要是企业利润,特别是存在成品油价格管制的情况下,原油价格上涨造成的损失百分之百地落在炼油企业身上。1—2月工业企业利润增长率偏低,3月利润同比增长率可能会相当高,但这是在短期总需求过度扩张情况下实现的,难以持续。从较长时期看,企业利润占GDP比例趋于稳定。

张曙光老师在本次报告会中提的收资源税建议很好。最好赶快向石油企业收税,同时给其他企业和居民减税。减税不一定是减所得税。很多人认为减税就是减所得税,认为穷人本来就没交多少,减税是为富人服务。宋教授一直说减增值税,17%的增值税干脆取消,消费者都可以从中获益。

长期经济增长没有其他方面的太大问题,主要风险是高通胀持续太长。虽然看到一些好苗头,但还应当继续紧缩。

第 14 次 报告会快报

(2008 年 7 月 26 日)

北京大学中国经济研究中心 CCER"中国经济观察"第 14 次报告会于 2008 年 7 月 26 日下午在北大博雅国际会议中心召开。这次报告会的主题包括财税体制改革、劳动合同法对经济的影响、中美经济外部失衡关系、农产品价格与通货膨胀、目前宏观经济形势等方面的内容。原国家税务总局副局长许善达,华东政法大学董保华教授,摩根大通中国区首席经济学家龚方雄,北京大学中国经济研究中心宋国青教授、周其仁教授、卢锋教授发表演讲并回答听众提问。

卢锋教授首先报告点评了第 13 次"朗润预测"对 2008 年第三季度宏观经济的预测结果。这次"朗润预测"综合了中国经济研究中心等 17 家研究机构观点,宏观经济学家对第三季度经济走势的几点预测意见值得关注。一是通胀压力将有所减缓,CPI 同比增长率有望从第二季度的 7.8% 下降到第三季度的 6.1%—6.3%。二是经济增长降幅收窄并趋于平稳,GDP 同比增长率预计从 10.2% 小幅回落到 10%。三是投资、工业增长、商品零售等分项增长指标会大体呈现高速平稳增长态势。四是进出口增速预测分别为 29.1% 和 19.7%,贸易顺差继续保持与第二季度类似的同比下降和环比回升格局。五是利率变动可能性较小,汇率将继续小幅升值。总体而言,以应对通胀为中心的政府宏观政策组合正在取得预期结果。下文为主讲嘉宾的演讲摘要。

许善达:1994 年税制改革的问题和未来展望

许善达先生是 1994 年税制改革的起草人之一,他在演讲中结合 1994 年税制改革的历史背景和现实情况,分析了我国税制改革涉及的营业税扭曲效果、增值税改革、流转税与所得税关系等重要问题。

1994 年实行的新税制只对商品征收增值税,而对劳务保留了营业税。在商品领域否定旧税制中的产品税,就是因为产品税重复征税。既然如此,为什么对劳务领域实行的同样是重复征税的营业税却置之不改呢？关键原因是"分税制"。分税制是1994年税制改革的最重要内容。为了保证1994年当年中央达到总财政收入的55%并在以后每年增加一个百分点，在劳务领域暂时保留营业税并将其列进地方收入就是无可奈何的选择了。

这一选择给国民经济发展带来一些不利影响：首先，劳务领域税收负担总体上高于商品领域，这与我们加快发展第三产业的国策显然是相悖的。其次，只有在境外提供劳务才能免征营业税政策限制了人员在境内而劳务出口到境外的行业发展，而从对比情况看，1994年商品领域全面推行增值税以及退税政策为我国成为"世界工厂"发挥了关键作用。最后，增值税和营业税相互不能抵扣，限制了我国技术开发企业的发展，延缓了我国国民经济增长方式的转变。

许善达先生认为，由于受到种种因素的制约，增值税和营业税并存的局面可能还将维持相当长的一段时间。在此背景下，一个可以考虑的能够较快见效的办法，是实现增值税和营业税之间的相互抵扣。这在运费方面已经做到了，还需扩展到其他方面。另外我国流转税在税收总量中比例过高，收入税种比重过低，也是需要研究改革的问题。

董保华：中外劳动合同法的比较与启示

董保华教授自《中华人民共和国劳动合同法》（以下简称《劳动合同法》）起草之时就不断进行分析评论。他认为，《劳动合同法》造成了以下后果：（1）劳动关系的凝固化，即企业用工易进难出、多进少出甚至只进不出。（2）劳动关系的书面化。如果不签订书面劳动合同，企业要承担非常不利的法律后果。（3）劳动关系的标准化，即将非标准劳动关系按照标准劳动关系的模式进行调整，就劳务派遣做了很多规定。（4）劳动关系的行政化，指劳动关系调整以行政手段为主。由于《劳动合同法》下的解雇成本高于维持铁饭碗的成本，《劳动合同法》将导致事实上的铁饭碗。

董保华教授介绍了美国、法国、日本这三个国家的劳动法体制，他认为相比之下中国对于解雇的保护程度是最高的。美国实行的是解雇自由的劳动制度，劳资双方的雇佣关系可以在任何时间由任意一方以任何理由来终止。美国劳动法规制的重点在于就业歧视。如果企业实施就业歧视行为，则会受到极其严重的判罚。日本劳动关系的体制特点是核心员工的终身雇佣以及边缘员工的弹性化。日本的长期雇佣关系是受东方文化传统的影响，但这是企业自主的选择而不是法律规定。法国的劳动法是美国的反例。法国成文法规定解雇原因必须实际、严肃并非常重要。各种相关法律都是倾向于保护劳工而非资方的权益。由于法国公司不能随意解雇雇员，他们就不愿意雇人，特别不愿意雇没有经验的青年人，因此法国失业率一直居高不下，青年失业率在西欧国家中是最高的。没有工作的青年常常举行大规模抗议活动和发生暴乱。

卢锋：中美经济外部失衡的镜像关系

美国过去三四十年经历了三次较大的外部不平衡，最近一次发生在21世纪初，中国成为美国单个最大贸易顺差国,两国的不平衡在一定程度上构成互补对称的镜像关系。卢锋教授认为观察两国不平衡根源的争论和现实调整过程,对理解当代经济全球化及两国经济近年增长结构和当前形势,提供了一个认识的切入点。

美国对外部失衡有两类解释观点。一类观点认为美国具有经济体制和金融体制优势,比其他国家更善于把科技转化为生产力并提供多样化金融工具和投资组合,因而吸纳外部储蓄具有可持续性。另一类观点认为超过5%的赤字不可持续,任其发展会导致"汇率崩盘、通货膨胀、利率高升、经济衰退"的后果。美国次贷/房贷危机与外部失衡导致货币过多和信贷失控具有多方面联系,危机对认识外部不平衡的危害提供了新视角和新证据。部分由于外部失衡影响,美国正面临"经济低迷、通货膨胀、房贷危机"的三角难题,短期难以同时解决,不确定性较大。

中国顺差也有两种解释观点。第一类认为主要是由储蓄率过高引起。储蓄和顺差确实有相关性,储蓄率增加的根源在于人口年轻化、资本回报率增长、体制转型等因素。然而主要用储蓄率解释顺差在学理和经验证据方面存在困难,因为储蓄率较高并不必然引起顺差:一是投资可以更高;二是储蓄可能被迫转化为存货投资增加;三是储蓄过多应表现为经济低迷和通货紧缩,与最近经济偏热和通货膨胀的现实不符。

第二类认为中国顺差与汇率因素有关。卢锋教授认为不宜忽略和否认汇率因素对外部失衡的解释作用。从中国生产率追赶角度看,开放增长需要汇率趋势升值,需要建立更加灵活的汇率体制。去年以来通胀加剧表明外部失衡的增长模式难以为继。随着近来政府宏观调控政策取向的调整和力度加大,中国经济正在对多年累积失衡进行修正,表现为外需相对减少,总需求回调,通胀势头初步得到遏制。调整确实带来经济收缩的阵痛,给外需产能集中的部分沿海省份带来较大压力。由于中国基本面较好,如果政策适当,有可能在较短时间内取得明显成效。

龚方雄:宏观经济中的不确定性以及政策性风险

目前对经济判断的共识是通货膨胀最坏的情况已经过去,CPI会降低,下半年经济增长会下滑。但外部因素存在不确定性。宏观政策不确定性很大。政策不确定性在股市中表现为风险溢价,股市从高位回调60%与之有一定关系。

如果出口放缓,出口有关的投资会放缓。由于中国经济还没有达到消费引领经济增长的水平,政策上应该从基础建设投资入手。在前几年私人投资旺盛的情况下,政府投资份额下降合理。现在是增加基础建设的黄金时期,政府在私人投资放缓时可以大力发展地铁等公共交通建设。等到下半年出口下降、私人企业投资放缓以后再增加基础建设投资,会给经济带来很大的震动。

龚方雄博士不赞同汇率一次性大幅升值。一次性升值的问题是不知道升到什么水平合适。贸易顺差过大不仅仅是因为汇率被低估,还与低资源价格战略有关。在资源价格扭曲的情况下,不知道多少不平衡是汇率扭曲造成的、多少是资源价格扭曲造成的。维持汇率渐进是有必要的。

龚方雄博士指出最近临时性价格干预增多。临时性价格干预在结构上对经济运行稳定造成长期性问题。过去尽管通货膨胀率达到15%—20%,仍坚持改革开放,以短痛换来今天的物产丰富。今天的宏观环境比过去好得多。只要坚持价格市场化改革,政策性风险自然会降低,资本市场也会相应做出反应。

宋国青:农产品价格与通货膨胀

宋国青教授首先观察过去二十多年中国经济运行的一个现象,就是通货膨胀率较高时食品价格和农产品价格增长率更高。解释这一现象时一个自然的想法是认为食品价格上升推动通货膨胀。问题是什么推动食品价格。常见的解释是国际农产品涨价或者天气引起食品价格上涨,但2007年农产品进口量增加,对通货膨胀起抑制作用而不是推动作用,而天气的作用难以度量。

宋教授认为真实关系不是农产品价格上涨导致通货膨胀,而是通胀即货币过多导致农产品价格上涨。他报告了一项正在进行的研究的初步结果,即对通货膨胀引起农产品价格上涨的传导关系进行实证分析后,认为它们的基本关系是:由于名义利率调节不足,经济扩张时期的真实利率下降。低利率导致投资行业就业增加,农业就业相对下降,农业投入下降引起农产品产量相对下降,进而引起农产品相对价格上升。我国近年的实际情况是,在宏观经济增长偏快的背景下农产品产量相对下降,加上近几年库存下降,在需求较快增长的背景下农产品价格上升,结果导致农产品涨价引发对通胀的失真判断。

宋教授还分析了当前宏观经济形势的一些特点。从发电量和主要产品产量看,工业生产处于较低水平。投资同比增长率上升可能是数据调整的结果。出口和顺差有所反弹。货币增长基本稳定。"热钱"和"股市"下跌的财富效应可能引起货币流通速度减慢,但效果不明显。现在的宏观调控力度适中。

去年以来,房地产销售领域出现类似于20世纪80年代末"滞销"的情况。1988年抢购、买不到东西,然而通货膨胀率高,说明当时通货膨胀预期影响很严重。通货膨胀最严重的危害就是通货膨胀预期,1989年发生了改革开放以来最严重的衰退。政策含义是在应对通胀问题上不能犹豫,要防止把通货膨胀预期培养起来。

至于人民币汇率问题,宋教授认为不升值危害太大。如果只是顾虑汇率升值伤害到谁,与其不升值,倒不如赔他一笔钱,花钱买升值。不过他指出这里讨论相对利害关系,是说"与其这样,不如那样",并不是说一定应该赔钱。他提出在政策上确实可以考虑做一些变通调整,比如说考虑对外向型企业给予免三年增值税等一次性补偿,同时对汇率政策按照经济规律客观要求放手进行调整改革。

周其仁:中国要力争独善其身

周其仁教授认为,分析2008年上半年经济形势的关键,还是怎样看通胀以及怎样处理通胀与增长的关系。他首先批评目前流行的"输入型通胀论"。输入型通胀论在国际商品价格和国内通胀率之间画上等号,然而国际市场上油价、粮价基本相同,各国通胀率却大相径庭,说明这一理论大有问题。比如俄罗斯、伊朗都出口石油,不应该存在输入型通胀,为什么通胀率还是很高？日本、韩国100%进口石油,理应受到输入型通胀很大影响,为什么通胀率反而较低？同样是新兴经济体,巴西和墨西哥通胀率为什么能够保持在一个相对稳健的区间内？此外,输入型通胀论的言下之意是,中国对通胀无能为力,除了"适应"没有其他办法。这是不能接受的。

中国近年逐步显形的通胀,不是财政透支、滥发货币造成的,而是货币政策受制于汇率政策的结果。本来固定汇率在很多情况下对发展中国家建立必要宏观纪律约束不失为一种上选之策,但是2003年以来中国遇到的新情况是制造业生产率的进步率显著提升,美国经济与美元走软。固定汇率机制迫使央行被动增发了大量基础货币,当过多的货币未被对冲干净,并得不到利率政策遏制时,在中国经济体内就累积起资产价格飙升与通胀抬头的压力。真正"过热"的不是经济增长、不是投资,也不是个别产业部门,而是货币,即货币总量过多。过多的货币在经济体内"漫游",冲到哪里哪里"热",去年以来终于冲进CPI。

目前全球包括中国在内,都希望美国经济和美元走强。这是现实而合理的考虑。但是也要准备美国经济和美元在相当时间内就是强不起来。最明显的事情就是作为一个以服务业为主的发达经济体,美国的房地产和金融两大部门发生了超历史经验的严重危机。客观衡量来说,可能不容易马上转回来。面临这一局面,中国应有更全盘的战略考虑:希望美国经济和美元走强,这一点不放弃;但也要认真准备美元就是不走强,甚至趋势性地走弱。这样来看人民币汇率,就不仅是升值多少的问题,而是从根本上脱钩与换锚的问题。对于这个课题,宋国青、卢锋教授组织的一个项目正在进行研究,有什么结果再向大家报告。

在全球经济局势扑朔迷离的环境里,中国力争独善其身。我们有这个条件。首先是国内需求推动经济增长的潜力巨大,可以通过自身政策调整和改革加以释放。我国能源结构在抵御国际高油价冲击方面也有优势:对1桶140美元我们也许没办法,但是对1吨煤1000元我们总有办法吧！那就是释放供给方面的弹性。甚至粮食也有机会,这么高的国际粮价,适当传导给中国农民,增产潜力不会很小。制造业的庞大产能,面对国际市场升级空间广阔,转向为内需服务同样潜力巨大。我国服务业还在初级阶段,国民收入增加,时间成本增加,对"方便"的需求方兴未艾,都是服务业的生意。最近几位领导人都讲到要坚定信心,因此在争取独善其身方面,中国应有自信可以大有作为。

当前各方面比较担心经济增长速度下滑。从12%以上增速降到略高于10%,这件事情究竟怎样看？首先要客观地承认,现在还是一个比较高的增长速度。不过更要看到,确实在减速,并且减速区域分布不平均。过去增长猛烈的地区和行业,特别是珠三角、长三角的出口部门,这次首当其冲。周教授认为关键是把增长与通胀压力放到一个盘子里来考虑。受治理通胀之拖累,增长总要减点速度,因为在过去的超高速度里,有一部分就是货币过多的结果。为抑止通胀,货币供给从紧,把那部分增长的速度降下来,是合乎逻辑的。所以政策方向不是保持过去那样的高增长,而是应注意减速不要过快,要给中国经济这个快速猛跑的巨人一个调整适应过程,给特别困难的地区和行业提供必要帮助。

目前要有更灵活的结构政策。比如这次四川震后重建,用各地对口负责的办法就很好。各地花费去年财政收入的1%,帮助对口灾区重建——货币和财政总量都没有增加,但灾区得到很大的重建资源。目前对两个三角洲的出口行业,也应该用这个原则处理:一定要帮助,但不靠松动总量,而要靠结构调整把潜力挤出来。东莞市政府给困难民众发放一次性补贴,怎么看也是好办法:这笔钱本来东莞市政府可以自己花,它们不花,省下来给困难民众,总量上没有变,结构改善的效果很好。仔细看我们的经济,可以挤出来的资源有很多。

至于通过改革可促进的经济增长,更有巨大的可能性空间。例如,主动降低进口税收,降低房地产税收,改革供地机制,发展民间金融,适度开放粮食合法出口,等等,都可能快速促进增长成效。但是,只要在短期压力面前松一松货币,什么结构调整和深层次改革都难以推进,因为根本没有动力和压力。因此,当前最重要的宏观政策就是货币不要松;再坚持一下,同时用更灵活的结构政策和改革政策来保证国民经济持续健康增长。

第15次 报告会快报

（2008年11月1日）

CCER"中国经济观察"第15次报告会于2008年11月1日下午在北京大学国家发展研究院[①]万众楼召开。本次报告会主题包括全球金融危机以及中国宏观经济形势及政策分析。中国国际金融公司研究部董事总经理黄海洲博士，法国巴黎证券亚洲有限公司首席经济学家陈兴动先生，北京大学国家发展研究院宋国青教授、周其仁教授、卢锋教授发表演讲并回答听众提问。

卢锋教授首先点评了17家特约机构对宏观经济走势所做的最新"朗润预测"。对比2008年第三季度"朗润预测"与国家统计局公布的有关统计实际值，可以看到宏观经济学家第三季度的预测出现了三个低估。一是低估了宏观经济的下调速度，GDP和CPI的实际值较大幅度低于预测值。二是低估了消费和出口增长。三是低估了央行调整利率应对经济放缓的速度。2008年第四季度第14次"朗润预测"显示，第四季度经济增长率预测与第三季度实际值比较接近，然而第四季度CPI预测值较快下降，消费增长会显著放缓。预测结果显示学界预期央行第四季度可能实施2—3次降息操作。下文为主讲嘉宾的演讲摘要。

黄海洲：理解全球金融危机

黄海洲博士主要讲了三个问题：一是这是一场什么样的危机，二是为什么会发生这样的危机，三是未来演变趋势。

对于第一个问题的回答是，这是一场百年一遇的危机。"百年一遇"可以从两个层次理解。首先，从危机的严重程度看，美国前财政部长萨默斯说，（2008年）9月17日那天如果没有美国政府和其他国家的大力救助，全球金融系统将只能维持30个小时。从泰德

[①] 2008年10月25日，在北京大学中国经济研究中心的基础上，北京大学国家发展研究院成立，中国经济研究中心作为国家发展研究院的一个机构继续存在。

利差（Ted Spread）的变化也可以看到当时形势的严峻。在亚洲金融危机最严重的几天，泰德利差曾达到200个基点；但在过去几个星期高达四五百个基点。金融市场巨幅波动，主要金融机构市值缩水过半，欧元兑日元汇率在两个半月之间贬值50%。其次，四个恶性循环同时发生，相互交织，其概率也是百年一遇。第一个恶性循环是流动性问题。市场风险比较高的时候，机构担心自己明天也遇到流动性问题，或者等待时机进行收购，所以把资金留在手里，进一步加剧了流动性紧张。第二个恶性循环是资产价格。在资产价格下跌压力下，投资者会急于抛售，造成资产价格进一步下跌。第三个恶性循环是资本金。在原来风险敞口下具有足够的资本金，但随着风险敞口扩大，资本金就不够了，这时资本金的需求增长但供应量减少，资本金越来越稀缺。第四个恶性循环是经济下行问题。经济下行会造成就业降低、投资降低、消费降低，后者又会进一步加重经济下行。三个恶性循环同时发生的概率已经很小了，四个恶性循环同时发生的概率差不多一百年一次。对于有兴趣研究金融市场和经济学的人来说，现在是生逢其时。

第二个问题是为什么会发生百年一遇的危机。有几方面的原因。首先，跟监管的缺失有关系。在过去几年里，越来越多的投资银行把盈利方向定义为跟对冲基金做交易，甚至把自己变成对冲基金这样的机构，而对冲基金恰恰是没有监管的。其次，跟货币环境有关系。把所有责任都归结为格林斯潘的失误也是不公平的，因为这里面有比较深层次的问题和矛盾。在整个90年代美国都是高增长、低通胀，从而产生长期利率低于短期利率的"格林斯潘之谜"。实际上当时利率水平可能并没有错，而是可以从技术进步以及全球化进程的深化找到理由。如果一个国家的货币政策没有足够多地考虑外部因素，那么短期内正确的政策在长期可能会产生比较大的隐患，对于中心国家而言更是如此。

第三个问题是未来演变趋势。首先，不应低估美国经济的实力，也不要认为发生这样的危机之后美国就一蹶不振。黄博士觉得在发达国家里面美国还是最有活力的，这次危机之后美国可能变得更强。从货币竞争这个角度来看，如果说以前美元还有竞争对手的话，现在这些竞争对手已经被打趴下了。其次，金融层面的危机高潮已过，但经济层面的危机刚刚开始，全球经济下行是没有什么疑问的。最后，下个星期就是美国大选，不管谁成为新总统，经济政策在某种程度上都是罗斯福政策的翻版。

卢锋：格林斯潘做错了什么？

对美国金融危机根源的多视角分析中，人们普遍认为在格林斯潘主持下的世纪初的大幅降息是基本根源之一。卢锋教授同意上述观点，但认为需要进一步研究两方面问题。首先，经济衰退时降息是现代宏观理论的基本结论，第二次世界大战后美联储有过10多轮降息。这次降息有何特殊性，能导致百年一遇的危机？其次，就降息失误而言，是人为失误？规则有误？抑或意外事故？卢教授从美联储世纪初降息的特点、降息与货币政策规则的关系、"格林斯潘之谜"的经验证据等方面讨论了上述问题。

2000年7月到2003年7月，美联储把短期利率从6.5%降到1.0%，并将1.0%的低利率维持到2004年6月。可以从三方面观察这轮降息的特点：一是降息绝对降幅5.5个百分点，在12轮降息中排名第七，不算很突出；二是最低位水平为1%，于1963年以来历次降息周期中最低;三是从6.5%降到1%,相对降幅超过80%,在半个多世纪12次降息中位居第二。后面两点显示这次降息不同寻常。

联邦基金利率作为美国货币政策的常规工具变量,其变动可被包含通货膨胀和经济增长两组变量的泰勒法则所解释。按照上述规则适当操作,工具性短期利率因应通胀率等指标变动调整,可能而且应当避免实际利率为负的情况。因而评估货币政策适当性的一个简单办法是看实际利率。美国在2002年年初到2005年8月间出现三年半时间的负实际利率,负利率程度在过去五十多年中仅低于20世纪70年代。比较用整体CPI和核心CPI计算实际利率,采用所谓核心CPI指标可能对美联储低估负利率及其潜在危害具有推波助澜作用。

通常在美联储依据宏观形势变动提升短期利率紧缩银根时,以10年期国债收益率为代表的长期利率也会上升。2004年6月,美联储提升利率时长期利率不升反降,在格林斯潘传记中称作"Conundrum",即"格林斯潘之谜"。数据显示这一现象确实显著存在。根源何在?可能是大家已适应了长期低通胀的环境,并且可以从全球化、外包等方面找到解释理由。格林斯潘在其传记中多次感叹:"控制通胀容易得让人难以置信。"另外,虽然利率很低,不少国家仍愿意为美国提供融资,可能被市场误解为长期利率永久性降低。

从货币政策影响角度看,金融危机的"翻船事故"是人为、规则、环境等多重因素共同作用的结果。格老作为操盘手,失误不在于世纪初降息,而在于维持实际负利率长达三年半之久。这对诱使金融机构利用廉价货币过度追逐高收益的投资机会,对鼓励金融机构敢于大量持有低流动性资产难辞其咎。货币政策规则也存在问题:主要依据CPI等流量指标设计调整相关政策,对存量资产价格重视不够;另外,核心通胀概念不利于认识货币信贷过度扩张的风险。更为深刻的现象在于市场预期失误:"格林斯潘之谜"现象说明,美国主流市场世纪初对长期通胀、利率等参数预期严重失误,这方面错判本身具有深刻的时代根源,并与一段时期美国信贷和资本市场微观主体的"癫狂(manias)"行为具有逻辑一致性。

陈兴动:国内需求可以支持的中国经济增长是多少?

对这次金融危机的原因,陈兴动先生补充了以下几点:一是创新超过了想象。过去很多对冲基金对我们说买这种产品不用担心,因为根据它们的计算机模型,这种产品失败的概率是一千年才发生一次。既然失败概率这么小,大家就不关心产品本身,只要大胆买就是了。二是最近两三年以来虚拟经济基本上是自己在玩自己,已经不再跟实体经济有联系。三是个人激励制度出了问题,从交易员到管理层都有一种追求金融资产不断膨胀、不断泡沫化的倾向。四是市场是由贪婪和恐惧两种力量推动的。格林斯潘最近在美国国会听证会时讲到,他所犯的一大错误就是相信市场和金融机构能够自我调节。

对于美国和欧洲等国经济的衰退,大家已经没有争论。如果说还有争论,那就是衰退会持续多长时间、衰退的深度有多深。好像不会出现1929—1933年那种大萧条,但也不会出现V形走势。那会是什么走势?如果是U形,那么底部有多长?在未来三五年会不会是 L 形？这是大家现在所要讨论的。

中国经济在过去七八年间是经济全球化的最大得益者。其间,世界贸易平均增长率是 14.3%,中国贸易平均增长率是 27.6%。在当前国际经济环境下,如果中国出口出现零增长怎么办？这里以 2007 年数据为例给出一个估计。2007 年净出口对 GDP 增长贡献度达到了 19.7%,支出法 GDP 增长率是 12.9%,生产法 GDP 增长率是 11.9%。用这 19.7% 对国内消费和国内投资做统一平减,得出 2007 年出口零增长情况下支出法 GDP 增长率只有 8.1%。假设支出法和生产法 GDP 增长率保持统一比例,那么出口零增长情况下的生产法 GDP 增长率只有 7.5%,这是第一个估计。在第二个估计中,中国经济增长的顶峰期应该是 2005 年,2006—2007 年增长速度已经放慢,2008 年处在这个周期的下行区间,特别是去年年底以来,我们采取了可能是不必要的宏观调控政策,导致经济增长速度损失 1—2 个百分点。按照这个判断,目前中国经济内需所能支持的增长速度是 5.5%—6.5%。如果明年经济增长的目标为"保八争九",那么宏观政策要对 GDP 增长贡献 2%—2.5%。

从消费角度讲,可以推动的就是农村消费和公共消费。1998 年以来农村消费的增长始终大大低于城市消费,而且低于公共消费,农村消费如果做得很好的话今后可以往上走。这几年公共消费的增长跟政府财政支出的增长基本一致,但是速度较慢。在投资方面,制造业投资和房地产投资的增速下降难以避免,要把基础设施投资提上来。

宋国青：收入财富大调整

宋国青教授侧重讨论进出口价格和贸易条件变动对国内居民财富的影响,分析贸易条件变动财富效应与 GDP 增长消长的替代关系,观察通胀率和实际利率变动对居民收入影响,最后简略评论针对目前形势需要采取的货币和财政政策。

GDP 衡量的是以不变价格计算的生产增长,尽管 GDP 增长与财富增长在大多数情况下一致,当进出口价格发生大幅变动时,两者可能出现较大偏差。举一个极端例子,石油价格飞涨时,产油国 GDP 即使零增长,财富也会大大增加；而石油进口国即使 GDP 高增长,进口石油价格猛涨也会使其财富增长大打折扣。

进出口价格变动对中国具有两方面的作用。首先,贸易条件变化直接影响当期进出口。2008 年前三季度进口价格上涨高于出口价格,导致中国多支出 500 亿美元,相当于 GDP 的 1.9%。其次,更重要的是,中国持有大量外汇储备会因进口价格上涨而遭受损失。由于外汇储备作为金融资产本身对于中国没有直接用处,最终对中国居民能带来实际效用的是用外汇储备所购买的实物资产,因此衡量外汇储备的真实价值,需要剔除中国进口价格的上涨部分,这类似于通货膨胀和银行存款的关系。2008 年 8 月进口价格指数同比增长 22.7%,这意味着 2007 年 8 月底的 1.4 万亿美元外汇储备,到 2008 年 8 月底贬值了 2 600 亿美元。在这 12 个月中,贸易条件恶化与进口价格上涨两方面因素导致中国损失了 3 000 多亿美元,远超过 GDP 增长下降 2 个百分点所损失的几千亿人民币。

如果将外汇资产收益考虑在内,2008 年上半年国外资产收益 552 亿美元,按照 2007 年年底 2.29 万亿美元的国际投资头寸计算,半年收益率为 2.4%,其中部分原因在于欧元升值。下半年欧元升值因素可能发生较大变化,粗略估计全年收益率大约为4%。进口价格指数2002年至2008年6月上升64%,年均上升8.6%。因此,将外汇资产收益考虑在内,按实物量计算的外汇资产净亏损约4%。

最近情况发生变化,9月进口价格下降10%。考虑到月度统计数据的不准确性,进口价格即使下跌5%也为中国进口节省了50亿美元。未来一段时期进口价格还将继续大幅度下降,一个重要原因是中国进口数量增长大幅下跌,另一个原因是国际上最近发生金融危机。因此,国际经济不好,尽管短期会影响出口,对总需求不利,但中长期可以增加资源进口,从供给角度看是有利因素。如果中国没有再次把国际价格推高,两年以后经济增长或许比现在更好。

通货膨胀率和利率变化具有收入分配效果。2008年9月末居民储蓄存款为20.5万亿元(其中,定期存款为13.1万亿元),流通中现金为3.2万亿元。加上债券和股市保证金(包括基金保证金的一部分)等,居民债权性金融资产余额合计约为25万亿元,其中约44%为无息和低息的现金与活期存款。居民债权性金融资产与年可支配净收入的比例估计约为1.7倍。

2007年全年平均一年期存款利率为3.18%,居民债权性金融资产的平均利率约为2.0%。2008年CPI通货膨胀率目前预测为6.0%,由此居民2007年持有的债权性金融资产在2008年实现的真实报酬率约为-4.0%(未扣除利息所得税)。按1.7的倍数算,高通胀、负利率导致的居民金融资产损失相当于年可支配净收入的6.8%。按目前预测,2008年的居民债权性金融资产在2009年将获得约1%—1.5%的正收入,相对于2008年的负收入增加额超过1万亿元。通货紧缩对总需求有不利影响,但是对个人收入有积极作用。

应对目前宏观形势需要加快降息。从货币与总需求的关系看,今年第一季度存在严重通胀压力,到第三季度通货紧缩的前景就显现出来。过去几个月钢铁价格猛跌。宏观经济变动速度很快,利率一回降0.27点,10次是2.7个点,速度太慢!应当改变传统加息周期的思维方式,在通货膨胀率迅速变化的环境中,利率调整应尽可能一步到位。1998年利率调整滞后,结果利率比企业投资税前报酬率还高,企业不愿投资导致总需求持续低迷。就财政政策而言,财政部可以考虑依据国有企业所有者的地位和权力,通过某种方式将国有企业利润收上来,并同时实行减税措施。这样可以在不增加财政赤字前提下扩大总需求。

周其仁:体制政策要靠前

周其仁教授首先分析了中国经济面临的困难,然后讨论了美国和中国的经济增长模式以及背后的货币根源,最后提出应对当前经济困难要把体制政策置于更为优先地位。

最近中国经济面临困难有四点原因。一是2004年以来,由于外需旺盛,我国实施了一系列抑制内需的宏观调控措施。二是美国和欧洲的次贷和金融危机影响到实体经济和市场信心,给中国出口带来不利影响。三是前几年资产价格大起大落给一部分企业和家庭带来财务压力和心理适应问题。四是宏观调控还不能做到完全采用经济手段,还有很多价格管制和产业管制,影响到经济调整的灵活性。

对于美国面临的次贷和金融危机,华尔街、监管缺失等都起到一定作用,还有一个重要原因在于美国没有谨慎对待其独一无二的世界储备货币地位。费雪教授1911年指出"不可兑现的纸币几乎总是成为使用它的那个国家的一个祸根"。美元从金本位逐步过渡到"不可兑现货币",为此埋下一个大的祸根。从长期看,美国没有抵抗住多发货币的诱惑。从这个角度看,其他国家实行盯住或"固定汇率"会遭遇麻烦。美国经济实行的是高消费、低储蓄、低利率、双赤字、大量发债的经济增长模式;中国则形成顺差扩大、积攒外汇储备、持有美元资产的增长模式。

通胀最终是货币现象。首先是本币低估造成过热的出口部门。广东省出口占GDP的比例为91%,进出口占GDP的比例约为162%,外向依存度过高,是对相对价格信号做出的反应。相对价格是没法人为控制的。控制住的只是名义汇率,不是实际汇率。大量顺差进入中国形成基础货币,导致资产价格上升,进一步引起CPI上升,形成通货膨胀。外需增加,内需又旺盛,最后就引起政治反应,出现一次次宏观调控。问题是这种模式是否可持续、是否是我们所需要的。

对于目前的困难,不是仅靠货币政策就能够解决的。货币政策在应对通缩方面有作用,但对于启动经济增长不会有那么大作用。尤其从长远看,中国央行无法像美联储那样把货币发到全世界。靠央行放松货币不可能振兴欧美市场的需求,另外国内生产与投资的逐渐走弱也不是"货币"这一个因素决定的,因而仅靠货币政策不足以应对外需内需双走弱的局面。

针对目前困难局面,我们要争取独善其身,主动转变自己的增长模式,改变经济流程,从外向转到"外向向内并举"。在各项应对政策中,体制政策要靠前。第一要取消临时价格干预政策,推进价格改革,让相对价格发挥更大作用。第二是减税,减税的同时要减少支出,是否发债可以进一步研究。第三是扩大准入增加竞争,继续推进对行政垄断部门的市场改革,中国这么高储蓄而投资不旺,与很多高回报领域开放度不够有很大关系。第四是清理近几年的政策性法规和条例,对产业政策、市场准入、投资、安全、环保、劳动等方面的诸多法规条例,要做一个系统和清醒的评估,该坚持的坚持,该放松的放松。第五是这几年一直控制"土根",现在需要反向操作扩大供地,在缩小征地范围的同时启动集体建设用地入市,以城乡建设为主轴推进内向产业增长。

第 16 次 报告会快报

（2009 年 2 月 14 日）

CCER"中国经济观察"第 16 次报告会于 2009 年 2 月 14 日下午在北京大学国家发展研究院万众楼召开。本次报告会对货币政策、宏观形势、税制改革和美国新政等主题进行探讨。中国人民银行副行长易纲、摩根斯坦利大中华区首席经济学家王庆、北京大学国家发展研究院宋国青教授、平新乔教授、卢锋教授发表演讲并回答听众提问。

卢锋教授首先点评上季度和本季度的"朗润预测"。比较 2008 年第四季度朗润预测值和公布实际值，可见预测观点发生与第三季度类似的高估经济增长或低估经济回落走势的预测偏差，并且偏差幅度进一步增大。依据 2009 年第一季度最新的朗润预测结果，经济学家对目前宏观形势的观察大体可概括为：增长下调近底，轻度通缩再现，外贸跌幅加大，银根或许更松。从朗润预测提供的信息看，虽然外部经济环境仍然严峻，我国前一段宏观经济猛烈下跌的势头将得到遏制，政府刺激需求政策正在产生初步成效。下文为主讲嘉宾的演讲全文。

易纲：零利率和数量宽松货币政策是否有效？

全球经济正在经历 1929—1933 年大萧条以来最严重的经济危机。所不同的是现在社会保障和宏观经济政策比 1929—1933 年有所改进和成熟一些。目前形势对宏观经济理论和政策提出了一系列需要重新思考和探讨的问题。

易教授在去年九十月曾讲过一个存货模型。现在看来存货调整按照模型逻辑进行：在经济繁荣的时候存货相对增加，在经济衰退的时候存货会减少。这次经济周期下行和大宗商品价格暴跌叠加在一起，使得存货调整比较剧烈。中国工业占 GDP 比重比较大，而重化工业比重又很大，这样一个结构就使得相对其他国家而言存货调整更加剧烈。存货调整是顺周期的，在剧烈调整阶段以后存货会在一个相对低的水平上进入平稳期，存货调整所带来的工业下滑会有所缓解。依据库存数据推测，今年第二季度存货调整将在较低水平上进入平稳期。

现在有些人对中国经济比较悲观。易教授强调从居民、企业、财政、金融四张资产负债表看,中国经济从世界范围比较看都是相对健康的。中国居民长期有储蓄传统,债务负担较低;企业资产负债率比较合理,总体上盈利能力较强;中国财政状况稳健;当前中国金融业资产负债表处于历史最好水平。

关于零利率和数量宽松货币政策,最著名的分析是美联储主席伯南克2002年的讲话。他说即使在零利率下也可以通过数量宽松货币政策继续放松银根,一个果断政府能够创造出更高的支出和随之而来的正的通胀。易教授相信在2002年伯南克绝没有想到美国会面临零利率局面,他当时主要针对日本案例,强调零利率和数量宽松在日本运行效果不好不能证明这一政策是失效的。

易教授想说的是零利率和数量宽松货币政策的局限性。日本境内金融机构、企业和居民通过日元套利交易将持有的日元资产兑换为外汇资产,降低了日本货币供给的增长速度,导致境内流动性向境外市场漏出,削弱了数量宽松货币政策的效果。若以日元套利交易余额/货币供应量作为衡量套利交易导致的货币政策耗损指标,2007年日本货币供给漏损率高达18.6%。当然,将持有日元资产兑换为外汇资产也导致了日元贬值,具有货币放松效应。总体来看,易教授认为日元套利交易的紧缩效应大于放松效应。这个分析背后的道理还是"不可能三角形",即在资本流动环境下一国中央银行在多大程度上能够按照它的意图来解决它的问题。

现在零利率的命运落到美国头上了。美国一样会遇到易教授刚才说的那个难题。如果我们把美国和日本进行比较,就会发现它们既有相似之处也有不同点。相似之处就是美元和日元都是可兑换货币,但美元是世界经济中的主币,日元的地位比美元要差很多,美国实行零利率就意味着向全世界提供流动性,日本实行零利率还要通过日元套利交易才能对全世界流动性产生影响。其他不同点还包括日本外汇储备多、存在贸易顺差,美国没有外汇储备、存在贸易逆差。另外,两国风险溢价不同。日本这个国家可以把很多事做得非常精细,真的能把利率打到零附近,存款利率、贷款利率都很低。美国市场是高度分散化的,各种各样金融产品的风险溢价不一样,风险溢价要反映在利率上。

中国的特点是人民币不可兑换、巨额贸易顺差和巨额外汇储备。考虑各种因素,零利率或者是准零利率政策不一定是中国的占优选择:中国储蓄存款余额占GDP比重非常高;劳动生产率和全要素生产率还在不断提高;平均资本回报率和边际资本回报率都不支持零利率政策;商业银行收入主要来自利差收入,中间业务比重小、收费少、业务结构亟待优化,如果没有收费业务,单靠不到1个百分点的利差银行经营是没法持续的;中央银行反通缩和维护币值稳定的决心是坚定的,完全可以通过各种货币政策工具的最优组合(包括较低的利率)来有效实施适度宽松的货币政策。

美国联邦基金利率接近零,有人说中国的降息空间还很大。对此,易教授认为要"苹果比苹果、橘子比橘子"。比如同样是一年期存款利率,中美并没有太大差别。

王庆：2009—2010 年展望——复苏之路如何走？

摩根斯坦利是第一个预测美国经济会在 2008 年陷入衰退的华尔街投行，我们在 2007 年年底提出 2008 年中国会出现输入型软着陆。这一判断直到 2008 年 9 月还基本正确，但 9 月后中国工业生产大幅下跌，贸易活动大幅萎缩，经济出现硬着陆。分析 2008 年第四季度的情况可以帮助我们预测 2009 年的经济前景。

次贷危机使美国采取了危机处理式货币政策，表现为注入巨额流动性、大幅度降息和美元明显贬值。超宽松的货币政策造成大宗商品价格迅速走高。由于很多国家都要进口大宗商品，大宗商品价格迅速走高导致通胀压力，各国的政策反应就是紧缩货币政策，比较活跃的经济活动开始放缓。现在来看，2008 年世界上包括中国人民银行、欧洲央行在内的很多央行货币政策都错了，只有美联储方向没有错，一直在减息。微观层面上大宗商品价格迅速走高会造成存货增加。

全球包括中国的经济活动直到 2008 年 8 月只是缓慢而有序放缓。9 月雷曼兄弟破产这一标志性事件成为全球危机发展过程的一个分水岭，造成去杠杆化的迅速加剧。贸易融资是商业银行的一个基本功能，雷曼破产造成贸易融资开始减少，这直接影响贸易活动和实体经济。另一方面，去杠杆化造成大宗商品价格泡沫破裂，引发去存货化过程，造成工业生产崩溃。

摩根斯坦利对 2009 年中国 GDP 增长率的预测是 5.5%，很多人会说过于悲观。王庆先生认为并不悲观，而且相对来讲还很乐观。根据摩根斯坦利对 2009 年经济的预测，全球超过三分之二的国家都会出现负增长，只有小部分国家有正增长。在这种情况下，如果中国经济增长率达到 8%，意味着中国对全球经济增长的贡献率超过 400%。即使按照王庆先生的预测，中国经济增长对全球贡献率也超过 200%。现在发生的是全球危机、全球衰退，对中国经济形势的判断必须在此背景下进行。

分季度来看，王庆先生认为中国经济在 2009 年第一、第二季度同比增长率会很低，即 3%—4%，但是下半年会有强劲反弹，第三季度达到 6%，第四季度超过 9.5%。

上半年很糟糕的原因是出口和房地产销售表现比较弱。出口是领先于制造业投资走势的，出口表现比较弱最终会在制造业投资中显现出来。房屋销售面积是领先于开工面积的，从 2008 年年初以来房屋销售面积一直是负增长，随后开工面积也开始出现负增长。制造业投资和房地产投资加在一起超过中国固定资产投资的 50%，对经济整体举足轻重。

下半年经济活动会有明显起色。信贷增长与投资之间有 6—7 个月的滞后关系，现在信贷速度增长较快最终会体现在实体经济活动上。此外，王庆先生预计全球经济会在第三季度企稳，第四季度有些微复苏，会对中国出口以及信心形成支撑。

但也不能过度乐观。王庆先生认为整个信贷增长的趋热过程是不可持续的，除了大家讲的短期贷款、票据融资这些原因，还有两个更基本因素。1998 年中国开始刺激经济的时候信贷的确加速增长，但八九个月以后触顶后又一路下滑。2000—2001 年全球经济衰退的过程中也出现了类似现象。此外，约束银行信贷扩张的一个重要因素是资本充足率。

关键要看财政政策。对于政府4万亿元投资中有多少属于真正的财政刺激,有不同理解。王庆先生的理解就是有多少财政赤字就有多少财政刺激。两会将公布财政赤字,王庆先生的猜测是1万亿元。

当前危机逼着中国经济增长方式发生改变,从出口投资驱动增长转向到消费驱动增长,而且有很多人呼吁这么做。但在讨论过程中大家自觉不自觉地都做了一个假设,即中国能够在保持高速经济增长前提下实现经济方式转变。这个假设是很难实现的,各国历史数据显示,当一个国家采取消费推动型模式时经济增长速度就会下来。如果中国经济真正由消费推动,我们必须习惯比较慢的,即5%—6%的增长,那么对中国的股票估值水平就要有一个重新估值。到目前为止这还只是一个风险,但是这个风险值得大家关注。

卢锋:奥巴马新政的四大看点

目前美国经济面临金融危机深化和实体经济衰退的双重打击。金融方面,美国"次贷—次债—金融危机"经历了2007年7月和2008年9月两波冲击和全球扩展后,仍面临第三波冲击风险。市场流动性依然紧张,房地产价格调整尚未见底,经济严重衰退给金融机构资产负债表带来新的压力。实体经济方面,2008年第四季度GDP环比下降3.8%,失业率已达到7%,可能出现第二次世界大战后持续时间最长的衰退。尽管布什政府已采取提供流动性、注资金融机构、减税和产业救助等应对措施,美国经济形势仍然十分严峻。

奥巴马政府采取的新政策大体会围绕整肃金融、刺激经济、慢攻财政、护卫美元四个主轴展开。美国金融系统现面临两大急迫问题:一是因坏账增加美国众多银行面临倒闭风险;二是信贷和流动性紧张。新政的一项当务之急仍是对金融系统实施"急救"。推测美国政府后危机时代将从激励机制、经营方式、组织价格、高管行为、货币政策对金融体系加以监管整肃,试图修复导致目前危机的体制和政策漏洞。

新政的重头戏是刺激经济计划。2月10日参议院通过8380亿美元经济复苏计划。新政府希望通过实施规模庞大的刺激方案创造300万—400万个就业机会,促使经济复苏。由于危机前美国国民总消费过度,减税提振消费作用比较有限,提振经济更多寄托于投资支出的增加方面。

由于目前美国困境兼有周期性衰退和结构性危机的双重特点,投资被赋予双重使命:一方面,要刺激总需求使美国经济走出目前的深度衰退;另一方面,要启动新能源等目标领域技术和产业的突破,创造在开放环境下具有竞争力的新产能,达到产业结构调整和调节外部失衡的目标。试图通过一个政策工具同时实现两大目标,奥巴马政府采取的新政策注定面临很大挑战和不确定性。

此次危机使美国财政困境雪上加霜。美国国会预算办公室预测2009年联邦财政赤字将达到1.186万亿美元,占GDP比率为8.3%,达到过去半个多世纪以来的最高水平;联邦债务总额超过10万亿美元,占GDP比率为82%,在美国建国两百多年历史上仅次于第二次世界大战时期。此外,自2007年起"婴儿潮"一代开始领取社保基金,所谓"银发海啸"将给美国财政平衡逐步带来巨大压力。如何应对财政困境和潜在危机,将成为制约美国经济政策中长期选择的关键因素。

美国在巨额财政亏空情况下仍能大量举债实施投资振兴计划,凭借的是美元特有的强势国际货币地位。美元地位是其综合国力历史演变的结果,由于国际货币与国际语言类似,具有需求面网络效应,强势货币地位一旦确立具有相对稳定性。但是英镑的历史演变经验提示,美国不能无限期透支其货币地位,本次危机已清晰地展现可能导致美元崩溃的机制和路径。取决于美国振兴计划实施和应对财政难题的情况,未来美元地位可能有三种演变前景。美国政府会全力维护美元地位,然而并不存在独立于其他经济政策的美元战略。

从"三大领域十项议程"看,形势发展可能推动中美经济关系出现新议程,或为已有议程注入新元素。在宏观与国际收支领域,两国宏观刺激政策时间匹配应能较好合作;有关中国在美投资、人民币汇率机制和外部失衡调整问题两国仍存在深刻分歧,但是对话的内涵由于双方应对国内问题的需要会发生微妙的变化。在产业合作领域,中美在能源部门和环保部门的合作问题上具有较多利益交汇点,较有可能取得具体成果。在全球治理领域,合作组织架构建设、应对气候变暖、银行金融国际监管与金融自由化关系、应对保护主义挑战和WTO多哈回合谈判陷入僵局等问题,将构成两国继续和将要长期探讨和推动的新议程。

平新乔:关于增值税与营业税及个税起征点的研究

这个题目跟当前启动消费、启动内需有直接关系。第一个问题是增值税改革。为什么要改增值税?这涉及企业负担问题,具体表现为以下三个方面:

首先,过去资本品价值不进入税基抵扣。增加值是新创造的价值,资本品价值不应该进入税基核算,1994年税改以来一直不能抵扣。2009年开始可以抵扣资本品价值,但资本品还不包括厂房。

其次,大部分服务业不实施增值税,仍然按计划经济时代"工商税"的办法,以服务业全部产值为税基征收营业税。营业税税率是5%—6%,相当于增值税税率的三分之一。其假定是服务业产值当中增加值占三分之一,但这并不科学。

最后,增值税的"门槛"设计存在很大问题。一般来说,只有年产值高于100万元的工业企业和年销售额大于180万元的商业企业才具备申请增值税的资格。在这样的税制格局下,中小企业和服务行业实际税负比较重,这是对服务业和小企业的歧视。

利用全部企业平均增值税税负和规模以上企业增值税税负可以间接推断小企业增值税税负。从全国来看,1997—2004年,全部企业平均税负都低于规模以上企业税负;2005年二者持平;2006年前者开始高于后者,说明近年小企业税负高于规模以上企业。分省市来看,北京、上海全部企业平均税负长期高于规模以上企业税负,江苏、宁夏、新疆最近也出现了上述现象。

还可以对增值税税负和营业税税负进行比较。从全国来看,2004—2006年,全部企业增值税税负和房地产企业租赁营业税税负都是10%左右,但租赁和商业服务业的营业税税负高达25%。分省市来看,北京的全部企业营业税税负在1999—2004间一直高于规模以上工业企业增值税税负,上海从2004年开始也出现了类似情况。北京、上海率先发出改革营业税的要求,其背后有服务业提升的需求。

现在有人认为增值税改革有可能鼓励使用资本,对就业不利。这种效应可能有,但只是次级效应。而减轻企业负担,让企业存活并且多雇工人是一级效应。此外,增值税改革还要考虑到对老百姓的伤害程度。对比增值税和营业税的福利效应可以看出:增值税和营业税都具有累进意义上的"公平"的性质,即富人税负的福利减少影响较大,但是营业税对每个阶层带来的福利减少影响都比增值税的类似影响更大。

依据上述分析提出以下改革建议:第一,将"进项抵扣"推广到全部服务业,即改营业税为增值税,把增值税改革推广到产品与服务生产的所有企业。第二,免征小企业(年产销值低于200万元)的增值税,让它们只缴纳所得税。

另一个问题是个税起征点。相对应我们国家的发展水平,每个月2 000元的起征点应该说不算太低。至于怎么计算科学的起征点,平教授计算出工薪收入分布曲线函数,并在此基础上进行分析。基本分析思路是,提高起征点以后工人所得增加,但这个所得增加的好处并不是由工人独享,企业会相应压低工人工资,工资降低有可能提高就业,那么低保补贴也会下降。平教授的结论是个人所得税起征点有提高的空间,但空间不大。按照现在的收入分布来估算,大致可以提升到月薪2 800—3 200元。

平教授认为个税改革不应该强调起征点,而应以家庭为单位减少老百姓的税基。老百姓现在支出最大的是上学、看病、买房,要把这些支出抵扣掉。比如,有一个小学生上学每年抵扣1 000元,一个中学生抵扣2 000元,一个高中生抵扣3 000元,一个大学生抵扣1万元;买第一套房子的部分利息支出也可以抵扣。

宋国青:需求快速回升的可能性增大

2008年12月,钢材产量在连续四个月快速下降后强劲反弹,引起发电量和工业反弹。重工业同比增长率由2008年11月的5.3%回升到12月的5.7%。2009年1月统调电厂发电量同比增长率与12月持平。同比增长率持平说明环比增长率与去年1月相当,而去年1月是正常增长的。在现在的情况下,只要不下跌就已经是好消息。但由于重工业产品出口继续大幅下降,基础设施投资尚未进入高增长,钢材产量反弹可持续性仍不确定。

从2008年7月至2009年1月,出口额下跌21%,进口额下跌43%,顺差名义额大幅增长。今年1月顺差424亿美元,如果下半年内需没有急剧增长,估计全年货物顺差达到5 000亿美元,比去年增长70%。2008年下半年进口价格大幅下跌,出口价格没有下降。由于贸易条件改善,尽管经济增长率下降,2009年国民收入增长率将高于2008年。2008年下半年顺差名义额大幅上涨,按不变价格计算的顺差2008年下半年对经济增长贡献为负。

过去几个月商品住房销售趋于稳定,2008年12月可能出现小幅反弹但难以确定。

由于房屋存量很大,销售轻微回暖短期内难以引起投资回暖。最近的旱灾对全年粮食产量的影响不会太大,从历史数据看,较大的旱灾对年度粮食产量的影响大约为3%。此外,尽管旱灾可以增加抗旱就业,但不能增加收入,也不能增加社会福利。

过去几年外汇占款占货币的比例持续上升,外汇占款占货币的比例近似等于准备金率,外汇占款比例上升导致准备金率上升。准备金由法定准备金和超额准备金构成,从去年7月央行停止提升法定准备金率以来,外汇占款比例上升导致超额准备金率不断上升。目前超额准备金率达到5%,远高于2%的底线。在超额准备金率过高的情况下,银行资金的边际收益等于超额准备金率0.72%,扣除风险因素后,银行愿意以高于0.72%的利率贷出资金。

央行控制利率结构时,很难把所有利率都调节得恰到好处。采用贷款额度数量控制手段时,利率不当可能引起的问题被隐藏起来。贷款额度取消后,所有利率在扣除风险贴水后会趋于一致。去年10月取消贷款额度控制后贷款猛增。在控制贷款利率的约束下,票据融资由于利率灵活成为银行寻求躲避利率管制的避风港。如果票据生成不存在问题,最后均衡贷款增长率等于外汇占款增长率,超额准备金率将下降到底线。

今年1月新增贷款1.6万亿元,6 000亿元是票据融资,非票据融资增量也很大。2009年全年5万亿元的新增贷款基本可以消除通货紧缩,1月新增贷款远超出政策所需。由于目前还处于防通货紧缩阶段,贷款猛烈增加基本上可看作正面消息。

2009年规模以上工业企业净资产收益率预测是9%,比2007年的18.1%大幅下跌,但远高于1998年的3.7%。从目前看来,净资产收益率还没有出现下降趋势。中国若要率先走出通货紧缩,只能靠内需强劲增长。如果不能改善国民收入分配结构,提高消费率,就需要进一步提高投资率。由于投资报酬率较高,加上人民币升值期望,中国可能会在未来一段时期保持较高的投资率。

第17次 报告会快报

（2009年4月25日）

CCER"中国经济观察"第17次报告会于2009年4月25日下午在北京大学国家发展研究院万众楼召开。本次报告会主要探讨国际货币体系改革和当前宏观经济形势等问题。北京大学经济学院施建淮教授，中国国际金融公司董事总经理梁红，渣打银行中国区研究主管王志浩，北京大学国家发展研究院宋国青教授、陈平教授、卢锋教授发表演讲并回答听众提问。

卢锋教授首先依据2009年第二季度第16次"朗润预测"的结果，概括了宏观经济学家对我国目前宏观经济形势的分析和看法：宏观触底回升，投资增长强劲，外需持续低迷，汇率利率企稳。下文为主讲嘉宾的演讲摘要。

梁红：全球金融危机下的中国资本市场与宏观经济

市场现在可能主要关心三个问题：一是中国经济是否已经见底？二是接下来经济表现会是L形、W形、V形，还是U形？三是经济反弹和企稳是好事还是坏事，中长期能否持续？下面先给出结论，然后再讨论依据和原因。中国经济毫无疑问已经见底，经济谷底大概出现在去年12月中旬。现在经济呈现斜率大于45度角的V形反弹态势。短期内可能开始担心通胀，长期看银行系统中一些值得担心的问题开始显现。

2009年以来，A股市场回暖，债券市场的信用利差缩减非常快，降息预期减弱。从市场给出的信息看，经济似乎并非处于百年不遇的危机，也没有再次探底和下一波金融风暴迹象。A股自年初以来上涨30.7%，涨幅居全球之首，开户数也在增加。而A股里大盘股增长低于平均上涨水平，正是过去牛市的特征。从长期数据看，A股处于低位，市盈率还很低。市场已经普遍开始上调盈利和经济增长预期。A股市场大幅上扬令A股与H股的溢价水平显著攀升，港股相对价值凸显，其估值处于历史相对低位，长期投资价值显现。

人民币去年年底到今年年初曾出现过贬值预期,现在贬值预期消失,开始出现轻度升值预期。资金开始流向中国,流量少但趋势发生逆转。债券市场国债收益率曲线年初变得陡峭。长期收益率上涨很多,很多投资者开始减少债券仓位。信用利差先抑后扬。去年年底市场非常担心企业破产,随着流动性变得充裕,经济基本面改善,这种担心快速降低。

股市与债市背后有非常强的基本面支撑,一系列数据表明中国经济回暖速度正在加快,其中最重要的一个变量就是货币信贷,这也是过去中国宏观经济历史运行中唯一被证明具有先行指数含义的变量。货币信贷在经济上行时反映市场中银行愿意贷款,企业愿意借钱。货币信贷现在正是一个急剧上升的 V 形。这么快的信贷增长在中国近三十年的历史上只有一次,那就是 1993—1994 年,当时中国既没有巨额出口拉动也没有房地产,靠的是地方基础建设和老百姓消费。

货币内部结构只是对宏观形势做出反应的同期甚至滞后变量。M1 在宏观整体需求上没有先导意义,可能股市热了大家会增加 M1 比例。票据融资在信用扩张时非常重要,在宏观调控时票据融资最先下降,中长期贷款比例会上升。票据融资利差不到 50 个基点,而中长期贷款利差是 3%。银行采取票据融资是因为对宏观形势不清楚。当银行知道企业不会破产后,就会转向利率更高的中长期贷款。对于企业,如果未来没有通缩风险,今天 5% 的贷款利率就非常低,而且随着形势发展,会有越来越多的人感到它太低了。

今年第一季度投资消费增长远高于 GDP 增速,如果货币信贷继续快速上涨,第二、第三季度会快速回暖。过去四个月里,房市、车市、股市的反弹都呈现 V 形。这些数据都说明中国经济已经见底反弹。最近美国和欧洲也开始显现一些见底迹象。

但是所有 V 形都不可能永久持续,问题是信贷会以什么样的方式变得平滑或往下。中国历史上信贷周期结束从来都是靠信贷额度、宏观调控、政策指导实现的。调整越早振荡越小,调整越晚振荡越大。今年前 3 个月贷出 4.6 万亿元,剩下时间即使每个月贷 500 亿元,全年也有 9 万亿元,全年信贷将增长 30%,不但今年下半年经济很热,明年上半年经济也很热。

最后,中国经济究竟哪里失衡?过去的一系列出口政策使得中国不但过度依赖外需,而且给内需加了一个巨大的枷锁,几乎每年实行一次宏观调控和信贷压制。中国实际上有很强的内需。大家一直认为中国投资过盛,其中一个原因是投资和消费概念混淆。1998 年房改后把购房算作投资导致统计消费率下降。中国在 2000 年以前没有房地产,一旦划过来就会影响对整体形势的判断。

中国过去几年外需挤出内需,错过主动调节的最佳时机后,外需硬着陆在某种意义上迫使中国政府现在开始把加在内需身上的枷锁拿开。2002—2007 年企业投资回报率上升,负债率下降。尽管现在一些可贸易品部门的投资可能相对过剩,非贸易品部门包括基建、公用设施建设的投资远远不足。中国人均资本存量还是美国的零头,积累资本继续投资本身不是问题。经济周期短期调整只能靠投资拉动,但从中长期看,企业杠杆率会大规模增加。如果今年贷出 9 万亿元,这是不可持续的。中国有大量储蓄,但股本融资非常少,政策上需要考虑如何让民间资本更有效地进入国内投资。

什么是适度宽松的货币政策?需要给它下一个定义。中国经济若要"保八",一年 6

万亿元贷款足够了。中国这么大的经济体,需要对"适度"进行量化。市场可能会低估中国的消费能力和需求,而高估某些产能。意外可能会出现在大家都没想过的地方。

王志浩:2009年中国经济展望

关于中国经济前景,王志浩先生认为已经见底,不大可能再下降,但未来几个季度出现V形的可能性比较小,较可信的观点是经济缓慢上升,预计2009年经济增长率为6.8%,但2010年预计经济增长率将达到8.0%。通货膨胀在今明两年都不是中国的问题,预计2009年为0.5%,而2010年为1.5%。经常项目失衡仍然持续,2009年贸易经常项目顺差将比上年略为扩大。人民币与美元最近相对稳定,但下半年经济回暖将伴随着人民币逐步回归自然水平,央行预计第三、第四季度还将继续降息。

关于中国经济的现状。从季度GDP实际增长率预测来看,中国经济GDP在去年第四季度已达到底部。运用渣打中国货运指数作为经济先行指标来观察中国当前的经济情况,自2008年下半年起,货运量增速逐步放缓而后出现快速下滑。2009年2月渣打货运指数同比下降-0.41%(6个月移动平均数据下降2.9%),表明整体工业活动放缓,但王志浩先生预测这种趋势在3月将得到遏制并出现回升。此外从集装箱货运量增长率来看,目前沿海港口集装箱货运量仍是负增长,但内河港口集装箱货运量尽管也出现下降但总体仍处于较高水平,表明外部需求疲软而内需仍然强劲。从全国工业产出与发电量实际增长率来看,2009年3月出现了好消息,但4月前三个星期却又出现下降,这可能预示着经济回升并不么强劲。这个现象从渣打中国工业活动指数也可以得到反映,最近几个月,渣打中国工业活动指数小幅反弹,显示中国经济活动有企稳迹象,但仍保持低位运行,这也表明中国经济难以呈现V形回升态势。

关于投资现状与前景。目前中国主要靠政府投资,固定资产投资反弹非常明显,但王志浩先生依据机械设备进口实际增长率来看,2009年3月下降了25%左右,这就产生一个问题:一般来说,投资增加往往要增加进口设备,为什么机械设备进口还在下降?这令人费解,或许可以解释为民营企业投资尚未回升,或者是机械设备进口与出口行业有关,目前出口还在下降。1998年、1999年私人投资急剧下降,投资主要由政府主导,随着经济的逐步回暖私人投资也逐步复苏,但目前尚未看到民营企业投资企稳的迹象,而政府大量投资对经济产生了较大影响。

关于消费现状与前景。近期的零售额数据仍然表明消费增长强劲,似乎能在一定程度上缓冲出口和投资增速下滑的影响。但是,官方零售额数据除私人消费外,还包括政府和企业的团体性消费;除此之外,王志浩先生认为还包括了零售业库存,因而这个指标不太客观。从中央银行和国家统计局发布的消费预期指数来看,最近已经出现回升,由此预计消费信心问题已经解决。当然,对于消费问题,王志浩先生更看中的是收入。他们预计今年工资收入增长率为零,因而这可能会影响到消费。如果政府要出台另一个措施刺激经济,那么他们认为应更多考虑刺激消费,一方面,通过下调社会所得税和社会保障缴费等手段降低家庭负担,提高家庭可支配收入,从而增加家庭消费支出;另一方面,将国有企业利润在透明的基础上转移到公共支出领域,这也可能拉动消费增长。

关于出口现状与前景。到目前为止尚未看到美国与欧洲经济已经见底,它们还在紧缩之中。由于欧洲经济仍在衰退,因而预计今年中国对欧洲的出口不太可能恢复。PMI指数也仍然在 50 之下,美国对中国的进口仍然在下降,预计中国出口今年第四季度将维持 10%—12% 的负增长。目前中国经济增长的外部依赖性仍然比较高,不像美国那样大量依赖国内消费,因而美国和欧洲等外部经济体的下滑不可避免地影响中国经济增长,出口企业受到较大影响。

关于货币和财政政策前景。中央银行开始实行宽松货币政策,近几周来,中央银行对冲操作有所放松,更多资金回流至银行间市场,贷款不断上升,尽管有部分短期贷款属于"虚假信贷",但大部分是真实信贷,流向了基建项目、公共建设。中国目前实行的不是财政刺激政策,而是通过银行信贷资金支持增长。目前政府预计今年财政收入增幅仍将达到 8%,而支出增长 25%,但这还不够高,因为按照这样测算,今年财政赤字将在 3% 左右,财政政策力度不够大,政府投资资金不是财政资金而是银行信贷资金,从长期来看会有较大风险。总之中国经济会缓慢回升,短期内主要靠政府投资拉动,消费也会带来增长,但不可能像以前那么快速,主要原因是收入增长放慢,净出口对经济增长的贡献下降。

宋国青:企业负债率支持信贷高增长

今年 3 月工业生产比去年 11 月增长折年率 19.7%,超过 15.6% 的正常增长率。第一季度 GDP 环比增长 7.4%。第一季度出口额下跌量低于第四季度下跌量。考虑到出口额已经下跌近三分之一,未来几个月月度下跌额将继续减少,出口下跌对总需求的负面影响将逐月减小甚至消失。住房销售从 2008 年 11 月的 1 400 亿元恢复到今年 3 月的 2 500 亿元,相当于 2007 年 8 月的最高水平。以个人中长期贷款推断的房贷数据,与住房销售高度一致。过去五年住房销售额近 9 万亿元,房贷余额现在是 3 万多亿元,说明房贷还款比例非常高。新增房贷平均相当于住房销售额的 40%。每月归还上月月末房贷余额 2.3%,一年归还 27%,相当于平均三年多还完房贷,这意味着银行房贷资产安全性非常高。一个原因是存贷款利差很高,贷款者尽量通过亲友借贷等非银行融资提前还贷;另一个原因是个人收入增速较高。

过去几个月贷款增长非常猛烈,尤其 3 月贷款增加近 1.9 万亿元。贷款增长预示经济需求将很快回升。跟 11 年前相比,上一次通货紧缩从 1997 年到 2003 年彻底走出花了 5 年时间,这一回差不多 5 个月已经发生明显改变。引起贷款猛烈增长和经济恢复的主要有三个宏观经济变量:一是企业资产负债状况,二是企业投资报酬率,三是对未来宏观经济的预期。

首先看规模以上工业企业负债率。1998 年负债率是 64%,数据本身不高,但当时很多企业没有留下充足的退休基金安排退休职工,这笔钱报表上不反映,但按道理应该算作企业的潜在负债。如果算上这一部分负债,当时企业平均负债率是 70%—80%,其中有相当多企业是负资产。从商业银行的角度就不愿意贷款,从而导致贷款收缩。后来经过一系列调整降低企业负债率,包括通过债务重组处理银行不良资产,以及通过财政安排退休职工,2001—2003年企业负债率降到57%。

其次看净资产收益率。1998年净资产收益率是4%,税后净资产收益率是3%,而银行贷款利率是9%,在这样的条件下经济必然下行。后来经过资产重组,投资报酬率恢复到9%以上,税后为5%—6%,勉强跟贷款利率持平,经济得以回升。

以2009年4月的前一年和2002年4月的前一年相比,2008年的情况好于2001年。2008年,负债率是57.4%,低于2001年的59.1%;净资产收益率是14.6%,高于2002年的8.5%。

从经济预期来看,2002年市场普遍认为增长不到8%,现在从"朗润预测"包括20家机构的预测的结果看,大部分人认为经济短期将回升,今年增长率"保八"没有问题。其实第一季度贷款和M2增长本身就说明了预期。尽管去年第四季度市场普遍预测比2002年下跌得更厉害,但11—12月贷款数字出来以后市场就调整了看法。

从银行角度来看,现在比2002年,企业负债率更低,投资报酬率更高,经济预期更好。2002年企业贷款第一季度同比增长率是11%,第四季度上涨到13%。既然2002年都是前低后高,今年也会有多少额度都可以全部贷出。剩下的问题是贷款的真实性。从2月、3月活期存款的增长来看,基本上可以排除用票据融资套利的可能。

用债务通货理论解释金融危机:外生冲击导致需求突然下降,企业利润减小,债务相对增加,导致企业收入和资本金下降,银行不愿意给企业贷款,总需求进一步萎缩,形成恶性循环。一旦走出通货紧缩就会形成正循环:贷款增加,需求上升,销售增加,资本金增加,再导致贷款增加。简单套用这个逻辑推测,今年第四季度贷款总需求、经济增长率都会增长。应该会在这之前进行宏观调控,早调控会温和一点,等到第三、第四季度再调可能又是急刹车,造成第四季度是第一季度十分之一的剧烈波动。

短期内治理通货紧缩的最直接的办法是发货币,对付生产能力过剩就是投资。真实的逻辑最终要看投资报酬率,投资报酬率与生产能力普遍过剩的说法矛盾。三五年后投资报酬率可能显著下降,但目前还不是大问题。

施建淮:现行国际货币体系的问题与改革

最近国际货币体系改革呼声高涨,其背景包括以下方面:首先,全球经济失衡加剧。其次,从去年8月以来美国和欧洲等国爆发了严重的金融危机,并且引发全球经济衰退。再次,最近美国为了刺激经济大量地发行了货币,以中国为代表的债权国对巨额外汇储备的安全性有所担忧。最后,就是国际政治的考量。

国际货币体系是关于汇率规定、国际收支调节和储备资产供应等问题的一系列制度安排的总称。良好的国际货币体系应具备以下条件:国际收支调节成本和调节时间最小,各国公平合理地承担调节责任;有适度的清偿能力,使各国能调整国际收支逆差,而不会引起国内经济失衡,比如经济衰退或者通货膨胀;持有者相信国际储备资产会保持其绝对和相对价值而愿意继续持有它。

历史上的国际货币体系包括国际金本位制度和布雷顿森林体系。金本位制度至少有两点不让人满意:一是国际储备资产的增长不能满足经济发展要求;二是调整国际收支失衡的代价过于巨大。布雷顿森林体系的缺点是：储备货币发行国的货币政策如果得不到约束的话，其他国家就会被动输入通货膨胀。

现行国际货币体系的特征是：美元、欧元和日元等共同充当国际储备货币，但美元仍为最重要的储备货币；大多数国家实行有管理的浮动汇率制度；资本流动基本不受限制；全球高度一体化的国际金融市场形成，资本交易规模庞大。由此造成的问题是：主要货币汇率的过度波动和汇率持续的大幅度失衡；许多发展中国家出现国际收支逆差，但很难顺利调整，因为国际货币基金组织（IMF）的贷款条件比较苛刻；巨额私人资本在全球迅速流动，而缺乏对资本流动进行协调和监管的有效机制；国际储备货币发行国的经济政策没有纪律约束；国际经济政策协调不充分。

这些问题激励一些有识之士思考如何改革现行国际货币体系。

第一，在汇率制度方面，Williamson 在 1987 年提出汇率目标区方案，McKinnon 在 1988 年提出重建主要工业国货币之间的固定汇率方案。由于当时主要工业化国家政策协调有所增强，货币波动幅度能够接受，所以这个问题不再受到重视。在资本流动方面，当时有两个方案来试图约束它：一个是 Tobin 税，另一个是双重汇率安排，即对非生产性资本流动规定歧视性的汇率。这些方案要么没有实施，要么实施了效果也很有限。

第二，当前讨论主要集中在国际储备货币体系的改革。这方面的提案包括：Stiglitz 等人 2006 年的提议、周小川最近文章的建议和联合国专家小组 2009 年的提议。斯蒂格利茨的提案是：使储备资产的积累和储备货币国的经常项目逆差相分离，比如每年增发 2 000 亿美元的 SDR，这样无须美国维持经常项目逆差也能够满足全球经济对储备货币积累的需求。周小川提案的逻辑是储备货币发行国的国内货币政策目标与各国对储备货币的需求经常产生矛盾。

然而用超主权货币替代美元缺少现实性。首先，美国会阻止这一努力。其次，超主权货币要替代主权货币必须得到市场认同，市场中要使用这种货币，它才有作为储备的价值。再次，在抵御投机攻击时，该国要将其特别提款权向其他国家换成相应的货币比如美元，这些国家是否愿意换也是问题。最后，这个发行机构是由超主权人士管理的吗？较为现实的提案还是回归到对主权储备货币发行国的政策约束上，通过储备货币多元化和竞争压力迫使美国遵守其政策纪律。

第三，加强国际收支调节机能的重点是改革国际货币基金组织（IMF），比如增加发展中国家的投票权，对遭受流动性冲击的发展中国家放宽贷款条件；对贸易顺差国施加调整压力；加强对储备货币发行国和贸易顺差国宏观政策的监督；加强对私人资本跨境流动的监督等。

中国的策略应是：不宜着力推进超主权货币，它不符合中国的利益；支持和帮助欧元提升国际储备货币地位；稳健推进人民币成为国际货币，为此要加快资本项目可兑换的改革，推进国际金融中心建设，增加中国资本市场的广度和深度。

陈平：经济波动、汇率共振和中国对策

经济危机是反思各派经济学理论的好机会。一派认为市场本身是稳定的，经济波动

都是外生的;另一派认为市场经济尤其金融本身是不稳定的,所以经济波动是内生的。陈教授认为这次经济危机冲击了均衡经济学外生波动理论,挑战了五个获得诺贝尔经济学奖的理论:弗里希的噪声驱动模型,弗里德曼的外生货币理论、大萧条理论和计量经济学的一阶差分滤波器,卢卡斯的反凯恩斯革命,布莱克-苏尔斯基于几何布朗运动的期权定价模型,科斯的交易成本理论。

弗里德曼认为浮动汇率制能自动驱逐投机者,依据是假如出现了一个能赚钱的投机者,其他人就会模仿这个赢家,导致"大饼"越分越少、利润率趋于零。其隐含的假设是:赢家模式可以完全复制,信息成本为零。这否定了市场运动的复杂性和学习的困难性。

弗里德曼货币外生论与哈耶克货币内生论的争论焦点在于:央行的货币发行能力是独立于经济体系(弗里德曼)还是受制于经济体系(哈耶克)?目前利率已经降到零了,由于银行惜贷,货币政策几乎没有什么效果。由于美联储大发钞票,只会使美元贬值和通胀预期增加,长期利率反而会提高。认为大萧条可以用货币政策来避免是一个天方夜谭,没有理论依据。

卢卡斯发动反凯恩斯革命,认为大家有理性预期,失业是工人在工作与休闲之间的理性选择,所以根本不需要干预。然而美国经济波动的幅度之大远非微观基础(工人、企业的行为)所能解释。根据大数原理,宏观涨落度与微观组元数 N 的平方根成反比,即微观竞争者越多,则宏观涨落越小。他们观察到的真实消费和真实 GDP 波动只有千分之二,隐含的竞争者个数是 50 万—80 万人。相比之下,油价的波动达到 5%,也就是说隐含的交易者大概只有 400 人。油价的波动根本不是需求关系造成的,而是金融机构操纵期货市场的结果。

他们的发现和创新是:经济波动的数据在时间上是高度关联的,经济波动的本质是内生的、非线性的;分析经济政策必须有历史观念,技术革命、金融创新一定带来内生不稳定性,要求正确的理论和适宜的政策;汇率波动不是随机游走或白噪声,而是美国经济周期驱动的大国汇率共振,日本、中国只有短期减弱汇率波动的干预能力,但是没有抵抗美国经济周期带动全球经济波动的实力;主要汇率相对美元的贬值/升值压力与美国经济周期的扩张/收缩密切相关,美国经济周期与互联网泡沫、房地产泡沫、美国发动的中东战争密切相关,但与贸易逆差、财政赤字无显著关联;美国主导的全球资本市场的影响远大于真实的商品市场,金融市场的预期受美国政策的心理影响远大于世界真实经济的变动。

他们研究的政策含义是:国际金融市场不存在均衡汇率,只存在可持续汇率;中国目前的汇率可持续,美元难持续,日元、欧元抗风险的能力不如人民币,原因是日本和欧洲国家的经济下滑与老龄化程度显然比美国严重;各国维持汇率相对稳定的能力取决于该国的政策目标和财政能力;德国、日本过去在美国的压力下升值货币,但能够购买美国资产获得补偿,中国大批购买美国国债面临巨大的美元贬值风险,西方国家以安全理由封杀中国购买西方资产的可能。

中国应对全球危机的国际政策应是和美国合作,条件是:互不挑战对方的核心利益;对等开放资本市场;中国以持有的美国国债交换美国的真实资产(土地、矿山、技术、企业等);合作稳定主要货币间的汇率;进口中国货物满足美国人的基本需求。

中国制定内部经济政策时也需要认识到：中国以后难以维持8%的年增长率，可能维持5%以上的年增长率；经济发展的目标要从增长率为主转为提高生活质量和国际竞争力为主；经济政策必须以创造长远就业，而非刺激短期消费为目标，为此要大力推行工人和农民的在职教育和技术培训，打破国有大企业的行政垄断，扶助中小企业创新；推行福利政策会增加创业成本、增加失业；要建立研、产、贸一体化的，竞争性而非垄断性的经济联合体；要形成新的城乡对流（大学、医院、机关、老人下乡，农民进城）；要理顺各部门职能、培养实战型金融家。

卢锋：经济追赶与国际货币体系演变
——人民币占优策略探讨

美联储应对危机实行数量宽松政策，激发对国际货币体系批评和改革的呼声。作为美国最大的债权国，美国通胀与美元贬值使我国具有巨大风险，因而这一问题引发国内的高度关注。现行国际货币体系存在诸多问题，IMF等治理结构和运作方式的弊端长期被诟病，美国通胀和美元贬值的风险客观存在，因而探讨改革国际货币体系是必要的，政府高官在G20峰会前后竞争话语权的策略自有积极意义。

当下经济大时代最重要的特征，在于中国等国快速追赶、显著改变国际竞争力的格局，派生出中心国与追赶国利益碰撞并引发国际经济秩序改革的诉求。实践证明，开放发展的道路确实可行，然而国际追赶进程难免会因为利益格局调整、既有秩序局限、关键国家政策调整滞后等原因而发生失衡和困难。对这类矛盾和问题，既要从短期分析、快速应对，也有必要从更为长期和广阔的视角分析探讨。

我国在人均收入不到美国零头的早期成长阶段就成为美国最大的债权国，是过去几年全球经济不平衡快速加剧的集中体现。当下国际货币体系改革的呼声由美国反危机政策的潜在后果所引发，因而也是此前全球经济失衡问题的深入和继续。目前危机首先是布什政府放任支出不愿主动调整，以及美国金融体系内在缺陷的结果，一定程度上被现行货币体系的内在局限性所解释，同时与包括我国汇率政策调整滞后在内的相关国家宏观政策失衡存在关联。

从这一视角梳理国际货币秩序演变历史，可以提出三点思考供讨论和批评。第一，适应特定历史环境产生的国际货币秩序，随历史条件改变出现危机并嬗变，后起国经济追赶是基本驱动力。第二，最近改革国际货币体系的呼声大振，直接原因在于危机凸显现行秩序的弊端，G20峰会上各国话语权竞争，深层根源则是中国等国追赶重塑全球竞争版图。第三，几种改革思路具有互补性，然而做大做强人民币应是我国的占优策略。因篇幅限制，简略讨论第三点。

改革国际货币体系有四种主要思路。一是回归金本位的思路虽有优点，然而黄金供应不能满足经济增长需要会频繁导致通缩，金本位下国际收支调节以损害实体经济为代价，金本位的思路并不可行。

二是多边货币制度合作以至建立"地球元"。"地球元"之类的世界货币目标注定是美妙而遥远的理想，然而IMF历史和特别提款权创立等诸多事实显示多边货币的制度性协调合作早已开始。目前推动这方面合作更具有现实必要性,最近在伦敦举行的G20金融峰会上达成的有关协议从一个侧面代表了这一领域的重要进展。

三是东亚区域货币合作以至建立"亚元"。东亚国家的相关合作相对滞后,原因既包括IMF、美国立场影响等外部因素,也受到区域内国家互信不足与现实矛盾等内部因素作用,从纯经济分析角度看也受到区域内各国宏观整合度较低的制约。随着外部条件演变和区域内重要双边关系得到改善,特别是中国与区域内各国和地区经济一体化程度加深,这一领域未来合作前景有可能显著改观。

四是人民币国际化思路。即伴随中国经济开放追赶,培育人民币逐步成长为主要国际货币,并借此推动未来国际货币体系演变改革。生于忧患的人民币经历了计划时期的曲折探索和改革开放的初步历练,过去十多年已开始国际化"试水"并取得显著成果。大国经济成功追赶必然伴随本币走强并显著改变原有国际货币秩序。我国是追赶最快和规模最大的发展中国家,通过人民币国际化推动国际货币体系朝合意方向演变应是我们优先考量的思路。

然而实行人民币国际化方针至少要过三道坎。一是倒逼人民币完全可兑换和资本账户开放,二是要求更为灵活的汇率机制,这两条都极具挑战性。然而,更具有根本性的要求来自如何通过深化国内改革,为经济持续追赶提供制度条件。展望"十二五"时期和新世纪第二个十年,如何在人口和土地、扩大准入和破除垄断、汇率利率市场化改革、通货膨胀目标制、公共财政体制转型等一系列领域通过深化改革、扩大开放和调整结构,为我国经济持续追赶不断提供动力源泉,是决定人民币未来命运的实质条件,并且将对国际货币体系演变产生显著影响。人民币国际化与国际货币体系改革的其他思路具有兼容互补性,做大做强人民币应是我国的占优策略。

第18次 报告会快报

（2009年7月25日）

CCER"中国经济观察"第18次报告会于2009年7月25日下午在北京大学国家发展研究院万众楼召开。本次报告会侧重讨论中小企业融资、跨国公司发展趋势、大宗商品价格、宏观经济形势等问题。中国人民银行张涛博士、商务部研究院王志乐研究员、瑞银证券汪涛博士、野村证券孙明春博士、北京大学国家发展研究院宋国青教授和卢锋教授分别发表演讲并回答听众提问。

卢锋教授首先依据刚刚汇总形成的第17次"朗润预测"的结果，概括了23家特约机构专家对我国今年第三季度宏观经济走势特点的看法：经济强劲回升，投资猛烈增长，进口跌幅收窄，利率汇率稳定。下文为主讲嘉宾的演讲摘要。

张涛：进一步加大对中小企业的支持力度

张涛博士在分析中小企业融资特点的基础上，探讨如何帮助中小企业进一步发展。为什么要支持中小企业？基本考虑是因为中小企业提供的就业岗位多，在增加值中占有份额比较大。通常讨论的中小企业融资难，基本指中小企业贷款难。中小企业贷款难不仅是我国特有的现象，在国际上也存在。世界银行2008年11月专题报告统计了全球40多个国家的中小企业的贷款发放情况，结论是中小企业在银行信贷方面明显居于劣势。如果以小企业获得银行信贷的资金份额为1，那么大企业是3、中型企业是1.2。从信贷成本来看，如果大企业为1，那么中型企业是1.3、小企业是1.4；从不良贷款率来看，大、中、小企业分别是3.9%、5.7%、7.4%。中小企业的信贷成本和风险都高于大企业。

我国这方面的数据尚未公开，有关部门在努力增加这方面的透明度，不久大家会看到这方面数据。今天跟大家介绍的不是原始数据，而是由这些数据得出的结论。首先，我国大、中、小企业不良贷款率在每一个组别上都比国际平均水平低。其次，中小企业不良贷款率相比大企业差距要比国际平均水平高。

中小企业信贷难有三个基本原因。首先,中小企业生存时间短,较少与银行发生业务往来,银行难以掌握足够的信息来判断信贷风险。其次,大企业需要的资金量大,银行放贷操作成本小、风险小,因此大、小银行均倾向于向大企业放贷,挤占了中小企业的信贷资源。最后,中小企业在经营规模和市场影响力等方面处于相对弱势,对市场和宏观经济环境波动更为敏感。

此外,界定中小企业存在困难。各国标准五花八门,包括资产、销售额、人数等,即使都以人数为标准,具体数值也不一样。我国在 2003 年由四部委联合发布根据行业划分的中小企业标准,对不同行业有不同标准,很难确定谁是中小企业。如果识别就比较难,相关评估和支持就更为困难。

可以考虑从以下方面入手加大对中小企业的支持力度:第一,营造公平的中小企业融资环境。很多人强调要给中小企业补贴,张博士认为补贴固然重要,但是营造公平的融资环境更重要。营造公平的融资环境包括提高信用和信息共享水平,降低中小企业进入门槛和产权转让费用等。第二,按企业生命周期提供分阶段多元化融资渠道。比如说在创始阶段,天使基金、个人投资者以及少量必要的政府资金比较重要;在起步阶段,私募股权投资比较重要;在成长阶段,创业板市场要跟上;在成熟阶段,银行就会提供贷款。在美国,股权融资占到几乎一半份额。第三,既要推动发展为中小企业服务的中小金融机构,也要充分重视大银行在支持中小企业融资中的作用数据显示。在美国,资产超过 100 亿美元的银行在中小企业贷款中所占份额超过 40%。

王志乐:全球公司——跨国公司发展的新趋势

王志乐研究员的演讲主要讨论跨国公司向全球公司转型以及全球公司对我国经济社会的影响。跨国公司向全球公司转型大致始于 1992 年。根本原因是经济全球化改变了公司发展和竞争环境。冷战结束使得经济全球化的政治障碍被扫除,信息技术发展为经济全球化提供技术支持,公司有可能超越国界在全球范围选择和配置人力、资本、技术、自然资源等生产要素。

转型包括三个方面。首先,在战略上从跨国经营转到全球经营,在全球吸纳资源并在全球配置资源,从而市场营销全球化、组装制造全球化、研发设计全球化、资本运作全球化,打造全球产业链。其次,在管理上从过去以母国为中心辐射若干国家子公司的中心辐射式转变为多中心、多结点的网络管理模式。最后,在责任方面从追求股东价值转到全面和全球责任。过去我们可以批评跨国公司把它们那些在国内不能做的事(比如污染严重的项目)拿到发展中国家来做,现在先进的跨国公司已经认为在本国不能做的事在别的国家也不能做,在本国做的好事在别的国家也要做。在这方面,虽然仍有不少公司做不到,但是从整体看,先进的跨国公司正在向这个方向走。

根据联合国的世界投资报告,1994 年最大 100 家跨国公司的海外资本比例、海外销售比例、海外雇员比例分别是 41%、46%、44%。然而到 2006 年上述比例分别提高到 57%、58%、56%。也就是说,这些跨国公司的海外部门已经超过了它在本国的部门。这些公司也越来越淡化国籍,比如说 IBM 称自己是全球整合公司,东芝称自己是地球内公司,ABB 称自己是处处为家的全球公司。

全球公司对我国经济社会有广泛影响。第一,全球公司全面进入中国,成功吸纳、整合了中国的优势资源,增强了全球竞争力,给中国内资公司带来严峻的挑战。中国公司必须像全球公司那样,学会吸纳整合全球资源来参与全球竞争。第二,全球产业挑战民族工业。在全球产业形成的背景下,采用传统办法依托,一个国家范围已经越来越难建立起完整的、有竞争力的、独立的产业体系。在这种情况下,后起国家只有首先融入全球产业,进而在全球产业系统中提升,才能使本国产业发展壮大,实现国家经济利益的最大化。第三,全球公司挑战传统经济安全理论。在国际关系发生矛盾的时候,全球公司反而经常从公司利益出发起到协调作用。我们应当从传统的经济安全观转变到相互融合、相互依存的全球化时代下的国家经济安全观。第四,全球公司和中国和平崛起。与历史上崛起的西方大国不同,中国既不能通过战争等暴力手段,也不能通过不公平交易等经济手段掠夺资源。中国只能通过和平的道路与公平的交易,即通过源于其他国家的全球公司进入中国和源于中国的跨国公司走出去吸纳整合全球资源。

中国是研究跨国公司最好的实验室。在短短十几年时间里,世界上最重要的跨国公司差不多都到中国投资了。所以中国学者应该充分利用有利条件,共同实现研究上的突破。

卢锋:国际大宗商品价格波动

新世纪初,国际商品市场发生了前所未有的剧烈波动。如 CRB 价格指数从 2002 年 5 月的 211 增长到 2008 年 6 月的 476,6 年增长 1.25 倍是过去半个多世纪的最大涨幅之一;随后急剧下降到 2009 年 2 月的 311,33% 的降幅也是半个多世纪的最剧烈下跌;今年 3—5 月反弹 17%,回升到 365 点位。这一轮波动有几个特点:一是金属类商品价格波幅最高。二是 CRB 指数没包括的原油价格波动幅度在大宗商品中名列前茅。三是国际海运费用尤其是干散货运费同时出现大幅波动。

从供求关系角度看,除了原油部门由于一些国家大油田衰落显示供给面的负面冲击,2002—2007 年前后价格飙升的主要驱动力应是需求面因素的变动。2001—2007 年间全球石油消费增长 11%、铝材增长 51.4%、铁矿石增长 68%、铜增长 18.4%、干散货海运量增长 45%,比早期的平均水平显著提升。大宗资源商品短期产能扩张受较大限制,增加产出边际成本上升较快,供求关系变动推动价格飙升。金融危机导致全球需求下跌后,价格随之暴跌。新世纪初美元贬值和流动性过剩、商品衍生品市场金融投资者的大规模资金进出,对价格剧烈的涨落起推波助澜的作用。

中国的因素主要表现为我国目前处于城市化和工业化快速推进的阶段,经济追赶派生对资源性商品和海运量需求的较快增长,对全球供求平衡关系中具有关键影响。2007—2008 年我国原油消费量是 10 年前的 2 倍,铜和铁矿石消费量是 10 年前的 3 倍,铝消费量是 10 年前的 4 倍左右。

2002—2007 年间我国钢铁产量从 1.82 亿吨增长到 4.89 亿吨,增量为 3.07 亿吨,占同期全球钢铁产出增长 4.4 亿吨的 70%。2002—2007 年我国四种矿物原料能源需求增长对全球消费增量的贡献比分别为51%、56%、89%和33%,同期进口和出口海运增长对全球增量的贡献比分别为43%和20%。

观察截至2009年6月的最新数据,我国钢产量和发电量等工业生产指标变动,与近期国际大宗商品价格大幅涨落有显著联系。我国进口波动对国际商品价格以及干散货海运费用指数近年的大幅波动,特别是最近的反弹,具有相当重要的解释作用。

我国能够在开放市场环境中,通过国内生产和国际贸易,大体满足城市化和工业化快速推进对大宗资源性商品急速增长的需求,说明市场取向的开放发展模式取得阶段性成功。然而商品价格波动也给我国带来一系列的新挑战。例如进口价格上涨对我国宏观经济稳定运行造成压力,贸易条件恶化对国民福利带来不利影响,定价谈判以及海外并购给我国的对外经贸关系带来新问题。

未来调整方式可能具有多样化和长期性。一是市场机制作用下中长期供给面的积极反应调整。二是加强和改善对商品衍生品市场的金融监管,限制过度投机放大价格波动。三是鼓励企业逐步"走出去",在全球范围更好地配置资源。四是提升我国宏观经济的稳定度,降低大宗商品需求波动的幅度从而避免面对国际供给线过于陡直的区段。五是更为长期地调整,如探求替代能源等。我国在未来10—20年间城市化、工业化高潮过后,对大宗商品的需求增长才会最终见顶并随后逐步回调。

汪涛:复苏与调整——中国经济展望

汪涛博士的演讲包括五方面内容:一是观察中国经济复苏的步伐和动力;二是讨论中国经济复苏能否持续;三是分析房地产投资能否持续复苏;四是探讨货币政策拐点是否来临;五是评论中国中长期发展面临的挑战。

首先,这次经济复苏强劲,全年增长"保八"基本没有悬念。经济复苏主要依赖政策刺激,政府相关投资快速增长,私人投资需求低迷,出口前景仍不乐观。刺激政策中最重要的是信贷扩张。另外在本轮经济下滑前,中国的资产负债表、信贷周期、财政资源等方面都处于良好状态,因而在危机时可以快速增加负债。

经济复苏的持续有两方面风险:一是外部风险,世界经济有可能不会迅速复苏;二是信贷扩张过快容易引起经济大幅波动,存在刺激效果减退和经济再次放缓的可能。房地产投资是经济复苏的关键。房地产投资不仅占固定资产投资的20%以上,还有很长的产业链,例如国内对钢铁的需求中房地产行业占40%。

房地产投资有可能持续,但存在风险。目前房地产不存在全面供给过剩,但是存在供给与需求的错配。如果政府能够引导房地产投资从高端住房供给向大众化住房发展,可以把供需结合起来形成可持续的城市化建设。从银行和居民看,房地产负债规模还具有空间,政策已经由紧变松。相关风险是流动性泛滥可能造成资产泡沫,房价上涨过快将抑制自住型需求并引起通胀预期,另外地方政府刺激房地产超前发展可能制约其中长期发展空间。

信贷扩张在短期内能够拉动经济复苏,但信贷扩张过快带来如下几点风险:一是可能导致经济波动增加。二是贷款中有很多地方政府支持的准财政贷款,可能引起资源错配和不良贷款增加。三是信贷刺激过度会造成资产市场泡沫。四是信贷扩张提高通胀预期,由于部分信贷财政化,未来信贷管理面临易放难收的困难。货币政策正在从明显扩张转变为适度宽松,短期内估计不会出现明显紧缩。

中国经济中长期主要面临两点挑战:一是存在消费偏低、依赖投资拉动的结构性失衡。消费不足的最主要原因是居民收入提高缓慢,这和资本密集型重化工业发展的模式相关,其背后原因是相对价格的扭曲。二是对能源和环境的挑战。尽管我国人均能耗、油耗低于发达国家,但是我们不可能走发达国家的老路。中国人口比OECD国家的总和更多,而且要在几十年内完成发达国家在一二百年实现的工业化和城市化,对能源和环境有巨大压力,因而必须改变模式。

孙明春:中国经济展望——资产价格通胀的重现

对于中国经济的展望,孙明春博士的观点是:通胀不是问题,经济增长也不是问题,资产价格才值得重视。上述看法和很多人一样,但具体原因不同。

去库存化是导致本轮经济大幅波动的主要原因,而不是出口下跌。首先发生的是2007—2008年上半年大规模的存货积累,继而发生2008年下半年到今年第二季度大规模的存货消耗。2007年全年和2008年上半年产出的增长率远远超过了最终需求的增长率。原因之一是经济增长猛烈,从供应链管理角度来讲应该增加存货。原因之二是从2007年下半年开始全球出现了商品价格猛涨。外需对中国经济的影响没有大家想象得那么大。过去19年里中国GDP平均增长率是10%,其中净出口的贡献是0.8个百分点,内需的贡献是9.2个百分点。当然,净出口低估了出口对经济的影响,然而即便将净出口贡献扩大4倍,仍只能解释经济增长的30%左右。

根据采购经理人指数数据,存货调整已基本结束。即便出口不复苏,我国的经济增长也不会太差,不应该低于8%。从就业角度看,8%的经济增长率是远远不够的。从这个意义上来讲,政府采取刺激政策具有重要且积极的意义,其效果也非常明显。

实际上刺激政策已超过了原定的计划,其规模不止4万亿元。今年上半年新增贷款已经有7万多亿元;固定资产投资名义增长率是35%,仅次于1992—1993年,经过价格调整后的实际增长率不见得比1992—1993年低。过剩流动性指数(M2增长率减去名义GDP增长率)在1993年才是4%,1994年甚至还是负的,而今年是20%,这是二三十年来从没有见到过的现象。

更大的问题是新开工项目比以往大很多,不是一年就能完成的。在今年贷款的支持下,这些项目的一期投资已经完成。但是明年、后年甚至大后年还需要二期、三期甚至四期投资。如果让这些项目做完,货币就要继续宽松;如果不让做完,那将来还贷肯定有问题。这么大规模的新开工项目会倒逼比较宽松的货币政策。即使政府下定决心严格紧缩,货币供应局面也不会有太大改变。1993年的宏观调控是二十年来最厉害的一次,全国每个城市都会看到烂尾楼,而且不止一两个,但是1994—1996年M2增长率仍然高达35%、30%、25%。

根据历史数据,当年新增银行贷款在年底以前差不多70%会变成老百姓的储蓄存款。今年新增贷款估计会到10万亿元,明年至少也是10万亿元,后年还要10万亿元。相应地,储蓄存款将增加21万亿元,也就是3年之内翻1倍。再加上低通胀、高增长提供了基本面支持,所以资产价格通胀的风险相当高。今年到目前为止,全国平均房价涨幅已经超过20%。股价也上涨了很多,但是从市盈率来讲股票市场有问题还有一点早,可以说我们刚刚踏入泡沫。

如下是几点政策建议:第一,尽可能压缩新开工项目的审批;第二,对于已批准但尚未开工的项目,尽可能地推迟项目的开工期;第三,严格控制新增贷款的总规模;第四,及时地向市场释放一些政策调控的信号;第五,积极扩大国内资本市场的广度和深度,将过剩流动性从股票和房地产市场疏导到实体经济;第六,尽快推动经济和金融体制的改革,加快金融市场的开放,通过多种渠道将国内的过剩流动性输出。

宋国青:出去投资

宋国青教授的演讲主要包括三方面内容:首先从不同角度看待中国经济复苏的表现,其次分析中国经济复苏对全球经济的影响,最后讨论中国经济复苏带来的提高外汇收益的可能。

最近几个月投资猛烈增长。尽管投资同比增长率可能因月度固定资产投资与年度固定资本形成口径不一致等原因存在一定程度的高估,结合GDP、进口和发电量的高速增长情况,仍然可以确定投资环比增长率已经达到30%以上。如果经济按照目前势头增长,明年可能再度出现通货膨胀,但不会出现经济低增长、通货膨胀率很高的局面。对经济的不同方面可能感到冷热不一,主要有两个原因:一是尽管经济快速增长,但是绝对水平依然偏低;二是当前月度出口额比最高水平下跌近三分之一,因此出口部门很不景气。

中国经济快速复苏对世界经济有两方面作用:

一方面,中国投资和进口快速增长直接对全球增长率产生贡献。中国投资按购买力平价计算占全球20%以上,即中国固定资产投资增长20%,单中国投资一项就可以拉动全球投资增长4%。中国进口占全球8%,中国进口同比增长率明年最高可以达到50%,将直接导致全球贸易增长4%。因此,只要中国以外的其他国家经济不下跌,仅是中国经济复苏就可以带动世界经济恢复到正常增长水平。

另一方面,国内投资扩张导致中国进口扩张,在全球经济总需求不足的时候,中国进口增长会拉动世界经济。最近几个月中国经济扩张带动日本、韩国和中国台湾地区出口增长,并且进一步拉动这三个经济体的工业生产增长。从历史经验看,2003"非典"后中国经济快速增长同样拉动了日本、韩国和中国台湾地区的经济增长。

参考2003年的经验,中国经济复苏将带动全球股市、商品价格、期货市场上涨。在这样的情况下,投资外国股票可以获得比持有美国国债更高的收益。政府直接将外汇储备投资股票存在风险,但是有可能在实行充分抵押前提下把外汇以高于美国国债的利率贷给本国居民去国外投资。其前提是确保外汇贷款不被用作套汇,因为将外汇换成人民币不但可以赚取人民币汇率升值的收益,还可以赚取国内外利率的利差收益。

第19次 报告会快报

(2009年10月24日)

CCER"中国经济观察"第19次报告会于2009年10月24日下午在北京大学国家发展研究院万众楼召开。本次报告会侧重讨论中国经济转型、农村金融、民营工业、产能过剩治理、宏观经济形势等问题。美国耶鲁大学金融经济学教授陈志武,交通银行首席经济学家连平博士,北京大学国家发展研究院周其仁教授、宋国青教授、平新乔教授和卢锋教授分别发表演讲并回答听众提问。

卢锋教授首先依据刚刚汇总形成的第18次"朗润预测"的结果,用四句话概括了21家特约分析机构对2009年第四季度我国宏观经济走势的看法:内需高速增长,外贸持续复苏,"破八"几成定局,物价"转正"可期。以下为主讲嘉宾的演讲摘要。

陈志武:中国经济转型的挑战——制度抑制消费增长

陈志武教授侧重分析中国经济为何在向降低出口依赖度、增加民间消费增长模式的转型过程中踟蹰不前,在从制度视角剖析其原因时,也建设性地提出了应对策略。

在过去半个世纪中,中国居民消费占GDP比重呈明显下降趋势,1952年这一比例为69%,到1978年改革开放之初已下滑到45%,2004年缩减至35%;与之相对照的是政府开支占GDP比重持续上涨,从1952年的16%攀升至2004年的30%左右。纵观全球其他国家近60年的发展历程,中国情况非常特殊。俄罗斯居民消费占GDP比重在1992—2003年间从35%上升至55%,政府开支占GDP比重则维持在22%—25%。美国居民消费占GDP比重从1952年的64%上升至2004年的71%,联邦政府开支占GDP比重同期从16%下降至10%。巴西与美国相近,居民消费占GDP比重自1950年的51%上升至2003年的60%,而政府开支占GDP比重在这50年间始终维持在21%左右。

中国与其他国家存在差异的原因何在?从制度层面看有两方面原因:一是民主宪政,二是国有经济。

首先,在民主宪政国家里,征税权和政府预算权受到国会和媒体等的制约,政府开支占 GDP 比重难以膨胀。而中国推出新税种和提高现行税率的困难相对较小。比如最近为了抑制房价飞涨而在学界、业界呼声很高的物业税,虽然开征物业税可便利政府进行宏观调控,但以物业税形式转移居民财富的合理性还值得商榷。从实际数据看,1995—2007 年间国家预算内财政收入增加了 6 倍,而同期城镇居民人均可支配收入和农民人均纯收入仅上涨了 1.6 倍和 1.2 倍。

其次,与国有制经济相比,在私有制市场经济下经济增长更易拉动居民消费。根据 70 个国家 1980—2003 年的数据研究发现,国有经济比重越高,居民消费倾向越低。在私有制经济下,一方面 GDP 增长带动劳动收入上涨,另一方面土地、住房和股权等资产升值收益也被居民分享。例如,美国在 1999 年互联网鼎盛时期 4% 的 GDP 增长启动了强劲的消费增长。在国有制经济下,一方面 GDP 增长带来土地等国有资产升值难以惠及百姓,直接制约居民消费增长。建立国有制的初衷是通过国有资产升值降低居民税负、完善社会保障、实现共同富裕,这些目标并未兑现;另一方面,政府代替百姓享受了资产增值收益,并将收益重点投资于国有企业,对全社会就业和居民收入增长产生不利影响。2006 年中国国有企业固定资产投资是民营企业固定资产投资的 4 倍,然而在 1997—2006 年间国有企业就业机会却在逐年减少,民营企业才是新增就业的主要驱动力。

针对中国经济难以向消费驱动转型的现状及其形成的制度渊源,可以考虑推行三方面的改革:一是把各村土地均分给农民。二是把中央和省、自治区、直辖市的国资委转变成 32 个"国民权益基金",其中央企的"国民权益基金"股份均分给 13 亿公民,31 个省、自治区、直辖市的"国民权益基金"以"本地公民多分、外省公民少分"的原则分配,并允许基金股份自由交易,但是政府对"国民权益基金"的运作执行受到一定程度的监管和控制。三是推进民主宪政改革,对行政权力进行实质性制约。

平新乔:禀赋差异、资产结构与农村金融市场

平新乔教授基于"花旗—北京大学 2008 年农村金融调查",探讨了农户禀赋差异与农村金融需求间的关系,并分析了农村土地流转的规模及其对金融需求的影响。调查覆盖江苏、吉林、陕西 3 省 9 个县的 2 227 个农户,调查内容包括 2007 年农户存、贷款等金融活动信息以及生产、消费和外出打工的情况。

调查发现农户禀赋存在差异。首先,看土地禀赋。三省户均分配土地 8.51 亩,吉林最多,陕西次之,江苏最少。三省农户土地均以旱地为主,江苏水田比例最高,陕西林地比例最高。其次,比较资产禀赋。将农户资产划分为实物资产、金融资产和存粮三类,并将农户按家庭资产价值均分为"最穷""较穷""较富"和"最富"四组。那么,"最富"组农户金融资产占总资产比重最高,实物资产和存粮占总资产比重最低;"最穷"组农户拥有的实物资产和存粮占总资产比重最高。比较农户从业活动发现,自营工商业以及外出打工农户的比例都是江苏省最高,从事农业生产农户的比例是陕西省最高。最后,比较收入情况。三省农户户均年收入 25 483 元,江苏省最高,吉林省次之,陕西省最低。陕西和江苏省农户工资收入占总收入比重均超过 50%,而农业收入比重均低于 30%,但吉林省

农业收入比重仍有66%。

农户禀赋差异决定农户对农村金融需求不同。从借款需求看,从事农业生产的农户需要借款的比例为26%;自营工商业农户需要借款的比例较高,约为40%;外出打工农户这一比例最低,仅为3.4%。此外,从事农业生产或者外出打工的农户需要借款的比例随着资产水平升高而降低,而自营工商业的农户中需要借款的比例与资产水平关联不大。从借款总额看,三省户均借款24 643元,大致相当于户均年收入,其中江苏最高,陕西次之,吉林最低。从借款渠道看,非正规金融渠道满足农户70%以上的借款需求。正规金融机构借款占借款总额的比例为吉林最高、江苏最低。对于非正规有息借款,利率与地区发展水平呈反向关系,江苏平均利率最低。从储蓄情况看,农户储蓄比例随着财富上升而上升,手持现金比重随着财富上升而下降。其中,陕西和吉林农户的储蓄存款集中在农村信用社,江苏农户的存款主要在商业银行;与之相呼应,最穷组农户的存款集中在农村信用社,最富组农户的存款集中在商业银行。

最后讨论农村土地流转情况和对农村金融需求的影响。将土地流转分为有出无入、有入无出、无出无入和有出有入四类。"出"和"入"分别指农户"请人代种"和"代人耕种"。在全部样本中,有24.2%的农户发生土地流转,其中有出无入类占全部样本的8.58%,有入无出类占全部样本的15.18%,有出有入类比例很低。分省份看,吉林土地流转最为普遍,陕西次之。从实际耕种土地面积看,有出无入类农户大概将三分之一土地留作自家耕种,三分之二请人代种;有入无出类农户户均耕种面积23亩,代人耕种的面积占52%。以流入土地计算,流转土地面积占调查土地总面积的21.37%。从调查数据看,土地流转对农户总体借款需求影响不大,但是可以促进从事农业生产农户对借款的需求。同时,土地流转也提高了农户来自正规金融渠道的借款比重。

周其仁:民营工业很争气——
金融危机冲击下的中国工业增长

在这次金融危机中中国经济快速恢复,但出口部门还是遭受很大冲击,出口增长率从30%下跌为-20%,减少近50个百分点。出口下跌,首当其冲的是民营工业。首先,国有企业所在行业,如电信、石油,并不受到全球市场紧缩的直接影响。其次,政府主导的4万亿元经济刺激计划中,大量项目优先给国有企业。第三,尽管民营工业融资难问题近来引起政府的高度注意并出台了很多政策,但客观地看,中小企业、民营企业所获得的融资相对较少。

但危机前后,民营企业增长持续高于国有及国有控股企业,也高于规模以上工业企业总体。2007年以来,民营企业工业增加值平均比国有及国有控股企业工业增加值高出10个百分点。今年工业企业利润同比增长率出现下降,民营工业企业利润下降情况也好于国有及国有控股工业企业和规模以上工业企业总体。所以说,"民营工业很争气"。

改革开放三十年来,对待民营企业一直有不同意见,最近也有反面意见要对民营企业进行"阶级斗争"。但是,提出一种主张必须考虑其后果。如果没有民营企业,目前我国的经济状况也会面目全非。首先,总体工业增长率会大幅下降。其次,国有及国有控股企业自身增长率也会下降。一方面,国有及国有控股企业的组织形式受到民营企业很大影响;另一方面,国有及国有控股企业与民营企业有很多来往,很多项目的材料、设备、零部件都需要民营工业供应。

民营工业在"保增长"过程中表现较好的原因主要有三点:一是民营企业具有体制优势,利益得失与经营者直接相关,激励机制发挥积极作用。二是民营企业竞争政府项目。经济刺激政策将很多项目直接分给政府和国有企业,政府和国有企业拿到钱以后需要购买东西,会间接增加民营企业订单。民营企业也会参与竞标和投资。三是民营企业规模小,转型快。

从工业增长值份额看,过去十年民营企业份额持续上涨,国有及国有控股企业份额持续下降。由于民营工业增长高于国有及国有控股企业,可以推断,民营企业份额增长态势仍将继续。这正符合十七大"平等竞争"的方针,谁的竞争力强,谁的份额就大一点。

最后谈四点启示。首先,在抗击全球经济下行的冲击中,体制政策非常重要,这是中国改革开放三十年的关键。中国不像发达国家只靠财政政策和货币政策就能料理一切,促进中国经济增长需要改进在微观基础上有针对性的政策。其次,民营企业政策不能大起大落,不能随着经济周期波动。处理环保问题、社会责任问题、劳工关系问题要平等对待民营企业。再次,尽管民营企业增长很争气,但是民营企业无法单独决定经济综合效率。它们的很多订单来自政府项目,这要看政府项目本身有没有效率。这些政府项目收益至少要能够支付利息。本周国务院会议指出"更加重视提高经济增长的质量和效益",效益并不由民营企业单独决定。最后,既要从"危"中见"机",也要从"机"中见"危",货币信贷多发后,包括资产价格在内的物价总水平和相对价格都会发生很大改变。民营企业需要关注这些环境的变化,民营企业做好是国民经济的重要支撑。

卢锋:治理产能过剩问题探讨

产能过剩通常指特定工业部门闲置产能超过某种合理界限的现象。一定程度的产能闲置在应对未来市场需求变动、推动竞争和增加福利等方面具有正常功能,闲置过度则形成产能过剩。开放市场经济通过价格调整、市场范围变动、企业退出等机制对产能过剩发挥基础性调节作用,总需求管理政策对宏观周期变动引入的产能过剩具有关键调节作用,特定部门产业政策发挥辅助调节作用。

我国在20世纪90年代告别短缺经济后就出现了产能过剩问题,最近十余年政府才对产能过剩进行过几次比较集中的治理。第一次在世纪之交,采用限产利库、淘汰产能、限制投资等措施治理。2003—2006年针对某些部门投资较快可能引发未来产能过剩,采用供地、融资、核准、清查项目以及查处重大案例等手段,限制这些部门投资并配合实施控制总需求增长过快的宏观目标。上个月发布十部门抑制部分行业产能过剩的文件,又一次拉开集中治理的大幕。

上述治理取得不少成效,同时也提出一些可进一步思考的问题。例如有效治理需要准确识别产能过剩,然而受多方面因素的限制,有关部门面临识别困难。以历次治理首当其冲的钢铁部门为例,国家统计部门提供的数据显示,我国钢铁产能利用率1995—2008年平均为86.4%,1999—2008年为85.7%,2003—2007年为83.2%,2008年总需求不足75.9%,另外2003年以后钢铁价格在波动中呈现显著上升趋势,可见钢铁部门是否存在大范围、长期且严重的产能过剩还有待探讨。

1999—2008年我国钢铁表观消费增幅为3倍,电解铝为4倍,平板玻璃为2.5倍,判定如此快速增长的市场未来产能是否过剩,问题在于预测市场需求方面存在更多困难。例如从几份公开发布的调控文件提到的未来需求预测数据看,全都不同程度地低估了市场需求的增长。即便能解决识别问题,通过数量控制决定让谁来分享快速增长市场,实际仍会面临诸多困难。

对已有治理产能过剩的政策可分类理解和讨论。一是有关部门发布产能利用率数据,提示产能过剩风险并引导企业投资。这方面的干预有益无害,应充实和加强。二是推广有关行业技术标准,如能耗水耗、环保排放等要求。这类措施有合理性,关键是标准适当和执行到位。三是限产、压锭、关闭小厂矿等,部分由上述环保能耗管制要求派生而来,部分与改革滞后因而国有企业难以承担降价、退出等市场调节效果有关,因而采用这类权宜之计的同时,应加紧推进包括完善退出机制在内的改革进程,以求标本兼治之效。四是数量控制措施,即通过限制投资增长治理预期产能过剩。在市场经济体制环境下,在已有技术和环保等管制措施之外,进一步限制企业的自主投资决策,其合理性和合意性需要探讨。

上述投资数量控制与宏观政策具有两方面关系。一是从反通缩政策效果角度看,面对通缩加剧产能过剩,投资增长是推动宏观经济走出通缩并缓解产能过剩的重要因素,这时限制投资不利于宏观经济走出通缩,也不能根治产能过剩。对于这次保增长与20世纪末反通缩政策的实践和效果,可进行比较研究的案例和经验。二是如果宏观政策关系尚未理顺,可能会倒逼产能过剩概念支持的产业政策"越位"承担某些宏观政策职能。如上一轮景气增长经验提示,在生产率追赶要求汇率升值的背景下,汇率稳定目标会带来两方面的问题:首先是外需、内需两头快速增长推动总需求增长偏快偏热;其次是"车马效应"限制利率等参数型工具充分发挥调节作用,于是需要干预投资数量作为宏观紧缩政策的替代手段,"产能过剩—数量干预"推论大行其道。从目前情况看,给定总需求V形回升走势,如果下一步出现总需求增长过快和通胀压力加大的局面,如果出于某些原因不便及时采用总量调节措施,可能再次需要采取数量控制手段抑制投资,使治理产能过剩客观上成为应对宏观偏热失衡的单边紧缩工具。

标本兼治产能过剩需要采取综合措施。首先,要推进包括完善企业退出机制在内的改革议程,为市场机制对产能过剩发挥基础性调节功能创造更好的体制条件。其次,要改革汇率政策以更有效地调节国际收支,改革利率政策以更有效地调节总需求,避免在"价格没搞对,货币没管好"的情况下不得不采用投资数量的控制手段应对总需求失衡。最后,政府部门应通过提供有关信息提示和引导进行干预,制定、实施适当的技术、能耗和环保标准加以干预,同时减少对企业投资的数量限制和审批干预。

连平：中国经济有望步入新一轮较快增长

连平博士重点阐述了2010年中国宏观经济的走势，主要围绕四个方面的问题：一是对经济回升态势的评述；二是探讨金融环境是否支持经济的进一步回升；三是揭示经济发展可能面临的一些问题；四是关于未来货币政策的建议。

首先，从三驾马车看，明年经济回升趋势有望延续。一是最近两年消费增速持续提高，有望继续保持平稳较快增长，预计明年社会消费品总额增幅在17%左右。二是随着世界经济逐步复苏、国际市场进一步恢复，明年出口预计增速在15%左右。三是在中央政府投资项目继续下放、企业信心增强以及出口转好的带动下，再考虑到今年新开工项目计划总投资大幅增长的惯性作用，明年投资仍将保持较快增长，预计增速在30%以上。

其次，明年流动性仍然较为充裕，金融环境将支持明年经济高速增长。一方面，信贷增长不会出现大幅度萎缩。在新一批中央投资项目下放、经济回升的信心逐步增强、住房和汽车交易保持活跃的影响下，预计明年实体经济信贷将保持旺盛需求；此外，目前金融机构总体存贷比为67%，距离75%的监管标准尚有距离，商业银行信贷供给仍然存在较大空间。另一方面，直接融资将进一步提速。明年股市IPO、再融资将继续大幅增长，预计明年非金融部门股票融资额为5 000亿—6 000亿元；同时，在有关金融促进经济发展的政策中，发展债券融资是一个重点，明年债券融资额有望超过1.5万亿元。此外，明年外汇占款将继续攀升，由此将进一步为市场注入流动性。

当然，明年还是有一定的隐忧和不确定性。一是物价快速上涨。近期猪肉价格反弹，"猪周期"有再现的可能。此外，受美元贬值预期强化等因素的影响，国际大宗商品价格上涨压力加大，而且，今年货币扩张较快将对未来通胀产生较大压力。二是资产价格大幅上扬。受流动性宽裕和经济回升、企业盈利改善及通胀预期的推动，今年以来资产价格重拾升势，明年资产价格尤其是股价可能大幅上扬后形成明显泡沫，资产价格上涨过快进一步加大了未来通胀压力。三是"热钱"大规模回流。受我国经济率先复苏、资产价格上涨和人民币升值预期的推动，近期新增外汇储备中不可解释部分增多，境外资金流入增加，明年国际游资可能较大规模流入。

关于货币政策的建议，连平博士认为，总体基调应该是逐步从宽松走向中性和稳健。其一，银行存款准备金率可以小幅度调整，也可以实行差别性调整。其二，信贷总量控制这个做法太硬没有灵活性，不宜采用，但是可以通过窗口指导方式做合理引导。其三，要慎用利率手段，我国利率不一定要跟美国同步，尽可能审慎地用这个工具，因为利率一提高有利差，再加上人民币升值预期，必定会带来境外资本加速流入。其四，人民币汇率应该保持基本稳定，这样能有力地控制好未来升值预期，以使国内经济在相对能够掌控的环境中运行。

宋国青：宏观调控下的增长减缓

"增长减缓"主要是指今年第三季度经济增长比第二季度有所减缓。今年第一至第三季度发电量强劲增长,对应经济快速恢复。尽管第三季度发电量增速与第二季度基本相当,第三季度GDP增长比第二季度明显减缓。从主要价格指数看,第二季度经济高增长时物价仍在下跌;第三季度经济增长减缓时出现通货膨胀,物价变化滞后于经济增长。由此推测,第四季度价格增长速度可能减慢甚至出现通缩。目前已经公布的10月的一些旬报和周报中价格指数都在下跌。另外,价格变化可能也包含了对未来信贷政策预期的变化。

贸易顺差占GDP比例今年第二季度比第一季度下跌4.5个百分点,比1998年亚洲金融危机以后5个季度的跌幅更大。顺差绝对量下跌幅度更加猛烈。顺差名义额过去5年平均年增长50%,今年第二季度同比下跌40%,同比跌幅达到90%。由于去年贸易顺差占GDP的8%—9%,顺差下跌90%导致GDP增长减少8个百分点。外需大幅下跌,内需增长率就比GDP增长率高很多。内需中消费增长相对稳定,可以推算固定资产和存货投资增长率大概是50%,上半年货币信贷增长率是40%左右,投资和信贷增长基本一致。如果没有上半年7万亿元贷款的增长,GDP增长远不是现在的情况。

从10月主要价格指数看,第三季度生产水平偏弱,相对潜在生产能力是"大马拉小车"。3%的通货膨胀率对应正常运转,通货紧缩或者零通胀意味着生产能力没有被充分利用。主要原因是第三季度控制了贷款,而不是没有能力或没有意愿生产。目前生产水平仍然偏低,生产超高增长可以持续一两个季度,但持续时间过长势必引起高通胀。从目前来看,2010年7万—8万亿元的贷款比较合适,这方面分歧不大,2010年有望实现比较合适的货币信贷增长和经济增长。

在CPI和PPI同比大幅下降时采取相当猛烈的宏观紧缩,这在三十年来还是第一次。尽管调控程度需要进一步斟酌,但是从超前调控角度看仍是很大改进。超前调控反映了三点重要变化:一是对货币数量重要性的认识,二是不再只看或者主要看同比指标,三是不再过度注重投资增长率或投资率。然而,在调控方式上仍然存在令人担忧的地方。一方面,货币政策应当"该紧即紧,该松即松",不必过度强调短期货币政策的稳定性,更不能允诺货币政策的稳定性。货币政策透明一致是提高公众信心的重要环节。另一方面,利率杠杆仍然是最优选择,准备金率次之,再次为信贷额度。用改变银行资本充足率作为短期货币政策工具会人为增加不确定性,负面影响太大。

第20次 报告会快报

（2010年2月27日）

CCER"中国经济观察"第20次报告会于2010年2月27日下午在北京大学国家发展研究院万众楼召开。本次报告会侧重讨论交通设施建设、气候与低碳经济、美国经济近况、中国宏观经济形势、中国与世界经济关系等问题。国家发展和改革委员会综合运输研究所所长郭小碚，国泰君安证券首席经济学家李迅雷，北京大学国家发展研究院周其仁教授、宋国青教授、胡大源教授和卢锋教授分别发表演讲并回答听众提问。

会议主持人卢锋教授根据第19次"朗润预测"的汇总结果，用四句话概括了22家特约分析机构对2010年第一季度我国宏观经济走势的看法：增长重回快车道，通胀又进预警期，外贸提速顺差减，息口微调有预期。以下为主讲嘉宾的演讲摘要。

郭小碚：交通设施建设与经济增长

围绕交通设施建设与经济增长的关系，郭小碚所长的演讲包括了三方面的内容：一是对交通运输中综合运输的基本认识；二是不同历史时期中国交通运输事业的发展及与经济社会发展的关系；三是利用经济危机加快交通基础设施建设。

综合运输是交通运输发展的科学理念，指的是以消耗最少的社会资源满足运输需求。综合运输体系指综合发展和利用铁路、公路、水路、航空和管道等运输方式，按照各自的技术经济特点，形成网络布局合理、运输工具高效低耗及组织管理先进的交通运输综合体，实现交通运输的可持续发展，创造国民经济和社会的整体经济性。

自1949年以来，中国交通运输事业取得很大成就，郭所长按照历史脉络分三个时段介绍了交通运输的发展，以及它与经济社会发展的关系。

第一个时段是新中国成立后到改革开放初期，这三十年间中国铁路、公路、内河运输线路里程快速增长，运输网布局显著改善，并初步形成了交通运输工业体系。客、货运量在这一时期分别增长了14倍和45倍。这一时期的主要问题是，运输能力与经济社会的运输需求矛盾突出,表现在乘车难、托运难上。

第二个时段是改革开放以来到21世纪初。这一时期交通运输形式出现根本性的变化,表现在国家主要运输大通道框架初步构建,运能不足现象开始缓解,交通运输需求从数量向质量转变。

第三个时段是新世纪初到2010年的"十一五"末期。这一时期铁路、公路、长输油输气管道里程及机场、深水泊位数量均大幅增长,交通运输基本适应了经济社会发展的需求。2008年汶川地震后在很短的时间内全国物资人员能充分调动,也说明了交通运输对经济社会发展的支持作用。同时,我国交通基础设施能力仍存在一些局部不适应,服务质量与发达国家的差距仍比较大。

中国的交通运输系统正要进入新的发展阶段。首先,交通基础设施建设正处于加快发展时期,许多已批准的交通运输发展规划原本设想在2020—2030年之后建成,现在看来都会提前,甚至在"十二五"期间完成。其次,交通运输系统正处于从交通基础设施系统建设向运输服务系统建设转变的时期,如"零换乘""无缝衔接",等等。最后,促进交通运输引导经济与社会发展,特别是在城市交通设施建设中引导城市布局及产业结构,这在今后会是越来越重要的问题。

由于交通基础设施建设投资具有投资规模大、范围广、周期长及带动相关产业作用明显等特点,郭所长的观点是,利用经济危机时期促进交通基础设施建设能达到"一箭双雕"的效果,短期内会提振经济、保障就业、创造需求,长期则是提高运输供给能力,改变交通运输的滞后状况。譬如1998年为应对亚洲金融危机,中央加大了对交通基础设施的投入,重点是公路建设。高速公路建设开始在这一时期加速发展。2009年为应对波及全球的金融危机,中国实施了4万亿元的投资计划,其中交通基础设施占1.5万亿元。2009年,交通基础设施实际投资约2万亿元,比2008年增长48%,对GDP增长贡献率达到10.63%,它的短期效果明显,作为应急措施效果显著。

最后,郭所长总结了交通基础设施对经济发展的作用,有三大方面:一是交通基础设施发展能降低运输费用,稳定物价并促进土地开发;二是交通基础设施发展可以降低经济成本,扩大区域资源范围。三是交通基础设施改善可以扩大贸易范围,有助于优化资源配置,对城市化进程具有显著推动作用。

胡大源:气候变化应对与低碳经济

胡大源教授的演讲概括为五个方面的内容:一是气候变化国际谈判回顾;二是影响政府气候变化对策的因素;三是我国能源发展与减排承诺;四是公众意愿与气候变化问题的不确定性;五是企业应对策略。

首先,自1988年政府间气候变化专业委员会(IPCC)建立以来,世界各国开始了多次的气候变化国际谈判。其中,1990年通过的《联合国气候变化框架公约》成为后来气候谈判及设置减排目标的参照系;1997年通过的《京都议定书》就以其为参照系对发达国家设置减排目标,同时提出三种灵活调节机制,即适用于发达国家的排放贸易、联合履行机制,以及适用于发展中国家的清洁发展机制。

然而《京都议定书》的具体执行却不尽如人意。以 2006 年与 1990 年的对比发现,德国的二氧化碳排放量下降了 16%,成为减排表现最好的发达国家,但美国、日本、法国、意大利及加拿大却不降反增,作为发展中国家的中国在 2006 年二氧化碳排放量比 1990 年增加了 152.8%,凸显了中国在减排方面的压力与空间。近期气候变化国际谈判再次受到世界各国的普遍关注。在去年哥本哈根气候大会之前,欧盟与美国、日本、澳大利亚等发达国家和地区纷纷做出减排承诺,"基础四国"(BASICs,指巴西、南非、印度和中国)也提出减排目标。但一些欠发达国家关注"适应"(adapt)问题,希望获得更多援助。

其次,影响政府气候变化对策的因素主要有以下几个方面,即各国面临的具体情况、不同收入阶段对环境问题的评价,以及科学研究成果与媒体宣传。其中,各国面临的具体情况包括经济发展与人口变化、气候变化对本国的潜在影响、能源消费结构、公众的感受与意识、地域性环境治理问题。与常见环境问题不同,气候变化这一环境问题的特殊性在于,未来可能造成难以逆转的全球性长期影响,并存在多方面的不确定性。

各国的具体情况差异决定了各国在应对气候变化对策上的差异性。欧盟经济成熟,新能源技术先进,人口减少,能源需求相对稳定,减排优势明显。美国则提出要以中国等主要发展中国家减排行动公开透明为附加条件,即排放的"可量度、可报告与可核实"。"三可"不仅将发展中国家自主减排行动与发达国家为偿还历史排放债务而应承担的减排义务置于同样标准之下,而且会限制自身为了发展和脱贫而必需的排放空间,短期内不具有可操作性,但长期来看却是一个趋势。

再次,我国能源发展面临的主要问题是,以煤炭为主的能源消费结构污染物排放高,可再生能源价格高和稳定性差,未来发展离不开国家的有关扶持政策。关于我国的减排承诺,主要包括两方面的内容:一是 2020 年中国非化石能源占一次能源消费的比重达到 15%,实现这个目标不是特别困难,关键靠核电。二是 2020 年我国单位 GDP 二氧化碳排放比 2005 年下降 40%—45%。以 2005—2008 年每年平均下降速率为 3.33% 推测,至 2020 年单位 GDP 能耗下降 39.8%。此外,能源消费结构调整,即煤炭比例下降,石油、天然气上升,核电及可再生能源上升至 15%,碳排放强度可以下降 10%。

另外,气候变化的公众意愿发生显著改变,气候变化问题出现不确定性。Nielson 与牛津大学气候变化研究所在 2009 年 10 月进行的全球调查的结果表明,对气候变化表示担忧的人数比重由 2007 年的 41% 下降到 2009 年的 37%。基于 2006—2009 年美国公众调查结果显示,美国民主党、共和党及独立人士中相信全球变暖有确凿依据的比重均出现不同程度的下降。与公众意愿下降的现象相似,民众对气候科学家研究的信任也出现显著变化,其中"气候门"事件引发公众质疑 IPCC 的公信力。2010 年 1 月 IPCC 正式承认,其 2007 年发表的气候变化第 4 次评估报告中存在重大"失误",喜马拉雅冰川将在 2035 年消失的结论严重违背事实。2007 年 Green 和 Armstrong 通过对 IPCC 发布的《全球气候变化评估报告》进行审查分析,评估其预测方法及步骤,发现其至少违背了 72 项长期预测的准则。

最后,关注企业应对策略,以两个例子来说明。据《新世纪周刊》近期报道,比亚迪做电动车,其竞争力并不仅仅是前沿新技术,而是中国劳动力优势发挥到极致所创造的特定生产研发方式。资本市场上比亚迪可能已透支了新能源概念,有关投资风险也需要关注。另一个例子是万科大楼。万科大楼的建设融合了多项节能减排新措施,如其"漂浮的水平杆状"设计解决了创新与使用功能间的关系,不但降低了能耗、增加了景观绿地,而且有利于空气流通;独具一格的斜拉桥式悬索建筑结构降低了建设成本;内部装修多用竹制材料,不但费用低而且新颖别致;可动式外遮阳表面既美观又可降低能耗。总而言之,做各种形象宣传,大家都可以做,关键是如何把绿色概念用于降低企业成本,从而保证企业和经济将来可持续发展。企业发展应用环保理念能否成功?降低成本方可。

卢锋:奥巴马元年美国经济透视

2009年年初奥巴马总统临危受命,宣称将锐意变革,"再造美国"。奥巴马元年经济施政可用"一个中心"和"三项改革"概括。一个中心是通过实施ARRA法案刺激经济,三项改革包括医疗、金融、能源—气候政策改革。总额8780亿美元的ARRA法案到2009年年底已支出约35%。此外,还实施"现金换旧车(CARS)"项目、拓展延长ARRA法案等以刺激经济。

美国危机救助政策收到初步成效。各种利差持续下降和低位企稳,2009年第三、第四季度GDP增长由负转正,股指2009年年初反弹和三种房价指数先后跌幅收窄或企稳回升,说明美国经济已走出急救室并呈现某些复苏形态。事实证明,美国经济具有抵御危机的调整能力,然而美国经济要想重回景气增长还面临多重挑战,如何克服以下四方面困难尤其关键。

一是固定资产投资增长乏力。危机前美国增长模式的深层问题在于,给定现有汇率、工资等国际相对价格体系,美国企业难以在国内找到足够数量具有竞争力的投资项目,追求高增长势必过度依赖消费。从数据看,第二次世界大战后的60年中消费平均对总需求增长贡献79%,投资为22%。2001—2009年消费贡献率高达112%,意味着经济增长以投资、净出口负增长为前提,显然无法持续。美国去年第三季度增长主要靠消费,第四季度增长主要靠存货降速收窄,复苏能否持续的关键在于固定资产投资。

二是"两个10%的矛盾"。美国失业率2009年10月上升到10.1%。与美国战后十次复苏通常同时伴随失业率走低不同,目前失业率仍处于10%的高位。美国朝野主张加大刺激力度加以应对,但是巨大的财政窟窿给长期增长带来更大风险。2009年美国赤字1.42万亿美元,占GDP比重高达9.9%,联邦债务率也上升到83.4%,仅次于第二次世界大战的峰值高位。高失业率要求加大赤字刺激力度,高赤字率要求尽快重建财政平衡,"两个10%"显示美国经济被疗效相互冲突的并发重症所困扰。

三是负信贷增长与通货膨胀矛盾。危机导致信贷大跌,此次信贷下跌程度为过去五十年之最,目前仍是负增长。没有信贷回升,就不能有活跃投资,难有持续复苏,也解决不了就业问题。然而同时,通胀压力已悄然再现。今年1月,美国CPI、PPI、进口价格同比增长率分别为2.9%、6.3%、11.6%。这说明美国复苏面临内部结构困难,也说明本轮复苏的特征在于,并非通过美国复苏带动全世界大宗商品价格增长,而是其他国家和地区强劲复苏,率先推动美国进口价格上涨,从而在一定程度上推高美国物价。美国面对经济增长乏力与通胀压力上升的尴尬局面。

四是外部失衡可能卷土重来。金融危机爆发后,严重衰退使美国的外贸逆差显著收窄。然而美国经济复苏可能伴随外部失衡"复苏"。简单计量分析结果显示,如果经济结构未能得到调整,假定2010—2011年美国经济增长率为2%和4%,美国贸易逆差占GDP比例将上升1.0和1.5个百分点。

基于上述分析,结合历史数据,有理由认为美国未来一段时期的经济增长率可能会有所下降。过去六十年美国经济年均增长3.2%,但2001—2009年年均增长不到2%,其中在2002—2007年景气期时增长率也只有2.8%。考虑前一段增长模式不可持续,未来面临结构调整困难,可推测除非发生特别有利的重大产业革命,美国的经济增长速度会显著下降。具体降幅可进一步研究,作为初步推测可认为未来十年平均水平不会超过2.0%—2.5%。

应对深层矛盾,美国面临两类选择。一类是追求短期速成治标策略,另一类是致力于结构调整的治本策略。速成策略基于"高失业率—GDP缺口—需求刺激"的认识范式,试图通过超级刺激政策和几次立法改革跳出困境。政策特征在于忽视退出过迟和赤字扩大风险,试图采用债务货币化—通胀方法为未来财政危机解套。涉外领域诉诸保护主义转移矛盾,甚至冒险采取更为激化矛盾的方式释放压力。

与速成治标策略不同,致力于长期结构调整的治本策略需要正视深层结构问题,接受一个时期潜在增长速度降低的现实,在低增长、低通胀的宏观环境中培育市场力量进行结构调整。同时把控制财政赤字、遵守货币纪律、应对通胀风险置于优先地位,严肃对待主要国际货币发行国的义务。最后需要培育技术创新,谋求前沿突破,拓宽全球产业技术的可能性空间,把美国的相对优势建立在生产力创新上。

认识美国对我国开放宏观政策的调整具有借鉴意义。首先,我国自身经验证明总需求并非我国长期经济增长的瓶颈,从客观情况看,外部经济也无力支撑中国总需求的增长,我们要对内需增长足以提供合意总需求这一判断树立信心。其次,中国不仅在大宗商品投资上是增量大国,从去年开始在总需求指标也成为增量领跑国家,面对发展阶段和内外环境深刻变化,我们需要以汇率—利率政策调整为重要内容,尽快建立适应开放型大国经济需要的宏观政策架构。最后,在以我国为主进行政策调整的基础上,反对美国的保护主义,鼓励美国进行深层改革。

李迅雷:2010年中国经济走入偏热区间

李迅雷先生围绕"2010年中国经济走入偏热区间"的问题阐述了四方面的观点:一是讨论美国经济下半年强于上半年的经验证据;二是说明中国经济将步入"过热区间"的基本观点;三是解释中国长期增长的动力与障碍;四是评论政策调整问题。

首先,美国经济有望出现前低后高的增长态势。从20世纪90年代以后美国经济两次复苏的路径来看,企业投资复苏滞后于经济复苏一年左右,本轮美国经济复苏始于2009年第三季度,美国企业投资有望从2010年第三季度开始强劲增长,由此预计2010年美国投资将实现平稳交替,对经济增长的贡献在1.5%左右。其中,上半年投资依靠存货拉动,下半年投资依靠固定资产投资拉动。此外,从历史数据看,消费实际增速与失业率变动息息相关,如果失业率在2010年下半年下降,那么消费在第三季度增速可能达到5%。当然,消费超预期加之美元走强,意味着美国的出口部门在2010年可能重现对经济增长的负贡献。然而,总体而言,预计2010年上半年美国经济在存货扩张支撑下将保持3%左右的增长,而下半年在企业投资扩张、失业率下降、消费上升刺激下将达到4%以上的增长。

其次,美国经济增长超预期,中国经济将面临过热风险。我们估算美国经济如增长1个百分点,将提升中国出口增长率10%,按照上述对美国经济增长的预测,预计2010年中国出口增速可能达到30%左右。同时,2009年中国资本形成对GDP增长贡献了92.3%,创30年来历史新高。2009年基础设施投资的高增长导致固定资产投资在2010年仍将保持较高的增幅。当然,在私人投资仍不够活跃的情况下,中国固定资产投资的增长将受制于政府主导的公共部门投资的增长,但公共部门的投资对信贷依赖更强。预计2010年货币供应量增速为19%,新增贷款量将达到7.6万亿元左右,与此对应的固定资产投资增长率大概是28.4%,预计2010年中国GDP增速将达到10.5%,其中消费贡献4.5个百分点,投资贡献5个百分点,出口贡献1个百分点。因此,2010年GDP增速将处于10%以上的过热区间。

再次,从长期来看,中国经济增长既有动力也有阻力。城市化是未来中国经济增长的动力,城市化将推动重工业化快速发展。重工业化自2009年下半年起再度加速,2010年中国制造业增加值将超过美国,成为全球制造业第一大国。与上一轮经济高速增长周期相比,中国经济增长潜力将会有所下降,但仍会维持一个较高的增长速度。中国与全球其他国家相比仍具有相对较强的竞争力,但出口增长速度很难明显高于全球出口的平均增速,这一阶段可能会维持10年左右。然而,中国经济长期增长也存在明显的阻碍因素,未来中国有人口老龄化、教育医疗等问题,还有城乡收入差距、地区收入差距和社会收入差距的问题,经济增长是好事,但它还有副作用,这个副作用就体现为收入差距的恶化。

最后,是对政策调整问题的探讨。我国从1995年开始讲转变经济增长方式,要从外延的扩张转为内生的发展。这些都没有错,但问题在于效果如何。李迅雷先生的研究发现,中西部和东北地区多年来不断增长的固定资产投资并没有带来GDP的同比增长,而中国东部只有国土面积的五分之一,却创造了一半以上的GDP。从投入产出比的角度来看,西部地区、东北地区、中部地区投入产出比都是比较低的,最有竞争力的还是珠江三角洲,其投入产出比在4倍左右。究其原因,主要在于体制问题,因而,我们不能够只强调结构,还应该关注如何改体制。

宋国青:目前有轻度通胀倾向

宋国青教授主要讨论了两方面的问题:一是M1增长剧烈波动及其原因,二是当前通货膨胀等方面的情况。

首先讨论M1增长的变化情况。1月M1同比增长39.7%,超过过去十年平均增长率两倍。尽管1月信贷较多对此有贡献,但在贷款增量不大的去年下半年,M1同比增长率持续上升,11月达34.6%。

M1主要是现金与企业活期存款,相比包含储蓄存款的M2,在短期有很强的活动性。过去把储蓄存款叫做"笼中的老虎",M1就可以被看做走到了笼子门口的老虎。市场上把M1相对M2更高的增长速度叫做"剪刀差",认为它对通货膨胀具有更强的预测性。如果用目前这个指标水平预测下一步的通货膨胀,情况会非常严重。上一次40%的M1增长率出现在1994年,当时通货膨胀率高达20%。

宋教授从两个角度对这一流行思路提出不同看法。一是换环比指标看,情况没有那么严重。M1和M2的环比增长率在2009年第一季度达到顶点后下降,并在下半年大幅度下降。这提供了一个同比增长率与环比增长率反向变化的例子。看环比的话,去年3月M1增长率比今年1月要高,"老虎"要出笼的话,去年3月就在笼门口了,但没听见叫几声,又回去了。

宋教授对M1相对M2的增长率波动提供了一个不同的解释。他首先列举了影响M1增长率的三方面因素:一是信贷货币的总体增长,二是居民存款和企业存款比例的变化,三是企业存款中活期存款和定期存款比例的变化。用季节调整后M1相对M2的比例可以控制信贷货币总体增长对M1绝对增长率的影响,并刻画M1相对M2的增长率波动。这一指标在2004年以前相对稳定,2004年后出现大起大落。2007年年底达到上一个高点,2008年年底降至最低点,2009年至今再次上升。

M1相对M2的比例上升有可能是企业把定期存款变成活期存款。如果真是这样,企业部门在紧缩货币的时候把定期存款变成活期存款,对于关注控制货币扩张带来通货膨胀危害的货币当局而言可以说是非常友好。不过,考察居民存款相对M2的比例发现,这一指标和M1相对M2的比例有明显反向关系。因此,M1相对M2比例的大幅波动主要是M2中居民存款和企业存款比例的变化引起的。

进一步看,影响居民和企业存款比例的最主要因素是住房销售。上一次居民存款比例低点出现在2007年10月,正是房屋销售的高点;之后房屋销售下跌,居民存款比例上升;2009年以来,房屋销售猛涨,居民存款比例减少。居民购买住房将其持有的储蓄存款转变为企业存款,其中大部分成为活期存款,计入M1。

买房对居民而言,将其所持有的货币资产转变为房产,总资产并没有发生太大变化。从个人消费函数看,影响个人消费的最主要因素是总财富或总资产,资产结构的影响小得多。因此,居民买房导致居民存款减少,却不会减少居民消费。同时,居民买房导致企业存款增加。企业存款特别是活期存款增加则会增加企业需求。因此,居民房产、居民存款和企业存款(后两者即为货币)共同决定总需求。从这一角度看,可以把个人持有的房产加入货币之中,构成更广义的货币。

住房销售与M1相对M2比例的关系具有两点含义。首先,2009年以来住房销售与货币增长呈反向关系,一定程度上起到了平稳总需求的作用。但这只是偶然之事,如此剧烈的信贷波动今后不宜重复为好。其次,股市波动与住房销售的关系并不总是一致。因此,尽管根据信贷和住房销售可以很好地预测M1,却难以用它来预测股市。

接下来讨论当前通货膨胀等问题。2009年12月CPI环比大幅上涨后,1月有所下跌,2月基本持平。过去半年CPI增长折年率为2.8%,是比较温和的通胀水平。去年第四季度特别是 12 月的高通胀主要由天气异常所致,出口强劲增长也起到一定作用。总的来说,总需求过度引起的通胀压力并不大,2009 年货币增长对 CPI 的冲击已经充分释放。

今年贸易顺差很可能增长,平衡总需求要求投资增长率比上年下降。通胀与货币的关系将恢复到 2008 年以前的状况。考虑住房销售疲软的紧缩效果,第一季度信贷增加 2.5 万亿元可能轻度偏多,但不严重。未来货币供给需要结合出口和住房销售情况进行调整,全年增加 7 万亿元贷款也许略微多一点。最后,利率调整很大程度上是主观的事。利率调整零点几个百分点本身并没有实质性的作用,至多有象征性的意义。

周其仁:向下调整的困难——对 2010 年达沃斯论坛的感受

周其仁教授于 1 月 27—30 日参加了 2010 年达沃斯世界经济论坛。在本次演讲中,周教授从他对达沃斯论坛的观察和感受出发,引出当前发达国家经济复苏中普遍伴随的高失业率问题。就这一问题,他着重从冷战结束后全球经济大势的角度阐释了其根源、表现、未来发展及对中国的含义。

周教授在对达沃斯论坛众多研讨会的观察中发现,实际统计数据所呈现的世界经济图像与各界人士的感受"不容易加得起来"。一方面,统计数据显示,包括发达经济体在内的全球经济出现了实际的复苏和经济增长,国际组织预测结果、采购经理指数(PMI)及各主要股指也均显示了广泛的预测向好。一个典型的例子是金融业。作为本次金融危机"祸首"的金融业在达沃斯论坛上又陷入了"限薪"的争议。金融业从业人员的奖金甚至比危机前更高。"限薪"要求说明金融业从政府救市、零利率和低利率政策中获利颇丰。这与 20 世纪 30 年代大萧条的经验完全不一样。另一方面,达沃斯论坛上西方政要及各界名流对经济的感受却普遍不好,主流意见是不能轻言衰退已经结束、经济已经复苏,尤其是对经济刺激政策退出的问题讳莫如深。IMF 在达沃斯论坛期间调高对 2010 年世界经济增长的预测,同时 IMF 总裁 Kahn 在发言中又认为复苏进程脆弱而不均衡,退出方案的时机选择面临困难。美国白宫国家经济委员会主席 Summers 的说法是:统计数据显示美国正在复苏,但亲身感受它还在衰退之中。论坛上,韩国总统李明博、Stiglitz 教授、三年前在达沃斯预言了危机的 Roubini 教授及芝加哥大学的 Rajan 教授等人也都表现出对复苏脆弱的担忧。

为什么在发达经济的实际增长状况与主流感受及判断之间,存在如此大的差距?周教授认为,一个重要原因是发达经济虽然出现了复苏与增长,但还面对严重的失业。美国失业率仍高达 10%,欧元区失业率为 9.8%,最高的西班牙甚至达到 18%。

更进一步,为什么发达经济体会经历"无就业增长的复苏"?周教授把这一现象与冷战后世界经济的基本格局联系起来。他把这一格局形容为"两个海平面的世界"。美国、欧洲、日本等发达经济体是一个高海平面,它们之间的贸易相互往来并形成分工结构,所以是打通的。它们的人均收入很高,人数也很少。中国、印度这些原来走自力更生、计划经济道路的国家是一个低海平面。它们人均收入很低但人数巨大。两个海平面差距非常大,按国际劳工组织计算,1980年中国工人制造业小时工资仅是美国工人同期工资的1%,这两年可能也不到10%。

中国从20世纪80年代改革开放,印度从90年代开放,1991年苏联解体,上述两个海平面之间开始逐步打通。由于制度文化上的差异,开始打通的时候流量很小。随着低海平面制度成本的下降及学习曲线的提高,这个通道越打越大。但是,这个通道并非所有要素都可以流通,产品、资本、信息的流动远远大于人口和劳动力的流动。发达经济体的资本总体上在流向低海平面国家,以结合当地更便宜的人工。发达经济体到低海平面国家就业的人也来了一些,但数量很少。由此出现的天下大势是,高的往下,低的往上。这释放了全球新的比较优势的巨量势能,并引发全球产业布局重组、经济结构变动以及利益关系调整。

周教授进一步用"通而不平"来概括目前全球经济的发展特征。"通"带来了全球化的利益,发达经济体得到了廉价产品,这对消费者来说是高兴的。但因为仍然"不平",对发达经济体的生产者带来麻烦甚至提出挑战:工资怎么往下调?这是目前这个世界的一个实质性困难。

发达国家向下调整比发展中国家向上调整要难得多,社保体系更为健全的欧洲各国又比美国在调整上更为艰难。这一过程会带来很多摩擦、麻烦和冲突。在达沃斯论坛上,法国总统萨科奇很反常地痛斥资本主义和全球化,并声言"那些故意压低本币汇率的国家迟早要被保护主义痛击"。这句话里至少包括中国。虽然保护主义早已经名誉扫地,想搞保护主义的人也不提保护主义,但有可能有比保护主义更麻烦的事情。找茬、一点小事闹成国际头条新闻的情况会经常出现,这种"热闹场面"将会持续一段时间。

在这一形势下,中国的"十二五"期间能不能有类似过去五年比较和平的国际环境,周教授从达沃斯回来后觉得要打一个问号。相应地,中国人有两个选择:一是人为维持低的海平面,这会对发达国家很不利,对自己实际上也有麻烦;二是让低海平面适应经济基本面演变,适当升得快一些,这对我们自己有利,对发达国家也有利,因为后者往下调也就相对容易一些。那么,怎么让中国的低海平面适当升起来?探讨这个问题,需要把汇率、货币政策、财政政策及外需内需平衡等相关议题,都放到"通而不平"的国际大环境下来做思考。

第21次 报告会快报

（2010年4月25日）

CCER"中国经济观察"第21次报告会于2010年4月25日下午在北京大学国家发展研究院（NSD）万众楼召开。本次报告会侧重讨论宏观经济形势、利率汇率及货币政策、新时期宏观调控特点、贸易条件变化等问题。中国社会科学院世界经济与政治研究所原所长余永定教授，花旗中国经济学家彭程，北京大学国家发展研究院教授宋国青、周其仁、黄益平、卢锋发表演讲或评论并回答听众提问。

会议主持人卢锋教授根据第20次"朗润预测"的汇总结果，用四句话概括了23家特约分析机构对今年第二季度我国宏观经济走势的看法：经济高位运行，通胀压力显著，贸易顺差走低，两率预期微调。下文为主讲嘉宾的演讲摘要。

余永定：2010年的中国宏观经济形势

余永定教授结合经济理论和经验数据，从消费、固定资产投资、政府支出及进出口角度对2010年中国宏观经济形势进行分析，并给出相关政策建议。

首先，余教授认为中国今年消费增长比较稳定，消费增速比去年可能会略高一点，但不可能对经济增长起到扭转趋势的作用。他认为消费受实际收入、实际财富、物价水平、通货膨胀预期、利率、储蓄等因素影响，实际收入起主导作用。目前中国工资出现上涨，预计会促使今年消费有所增加，但综合影响消费的其他诸多因素的作用，预计消费大致保持稳定。另外，去年影响中国消费比较重要的因素是政策刺激下汽车消费增长较快，政策取消后消费可能会减少，他认为中国还属于发展中国家，不像日本"消费饱和"，仍具有较大的消费需求空间。今年消费增速将大致保持稳定。

其次，余教授认为今年固定资产投资增速应比去年有明显下降。理论上讲，投资增速受需求缺口的影响，需求缺口变化会影响物价水平，物价变化将影响企业利润的增长速度，而企业利润的增速将直接影响企业投资。中国情况比较特殊，中国需求可以认为是无限的,因为地方企业不管效率好不好,只要有钱就要投资,因而投资增速还取决于信贷变化。理论投资函数复杂,判断固定资产投资增长趋势需要结合辅助性观察变量。一是从新增项目数看,2008年11月以后中国经济下滑后快速回升的重要因素是新增项目上升很快,2009年有关领导人表示2010年基本上不上大项目,因而今年新增项目增长很少,由此导致固定资产增速下降。二是从制造业和基础设施角度看,今年比去年高峰时段有较大幅度的下滑,制造业投资的未来趋势下降。此外,钢铁增幅出现了冲高回落,从一个侧面表明投资下降趋势。三是从政府政策来看,近期中央出了一系列新的政策,房地产投资可能会受到比较大的影响,房地产投资在中国总投资中的比重一直是五分之一到四分之一,房地产投资增速下降将拉低投资增幅。总体来看,今年固定资产投资增速应该比去年有比较明显的下降。

再次,政府支出增速下降的趋势比较明显。政府支出是分析财政对经济增长影响的主要指标。从目前来看,尽管财政税收出现了逐步上升的现象,但中国政府支出增长速度下降的现象比较明显,赤字也表现出逐步缩小的趋势。

最后,净出口是总需求中最难预测的部分,需要区分出口与进口。中国未来出口能否增长,最关键的还是看美国。美国的贸易逆差已经有了比较明显的减少,从趋势看美国的贸易逆差还将继续减少,这就意味着中国出口到美国的环境会越来越困难。从奥巴马政府的立场来看,最重要的政策就是推进出口,这是一箭双雕的政策,既能促进美国经济增长,又不至于使美国经常项目逆差进一步扩大从而使美元地位不稳。美国目前正在实行这个政策,因而中国的出口环境可能变坏。未来美国经济还具有不确定性,中国能否保持比较好的出口增长,是值得怀疑的。

贸易差额出现了一个新现象,就是2008—2009年中国贸易差额和加工贸易联系减弱,出口减少并没有伴随着进口下降,因为这不是由于加工贸易造成的,而是与我国大量固定资产投资相联系,导致进口下降的幅度低得多。从今年的情况看,中国大量进口原材料商品导致大宗商品价格又快速上涨。从这个角度应该强调的是,中国应该转变经济增长方式,不能不管进口而不顾代价地促进出口,这是赔本买卖。今年中国进口的原材料、能源大幅度上升,价格也大幅度上涨,对中国来讲意味着贸易条件的严重恶化。在这种情况下,进口越多越说明中国的经济结构有问题,必须要改正,否则中国经济增长很难持续。

总体来看,今年中国净出口贡献有望转正,消费贡献可能有所增加,投资贡献有所减少,政府开支出现下降。综合起来,如果一切正常,那么今年经济仍将保持较高增长率。然而不能排除一个可能性,即如果外部环境出现变化,那么经济增长速度可能又会掉下来。尽管如此,有一点是非常重要的,中国已经能够忍受比较低一点的经济增速,政府所采取的基本政策方向不能改变,应及时推进一系列调整,包括利率、汇率等政策调整。最后,零利率政策、负利率政策对中国经济的损害非常巨大,持续下去会耗尽后续的发展潜力。

周其仁:谈货币政策

周其仁教授同意余永定教授在演讲资料中提到的"过于宽松的货币政策是中国在保

增长的同时结构问题进一步恶化的重要根源"的判断。去年中国应对危机实施积极的财政政策和适度宽松的货币政策,实际执行是极度宽松的货币政策,去年第一季度新增信贷4.5万亿元,全年新增信贷总量9.5万亿元,这对中国经济"保八"甚至"超八"起着重要的作用,但这种政策的代价也逐步显现出来。

周教授认为,2003年以来货币政策宽松的主要原因是被动。不是财政动机要求多发基础货币,而是由于有一个稳定汇率的目标,同时又让央行用基础货币实现这个目标,因此,要守住汇率目标,央行就需要每天在外汇市场上大量收购,结果是释放过量的基础货币。在这个领域中最早指出这一点的有两位经济学家,一位就是余永定教授,2003年9月他就发表文章指出了这一点,并且指出当时升值的恐惧症,还分析了日本1985年签订的《广场协议》,认为并不是这个协议直接导致日本后来的麻烦,而是中间有一个转换问题,即当日元升值的时候,日本国内货币政策担心紧缩而松得过头。他当时就认为中国宏观稳定要增加汇率的灵活性。另外一位就是宋国青教授。2003年10月,他在中心研讨会上发表题为"走出通货紧缩"的长篇研究报告,提出在总需求快速回升的形势下,应当退出盯住汇率制,增加汇率弹性调节外需。他还认为汇率是所有宏观矛盾和问题的"纲"。

中国去年过于宽松的货币政策一定会有后果,过量的货币一定要在市场上表现出来。从目前来看,车市现在还很火,今年第一季度是全球第一且增长最快,行业协会估计今年销售量可能会有1 600万—1 800万辆。然后看其他领域,旅游、航运、航空,即便不像去年那么旺,但都有增长。基本经济分析就是,负利率导致贷款需求非常旺,你摁住了东边,它会从西头冒出来。过量宽松的货币政策会恶化经济结构,但经济结构问题多年被过高的经济增长速度所掩盖,经济增速高就没有调整结构的压力。

周教授认为,如果货币政策过于宽松,除非采取相当有力的政策,否则货币在市场当中漫游,看到这块出了问题改这块的时候,货币很可能在向别的地方延伸。现在很多人说政府管了房地产是好消息,这个部门购买力可能过了,干预在某种程度上有一定道理。然而,现在市场力量活跃,捂了东边很多人往西边走,这样就造成两头都很忙。货币像一团有黏性的流体一样,在市场当中一个包一个包地鼓下去,所以讲到底还是要把货币看成牛鼻子,把其他价格看成牛腿,牵牛就要牵牛鼻子。

如果中国还继续有外汇汇率目标也没有关系,应当用财政基金购买外汇,不要让央行用基础货币购买外汇,这样分开以后汇率目标的真实代价就提上了日程。现在央行用基础货币买外汇,很隐蔽,整个社会认为这是无本生意。要根本实现中国宏观经济的平稳运用,让市场发育得更好,让企业和政府管制的关系变得更为平稳,最终还是要牵牛鼻子,还是要在汇率、利率这些问题上更大胆地改革,更符合社会主义市场经济。如果做不到这一点,只好被动地抬牛腿。牵牛鼻子很容易,抬牛腿很麻烦,抬一条腿没有用,得把四条腿全抬起来它才能挪步。但是中国经济现在腿可多了,今天抬这条明天抬那条,那就会过度损耗政府、民间、产业、企业、个人的资源。

黄益平:一段历史和一个传说的启示

黄益平教授回顾了我国实行银本位制的一段历史,探析了有关日本经济十年滞涨根源的一个传说,由此得出对当前我国宏观政策的几点启示。

银本位制的历史可大致分为三个阶段。中国在明、清时期一直实行银本位制,但白银的供给主要来自国外。19世纪后期主要西方国家纷纷转向金本位制,致使银价大幅下跌,这给坚守银本位制的中国经济带来很大冲击。1929年的大萧条之后,中国被迫放弃银本位制,代之以法币。

从黄金和白银在1833—1944年间的价格走势看,1860年前金价和银价都比较稳定,但1867年之后银价大幅下跌。一个重要原因是1867年英、法在巴黎召开国际货币会议,主旨便是说服诸多西方国家放弃金银复本位制,转向金本位制。大多数西方国家在20世纪初都基本实行了金本位制,致使国际市场上对黄金的需求攀升、对白银的需求萎缩,银价也一路走低。中国始终坚持银本位制,本意是想盯住白银、维持比较稳定的货币体系,但由于货币锚本身非常不稳定,最后造成经济受到很大冲击。

再回顾1888—1893年间汇率与外贸的关系。1888年1两白银可兑换4先令又8.75便士,到1893年,1两白银可兑换3先令又4便士。对于实行银本位制的国家或地区,如印度、中国香港、新加坡和日本,这五年间由于白银价格的下跌,进出口均有较快增长。但是实行金本位制的国家,如英国和澳大利亚,进出口均出现负增长。可见汇率制度对贸易结构确有影响,而贸易不平衡也产生了非常严重的政治经济后果。有历史学家认为,鸦片战争的爆发源自中英贸易顺差,19世纪30年代英国曾派使团到北京要求中国购买英国产品但没有结果,最终采取了极端的战争手段。

最后看大萧条前后中国的形势。19世纪末主要西方国家转向金本位制,而中国坚持银本位制,其他国家对白银的需求萎缩,而中国仍有旺盛需求,中国的银价自然高于他国,因此大量白银流向中国,流动性非常充裕,这带来了上海银行业的繁荣、房地产业的振兴和股票市场的发展。即便在大萧条初期,其他国家都出现严重通缩,而中国因为执行银本位制并没有受到很大冲击。但1931年几乎所有主要国家都放弃了金本位制,致使我国货币大幅升值,加剧了经济困难。1934年美国通过《白银收购法案》以保护国内的白银生产,附带效应是全世界大量白银流向美国,造成中国的流动性短缺,对上海经济的冲击直接显现,比如银行负债、房价下跌、股市崩盘、工厂歇业等诸多恶果。1935年我国被迫放弃银本位制,代之以法币并建立了中央银行。但是新的货币体系也存在严重缺陷:没有与任何金属或货币挂钩,没有明确的货币供应或价格规则,没有限制任何资本项目交易,也没有建立财政纪律。众多问题在20世纪40年代开始暴露,法币急剧贬值并最终被取代。这便是银本位制的历史回溯。

需要质疑的一个传说是:1985年签订的《广场协议》造成日元在20世纪80年代后期大幅度升值,日本由此步入十余年经济衰退的陷阱。依照这一逻辑,中国目前必须坚决顶住人民币升值的压力,以免重蹈日本的覆辙。

1985年签订《广场协议》时日元对美元的汇率大约为240日元/美元,到1986年年中已经下降为150日元/美元,升值幅度确实较大。但在日元不断升值的同时,贴现率不断下降。一个原因是政府担心经济承受巨大的通缩压力,从而放宽货币政策。另一个原因就是政府希望通过大幅降低利率以阻止日元升值。其实日本中央银行在1986年夏天已经意识到货币政策过度宽松,经济已如一堆干柴,随时可能着火,但央行没有成功说服公众及时紧缩货币政策,货币发行量仍然逐年上升,流动性愈来愈充裕。一个后果是资产价格尤其是地价出现严重泡沫。直至1989年夏天货币紧缩政策才真正实行,地价急剧下滑,10年之后又回复到80年代初的水平。可以比照日本与其他国家的数据,虽然美国、英国、法国等国在80年代综合资产价格都呈上升趋势,但幅度都远低于日本。1990年日本的资产价格为1980年的2.2倍。另一个后果是利率下降使得银行在80年代后期的利润率直线下降,迫使银行扩张信贷规模。而在货币政策紧缩后,银行便出现大规模亏损。

这段历史与这个传说给予当今中国怎样的启示呢？第一,中国作为经济大国,经常项目长期失衡,可能会带来严重的政治、经济后果。第二,盯住一个走向衰落的货币,恰恰可能成为不稳定的根源。第三,在提高汇率灵活性的同时,也要解决货币锚的问题。第四,《广场协议》并非导致日本经济衰退的主要因素。短期内大幅升值必然会有严重后果,但日元为什么大幅升值,原因之一是日本一直在抵制升值,抵制时间越长意味着扭曲程度越大,最终被迫做出大规模调整。第五,日本一直以宽松的货币政策遏制日元升值,致使资产价格泡沫十分严重。第六,许多专家认为中国应该抵制人民币升值,以免重蹈日本的覆辙。但我们现在的行为,如抵制升值、放松货币政策,可能才是在重犯日本三十年前的错误。

彭程：结构失衡与资产泡沫

彭程先生的演讲分析了以下几个问题:一是中国高投资与高回报预期对投资者及决策层的影响;二是导致高回报预期与高投资的两个成本扭曲;三是低利率与目前相对的低杠杆率使资产泡沫存在继续扩大的空间。

中国快速发展三十年带来了高回报预期和高投资。在今后的三十年,中国经济很可能继续高增长。这个预期影响了两组人。一是投资者,近十年他们投资于中国出口部门的生产能力。今后出口不会有类似2005—2007年的大扩张,所以投资慢慢地转向了内需。二是决策层,投资是决策层影响宏观经济的主要手段。

高回报和高投资与两个成本扭曲有关。一个是劳动成本。2002—2006年中国出口产业开始突飞猛进时,中国制造业工人工资从美国的五十分之一上升为四十分之一左右。即使和亚洲一些经济体相比,中国劳动力价格也很低。中国的低价劳动力对国际贸易的发展和新中国的建设有很大贡献。另一个是资金成本。在日本、中国台湾、韩国等经济体发展最快、投资率最高的时候,贷款利率都处于实际GDP和名义GDP之间。在中国投资最多的2001—2009年间,利率只有实际GDP增长率的6成。过低的利率与很高的回报促成了中国的投资热。

保持低利率是造成房地产泡沫和各种资产泡沫的主要原因。中国人储蓄增长很快,比较存款利率和CPI,从1990年至今有三分之一的时间一年期存款利率低于CPI,也就是说有三分之一的时间实际存款利率为负。在每一次通货膨胀上升的时候,储蓄增长速度就开始下降。没有变成储蓄的资金要么炒股要么炒房。这一次通货膨胀上升和储蓄增速下降才刚刚开始,所以房地产的投资需求还很强劲。这次政府出台一些政策控制房地产市场,房地产价格会下调一阵,但调控政策并没有触动房地产市场失衡的根本。

中国整体的杠杆情况比较乐观,所以资产泡沫的扩大存在空间。居民贷款包括房地产贷款等仅占 GDP 的 16.5%,近十年企业负债占总资产比例保持在 60% 左右,中央及地方政府债务,加上通过各种融资平台所产生的间接债务大概相当于 GDP 的 50%,相比美国等经济体都不严重。这种状况下以远远超过 GDP 的增速放贷,至于会不会造成通货膨胀可以去讨论,但肯定会造成资产价格的上升。

卢锋:新时期经济增长与宏观调控的特点

近十年(2000—2010 年)我国经济增长与宏观运行呈现一系列特征性事实,为理解未来经济增长和分析宏观政策提供了经验基础。一是生产率革命与经济追赶提速。制造业劳动生产率从 2000 年至 2009 年增长了 2.3 倍,相对 OECD 国家提升了 1.65 倍。二是投资高回报推动投资高增长。工业权益税前利润率从 1999 年的 5.1% 上升到近年的 17%—18%。三是增量大国地位加强。在基础大宗商品全球消费增量贡献比例不断提升的同时,近年在投资和总需求增长指标上开始领跑全球。四是汇率动态低估伴随顺差空前增长和外部失衡。五是通胀压力呈现"四高四低"的分布特点。六是从总体上看宏观经济呈现"顺差型总需求偏强"的特征。

十年经验提示,对于正处在城市化、工业化高速推进和生产率快速追赶阶段的中国经济而言,通货紧缩和总需求不足并非难以避免,总需求增长偏快和应对通胀压力是更具有常态意义的挑战。从总需求管理角度看,由于开放宏观政策架构有待完善,运用市场化调节工具应对偏热通胀时受到较多限制,实际采用很多具有中国特色的调控手段。我国近期的宏观调控政策,既不同于成熟市场经济环境下倚重货币和财政政策的情形,与我国早先时期比较也有较大差异,表现为政策工具运用多样化的特点。

粗略观察梳理新时期宏观调控政策工具大约有 18 种之多。各式各样的宏观调控手段大体可分为三种类型:一是总量参数型调节工具,如公开市场操作、法定准备金率、利率、财政赤字等,主要通过货币以及财政政策手段进行调节。银行资本充足率、房贷首付等政策的主要目标是防范金融风险,运用时也有间接调控功能。二是准入数量型工具,包括对特定部门限制市场准入、收紧或暂停特定部门投资项目审批,采取"有保有压"的方式进行信贷数量和建设用地供应数量调节等。它们不同程度地具有采用产业政策手段进行宏观调节的属性。三是行政性调控手段,如暂停建设用地供应、价格行政干预、严查典型案例推动宏观调控等。这类措施运用频率较低,往往在上述两类手段未能较快达到合意效果或者认为形势紧迫时启用。

经济追赶新阶段出现新矛盾,宏观调控部门务实应对是必要的,灵活选择调控手段对维护宏观环境基本稳定发挥了积极作用,同时也要重视宏观调控政策两个方面的问题。一是总量参数型工具运用不足。例如,公共财政转型仍未完成,财税体制中"逆周期自动调节"的作用有限。更重要的是,由于汇率体制改革有待深化,在盯住和半盯住汇率目标下难以灵活采用价格手段调节国际收支失衡,"车马效应"更是导致利率等短期宏观调控参数工具运用得比较呆滞,未能充分发挥利率在调节总需求和宏观偏热失衡中应有的作用。二是非常规宏观工具运用偏多,导致"宏调干预微观"问题。例如,应对过热和通胀时不得不启用信贷数量控制这类早先改革时本已决定弃置不用的手段;在产能过剩概念下,用产业政策抑制投资作为宏观调控工具也在理论和实践上面临困难;价格行政定价、冻结土地供应等政策更显然是不得已的权宜之计。

需要在回顾总结近十年经济增长和宏观调控的经验基础上,通过新一轮改革建立和完善"大国开放宏观政策架构"。一是要深化汇率体制改革,让汇率更好地发挥调节开放型经济、调节内外关系的相对价格功能。二是加快改革利率形成机制,让利率更好地发挥调节总需求的作用。三是要提升央行独立性,管好货币,稳定币值,为经济追赶提供均衡的宏观环境。四是以效率与公平为目标推进公共财政改革,逐步增加财政税收支出中逆周期自动调节机制的功能。

宋国青:贸易条件与利率汇率

宋国青教授从今年第一季度贸易条件恶化的情况入手,分析低利率对石油、金属等矿产品价格以及住房价格变动产生的重要影响,并以中国粮食的历史经验类比目前房地产,以说明低利率可能导致多方面资源配置的消极影响。

以季节调整后出口价格指数除以进口价格指数,可以看到从2002年以来贸易条件多年恶化。在金融危机期间,石油、铁矿石、海运价格大幅下跌使得中国贸易条件大幅改善,然而好景不长,现在基本上达到了2008年最不利的水平,很可能还会继续恶化。

第一季度顺差大幅下降的主因就是贸易条件恶化。其中,1—2月合计顺差下降超过一半,几乎完全是贸易条件恶化的结果。3月出现逆差可能主要是进出口暂时性因素导致,贸易条件变化仍起重要作用。要区分两种贸易顺差下降的原因:一种是价格没变,进口数量多了;另一种是进口数量没变,价格更贵了。后者所导致的下降使宏观平衡变得更差。

与进出口价格同比不变的情况相比,第一季度出口少挣104亿美元,进口多花404亿美元,合计为508亿美元或3 468亿人民币。假定固定资产折旧增长率和GDP增长率都为11.9%,第一季度GDP中扣掉14%的固定资产折旧,那么贸易条件恶化导致损失占国民收入的4.9%。这意味着第一季度真实收入增长率是7%而不是11.9%,另外国民收入4.9个百分点"贡献"给了石油输出国和巴西、澳大利亚等矿产国。

贸易条件恶化主要由中国本身引起。作为一个大国,我国进口量对国际商品市场起巨大作用,增长率边际提升导致进口价格上升。如果中国反过来把经济增长率往下压,把GDP增长控制在7%不是12%,资源价格就会下跌,国民收入增长率反而有可能提高到12%。所以,对于一个边际上有重大影响的经济体,不能简单地说经济增长率高了好还是低了好,而需要某种垄断分析思路来探讨。

贸易条件恶化使中国第一季度损失508亿美元。如果说外国增加了收入,中国这边谁亏了?收入核算需要更多考虑。第一季度企业利润暴涨,财政收入也高速增长,贸易条件恶化的部分结果是居民消费投资价格指数相对上升。在按不变价格计算的消费和住房投资比例变化不大的情况下,"居民消费投资价格总指数"而不仅是CPI能够反映生活成本。所以,从房子的角度讲,可以说个人负担了相当大一部分贸易条件恶化的损失。

利率对石油等矿产品价格至关重要。按照可耗竭资源定价的 Hotelling 法则,低利率直接导致资源高价格。如果利率很高,石油输出国会加快挖石油以卖了存钱,如果利率很低就把石油储存在地下等待价格上涨。如果中国拿外汇换石油增加储藏,那石油输出国又为什么会愿意拿石油储藏换外汇?石油输出国手里的美元不比中国少,只有把石油价格涨到买家一点利益都没有的程度才肯卖。

这里的重要问题是:为什么现在利率这么低?美国和很多国家政府大规模举债,而真实利率达到空前低的水平。里根时代美国也搞政府赤字,但那时利率非常高。美国次债危机期间家庭资产大幅缩水,现在美国家庭也开始储蓄。这对中国这样一个资本输出国并不有利,因为这意味着利率下跌。美国次贷问题一方面是零首付引起的。这个情况可能消失,但低利率影响还将存在。

以 CRB 金属真实价格指数看,近年金属价格逆长期趋势而上,这一方面是由于中国迟到的城镇化在一段时间内引起的冲击,另一方面低利率也起了主要作用。低利率在短期内通过影响存货而直接影响金属材料价格,更重要的是,低利率推高全球房价,导致住房投资和有关投资增加,从而推高金属材料价格。

中国目前的重工业化一部分是由于迟到的工业化和城镇化,另一部分是由于利率歪曲。在利率不当的情况下,抑制房地产需求可能导致其他扭曲,在短期可适当考虑,但长期还是应理顺基本经济关系为好。如果长期这样下去,未来的利率调整难度大。改变经济增长结构还要从调整需求入手。

撇开价格、汇率、利率等因素,现在北京该修地铁还是该建房?北京人均住房面积可能有三四十平方米,上下班地铁人均占有面积又是多少?这里面有显性空置和隐性空置差异的问题。导致隐性空置的房地产投资不产生坏账,有很大社会效益的投资却被认为很可能产生坏账和影响宏观平衡而被叫停。这其实就是住房和其他投资扭曲所导致的基础设施投资扭曲。

粮食提供了一个历史经验。最近连续六年粮食增产,很大程度上与之前连续五年减产有关。20 世纪 90 年代初高通胀、低利率导致农民抢存粮食,政府也抢着收购,粮价上升导致粮食产量偏大,我国进口上升导致国际粮价也随之上涨。然而过量粮食库存导致后来连年处理陈化粮,一不小心流入市场害人、害动物。这就是低利率导致资源配置扭曲,存货推动价格涨跌,怎么涨起来就会怎么跌下去。现在房子怎么看怎么像当年的粮食。虽然还存在很多分布问题,但现在人均住房面积并不少。也许若干年以后,房价也是怎么涨起来就怎么跌下去。所以说,低利率造成的后果是多方面的,单堵一方面不知道下一步扭曲又出现在哪里。

第 22 次 报告会快报

（2010 年 7 月 24 日）

CMRC"中国经济观察"第 22 次报告会于 2010 年 7 月 24 日下午在北京大学国家发展研究院万众楼举行。本次报告会侧重讨论劳动力市场和就业、希腊主权债务危机及经济政策调整、结构转型、短期需求波动等当前宏观经济形势及热点问题。会议由北京大学国家发展研究院卢锋教授和徐建国教授主持。中国人民大学劳动人事学院院长曾湘泉教授，中共中央党校校委研究室副主任周天勇教授，法国巴黎银行中国首席经济学家陈兴动先生，安信证券首席经济学家高善文博士，北京大学国家发展研究院宋国青教授、卢锋教授发表演讲并回答听众提问。

卢锋教授首先介绍，2010 年 4 月，北京大学国家发展研究院决定，组建北京大学中国宏观经济研究中心（China Macroeconomic Research Center，简称 CMRC）。进入新世纪以来，我国经济在长期增长和短期运行方面出现了大量新现象和新问题，需要学术界围绕现实深入研究。CCER/NSD 有一支长期关注和重视宏观经济研究的教授团队，宏观经济学的教学科研是 NSD 的传统优势领域之一。建立 CMRC 有助于更好地发挥 NSD 的优势，提高宏观经济学教学和科研水平，为北大同学和社会各界提供更多更好的服务。CMRC 将继续举办季度中国经济观察报告会，并开展其他有关开放宏观经济的研究工作。

然后，卢锋教授根据第 21 次"朗润预测"的汇总结果，用四句话概括了 20 多家特约宏观预测机构对 2010 年第三季度我国宏观经济走势的看法：经济增速走低，物价涨势见顶，贸易顺差回升，"两率"波澜不惊。下文为主讲嘉宾的演讲摘要。

曾湘泉：对当前就业形势的几点认识和思考

曾湘泉教授回顾了 2009 年至今中国劳动力市场的几起重大事件。

一是民工荒。2009 年下半年以来，随着中国经济的强劲复苏，沿海地区，尤其是珠三角和长三角地区,用工短缺问题大有愈演愈烈之势。缺工现象主要集中在对农民工需求大、工资收入低、工作强度大和工作环境差的加工制造业和服务业。

二是富士康跳楼事件。2010年1—5月,富士康共发生15起跳楼事件,尤其在5月呈现爆发式增长,一个月内发生9起。富士康于6月2日宣布将一线员工的基本薪资从每月900元上调至1 200元,又于6月7日宣布从今年10月1日起考核合格的一线员工薪资将上调至2 000元,上调幅度超过了66%。

三是本田罢工事件。2010年5月27日,本田公司发布消息,称该公司位于广东省佛山市的零部件工厂的中国工人要求加薪而罢工。零部件供应的中断,致使4家本田在华整车工厂也被迫停产。6月4日,劳资双方经谈判达成协议,每位工人月工资增加500元,平均月薪增加至2 044元。这一事件反映了收入分配不公、企业忽视劳动者权益、非法用工、工人维权意识和集体意识的提高,以及缺乏问题解决的正规渠道等。

四是涨薪潮。前面三起事件归根结底均与工人工资低有关。2010年6月8日,深圳公布了《最低工资标准调整方案》,宣布自7月开始,深圳市关内外最低工资标准统一提高至1 100元/月,关内外涨幅分别达11%和22%,创下深圳历年最低工资标准调整的最高幅度。从7月1日开始,北京等10个省市相继上调最低工资标准。用工荒、政府对提高最低工资标准的推动、通胀导致生活成本增加等构成了本次涨薪潮的原因。

基于以上事件,曾教授引出四个问题:中国劳动力市场供求关系是否已经改变,低工资时代是否预计结束,劳资关系的力量对比是否已经改变,以及政策取向应是什么。曾教授也给出自己对上述问题的几点认识与思考。

第一,中国劳动力市场的职位空缺仍需高度重视。基于他以前的一项研究,在一定的假设条件下,2006—2020年间,15—24岁劳动力人口持续下降,至2020年仅有约目前一半的劳动力;而55—64岁的劳动力人口一直在增加。总体而言,中国劳动力供给总量仍然巨大。而中国经济的高速增长掩盖了目前的供求矛盾。根据中国就业研究所发布的中国就业季度报告,金融危机带来的就业压力已得到舒缓,2009年第一季度就业压力处于顶峰,现在已处于低点。需要注意的是,虽然公布的登记失业率很低,但自然失业率非常高。一是由于摩擦性失业,目前中介还不发达,劳动力市场的信息不充分。二是因为结构性失业,尽管劳动力市场有空缺,但求职者没有掌握所需的技能,结果继续失业。

第二,就业质量成为新的关注点,就业不充分、不稳定成为突出问题。这体现在以下几方面:随着农业生产机械化程度的提高,农民的季节性就业更加突出;外出打工者很容易受到经济波动的影响,且权益得不到保障;许多就业者的劳动关系不稳定,如派遣员工。例如,安徽省宿州市埇桥区的调查显示,2009年当地外出打工者中约有14.2%并无固定工作或者从事废旧物品收购等自营职业。例如,2009年高校毕业生调查显示,有接收单位但尚未签约者占毕业生总数的24.3%,除了用人单位还在走程序的原因,其他主要原因是用人单位提供的工作为临时性工作以及对工作不满意而暂时未与用人单位签约。

第三,就业能力是制约转型的最大障碍。据麦肯锡公司调查,中国每年新培养出约160万名工程师,是美国的9倍。然而,其中只有约16万名具备跨国公司工作所需的实用技能和语言技能。该公司2009年对北京中关村地区的调查发现,"高校毕业生的就业能力与用人单位的实际需要相比存在很大差距"成为大学生就业难的首要长期原因。

第四,劳资关系受全球经济影响呈现复杂化特征,理论研究和管理措施亟待强化。虽然人才竞争促使高端的人才市场价格上升,但低端的劳工市场难以全球化,工资呈向下竞争态势。同时全球劳资关系复杂化,如国家间出现岗位竞争,劳资冲突由民事案件演变为刑事案件等。

最后曾教授给出了几点政策建议:保持经济的可持续增长;建立工资的正常增长机制;加大改革力度,缓解结构性失业;提高养老金水平,降低老年人口劳动参与率;加大中介服务建设,减少摩擦性失业;工会组织实现专业化和职业化,增强集体谈判能力;建设和发展中小城市,从构建中国未来的农村劳动力转移模式来思考就业战略;重视劳动科学的研究和人才培养。

周天勇:中国的劳动力市场与刘易斯拐点

周天勇教授讨论了当前有关劳动力市场和刘易斯拐点的两大争论。一是刘易斯拐点是否已经到来。如果已经来了,那中国的就业问题就没有如此严峻,劳动力供需市场就会平衡。二是在刘易斯拐点到来之前是否应该涨工资、提高劳动力成本。按照刘易斯拐点的含义,在拐点到来之前,劳动力无限供给,工资不会上涨,如果涨工资将使中国失去竞争优势。但事实是近年来农民工工资持续上涨。

解决争论需要考虑中国劳动力市场的特殊性,比如城乡二元结构使人口难以自由流动;党政机关、事业单位和国企的劳动力退出存在障碍;私营企业和外资企业的劳动力进入和退出都较为自由,但随着社保制度的完善,退出难度也在增加;工会基本不发挥作用等。而刘易斯拐点暗含的假设是人口自由流动以及劳动力资源能自动合理地分配到各个产业,这与中国的现实并不吻合。

关于第一条争论,即刘易斯拐点是否已经到来,周教授持否定的态度。从劳动力供给方面看,首先,中国目前的人口密度位居世界第 11 位。但如果分区域看,在腾冲至黑河一线以西,64% 的国土面积上仅有 5% 的人口;而在该线以东,36% 的国土面积上承载了 95% 的人口,这一区域的人口密度则位居全世界第 3 位,仅次于孟加拉国和印度。其次,中国农业劳动力人均耕地仅高于孟加拉国和越南,位居全世界倒数第 3 位。再次,虽然农村中许多青壮年已转移到城市,但还有许多老人以及妇女,并且每年还新增大量农村初、高中毕业生向城市流动。最后,农业机械化程度的提高也挤出大量剩余劳动力。总体而言,农业劳动力的数量仍然巨大。

在劳动力需求方面,首先从所有制结构看,国有和集体企业在高峰时期曾雇用 1.3 亿多劳动力,现在国有企业雇用人数不到 3 000 千万,集体企业雇用人数不到 500 万,而且还在继续减少。其次从产业结构看,40% 的劳动力在农业,27% 的在工业,34% 的在第三产业。但去年农业增加值占 GDP 的比重已降到 10% 以下,可见农业的劳动生产率与工业和第三产业相差有多大,而刘易斯拐点的假设之一是农村和城市的劳动生产率大体相当。最后从企业规模结构看,地方许多企业都是大型工业企业,提供就业机会很少。因此,将中国劳动力的供需结合起来看,刘易斯拐点已经到来的观点不能成立。

关于第二条争论,即在刘易斯拐点到来之前是否应该涨工资,周教授持肯定的态度。他认为农民工工资上涨有两点原因。一是国家近年来对农业投入较大,农村收入不断增加,若要农民从农村转移出来需要给予更高的工资。二是随着物价上升和社会保险金缴费的增加,农民工在城市的生活成本提高。因而农民工工资上涨是一个不可抗拒的趋势,并会一直延续下去。

工资上涨对经济的作用是双面的:一方面,在劳动力供大于求的情况下,工资上涨会使失业率上升;另一方面,工资成本的上升迫使劳动密集型的低端产业尽快调整与升级。针对这些问题,首先,政府要改变服务业增加值比例和服务业就业比例过低的局面,积极促进服务业发展,以吸收制造业因资本密集度增加而富余出来的劳动力。其次,由于工资上涨后企业生产成本增加,政府应考虑减轻企业税费负担,避免其破产而使失业率上升。中国的名义税率仅次于法国,如果算入征收的其他相关费用,可能已经超过法国。对企业而言,应加快技术进步、扩大品牌优势、提高竞争力,同时加强管理、降低成本。

卢锋:希腊债务危机观察

2009年10月21日希腊政府上调赤字率,导致希腊债券评级下调,希腊危机逐步浮出水面。经过旷日持久的讨论,欧盟和IMF在2010年5月上旬危机急剧恶化的形势下召开紧急会议并达成一致意见,推出总额7 500亿欧元的救助计划。此后希腊危机步入调整阶段。

救援计划使危机局面得到控制,然而化解和根治危机仍存在不确定性,后续演变面临三种前景。一是逐步化解的合意前景,即希腊以及欧元区债务严重的国家推进结构调整并以放慢增长为代价走出危机,从目前情况看这一可能性较大。二是如果危机扩散到其他国家,如果银行流动性困难转变为银行危机,危机可能进一步恶化。三是希腊或若干国家退出欧元区,可能出现欧元动摇甚至更糟糕的形势,发生这类情况的概率很小,但也不能完全排除。

以下五方面因素影响危机演变的前景。一是希腊能否协调国内矛盾实施调整。梳理媒体报道,危机以来至少已发生14起罢工抗议事件,调节社会压力构成重大考验。二是德国等需要在财务上施以援手的国家,能否有效管理国内利益矛盾和政治压力,维持和巩固欧元区国家之间的合作意愿。三是银行流动性困难及其演变为银行危机的潜在风险能否得到有效控制和化解。四是欧元区国家之间的传染效应能否得到控制。五是欧元区政治家和公众能否在建立财政约束和有序退出机制方面取得突破,解决未来危机的深层根源。

希腊危机由一系列的复杂因素造成,从开放宏观分析视角看,持续"双赤字"以及缺失货币调节手段具有关键影响。希腊增长方式失衡伴随过度赤字和债务。从总需求分解角度看,1990—2008年间希腊经济增长对消费的依赖程度高达89%。高赤字是消费驱动增长模式的关键支持条件。1990—2009年年均赤字率高达7%以上,其中只有一年达到3%的标准;债务率一直接近100%,2009年更是高达110%。

希腊服务贸易一直有盈余,但是货物贸易赤字率二十多年一直在两位数的高位,贸易赤字率从1990年的8.7%加剧到2002年的14.4%,金融危机前几年在11%—12%的高位波动。巨额贸易赤字与财政赤字匹配成双赤字。

双赤字导致希腊政府的负债结构具有高外债特征。外债从2004年的1 220亿欧元持续飙升到2009年的2 240亿欧元,外债占GDP比率从2004年的66%增长到2009年的90%。历史经验表明,外债比率过高更容易发生违约等债务危机。背负"双赤字"重压的希腊经济面对外部冲击处于极为脆弱的地位。

加入欧元区丧失货币调节手段。20世纪70—80年代希腊也经历过宏观的严重失衡,1973—1993年一直面临两位数的通胀率。这一时期希腊货币德拉克马(Drachma)贬值7倍多,外部赤字失控性扩大,利率从5%提升到18%以调节内部失衡。宏观管理失序拖累当时增长,但是困难局限在国内,也没有目前这样紧急、深重的危机。新世纪欧元时代,希腊外部严重失衡加剧,然而希腊实际汇率反而升值20%。在一定时期可以依赖"借来的信用",但在低成本外部融资的背景下,希腊政府缺乏足够压力调节过度债务,最终酿成严重危机的恶果。

依据国际机构最近的预测,如希腊危机就此逐步化解,对全球经济影响比较有限,欧元区、美国、亚洲新兴经济体2010—2014年年均GDP缺口扩大0.16%到0.4%。如危机恶化,则有严重影响:上述经济体年均GDP缺口扩大0.83%到2.15%。全球经济直到2014年年底仍处于GDP正缺口的不景气状态。

欧洲债务危机对我国的影响可以从贸易、投资和经济政策等不同方面观察。从贸易角度看,对欧洲主要高负债国家(GIIPS)的出口在2009年占我国出口的3.5%,对希腊出口仅占0.25%。只要危机不扩散至更多国家甚至整个欧元区,危机对中国贸易的影响应相当有限。

从投资角度看,根据COFER数据,近年新兴经济体及发展中国家外汇储备中有约30%投资于欧元资产。如果中国储备投资结构与此类似,持有欧元资产规模可能高达7 000亿美元。欧元贬值对我国储备投资收益的影响显著,万一出现欧元动摇的最坏局面,我国将面临重大利益损失。考虑到我国储备投资比较重视安全性和流动性原则,此前直接投资希腊等国债券的规模或许较小。

从经济政策角度看,欧债危机一度使人民币汇率政策更为谨慎。不过长期来看,欧债危机表明巨额外汇储备资产的投资具有内生性风险,因此可能有助于我国重新审视当代全球化环境,选择更为灵活的人民币汇率体制,避免大国追赶阶段积累过多外汇储备导致内生性风险。同时,欧债危机增加全球经济的不确定性,会使中国对全面退出经济刺激政策更为审慎。

还应看到中国经济与欧债危机具有双向影响性质。中国经济增长有助于推动世界经济增长,有利于希腊和欧洲应对危机。由于欧元走弱等方面因素的作用,今年3—4月我国从希腊进口同比增长40%,从欧盟进口同比增长30%。我国企业参与投资有助于希腊等国实施经济调整和应对危机。

希腊危机对"重温常识"具有多方面的启示。现代市场经济运行是市场机制和政府干预作用相互交织的结果,欧债危机说明只有市场失败才会导致危机的看法并不准确。危机强调财政纪律的重要性:"3%和60%"的标准说明欧盟深知财政纪律重要,然而未能真正付诸实践,结果受到惩罚。危机提示宏观失衡的危害。经济增长近九成靠消费推动,贸易赤字比率十多年中持续超过10%,宏观增长方式失衡促成希腊债务危机。

需要重估放弃主权货币工具的代价,应是希腊危机提供的最为鲜活生动,也最有严肃内涵的认识启示。单一货币带来明显的利益,如节省交易成本、促进要素流动、"借来"信誉降低融资成本等。然而放弃汇率和货币调节的真实代价,则要通过重大危机才能被具体认知。在财政有效约束/财政一体化的前提条件不能被满足时,放弃国别汇率和货币政策调节机制难以持续并蕴含重大风险。这对我国如何评估当代国际货币体系以及选择人民币汇率体制具有重要借鉴意义。

陈兴动:欧洲大紧缩与中国结构性紧缩

陈兴动先生阐述了欧洲实施大紧缩政策的必要性及其对中国的影响,并对中国当前结构性紧缩的政策进行评价分析及调整建议。

欧洲采取减小赤字的紧缩政策主要有两个理由:

第一,2008年以美国为主的次债危机导致全球出现金融危机和经济衰退,2009年全球政治领袖基本达成共识,要团结一致避免出现20世纪30年代的大萧条。然而,欧洲发现其刺激政策对欧盟经济增长的促进作用很小,由于欧洲的消费占GDP比重相当高,刺激政策相当于政府采取借债的办法支持老百姓消费,这些消费创造的需求却流向了非欧盟成员国,因而2009年采取的积极财政政策需要改变。

第二,希腊债务危机给欧洲带来巨大风险。希腊的问题在于它的经济已经没有太多增长空间,经济增长靠借债消费支撑,其他"欧猪五国"(PIIGS)国家也面临同样的问题,但美国次债危机证明了这种依赖"金融鸦片"的增长模式的不可持续性。为防范债务危机的扩散,欧洲必须采取积极的应对政策,化解债务风险,重塑财经纪律。这有四种办法:一是发展经济,可以征收更多的税,但当前经济尚处于恢复之中,这种方法难以实现。二是采取高通胀的办法,但这种办法现在也难以推行。三是采取债务重组,出售国有资产,但是这样能筹集到的资金非常有限。因而,目前唯一的办法就是大幅度减少赤字。

欧洲通过降低财政赤字而实行紧缩性政策,在一段时间内可能导致大量的罢工抗议活动,未来紧缩性政策将被迫调整,因而,欧洲的问题很难解决。但问题并非无解,关键需要法德两国团结起来,更重要的是德国人能不能拿出钱来。尽管欧洲人做事情比较慢,但他们想做的事情却大多实现了。比如1999年1月1日欧元推出,2001年欧元成了欧元区内部的唯一货币;在"科索沃战争"的时候,当时整个世界认为欧元必定走向崩溃,但欧元不仅没有崩溃,而且在2009年最高潮的时候跟美元兑换的比例达到1:1.57。这些事实都提升了外界对欧洲实现紧缩政策既定目标的信心。当然,欧洲紧缩政策将对中国产生影响:一是贸易冲突加剧影响中国出口;二是对中国FDI和资本账户开放产生影响;三是对中国海外投资产生影响。

关于中国目前实施结构性紧缩政策的问题,大方向是正确的,但是到目前为止政策出台太过集中,所有政策交织在一起可能出现负面影响,对经济增长产生较大的下行压力。一方面,虽然货币政策的收紧方向是对的,但是货币增速下降得太快,新增信贷在今年6月同比下降60.6%。另一方面,2009年刺激政策推出的大量投资项目还处于在建状态,目前对地方投融资平台进行处理,导致这些在建项目后续融资成为巨大问题。

总体来看,目前的增长势头已经出现弱化的现象,PMI指数从2009年12月的56.6%下降到今年6月的52.1%。基础设施投资、制造业投资等都出现不同程度的下降,2010年第二季度GDP增长率低于市场预期。如果当前的紧缩性政策没有调整,那么不排除未来经济出现较大下滑的可能性。预计后两个季度经济增长将下降到9.5%及8.7%,增长预期最低出现在明年第一二季度。

政策调整方面,中国应着力向保增长倾斜,政策调整不是改变政策方向,而是调整政策执行力度,未来经济增长速度的下滑趋势不可避免,现在要防止的是经济增长出现比较大幅度的下滑。

高善文:转型之痒

高善文博士通过梳理历史数据,总结过去20年中国经济的基本波动情况,得出对当前中国经济形势的判断和未来经济发展趋势的预测。

高博士首先列举和讨论了"固定资本形成总额的实际增速"和能够反映在经济强劲增长时一些关键部门承受压力情况的"发电设备平均利用小时"两个数据。从第一个数据的走势可以看出过去20年来固定资本形成增长有两个高点,分别是1992—1994年和2002—2004年,这两个高点相距整整十年,并且关键原因都是私人部门投资需求的强硬增长。从第二个数据的走势可以看出1993—1994年以及2003—2004年,发电设备利用小时都经历了非常大的压力,虽然从数据上看1993年的压力似乎没有那么紧张,但是1993年存在非常广泛的拉闸限电现象,2003年上海外滩夜间景观照明都很难保证,所以发电设备利用小时已经逼近极限,说明当时基础设施支持经济增长的能力遭受非常大的压力。

然后,高博士回顾了针对这些数据的中央宏观调控措施,并指出相隔十年的两轮调控都看到贸易盈余的周期性收缩,整个经济政策转向清除产能过剩,同时保增长的压力是政府经济政策调控的重点。1993年后,中央严厉控制货币信贷总量,同时严格控制新开工项目和固定资产投资;2003年后,中央再次加强对信用的控制,整顿土地市场制度,清理全国固定资产投资项目。两轮调控也是相距十年的时间。在1995—1997年宏观调控自生周期力量的作用下,中国对外贸易盈余经历了趋势性的大幅度上升,尽管1998年受亚洲金融危机影响外需非常差,但1998年我国贸易规模的绝对量却创了新高。十年后,2005—2007年中国对外贸易盈余再次连续几年经历了非常急速的上升。两轮实践,宏观经济政策都显得志得意满。1998—2002年宏观经济政策方向转向对经济增长提供支持,同时结构政策试图清除产能过剩问题。1998—1999年,政府对纺织行业的产能过剩进行物理性清除,如今,钢铁、水泥等行业也存在严重的产能过剩问题。另外,从对外盈余来看,尽管2000年中国出口的增长恢复得非常强劲,但1999—2001年中国对外盈余趋势上都经历了较大程度的下降。同样，在今年第一季度出口大量反弹的情况下，2008—2010年第一季度中国对外盈余也经历了较大程度的下降。可见，出口的波动对对外盈余的解释从来就不够强。

接着，高博士总结了结构政策背后存在的诸多问题。在上一个经济周期的末端，银行体系不良贷款数量巨大，不良贷款比例大约有20%—40%。另外，A股市场经历了显著的泡沫化，2001年上半年静态市盈率上升接近70倍的水平，随后用了五年时间清除泡沫。2010年回看这轮经济周期，结构性问题除了产能过剩之外，从银行体系的压力来讲，目前最重要的是银行体系与地方融资平台的压力。今年年初的数据是地方融资平台贷款余额占到银行贷款余额的20%左右，大多数地方融资平台都是"空手套白狼"，如果银行不能对这些贷款进行不断展期，这些地方的现金流方面很快就会爆发出来压力，不过短期内这个问题还不会暴露。第二个与之联系的更加重要的问题是房地产市场存在相当严重的泡沫，中国一线城市今年第一季度的租金回报率在2%—2.5%附近，如果房地产市场泡沫不能得到很好的解决，地方融资平台的债务问题就会非常严重，如果房地产市场价格出现大范围下跌，地方土地很难卖出去或者很难卖到很好的价钱，这样银行资产质量就会出现很大问题。另一个问题是股票市场结构分化达到惊人的程度，尽管主板市场估值处在相当低的水平，但是中小板、创业板的估值水平之高令人震惊。为什么1996年、2006年市场疯狂追逐蓝筹股，2000年、2010年市场抛弃蓝筹股而追逐创业板股票？背后的一个深刻原因在于市场认为我们处在一轮经济周期的末端，新一轮经济周期即将开始的时候，不管新一轮经济周期何时开始，它同上一轮经济周期的蓝筹股、支柱行业都没有太大关系。

另外，高博士认为尽管资本总量在积累，但是在一轮一轮经济周期中资本积累的方向是不一样的。这样一种变化本身就体现了经济的增长和发展，体现了制造业复杂程度和经济竞争力的上升。一个角度是观察一个国家进出口结构的变化。制造业复杂程度的上升总是表现在越来越多地进口原材料和大宗商品，越来越多地出口复杂制成品和资本设备，而过去二十多年中国进出口结构的变化毫无疑问都是这样的。1996年纺织、服装有非常大的净出口，2006年钢铁、相对复杂制成品有非常大的净出口。同时，这样的变化并不是沿着一个线性的均匀速度前进，总是表现出很强的周期性，这个周期性在经济政策对外盈余、资本市场等很多层面都能体现出来。因此，从2009年开始，包括今明两年，中国处在新一轮大周期开始的位置，不可能由纺织行业、钢铁行业引领，新一轮周期由哪些行业引领，我们拭目以待。

最后，高博士认为下半年要着重看房地产市场。房地产销售面积增速在今年下半年或者明年维持在非常低的平台应该是大的趋势。受这样的影响，房地产新开工面积和开发投资在今年下半年也将出现明显的下降，这样的下降也将对经济增长构成非常大的压力。在这样的背景下，尽管宏观经济政策可能会有一定程度的调整，但是无论对改变经济的整个调整格局，还是对改变经济增长率的基本态势，都不会产生非常明显的影响，经济的最终调整会向新一轮经济周期过渡，这仍然需要比较长的时间，仍然需要在体制层面取得一些突破，而且需要进一步的积累。

宋国青：短期需求疲软

宋国青教授讨论了上半年经济波动中包括经济增长、通货膨胀和工资利润的相关情况。讨论所针对的问题是，这些现象是否隐含了影响潜在生产能力和工资份额长期变化的因素。结论是，上半年经济增速下降不是由长期趋势明显变化所引起，而是由总需求疲软所导致。

目前所观察到的经济增速下降可能由两方面因素所致：一种可能是总供给方面的因素，另一种可能是总需求方面的因素。若是总供给方面的因素，经济增速下降时通胀率并不一定下降，反而有可能上升；若是总需求疲软，那么在经济增速下滑后或者几乎是同时，通胀就开始减弱。这中间可能略微存在一些时差。

从长期看，应该说两方面因素都在作用。最近讨论较多的一种意见是，目前工资上升反映劳动力供给的相对短缺，工资相对份额上升会使得经济增长受到影响。对总供给在长期将发生的这类变化，宋教授认为并不存在太多疑问。二三十年后中国老龄化显著来临时，经济增长会受很大影响，甚至可能出现一段时间的负增长。但就短期而言，当前经济是否在逐渐发生或者经历一个明显的拐点？对这一问题，可以从不同角度来考虑。除从长期视角开展研究外，宋教授集中从短期波动角度来看是否观测到这样的变化。

第二季度经济下滑可由工业增加值环比增速的急剧下滑观察到。虽然粗算的第二季度 GDP 环比增长率为 8% 左右，不算太差，但如果由第二季度内各月工业增加值环比增速推算 GDP 的月环比增速，6 月很可能只在 5%—6% 之间。从发电量、钢材产量等指标看，发电量连续两个月负增长，6 月钢材产量也是负增长。

从通货膨胀的情况看，今年 4—5 月季节调整后 CPI 的上升和 6 月的下跌主要是由鲜菜价格波动引起。如果剔除受天气变化及其他异常因素影响较大的鲜菜价格，CPI 指标会平滑很多。剔除鲜菜价格和季节调整后 CPI 月环比增长率的局部高点出现在去年 10 月，今年 4 月达到 1.2% 的低水平，5 月回升了一些，但目前看并没有强大的基本面因素支持这一回升。如果把 6 月的异常情况去掉再按年率算，6 月的非蔬菜通胀大概是 2% 左右，并不存在高通胀。

从目前掌握的一些数据来看，工资份额尚未上升。比较城镇单位平均劳动报酬和 CPI 同比增长率的数据，可以发现工资涨幅和 CPI 增长之间存在很高的同期相关性。第一、第二季度城镇居民人均工资收入同比增长 9.7%，加上人口增长并扣除物价上升因素，工资总收入增长以较大幅度低于第二和第三产业的 GDP 实际增长率。另外从工业企业利润增长率来看，3—5 月利润的环比或是同比增长率都远高于名义工业增加值的增长率。这说明从短期数据看，没有迹象显示初次分配中的工资份额上升。由于工资变化滞后，如果经济增长率继续下滑，将出现利润增长率低于名义增加值增长率的情况。但这是短期波动中的现象，并不代表长期趋势。

从货币和贷款的增长情况看，现在一些意见的主要着眼点是，去年上半年货币供应激增，到现在为止通胀率应该有所反映。在过去宏观调控到类似的状况时，这种看法基本上都会出现，尤其在去年贷款超高增长的背景下。不过到现在为止，只有一点点轻度的通胀,并无大碍。该现象的形成逻辑在宋教授以前的演讲中已详加论述,因此在本次演讲中并没有展开。简单概括其中观点,最重要的一条是货币管内需的假说。当内外需发生不同方向变化时,用货币预测总需求有必要加入预测外需的相对独立指标。

目前,M3 环比增长率已跌至警戒水平。用 M2 指标看不到这一情况的主要原因是,股市不景气使得存款性公司对其他金融性公司的负债在 2009 年下半年以来没有增长,存款性公司的债券发行也显著减缓。

因此,从短期波动看,现在各方面情况和过去各次宏观调控使得总需求疲软的状况基本一样。经济的总供给面尚未在短期显现较大变化。

第 23 次 报告会快报

（2010 年 10 月 23 日）

CMRC"中国经济观察"第 23 次报告会于 2010 年 10 月 23 日下午在北京大学国家发展研究院万众楼举行。本次报告会侧重讨论国际能源政治情势及我国的能源路径、企业对汇率升值的反应、中美汇率之争及宏观经济形势等热点问题。会议由北京大学国家发展研究院卢锋教授和黄益平教授主持。中银国际控股有限公司首席经济学家曹远征教授，美银美林亚太区经济学家陆挺博士，北京大学国际关系学院查道炯教授，北京大学国家发展研究院张帆教授、宋国青教授发表演讲并回答听众提问。

会议主持人卢锋教授根据第 22 次"朗润预测"的汇总结果，用四句话概括了 23 家特约分析机构对今年第四季度我国宏观经济走势的看法：经济增速下滑，通胀压力趋缓，外贸外需走弱，汇率升值可期。以下为主讲嘉宾的演讲摘要。

查道炯：国际能源政治形势与我国的能源路径选择

查道炯教授介绍了国内外能源的消费与储备情况。从大国能源消费情况看，近期美国石油进口量虽有所上升，但美国经济应对各种冲击的能力也大为提高，比如应对供应商蓄意削减出口的能力提升。据国际能源署统计，2007—2010 年间，OECD 国家的石油消费量呈下降趋势。以日本为例，由于人口老龄化，新车销售量趋于下降。从能源储备态势看，大国石油储备能力提高，美国的石油储备量可供其使用 165 天，日本可供其使用 168 天，国际能源署成员国的平均水平为 147 天。石油贸易商关注全球炼油商的炼油能力，这一指标近来大体持平，意味着未来油价大幅波动的可能性下降。从我国国内情况看，能源消费持续上涨，能源弹性系数仍大于 1，这说明能源消费增速超过了 GDP 的增速。据中国煤炭协会统计，2009 年我国年产煤炭 38 亿吨，2004 年为 16 亿吨，可见中国能源消耗增长迅猛。

查教授进而回顾了国际能源的政治形势。先看美国的情形。一是 2010 年中美战略与经济对话的成果清单中共 26 个条目,其中 11 条直接涉及能源领域,比如波音公司与中国航空合作,计划于 2011 年测试用于商用飞机的生物燃料。二是英国石油公司在墨西哥湾的深水采油事故发生后,虽引发众多争论,但并没有导致禁采。三是美国按既定的时间表撤出伊拉克。四是政府大力培育节能产业、生物质能和智能电网,比如美国空军努力开发替代石油的产品,节约用油。其他国家也有诸多举措:德国主持设立了国际可再生能源机构;英国重启大规模建设核电计划;巴西政府支持大规模发展生物质能源,对石油资产实施国有化并限制开采。可见,各国的确均采取了实质性的节能减排措施。

基于国际能源的政治形势,可形成两点与中国相关的判断。第一个判断是欧美国家对中国在全球"抢油"的担忧已经大大减弱。主要原因有三点:一是它们跟踪中国公司在海外所采石油的流向,发现 96% 的石油均在国际市场出售,而仅有 4% 的石油运回国内,一个重要原因是受到我国国内加工能力的限制。二是虽然中国和委内瑞拉的政治关系良好,但委内瑞拉的石油国有化之后,大幅提高石油价格,并没有特殊优待中国公司。三是中国在尼日利亚以及安哥拉推行的"贷款换石油"的计划基本不成功。第二个判断是中国的能源进口被"卡脖子"的几率也越来越小。其一是委内瑞拉—美国的模式提供了一种新思路:在委内瑞拉开采石油,然后运往美国储藏、加工和销售。沙特阿拉伯和日本现在也复制了这一模式。中国若是希望加强对非经济风险的应对能力,也可以借鉴委内瑞拉—美国的模式。其二是海上封锁的难度也越来越大,媒体热炒的"马六甲困局"言过其实。

查教授最后介绍了中国的能源形势。从能源的供给面分析,在石油方面,成品油的加工能力提高,国产原油的年产量约为 2 亿吨。在煤炭方面,2010 年 1—7 月,全国原煤产量完成 19 亿吨,同比增长 12%。若要实现 2020 年非化石能源占比 15% 的政策目标,则需要将电煤用量控制在 45 亿吨标准煤左右,这在目前看来较为困难。但值得欣喜的是煤层气实现了商业化和规模化开采,同时页岩气开发也提上了日程。在水电方面,水电装机容量为 2 亿千瓦,至 2020 年需达到 3.8 亿千瓦才能满足节能减排的目标。最后看核电情况,在建机组 21 台,力度很大,但仍有广阔的发展空间。2009 年核电占全国电力装机总容量的 1.06%,而全球平均水平为 16%。即便依当前力度建设机组,至 2020 年,这一比例也仅能上升至 5%。从能源的需求面看,节能措施不断推进,比如北方采暖地区筹备实行供热按量收费,全国居民生活用电开始实行阶梯电价。

综合而言,中国能源问题面临的挑战,并非是进口渠道单一、集中依赖中东地区,因为中东地区的石油总是需要谋求出口。当前的一种提议是以路上管道替代海上运输线,这可能并非良策,还需要兼顾安全隐患与经济效益。中国的油气项目"走出国门"的主要障碍在于核心竞争力欠缺、开采技术不够先进,比如中国石油企业在苏丹的采收率只有 6%,而仅仅依靠廉价的劳动力不是长久之计。此外,中国应该积极调动国际因素推动国内的节能减排。未来能源竞争的重点领域必然是新能源产业与节能减排产业,这也是中国需要突围的领域。

张帆：企业对汇率升值的反应

张帆教授报告了他和余淼杰教授合作进行的一个研究项目成果。这个项目主要考察2005—2008年人民币的汇率变动对中国外贸企业的影响。研究使用的是国家统计局收集的企业数据库资料。这一数据库主要针对总产值规模大于500万元的企业，在不同时期所考察的企业数量从十几万家到三十几万家不等。张帆教授在研究中把外向型企业定义为出口占销售总额超过40%的生产企业，从而研究汇率变动对外向型和其他类型企业的影响。

张教授简要地谈了进行这项研究的初衷。从前几年的宏观数据来看，我国在汇率升值下出口规模仍会增加。如何解释这种似乎有悖常规经济直觉的现象是这项研究的直接动机之一。张教授认为，如果想要解释这种现象，就需要重新考虑我们在经济研究中对于企业所做出的一些基本假设，比如说我国企业是不是同国外企业对于价格信号有着相似的敏感性，现实中的企业是不是如我们假设中所提到的那样有着无限的承受能力，等等。

数据显示了我国企业整体近年来的一些重要演变趋势。第一，2000—2007年期间，企业平均总产值一直在增加，2008年因为金融危机的缘故，总产值暂时下降。第二，企业同期平均工人数呈明显的持续下降趋势，这也意味着人均固定资产的持续增加。第三，企业同期销售利润率和产值利润率总体来说是呈上升趋势的，2008年尽管利润额下降，但由于总产值也下降，所以利润率仍然在上升。第四，值得注意的是，从2005年开始，平均每个企业出口占总产值的比例一直在下降。第五，外向型企业和全部企业总体趋势存在两点不同：一是外向型企业的利润率从2006年开始就持续下降；二是外向型企业的人均固定资产在2004年到达顶峰之后就持续下降。

外向型企业的地区分布与人们的一般认识大体吻合。数据显示大概有三分之二以上的外向型企业分布于我国东南沿海四省市（江苏、上海、浙江、广东）。上述沿海和内陆地区外向型企业的数量都是在不断增加的。沿海地区到2005年为止外向型企业占所有企业的比重呈上升趋势，但是2006年开始这个比重开始大幅下降；内陆地区的外向型企业占所有企业的比重从2005年开始也大幅下降。外向型企业分为八大类行业，包括食品、纺织服装、材料、化工石油、金属及非金属、机械、电气电子医药和其他。

研究发现汇率变化对不同类型企业产生不同的影响。汇率升值，对于从事一般贸易的企业、劳动力密集型企业的负面影响比较大；而对于出口加工型企业，特别是进料加工的企业影响较小。张教授最后介绍了研究中的计量经济结果。在控制了相关变量后发现，对于所有企业而言，汇率升值会减少出口在销售额中的比例。对全部企业或者非外向型企业而言，汇率变动对于利润率的影响不显著。对外向型企业而言，汇率变动对于利润率的影响显著，对于出口比率的影响在多数情况下显著；实际有效汇率上升1个百分点，出口—销售比率就下降大约0.1个百分点。张教授最后陈述这项研究所得到的结论：企业对于2005—2008年的汇率升值确实有所反应；企业对出口内销结构做了调整，从而使产业结构调整成为汇率政策调整的副产品。

黄益平：中美汇率之争——根源、发展与应对

黄益平教授从6月19日人民币重启汇率改革以来的一系列重要事件出发,阐述了中美汇率之争的原因、发展,并针对当前中美经济和汇率问题的特点,分析了下一步双方可能的选择和应对措施。

黄教授首先展示并解读了4月以来人民币兑美元的汇率走势,指出了两条主要信息。一方面,人民币汇率确实开始变得更加有弹性。经济学家去年年底形成了一个普遍看法:2010年贸易保护主义政策会变得非常普遍和明显。在此背景下,即使中美货币战只可能是一个偶然事件,但人民币汇率必然会成为各方关注的焦点。黄教授认为人民币汇率在美国压力下一直保持不变虽有其道理,但也有其成本,因此妥协有时是必要的。人民币汇率开始变得更加有弹性,总体而言是一件好事。另一方面,汇率弹性增加的时间选择值得商榷。今年以来人民币汇率第一次变动的日期为6月19日,在美国国会公布关于人民币问题的法案和在多伦多举行的G20首脑会议之间。第二次变动的日期为9月10日,在美国国家经济委员会主席萨默斯到北京访问和美国国会就人民币问题做听证之间。黄教授指出,这些事件说明实际上中国对国际政治经济环境是有反应的,但这样的反应方式可能传递出错误信号。因此尽管汇率弹性增加是一个正面变化,但变化发生的时机值得进一步商榷。

接下来,黄教授列举了对中美汇率矛盾突出的几种解释。第一,中国和美国是当前世界两大经济体,一般而言,最大的两个经济体难以很好相处。历史上,美国在20世纪80年代打压过当时的第二大经济体日本,如果中国一直是世界第二大经济体,矛盾也许会持续。第二,全球经济再平衡被提上议事日程。金融风险稳定以后,主要问题是经济如何发展。要实现这样的目标,一个重要问题就是如何解决经济失衡问题。如果中美失衡不解决,解决全球失衡可能比较困难,因而人民币汇率问题很难回避。第三,中国的升值恐惧症一直没有消除。中国有可能在用保守的汇率政策保证经济增长的同时对其他国家造成压力。中国经济已经成为一个经济学意义上标准的大国经济,保守的汇率政策容易成为国际社会关注的焦点。第四,近期各国政府对货币的干预加强。美联储近期实行量化宽松的货币政策后,引发全球各国政府干预汇市防止本币升值的现象,主要理由都是"人民币不升值",使得很多国家本该解决的汇率灵活性问题,全都归结到了人民币问题上。第五,发达国家的失业率与政治周期。随着美国中期选举临近,失业率较高越来越需要找一些借口来解释,因此国会议员和部分学者专家的推波助澜使得汇率问题倍受关注。

对于人民币汇率问题中的一些事实和观点,黄教授谈了自己的看法。首先,过去30年中国经济非常成功,占世界经济的比重快速上升,成为大国经济,解决全球经济平衡,人民币问题确实是绕不开的问题。其次,自1994年开始实施所谓"有管理的浮动汇率体系"以来,特别是1998年年初以后,12年来人民币实际和名义有效汇率的水平变化并不大,而在此期间中国经济实现了高速增长,长期来看这是不匹配的,容易引起关注。最后,中国舆论有时强调汇率问题对于解决经济失衡没有帮助,有时强调汇率升值会使国

内就业机会丧失、经济受到冲击,这是相互矛盾的,只能坚持其一。对于问题的性质,黄教授还特别指出,汇率问题不是单纯的经济问题,双方都受到很多"非理性民意"的驱动,这使事情的发展更加复杂。

最后,黄教授就汇率之争接下来的发展和中国的应对策略作了分析。对于国际上认为美国可以采取报复性的关税、反制性的汇率市场干预、资本市场的限制等政策继续对人民币施加压力的观点,他并不认可,因为这些措施要么不具有可操作性,要么有很高的成本。对寄希望于 IMF、G20 等国际组织对中国施加压力的想法,黄教授则通过日本《广场协议》的例子说明这些手段事实上难以解决全球失衡问题,在有前车之鉴的情况下,被广泛接受的可能性也并不大。面对这些风险,中国除了增加人民币汇率的弹性外,还应该积极推进结构改革,消除汇率战的借口,保持良好的政府间合作,采取诸如采购之类的应急措施,并考虑发挥人大代表的反制作用。

曹远征:宏观调控下的中国经济

曹远征教授围绕宏观调控下的中国经济这一主题,从五个方面展开演讲,即当前宏观经济运行的基本特征、中国经济是否会出现二次探底、中国经济快速回落的风险、中国宏观经济政策趋向及建立可持续增长的基础。

曹教授认为,当前宏观经济运行的基本特征就是"出口引领特征"。20 世纪 90 年代开始中国逐步走向出口导向型经济,"出口"在中国经济中的贡献率不断提高,这决定了短期宏观经济运行的出口引领特征,宏观经济政策被迫锁定于出口波动上,以刺激或者控制投资作为应对波动的手段,而使用的工具主要依赖于国有部门的投资进退。在这样的情况下,中国宏观经济就面临目前的两难问题。如果未来出口加速增长,很可能经济就会面临 2005 年过热的问题;如果出口大幅下滑,经济可能面临二次探底的风险。这就是宏观经济在最近时期一直犹豫不决的核心原因。

对于未来中国经济走势的判断,曹教授认为不会二次探底,这主要源于出口将保持较快增长。欧洲债务危机带来的财政、信贷紧缩可能影响部分国家的复苏进程,但欧洲地区经济分化明显,新兴市场强劲复苏和法、德等发达国家经济延续回升将支撑我国对欧洲出口实现较快增长。此外,由于要素市场改革滞后,中国商品的低成本优势尚能维持一段时间,加上生产率和商品质量提高,预计未来中国在全球出口中的市场份额有望进一步提高。尽管人民币对欧元升值将影响部分商品的竞争力,但中国在服装、玩具等轻工制品和电子产品等劳动密集型产业上的成本优势仍十分明显。预计全年出口同比增速仍然可以达到 25% 以上。

关于中国经济快速回落的风险,曹教授认为主要是投资的波动影响。在消费和出口高位运行的情况下,如果投资继续维持高位,经济有可能过热,通货膨胀率升高;如果投资降速过快,则 GDP 快速下滑。投资由国有及民间投资主导。在本次反危机中,政府投资大多放在"铁、公、机"上,预计政府投资在今年、明年甚至后年都要维持很高的规模,因而主要的问题在于民间投资能否跟进。民间投资主要是房地产投资,房地产投资不仅对 GDP 的影响大,更重要的是它与黑色金属、有色金属、建材、非金属矿等上游产业,以及家具制造、电器、机械等下游产业高度相关。

因而,当前的房产调控对下半年经济增长将产生负面效应,但今年出口将对 GDP 产生正贡献,这与去年形成鲜明对照,只要世界经济仍在复苏,房地产偏紧的调控政策并不会对经济形成太大的影响。而且,政府投资的高企将促使投资保持高位增长,投资的波动不会很大,明年预计仍将维持在 25% 左右。

曹教授认为,未来中国宏观经济政策的趋向主要在于稳定增长。在目前出口增长和房地产投资回落的情况下,中国经济已基本具备稳定增长的前景。中国经济不正常下滑的风险主要集中在房地产调控、地方融资平台清理和节能减排三项政策的相互叠加上。与此同时,中国经济正面临通货膨胀预期上升的风险,这需要处理好经济增长、通货膨胀与结构调整的关系。从长期看,稳定经济增长的实质,是目前 GDP 11.1% 的过高增长率用多快的速度回落到合意经济增长率。经验表明,中国经济的合意增长区间是 GDP 增长率在 8% 以上、通货膨胀率在 5% 以下,这是宏观经济政策的调控目标。

关于未来的宏观调控政策重点,曹教授认为在于结构调整,结构调整将成为未来十年中国经济成长的主基调。这主要有以下几个方面的原因:一是世界经济将进入低速增长,预示着出口导向必须转向内需扩大;二是剩余劳动力不再充裕,意味着低成本制造不再具有持续竞争优势;三是人口红利趋于消失,意味着投资驱动经济增长的能力减弱;四是节能减排成为世界性趋势,意味着资源消耗型经济难以维持。

陆挺:第四季度经济展望

陆挺博士的演讲围绕对 2010 年第四季度经济的预测展开,具体分析了对中国经济第四季度 GDP 增长率和通货膨胀率的看法,并就投资、贸易等"朗润预测"的常规指标及政策面情况进行了点评。

就 GDP 增长率和通胀率,陆挺博士总的感觉是,整个市场可能低估了本年度第四季度 GDP 的增长,同时也低估了第四季度的通胀。对第四季度的 GDP 增长率,陆挺博士认为可以比较确定为 9% 以上,全年增长率则估计在 10.2% 或 10.3% 左右。那么为什么市场一开始对下半年的 GDP 增长率会过分悲观?陆挺博士认为,除了房地产调控对投资信心的影响之外,还有可能是一些预测者在计算翘尾因素时有计算方面的误差。

宏观经济形势研究常常被"基数效应"所困扰,也就是所谓"翘尾因素"。今年翘尾因素是最困扰宏观判断的因素。年初时市场普遍对翘尾因素估计太低,这使得今年年初市场对中国 GDP 预测明显偏高。但到 4—5 月后,一方面国外出现欧洲债务危机使得全球经济出现"二次探底"的风险,国内则出现房地产调控使得销售量大幅下调;另一方面中国工业生产增幅在之后几个月里几乎直线下滑,这使得市场对 GDP 和工业生产的预测过度回调。市场预测和实际数字之间的差别正是影响市场走向的因素之一,所以我们看到中国主要资产价格在上半年出现明显下行,而在 7 月底时开始触底回弹。

对通货膨胀率,陆挺博士认为第四季度的平均通胀水平很有可能高于第三季度,通胀高点可能会出现在 10 月,接近于 4%。对于今年的通胀,他强调蔬菜价格的重要性。如果蔬菜价格出现类似 5—6 月的大幅下滑,那么今年保 3% 是可能的,但如果不出现这样的情况,那么保3%就不太可能。就蔬菜价格,他现在的判断是,蔬菜价格会下降,但不可能再出现5—6月大幅下滑的情况。一个很重要的情况是,蔬菜价格上涨存在结构性因素,不能完全归结于自然灾害或者天气等因素。由于中国的人口结构在发生变化,中国年轻劳动力从绝对数量上讲在过去十年是下降的,作为劳动密集型的产品,蔬菜价格就会涨得较快。国家统计局的最新数字显示,中国农民工工资前9个月平均上涨了18.7%,可以说中国蔬菜价格的增速不会和这一指标相差太远。就明后年的情况,陆挺博士认为通胀回到3%以内不太可能,而是会在3.5%—4%之间。这其中有结构性的原因,也有货币方面的原因。

就投资而言,陆挺博士认为没有理由认为中国会出现投资需求不足,这是由中国今年"宽财政、紧货币"的宏观政策决定。4月的房地产调控后,很多人认为房地产投资会下滑很多,但陆挺博士从政治和人口两个角度分析了为什么投资不会出现明显下滑,这次保障房建设为什么是真的。从过去几个月经验看,中国投资增速非常稳定,去除通胀大概在19%—20%左右。这也能从水泥生产上反映出来,其增速在过去一段时间一直较为稳定,基本上在10%—15%之间。另外,除保障房和基础设施投资外,"十二五"规划对新兴战略性行业的突出有可能会带动很多投资。

就中国的出口,人民币升值固然重要,但短期内陆挺博士认为不会升太多,所以判断出口主要还是要看海外经济的情况。接下来全球经济可能会有很多波动,平均看其增长相对危机之前会低一些。结合其他因素,中国出口在今后几年以美元计的话,增速大概略高于10%。所以,现在的出口高增长本身并不可持续,他认为第四季度出口增长率大概在15%—20%之间,保守一点取中间值就是18%左右。

对最近的这次加息,陆挺博士认为,加息一方面体现了高层决策者对经济增长的看法,目前高于9%的经济增长率比较好;另一方面,通胀压力比以前想象得要大。这两点可能是促使决策层加息的主要原因。就全球情况看,未来几年发达国家和发展中国家很可能出现脱钩(decoupling)现象:发达国家面临低增长和低通胀,而新兴市场国家则可能面临高增长和高通胀。

宋国青:总需求快速回升

宋国青教授的演讲包括两方面的内容:首先,讨论近期总需求增长的快速回升,强调经济周期大大缩短;其次,讨论近期经济增长偏低、通胀率较高的现象,并从潜在生产能力变化和结构性变化两方面进行解释。

第一个问题是当前经济回升比预想得更快,总需求达到略微偏强程度。过去半年中国经济经历了快速下跌和上升。季节调整后名义工业增加值5—7月环比平均负增长,8月迅速恢复到正常水平。通货膨胀已达到较高水平,7—9月CPI环比增长年率平均为4.5%。原来很多人担心控制地方政府融资平台的不良贷款将导致总需求疲软,但8月以来贷款强劲增长,说明地方政府资产负债情况仍可以支持基础设施投资的适度增长。商品房销售额5—8月大幅下滑,9月迅速回升。房地产投资保持较高增长。总需求不足已不是危险。

与过去相比,现在总需求波动的"周期"迅速缩短。今年前三个季度经历了总需求增长过强、严重疲软和偏强三种情况。总需求越来越成为随机过程。过去八年经历一个周期,现在八个月就可能经历一个周期。

第二个问题是当前经济出现的经济增长率偏低、通胀偏高的状况。目前的通货膨胀率多少有些出乎预料。前几个月市场认为CPI同比增长率7—8月会达到顶点,现在看来10月CPI同比增长率有可能继续上升。第二季度"朗润预测"对第三季度CPI的平均预测为2.8%,第三季度的实际值是3.5%,这在过去几年算是比较大的预测偏差。通胀偏高的同时,经济增长率并不高。

一个可能原因是潜在生产能力发生了变化。过去中国经济在短期有显著的菲利普斯曲线关系——经济活动高于潜在生产能力时通货膨胀率显著偏高,通货紧缩则伴随显著偏低的经济活动水平。过去十年前后GDP最高和最低相差4%,CPI同比增长率最高和最低相差10.5%。压低1%的CPI导致GDP损失0.4%。目前通胀率趋于4%,比长期通胀趋势2.5%高1.5个百分点,由此推算GDP比潜在增长率高约0.6个百分点。由此估计目前的潜在产出为9.5%左右,比2002—2009年GDP平均增长率10.7%低约1个百分点。另外,劳动年龄人口增长率的下降因素也导致潜在生产能力增长率出现逐年轻微下降的趋势。

另一个可能原因是经济运行和调控政策实施中出现的一些短期变化带来通胀压力增加。对此可以通过观察近期住房销售下滑的连带影响来讨论。2008年住房销售疲软时银行储蓄存款大幅度增加,而这次住房销售疲软没有伴随储蓄存款大幅增加。消费、储蓄存款和住房购买及股市投资之间存在此消彼长的关系。住房购买疲软意味着预期住房投资报酬率下降,对消费尤其是汽车等购买有刺激经济的效果,目前消费数据还难以确认这一效果。但是如果这一假设成立,总需求会增加。因为一方面商品房存货增加已经作为存货投资算在投资中,如果另一方面消费增加,两方面共同作用具有扩张总需求的效果,这将导致较高的通货膨胀率。

此外,劳动力供给出现结构变化。农民工出现供给"短缺",其他就业供给仍然充足,特别是新毕业大学生就业仍然比较难。另外,食品价格和非食品价格的相对变化反映食品需求相对增长较快。蔬菜价格大幅上涨反映农村劳动力的相对短缺。现在还难以确定潜在生产能力变化和结构性变化对通胀率较高影响的贡献,但从目前通胀情况看,潜在生产能力变化可能更为重要。

第 24 次 报告会快报

（2011 年 2 月 26 日）

CMRC"中国经济观察"第 24 次报告会于 2011 年 2 月 26 日下午在北京大学国家发展研究院万众楼举行。本次报告会侧重讨论中国应对发达国家量化宽松货币政策的最佳选择、灰色收入测量与政府改革、后危机时代全球宏观形势与政策、当前国内宏观经济形势等问题。会议由北京大学国家发展研究院卢锋教授主持。中国人民银行副行长、国家外汇管理局局长易纲，中国改革基金会国民经济研究所副所长王小鲁研究员，中国国际金融有限公司首席策略师黄海洲博士，北京大学国家发展研究院宋国青教授发表演讲并回答听众提问。

会议主持人卢锋教授根据第 23 次"朗润预测"的汇总结果，用六句话概括了 22 家特约机构对今年第一季度我国宏观经济走势的看法：经济增速不低，通胀压力未减，内需增长强劲，顺差趋于收窄，汇率温和升值，利率或许上调。下文为主讲嘉宾的演讲摘要。

易纲：应对发达国家量化宽松货币政策的最佳选择

应对发达国家量化宽松货币政策的最佳选择是扩内需、调结构、减顺差、促平衡。这一方针实际上是我国一直以来坚持的一个方针。2006 年，胡锦涛主席在中央经济工作会议上提出"调结构、减顺差、促平衡"。2009 年，温家宝总理提出"我们不追求过大的贸易顺差"。刚刚通过的"十二五"规划建议提出：经济社会发展的主要目标之一是国际收支趋向基本平衡。同时还提到很重要的一点是，发挥进口对宏观经济平衡和结构调整的重要作用，促进贸易收支基本平衡。

为什么要强调减顺差、促平衡？宏观经济有四大目标，前三个目标中国执行的结果都非常好。第一个目标是经济增长。在 2001—2010 年的十年间，我国 GDP 年均增长 10.5%，这是全世界绝无仅有的快速增长，而且基数也越来越大，令全世界赞叹不已。第二个目标是新增就业。过去十年城镇新增就业人数平均每年超过 1 000 万，每年都超额完成任务。最近各种媒体上有关长三角、珠三角出现"民工荒"的报道从另外一个侧面说明中国就业过去这些年增长很快。第三个目标是物价稳定。虽然现在有一定通胀压力，但过去十年我国CPI平均增速2.2%。这是一个相当好的执行结果，实际上欧洲央行通胀的理想目标就是2%。第四个目标是国际收支平衡。应当指出，我国国际收支不平衡问题较为突出。我们的顺差还比较大，由于顺差大，国家外汇储备增长就比较快。

回顾宏观经济四大指标，我们在三个指标上执行得非常好，国际收支平衡则还有待进一步改善，这就是为什么"十二五"规划提出要求国际收支趋向基本平衡。趋向基本平衡并不意味着压出口，我们要更加重视进口在宏观调控和调整结构中的重要作用。这一思路实际上是符合科学发展观的。"十二五"规划的主题就是科学发展，主线就是加快转变经济发展方式。同时，在G20集团这样一个当前全世界最重要的、中国发挥非常大作用的经济治理平台，2009年举行的匹兹堡峰会上，20国领导人声明支持强劲、可持续和平衡增长的框架。可以说，"十二五"规划的科学发展、转变发展方式的主题和主线，与G20强劲、可持续和平衡增长的框架之间，有一个巨大的交集。扩内需、调结构、减顺差、促平衡是这个交集中最核心的部分，这也是为什么易教授用这十二个字作为今天讲演的题目。

当说到国际收支不平衡，除了说我国顺差比较大、外汇储备增加比较快以外，还有一些研究人员注意到热钱的问题。那怎样估算所谓的热钱？怎样看待中国国际收支不平衡的问题？把这些问题汇总在一张表上能够说明很多问题。我们用外汇储备增量减去贸易顺差、直接投资净流入、境外投资收益、境外上市融资所得到的差额作为对热钱的度量。实际上，2010年这个数字还要减去用人民币跨境净支付的大约400亿美元，所以最后得到的数字是355亿美元。应当说这一定义下的热钱也不完全是非法的，还有好多项目包含在其中，但暂且先称之为热钱。这样计算，十年下来热钱总共不到2 900亿美元，每年不到300亿美元。所以，贸易顺差、经常项顺差和资本投资项顺差等情况所揭示的大量资金流入，解释了绝大部分外汇储备的增加。或者说，跨境资金净流入规模与实体经济基本相符。

但也有一些朋友提出这个算法其实假定前四项是合法的、正确的，热钱很可能混在这四项当中。这是对这个算法的最大质疑。对这个质疑，可以就各个项目具体分析。譬如第一项是贸易顺差。中国的贸易顺差实际上是美国、欧洲等经济体的逆差，所以可以通过研究美国、欧洲等最大贸易伙伴的海关数字，对中国海关的数字进行交叉检查。我们初步研究的结果显示，别国统计对中国的逆差比我国统计的顺差还略大一些。第二项是FDI和ODI，也可进行交叉检查。第三项境外投资收益是我们理所当然应该得到的收益。第四项境外上市融资不包括外债，就是证监会批准的大银行、大企业在海外的融资额。这些融资额绝大部分是要调入境内的。每年外汇储备增长减去这四项，就得到了前面的结论。

易教授亲手处理过不少热钱流入的案例，也深知这些案例都是存在的，但还要给诸位一个宏观的图像。这些年外汇储备增加的大部分都可以用中国实体经济行为和国际收支状况来解释。得到这个结论并不意味着可以对热钱放松管制。对违法违规行为及跨境资金流动要坚决打击，查出一案处理一案，绝不留情。但打击的同时也不能够忘记宏观数据面的基本判断。

采用上面定义看更长时期的数据，1994—2010年这17年中热钱净流入主要发生在2003—2010年，1994—2002年都是净流出。最严重的一年是1998年，当年贸易顺差是400多亿美元，FDI减去ODI是400多亿美元，但外汇储备几乎未增加。实际上，前半段的净流出和后半段的净流入在量级上差不多，总的来说，前者比后者还稍微大一点。

国际金融危机以来，巴西等部分新兴市场经济体采取了对资本流入征税等管制措施。有人说我国应当像巴西一样对资本流入征税。但巴西可以对资本流入征税是因为巴西有开放的资本项。我国资本项尚未开放，仍实行部分管制，只有QFII和QDII几个小口子。境内居民和企业除了QDII这个小口子以外，在理论上不能任意把资金调出并投资在海外金融市场。虽说这个管制也不是完全有效，很多境内居民通过某种途径实现了这种投资，但总体来说，现在国内和国外的正规金融机构在资本项下的流入和流出还受到管制。

给定以上所说的结论，大家应能理解为什么要加快调结构、减顺差、促平衡的步伐。现在我国经济运行遇到一个对己不利的怪圈：发达国家搞量化宽松，实际上就是开动机器印制钞票。其中一部分用于购买中国商品，大量价廉物美的商品流向美国，生产过程中造成的污染和二氧化碳排放留在中国，耗费的能源记在中国头上。如果输出商品后换回美元，美元又买了商品回来，实物换实物还比较健康。但现在我们顺差过大，大量美元流入我国，商业银行、金融机构也不愿意持有这些硬通货，就在市场上卖给中央银行，造成外汇储备大量增加。外汇储备投资美国资产，现在由于量化宽松、近似零利率的政策，投资经营和保值增值难度越来越大。虽然经过经营还能得到比较好的收益，但总体来讲收益环境并不乐观。这个循环是一个很大的挑战。

战略上，我们要想办法跳出这种"怪圈"，变被动为主动。有些人建议用外汇储备买实物，但投资实物实际上存在不少困难。这些年我国用市场的方式而不是国家的方式支持了各种各样的"走出去"，很多企业在海外购买了技术、工厂和品牌。但这些行为发生后，还是有很多外汇储备增长。那么，国家能不能买实物？如果在现货市场上购买大商品，会把价格迅速抬高。这些商品的市场容量与中国外汇储备相比都很有限。由于中国是多种大商品的主要需求国，价格抬高后，最大的受害者还是中国。另外，一牵涉到资源、土地，各国政府都非常谨慎。如石油等资源，也是投资后把产品卖到当地再收投资收益，而不是投资什么、开采什么就可以自由运回中国。面临这样的情况，调结构、减顺差、促平衡刻不容缓。

这些年我们做到了渐进改革，一方面保持人民币汇率在合理均衡水平上的基本稳定，另一方面用大规模对冲收回流动性，保持了物价基本稳定。实践证明，以上两方面均做得不错，缓解了矛盾。几年间有多次法定存款准备金率的上调，现在对大型金融机构已经达到19.5%的水平。为什么法定准备金率总在提高？法定准备金是商业银行必须存在央行的一部分流动性。提高法定准备金率可以使得通货膨胀不至于太高。但所有这些过程都有成本，要考虑这一事态继续发展下去的边际成本和边际收益有多大。

经常项大量顺差是我国现在面临通货膨胀的源头之一。为了保持人民币汇率的基本稳定，央行在外汇市场上要买进外汇。如果不买，人民币就没有现在这么稳定。在买外汇过程中,央行吐出基础货币,尽管非常努力对冲,但也还是面临通货膨胀的压力。从源头上解决这个问题就是要减顺差。减顺差不是压出口,重点是增加进口,大力发展服务业,并且限制"两高一资"产品的出口。

总而言之,扩内需、调结构、减顺差、促平衡是当前应对国内形势和国际上发达国家量化宽松货币政策的关键。我们要综合运用经济、法律和必要的行政手段,易教授还是比较提倡以经济杠杆为主、以市场配置资源为主的手段,力争在2011年实现:内需扩大一点,对外需依赖减少一点;工资和社保提高一点;环保和节能减排要求严格一点;资源产品价格改革推进一点;资本项目对外直接投资放松一点,更方便一点;汇率弹性增加一点;物价涨一点;顺差缩小一点;增长速度放慢一点,质量提高一点。这么多"一点",就如同一服中药,药方里有多种元素。它们在调整逻辑上是一致的,工作起来在机制上是互相配合的。如果在每个元素上都能做一点,那么它就会向扩内需、调结构、减顺差、促平衡的方向发展。那为什么是一服中药,而不采取过激的措施?这是因为根据我国多年改革的经验,这样一服什么都做一点的中药方式效果会更好。

王小鲁:灰色收入与政府改革

首先,王小鲁所长介绍了根据国家统计局数据所得到的关于中国城镇居民实际收入的一个事实。根据2009年城乡住户调查数据,城镇居民的收入为14.3万亿元,城镇居民的消费为10.4万亿元,城镇居民的储蓄仅仅为3.9万亿元。同时,2009年城镇商品住宅销售额为3.8万亿元,其中消耗了3万亿元的城镇居民储蓄,同期的城镇居民存款额增加了4.3万亿元,股市、债市、期货和外汇等金融投资吸纳了2.8万亿元的城镇居民储蓄,私人实业投资和居民自建房投资也吸纳了2.8万亿元的城镇居民储蓄。因此,城镇居民的总储蓄约为13万亿元,加上10万亿元的消费,城镇居民的实际收入超过了20万亿元,大大高于根据城乡住户调查数据所得到的城镇居民收入水平,这意味着城镇居民收入中有相当一部分的收入是没有被统计到的,这被称之为灰色收入。

其次,针对这一问题,王所长进行了更加细致的调查研究。他所领导的项目小组对全国19个省份64个大中小城市的不同职业、不同收入水平、不同年龄和不同教育程度的人群进行调查,共获得了4 909个样本,重点考察了城镇居民的真实收入状况。但是这一样本有两个缺陷:样本数量小和样本覆盖范围窄。这也就无法通过该样本获得有关总体样本的收入分布情况。王所长认为,无论是哪一个样本,变量之间的关系是确定的,因此,可以利用根据所调查样本得到的变量之间的关系来推断总体样本的收入分布情况。为此,他利用了恩格尔系数和收入水平之间的密切联系,通过恩格尔系数来近似地推测城镇居民的真实收入水平。

具体方法是,对恩格尔系数的决定因素进行计量分析,将恩格尔系数作为被解释变量,将收入水平、教育水平、家庭规模和家庭就业等作为解释变量,并通过计量模型的分析得到了变量的估计系数,然后在这个基础上来推测在教育水平、家庭规模和家庭就业给定情况下,某一个恩格尔系数水平上的城镇居民平均收入水平。研究结果表明,低收入城镇居民的收入水平与国家统计局的数据非常接近,但是,高收入城镇居民的收入水平与国家统计局的数据差别就非常大,这些差别反映的便是灰色收入。灰色收入中的80%集中在城镇20%的高收入居民,其中的60%集中在城镇10%的最高收入居民,它随居民收入水平的提高而增加。

再次,王所长阐述了灰色收入对国民经济的主要影响以及灰色收入的主要来源。灰色收入对国民收入的主要影响表现在以下几个方面:第一,劳动报酬占GDP的比重降低了,而非劳动报酬占GDP的比重则从9.9%上升到24.4%,这部分即为灰色收入;第二,灰色收入的存在恶化了收入分配状况,使得收入差距急剧扩大,这也是导致社会不稳定的主要原因;第三,灰色收入通过影响收入分配状况也间接导致了经济结构的失衡,内需不足、经济过度依赖出口和贸易顺差过大等问题都与收入分配状况息息相关。

灰色收入的主要来源有:第一,围绕权利产生的腐败和寻租行为。比如,2006年全国4 000多家企业的问卷调查表明,超过80%的企业承认对政府工作人员有"非正式支付",其中8%的企业领导人表示这部分非正式支付比较多;第二,公共资金和公共资源的流失和不合理配置。比如,对京沪高铁和西气东输二线工程审计所发现的建设成本列支其他费用和虚假发票报销的数额高达17.9亿元;第三,土地收益分配不当。2010年,中国土地收入高达2.7万亿元,涉及土地收入的贪污腐败现象大量涌现;第四,垄断性行业实际收入分配不均。与其他行业相比,垄断性行业的名义工资水平仅仅高出2倍左右,但是实际收入水平却相差了5—10倍。

最后,王所长提出,由于灰色收入的存在反映的是一个扭曲了国民收入分配状况、扩大了收入差距的制度缺陷,因此,解决这一问题的办法也应着重于制度层面的改革,尤其是要有计划、分步骤地进行政治体制改革。第一,应当提高政府透明度,接受社会公众的监督;第二,应当改革土地征用、拆迁和出让制度,以透明的房产税收入代替地方政府的土地出让收入;第三,根据公共服务需要,重新界定各级政府事权和财权,同时建立健全的转移支付制度;第四,改变政府激励机制,转变政府的职能,改善政府提供的社会保障和公共服务。

黄海洲:后危机时代全球政策、机会和资产配置

黄海洲博士的演讲从市场角度出发,对后危机时代全球的宏观经济政策进行了详细的论述,其内容主要涉及美国、欧洲、除中国外的新兴市场和中国等经济体。

黄博士对2010年全球股票、债券、大宗商品和货币市场进行了简要回顾并指出目前分析全球市场的一个好框架可能是"2×2"的结构:发达国家分成两块,美国是一块,美国以外是一块(主要是欧洲市场);发展中国家也分成两块,中国是一块,中国以外是一块(主要是新兴市场国家)。在2×2框架基础上,黄博士提出了以下四点判断:美国结构性失业,宽松政策两年难改;欧洲两极分化,货币中庸"泥猪"入海;新兴市场抑制泡沫,继续加息热钱多彩;中国调控转型,货币从紧市场摇摆。

首先谈美国。美国经济已经恢复增长,GDP增长速度超出市场预期,现在市场上对美国2011年GDP增长率的乐观估计超过4%。对美国经济的看好是各方面因素共同作用的结果:一是内需在政策支持下加速增长,这跟减税政策有关系;二是出口复苏加速;

三是投资也在增加。同时也应看到,虽然美国的非农业就业开始复苏,但相对缓慢,美国失业率有可能在2012年年底从高点降到7%。如果这一判断是正确的,那么美国直到2012年都可能不会加息,理由有以下三点:第一,美国希望其GDP增长得更快一点,这样才能解决失业的问题,同时也有助于化解财政方面的危机。第二,站在美联储的角度来考虑,如果GDP增长速度比较快,这个过程当中通胀应该会上升,假如通胀上升了3%—4%,美联储会怎么做?黄博士猜测美联储不会加息,因为给定美国目前这么大的债务危机,3%—4%的通胀对美国是好事,增长和通胀两个都是化解债务危机的重要手段。第三,IMF首席经济学家Olivier Blanchard曾在一篇文章中公开呼吁发达国家要把通胀目标提到4%。实际上美国没有采取这个目标,我们一般认为美联储的通胀目标大概是2.5%,然而通胀目标从2.5%提高到4%对美国也是有好处的。美联储作为全世界最主要的央行,成功应对这么大的危机是一个了不起的成就,其定会吸取日本当年的教训,避免加息太早而抑制经济,从而保卫成功应对危机的胜利果实。因此,在化解结构失业问题的过程中美国货币政策可能会相当宽松。在这样的前提之下,美国有可能实现比较强劲的增长,这实际上相当于给全世界经济增长找到了动力。

其次谈欧洲。黄博士指出欧洲问题的比较复杂,表现好的国家和表现差的国家相差很大,出现了明显的两极分化。欧洲的核心国家德国的经济表现非常不错,而目前欧洲的主要问题在于"欧猪五国",这些国家对欧元的稳定和欧洲经济的稳定造成相当大的冲击,并且欧洲的问题今年还没有完结,因为这些国家再融资的压力依然很大。欧洲在未来一段时间里对全球经济增长的贡献不大,然而对金融市场波动性却贡献良多。因此还要关注欧洲对全球市场造成的波动性,其中更大的冲击可能是在希腊。

再次谈新兴市场。新兴市场国家面临的普遍问题是通胀问题,大宗商品、石油、金属等价格都在上涨。同时新兴市场国家还面临不确定性问题:一是长期资金流入波动性变大,从去年年底到现在资金正从新兴市场全面撤离;二是国际大宗商品对全球新兴市场都有不确定性;三是新兴市场进出口增长有可能减缓,有经济硬着陆的风险存在。

美国作为世界流动性的最大提供者,其采取季度宽松的货币政策为全球市场定了基调,新兴市场国家在这样的基调下面受到冲击难以避免。目前除少数国家外,新兴市场国家实施了同步抵制泡沫的政策,这可能降低泡沫风险,但会加剧市场波动性。同时,新兴市场国家采取了一些措施以期限制游资。黄博士强调"热钱多彩"这种提法是指热钱不再单一地从发达国家流向新兴市场国家,资金也有可能从新兴市场国家撤出,转而流向美国等发达国家。

继而谈中国。过去的一年中就股市表现而言,中国是全世界新兴市场国家里面表现最差的国家之一,除了中小板有22%的涨幅之外,实际上证指数下跌了14%。黄博士认为2011年中国股市将会是结构化差异比较大的一年,股市作为反映经济活动的晴雨表,经济结构的调整已经在股市上提前发生。

最后谈资金流向的问题。在对美国、欧洲和新兴市场国家综合分析后,黄博士给出了目前资金流向美国的原因:第一,美国经济增长势头看好,而其他国家经济或者没有增长,或者略有下滑,经济增长上的较大差异是决定资金流向的重要原因。第二,美国政策在可预计的两年内不会出现太大变化,连续性很强。欧洲由于今年10月会有央行行长的更替,因此其政策倾向的不确定性很强,另外欧洲五国的再融资解决办法尚不明了,更增强了政策的不确定性。新兴市场国家则继续实施宏观调控政策,继续加息,抑制泡沫,限制游资。

宋国青:货币增长有所抑制及货币度量的一些问题

宋国青教授讨论了最新的货币、贷款等宏观经济数据,并分析了融资和货币概念以及它们的预测含义。

国家统计局未公布1月的工业生产数据,但是从部分行业的生产情况推测,1月生产很可能非常强劲。如果生产确实很强劲,一定程度上说明去年下半年出现"低增长、高通胀"是因为节能减排达标和亚运会期间限制生产导致开工不足,从而抑制了生产和供给。这在一定程度上是偶然因素的结果,并不意味着潜在生产能力发生了突然的变化。如果以上假设成立,今年由于限产因素解除,生产将有所上升,价格将有所下降。但1月工业品价格高企与上述逻辑向左,这可能有其他原因。一是国家统计局今年对价格指数做了调整,前后数据不完全可比。二是全球大宗商品价格上涨,美国经济恢复对商品价格起到推动作用。三是国内对未来需求的预期较强导致存货增加。

1月贷款和货币增速都显著放缓,季节调整后的月环比增长年率显著低于10%。目前的货币政策朝着偏紧的方向,这对抑制通胀是积极信息。如果偏紧的货币政策持续三个月,应该能够调转通胀势头向下。今年美国经济复苏强劲,中国出口增长率可能会很高,从内外需平衡的角度,适度的货币增长率需要略低于过去的平均水平。另外国际农产品价格上升,会给国内通胀带来压力,也需要货币政策再紧一紧。

央行最近多次谈到"社会融资总量"指标。融资和货币是一件事情的两个方面,二者的区别是:融资对应的是发行方,货币对应的是持有方。如果不考虑误差,融资与货币应该对等。目前M2货币口径可能有些狭窄。首先,一些本应计入M2的项目未被计入M2。其次,M2包含银行存款,但不包含其他金融机构存款,M2加上其他金融机构存款可以作为M3货币口径。如果再加上股票和债券,就超出了传统的货币范围,可以用"流动性总量"或其他名称进行概括。

央行提出的融资总量在贷款基础上增加了股票、债券等指标,没有包括外汇占款,这实际上是国内融资总量。央行购买外汇毫无疑问会增加货币,同时也是融资(国外融资)。国内融资总量加上国外融资总量才是全社会融资总量。

与流动性总量相对应的全社会融资总量包括三部分:一是贷款,二是外汇占款,三是贷款之外的其他融资。近年来非贷款融资特别是增量增长较快。在此同时,外汇占款增长率大幅度下降了。在中国的汇率政策下,外汇占款增长在一定程度上是被动的,并且波动很大。为保持流动性平稳增长,就需要通过国内融资的调节对冲外汇占款增长的波动,国内外融资之间有着此消彼长的关系。

采用什么指标主要从预测的效果考虑。目前M1指标的表现还可以,M2指标的主要问题是没有包括一些与股市资金关系密切的项目,M2在2000年和2007年前后股市大幅波动时输于M1。另外M2不包括很多其他融资,也影响了预测效率。从目前情况推测,可能是按发行价格计算的流动性总量指标的预测含义更好。从初步的数据结果看,目前 M2 可能略微低估了流动性总量的增长率。

但是所有指标预测 2009 年的表现都很差。2009 年货币和流动性指标大幅度增长。自 2008 年下半年开始,受金融危机影响,出口大幅下滑。而 2009 年内需高增长。超强的内需加上疲软的外需使得总需求增长比较合适。从货币或者流动性管内需的角度考虑,调整后指标的预测效率仍然相当好。换个角度说,由于贸易的存在,流动性具有国际意义。一个国家特别是大国流动性的变化会影响其进出口,从而影响其他国家的总需求。

卢锋:美国经济走势与对华政策重估

观察讨论美国经济走势及其对华政策重估,可以归结为三方面的看法:一是美国经济复苏态势进一步明朗,结构性困境愈加清晰,政策腾挪空间更为逼仄。二是被战略焦虑心态困扰的美国朝野,对中国经贸和战略方针进行重新评估和反思。三是我国应在客观评估美国经济和政策动向的基础上,坚持独立自主方针加以应对,更好地实现利用战略机遇期稳健和快速追赶目标。

2010 年美国宏观经济形势变化可用"三喜三忧"来概括。第一重是经济回升喜忧参半。美国国会预算办公司(CBO)预测 2010 年美国经济增长率约为 2.9%,今年预期增长率 4%,表明美国经济复苏态势进一步明朗。但与第二次世界大战后(简称"战后")11 次危机复苏均值描述的通常状态比较仍显疲软。前 10 次复苏五个季度增长均值累计加总为 29.8 个百分点,本次复苏只有 15.3 个百分点。更不同的是失业率居高不下,本次危机出现大萧条以来第一次连续 20 个月超过 9%。与战后 10 次复苏均值比较,过去 10 次复苏五个季度失业率平均为 5.05%,这次高达 9.85%,超过此前均值近 1 倍。

第二重是资产负债表调整喜忧参半。经过空前救助和调整,私营部门的财务和资产负债表已经要归稳定。但由于政府极力救助,把私人风险资产转移到政府财政,导致私人部门改善的同时,政府部门负债却在加剧,公共部门杠杆化加剧使其面临极大风险。2010 年美国联邦政府债务占 GDP 比重升至 93.2%,达到战后以来的最高水平,目前国债总额已经超过 14 万亿美元,绝对水平居世界第一。

第三重是利润回升与投资乏力喜忧参半。不管是企业税后的绝对利润,还是企业利润占 GDP 比重,目前均已恢复到危机前的水平,表明企业状况已经明显改善。但投资回升明显劲道不足,去年设备软件投资较快回升,不过总体私人投资回升仍然动力不足,与此前历次危机比较的结论也是如此,成为制约美国经济增长的重要因素。

宏观经济复苏态势虽趋于明朗,但是深层结构性矛盾愈加清晰地表现出来,使得美国政府政策调节和腾挪的空间更为逼仄。

第一,2009 年民主党政府全力推进金融监管、医疗和应对气候变化领域的立法和改革。三项改革虽有不同程度地推进,一定程度上兑现了奥巴马竞选时的承诺,但这些改革措施的具体内容对美国经济竞争力缺乏显著的提振作用,对美国经济重回景气增长难以产生有效的促进。

第二,财政刺激后劲不足。2009 年通过的《ARRA 法案》的 7 870 亿美元的资金已快要耗尽。奥巴马于2010年11月17日签署减税法案,涉及8580亿美元,主要内容是延长此前的减税政策。这些政策虽勉强能维持刺激力度,但却加剧了政府的财政负担,等于天阴背稻草,很是被动。

第三,货币政策几近弹尽粮竭,勉为其难采用QE2,在国内和国际上引发广泛批评。一般认为,超常数量宽松货币政策达到预期效果的前提,是市场资金紧缺或者市场资金借贷成本高位运行。然而目前市场上美元持续处于近乎零利率的低位,而且商业银行储备及现金充裕,显示QE2未能"对症下药"。一向堪称高明独立的美联储出此计策,也表明美国货币政策的调整空间日益缩窄。

面临前所未有的困境,美国不得不重新审视自己和外部世界特别是与中国等新兴经济体之间的关系。从我们与美国各界研讨和座谈的情况看,美国朝野在重新审视和评估对华经贸和战略关系方面出现的新动向,主要表现在以下几个方面:

第一,全面梳理中美关键经贸争议问题,重新推动与中国的相关对话。对汇率和国际收支问题,继续紧盯不放。强调人民币汇率调节的多边含义、中美失衡与全球失衡的关系。同时强调其他经贸关系问题,包括IPR、GPA、对我国自主创新政策解读等问题。

第二,全方位重估有关中国发展的几个"基本判断"是否成立。例如美国专家和官员片面解读我国国内关于"国进民退"的讨论,提出中国走向市场经济的判断能否继续成立。又如,由于片面解读我国自主创新政策、IPR、汇率政策,进而质疑中国经济走向开放的判断能否继续成立。

另外,对中国是否愿意继续接受国际规则,是否愿意积极和务实地采用制定的未来规则,中国发展是否继续有利于地缘政治稳定,强大繁荣的中国是否符合美国和世界利益等一系列问题,美国政学两界都提出了疑问。

美国对对华政策的重估、反思,相当程度地体现了美国政学两界在胡锦涛对美国进行国事访问前放话施压、制造舆论的动机,同时也折射出美国经济被面临深层挑战和战略的焦虑困扰:既有在自封老大的傲慢心态的支配下,更多地要求他国配合以摆脱自身困境的企图,也有务实观察现实形势、试图积极求解的因素。

中国作为制度、历史、文化都有自身特色的大国开拓和平发展道路,处理与美欧已有主要发达经济体的关系注定是管理发展过程中的挑战性议程。中国应在坚持独立自主的基本方针前提下,重视经贸领域较多存在双赢机会的特点,结合国内改革议程推进与外部世界的务实合作。在这方面开放宏观政策调整较有潜力,加强知识产权保护也有助于双赢。另外还要重视我国改革与开放互相促进的"转型动力学"的成功经验,加快国内土地改革、国企改革、开放宏观政策架构改革,在新十年持续快速地追赶拓宽、夯实制度基础的同时,进一步改善外部经贸环境。

第25次 报告会快报

(2011年4月23日)

CMRC"中国经济观察"第25次报告会于2011年4月23日下午在北京大学国家发展研究院万众楼举行。本次报告会侧重讨论最低工资政策、楼市调控、BRICS合作以及当前宏观经济形势等问题。会议由北京大学国家发展研究院卢锋教授和徐建国副教授主持。北京师范大学收入分配与贫困研究中心主任李实教授、燕京华侨大学校长华生教授、中信建投证券研究所首席宏观分析师魏凤春博士、申银万国证券研究所首席分析师苏畅博士、北京大学国家发展研究院宋国青教授与卢锋教授发表演讲并回答听众提问。

卢锋教授根据第24次"朗润预测"的汇总结果,用四句话概括了24家特约机构对今年第二季度我国宏观经济走势的看法:经济增速走缓,通胀压力持续,宏调相持未定,政策更重稳妥。下文为主讲嘉宾的演讲摘要。

李实:中国低工资人群和最低工资政策

李实教授从课题研究背景、低工资人群描述性分析、最低工资标准的决定因素和影响、最优最低工资标准等方面对中国低工资人群和最低工资政策做了详尽深入的分析。

李教授主要从四个方面介绍了关于中国低工资人群和最低工资政策的研究背景。

第一,关于收入分配和城镇收入差距的研究表明中国在过去三十年人们的收入差距在不断扩大。在这种情况下,我们有必要对工资差距扩大过程当中低工资与低工资人群的收入增长问题做比较全面的分析。

第二,20世纪90年代中期以来,企业改制造成了城镇职工特别是国有和集体企业职工大量下岗失业,下岗职工再就业以低工资岗位为主,形成了一个新的低工资人群。大量农村劳动力进城务工,由于自身人力资本禀赋较低,加上在城镇受到各式各样的歧视,也比较容易成为低工资的人群。一些相关研究也表明,不管是从小时工资还是基本工资来看，农民工基本上构成低工资人群的主体。

第三，为了缩小工资差距，使得城镇职工工资尽快增长，中国政府在2004年引入了最低工资政策，然而该政策并没有得到严格执行。长时间内，地方政府考虑更多的是就业问题，从而对提高最低工资或者通过最低工资提高工资水平并不抱有太大希望。

第四，最低工资在不同城市之间差异很大，最近各地政府纷纷提高最低工资标准，很多地方提高幅度非常大，有的超过20%，甚至是30%。在这种情况下，最低工资如果进一步提高并加以严格执行，确实会对劳动力市场、就业产生一定影响。通过最低工资解决收入差距可能最后结果是适得其反，收入差距没有减小反而被拉大，因为虽然一部分人的工资得到了提高，但还有一部分人会因此退出劳动市场而成为失业人员。

国际上低收入（工资）人群的定义一般采取两个标准：一是设定一个工资额，这是一个绝对标准；二是根据工资分布，制定出一个相对标准。为了考虑国际可比性，李教授在研究中采用相对标准，以平均小时工资的三分之二作为基准。

李教授的研究覆盖了1995年、2002年、2007年和2008年四年的数据。研究表明，相对标准低工资水平在这四年中逐年提高。低工资人群发生率除2002年有小幅下降外，2007年和1995年基本持平，而2008年较2007年有所上升。李教授认为2007年、2008年变化的主要原因是工资差距拉大，提高了平均工资水平和低工资标准，从而带来了更高比例的低工资人群。

李教授还计算了低工资人群平均工资和低工资标准之间的距离和该距离的平方项，从而勾勒出最低工资人群工资的分布情况。首先看城镇职工情况，数据表明1995年、2002年、2007年最低工资人群比例基本上没有发生太大变化，但从最低工资人群平均收入和低工资标准之间的距离来看，2002年、2007年相对1995年来说有所上升。这意味着低工资标准以下的人群平均工资相对水平没有上升反而在下降。平方项数据也意味着当城镇收入差距扩大的同时，很多低工资人群相对收入基本上没有发生很大的改变，他们的平均收入在一定程度上还有所下降。再看农民工的情况，低工资人群比例从2002年的66%下降到2007年的42%左右。如此大的下降幅度表明农民工工资在这期间有很大上升，而且相对城镇职工的工资也有所上升。其平方项的下降趋势也表明农民工工资的分布趋于平等。低工资标准对于城镇职工工资分布的影响不大，但使农民工工资得到了很大改善。

李教授对低工资人群的构成结构做了进一步的分析，分析表明，女性较男性占比更高，中西部地区较东部地区占比更高，低学历的人较高学历的人占比更高。从低工资人群和家庭贫困发生率的相关关系看，低工资人群通常有较高的家庭贫困发生率。和贫困联系最密切的是失业人群，当我们把最低工资标准上提的时候可能带来更多失业，从而导致更多的贫困人口和更大的收入分配差距。

李教授认为，最优最低工资政策是指最低工资政策的制定正好可以使得收入差距缩小又不对失业造成影响。最低工资政策的制定需要同时考虑最低工资的决定因素和最低工资标准的影响。

从最低工资标准的决定因素来讲，有两个假设可以加以检验：一是最低工资主要由不同地区的生活成本来决定；二是相对富裕地区的政府倾向于提高最低工资标准来限制外来务工人员的就业量，从而缓解该地区的人口压力。

从最低工资的影响来看,最低工资的提高在一定程度上缩小了工资差距,但是对收入差距的影响并不大。对失业的影响很大程度上取决于工资分布、最低工资政策的选择和企业利润的分布。当低工资人群比例比较高的时候,或者有大量的微利企业的时候提高最低工资有可能对就业产生不良影响。

华生:破解中国房地产调控困局

华生博士将中国、日本、韩国三个国家的城市化进程进行了对比。中、日、韩作为亚洲的后发国家,在人口密度和人均可耕地面积方面较为相似。在人口转型加速时期,中、日、韩的人口密度分别为139人/平方公里、221人/平方公里和251人/平方公里,人均可耕种面积分别为1.37亩、1.05亩和1.2亩。

虽然具有这些相似的特点,但中、日、韩三国城市化进程存在一定差异,中国的城市化率从1978年的18%上升到2010的47.5%,大量的农村人口转移到了城市,但其中一个重大问题是,这其中还有13.5%,即近2亿的移动人口因没有住房无法安居,如果不考虑这部分移动人口,那么中国2010年的城市化率只有34%,可以认为中国的城市化进程还远未完成。日本和韩国则用短短30年左右的时间便完成了从农业国向工业国的转变,日本1950年的城市化率就已经达到了37.4%,到1975年城市化率达到了78.6%;韩国1960年的城市化率是27.7%,到1990年城市化率便上升到74.4%,年均增长速度比中国快1倍。

值得注意的是,日本和韩国不仅完成了从农业国到工业国的转变,而且在城市化进程中,也没有出现拉美国家的"福利陷阱",也没有出现"贫民窟",绝大部分外来移民都安置进了大都市圈。另外,日本和韩国的收入分配状况也优于中国,其基尼系数均在0.3以下,相当于中国计划经济时代的水平。这些情况都要归因于日本和韩国在城市化过程中对房地产市场实施的调控政策和措施。

为了更为直观地了解中、日、韩在房地产市场上的差异,华生博士对三国大城市房价收入指标和住宅面积指标进行了对比。中国虽然是经济强国,但是人均收入依然比较落后,其人均收入水平仅仅为日本的十分之一、韩国的五分之一,但是北京和上海的房价与东京和首尔的房价不相上下。现有的统计数据表明,北京和上海的房价收入比都在35以上,而东京的房价收入比仅仅为8.7,首尔的房价收入比也仅为11.6。这说明中国房价偏高。由于城市化过程是农村人口向城市迁移,中小城市人口向大中城市迁移的过程,因此房价收入比过高将会引起社会的极大关注和社会的不稳定。

另外,与房价高企形成鲜明对比的是中国新建住宅单套面积迅速扩大。中国新售商品房户均建筑面积2005年已超过117平方米,许多房地产商还采取一套住房多个房产证的方式来规避政府对户型面积的限制。日本住宅平均面积是94.13平方米,韩国住宅平均面积为86.5平方米。可见,我国虽然有约2亿城市就业人口无住房,处于人均2000—4000美元的城市化起步阶段,但在房价和新建房屋面积方面已经赶超了日、韩,可以与它们在高度发达的后城市化时代水平相比。

华博士认为中国房价高企主要是房地产制度设计出了问题。由于仍处于高速城市化进程中,中国急需改变现状,在一系列制度上进行根本性重新构造。借鉴日、韩经验,主要应采取三个方面的措施来对房地产市场的投机需求进行调控。

第一,从重视交易税和流转税转移到重视所得税上来。比如,个人转让住房应当征收20%的所得税,但由于成本信息的不对称,一般按照房屋交易额的1%征收交易税和流转税。譬如一套原价5万元的房改房现在卖300万元,所得额是295万元,按照交易额的1%只需要交3万元。事实上这部分所得应当作为个人所得而征收个人所得税。如此低的税率将无法阻止房地产投机行为,这也反映了中国税收制度中存在一定的扭曲。日、韩的通用做法是保护自住房交易,自住房交易在一定额度以内,特别是普通自住房基本是免税的,如果不是自住房就要交个人所得税。这一方面遏制了投机空间,另一方面保障了最基本的住房供给。

第二,设定固定资产保有税。日本、韩国基本上都有固定资产保有税。日本对120平方米以下的普通住宅征收0.7%的固定资产保有税,对超过120平方米以上的住宅征收的固定资产保有税则翻倍为1.4%。韩国则对高档公寓楼、商住两用房征收保有税,对别墅高档住房征收高达5%—7%的保有税。这也有效地打击了房地产市场的投机行为。

第三,将房屋作为遗产的一部分,在一定条件下对该部分征收遗产税。日本和韩国的遗产税都很高,均超过了50%。在日、韩的遗产税征收制度中,有一个规定值得中国借鉴,即子女继承父母住房的时候,如果子女是无房户,并且继承的是普通商品房,那么他们便可以免交遗产税。所以,如果父母有房,子女重新购房的动机就会下降,这样便又省下一大批房源,有效地减少了购房需求。

卢锋:BRICS合作的背景根源与前景探讨

南非加入后,BRICS五国首脑4月中旬在我国海南会晤并发表《三亚宣言》,使这个新兴经济体国家集团合作机制再次成为全球瞩目的焦点。卢锋教授对此提出了三方面的看法。第一,新兴国家快速增长正在快速改变全球经济版图,中国是最重要的驱动力量。第二,BRICS合作既有有利因素,同时也存在制约条件。未来发展会存在四组关系需要应对,相应也存在四种可能的发展前景。第三,BRICS的使命应在谋求自身持续增长的同时,为建设开放、公正、一体化的全球治理新架构做出贡献。

卢教授用大量翔实的数据观察BRICS相对经济规模的变化情况以及中国经济追赶的特殊重要性。例如,BRICS五国GDP占全球的比例,从世纪之交的8%—9%增长到2010年的18%;其中,中国占比从2000年的4%上升到9%,贡献增长的一半。五国资本形成占全球的比例从2000年的近10%跃升到2000年的25.7%;其中,中国占比同期从5.9%增长到17.5%,是其他四国总和的两倍多。五国出口占全球的比例从2000年的7%增长到2010年的14%;其中,中国占比同期从3%增长到8.5%,比其他四国的总计5.5%超过约一半。五国外汇储备占全球的比例从1993年的6.4%增长到2010年的40%,增幅为5.5倍;四国从4.4%增长到10.4%,增幅1倍多,而中国从2%增长到30%,增幅高达14倍。

过去十年,石油、铁矿石、铜、铝等几种大宗商品消费中五国占全球的比例,除了石油仅增长几个百分点,其余商品都有几倍的上升,近三年达到50%、47%和70%的高位。数据显示,其余四国这些商品消费占全球比例过去近二十年大体稳定,五国占比增长几乎完全来自中国消费的相对增长。另外,卢教授还报告了 BRICS 在若干宏观指标和大宗商品消费增量贡献方面的情况,更加凸显了 BRICS 占比提升和中国因素贡献特殊的基本事实。

从中国与 BRICS 其他四国的贸易情况看,2010 年,四国在中国出口中分别占第 8、13、16、30 位,总计占中国出口比重为 6.7%;四国在中国进口中分别占第 9、12、15、23 位,总计占中国进口比重为 7.2%。中国对四国的出口相对集中于电器设备、机械等各类制成品,进口高度集中于矿产品、矿物燃料、农林产品等初级产品。

变革时代中 BRICS 探求合作具有必然性。基本的有利条件在于同属新兴经济体,对原有国际经济治理结构具有某些类似性的利益诉求。在国际财经领域,这类议题包括:合作推进金融监管、国际金融机构、国际货币体系等方面的改革,合作应对大国宏观政策的溢出效应等。BRICS 合作有助于推进金融、基建等方面的合作,增加文化、经贸等领域的交往,提供成员国重大关切和利益诉求的协调和沟通平台,宣示各国对某些热点问题的共识性看法等。

BRICS 合作也面临制约因素。诉求的类似性派生竞争性。例如,我国出口以电器、机械等制成品为主,其他 BRICS 大国也把发展制造业作为优先目标,它们可能会从竞争角度看待我国的制造业优势;人民币汇率弹性不足也为这些国家抱怨提供口实。另外,结构的差异性会带来利益矛盾。例如中国钢铁企业与澳大利亚、巴西供货商的矛盾,中俄的能源贸易立场差异,中印不时发生贸易摩擦等。

BRICS 各国特别是中国如何处理四组关系,对未来有关键影响。一是 BRICS 与其他发展中国家之间的关系。二是 BRICS 内部之间的关系。三是 BRICS 与 G20 框架的关系。四是中国参与全球治理与推进国内改革的关系。对于第四点之前关注较少,其实长期具有更本质的意义。

中国新一轮改革面临三方面的议程:通过土地、户口、国企、资源经营方式的改革,完善现代市场经济体制和竞争秩序;更好地发挥汇率、利率等开放宏观价格工具功能,建立和完善大国开放宏观架构;推进政治改革为长治久安奠定制度基础。大国外交是内政的延续。完善开放型市场经济制度,尊重现代社会普适价值和多边规则,是中国经济和社会发展的需要,也有助于中国在参与全球治理中发挥更大作用。

就此可对 BRICS 合作不同前景的推测观点提出探讨和评估。国外有观点认为 BRICS 是在对抗西方联盟。这显然不正确。BRICS 合作的官方立场不赞同这一观点,国内评论意见的主流观点也不认同这一观点。

一是搭建东西共治平台的观点。未来全球治理无疑要更多地考虑发展中国家利益,要让中国和其他 BRICS 国家发挥更大的作用。不过如何理解东西共治还存在有待探讨的问题。例如,是一元多极还是二元鼎立,其他发展中国家和国家集团是否愿意被 BRICS 代表,等等。

二是 BRICS 或许会演变为一个超级论坛和协调机制,不仅创造出类似 APEC 的超级论坛,并能推动各种类型不同部门的双边和多边务实合作项目,在推进国际交流合作中发挥重要作用。不过由于处理上述四种关系面临矛盾和困难,在为全球治理提供实质解决方案和制度创新方面作用有限。

三是通过东西对话、南南合作,在改革完善"开放、公正、一体化全球治理架构"的进程中发挥能动性和建设性作用。经过历练,使 BRICS 从最初投行报告定义的支持经济增长的"新砖",变成支撑未来全球治理结构的"金砖"。卢教授以为,在加快推进国内改革的基础上,借助 BRICS 合作平台,为建设面向未来的全球治理架构发挥实质功能,是中国应当选择的 BRICS 合作方针,也是符合中国和世界利益的合作方针。

魏凤春:我国宏观经济中周期复苏的逻辑

魏凤春博士从周期视角观察市场运行,从财政视角分析政策实施,讨论了 2011 年第二季度宏观经济的运行态势,认为中国经济新一轮的周期始于 2009 年第二季度。2009 年第二季度至 2010 年第三季度的经济增长依赖于政策的外生刺激。2010 年 10 月至 2011 年 4 月,经济运行呈现内生性增长特点,市场力量主导周期上行,经济维持惯性增长。自 2011 年 5 月,市场将呈现刚性,刚性之下必须谋求突破。

魏博士接着介绍了市场惯性,简言之是企业由被动库存转向主动库存。2010 年 10 月至今,市场经历了三个阶段:2010 年 10 月至 2011 年 2 月为被动型库存减少期,供不应求是常态,因此价格快速上升,企业积压库存被消耗;2011 年 3 月至 5 月为过渡期,供需趋于平衡,企业盈利能力上升受到抑制,但利润达到最高点,因此仍有扩张冲动;自 2011 年 5 月进入主动型库存增加阶段,企业盈利面临的不确定性增大。

魏博士用四点事实支持上述论断。一是 2011 年第一季度资本支出的方向符合中周期主导产业,先进服务业、铁路运输和制造业投资增速均在 30% 左右。二是资本支出周期向上趋势明显,2011 年 4 月前后是固定资产投资周期的高点,之后可能面临回落。三是资本支出周期仍将延续,但动力减弱。水利与铁路投资依然可期,保障性住房将进入建设高潮期,预计今年固定资产投资将达到 24% 左右。四是库存开始增加,工业品滞销率连续下降后逆转向上,工业品价格环比增速走低。

未来市场面临成本和需求两重约束。成本约束主要表现为原材料和人工成本的上涨,成本约束还表现为信贷管制。在信贷管制背景下,一方面融资利率攀升,民间金融利率普遍高于企业毛利率,形成金融部门对产业部门利润的剥夺;另一方面贷款标准明显提高,这主要体现在对抵押品的要求上,比如房地产与汽车抵押率降低了半成到一成,黄金抵押率最高。管制范围从日用品转向可选消费品、从零售商转向生产商,企业无法通过正常的提价转嫁成本。

需求约束可从国内外两方面分析。过去三年,除了金银珠宝和石油产品,国内消费普遍透支,这源于政府强劲的刺激政策。随着通胀高企,政府宏观政策转向,社会消费规模与增速则快速下滑。今后消费将逐渐回归常态,原因一是由于收入决定消费,收入增速高于社会消费品零售总额时间一般不超过两个季度;二是从消费自身运行规律看,环比持续下滑一般不超过四个季度。目前这两个条件均已达到,可以预期消费增速已经见底,开始向上反弹,但不会回复至前三年的繁盛局面。对国外需求应谨慎乐观。美国 2 月 CPI 已突破 2% 的目标值,短期内仍有加速上涨趋势,基于通胀目标制欧洲已先行加息,美国退出量化宽松政策也是大势所趋。最大的担忧在于日本,震后制造业与服务业下滑,可能拖累世界经济复苏的步伐。

随后魏博士探讨了政策过渡期问题。通胀已成为慢性病,在高位徘徊是其主要特征,所以政策放松不得;但增长开始遭遇成本约束,经济也紧缩不得。这种紧缩触底、放松暂缓的状态就是政策过渡期。政策进入过渡期,是由于通胀已经引发利益博弈。在稳定压倒一切的前提下,政府对通胀的态度从单纯的流动性控制转向利益调整:对大众集团保障民生,对权贵集团提高要素价格,对政治稳定性影响较弱的中产集团则要承担较多的通胀成本。过渡期货币政策的走势有以下特点:一是适当提高利率,以非对称加息为宜;二是加强总量调控,社会融资总量进入操作层面;三是升值加快可能性高;四是准备金率继续上调。过渡期财政政策则将逐步由积极转变为稳健。

在强调保稳定的背景下,增长靠什么?中央政府主动将赤字率从2010年的2.76%下降至2011年的2%,不再继续扩张负债,减弱了公共风险扩散的可能性,也说明中央政府不会在增长方面做很大努力。当保障性住房已变成杀威棒,惩戒作用大于激励作用时,地方政府压力陡增和经费紧缺。无奈之下,地方政府只能谋求变通,与民间资本相结合,形成增长动力。

苏畅:高油价对中国经济和投资的影响

苏畅博士从以下几个方面讨论了当前国际油价高企对中国经济短期波动和长期增长的影响:

首先苏博士认为,尽管市场上有机构预测中国GDP环比增速会在未来几个季度内保持平稳,通胀水平维持在5%左右的高位,但是考虑到信贷、企业融资成本、进口以及其他方面的情况,他认为经济出现类似于去年"先回调后反弹"的可能性更大。

今年第一季度的数据显示出诸多令人困惑的矛盾:PMI在第一季度出现明显回调,但工业增加值和发电量环比增速很高。微观层面的一些企业订单和销售情况也互相矛盾。在信贷紧缩和民间融资成本提高的同时,固定资产投资同比增长34%,这是一个非常高的增速。与保障房建设有关的投资本来被大家认为是今年保持整体投资增速稳定的主力,但是来自个别企业的信息显示,政府和保险基金对投资保障房的热情并不高。

第二季度及后续的中国经济走势在今年更有可能是先出现一个去库存的回调过程,然后向上回升。支持这一判断的证据,除了当前处于低位的信贷和货币增速以及民间融资成本的大幅提升外,当前增加的进口总额大部分来自进口价格上升。这也是一个预示内需不足的现象:2003—2004年,大宗商品进口量同比增速基本在30%—40%的区间上,同时进口价格相比现在很低。当前我国对5种主要大宗商品进口量的同比增速只有10%,进口均价同比的涨幅却达到30%。内需在未来可能出现的回调,意味着CPI在未来也会出现一定的回调。

油价上涨对上述判断的合理性会带来一些不确定性。油价对中国经济短期走势的影响主要通过两个渠道发生:一个是直接通过影响国内的通胀预期来改变通胀,另一个是间接地通过美国货币政策的变化影响到中国经济。前者可以从过去中国的成品油涨价和贷款利率上升基本在同一个月发生这一事实得到验证,后者可以从美国利率和国际油价综合指数的当前走势得到验证。1998年以来,每当这个综合指数接近6,后面紧跟着的就是美国经济衰退。这是因为美国对石油需求大多是偏刚性需求,石油价格的上升会挤压美国居民对于石油以外的可选消费,如果此时美联储退出宽松货币政策,那么根据目前这个指数所达到的水平(已经超过5),是可能引起美国经济衰退的。因此,美联储的量化宽松货币政策可能还会持续一段时间,而这也会对中国的通胀带来影响。

当前油价是否见顶?从大宗商品需求、欧洲央行和美联储货币政策指向目标的分歧、美元汇率的技术因素以及当前供给面因素等方面的分析,认为看空大宗商品价格和油价见顶的说法需要谨慎对待,短期内油价可能还未见顶。

第一,从需求方面看,通过观察CRB计算的全球工业生产指数以及申银万国计算的经济扩散指数,可以看到当前全球工业生产走势很强,发达经济体对大宗商品的需求也处于高位。

第二,从货币政策方面看,欧洲央行和美联储的政策开始分化:欧洲央行已经加息,美联储还在量化宽松。这是因为两个央行的政策目标指向不同,欧洲央行指向名义通胀,美联储指向核心通胀。现在密歇根5年通胀预期指数基本保持稳定,核心通胀没有大变化,因此美联储短期内可能还不会加息。另外,欧洲央行盯名义通胀的做法本身存有争议,因为在金融危机前,欧洲央行曾经因为大宗商品价格上涨加息,导致欧洲经济体在后来的危机中受到比美国更大的冲击。

第三,从美元汇率的技术层面看,DXY指数已经跌破支撑线,欧元对美元的汇率已经冲破向上阻力位。考虑到美联储很长时间内都不会加息,美元还会继续贬值。虽然在五六月份可能出现市场对QE2结束后紧缩的预期,但美联储的资产负债表规模不会有大变化,美元还是会走弱。

第四,当前中东、北非地区的政治冲击对油价有推高作用。综合看历史上油价的季节性高点,今年WTI原油价格的高点可能在七八月份,大约为每桶120美元。当然这个预测是有风险的,并不表示在后半年油价就会回落。

其次,苏博士从中周期视角讨论了油价上升对中国经济增长的制约作用。有研究认为中国现在开始进入自主扩张的中周期阶段,认为是系统性投资的买入时期。但油价仍是妨碍中国未来发展的重要因素。中国在"十二五"期间可能保持投资高增长的态势。中国城市化进程还未结束,横向对比日本、法国等国家人均能源消费水平,中国还很低。2008年和20世纪70—80年代全球经济衰退时,油价高涨都可以被看做压倒经济的最后一根稻草。面临这一发展瓶颈的中国,需要借鉴发达国家开发、普及核能的经验。如果这一问题无法解决,大宗商品价格就会高涨,国内通胀预期就会很高,使用紧缩的货币政策就会导致经济快速进入低谷,放松该政策又容易出现大幅反弹,未来经济周期会更短、波动会更大。

最后,苏博士简要阐述了投资策略。一是需要关注财政政策的变化。如果政府认为今年的通胀和GDP水平是前面所预测的"前低后高"的局面,那么考虑到今年的财政赤字预算有许多尚未完成这一因素,财政政策可能在第三季度出现拐点,从现在稳健偏紧转向较为积极。二是根据2008年以来的经验,财政政策的刺激作用会通过拉动配套资金和放大银行系统货币供应两条途径来提振股市,因此投资周期性强的行业,如银行、金融,可以作为今年股市投资的基本策略。

宋国青:贸易条件变化与顺差下降

宋国青教授在演讲中评论了第一季度的宏观经济形势,然后依次对第一季度贸易逆差的原因、商品价格上涨的根源、顺差下降对国内经济政策产生的影响进行分析,并在此基础上评论了扩大内需、1 000万套保障房建设等热点问题。

首先,宋教授评论了第一季度宏观经济形势。今年1月、2月紧缩力度较大,不但贷款收紧,财政紧缩也较明显。财政存款增长快,M2增长低,其同比增速跌至16%以下。3月刚开始担心紧缩有点过度,不过很快放松不少。贷款仅稍有好转,主要是财政支出扩大很多,财政存款明显减少。这可能与保障性住房拨款有关。从生产面看,2月下跌明显,3月出现反弹,甚至有偏强的担心。不过目前看政策面调整还比较及时,也不用过于担心。紧缩只要不是特别厉害,偏紧一点不会有太大问题。

其次,评论了第一季度的贸易逆差。第一季度出现10亿美元的贸易逆差,仅两年多以前,即2008年第三季度贸易顺差曾超过1 000亿美元。季节调整后,第一季度还是贸易顺差,但幅度小多了。剔除短期经济景气及存货等因素的影响后,还可以看到顺差下降,只是具体下降幅度没有数据显示得这么快。

第一季度进口同比增长32.6%,但从海关进出口价格指数看,主要是扩大了消费。第一季度进口实物量同比只增长了15.8%。相比之下,2002年以来进口实物量同比增长率平均接近17%。对中国而言,15.8%并不高。不过对全球其他经济体而言则是很高的增速,对全球资源供给造成非常大的压力。所以扩大进口也不是想扩大就扩大,要考虑到进口价格弹性等因素。

2003年以来货物贸易条件(出口价格指数除以进口价格指数)最好的季度是金融危机对商品价格影响最大的2009年第一季度。从2009年以来两年,进口价格(季平均)上升了32.2%,出口价格上升了5.6%,贸易条件下降了20.1%。季节调整后第一季度货物进口额为4 497亿美元,按年率算近1.8万亿美元,或11.8万亿人民币。进口价格较出口价格多上升20%,意味着2万多亿人民币的损失。贸易条件恶化导致国民收入真实增长率明显低于生产法GDP真实增长率。

再次,分析了商品价格上涨的原因。观察以美国CPI平减的CRB商品价格指数与我国贸易条件的倒数关系,可以看到二者在2002年以后呈现非常明显的关系。这是因为中国进口中资源类商品比重猛烈上升。特别是金属材料价格,用美国CPI平减后目前已非常接近20世纪70年代的水平,相比十年前则已上涨了3倍。2001年是一个低谷,在那之后全球经济复苏,特别是中国开始了一轮高速增长,接着商品价格就快速上涨。八九十年代中国虽然增长也较快,但体量还不够大,对国际市场的影响就有限。现在中国增长已冲击到粮食、铁矿石、铜等商品,仅对石油的影响暂时还没有美国大。

与此可比的是,70年代,虽然日本等经济体当时增长率相比之前不算很高,但经过五六十年代增长后其体量已达到相当规模,对国际市场价格的影响也就很大。这是一方面因素,具体影响程度有待进一步考察。还有一个重要的原因是低利率。70年代全球通胀,美国加息滞后造成真实利率过低,这导致房价上涨,并引起房地产扩张以及商品存货增加。

目前中国的城市化和高速增长以及全球真实利率过低与70年代全球经济情况类似而程度更强。美国过去几个月总体CPI环比年率已经超过5%,但美国仍在历史最低利率上稳稳不动,市场上甚至还讨论第三轮量化宽松政策的可能性。以前中国贸易顺差实际上输出资本,压低了美国利率。现在中国贸易顺差减少因而输出资本减少,但商品价格上升后石油输出国大量购买美国国债,仍会压低美国利率。因此,油价上升,中国不仅仅亏在商品价格这一处。由于石油输出国购买美国国债压低美国利率,与中国外汇储备投资客观上构成竞争关系。

在中国城市化基本完成前,商品相对价格可能持续上升,但程度可以不同。给定这个大前提,高利率是对付商品价格上升几乎唯一的重武器。另外,中国改善其他调控政策也能缓和商品价格的上升速度。美国在70年代末开始抗通胀,将利率大幅提高,其经济在一段时间内受损但商品价格被压制下去。之后通胀稳定,商品价格也趋稳。目前中国在全球利率中扮演重要角色,也在潜在影响美国,应该重视高利率压低商品价格这一经验。

进而,对顺差的趋势性变动提出一个简单解释。2009年以来货物贸易顺差持续下降,占GDP比重下降幅度更快,可以认为贸易条件恶化是主要原因。此前2004年中期到2008年中期,虽贸易条件也在恶化,2005年开始人民币升值,但贸易顺差仍有大幅增加。一个基本解释是,生产率相对变化和贸易条件变化是影响顺差的两个相反力量,贸易条件的变化通过进出口数量累积的增长开始起到越来越重要的作用。对这一现象还可以考虑其他解释,但是较难从数据分析方面给出精确结论。

可见贸易顺差下降可能是中期趋势。如果确实如此,那么将对国内乃至全球经济的多方面产生重要影响。譬如,2009年以来,主要由于贸易顺差下降,外汇占款的增长率显著低于此前多年,目前已经与国内信贷增长率相当。这样一来准备金率就不再有变化的必要。过去几个月数次提高准备金率,主要效果是置换央票,央票不增反减。这个政策的考量之一可能是外汇储备损益的压力。由于国内名义利率提高而国际利率变化不大,将会使得外汇储备损失增加。提高准备金率给商业银行增加压力,由此也使存款利率上调受到抑制。但若贸易顺差下降或至少占GDP比例相对下降,情况可能逐渐发生变化。在此情况下,可以考虑外汇储备损失挂账的办法,减少提高存款利率的制约因素。

最后,讨论了扩大内需、保障性住房建设等问题。就扩大内需的提法,一些人认为扩大内需就是扩大消费,但这只是理想,最后还要靠投资。但一上投资就要靠实物资源,实物资源就得买,一买就涨,涨了就赔。如何打破这一逻辑?没有特别好的办法,只能说改善投资。投资不一定是实物投资,可以是研究、开发、人力资本投资。这些投资从两三年来看没有房产好,但二十年后一些小城镇现在盖的房子从开始到倒塌之前可能一直空着。现在政府说要盖1000万套保障性住房,这是否意味着铁矿石、铜、石油价格会进一步上涨?如果提高利率,货币补贴有可能比住房实物补贴更受欢迎。若是集中盖房会导致贸易条件剧烈恶化,反过来赔利息比赔商品价格可能合算一些。20世纪90年代治理通胀就采取过财政直补的办法,最后使得平均存款利率高于贷款利率。提高利率还会缓解国际大量商品的价格涨势。假以更多选择,1000万套房,也许最后只有700万个家庭选择实物补贴,少盖300万套房子也将使得商品价格更低一点,最后有可能只用花一半钱就办成这件事情。

第26次 报告会快报

（2011年7月23日）

CMRC"中国经济观察"第26次报告会于2011年7月23日下午在北京大学国家发展研究院万众楼举行。本次报告会侧重讨论地方债的最新审计结果、地方政府融资平台问题、农地改革、贸易条件变动的福利影响、当前宏观经济形势及长期潜在增长率等问题。会议由北京大学国家发展研究院卢锋教授、黄益平教授主持。财政部财政科学研究所所长贾康，中国工商银行金融研究总监詹向阳，北京大学国家发展研究院李力行教授、周其仁教授、宋国青教授与卢锋教授发表演讲并回答听众提问。

卢锋教授根据第25次"朗润预测"的汇总结果，用四句话概括了24家特约机构对今年第三季度我国宏观经济走势的看法：经济增速走缓，通胀压力持续，宏调相持未定，政策更重稳妥。下文为主讲嘉宾的演讲摘要。

贾康：从地方债审计结果应引出的一些基本认识

贾康所长系统地分析了国家审计署最近发布的关于地方债务审计报告的特点和主要结论，特别强调了从财税制度演变的角度来看中国地方政府债务问题，最后提出应对地方债务问题的深层改革政策方面的一些措施和思路。

首先，贾所长对国家审计署的工作给予了肯定评价，认为这次审计意义重大，工作量上是4万多人，对改革开放以来至今30余年187万多笔债务做了全面审计，对地方债务的全景和结构都做了比较清晰的描述，是迄今为止最具权威性的关于中国地方政府债务的基本信息。此报告不仅提供了一个前所未有的对于现状判断的依据，而且可以很好地促使社会方方面面客观正面地分析和判断中国经济发展过程中地方债务相关的正面效应和风险，推动大家一起来从更深层次认识怎样在今后防患于未然、防范风险，推动相关制度机制建设等方面的工作。

在肯定审计署的工作后，贾所长提出对当前中国地方债务的总体风险的一个基本判断。其核心观点是这一次的数据给了我们一个相对清晰的信息,在总量上中国地方政府的债务和公共部门债务仍然处在安全区。单讲地方政府债务,审计结果把地方债分成三大部分,第一部分是地方政府很明确地直接负有还本付息责任的债务,占整个10.7万亿元的60%多一点。第二部分是地方政府负有担保责任的债务,虽然地方政府出具的担保在《中华人民共和国担保法》下都无效,但这次审计署考虑实际情况把所有担保债务合在一起做了全面统计。第三部分是形式上看不到跟地方政府有关联,但实际上债务出现了还本付息问题会把地方政府牵连进去的债务。

这三部分合计10.7万亿元的地方负债,占2010年GDP的27%,加上整个公共部门占GDP约20%的名义负债,再加上高盛强调的中国政策性金融机构占GDP约6%的金融债,中国现在公共部门整体负债率应该在50%—55%这个区间。贾康所长通过与欧洲的对比,认为现在50%多一点的位置是在安全区之内。现在碰到的风险是总量没有明显过界,而局部显然已经存在比较高的风险积累,有一部分地方负债率已经高过100%,风险已经在局部相当高。短期内建议在审计署审计结果的基础之上促进财政部、银监会等负有调控和监管责任的管理机构更充分地交流和磋商,在通盘考虑全局的情况下聚焦高风险的区域和项目,借审计结果推动有针对性的应对措施,以比较低的管理成本、比较高的绩效水平,防范地方债务风险。

接着是制度原因分析。地方隐性负债的杀伤力并不仅是局部出现债务链断裂造成多少经济损失,而是这种机制一定会从中国的黄金发展期伴随至矛盾凸显期,由于某些事件触发某一个局部的矛盾积累而产生局部的危机,而这种危机把经济问题上升到社会层面甚至政治层面,必须用特定的手段,甚至极端的手段,救火式地去平息事态。而救火的社会代价是非常高的,首先就是政府的公信力、所谓和谐社会里面民众对和谐的感受评价方面负效应的扭曲。

要特别重视债务形成的体制性原因。在认识地方债所带来的问题后对体制方面最基本的认识是,1994年的分税制改革,是和邓小平"南方谈话"之后明确的社会主义市场经济目标模式相匹配的一种必然选择,是中国整个经济改革中间里程碑式的事件,在政府和企业、中央和地方,实际上也包括政府公权力系统和社会成员这些最基本的经济关系上搭建了和市场经济匹配的一个制度框架。现在大家都在批评1994年以后看到的基层财政困难,所谓土地财政的种种扭曲和短期行为,毛病恰恰不是出在分税制上面,而是出在分税制不能贯彻执行,在省以下的层级实际形成了五花八门、复杂易变、讨价还价、色彩浓重的分成制或包干制。分税制不能真正贯彻,地方税体系迟迟不能成型,地方阳光融资制度不能得到推进,就逼出了普遍的潜规则替代明规则,地方隐性负债总体来说是有效制度供给不足的问题。

解决这个问题要继续推进扁平化改革。五个层级分税是无解的,需要考虑实行省直管县三个层级新的财政通盘改革设计。在农业税取消之后,乡财县管是必然的制度演变结果,取消农民税之后大部分农村基层没有任何财力来源,乡镇应是县级预算下的预算单位。缩减为三个层级后,马上可以借鉴国际经验,结合中国国情设计出分税制从上到下贯通的具体方案。如果分税制贯通,地方公债制度以及必要的地方市政债制度可以往前一步步地确立和健全起来。

詹向阳：辩证看待融资平台发展

詹向阳总监在演讲中首先界定了"地方政府融资平台"的概念，然后结合国家审计署于2011年6月27日发布的《全国地方政府性债务审计结果》报告，系统分析了融资平台的发展现状和主要特征，阐述了融资平台的利弊，并全面地总结了融资平台未来的改进方向。

詹总监首先将融资平台界定为由地方政府出资设立，授权进行公共基础设施类项目的建设开发、经营管理和对外融资活动，主要以经营收入、公共设施收费和财政资金等作为还款来源的企（事）业法人机构。

结合国家审计署的《全国地方政府性债务审计结果》，詹总监指出现在融资平台发展有以下几个主要特征：融资平台债务余额迅速增长，但增速有所下滑。2010年年末全国地方政府债务余额达到10.7万亿元，较上年增长18.86%，但是增速下降43%。融资平台层次增多，并逐步向下扩展，到2010年各级政府融资平台共6576家，72%集中在区县级政府。银行信贷是其融资主渠道，而债券所占份额只有7%。地方政府对融资平台在管理上较90年代有了一定的创新。银行对于融资平台贷款的严格管理和规范运作对控制平台融资风险起到了重要的促进作用。

针对目前社会和学术界关于融资平台的争论，詹总监指出应从正反两方面全面认识融资平台的利与弊。从积极方面讲，詹总监认为政府融资平台是地方投融资机制的创新，对支持我国经济持续健康发展起到了积极作用。政府通过这些融资平台筹措建设资金，而融资平台通过独立市场运作获得收益，保证还款来源，承担偿债责任；同时融资平台有效整合了各部门掌握的公共资源，提高了公共资源的使用效率，减少了公共资源及其收益的流失；对政府各部门投融资、项目管理、监督等职能进行协调和重新分工，有效地调动了各方积极性。

从风险角度来看，詹总监认为政府融资平台在规模扩张过程中运作不规范和风险隐患突出等问题正在加速暴露，成为捆绑财政风险和金融风险的重要渠道。主要表现在以下几个方面：根据《中华人民共和国担保法》规定，政府担保是没有法律效力的，而且在实践中个别地方财政风险过大，对融资平台的担保有名无实；平台融资结构过于单一，以银行贷款为主要来源的单一结构不恰当地把财政风险转移给了商业银行；一些融资平台负债率过高；管理机制不健全，缺乏对投资者的有效保障。

在系统地评估了融资平台的现状和利弊之后，詹总监就融资平台未来的改进方向做了全面详尽的分析。詹总监首先指出要正确认识到地方政府筹融资行为的合理性，给予地方政府融资合法地位和合法渠道。作为中国特色社会主义市场经济的现实，中国政府在管控经济、配置资源、承担社会和经济建设职能中有着重要的地位。在这个现实基础上，地方政府的融资冲动就是可以理解的。与之相关的政策也应当以"疏"为主，而不仅仅是"堵"；应当着眼于长远，对地方政府融资做出长久性制度安排，而不应仅限于"非常时期"的"非常举措"。

针对现存的地方政府债务，詹总监强调要有计划地逐步解决融资平台的贷款问题，在严格控制新增贷款的同时对存量贷款制订有序退出的计划,防止因操之过急导致地方政府偿债风险项目未能完成的风险;同时,商业银行自身要通过强化融资平台的贷款风险管理制度,切实起到监督融资平台规范运作、约束融资平台风险的作用。

在未来可以改进的方向上,詹总监指出要从融资结构、风险防范和监管三大领域入手。在融资结构上,要打通地方政府及其融资平台的直接融资渠道,可以考虑赋予地方政府发行债券的权利,即利用融资平台发行"融资券"和企业债券的权利,并出台鼓励直接融资的政策措施。在风险防范上,要建立健全地方政府债务管制体制,建立与融资平台债务规模相适应的偿债基金,要把相应的收费权注入融资平台,提高其债务自偿能力,提高融资平台层级,并对融资平台进行规范,使其依法合规运行,做实融资平台资本金,限制负债率,并且要健全融资平台的治理结构。在监管层面,要确定融资平台的监管部门,明确监管责任;建立和完善融资平台的信息披露制度,以强化投资者以及放贷银行对平台的监督。

李力行:成都改革的新进展——农地确权与集体建设用地入市

中国土地制度改革一直是社会关注的焦点。在部分地方政府债务风险暴露后,农村土地制度改革更关系到地方政府"土地财政"生存的前景。李力行教授代表国发院土地制度研究课题组,借助成都土地改革的最新进展,说明土地制度改革可能是解决政府主导经济、地方政府深陷于债务问题的出路所在。

李教授先简单介绍了中国土地产权制度的背景。中国的土地可划分为两大块:城市土地和农村土地。城市土地为国家所有,地方政府垄断城市土地的一级市场,通过批租制出让土地使用权。农村土地依用途划分为农地和建设用地,皆为集体所有,但流转方式不同。农地实行家庭联产承包责任制,并允许农户自由流转。农村建设用地(包括宅基地、乡镇企业用地、公共事业用地等)使用权不得转让——这正是土地制度研究课题组研究关注的重点。

农村建设用地不能转让的制度安排是地方政府"土地财政"的基础。由于农用地转为农村建设用地有严格的指标控制,指标分配按照各个政府行政层级分配,因此农村建设用地成为农村宝贵的土地资源。但和城市土地相比,农村土地同地不同权。农村建设用地要转为城市土地必须经地方政府征用,不可自由转让的制度安排,导致了很多不良后果。

后果之一是导致城乡居民财产性收入差距扩大,并成为城乡居民总体收入差距扩大的主要原因。后果之二是导致土地资源配置低效。后果之三是导致地方政府高度依赖土地进行融资。2010年地方政府土地出让收入几乎相当于地方预算收入的四分之三。地方政府用土地收入主导经济的行为集聚了大量风险。首先,土地资源的稀缺性决定了土地财政从长期来说不可持续。其次,短期内地方政府正面临土地违规抵押造成的土地金融问题。

针对目前土地制度存在的问题,成都土地改革的目标是改变城乡产权不对等的现状,为市场配置土地资源奠定基础。成都市下辖1100万人口,其中500万是农民,1.2万平方公里,20个区、市、县。从2008年1月至2010年下半年,成都共颁发集体土地所有权证3.38万本,集体土地使用权证166万本,《农村土地承包经营权证》180万本(涉及1000万个地块)。作为配套制度同时进行的有户籍制度改革,加快了生产要素在城乡间的自由流动。

成都改革首先提到的是农地确权,然后是土地流转。合法转让权是财产性收入的基础,也是减少城乡财产性收入差距不断扩大的根本解法。进行农地确权就是要清晰界定农村土地、房屋、承包地、林地等财产权利,赋予农民有保障的转让权。成都颁发的农村集体建设用地使用权证上标明,农民拥有土地使用权,且使用权没有终止期限,土地所有权仍归农村集体所有。

李教授还列举了成都土地流转的几个案例。流转案例一是2008年汶川地震灾后联建。该案例有几个值得注意的地方。一是农民自发寻找投资方转让建设用地的使用权,而不是被迫被政府征用。二是农民、集体、投资方签订三方协议,将农户的部分建设用地出让给投资方。农户出让时已经留足了自住用的宅基地,而不是转让全部的建设用地。三是村集体作为农村土地的所有者也参与了协议。

农村建设用地使用权的自由流转给农民带来了不小的收益。课题组在都江堰市的八个镇收集了很多土地价格样本,其中包括国有土地和农村土地。把土地按离市区的距离进行排列后可以看到,离市区越近,国有土地对集体土地的溢价越高;随着离市区距离的增加,国有土地的溢价逐渐消失。在离城市最远的三个镇,集体土地的价格甚至超过了国有土地的价格。这说明了集体土地权力弱于国有土地权力,如现行的《中华人民共和国担保法》不允许农村土地进行任何担保,不同权导致不同价。

流转案例二是农村集体建设用地仿照国有土地拍卖。一家公司通过拍卖,以80万每亩的价格,获得农村集体建设用地的40年使用权。尽管这个价格低于周边国有土地价格的30%,农民通过出让40年土地使用权仍获得巨大收益,且并没有丧失土地的永久使用权。这两个案例都说明,一旦农村土地通过确权进行流转,可以为农民带来巨大的收益。

流转案例三是农民自主拍卖集体建设用地使用权。2008年汶川地震之后都江堰天马镇金陵村2组房屋因损毁需要灾后重建。他们通过统规自建的方式修建新居,并吸收外组村民参加新居建设。新村共183户,占地40亩,建筑面积2.3万平方米,成本共1650万元。1650万元在农村是非常大的一笔资金,筹措资金的方式是农地复垦。通过统规自建的方式,分散在各地的农民搬到中心区集中居住,从而节约出110亩建设用地。农民经过开会讨论后决定,110亩集体建设用地中留出34亩供本村发展使用,空缺的资金由村民自筹垫付。开始时村民想利用这块土地建市场或者其他项目,但由于农民资金有限而没有实现。能不能直接出让呢?于是这34亩建设用地于2010年12月在农村产权交易所挂牌拍卖,以每亩44.2万元卖给房地产开发商,共获得1300余万元。拍卖所得溢价部分的70%由2组村民分配,30%留作村里发展之用。

课题组把这三年来在成都调查收集的各种案例数据汇总到一起,归纳出20种土地转让情况,其中涉及农户数量、时间、交易双方、交易方式、交易期限和土地转让价格。土地类型为农地时,征地和出租的收益是不同的。被征地的农民永久地失去了自己的土地,并且获得很低的补偿收入,最低只有每亩1.6万元。如果出租农地,农民获得每亩3.2万元的转让金,收益比征地情形高了1倍。土地类型为建设用地时,征地和联建或公开拍卖的收益差异更大。农村建设用地被征用,农民只获得每亩5.4万元,5.4万元与全国的平均价格相比已经很高。但如果农民拥有自主谈判的权力,到市场上寻找买方的话,转让40—50年的土地使用权,土地的转让价就上升到66万元,甚至是231万元。土地类型为建设用地指标时,集体建设用地指标通过增减挂钩项目进行。如果是在政府内部进行行政配置,价格为每亩15万元。如果确权后土地通过公开拍卖、协议出让等方式流转,土地价格提高到每亩79万元不等。因此土地确权后流转给农民带来巨大的收益。

最后,李教授总结了集体建设用地入市的意义。第一,农户在市场上转让土地指标和实物土地资产,大幅度提高了农民财产收入,改善了城乡收入分配。第二,实现了城乡土地人口、资金双向对流,不仅让农村土地人口流出去,还让城市资金找到投资的地方。第三,开辟了土地市场双轨制,为实现"减少征地"目标做准备。第四,改变地方政府对"土地财政""土地金融"的依赖,减少地方政府入市的环节。土地制度是地方融资平台的基础。东南沿海基础市政设施建设的30%靠土地财政,60%靠土地融资,也就是储备土地抵押从银行获得贷款。西部由于财政乏力,银行贷款占到基础设施建设的70%,甚至更高。用滞后一年的土地出让面积的月度数据和银行一般贷款余额同比增长率进行比较,可以发现2003年后两个序列呈现高度相关,这表明银行贷款很大程度上是由土地"撬动"的,这也是构成现在地方政府融资平台风险的现实基础。如果不进行土地制度改革,地方政府债务风险在短期可以化解,但长期还是难以摆脱。

周其仁:点评地方债务与土地制度之间的关系

在之前三位演讲人就地方债务、政府平台融资及土地制度问题分别进行报告的基础上,周其仁教授介绍了自己对这一系列问题的看法,着重点评了这些问题之间的重要关联,并提出了对相关改革的思考。

首先,周教授介绍了地方融资平台问题引起重大关注的背景。中国经济目前在全球总量中排第二、增量排第一。这使得国内问题在国际上也会引起很大反响。前一段时间有唱衰人民币和中国经济的论调,一部分是由于全球投资者担心中国治理通胀硬着陆,另一部分就是由于地方政府融资平台方面的问题。对后者的担心主要是因为这方面问题头绪非常多,很难看清楚。特别对中国这样一个政府层级多、地域辽阔的国家,虽然信息收集技术有很大的进步,但公共信息收集与提供始终还是薄弱的。最近银监会、审计署、央行都连续发布了一些数据,这些数据之间还需要比对缝合,但基本上把情况捋清楚了。

对于融资平台到底有没有风险,虽然涉及未来判断总会有误差,但周教授大致接受贾康所长演讲中的判断,即从今明年短期看中国经济不会因为地方融资平台问题出现系统性的连锁反应。一是因为中国经济盘子非常大。地方政府融资平台有10万亿元的债务余额,中国总的贷款规模将近50万亿元,GDP规模为40多万亿元。二是虽然中国平台数量很大,搞清楚情况不容易,但由于各地的差异非常大,只要处理妥当,发生共振的可能性也小。

其次,周教授认为地方政府融资平台所反映出的信息,从对中国经济理解的长远角度看还是很重要和严重的,因为它涉及经济中政府和老百姓之间最基本的关系。如果平台出了问题,责任落到财政上,那最后也就是纳税人的责任,但纳税人对此知情很少。如果这次不是国家审计署动员4万人去查,这方面的情况谁也不清楚。即便审计署公布了数据,到地方去问城市一级的情况,还是有不清楚的情况,地方政府好像也不需要知道。在周教授看来,这件事情绝非小事,很多社会矛盾都与此有关。所以,平台不管数量多大,是否会引起短期财政危机和金融危机,其本身就应从国家现代化建设的角度加以高度重视。应该将此事作为一个机会,提出政府和老百姓的基本关系问题,建立公共债务公开报告制度。

此事除知情权层面外,还涉及商业银行怎么给平台借钱的问题。平台债务余额几年间增长到10万亿元的规模,提供融资的大部分是商业银行,而几大商业银行都是处理过不良资产并改制过的,那它们为什么借,而且借这么多?商业银行现在有进步,贷款需要有抵押物,这个抵押物在很多地方就是土地。于是,这又联系到另外一个根本问题——征地制度。我国现有法律规定征收农民土地赔偿最高为土地农业用途年收入的30倍,改革开放以来三十年基本上就是这个体制。这造成老百姓的土地很容易就被政府征收,而且征收后很多用于商业用途。2008年十七届三中全会通过一项很重要的决定,是明确要缩小政府征地范围,严格界定土地的公益性用途和商业性用途,将来征用这种强制手段只能用于公益性用途。然而我们看到这两年征地规模比2008年以前大大增加。2009年、2010年得到批准的征地每年在680万亩左右。原本政府试图将总量控制在400万亩以内,但实际上做不到。

现在都说土地财政,但与土地财政平行的还有土地金融。地方平台把土地拿去放到银行,还能押出更大一部分钱。这就是宏观经济中非常有中国特点的地方。周教授在2004年进行土地专题调研时,就着重讨论过这个问题,提出中国的宏观经济不但有银根问题,还有土根问题。征地变成财政、财政又变成金融,这正是支持中国过重依赖投资的国民经济运行的体制和微观基础。

如何改革这个财政和金融模式?参考当年改革统购统销的经验,首先要两轨并行。除了政府征地,对于能否发展农村集体建设用地直接入市,需要进行尝试才可知晓。这几年在成都看到所有要素已经齐备。指标、实物地产都可交易,无论是靠近还是远离成都市中心的地区。对相应配套的法律法规组织措施,也基本看得比较清楚。剩下来主要是政策与法律作为不作为的问题。

中国经济要健康发展一定要解决这类问题。对前三位演讲人的报告,周教授提出进一步的思考是,能不能通过土地制度深层次的改革推动土地财政、土地金融的改革,再推动政府和老百姓之间关系的重新厘定。目前政府充当经济主体最大的风险是,政府还承担很多公共职能而且是唯一的,所以政府一旦借钱过度不能还款时,关门的绝不是政府而是银行。而银行是有债权人的,这样就会使整个经济陷入危机。因此,政府借债一定要控制。很多人讨论中国公共债务时认为中国公共债务还在安全地带,其实是以那些出了大问题的国家为标准。这不是对中国长远负责任的态度。中国经济增长需要有财政纪律作为基础,否则速度可以很高,但很难持久。

卢锋:中国贸易条件与福利变动(2001—2011)——开放大国经济的"飞去来器效应"

卢锋教授报告了他与李远芳博士、杨业伟同学等人有关研究的初步结果。一国贸易条件指该国出口价格与进口价格的比率,该比率值下降表示贸易条件恶化和国民福利损失。20世纪90年代中后期开始,我国贸易条件呈现下降趋势,其短期变动则与国内宏观涨落存在联系。卢教授在观察近十年中国贸易条件和福利变动的基础上,侧重分析宏观过热导致贸易条件和福利损失的传导效应,分解考察贸易条件变动的决定因素,并讨论了其政策含义。

数据显示,2001—2010年我国贸易条件除2009年外持续下降,累计降幅23%,年均下降约两个百分点。对贸易条件变动直接和隐含福利损益的估测结果显示,过去十年除2009年都有福利损失,损失最大为2010年的8 400多亿元,2008年达到4 800多亿元。损失占GDP比例的最高值分别为2.2%(2010年)、1.6%(2004年)、1.5%(2008年)。过去十年福利影响占GDP比例损益相抵,累计损失9.46%。

贸易条件变动福利影响还可以通过GDI(gross domestic income,国内总收入)和GDP(国内生产总值)差离加以度量。采用世界银行的相关数据衡量,中国2008年贸易条件恶化导致超过3个百分点的国民总收入损失,十年累计损失近9个百分点的国民总收入。由于度量技术和数据来源方面的原因,上述两种福利影响的年度变动有相当差异,不过十年总体福利的衡量结果还是比较接近,初步结果显示过去十年贸易条件变动年均造成接近我国经济总量一个百分点的福利损失。

中国贸易条件的变动受多方面因素的影响。比如从长期看,中国城市化、工业化高速推进阶段的特点可能对贸易条件变动具有决定作用。另外,也与总需求扩张周期涨落因素有关。观察中国宏观周期与贸易条件变动的关系,可以发现国内宏观经济过度扩张会对贸易条件恶化发挥推波助澜的作用。总需求扩张影响贸易条件的可能传导机制是:货币扩张导致实体经济扩张并派生进口数量上升,又通过大国效应推动价格上涨和贸易条件恶化。

依据"货币扩张—实体经济扩张—进口数量增长—国外商品价格(CRB)上升—中国进口价格上升—贸易条件变动"的传导链条,卢教授系统观察了有关数据并加以实证检验。除了个别环节统计证据的显著程度有限外,绝大部分传导机制都确实存在相当程度的经验证据支持。卢教授把上述大国工业化、城市化特定阶段发生的货币和总需求扩张,通过一系列传导效应导致自我不利的福利影响,称作大国开放经济的"飞去来器效应(Boomerang effects)"。

进一步推导可以证明,一国贸易条件变动的根源可以分解为几类制约因素:一是初级品内部贸易条件的变动;二是工业制成品内部贸易的条件;三是一国出口中制品与初级品相对价格的变动;四是初级品在进口中比例相对其出口比例的变动。从这个角度解析,推动中国贸易条件下降的因素主要包括:初级品出口价格相对进口价格在较大波动中大幅下降,制成品出口价格相对进口价格相对温和下降,出口品中制成品价格相对初级品价格大幅下降。由于我国初级品在进口中比例相对初级品在出口中比例大幅上升,上述出口品中两类商品相对价格对贸易条件的影响进一步放大。

上述观察结果具有重要清晰的政策含义。经济增长是好事,但是应管好货币,防止总需求过度扩张。即便在封闭小国的假设条件下,货币和总需求过度扩张也会带来通货膨胀、资产泡沫等不利影响。对于中国这样的开放大国经济而言,总需求过度扩张还会通过贸易条件导致国民福利的负面变动。因而应总结十年宏观调控史的经验教训,以汇率、利率政策改革为枢纽点完善大国开放的宏观政策架构,从而更好地实现"管好货币"和总需求管理目标。

从当下的宏观调控政策看,方针无疑应力求适度。但在操作层面无法消除偏松偏紧两类风险的不确定性环境中,考虑到贸易条件及其福利损益的影响,宏观调控政策与其过早放松不如坚持适度从紧。通过切实治理通胀,使一段时期以来我国经济增长偏快偏热、通胀压力挥之不去、资产价格间歇性飙升的过度扩张累积的矛盾得到较好的化解,从而为中国开放大国经济长期稳健的增长奠定基础。

宋国青:经济增长的长周期

中国的增长通胀组合自2010年下半年以来出现显著"相对滞涨"的现象。2004—2006年是中国经济增长和通胀的黄金组合,这三年GDP增长速度分别为10.1%、11.3%和12.7%,考虑到通胀的半年滞后效应,对应这三年的通胀率分别为3.2%、1.4%和2.4%。相比这一黄金组合,2010年下半年以来的增长通胀组合表现非常差。2010年的GDP增速为10.3%,大致对应的2011年6月的CPI同比增速为6.4%。相对于黄金组合时期,经济增速下降了约1个百分点,但CPI却高了近4个百分点。

简单剔除超常通胀对经济活动水平的影响,潜在GDP的增长速度在2005—2006年接近12.0%,目前只有9.0%左右。特别是在2011年第二季度,GDP环比增速跌到8.0%以下,而CPI的环比同比通胀率仍在上升,已是显著的"相对滞涨"局面。

从劳动力人数或人口红利角度无法给出潜在经济增长速度显著并将快速下降的结论,所以也不能解释上述现象。从生产函数角度看,影响经济增速的应当是就业增长率而不是就业的绝对水平。虽然就业人数的绝对水平在2011年前后出现下降,但就业增长率在80年代达到顶峰,抚养比变化率在80年代达到谷底,之后二十年里,中国的年平均就业增长率不到1%,而抚养比变化率也有上升趋势,这使得我们无法用就业增长率或人口红利解释近三十年来的经济增长。而80年代就业增长率拐点没有对经济增长速度形成可以观察到的影响,这主要得益于1985年以后出现的城市经济改革,以及与此相关并对经济增长影响重大的农民进城,即城市化。

考虑到目前没有推动经济增长速度上升的其他因素,从劳动力数量及估计的人力资本增长率下降的角度,可以认为潜在的经济增长速度已经或将要下降,只是下降速度难以确定。但是,对于增长通胀组合的这一变化,或者更根本的潜在增长率变化,宋教授通过对 HP 滤波后的 GDP 趋势进行分析发现,潜在增长率波动存在明显而光滑的长周期。同时还发现,非农劳动力就业份额变动也存在很规律的长周期现象,而且它与潜在增长率波动之间存在紧密的同向变化关系。

一种怀疑是 GDP 的 HP 滤波趋势中看到的周期现象是由于技术本身所造成的"伪周期",它与非农劳动力就业份额变动之间并不存在很强的经验关系。但直接对 GDP 增速与非农劳动力就业份额变动的观测也能得到类似的看法。从潜在增长率与非农劳动力就业份额变动之间存在同步关系的视角看,2004—2006 年间中国的增长通胀黄金组合是由于农业就业份额大幅度下降,非农就业大幅度增加。而伴随着非农就业增长率的下降,2007 年的更高经济增长速度其实是通胀推动的。事实上,在 2004—2006 年间,农业就业人数平均每年减少 1 330 万人,非农就业人数平均每年增加 1 930 万人。

为更准确地得到 GDP 趋势,宋教授考虑用通货膨胀率、利率及就业变量来解释 GDP 或工业生产的水平和增长率。他定义了两种 GDP 趋势。一是假定就业如实际过程,而通货膨胀率和利率为常数(等于样本均值或长期趋势),由此得到的 GDP 水平被称为消除通胀率波动影响的 GDP 水平,或者短期潜在生产水平。二是假定总就业即劳动力供给如实际过程,而通货膨胀率和利率等于长期趋势,就业在农业和非农业之间的分配比例等于其长期趋势,由此达到的 GDP 水平为长期潜在生产水平。

根据计量估计结果,GDP 对真实利率的弹性为 -0.257。这样就可推出短期潜在增长率。推算显示,2006—2010 年,GDP 短期潜在生产率从 12.0% 下降到 9.6%,平均每年下降约 0.4 个百分点。如果未来 GDP 增长速度以这样一个速度下降的话,对全球商品价格直接是一个负面影响。不过这还没有剔除非农就业份额的波动。从剔除非农就业份额的波动得到的长期潜在增长率看,2005 年、2006 年在 10% 左右,2010 年为 9.5%,变化很小。一种可能是目前的潜在增长率没有太大问题。也就是说,目前正好是周期性波动的周期性低谷。

第 27 次 报告会快报

（2011 年 10 月 29 日）

　　CMRC"中国经济观察"第 27 次报告会于 2011 年 10 月 29 日下午在北京大学国家发展研究院万众楼举行。本次报告会讨论了保障房建设目标模式及有关政策、中小企业经营与融资现状、当前经济形势与政策、出口形势变化与政策调整、近期通胀根源等问题。会议由北京大学国家发展研究院卢锋教授主持。北京大学经济学院平新乔教授，国务院发展研究中心市场经济研究所所长任兴洲，阿里巴巴集团副总裁、阿里巴巴金融公司总经理胡晓明，中国国际金融公司首席经济学家彭文生博士，中信证券首席经济学家诸建芳博士，北京大学国家发展研究院宋国青教授发表演讲并回答听众提问。

　　卢锋教授根据第 26 次"朗润预测"的汇总结果，用四句话概括了 22 家特约机构对今年第四季度我国宏观经济走势的看法：经济扩张减速，通胀压力趋缓，外贸增势走弱，利率汇率企稳。下文为主讲嘉宾的演讲摘要。

平新乔：中国保障性住房建设的目标模式探讨

　　平新乔教授对中国保障性住房建设中的问题进行了定性与定量两方面的分析，并探讨了保障性住房建设的目标模式。保障房属于公共品，商品房属于私人品，当供地给定时，保障房的最优比率问题其实就是公共品与私人品的最优比率问题，这是一个"机制设计"问题。理论上，政府可以控制供地和土地出让金来得到保障房的最优比率。现实中，保障房在我国城市住宅中应当占多大的比率，取决于需求方面的因素，比如老百姓的消费偏好、居民收入周期变化、居民工作岗位的稳定程度、城市化的进程、居民的财富水平和房贷中首付比率的高低等。供给方面的因素也不容忽视，保障房能够提供多少，取决于地方政府有多大的财力，虽然地方政府可以通过银行对保障房进行融资，但是最后的财力保障必定还是取决于地方政府的财力，尤其是土地财政的规模。

　　平教授概述了我国保障性住房建设情况。在过去 13 年间，保障房占住房销售面积的比重在下降,从2001年的10%以上下降到2009年的3.5%。这说明商品房发展较快,而保障房发展较慢。不过以此强调当前保障房缺少的问题是不恰当的,因为1998年实行住房改革以前,住房基本都是福利分房,所以1998年以前的住房都是保障房。保障房问题其实是增量问题。现在的问题是住房增量里面的保障房出现下降,2009年国家开始重视这个问题,并建立了比较完备的保障房体系,包括公租房、廉租房、经济适用房、限价房以及棚户区改造五类。2011年国务院办公厅发布文件,提出今年给全国人民建1000万套保障房,其中棚户区改造占一半。即便如此,真正建设的保障房也有500万套,是2003—2009年每年50万套的十倍,相当于"十一五"期间保障房建设的总量。虽然保障性住房建设取得了巨大进展,但是其中也存在着问题。

平教授分析的第一个问题是保障房"定性"的问题,即作为一种公共品,保障房是否适合作为调控房地产市场的工具来平抑房价?从房地产的需求而言,住房需求与买房需求是两件事情,想租房的人、想住保障房的人不会加入到买房人的行列之中,除非是投机的人,他们既要抢商品房又要抢保障房,这意味着大多数住保障房的普通老百姓并不是商品房的需求者。保障房的定位在于在房价高涨的情况下,使得这部分人有地方居住,因此,保障房建设多,房价也不一定会下降。平教授利用31个省份1999—2009年的数据,研究了保障房建设对房价的影响。研究结果表明,保障房建设并不能抑制房价上涨,甚至二者存在一定的正相关关系。政府不应将保障房列入当前的房地产调控政策之中,毕竟房地产调控政策只是短期的,而保障房建设是一项长远的福利事业。

第二个问题是保障房"定量"的问题,即在我国的城市中,保障房在全部住宅中应占多大的比例?怎样确定保障房建设的适度规模?今年保障房建设的预算为1.3万亿元,其中,中央财政1500亿元,地方财政2000亿元,总共才3500亿元,离1.3万亿元还有近1万亿元的缺口。7月中央允许各个地方银行资金进入,这个缺口在短期内得到缓和。但从长远来看,银行的钱要财政归还,利差也要财政支付。如果保障房占整个供房的比例太高,土地增量一半以上给了保障房,土地出让金就会下降,政府收入就会减少,那么建设保障房的资金链就会断裂。这表明保障房建设存在最优规模,建设太多将会使保障房建设变得不可持续。

第三个问题是在我国保障房体系的设计和建设中,应考虑哪些因素?怎样才能使我国的保障房建设健康、可持续地发展?平教授利用1999—2009年省区间数据进行了分析。实证结果表明,保障房建设与政府财政预算、城镇化比例正相关,与保障房成本、经济开放程度和经济发展指标负相关,这意味着保障房建设不是市场化的问题,保障房建设不能仅仅依靠市场力量,它更需要政府的调控。

最后平教授将其观点总结如下:第一,保障房不能作为房地产调控政策,它只能解决"保民生"的问题,不能解决"调房价"的问题。第二,不能因为保障房建设而使政府"破产",那样就没有资金来建设保障房。任何向银行进行的借贷,将来都要用土地出让金来还本付息,所以保障房建设多少取决于商品房建设多少,应该用商品房来养保障房。如果政府一定要追求保障房和商品房之间的比例,那也不应该追求二者总量的比例而应该追求二者增量的比例,保证增量中保障房占有一定的比例。第三,保障房建设不能实行"一刀切",保障房建设解决的是大城市及特大城市平民、低层次老百姓和新进农民工的住房问题,现在连青海、甘肃这些经济欠发达地区也开始从市、县、乡一层层地摊派保障房建设的任务,事实上这与保障房的需求并不一致。

任兴洲:对保障性住房建设及相关制度与政策问题的认识

任兴洲所长从相关制度与政策的角度分析保障性住房建设的问题,首先讲述了住房保障制度的改革、变化历程,然后在国务院发展研究中心市场经济研究所相关课题组调研结果的基础上,分析当前保障性住房建设的基本情况,最后提出亟须研究和解决的制度与政策问题。

首先,任兴洲所长将我国住房保障制度的改革历程分为几个主要阶段,并简单介绍了多样化的保障性住房供应体系。从 1980 年邓小平同志提出住房商品化的构想开始,住房制度改革进入试点探索阶段。但是,通常所指的住房制度真正全面的改革是从 1998 年开始的。国发[1998]23 号文件标志着我国进入向中低收入家庭供应经济适用房为主的住房保障的阶段。之后,一个关键的转折点是 2003 年国发[2003]18 号文件,重点提出了向低收入家庭提供廉租房和经济适用房,这就意味着中低收入以上的人群都要通过普通商品房解决住房需求问题,我国住房保障面缩小。

在 2007 年经济高速增长、房价大幅度上涨、供需矛盾加大和 2008 年国际金融危机的背景下,国务院相继出台了国发[2007]24 号文件与国发[2008]131 号文件,提出着力解决低收入家庭的住房困难,深化住房保障体制改革,大力发展廉租房和经济适用房主要形式的保障房,促进房地产市场健康平稳的发展。最近,在国家"十二五"规划纲要中提出 2011—2015 年建设 3 600 万套保障性安居工程的目标,这标志着住房保障建设进入一个集中快速的发展阶段。在谈到保障性住房供应体系时,任所长将其分为两类:一类是租赁型保障性住房,包括廉租房、公租房;另一类是产权型保障性住房,包括经济适用房、限价商品房和棚户区改造房等。

任所长随后分析了当前我国保障性住房建设的基本情况。一是保障房住房建设总规模现在很大。住房和城乡建设部数据显示,"十一五"期间开工建设各类保障房安居工程 1 630 万套(包括棚户区改造),基本建成 1 100 万套,投入使用 800 万—900 万套。2011—2015 年保障房的建设任务相当繁重,特别是 2011 年占"十二五"期间总体的 27.8%,今年暴露的很多问题就是由在一年期间保障房任务急速提升所致。

二是从区域结构来看,西部地区建设任务大约占 44%,东部地区占 30%,中部占 25.7%。西部地区保障面大、保障任务重,但是其财力偿还能力弱,这就存在一个比较大的矛盾。即便是中央政府给西部的相对投资比较多,但这是远远不够的,这正是当前我们国家面临的区域性需求和财政能力支付负担的问题。房价上涨相对较快的东部保障房建设任务也相对集中,比如广东、福建的房价上涨速度非常快,使得更多人买不起房,中低收入者都集中到保障房的需求中去了。

三是保障房供应结构发生变化,除廉租房制度外,各地经济适用住房供给的比例有缩小趋势,对中等偏下以下收入的住房困难家庭,实行公共租赁住房保障。今年 1 000 万套的建设任务中,廉租房 160 万套、公租房 220 万套,经济适用房和两限房 200 万套,棚户区改造 420 万套。公租赁房占今年保障性住房供应比例的 22% 左右,但由于资金来源渠道仍有问题,实现"十二五"规划纲要中提出的重点发展公租房,逐步使它成为保障性住房的主体,会面临很多实际的困难与问题。

在没有明确资金来源的情况下,各地在保障房建设中进行了大量积极的探索,千方百计地完成今年任务。在资金筹措方面有很多做法,比如搭建政府融资平台来吸收社会资金,吸引社会资金参与,使用这种方法比较多的是国家开发银行。在探索制度创新方面,黄石、重庆都有一些融资平台、保障房建设的主体、市场化运作方式实现保障房的可持续运转,把政府支持和市场化运作有机结合,激活存量、拓宽保障房渠道,探索所谓的共有产权模式,等等。

当前保障性住房建设中存在一些突出问题:资金缺口明显,地方财政压力加大;地方反映保障性住房土地供给面临地方土地指标的限制、土地收储和拆迁成本不断加大、公租房土地供应办法尚不明确及保障房前期审批时间长、落地难等问题;保障房的运营管理、可持续发展的机制尚未不完善,主要是对建成后的公有住房的管理,包括制度、原则、程序、人员、资金保障等都还没有明确的规定和制度安排。

任所长提出了有关政策建议:第一,住房保障体系的整体思路目标、整体设计需要进一步的清晰和完善。从我国住房保障制度的改革、变化历程可以看出,1998 年到现在住房保障体系是在不断变化摇摆的,需要顶层设计。第二,住房保障需要通过一定法律法规形式予以保障、落实和实施。第三,明确中央和地方在住房保障上的财权和事权关系,进一步明确职责,确保资金投入。第四,保障房尤其是公租房的社会资金参与政策需要突破,加快投融资模式创新。资金可以通过股票、债券筹集,或者尝试将公积金、养老金、人寿保险引入政策性住房金融机构,形成长期稳定的资金来源。第五,通过财政税收等政策,鼓励因地制宜,探索多种途径的保障性住房开发建设模式。第六,完善信用体系建设,提高保障过程中的公平和效率。第七,加快建立和完善为住房保障科学决策、公平合理分配、科学有效管理提供依据的信息系统,增强住房保障政策的科学性、针对性和有效性。

胡晓明:珠三角小企业经营与融资现状的调研结果

虽然中小企业的经济困难得到广泛关注,但对我国中小企业目前面临的问题仍缺乏比较全面的实感资料和事实判断。2011 年,阿里巴巴借助其中小企业信息系统和北京大学国家发展研究院合作组织关于长三角和珠三角小微企业生存现状和融资状况的调研,为中小企业问题的研究提供了丰富的数据和大量的经验事实。阿里巴巴集团副总裁胡晓明介绍了此次调研的主要结果。

中小企业是中国经济最活跃的群体,是中国经济发展的重要引擎。根据《中国中小企业蓝皮书——现状与政策(2007—2008)》的数据,中小企业占中国企业总数的 90%,其产值占全国 GDP 的 65%,贡献了 50% 的税收、80% 的就业机会。中小企业的竞争力在一定程度上代表了中国企业未来的竞争力。但中小企业也是一个脆弱群体,其经营状况易受宏观因素的影响。近来国家宏观政策开始转向,实施了适度从紧的货币政策。信贷收紧的同时,CPI指数居高不下,原材料、人工成本快速上升。另外,受外部经济环境的影响,中小企业的外贸订单有所下滑。

这次调研的对象是年销售额在3 000万(含)人民币以下的小微企业,也是阿里巴巴金融公司的目标客户群。这些企业的员工总数平均在32人左右,但具有高速的成长率和良好的市场前景。未来这些小微企业可能成长为具有国际竞争力的大企业,和欧美大企业一起参与世界竞争。小微企业发展阶段前期的融资需求也不大,一般在100万元以内。阿里巴巴曾经也是这样的小微企业,最早的时候向银行提出5万元的贷款申请都没有得到批准。

本次调研通过网络平台,调查了珠三角地区2 889家企业;同时派出7支团队,在深圳、东莞、广州、佛山、中山、江门6地实地走访了95家小企业、11个专业市场和15家金融机构。样本的地理分布和各地区小企业分布一致。其中,深圳占36%,东莞占23%,广州占20%,佛山占8%,其余占13%。样本经营年限分布也比较平均。经营时间为1年及1年以内的企业占样本的10%,1—2年的占19%,2—3年的占17%,3—5年的占20%,5—8年的占17%,8年以上的占17%。总体而言,样本选择比较合理。

2011年以来,小微企业的经营状况可概括为以下两个方面:其一是小微企业生产成本上升,盈利能力减弱。小微企业的利润比2010年平均减少30%—40%,原材料价格上涨、人力成本上升、订单减少是导致小微企业利润下降的三个主要原因。72.48%的小微企业将原材料成本上涨列为困难之首,大部分行业的原材料成本比2010年上涨了20%—50%,而在2010年只有60%的企业认为原材料涨价是经营困难的重要因素。此外,小微企业工人工资比2010年上涨了20%—30%。在此次调查中,52.44%的企业认为劳动力成本上涨导致利润下滑,比2010年增加6.7%,人力成本上升是第二大原因。除人工成本上升外,工人流动性不断上升,不少工人随着产业转移回流到中西部地区,增加了珠三角小微企业工资上涨的压力。

小微企业难以通过提高产品价格来消除生产成本上升的影响。小微企业所处的是高度竞争的市场,产品高度同质化,缺少通过品牌建设、核心技术等手段提升利润的能力,缺乏盈利增长点。中山市具有一定规模的灯具生产企业有2 500家,绝大部分是同质商品的价格竞争。珠三角很多的欧美代工厂其实只是来料加工车间,低廉的生产成本是其生存之本。生产成本上升没有改变产品的国际价格,却挤压了小微企业的利润,缩小了小微企业的生存空间。

其二是小微企业订单量逐步萎缩,开工率下滑。受原材料价格波动及人民币升值等不稳定因素的影响,来自欧洲、北美的采购商谨慎下单,小微企业谨慎接单,成交的订单以额度小及结算周期短的订单为主。小额的短周期订单不利于我国小微企业规模化生产降低成本,且减少了企业开工率。被调查企业平均开工率为70.92%,其中58%左右的企业保持了70%以上的开工率,20%左右的企业开工率在50%以下。五年前中国作为世界的制造工厂,基本上小企业开工率都维持在70%以上,极少数在30%左右。开工率减少随之而来的是企业员工人数减少。34%的被访企业减少了员工人数,目的是为了削减企业成本。

其三是小微企业融资渠道狭窄。53%的被调查小企业完全依靠自有资金发展，没有外部融资。只有46.97%的企业曾有过借贷历史，其中包括房地产和信用卡。在有外部融资记录的企业中，其中30.23%的企业获得过银行贷款，也就是只有13%的小微企业曾向银行融资。一部分原因是小微企业缺少健全的财务报表、优质的抵押物；另一部分原因是信贷资金紧张，银行业务缺乏开拓中小企业融资业务的动力。小微企业的资金来源主要依赖自身资金的积累、向亲戚朋友借款，还有供应链融资，其中61%的企业把向亲戚朋友借款列为借款的首要渠道。

随着企业经营规模的扩大，向亲戚朋友借款作为借款首要渠道的比例不断下降，银行及信用社贷款的比例不断上升。近70%的年销售规模在500万元以下的企业把向亲戚朋友借款列为借款的首要渠道，而在年销售规模3 000万元以上的企业组中这一比例仅为25%。在年销售规模500万元以下的企业组中，银行及信用社贷款作为借款的首要渠道的企业比例为23%，而在年销售规模3 000万元以上的企业组中这一比例为66%。可见，银行贷款和企业规模密切相关。

企业融资供需缺口变大，具体表现为企业信贷额度下降，借款利率水平上升，贷款期限变短。28%的被调查企业2011年的信贷额度下降，仅16%的企业贷款额度有所增长。2011年借款年利率在12%以上的企业占被调查总数的40%左右，2008—2010年这一比例是35%。2011年借款期限在12个月以内的企业占被调查总数的60%左右，2008—2010年这一比例是57%。另外，根据阿里巴巴集团2010年10月对小企业融资需求的调研数据，有融资需求的企业占被调查总数的63%左右，且占被调查总数的75.4%的小微企业的贷款需求在100万元以内。这也是阿里巴巴金融公司主要做100万元以下信用贷款的主要原因。

整体而言，小微企业主对未来6个月的利润预期不高。其中，31%左右的小微企业预计未来利润下滑，仅24%左右的小微企业预计未来利润上升；并且随着经营规模扩大，预计未来利润上升的企业比例增加，预计未来利润下滑的企业比例下降，企业的盈利状况和经营规模也密切相关。

胡先生提出若干政策建议。首先是降低小微企业税负，且扶持小企业的各种政策不能只停留在社会舆论上，而是要强化落地。2011年10月11日国务院发布了《关于进一步加强资本市场中小投资者合法权益保护工作的意见》（又称"国九条"），其中一条是提高小型微型企业增值税和营业税的起征点，且关于小企业的税收政策可以延续到2015年。但符合条件、能真正享受到优惠政策的小微企业很少。扶持小微企业的优惠政策没有落到实处，导致了一些社会矛盾，最近浙江湖州某个童装市场发生的社会稳定问题与此有关。当地税务机关根据机器台数对童装市场征税，每台机器征收343元。部分行业小微企业平均利润率在2.45%，对税费政策的变化非常敏感。由加税而至亏的企业聚众闹事，影响了社会稳定。

其次是小微企业需要强化品牌拓展和销售渠道。珠三角、长三角的小微企业发展的历程表明，企业只有注册自己的品牌和专利，其未来5—10年的发展才有坚实的基础。

再次是应鼓励服务微型企业的金融机构发展，如小额贷款公司，鼓励其经营模式创新、产品创新、信贷技术和经营理念创新。

最后是加快社会信用体系建设,降低信息收集成本。相关部门要引导小微企业规范财务,且针对小企业财务数据不规范的缺陷,采用综合的评价体系,将更多的非财务信息纳入考核范围,综合反映小企业的经营状况。

彭文生:政策引导通货膨胀回落

彭文生博士在演讲中指出目前中国通货膨胀下行态势基本确立,但是经济增长也在放缓,而且经济增长在反弹之前还会继续放缓。基于上述判断,彭博士认为宏观政策微调已经开始。彭博士分析了国内流动性是否过紧、中国经济硬着陆风险、房地产市场与宏观经济的关系,以及人民币汇率等问题。

彭博士指出判断国内流动性是否过紧要从货币增长速度和货币存量两个方面共同加以考察。从货币增长速度看,当前M1和M2增速明显下降,尤其是M1增速基本上到了8.9%。彭博士指出判断货币增速是否下降太快取决于两点:一是对货币的定义是否能准确反映流动性指标,这涉及银行表外业务发展对M2能否准确反映社会广义流动性产生的影响。由于监管机构加强了监管,银行表外业务向表内转化非常明显,因此用M2衡量社会流动性所造成的失真在减少。二是判断M2增长快慢与否取决于潜在的经济增长率。由于人口结构的变化,潜在经济增长率放缓,合意M2增长水平也要相应下调。

从货币存量角度看,由于2008年和2009年信贷大幅度扩张,M2存量已是GDP的1.8倍。彭博士指出M2存量的流动性也是变化的,这取决于利率水平和投资者风险偏好水平。虽然目前国内流动性整体紧缩,总体增速也明显下降,但其中对流动性影响的不确定因素是潜在经济增长率下降和风险偏好升高。利率越高,风险偏好越大,M2流动性越低。由于最近国际和国内经济放缓,尤其是民间借贷发生的风险事件可能会导致风险偏好有所降低,对M2存量流动性有增加的效果。因此,彭博士认同流动性明显紧缩的大方向,但货币政策是否过紧,还要看未来经济的进一步走势。

彭博士从外部需求和宏观经济政策两个角度分析了中国经济硬着陆的风险。首先,从外部需求角度看,目前外贸顺差占GDP的比例只有3%—4%,比高位时期的7%—8%有明显降低,外部需求依赖明显降低。欧洲经济仍较复杂,但美国经济数据好于预期,全球经济二次衰退的可能性在降低。因此,外部需求导致中国经济硬着陆的可能性比较小。其次,从通货膨胀角度看,最近形势更多地支持此轮通货膨胀是由货币和总需求拉动的观点。经济增长放缓,通货膨胀也就回落,从而减轻了滞涨的可能性。因此,因对抗通货膨胀而实施大幅紧缩政策从而导致经济硬着陆的可能性降低。

即使经济增速下降比较快,宏观政策干预仍有空间。政府可以通过降税的财政政策来帮助消费者和民营企业。货币政策也有空间,但面临货币总量规模过大的限制。在经济好转和风险偏好增加的情况下,投资者的流动性货币需求减少,即使给定货币供给,整个经济的流动性也会放松。从这个意义上讲,货币政策要平稳一点,不应该再出现2008年和2009年那么大的刺激力度。

关于房地产市场,彭博士指出在政府垄断土地供给的前提下,房地产市场并非一个真正的市场。因此,政府需加强对房地产市场的干预,以解决中低收入家庭的合理住房需求。如果只靠市场力量驱动，房地产市场的泡沫风险非常大。这是由中国人口年龄结构的变化决定的。人口结构变化导致过去十年中国储蓄率大幅度提升，进而导致投资需求强劲，房地产投资是投资需求的重要组成部分。同时，给定过去十年中国平均2%的温和通货膨胀的条件下，货币政策相对于资产价格过于宽松。虽然短期内宽松货币政策没有导致恶性通货膨胀，但是累积风险很大，这一风险主要体现在房地产上。

房地产和宏观经济的关系要从短期和长期两个角度分析。从短期看，由于中国城乡二元经济结构，农村居民无法从城镇房价上升中获得利益，从而加剧了中国的贫富分化和城乡差距；从长期看，房价过快上升不利于未来城镇化并改变了代与代之间的财富分配。再过十几年，也许中国经济面临的问题就是社会财富过多集中在老年人手里，不利于社会资源分配和提倡创新精神。因此，一个比较理性的房地产干预政策应该平衡房地产调整对经济的短期影响和对中国长期经济增长潜力的影响。由房地产投资下降导致的短期经济波动可以通过政策支持其他方面的投资而加以弥补。

最后，彭博士指出人民币汇率短期内不宜大幅升值。通过综合比较日元和马克对美元升值的经济后果，彭博士以为增强人民币兑美元汇率的灵活性，要考虑到周边贸易伙伴是否会跟随人民币一起对美元升值。因此，国内宏观经济政策仍需谨慎，既要增加人民币汇率的灵活性，也要防止人民币实际有效汇率大幅升值。

诸建芳：出口负贡献时代来临

诸建芳博士首先对于中国出口形势与宏观经济关系进行了总体判断，认为出口负贡献时代来临，然后给出这一判断的经验依据，最后建议政策应该根据出口变化这一趋势进行调整。

我国的外贸依存度非常高，这与两个方面的原因有关：一个是全球化，另一个是我国对出口的政策鼓励。高贸易依存度是一把双刃剑，一方面我国在全球化过程中分享了很多好处，另一方面经济的脆弱性、受国际影响的程度在加强。一个重要的例子就是我国几次经济硬着陆主要都是由于外部环境发生巨大变化导致的，比如1998年亚洲金融危机、2001年美国网络泡沫破灭和2008年国际金融危机。

诸博士认为，我国在加强对外出口方面实际上积累了很多风险。在2003—2007年这段时间，出口对经济增长的贡献比较大，2007年出口贡献有所减弱，从趋势来看现在可能要进入负贡献的状态。从政策调整来看，我们不应该阻挡这种趋势，而是应该顺应这个趋势做一些调整，逐步平衡国际收支。

诸博士对未来我国出口负贡献将会常态化进行了分析。首先，通过对历史数据的梳理，可以看到日本、英国、德国这些国家大体上有一个特点：出口占全球GDP的比重很难超过3%，出口占全球贸易的比重也很难超过10%，这在理论上没有很好的解释，但直觉上可以给出一些解释，因为出口达到相当高的程度以后，持续上升国际、国内都会有压力。国内结构方面会更加扭曲，所以需要对经济结构做一些调整。现在中国也已基本接近这种状态，目前出口占GDP的比重达到2.8%左右，占全球出口比重10%多一点。从今年的数据来看大体达到了天花板的状态，再往上难度也比较大，引起贸易摩擦纠纷增多,汇率方面的压力也会明显上升,所以从经验来看,这种状况需要改变。

其次,我国的出口行业盈利严重依赖财政退税补贴,特别是一些利润比较低的劳动密集型行业,这是不科学的。这些行业的竞争力比较差,很多完全靠补贴才得以继续,从产业结构调整来看维持现在的状况不是好事情,对整个经济的可持续发展都会有影响。

再次,我国外汇储备的政治风险已经开始升高,从投资品种的结构和国别来看非常集中,这构成被其他经济体"绑架"的风险,外汇储备规模越来越大的话,"绑架"的成分可能会进一步增加,而且要调整起来很难。

最后,"十二五"是一个转型的阶段,出口部门的转型也是一个很重要的环节。如果经济转型的话,大体上在三个方面展开,一是需求层面,从需求层面来看净出口占 GDP 比重目前是 4%,要可持续的话,内需要增长,目标是达到进出口均衡。二是大量出口带来了两个方面的重要问题,一个是环境污染,一个是资源消耗,随着对环境和资源的重视程度的增加,现在的出口不可持续。三是劳动力因素,即现在中西部也开始发展起来了,它们开始与东部争夺劳动力,东部再固守以前的低附加值的出口已经没有优势了。

面对这个趋势,诸博士提出了以下政策建议:第一,在出口退税方面,如果过分支持目前状态对经济可持续是不利的,从目前来看政策也开始往这方面调整。第二,推进要素价格重估,目前出口竞争力实际上是有过度刺激的因素在里面。第三,发挥人民币汇率在出口调整中的作用,保持汇率的弹性,使之在结构调整中发挥合理作用。第四,调整产业鼓励目录,对资源能耗多、污染大的企业做一些限制。第五,加强金融服务,出口部门现在面临的困难主要有三个方面——成本、订单和资金,最大的问题还是资金融资问题。要解决这一问题从中长期来看也需要做新的制度安排,应该建一些微型银行或者社区银行促进中小企业融资。第六,应该把财政补贴用在劳动力转岗培训上,促进劳动力升级。

诸博士强调,按照以上的政策建议,不必担心出口调整会给经济带来太大的冲击。从短期看,维持 GDP 增长在 8%—9% 的水平还是可以的。现在中国经济的问题不在于 GDP 增长高一点还是低一点,如果结构合理的话,目前增长水平放缓一点还是可以接受的,对整个经济或者居民生活质量改善还是有作用的;对就业的冲击也不会太大,因为结构会转型,劳动力也会通过转岗培训等配合结构转型。另外,城市化和服务业的发展都是减轻就业压力的有力因素。

综上所述,出口的负贡献时代已经来临,而且会呈现常态化。为应对这一变化,我们的政策也要做相应的调整,使得国际收支逐步平衡,资源消耗和环境污染减轻,劳动力紧张状况得到一定的缓解,结构转型得以成功,最后实现社会福利的增加。

宋国青:通货膨胀的货币决定与国际传导

2009 年年初以来,我国同比通货膨胀率逐月递增;2011 年 3 月以来,同比通货膨胀率一直位于 5% 以上,如何解释本轮通货膨胀的成因是讨论的出发点。

货币供应量对本轮通货膨胀解释失灵,总需求和通胀对货币的弹性近年显著减小。

在很多分析中，2009年的货币扩张被认为是目前高通胀的主要原因。然而，M2环比增长率的最高水平发生在2009年第一季度，到2010年第四季度高通胀有7个季度的时间差。2000—2008年历史数据显示，通胀滞后于货币供应量约7个月，远远低于7个季度。此外，1996年以来M2同比增长率最大值为2009年11月的29.6%，2008年下半年以来CPI同比增长率最大值为2011年7月的6.5%，即使认为这两者之间有因果关系，通货膨胀率对货币增长率的弹性也显著小于历史水平。在20世纪90年代，名义总需求对M2的弹性估计为1.7，特别是在1994年高通胀转变为1999年的通缩过程中，甚至通货膨胀率对M2增长率的弹性也大于1。

针对这个问题，宋国青教授在货币分析基础上引入国际传导机制因素，通过重视国内供给变化给本轮通胀寻求合适的解释。

首先，通货膨胀表现出国际传导现象。国内通货膨胀和进口价格涨幅存在很强的相关性。这可以从2000—2011年消费者价格、生产者价格和进口价格指数的同比变化率数据中看出。对这个相关性可能的另外一个解释是大国效应。即国内货币供给和名义投资增加，引起国内价格上升，同时导致进口需求和进口量增加，再引起进口价格上升。如果这个逻辑成立，那么国内通胀和进口价格通胀都是由国内货币供给决定的，不能说明国内通胀和国际通胀之间有因果关系或者传导关系。甚至即使进口价格变化领先于国内价格变化，也不能说明两者的传导或因果关系，只能说明"出口转内销"比"国内直销"的速度快。

不过对数据应进行更全面的分析，虽然应肯定中国货币供给是决定大宗商品国际价格的一个重要因素，甚至是主要因素，但世界其他经济的影响也很重要，因而不能说国内通胀与进口价格通胀的关系完全是通胀出口转内销，即从现象来看，通胀国际传导在一定程度也还是存在的。通胀国际传导的一个简单逻辑是：按一价定律，可贸易商品的国内外价格变化是接近一致的。

其次，通胀的国际传导受货币供给的影响。假设货币决定总需求，那么给定总供给和货币，即给定总供给和总需求，进口价格相对上升必然导致不可贸易商品和服务价格的相对下降。也就是说，给定企业和家庭的总支出，一部分商品的价格上升了，在价格弹性小的情况下，这部分支出增加了，购买其他商品的支出必然减小，导致其他商品的价格下降，即国际传导对通胀无影响，通胀受当前货币量决定。需要考虑的例外或现实情况是，对家庭而言，如果进口商品的价格弹性很小，则可能导致家庭支出的变化，并通过储蓄率派生变化来实现。在这个意义上，即使给定总供给，当前货币不能决定当前通胀。但在较长时期，储蓄相对变化的空间小，平均而言通货膨胀率还是由货币决定，或者在很大程度上由货币决定。

通胀由货币供给和国际传导同时决定。考虑一个小国开放经济有两种产品：一是国际交易成本为零的可贸易品，二是国际交易成本为无穷大的不可贸易商品；汇率固定在低估本币的水平上，关闭民间资本市场，政府无限量收购外汇。假如国外通货膨胀率上升，国内货币供给不变甚至减小，由于国外商品价高，于是国内可贸易产品全部出口，没有进口，贸易顺差增加，国内商品供给减小。在这种情况下，虽然政府实行紧缩政策，但由于国内供给减小，仍然可能产生通胀，至少通胀对货币供给增长率的弹性小于1。通过这个渠道,产生了通胀的国际传导,传导通过固定汇率和国内供给量的变化实现。反之,如果在货币供给较大幅度地增加时,国外经济紧缩和通货膨胀率降低,我国贸易逆差会快速增长,带来国内供给量上升,结果货币供给上升仅导致较小幅度的国内通胀。

事实上,在固定汇率情况下,货币供给的变化既影响需求也影响供给,使得通货膨胀对货币供给的弹性变小。这个情况一直存在,但2008年以来比过去更加显著,其中一个重要背景因素是,虽然中国进出口占中国GDP的比例没有多大变化,但是中国进出口占世界(除中国以外)世界GDP的比例持续大幅度上升。同时,世界的经济波动对我国国内供给的影响越来越大。例如2009年,美国爆发金融危机,外需严重下滑,于是企业出口转内销,增加了国内供给,所以即使2009年货币量大幅增加,也没有通胀显现。2011年,国内货币政策紧缩,即内需减少,但外需走强,贸易顺差导致国内商品供给大幅减少,从而造成通货膨胀。

通货膨胀受到货币数量和国际传导的双重影响这一事实对我国当前的经济分析和政策制定有很重要的意义。如果接下来外部经济(如美国和欧洲等国)持续疲软但不发生短期猛烈的衰退,那么将有利于抑制商品价格,改善或相对改善中国贸易条件,增加国内供给,为内需较快增长提供资源条件,我国也可以开始适度放松货币政策。然而,如果外部经济复苏,出口增加,贸易盈余导致国内供给下降,那么我国央行就可能需要继续从紧的货币政策,以调控内需,控制通货膨胀。

如果外部经济发生近似2008年那样猛烈的衰退,中国可能出现一段时期的通货紧缩。这样推测是考虑到对2009年国内扩张政策导致后来通胀有较多的负面评价,因而估计难以在短期内猛烈扩张银行信贷。这一考虑也有不确定性,并且通缩出现后人们对通胀的担心会很快减弱。不过即便发生一段时期的低增长和通缩,在总体上和从较长时期看对中国其实是好事情。2008年以来我国进口额占GDP的比例为23.3%,进口价格下跌10%,相当于2.3%的GDP的净财富收入。因而如果全球经济衰退伴随中国经济增速下降和通缩,从财富角度看对中国其实可能更有利。当然这是就社会总体而论,不同社会群体的得失并不一样,利润、工资受到影响的差别可能更大。

第28次报告会快报

（2012年2月25日）

CMRC"中国经济观察"第28次报告会于2012年2月25日下午在北京大学国家发展研究院万众楼举行。会议由北京大学国家发展研究院卢锋教授主持。卢锋教授根据第27次"朗润预测"的汇总结果，用两句话概括了24家特约机构对今年第一季度我国宏观经济走势的看法：政策审慎"两率"稳，经济仍处回调期。

本次报告会主要讨论了基础设施投资评估和前景，劳动力市场演变特点和当前"招工难"，以及目前国内国际宏观经济形势等问题。中国社会科学院数量经济与技术经济研究所所长汪同三、国家发展和改革委员会投资研究所所长张长春、复旦大学中国社会主义市场经济研究中心主任张军教授、北京大学国家发展研究院宋国青教授和卢锋教授发表演讲并回答听众提问。下文为主讲嘉宾的演讲摘要。

张长春：基础设施投资的规模、结构与效益

研究基础设施投资有两个问题难以回避：一是基础设施投资是否过度，二是4万亿人民币的财政投入是否适当。针对一些高速公路低使用率的现象，部分学者、管理部门认为地方政府在基础设施项目上过度投资、重复建设。这种观点缺乏可比、权威的数据支持，而取得全面、系统的数据是研究的难点，进而对判断基础设施投资是否过度造成困难。此外，在转轨体制下，从政府运用宏观经济政策熨平经济波动的角度出发，财政出台4万亿元的投资计划是必要的。虽然从现在看4万亿元的投资计划有不少改进的余地，但当时的决策者无法预知不采取政策干预的后果。从数量上看，4万亿元综合起来其实只有11 800亿元，加上2 000亿元的地方债，并且分2年执行。即使没有金融危机，财政经常性资本预算支出大约为几千亿元，4万亿元的财政刺激计划只比经常性预算支出大约多了几千亿。

制定4万亿元的计划是因为当时出现大规模的企业倒闭、大量农民工失业，无论管

理部门还是政策研究部门心里都没底,只希望尽快实施扩张性的财政政策。东南亚金融危机时我国曾使用扩大政府支出的办法刺激经济。减税和扩大财政支出两种政策工具相比较而言,我国在使用扩大财政支出政策上的实践经验更丰富。因此2008年年底中央决定尽快扩大支出,希望各种项目尽早开工、尽快建设、尽快发工资,让农民工尽快领工资回家过年。由于当时对金融危机的后果估计不准确,政策出台过于匆忙,从现在看当时的政策存在许多可改进之处。

从所有制结构上看,"国进民退""国退民进"两种说法都有道理。总体来看,国有及国有控股的投资比重大幅度往下降,非国有主体投资比重大幅度提高。国有及国有控股的投资比重从2003年的64.3%下降到2011年的35.6%。在国民经济重要领域国有投资的比重虽然有所下降,但是目前的绝对比例值还是非常大。电力行业国有及国有控股投资比重下降较多,从2003年的88.3%下降到76.3%,而其他行业如道路、航空、水利、公路设施的下降幅度都不大。国民经济的重要领域和关键行业仍是国有控制,特别是电信、金融等行业,从而更有利于国有部门的发展,对国民经济产生各方面的影响。虽然从每年流量上看总体国有投资比例大幅度下降,但从存量以及产出规模上比较,国有部门的规模比原来扩大了许多。且2008年年底扩张性财政支出给民间资本投资带来更大压力,因此"国进民退"的说法也有其道理。

在区域分布上,东部地区基础设施投资比重仍然较大,但总体上投资逐渐往中西部转移。单个行业的基础设施投资在地域上的分布与地方经济、人口、地理等因素密切相关。铁路投资在四大区域分布从高到低排序依次是西部、东部、中部和东北部。由于地方财力问题,东部地区铁路投资比重仍较大,但其比例正逐渐降低。20世纪90年代开始中央曾提出"西部大开发""东北老工业基地振兴"的口号,十多年来国家加大了西部、东北部地区基础设施投资的倾斜力度,总体思想是尽管不同地区发展水平有所差异,但希望不同地区和民族最终所享受到的公共服务应是均等的。

财政资金投入基础设施投资对区域结构、所有制结构变动有重要的推动作用。在基础设施投资带动下,内地固定资产投资占比从1985年不到三分之一上升为2011年的60%,对内地投资的所有制结构形成非常大的影响。西部和中部地区的大规模基础设施建设改善了投资环境,带动了城镇地区民间投资向中西部转移,其中的时滞大约是6—8年。目前民间投资增速较高的地区都集中在中西部地区,内地经济的发展水平因此大幅度提升。"十一五"期间内地投资的年均增速为30.3%,东部地区为20.5%。

我国基础设施投资有多方面特点。从规模上看,基础设施投资比重随经济周期和政策周期变化在15.5%—19.5%之间波动。从所有制上看,非国有投资比重有所增加但幅度有限,重要行业仍以国有投资为主。从行业投资的区域分布上看,道路、公共设施以东部、西部、中部和东北部为序,反映了地方财力差异与中央政府西部大开发、公共服务均等化的政策意图。从行业投资占区内投资比重上看,道路、公共设施以西部、中部、东部和东北部为序,反映了地理因素差异、区域投资政策和公共服务均等化的政策意图。从总体上看,公共投资向西部倾斜特征明显。

我国基础设施投资目前存在不少问题。一是从技术性角度来看,基础设施建设和发挥效用的周期长,如何超前从规模上把握基础设施投资占总投资的比例,使之与社会发展相适应。二是如何科学地设定基础设施建设领域内各行业的比例,使之最大限度地发挥结构效益。三是如何发挥基础设施建设在区域开发中的作用,如何分别核算其短期和长期的社会经济效益。四是如何突破现有的投资格局,改变基建项目的所有制结构,引入民间投资。五是如何进行基建项目的资金计划、项目决策与项目建设管理。以上这些问题根本在于我国缺乏规模适度、结构合理、效益保障的基础设施投资体制和机制,而提出转轨进程中可行的技术性方案是解决问题的难点。

  对于基础建设投资解决方案的原理已有不少讨论。公共产品投资的资金来源有相当一部分来自公共财政,公共品的投资决策无疑需要公共选择机制。老百姓的公共需求如何发现,是专家草拟方案由管理部门决策吗?这种做法是缺乏效率的,其根本还在于建立公共选择机制以达到民主化、科学化决策的目标。目前文章对基础性原理讨论较多,但缺乏技术性方案。公共产品的决策机制怎么建立,公共需求选择机制怎么完善,这些问题都需要政策研究者提出基础性、技术性的解决方案。基础设施投资建设长周期的特点加大了基建项目评估的难度。小基建项目的建设周期大约为 2—3 年,大型骨干基建项目为 3—5 年。如果加上前期准备,大型基建项目的建设周期可能需要 5—8 年,甚至更长时间。发达国家基建项目建设周期并不比中国短,但控制项目立项更严格、准备工作更充分、项目管理更细致。

  国民经济快速发展,对基础设施需求量巨大,不可能等着体制完善以后再安排公共投资。好的技术方案是以尽可能少的代价实现国民经济的快速发展,保证基础设施投资和产出水平大体与国家经济社会发展的需要相适应,这也是政策研究者长期关注并希望有所突破的。

张军:中国的基础设施投资现状与评价

  张军教授在演讲中从学术文献角度概括了基础设施的定义及其在经济发展中的重要性,回顾了改革开放以来中国基础设施的资本形成过程,并从融资方式和效益两个方面对基础设施投资现状进行了深入探讨。

  张教授指出,虽然基础设施的重要性毋庸置疑,但直到第二次世界大战后发展经济学家才开始通过 Social Overhead Capital 这一概念对基础设施问题加以讨论。1995 年世界银行发布题为《为发展提供基础设施》的研究报告,将基础设施分为经济基础设施和社会基础设施两类,其中经济基础设施包括公用事业、公共工程和交通。这一划分标准目前已被广泛接受。经济学家通常认为基础设施对私人部门的产出、生产率和资本形成都有正外部性。虽然大量经验研究文献对基础设施产出弹性的估计不同,但大多数资料都支持基础设施对经济发展具有重要作用。

  关于中国基础设施资本的历史形成过程,张教授从存量和流量两个方面分别加以分析。从存量角度看,张教授根据中国现有统计数据,选取交通、能源、通信基础设施和城市公用设施四个指标分别加以度量。由于每个指标内部及四个指标之间的单位各不相同,张教授使用主成分分析法(PCI)对原始数据进行处理,并在此基础上将这四个指标进行加总，合成为基础设施存量指标。合成后的基础设施存量指标显示1994年以前我国东部和中西部之间的基础设施存量差距逐步扩大，之后这一差距渐趋稳定。张教授指出这是由于西部大开发战略促进了西部地区基础设施投资较快增长，并提高了基础设施的存量水平。同时，张教授还利用分省数据和PCI方法计算了各省基础设施存量，并对各省基础设施的相对规模及其变动情况做了详细分析。

从流量角度看，张教授根据可得统计数据，选取电力、煤气及水的生产和供应，交通运输仓储和邮电，水利、环境和公共设施管理，城市市政公共基础设施等四项固定资本投资作为衡量指标。数据显示，中国基础设施投资在1994年左右开始起飞。在2003—2009年间，前三项指标衡量的基础设施投资总额占全社会固定资产投资比重的26%左右，占中国GDP的13%左右，这一比例远超世界银行1994年报告中给出的经济基础设施投资占GDP比重不少于5%的政策建议。关于市政公共基础设施投资，数据显示其变化要比GDP变化超前一些，是短期内拉动GDP变动的一个重要因素。2002年以来城市市政公共基础设施占全社会固定资产投资的比例逐年下降至目前的4%左右，而改革开放以来历史平均水平为6%左右。这是因为虽然城市市政基础设施投资在加快，但由于其他种类基础设施投资增速更快，从而导致城市市政基础设施占比相对下降。

从基础设施建设资金的来源看，中央财政在基本建设投资中所占的比例经历了下降的趋势，目前只有15%左右。现阶段城市公用设施建设投资中，中央财政所占比例几乎可以忽略不计，地方政府财政占比三分之一，其余来自国内贷款和自筹资金，其中地方财政和国内贷款占比呈上升趋势，而自筹资金占比呈下降趋势。张教授认为土地财政增加了地方政府在城市公用设施中的投资，银行贷款则通过地方融资平台进入城市公用设施投资中，从而降低了自筹资金的比例。

张教授认为基础设施融资中所涉及的问题主要有地方融资平台、基础设施资产经营和资产证券化等，其中地方融资平台的问题争议最多。根据审计署的报告，目前地方融资平台约1万家，债务规模为10.7万亿元，其中五大银行发放贷款的规模约占总债务规模的10%。城投公司在形成债务的同时也形成资产，目前江、浙、沪地区融资平台的负债率多数维持在55%左右，其债务偿还主要依靠地方财政、土地收入、目的税种、收费公共服务收入和资产经营收入等。张教授指出在依靠地方财政收入和土地收入的基础上，完善财产税等目的税种的征收管理，对公共服务形成合理收费机制，稳妥推动基础设施资产证券化进程是顺利化解地方融资平台风险的重要措施。

关于基础设施的社会效益，张教授认为基础设施对私人部门的产出、生产率以及资本形成都有显著正效应，可以通过提升私人资本回报率而具有挤入私人投资并促进经济增长的效应。关于基础设施的资本回报率，张教授指出根据上市公司披露的数据，高速公路的平均回报率在10.5%左右。由于涉及折旧，对基础设施资本回报率的估计较为复杂，张教授认为电力、煤气及水供应行业的资本回报率在12%—14%，而铁路则只有5%左右的资本回报率。基于这些判断，张教授指出在基础设施投资周期长、回报率相对低的情况下如何很好地吸收社会资本是一个值得研究的问题。

汪同三：对当前宏观经济的几点看法

汪同三所长分别从当前世界经济形势和中国经济所面临的问题两个方面谈了自己的见解。

首先，汪所长对当前世界经济形势进行了分析。世界经济正遭受到两场危机的影响，第一场是美国金融危机，其余波犹在；第二场是欧洲主权债务危机，正在肆虐全球经济。

目前，三大发达国家经济体都存在着问题。美国经济复苏乏力；日本则经历了地震、海啸和核泄漏事故，这使得日本去年经济增长几乎为零；欧洲则发生了主权债务危机。各大经济预测机构也相继下调对世界经济增长的预测值，对 2012 年世界经济形势的判断是比较悲观的，并且其悲观程度还在不断加深。世界银行对 2012 年世界经济增长的预测值为 2.5%，低于 2013 年的 3.1%；IMF 对 2012 年世界经济增长的预测值为 3.3%，低于 2013 年的 3.9%；同样，联合国对 2012 年世界经济增长的预测值也低于 2013 年的预测值。这些具体的预测值虽然有差异，但反映的趋势是基本一致的，即 2013 年的世界经济形势要好于 2012 年。然而，国际经济环境中存在着不稳定性和不确定性因素，比如美国失业率居高不下、经济复苏步履维艰、欧洲主权债务危机愈演愈烈。其中，尤其是欧洲主权债务危机结局的不确定性使得对未来世界经济增长的预测可能存在一定程度的偏差。

汪所长详细解释了为什么欧洲主权债务危机的结局难以预料。从逻辑上分析，欧元本不应该存在。无论是哪一种货币，其本质也就是一张纸，它之所以能成为货币是因为有两个条件。第一个条件是它必须具有信誉，谁有信誉民众就相信谁；第二个条件是它必须具有权威性，比如，一张人民币背后是中华人民共和国政府，一张日元背后是日本政府，但是欧元背后又是哪一个政府呢？所以欧元从诞生之日起就先天不足，它虽然具有可信性，但是缺少权威性。一旦遇到困难和危机，需要货币的权威性起作用时，欧元的先天不足便暴露无遗。有两个办法能够彻底解决欧元缺乏权威性的问题：第一个办法是出现一个强权者将欧洲统一起来，这样欧元背后便有了一个政府，权威性的问题自然而然便得到了解决；第二个办法便是欧元区解体。

然而，政治家都是短视的，他们认为欧元区解体所带来的麻烦比现在想办法维持它的麻烦更大。即便欧洲主权债务危机的最终结果难以预料，但是短期而言，人们的普遍共识是世界经济的下行风险将明显增长，全球经济确实存在着二次探底的危险。这其中有两个原因。第一，当前美国经济的复苏力度是历次经济周期中最弱的。此次金融危机爆发后，美国的失业率在 36 个月以后仍然居高不下，而在 2001 年的经济衰退中，美国的就业只用了 28 个月就得到了恢复。第二，欧洲主权债务危机的严重程度超乎预期。希腊、葡萄牙、爱尔兰、西班牙、意大利的财政赤字、国债占 GDP 的比值以及国债利息率均居高不下，而这五个国家的债务分别为 3 520 亿欧元、1 740 亿欧元、1 750 亿欧元、7 370 亿欧元和 19 110 亿欧元。同时，欧洲所有国家的债务总额高达 83 000 亿欧元，相当于中国外汇储备的 2 倍多，所以解决欧洲主权债务危机并不能依靠中国，而只能依靠欧洲国家自身。

其次,汪所长对中国经济面临的困难进行了分析。当前中国经济面临着"两难",其中"一难"为物价难题。2012年以及未来一段时间中国还存在通货膨胀的压力,保持物价水平基本稳定的任务依然繁重。这其中有三个原因。第一个原因是成本推动的刚性因素表现得越来越明显。劳动力成本在不断提高,土地价格也居高不下,这两者并不是短期能解决的。成本推动的刚性因素是未来出现通货膨胀问题的一个主要原因。第二个原因是西方国家应对危机的手段仅剩下量化宽松政策。它们的财政状况已经极度恶化,财政赤字占GDP的比重远远超过3%,不可能再通过财政政策挽救经济。同时,利率也低到了1%,缺乏进一步下降的空间。西方国家最后也只剩下直接的货币政策——量化宽松政策,而量化宽松政策必然带来输入性通货膨胀。第三个原因是中国货币政策仅仅是对货币增量进行控制,中国货币存量依然巨大。2010年,中国从适度宽松的货币政策转变成稳健的货币政策,这种政策调整结果对抑制通货膨胀的进一步恶化产生了非常明显的积极作用。然而,解决的问题也仅仅是货币增量,货币存量规模依然较高。稳健性的货币政策并不能使M2和GDP的比值在短时期内发生显著改变,所以中国还存在通货膨胀的可能性。2011年甚至未来一段时间内保持价格总水平基本稳定的任务依然十分繁重,需要防止物价出现反弹。

汪所长认为"二难"是中国GDP增速减缓。自2010年第四季度以后,季度GDP增速表现出逐季减缓的趋势。与此同时,投资、消费、对外贸易、财政收入也都出现了下行的趋势。这其中既有被动的外部冲击因素,也有中国主动进行宏观经济调控的因素。一方面,中国经济增速减慢首先是因为世界经济增长乏力,特别是欧洲主权债务危机已然波及到中国经济。为了应对财政状况的恶化,欧美国家不得不痛苦地实行紧缩政策,它显著地影响到中国的外需。在此次危机中,中国的出口以及外贸顺差增速都出现了明显的减慢,并且,中国提出的2012年外贸增长预期值只有10%,为改革开放以来最低的水平。另一方面,为了进一步落实十七大提出的转变经济发展方式和调整经济结构的战略任务,加强和完善宏观调控的预期目标,也是要使经济增速稳步回落至合理区间,将经济增长速度维持在一个适度的水平。此外,自2010年以来,为了控制货币供给流动性过多助长价格上涨,适度宽松的货币政策已调整为稳健的货币政策,这导致通货膨胀压力受到抑制的同时,经济增速也有所减缓。

最后,汪所长表示,在2012年,中国既要保持增长速度又要保持物价稳定,如果一定要为这两个目标排序的话,"稳增长"还是应当放在第一位。应对复杂多变的世界经济形势的一项重要对策便是以不变应万变,全力保持宏观经济的又好又快发展。

卢锋:我国就业转型的五点特征与启示(1978—2011)

作为人口最多的国家,我国有最大量的新增劳动力需要就业;作为最大的发展中国家,我国有最大量的农村劳动力需要转移就业;作为曾经的计划经济国家,旧体制中的隐性失业显性化需要创造大量的新工作岗位加以消化。三重因素叠加,使我国面临极具特色的就业转型挑战。卢锋教授通过梳理就业形势演变的五方面特征性事实,分析了我国当代就业转型历史进程的成就、问题及所需的政策调整。

第一点特征性事实是数亿农村劳动力转移到非农部门就业。转移农民工数量从1985年的6 000多万人增长至20世纪90年代初的超过1亿人门槛,2005年超过2亿人数量大关,最新2011年的数据达到2.538亿人。农民工中外出打工与本地打工的占比在1985年分别为12%和88%,经不断演变后近年大体稳定在36%—37%和63%—64%上下。

随着劳动力转移的持续,我国农业劳动力占总劳动力比例从改革初期的七成以上降到目前约35%。结合战后"亚洲四小龙"和更长期OECD国家的经验,观察我国农业劳力增量的变动趋势,可预计我国农业劳动力转移仍将长期持续,未来二十年农业劳动力比率有望逐步下降到接近10%。不过就年均转移规模以及占比值的未来下降幅度看,我国农业劳动力转移的洪峰期可能已经或正在过去。

第二点特征性事实是乡村劳动力变动和非农就业增长速度与宏观经济周期涨落具有显著的联系。数据显示,虽然农业劳动力趋势性减少,非农就业趋势性增长,然而二者消长的相对规模和速度与宏观经济周期涨落存在显著联系。在宏观高增长和通胀的年份,第一产业就业量减少较多而非农就业量增长较快;在紧缩调控低增长的年份,第一产业就业量减少和非农就业量增长都相对较慢。

这对认识转型期我国劳动市场与宏观均衡规律之间的联系机制具有启示意义。一般认为我国"农业劳动无限供给",宏观过度扩张派生"劳动引致需求"总可以通过第一产业劳动力减少或农民工数量增长得以满足;宏观均衡规律要求通过农产品价格上涨等原因导致的通胀和相应紧缩调控政策表现出来,不会彰显为劳动市场供不应求的约束。上述经验证据提示,在替代劳动力的农业技术进步速度短期受到制约的背景下,总需求过度扩张可能通过农产品需求上升以及农业劳动力转移偏快导致农产品供给相对不足,由此推动农产品价格上升并成为一般物价指数(如CPI和GDP通缩指数)上升的关键组成部分。劳动市场被动过度伸缩,既是宏观周期失衡涨落实现机制的环节之一,也是宏观均衡调整机制的因素之一。由此看来,转型期中国充分就业的目标也存在宏观均衡基准。

第三点特征性事实是城镇失业率变动凸显旧体制转轨对劳动市场和就业领域的冲击。把官方城镇登记失业率加上下岗人员数得到调整城镇失业率,过去三十多年该指标值相对其趋势和均值的演变轨迹呈现一低一高两个峰值。第一个较小峰值发生在改革初期,主要是知青政策改革派生数百万知青回城潮给劳动市场带来冲击,1980年前后城镇失业率相对上升约1个百分点。第二个峰值在20世纪90年代后期到新世纪初,企业改革派生上千万下岗人员把城镇失业率推高了好几个百分点。

大体平顺地化解计划体制下隐性失业显性化难题是重大的成就,不过转型阵痛客观上使很多下岗人员承受较多损失甚至不同程度的伤害。与知青制度改革具有帕累托改进性质不同,企业改革属于卡尔多改进,应通过转移支付手段对利益受损方提供补偿。政府当时在促进再就业和补助下岗人员方面做了大量努力,然而由于财力有限难以达到比较充分合理的补偿。如今公共财政能力今非昔比,笔者认为可回头考虑这个历史形成问题,用适当方式对当时利益受损的群体追加补偿。这不仅能更好地体现公平、公正原则,也有利于排除干扰、重新凝聚改革共识。

第四点特征性事实是近期劳动市场多年出现"民工荒、用工荒、招工难"的现象。新世纪初以来间歇性"民工荒"已演变成多年持续的"用工荒"和"招工难"现象。城市劳动市场求人倍率从新世纪初的大约0.6—0.7上升到近年的1上下。2012年春节后媒体对各地用工市场的报道,更是描绘出"东南西北中,无处不缺工"的夸张情景。"用工荒""招工难"之类的现象,其真实经济学含义始终是"市场机制为农民工涨工资",长期效果是倒逼结构调整。

估测数据显示,过去三十余年农民工工资增速大体可分"两慢两快"四个阶段。一是20世纪80年代增长较慢,从80年代初不到100元上升到80年代末约200元上下。二是90年代前期增长较快,从90年代初200元左右上升到90年代中期500多元。三是90年代后期到新世纪初年增速较慢,2000年和2001年两年均值为600多元。四是近期较快增长,2011年达到2 045元,是十年前的3倍多。采用消费物价指数调整的实际工资,过去十年也年均增长8%—9%。

第五点特征性事实是近年劳动市场呈现相对低端员工短缺而较高学历和较高端工种求职困难的结构性特点。数据显示,虽然城市劳动市场总体求人倍率趋势性增长,但是区分教育背景和高低工种的工作岗位求人倍率呈现分化趋势。如2011年城市职介机构低学历组对象的求人倍率在1.1以上,高学历组则在0.9上下;较低端工种对象的求人倍率在1.2上下,高端工种约为0.9。

除人口结构变动与高校扩招等方面的原因外,劳动市场的近年矛盾也体现了汇率、利率等开放经济相对价格尚未理顺导致增长方式偏于粗放的影响。例如与宏观经济增长过度依赖对外贸易的失衡相联系,我国新时期就业扩张过度向可贸易部门倾斜。估测结果显示,2002—2008年制造业就业增长约3 400万人,占同期总就业人数增长的九成以上。这虽有利于缓解早年失业压力,满足农业劳动力快速转移的就业需求,但是也加剧了我国就业结构中工业比例偏高的问题,助推相对低端工种用工短缺的矛盾。早年制约汇率和宏观政策调整的原因之一是担心就业问题,现在就业形势发展本身要求调整汇率和宏观政策。

我国当代就业转型已取得化解旧体制转轨释放的失业压力和实现2.5亿农业劳动力转移两大成就。我国就业转型的历史进程仍将长期持续,不过从数量扩张的单维度指标看,这一进程最为高潮的阶段可能已经或正在过去。依据就业形势客观变化的特点,考虑劳动市场运行与宏观经济涨落的内在显著联系,未来就业政策应从侧重数量扩张朝"数量与质量、速度与结构"并重方向调整,并与开放宏观政策架构和人口、土地等深层改革相配合,推动就业和经济社会整体最终成功转型。

宋国青:内生性紧缩可能性不大

2011年第三季度,由于房地产需求控制以及存房较多,房地产投资出现不景气。地方财政比较紧张加上负面舆论的影响,基础设施投资增长面临压力。国外如欧洲出现经济衰退影响国内出口。当时部分人士对市场有悲观预期,但宋国青教授在当时预期内生性紧缩可能性不大,经济表现能够回调。半年时间过去,现在可以基于过去发生了的情况来看当时的预测,结果虽然不能完全证实这一推测,但经济发展的进程与预期是一致的。

去年第三季度形势很严峻,第四季度显著改善,目前风险又稍微增加,不过现在情况相比去年第三季度仍要好很多。从发电量数据来看,2011年发电量在10月、11月见底,12月大涨。同时,2011年10月的工业环比增长很弱,后两个月特别是12月的环比很高,季节调整后GDP的环比增长年率为9.0%,与发电量的环比变化一致。从今年的情况看,公布的发电量同比下降7.5%,看着很糟糕。经过季节和春节因素调整后,1月发电量同比增速应为2.7%,1—2月同比合计增长预计为6.6%,季节调整后为5.2%。但去年第四季度发电量同比增速为9%,一下子降到5%,是不是意味着经济在迅速恶化?

不过最近商品等市场表现都在涨,出口也很强,反映出经济有所恢复。今年1月总体情况跟2008年年末和2009年年初的情况非常相似。宋教授推测,2010年第四季度发电量数据一定程度上受到节能减排政策要求的影响,数据质量存疑。在对2010年第四季度的发电量数据进行一定上调后,2011年第四季度同比增长率也在5—6个百分点上下,而不是公布的9个百分点。因此,根据1月的发电量,PMI和工业品价格数据,同时结合去年年末和今年1月的货币与贸易数据推测,季节和春节调整后1月工业生产相当强,预测2月可能略弱,3月进一步放缓,但3个月平均仍可以达到13%左右。

从货币供给M2看,考虑到2011年季末数据都有一些异常,可能受到表内转表外问题的影响,故按季末数据计算环比增长率,部分消除这个影响。2011年4—6月,季节调整后M2月环比增长率平均降到10.1%,第三季度仍然相当低,但10—12月大幅回升至17.4%。剔除季节和春季因素影响后,今年1月比去年11月的平均增长年率为12.8%。这个数据略微有些偏低,不过1月出口大涨,两项合起来货币供应就够了。但是有一点风险在于,中国一紧缩,对外需就有影响。

从进出口数据看,去年第三季度出口下降,第四季度恢复到正常增长,特别是今年1月调整后出口增长非常高。所以综合来看,去年第二至第三季度总需求很弱,10月以来总需求环比增长率相当强。

理清了这段经济情况后,会发现这一进程与2008年年底到2009年年初的情况十分相似。主要分为两个方面:一是与中国自身的情况相似。在上一轮过程中,发电量于2008年10月下到谷底,11—12月开始反弹,2009年开始连续上涨;工业生产在2008年12月开始回涨;信贷投放在11月止跌,12月大涨。同样的现象在去年年底、今年年初重演,连时间段都很接近。二是与全球其他经济体的联系类似。2008年年底全球经济暗淡,中国11月刚提出"4万亿"计划,12月工业生产便回调,跟着韩国在2009年3月经济回暖,美国在2009年7月出现经济上行趋势。本轮过程中,伴随中国去年年底经济上升后,从春节到现在,国际市场上也发生了很大的变化,欧洲股票大涨、欧元上涨,美国经济也走强。在这两轮过程中,我们都可以看到中国经济上升引导世界其他经济体走出了低谷。这一现象从中国顺差的数据中也同样可以看到。中国进口暴跌时,顺差变大,世界经济走弱;进口上涨时,逆差扩大,世界经济走强。

于是,可能存在这样一个故事。中国进行宏观调控,引起内需发生变化,进而对中国的进口造成影响,世界其他国家的出口发生变化,再回来影响我国的出口。这带来的一个推论是,曾经研究美国经济大波动就可以预测世界其他地区的经济状况这个策略不再可行。反之,信息的着眼点应该逐渐移向中国,这两轮全球经济的复苏都首先从中国的复苏开始。

  最后讨论目前的货币政策。目前银行间市场利率居高不下,显示出商业银行头寸不足,从而1—2月信贷投放偏紧,从去年11月到今年1月M2平均增长年率为12.8%,也偏低。国外经济体并未完全走强,而中国的信贷紧缩可能对其他经济体产生紧缩效果,出口增长有下降风险,从而内生性紧缩风险存在。环比通胀从2010年年末、2011年年初的10%左右下降到目前的零左右,在内生性紧缩风险存在的情况下,银行间利率未见明显下降,可以认为目前的货币政策不合适。因此,从合理性的角度考虑,目前货币政策进一步放松是必要的,有三个层次:其一,通过降低准备金率和央票运作增加商业银行头寸,或许这一步就可以解决问题,希望不小。其二,降低基准利率,目前可以观望。其三,扩大地方融资能力,增加基础设施投资。目前的地方融资平台贷款到期问题,本来就应当通过展期等方式解决,不算在内。

第29次 报告会快报

(2012年4月28日)

CMRC"中国经济观察"第29次报告会于2012年4月28日下午在北京大学国家发展研究院万众楼举行。会议由北京大学国家发展研究院巫和懋教授和卢锋教授主持。卢锋教授根据第28次"朗润预测"的汇总结果,用四句话概括了25家特约机构对今年第二季度我国宏观经济走势的看法:增速在筑底,通胀仍回调,外需似企稳,拐点或可期。

本次报告会主要讨论了资本项目开放、人民币国际化、当前地方债以及近期国内宏观经济形势等问题。国家信息中心首席经济学家兼经济预测部主任范剑平,中国社会科学院世界经济与政治研究所世界经济统计与应用研究室主任张斌,北京大学国家发展研究院徐建国副教授、黄益平教授、宋国青教授和卢锋教授发表演讲并回答听众提问,参会的美银美林大中华区经济研究部主管陆挺博士也应邀发表对宏观经济形势及预测的看法并回答听众提问。下文为主讲嘉宾的演讲摘要。

张斌:中国的金融市场化改革新浪潮

张斌研究员主要报告了当前加快金融市场化改革的原因以及我国涉外金融开放的内容与次序问题。他首先介绍了金融危机后我国金融市场化改革的主要进展,从金融抑制不利于资源配置和经济增长以及国际经验的角度,结合我国当前经济结构转型的需要,解释了为何要加快金融市场化改革。基于优化国际投资头寸表和实验评估两个视角,张研究员提出对金融开放次序的看法,并强调中国应积极参与国际货币体系和国际金融体系规则的修订改革,以创造国内有关改革的良好外部条件。

金融危机后,我国加快了人民币国际化的进程,离岸市场发展迅速,短短一两年内香港离岸市场的规模从不到1 000亿元增至6 000亿元。与此同时,国内一些金融理财产品一定程度上实现了利率市场化,这与银行对储蓄存款的竞争有关。特别是在今年,官方有非常多的关于金融市场开放和自由化的一些改革举措或者措施,例如,中国人民银行在推进资本项目自由化(渐进的自由化)的同时,增加汇率波动的区间;温家宝总理对国务院推行温州金融实验区以及对四大银行和民营金融机构准入机制发表了讲话。总的来看,金融危机后我国关于金融市场化的政策举措在不断增加。

为何要加快金融市场化改革?从经济理论角度看,政府对金融部门管制太多不利于资源配置和经济增长。从国际经验看,1973年以后,金融市场化改革在发达国家和发展中国家普遍推进。20世纪70年代中后期到90年代中期,发达国家和多数新兴市场经济体实现了高度金融市场化。各国金融市场化的内容差别不大,主要包括以下六个方面的内容:取消政府信贷方面的管制、取消利率管制、放松金融业准入、保持银行自主经营、多元化银行股份结构、国际资本自由流动,且这些内容基本都是同时推进的。相比之下,我国的金融体系很特别。在中国目前这个发展阶段,即使是比我国发展水平差的国家,金融市场化程度也比我国高。如果金融市场化是一个普遍规律的话,中国可能也不会太例外,也会朝着这个方向收敛,进一步的金融市场化改革只是时间问题。

从国内情况来看,加快金融市场化改革的主要压力来自我国经济结构的转型。金融危机之前,我国基本是出口导向型或制造业部门发展导向型模式,这种增长模式有助于解决抵押品和风险管理问题,政府和国有银行主导的简单金融服务可以基本完成从储蓄向投资的转换。金融危机之后,我国出口导向型模式越走越难,需要经济结构的转型。这主要包括两个核心内容:一是制造业与服务业之间的平衡;二是制造业内部的产业升级。服务业发展和制造业升级,两者是未来中国经济增长的核心推动力,但其发展对金融服务业的要求会更高。原因在于这些部门产业的发展很难拿出特别像样的抵押品,从而对银行的风险管理能力、甄别能力、贷款能力要求会更高。

因此,经济结构的转型必然会要求更加市场化的金融服务业和更发达的金融体制相配套。除此之外,金融改革还有来自现实层面和宏观稳定层面的压力,主要表现为小微企业贷款困难所反映的金融服务与市场需求不匹配的问题和利率、汇率、资本项目管制等传统货币政策工具难以奏效带来的压力。如果没有进一步的金融市场化改革,改善资源配置效率和推进经济结构转型难以为继。但是推进金融市场化改革是个高难度动作,会增加爆发金融危机的概率,因而改革的次序很重要。

关于次序问题,张研究员认为利率、汇率市场化改革和国内的银行业改革以及完善监管体系,要先于资本项目开放。资本项目自由化的核心是优化资源配置,如果在国内金融市场本身存在比较大的价格扭曲情况,资本项目开放结果难以优化资源配置,还可能是进一步放大扭曲。从国际经验看,若一国采取固定汇率,资本是自由流动的,很容易招致投机资本冲击,爆发货币危机或者金融危机。

张研究员从优化国际投资头寸表的角度分析中国金融开放次序。我国国际投资头寸表有两个问题比较突出:一是总量上对外资产远大于对外负债。有人认为作为发展中国家这样不合理;也有人认为我国金融净资产被高估,负债被严重低估。二是结构上资产方以官方外汇储备为主,绝大部分是美国与欧元区国家的国债和机构债,而且大都是以美元或欧元计价的,收益率较低。负债方以外国来华直接投资为主,大都是以人民币计价的,平均收益率大概是10%—15%,加之人民币升值因素的影响,负债成本较高。

人民币汇率市场化改革,会减少我国外汇储备资产,同时也减少人民币负债,这对改善我国国际投资头寸表有很大帮助。同时,汇率市场化还可在一定程度上鼓励私人部门进行多元化投资。总的来说,从优化资产负债表对外投资头寸表来看,汇率改革、外汇储备管理改革、放松对资本流出的限制应该是放在第一位的,而人民币国际化和短期资本流入的限制是放在第二位的。

从实验评估角度来考虑,人民币升值预期是离岸人民币(CNH)市场发展的起点。虽然 CNH 市场从无到有,各项人民币离岸金融市场业务快速发展,但套利交易在市场的发展中占主导地位。最突出的问题在于国内货币当局持续干预外汇市场,并保持人民币单边升值预期,在此背景下套利交易不会因为套利交易规模扩大而收窄。交易的结果是央行补贴套利者。

过去二十年,国际贸易体系运行良好,关键在于 WTO 提供了一套规则;而国际金融体系频频出现危机,原因在于缺少适当的制度方面的公共品。每一次危机都可以归咎为危机经济体自身的内部问题,反映了该经济体内部在制度和规则设计上的缺陷。借助于国际通用的外部制度和规则约束,能够弥补经济体内部的制度和规则缺陷,一个更好的外部国际金融环境对推进国内金融改革是非常有利的。中国是一个大国,是有余地来改变规则的,所以中国应当在建立全球金融规则方面发挥更加积极的作用,使其为我国未来金融市场化改革提供更多的帮助。

黄益平:资本项目开放与对外直接投资

黄益平教授主要讨论了资本项目开放特别是中国对外直接投资的问题。他认为资本项目开放在中国过去三十年是一个持续进行的过程。他重点分析了资本项目应该开放的原因并讨论了利率、汇率与资本项目之间开放的先后次序问题。他认为内部金融改革与外部资本开放应交互推进,同时现在就可以推进资本项目的开放。关于对外直接投资,他探讨了中国模式、日本模式和美国模式的特点,并认为中国下一步可能会迎来中小企业对外直接投资的新浪潮。

最近关于资本项目问题的争论非常多,包括:资本项目该不该开放?现在是否已经具备开放的条件?利率、汇率与资本项目之间是否存在开放的先后次序问题?以及派生出来的如何推进人民币跨境使用或者国际化的问题。围绕这些观点学界和政府部门提出了不同观点进行讨论。为什么现在提出这些问题?为什么在过去一段时间没有很突出而现在问题变得很突出?黄教授认为,应该更多地从经济基本面角度来分析这个问题。他与合作者的一项研究测算了资本项目管制指数(CACI),指数越小表明资本项目开放程度越高,最高为 1,最低为 0。过去三十年,CACI 呈现下行趋势,资本项目开放已经走了相当长的路程。资本项目开放其实是一个现在进行时,并不是现在忽然才提出来的。

根据麦金农的金融抑制理论,一般来说金融抑制和金融管制是不好的,会降低经济效率和投资效率。但之后 Stiglitz 教授提出一个新的看法,认为金融管制对效率可能是不利的,但是要看具体的条件,一些国家完全自由化不一定能帮助其实现最优的效率。假设我国在1978年资本项目全都开放了,不见得取得比今天更好的经济增长和金融效率。

金融抑制和资本管制在当时对我们国家至少有两方面的正面作用:一方面,是有一个政府支持的金融体系和资本管制,实际上是保证我们的储蓄有效地转移到投资活动中;另一方面,是有政府参与其中,在一定条件下有利于金融稳定和宏观经济的稳定。金融管制既有正面效应也有负面效应,那么资本管制在过去三十年对经济增长是一个什么样的影响?黄教授认为早期正面作用比较明显,近期看起来负面影响越来越大。即原来管制可能对经济效益和经济增长是有好处的,但是这种好处越来越小,不足以抵消我们现在所碰到的很多效率的损失。

这是一个很重要的理由说明为什么现在要进行资本项目的改革。还有很多学者认为资本项目管制有效性在下降,黄教授认为从实证角度来看是有这种可能的。另外,在资本管制有效性逐渐下降且汇率不灵活的情况下,将导致货币政策独立性越来越低。这些都是现在应该进行资本项目改革的原因。

有关利率、汇率与资本项目改革之间先后顺序的问题,黄教授认为这其中讨论的一个核心理论问题是利率平价理论到底成立不成立。如果利率平价理论成立,的确有必要考虑先后的次序问题。不过他认为,除了上述资本管制对经济增长的负面影响以外,还有以下四个方面的理由支持现在可以推进资本项目的开放。

第一,有些管制已经开始失效。既然管制已经开始失效,实际上资金已经不断在进出,那么与其继续任其发展不如主动开放监管这样的资本流动。

第二,条件需要在改革中逐步创造。例如,大家说银行竞争力不够所以不能开放,但是反过来说,不开放银行,政府一直进行保护,银行就变得很好吗?所以有一些条件也许需要在开放过程当中创造。

第三,有一些机制需要建立。一般大家认为资本项目开放以前利率市场机制、汇率市场机制应该建立起来,没有建立起来不能开放。但其实在机制没有完全建立以前,央行其实还是有一定的干预能力,比如说利率市场化是一个非常漫长的过程,但是我们完全有可能通过央行的调控使得利率水平不至于过多地偏离市场均衡。这样放开的时候尽管市场机制没有完全具备,但是也不会导致资金的大进大出。

第四,资本项目开放是一个渐进的过程。根据IMF的分类和央行研究局的研究,没有一个国家的资本项目管制是全部都放开的,我们到改革的终点也不可能全部放开。所以在开放过程中对一些效率损失比较大、放开风险比较小的管制项目可以把它放开;对那些风险比较大的管制项目先不要放开,甚至保持相对比较严格的管制。央行很多官员提出来的一个观点就是基本开放而不是完全开放,这可能成为全球金融危机之后的一个新共识。尤其像证券投资、短期融资、一些衍生产品等,这些对宏观经济稳定和金融稳定影响比较大的,我们不需要开放,可以保持相对的控制。

针对如何逐步放开资本项目管制,黄教授也提出了自己的看法。资本项目管制涉及比较多的是证券投资、债券融资和直接投资三大领域。证券投资大家比较谨慎,但是我们已经有合格境外机构投资者(QFII)、合格境内机构投资者(QDII)机制,可以一段时间不放开。债券融资可以放开但是需要宏观审慎指标,比如资产负债比例,尤其是短期负债比例,用一些基本指标来监控。争议比较小的是直接投资,我们有一个投资产业目录作为行业指导,但基本上管制很少。现在向外投资管制也很少。

目前分析资本项目开放会产生的效应,有各种各样的说法,但还需要定量分析到底会是什么情况。黄教授引用一项研究结果,假定在2020年资本项目大部分开放的情况下预测中国对外投资资产组合的变化,包括我国对国外股权资产和债券资产比例的变化以及外汇储备和直接投资比例的变化。有关这一研究预测,到2020年外汇储备将增长到55 000亿美元。黄教授认为这一数字可能过大,如果人民币升值幅度再大一些,央行购汇压力就会相应减小,外汇储备就不会那么高了,而其他私人资产投资就会比较多,其中最突出的是对外直接投资。

黄教授认为国际上对外直接投资有两种模式。第一种是日本模式,其特征是将厂房转移到国外,目的是为了寻找比较低的生产成本。日本在中国台湾、韩国的工厂会转移到中国大陆,就是因为大陆的劳动力等成本比较低。第二种模式是美国模式。美国企业对外投资主要是为了进入当地市场。不过这些特点都是相对的。美国企业对外投资也有日本模式,日本企业对外投资也有美国模式。中国的对外直接投资模式又不一样。对外投资的一般动机有开拓市场、获得资源、寻求战略性资产和降低生产成本等几种类型。最集中的是前三种类型。因此,中国企业出去是买技术、买资源,目的是为了增强国内生产竞争力。把中国特色、日本特色和美国特色的对外直接投资模式做一个简单归类,可以提出一个对外直接投资的生命周期现象假说。在成本较低、技术较低的时候,如要对外投资不需要把工厂搬出去,而是需要到国外买一些技术、买一些资源,目的是让企业有更强的竞争力、有更好的回报。当这个阶段过去以后,技术往上走、成本也往上升的时候,我们可能要向日本方式过渡。而日本企业对外直接投资在过去二十年已经逐渐在向美国方式靠拢了。考虑到中国国有企业现在在国际上的对外直接投资遭遇很大争议,下一步可能面对的是中小企业大规模往外走。由于国内生产成本大幅度上升,再加上资本项目开放,会迎来大量中小企业外移的新浪潮。

卢锋:人民币可兑换之路——
金融深化改革与扩大开放关系

我国金融转型要在汇率、利率等领域深化改革,还要在资本项、本币国际化等领域扩大开放,如何认识和处理二者的关系近来引发学界讨论。卢锋教授以人民币走向自由兑换的历史为视角,通过考察新世纪内外经济环境三重演变及影响,分析金融深化改革与扩大开放之间的关系,并讨论相关政策思路。

货币自由兑换或可兑换,指市场主体可适应国际交易需求自由地把本国货币兑换成外国货币,分经常与资本账户可兑换两方面内容。一国货币可兑换需满足汇率自由化、利率市场化、宏观相对稳健、外汇储备充足等方面的先决或配套条件。少数大国货币在演化过程中承担国际交易的计价、结算、储备等职能,不同程度地成为国际货币,即实现"国际化"。

三十多年的人民币可兑换之路,以1996年年底实现经常账户可兑换为标志,前期经常项可兑换为主题的进程节奏虽有起伏,不过推进逻辑和线索比较清晰,在认识思维上逐步达成共识，总体上比较顺利。过去十几年主攻资本项可兑换进程在取得成果的同时呈现出始料未及的特点，如开放思路和实际着力点经历较大变化，推进成效不如预期，关键改革内容甚至早年共识都发生较多争议，等等。

除受到两次金融危机影响外，资本项可兑换遭遇特别困难的关键原因在于，内外环境演变发起了三个新的挑战。

一是汇率升值趋势的新挑战。新世纪最初十年，我国可贸易部门劳动生产率相对OECD国家平均增长约1.75倍，派生出实际汇率升值的压力；给定管好货币、控制通胀的目标，需容纳名义汇率的趋势性升值。虽然1994年汇改已引入"有管理的浮动汇率制"，然而应对亚洲金融危机时人民币重新盯住美元，事实表明调整汇率制以容纳趋势升值的客观要求成为关键挑战。

货币自由兑换绕不过汇率自由化，不仅是国际学术界的主流结论，也是在我国早先改革实践中形成的共识性看法。不过早期人民币汇率面临的主要矛盾是从计划时期"遗传"而来的高估失衡，要求通过结构性贬值加以调整。近年是趋势升值要求与体制不适应派生出的动态低估问题，需加快体制调整以容纳升值趋势要求。从现实角度看，国内资本回报率较高，加上汇率动态低估，流入资本的投资收益较高，流出资本收益较低，资本项开放面临流入与流出难以平衡的新困难。这可以由QFII与QDII多年收益平均水平的高下比较得到验证。目前我国制造业劳动生产率只有美国的两成，如继续追赶今后仍会有持续升值要求，因而汇率体制改革难以回避。

二是十几年前国内学界就认识到货币可兑换需要"消除金融抑制"，然而汇率动态低估伴随宏观调控过于宽泛化和微观化，导致金融抑制仍有增无减，使推进资本项可兑换面临新困难。此外，汇率动态低估背景下的外汇占款膨胀导致货币过度扩张。我国广义货币M2从2002年到2011年增长了3.6倍，是同期真实经济增速的2.63倍。去年年底央行28.1万亿元的总资产中，国外资产占总资产的85%，外汇占国外资产的95%。货币过度扩张导致经济增长偏快偏热，通胀压力挥之不去，资产价格间歇性飙升。

调控"胀热主导型宏观失衡"成为难题。为此发展出五花八门的替代性总需求常规管理工具。数据显示，新世纪最初十年间，我国利率对通胀的反应系数只有比较成熟市场经济同一指标的四分之一和五分之一，2007年以来一大半时间处于负利率状态。银行准入和竞争受到过多的限制，信贷数量仍频受"窗口指导"的干预。通胀与利率管制客观诱致体制外集资融资，为了限制、惩处又要加强金融管制，互动过程中使金融抑制问题积重难返。

三是美国和欧洲主要国际货币国实行超低利率政策，与中国的正常利率水平存在"常态性差异"。无论是用相同期限的Shibor与Libor比较，还是用央行政策利率比较，还是用其他性质的可比利率指标衡量，"内高外低"的利差格局都大尺度地存在，并且由经济基本面反差条件决定具有相对稳定性，因而可称作"结构性利差"。这使推进资本项可兑换遭遇新困难。

计算人民币对美元的抛补利率，并与欧元对美元、日元对美元、台币对美元的抛补利率比较，可见人民币抛补利率相对美元参照利率的差异比其他相对开放经济体的类似指标高得多。这些结果不仅提示中国与其他国家和地区利差较大的事实，也显示我国维持资本管制虽有困难但总体仍相当有效果,很快放开资本账户很难得到合意效果。

直面现实的新挑战,政策调整应将国内金融改革置于更优先的位置。首先,要尽快实施汇率改革,限制央行干预汇市以兼容经济基本面要求的趋势升值。其次,要尽快分步骤放宽存款利率的上浮区间和贷款利率的下调区间以实现利率市场化目标。要利用目前宏观经济增速走缓的时间窗口,减少行政干预与数量管制,瘦身央行资产负债表,逐步消除金融抑制,完善开放型市场经济总需求管理的政策架构。

同时,要有序推进资本账户开放。积极放开对直接投资特别是对ODI方面不必要的管制和限制。随着国内资本市场改革的推进逐步放开证券投资方面的管制。在国内金融改革大体完成后,再审慎放开货币市场等领域的短期资本流入。

一国货币国际化的完成形态是该国发展达到高水平的标志之一,其实现途径则是经济和制度的自然演化过程。对人民币国际化应顺势而为,积极呼应。呼应满足来自企业层面对人民币外贸结算的微观诉求,积极回应国际财经合作对双边货币互换安排的需求以及国外对人民币作为储备货币的需求,积极推动人民币进入特别提款权(SDR)的相关谈判。无须刻意追求,也不必操之过急,深化改革,持续追赶,人民币国际化最终会水到渠成。

徐建国:地方债折射财政金融体制落后

在欧美主权债务危机的背景下,我国地方债务累积引起社会的广泛担忧。徐建国副教授从我国财政收入增长迅速,中央负债稳中有降,地方负债低位上升并在2011年回落等方面,说明我国政府总体负债形势稳健。地方负债的上升,根源在于现有体制下地方政府财权与事权的不对等,地方政府担负的基础设施投资规模大、周期长,却缺乏相应的财政来源和融资手段,只有向银行借贷。化解地方债务风险的根本在于促进长期稳定的经济增长,并探索合理的基础设施投融资渠道。

2011年6月27日,国家审计署发布的《全国地方政府性债务审计结果》显示,截至2010年年底,地方政府性债务余额10.7万亿元,比2008年年底余额增长了1倍。和财政收支对比,2010年整个财政收支规模大概为9万亿元。在宏观紧缩的背景下,地方政府的现金流减少,以云南为代表的一些地方政府性债务发生违约,引发了对地方政府性债务风险的关注和讨论。对潜在金融风险和经济紧缩的担心,也就随之而来。因此2011年看空中国的调子非常高,主流观点均认为中国经济没有不着陆的可能性。

根据审计结果,2010年年底10.7万亿元的地方债余额中,已支出部分为9.6万亿元,主要投向基础设施,这也意味着地方政府性债务回收周期很长。在2010年年底,超过一半的债务在三年内到期,而基础设施投资在三年内很难产生现金流,这意味着这些债务还本付息都要通过其他财政收入来源来支付。即便这些债务长期看没问题,但由于偿还期限短,显示融资投向和现金流不匹配。加上地方政府直至2009年才有小规模财政部代发地方债券,它对于解决这一问题显然杯水车薪。可见,地方政府债务风险是我国现有财政金融体制弊端的体现。

如此高的债务是否会对经济产生冲击?风险有多大?为了回答这一问题,需要看政府资产负债表。过去几年的数据表明,财政收入涨得比 GDP 快。这里就形成了一个悖论,一般人们是不担心富人借债的,但是我国政府似乎是个例外:一方面其收入增长迅速,而且掌握大量的经济资源,另一方面很担心政府的债务负担。这一担心,在直觉上有悖常理。从政府部门债务余额占 GDP 的比重上看,我国政府债务负担近年来稍有上升,总体债务从 2005 年的 37% 上升到 2011 年的 42%。需要指出的是,2008 年以来主要国家政府债务都显著上升,我国政府债务的上升在跨国比较中并不奇怪。相比之下,我国的政府债务,不管从总体水平上,还是增加幅度上都处于低位。我国经济的快速增长,分母变大导致债务余额相对变小,经济的快速增长消化掉了以往看起来或许很大的债务。

政府部门也有资产,可以就资产负债表计算资产负债比率考察负债水平是否过高。2002 年以来负债水平总体上呈现下降趋势,从 2002 年的 75% 下降到 2011 年的 67%,最低点出现在 2008 年,约为 64%。2009—2010 年,由于政府大规模财政刺激,地方政府负债水平上升,接近 71%。2010 年我国政府开始控制地方债,2011 年开始回落。若考虑整个公有部门,2010 年负债率并没有那么高,2011 年负债率已经控制下来了。所以看这些数字似乎也不存在债务危机,对于债务危机至少可以说证据不足。

徐副教授还对化解目前的地方债务提出了自己的建议和希望。例如,将教育和社保统一放到中央,这一做法相当于地方财政负担减少了 30%—40%,地方政府压力小了,自然能用剩下的财政收入做一些其他的事情;对于合理投资的地方政府性债务融资,展期是一个比较好的解决方法。在演讲的最后,徐副教授从另外一个角度谈及近期的紧缩政策。人们担忧紧缩政策是否会导致类似于 1997 年年底到 2001—2002 年的通货紧缩。徐副教授从全部工业企业的资本回报率的角度,证实了近几年的资本回报率一直处于高位,内生需求仍十分旺盛,有条件通过增长消化债务。

范剑平:当前宏观经济形势和宏观调控政策取向

范剑平主任分别讨论了当前宏观经济形势和宏观调控政策的取向。首先对当前中国宏观经济形势进行了简要的评论。前一阶段,中央银行提高了利率和存款准备金率,使得经济处于紧缩的状态,中国经济处于政策性紧缩阶段。但实际上,这一次财政紧缩比货币紧缩作用更大,财政政策、货币政策在实施过程中无法决然分开。如果没有财政紧缩,那么货币紧缩也将难以实现。

欧盟国家要加入欧元区必须要遵守《马斯特里赫特条约》提出的两个条件,即国际上关于财政安全的两条警戒线。一是年财政赤字率应当不超过 3%,二是累计债务负担率不应当超过 60%。美国次贷危机发生以来,中国累积债务负担率并没有超过 60%,但是如果将地方政府债务计入其中,那么中国的年财政赤字率将超过 3%。这是近年中国经济急剧扩张的主要力量,货币政策只是配合财政政策的扩张。2011 年,由于地方政府债务引起了社会的高度关注,国际社会也认为地方政府债务将是引发中国硬着陆的导火索。2011 年中国的年财政赤字率便从前两年的较高水平收缩到 3% 以内。紧缩的财政政策的结果便是经济的紧缩。

紧缩的财政政策包括了对房地产市场的调控。2012 年第一季度,政府对房地产市场的大力度调控并没有使房地产投资快速下降,房地产投资增长率仍然达到了约23%,但是这里忽视了另外一个数据。由于地方融资平台受到严格控制增量的政策影响,基建投入大幅下降,进而导致与之相关的装备制造业在2012年第一季度增长率只有9%,低于第一季度工业增加值增长率的11.6%。按照以往经验,作为工业化和城市化加速国家,重工业增长率应该高于轻工业增长率近3个百分点,此时所出现的情况在历史上是罕见的。这背后的原因便是地方政府财政紧缩。

从2011年第四季度开始,货币政策已经开始出现预调和微调,货币面紧缩状况发生了变化。但是2012年第一季度GDP增长率仍在下滑,中国经济现正处于一个自发收缩的阶段。对此,范主任讨论了一个热门话题,中国经济在什么时候见底?什么时候出现拐点?他简要介绍了国家信息中心用来判断拐点的经济预测方法。在不同经济指标中,有一些数据属于经济一致指标,可以作为测量经济景气的基准;也有一些指标属于经济先行指标,可以超前反映经济的状况。目前国家信息中心经济预测部应用的经济一致指标主要由6个子指标构成,即工业增加值、发电量、固定资产投资总额、财政收入、狭义货币量和出口总额;经济先行指标也由6个子指标构成,包括汽车产量、粗钢产量、固定资产投资本年施工项目的计划投资累计增速、金融机构各项贷款、美国先行合成指数和产成品库存。

经济先行指标选择的理由有以下几点:首先,汽车产量和粗钢产量反映的是国家支柱性产业的发展,支柱性产业的发展可以带动其他产业的发展。其次,固定资产投资本年施工项目的计划投资累计增速指标反映的是一国的投资需求。对中国而言,出口是一致指标,消费是滞后指标,唯有投资中的该部分是先行指标。金融机构各项贷款反映的是一国的货币政策情况。对中国而言,货币供应量是用存款计算的,与货币供给量相比,贷款具有更强的领先性。美国先行合成指数的选择是考虑到中国对外依存度很高,而美国又是中国出口的一个主要市场。产成品库存指标则反映了市场景气程度,它属于逆转指标。其他5个指标增长率越高表明经济景气度越好,而企业产成品库存越高,则经济景气度越差。

2012年2月,一致指标和先行指标均继续小幅下行。但是,到了3月,先行指标中有2个指标是下降的,4个指标是回升的。固定资产投资本年施工项目计划投资累计增速、粗钢产量仍然处于下降趋势,但是产成品库存、美国先行合成指数、汽车产量和金融机构各项贷款都已经开始回升。综合来看,3月中国的先行指标终于止跌企稳。根据现有研究,中国先行合成指标的滞后期是4个月,因此3月先行指标出现止跌企稳,说明一致指标需要等到7月才会止跌企稳。先行指标的变化表明2011年第一季度的经济增长并不会是全年最低点,经济的明显回升需要等到第三季度以后才会出现。这一轮的经济回升仅仅是财政政策和货币政策的放松所带来的短暂的周期性回升。这并不意味着中国此轮经济调整期已经结束。

另外,范主任对宏观调控政策的取向进行了说明。货币政策预调和微调使得贷款在2012年3月出现了明显的放量,增加了1.01万亿元,但是贷款结构存在问题。当前,中长期贷款在2012年第一季度有所减少,而短期贷款及票据融资则有所增加。如果在2012年第二、第三季度继续以这样的结构和速度向外放贷将会是非常危险的,因为短期贷款的投机性很强，它对中长期的经济发展并不是有利的。下一阶段，提高企业中长期贷款的需求十分必要。短期而言，一个解决措施便是加大基建投资在建项目，尽量满足其续建投资的需求，以此保证中长期贷款比例的上升。中国政府需要把握好政策紧缩和宽松的力度，在把贷款放出去的同时，也要考虑贷款期限的结构。此外，中国政府也不能因为地方政府债务风险的问题，而长期采取紧缩的财政政策。中国中央政府和地方政府与希腊政府的一个最大区别在于，中国中央政府和地方政府举债是进行基础设施建设，而当前建设的基础设施将会成为未来子孙的优质资产；希腊政府举债则是用来提高人民福利水平。从这个角度而言，中国政府的债务问题完全可以通过经济发展来解决，逐步地消化债务，没有必要采取短期非常苛刻的紧缩政策来解决政府的债务问题。

最后，范主任对未来政策进行了展望。财政政策和货币政策在下一步预调和微调中并不存在过度宽松的条件，并且政策调整要把握好资金借贷的结构，使得资金能够尽量满足中长期贷款的需求。如果中长期资金能够更多地应用于企业的固定设备投资，使企业用机器设备取代人工或者取代以前的高耗能设备，那么中国将会看到进入新一轮经济增长期的曙光。

宋国青：周期正在消失

中国经济周期性正在消失。如果简单从图形上来看，经济走势好像有一个周期，但这个周期性即便不能说消失，至少是在淡化，逐步走向一个周期越来越不明显甚至更接近于随机波动的过程。现在宏观调控的频率比过去要快得多，过去一个周期平均是八年，现在看是一会儿起一会儿落，这是一个新的情况。

过去3个月，中国经历了温和的通货膨胀。3月，季节调整后CPI比去年12月按年率上升了3.5%，比去年10月按年率上升了1.7%。从季节调整后农业部农产品批发价格看，3月农产品价格上升幅度大，3月底迅速回落，主要是因为低温导致了菜价的异常波动。但是过去几个月猪肉价格持续回落也是阶段性的。考虑到这些情况，结合农产品批发价格情况看，估计过去3个月剔除异常波动后CPI通货膨胀率平均约为3.0%。

从这些数据分析，难以得到过去几个月总体流动性显著过紧的结论，因而也就难以有把握地说当前货币政策会趋于显著放松。主流的货币政策宏观调控还是以把通货膨胀控制在一个相对来说可接受的低水平为目标的。虽然有时候会提到保增长的目标，但并不是说要人为拔高经济增长率并把通货膨胀率推高。经济过热后再把通胀打下来可能会到达一个更低的增长水平，一里一外得不偿失。基于过去政策的轨迹来看，现在说货币政策要怎么放，难度比较大。

如果经济增长率比较高的话，比如达到9%或10%，那么3%的通货膨胀率就还算可以，但在目前经济增长速度很低的情况下，这个通胀就不是很理想了。根据国家统计局计算的数据，第一季度GDP季节调整后比上季增长1.8%，折年率7.4%，这个速度是非常低的。而且今年是闰年，在GDP和工业增加值数据中看不出闰年的影响，但闰年本身对数据的影响比经济波动还大，多一天就是91天。不考虑节假日的变化就多了1.1%。也就是说，1.1%的经济增长就是这一天多出来的。就算没有闰年因素，单就这个7.4%

的经济增长率来说，也不是很理想，因为这是在通货膨胀率从去年11月、12月往下走了一波以后又反弹的基础上得到的。

第一季度生产较弱，季节调整后第一季度GDP是2009年第二季度以来最低的。这个结果发生在去年第四季度特别是12月货币供给较大幅度增加，并且第一季度出口环比增长强于去年下半年的情况下，有些出乎意料。教授对季度数据做季节调整后，得出去年第二季度以来各季出口环比增长年率分别为19.0%、4.2%、0.1%和7.2%。

从简单的菲利普斯曲线即生产缺口与通货膨胀之间的关系看，GDP潜在增长速度似乎已经显著下降。不过这个关系可能有较大的不确定性，可能有较大的估计误差。目前比较普遍地认为潜在增长速度已有一定幅度的下降，但到底下降到什么程度仍然有不同的看法。同时，历史数据也显示，生产缺口和通货膨胀率的变化率也有较强关系。环比的CPI通货膨胀率从去年第一季度的很高水平下降到目前的较低水平，也会导致实际增长速度低于潜在增长速度。

宋教授还评论了另外一些可能存在的影响因素。譬如，1—2月气温偏低或许对生产有轻微的负面影响；目前推行的企业"一套表"联网直报是否对统计的增长速度有影响，暂时不是很清楚。从数据处理上看，统计口径变化相对好调整，但对这类统计制度的变化的影响不好估计。如果有影响的话，在开始时会对环比增长率产生比较大的影响，不过对同比增长率的影响会小一些。

虽然第一季度整体生产较弱，但3月生产出现反弹。从工业情况看，季节调整后3月生产相比1—2月强劲反弹，季节调整后企业利润环比增长率也很高。从出口情况看，1—2月出口合计非常弱，季节调整后3月比1—2月大幅增长。但如果从主要贸易伙伴经济指标以及其他经济的出口情况看，出口在过去3个月的大波动较为异常。可以考虑的一些因素包括：低温天气对1—2月的生产有负面影响，1—2月工业生产弱而发电强。另外，在出口订单比较弱的情况下，一些企业选择延长春节假期，将部分生产转移到3月进行。所以对3月生产强劲反弹的可持续性存疑。目前可以估计第二季度GDP同比会有所回升，但大幅反弹的可能性不太大。

近年来社会融资的变化对货币度量提出了新的挑战。过去几年，社会融资出现了很大的变化，特别是理财产品迅速发展，波动也比较大。这些变化有一定的金融创新的含义，也在一定程度上是利率缺乏弹性的结果。这些情况对于货币度量和总需求预测来说是挑战。社会融资总量的度量有重要的参考意义，但由于正式公布的数据序列不长，使用上仍然有一定困难。单从理论逻辑上比较不同货币度量指标的优劣有参考价值，但理论本身可能也有缺陷，更重要的是通过实证检验不同货币指标对于总需求的预测含义。

另一个情况是季末贷款和货币数量突增的现象时有发生。如果是季末最后几天信贷货币突增而在下月初迅速回落，季末数据的可比性就存在问题。在这样的情况下，用日平均数据相对好一些。但波动很大的时候，日平均数据也不能准确反映有关信息。如果本季末和上季末异常波动的幅度相同，季度增量仍能提供有效信息，但从目前的公布数据中难以推测季末异常波动的幅度。照此，对单月特别是季末的贷款货币数据需要更多的分析。另外，监管部门根据新的情况对信贷度量做了一些规定，用意是增强有关数据的可比性和有利于调控，但是规则的变化本身也会引起数据的可比性问题。

过去的货币数量对于总需求有比较好的预测意义,部分是由于融资渠道单一,部分是由于贸易份额相对小或者波动相对小。随着金融创新的进展,货币度量和根据货币数量预测总需求的难度越来越大。但是在给定的情况下,通过更多分析相对提高预测效率仍然是可能的。

一个重要的参考是银行间市场利率。银行间市场利率低不一定反映可贷资金的充裕,在信贷额度控制的情况下可以出现银行头寸宽裕但信贷紧张的结果。但是,银行间利率比较高反映银行头寸比较紧,当然可贷资金也比较紧。从2010年到现在银行间市场利率上升,在很大程度上反映了银行调控信贷方式的改变。过去更多可能是信贷额度,而现在相对来说准备金率这些间接工具用得更多一些,所以银行间市场利率还是反映了一些情况。

相对而言,3月银行间利率比较低,当月信贷涨得也比较多,但4月有一定幅度上升,反映银行间头寸略紧一些。从推测的角度考虑,这个情况或许是出于对3月信贷增加较多的担心。根据目前的价格变化情况,保持对通胀的警惕是有道理的。而从积极的角度看,银行间利率高一点要比经济较差、信贷放不出去导致银行间市场利率很低的情况要好很多。因为在那种情况下,央行放无可放。现在从数据上看银行头寸偏紧一些,如果哪一天认为需要多放一点,可以简单地通过下调准备金率或者其他工具实现。

因此,目前货币政策如果想放松,仍有一定的操作能力。这不是说应该放或者想放松。由于房地产调控、基础设施融资以及外部经济问题,去年下半年很多分析对今年的货币供给和总需求增长很担心。这种担心主要针对货币政策想放松而无法实现放松的内生性紧缩情况。从过去几个月的信贷情况和银行间市场利率来看,通过简单货币政策调控货币供给仍有一定空间。这里简单货币政策指准备金率、央票发行回收和其他日常变化的政策。在简单货币政策能够达到调控目标的范围内,一两个月的货币多少并不是很重要,但货币度量问题的确也带来了一些不确定性因素。

2008年中期以来,货物进出口额和贸易顺差的波动显著大于此前。这对宏观经济和宏观调控造成很大的影响。譬如出口相当于GDP的25%—30%,下跌10个点从需求角度来讲就是2个多点的GDP需求突然没了或者突然来了。部分由于进口价格的波动幅度大,进口额波动更是大于出口额波动。从进口波动看,中国的影响明显是主动的,中国需求通过进口渠道拉动世界经济,出口也就跟着起来,内需外需涨跌都叠加在一起,增加了宏观调控的难度。

从贸易顺差的角度可以看到明显的周期,这个周期的波动反映了宏观调控的频率比过去快得多。然而周期并没有必然性。出现总需求周期性波动的一个重要原因是信息和对信息理解的滞后。事后看来,由于对于内需增强引起出口走强的效果注意不够,2010年下半年放松有所偏过,导致了2011年第二季度更严厉的调控。而注意到这样的情况后,当前政策微调更加小心谨慎。到目前为止,并没有出现2010年下半年那样一放就起、最终过度并再严厉紧缩的情况。目前,多方面的价格统计数据,包括日度、周度的价格指数,为宏观调控提供了更多的信息,宏观管理部门也在更大程度上使用新的方法处理信息,减小了各种滞后性的影响,这对于减弱周期性波动是有利的。不过,国外的变化和国内外互动的增强倾向于使不确定性增加。

按照银行间利率反映的情况推测,如果调控就这样走碎步或者双向波动,在不出现明显货币过多或过少的大前提下,紧缩而不出现明显周期的调控最后导致的结果其实比出现明显周期的情况更好一些。从短期预测的角度可能希望,用过去的周期预测方法预测,仍能看到一放商品价格和股市就会涨而一紧缩商品价格和股市就会跌的情况,但这种情况会有变化。大起大落毕竟不是什么好事情,尤其是对股市来说有风险。股票估值本来就不应当过分跟随短期经济景气,主要应是随机波动,而总的波动幅度在减小。总而言之,根据过去的周期经验预测经济景气包括商品价格面临新的情况,目前需要更慎重一些。

陆挺:有关经济增长预测的一个回应

在25家"朗润预测"特约机构有关第二季度GDP增长率的预测值中,美银美林的预测值较高,为8.5%。恰好该机构的研究负责人陆挺博士也莅临报告会,卢锋教授请陆挺博士介绍了他对于宏观形势的看法。陆挺博士就此给以简短回应和说明。陆博士认为中国经济保持着良好的发展态势,2012年第一季度,中国GDP增长率已经见底,第二季度GDP出现8.3%或者8.5%的增长将是一个大概率事件。

第一,陆博士分析了其他机构下调2012年第二季度GDP增长率预测值的原因。2012年为闰年,第一季度将多出1天,在多出1天的情况下,官方公布的2012年第一季度GDP增长率仍低于各大机构的预测,因此其他机构对今年经济形势开始不那么乐观,纷纷下调了对2012年第二季度GDP增长率的预测值。事实上,从第一季度数据来看,闰年因素比较奇怪,按照第一季度工业生产数据来推算,第一季度GDP增长率要略高于8.1%,但官方统计却低于该值。这可能是因为工业生产数据存在不规则的地方。

第二,陆博士阐述了其预测的依据。一是气候的因素。2012年气候较冷的因素不可被低估,因为气候的确对南方省份项目的开工和企业的生产都有很大的负面影响。二是政策执行滞后的因素。从政府角度而言,当前政府都更加专注于经济建设,但是在政策执行上存在滞后,比如,铁路工程资金2011年第四季度由中央政府下发,但是由于冬天已经来临,并且气候较为恶劣,导致很多铁路工程并没有复工,铁路复工并不是从2011年第四季度开始的,而是从2012年3月底、4月初才真正开始的。这将对2012年第二季度的基建有明显拉动作用。三是地方政府换届的因素。地方政府换届基本在2012年第一季度完成,政府换届将会使得地方上的基建开工在2012年3月和4月有明显增加。四是中长期贷款统计的因素。从数据中可以看到,2012年第一季度中长期贷款没有明显增加,这导致了市场悲观的情绪,但是2012年第一季度也是2009年第一季度贷款还款的时限,而2009年第一季度的放贷数量特别巨大。由于新增贷款是实际放贷额减去实际回收额,因此实际回收额的增加掩盖了实际放贷额的增加。五是市场经济自身的因素。住房销售在2012年3月出现了回暖,一方面房地产开发商主动降价,另一方面银行在央行鼓励下主动降低按揭利率。3月全国各地新房销售已经回到稳定水平,这实际上对经济有一定的推动作用。

第30次 报告会快报

（2012年7月21日）

从2005年春季开始，CCER/CMRC"中国经济观察"季度报告会已经持续开展七年半。2012年7月21日，CCER/CMRC"中国经济观察"第30次报告会特别专场在北京大学国家发展研究院万众楼举行。会议邀请世界银行前首席经济学家、北京大学国家发展研究院名誉院长林毅夫教授，中国人民银行副行长、国家外汇管理局局长易纲教授，中国人民银行货币政策委员会委员、北京大学国家发展研究院宋国青教授，渣打银行大中华区研究主管王志浩先生等专家学者，就国际金融危机的原因和教训、中国企业海外投资、短期宏观形势和有关宏观数据等问题进行了深度分析和讨论并回答听众提问。

会议由北京大学国家发展研究院卢锋教授主持。卢锋教授根据第29次"朗润预测"的汇总结果，用两句话概括了22家特约机构对今年第三季度我国宏观经济走势的看法：内需筑底，外需企稳，宏观有望回稳；通胀回落，利率下调，政策维持宽松。下文为主讲嘉宾的演讲摘要。

林毅夫：国际金融经济危机——原因和教训

众所周知，国际金融经济危机是由美国的房地产泡沫破灭所引发的。关于美国出现房地产泡沫的原因，国外理论与舆论界普遍认为，是由于国际贸易不平衡，中国和东亚经济体积累了大量外汇，购买美国国债，压低利率，导致大量的资金流向房地产和股票市场，引起了房地产的泡沫和股市的泡沫。这一观点把这场国际金融经济危机产生的根源归结为外部不平衡的东亚国家和经济体。

那么，为什么东亚经济体会积累了那么多外汇造成不平衡？理论界提出三种假说：第一，东亚经济体奉行出口导向战略。出口多导致贸易盈余多。第二，亚洲金融危机爆发后，东亚经济体为了自我保险而增加出口以积累外汇。1998年亚洲金融经济危机以后，东亚经济体，像韩国、泰国、马来西亚等吸取了一个经验教训，就是如果外汇储备不足的话,很可能给投机家一个机会来狙击一国的货币,造成金融经济危机,为了自我保险,就开始增加积累外汇。第三,中国人为地压低人民币汇率,造成中国出口大量增加,外汇大量积累。

林毅夫教授质疑上述观点。

首先,关于东亚经济的出口导向战略。东亚经济体近几年贸易顺差确实激增,但是东亚经济体从20世纪60年代以来一直奉行出口导向战略,在2000年以前贸易基本平衡。因此,出口导向战略不会是2000年以后国际贸易不平衡剧增的主要原因。

其次,关于自我保险假说。如这个假说所述,东亚经济体在90年代末的金融危机之后,经常账户的顺差剧增。然而,日本和德国拥有一定的储备货币地位,是无须以积累外汇来自我保险的国家,其经常账户的顺差在同一时期也一样猛增。而且,中国从2005年以后经常账户盈余和外汇积累也远远超过自我保险需要。

最后,是否由于中国的汇率政策造成?中国从2003年开始即被指责人民币真实汇率低估,然而中国的贸易顺差直到2005年后才变大。2003年时贸易顺差比1997年、1998年小,而那时人民币币值普遍被认为高估而非低估。不可能顺差变小,反而币值是低估。在2005—2008年间,人民币对美元升值20个百分点,但国际贸易不均衡和中美贸易不均衡继续扩大。另外,其他发展中国家的贸易顺差和外汇储备也同样增加。假如中国汇率低估是国际和美国贸易不均衡的主要原因,那么其他和中国在国际市场上处于竞争地位的发展中国家的贸易盈余和外汇储备应该都会减少。然而,整个发展中国家的外汇储备从2000年不到1万亿美元,急剧增加到2008年的5万多亿美元。

美国对中国的贸易赤字虽然增加颇多,但东亚在美国的贸易逆差中所占的比重却明显地下降,从90年代的61.8%降为2000—2009年间的44.9%。事实说明上述三个普遍被接受的说法不可能是造成国际贸易不平衡和这次国际金融经济危机的根本原因。实际上,中美贸易不均衡反映的是通过地区产业链的整合,轻加工制造业从其他东亚经济体转移到中国,随着这种转移,原来美国与东亚贸易的逆差也转移到了中国。

林教授认为国际失衡是美元作为国际储备货币以及美国的两个政策变化所致。第一,80年代开始的放松金融管制政策,允许金融机构高杠杆运作;第二,2001年互联网泡沫破灭,美联储采取了低利率政策刺激经济。以上政策造成货币和信贷资金急剧增加和过度的投机行为,导致美国房地产和股市的泡沫。从80年代开始,美国和欧洲,开始推行放松金融管制的政策,放松金融管制的一个最直接的结果就是允许金融机构高杠杆运行,所以可信贷资金增加,流动性增加。同时从2001年开始,美国互联网泡沫经济破灭,照理说泡沫经济要进入一段萧条时期,但当时格林斯潘为了避免美国的萧条,采用非常宽松的货币政策,利率从2001年泡沫经济破灭之前的年利率6.5%连续23次降息到18个月以后的1%,接近零利率,这就造成流动性过剩及大量投机行为。这些投机的钱在美国国内流到房地产市场和股票市场,造成房地产和股市的泡沫。

泡沫的财富效应使得美国家庭过度消费。再加上金融衍生产品的开发,金融创新允许家庭把房地产增值的部分套现出来销售,消费需求就增加了,美国老百姓的负债急剧增加。再加上美国政府因为阿富汗和伊拉克战争增加了财政赤字,使得国内需求和贸易赤字猛增。由于美元是国际储备货币,这种赤字增加长期靠增发货币来维持。到2000

年中国已经成为美国劳动密集型加工制造消费品的主要供给国,美国和中国的贸易逆差逐年扩大,中国和给中国提供中间制造品的东亚经济体的贸易逆差,也就是它们的贸易顺差,也逐年扩大。

由美国政策变化引起的流动性过剩同时导致大量资本外流到发展中国家,从2000年的2 000亿美元增加到2007年的1.2万亿美元,给发展中国家带来了投资拉动的快速增长。2002—2007年间,发展中国家的经济增长率达到了历史新高。发展中国家投资拉动的经济增长,导致许多以出口资本品为主的发达国家,如德国、日本等的贸易也产生大量顺差。许多国家的加速发展导致对能源、原材料等自然资源需求的快速增加,价格上涨和资源出口国的贸易盈余。

由于美元是国际储备货币,其他国家的中央银行,只能将外汇收入用于购买美国的政府公债或其他金融资产,造成了发展中国家资金大量外流到美国而压低了美国利率的假象。

中国的贸易顺差为何增加那么多?贸易顺差反映国内储蓄率高,而对国内高储蓄率的原因,一般学者认为是缺乏社会保障体系和人口老龄化。然而,中国的家庭储蓄只占国内生产总值的20%左右,和印度处于同一水平。中国的储蓄率高的一个特色是企业的储蓄率高,其原因则是作为双轨制改革的一个后遗扭曲问题:金融过度集中在大银行和资本市场,形成对大企业的隐性补贴;自然资源的低税费;某些产业的垄断;等等。上述扭曲的消除是中国改善收入分配、增加家庭收入和消费、减少外贸顺差的治本之策。

林教授认为这次国际金融经济危机中有些经验教训值得吸取。国际贸易长期不平衡,对逆差国来讲,不管是不是外汇储备国,都绝对是不可长期维系的。如果在国际贸易不均衡开始出现的2002年、2003年,发达国家能够实事求是,面对问题,提出有效对策,而不是推卸责任,把自己的政策造成的问题说成是别人的政策引起的,那么,这场第二次世界大战以来最为严峻的国际金融经济危机或许可以避免或是缓解。

发达国家政府采取的委过于人的政策固然有其政治考量,然而也和学界的推波助澜有关。学者在研究问题时对现象的理解应该力求全面,不要局限于一点,满足于理论假说和所要解释的主要现象一致,对任何理论假说应该多做推论,看是否每个推论都和已知事实一致。随着中国国际经济地位的提升,中国经济政策对国际经济的影响会越来越大,各种矛盾冲突也会越来越多。利用外国的理论作为依据来制定政策或谈判,中国会永远处于被动的地位。中国的学者有责任,根据事实自建内部逻辑自洽而各种推论又能和各种事实一致(外恰)的理论,这样才能把握我们自己的命运,不随别人的音乐跳舞。在国际谈判中,我们才能化被动为主动,发挥崛起的大国所能发挥的积极作用。

最后,林教授再次论述了他先前对中国前景的乐观看法。他认为中国还有20年保持年均8%增长的潜力。这个观点之所以会被有些学者怀疑的原因有两点:一是还不曾有任何一个国家曾经维持50年年均8%以上的增长;二是高速增长的国家,在人均收入按购买力平价计算达到1万美元左右时,增长速度都会放缓。从新结构经济学视角来看,一个国家的增长速度取决于其技术创新和产业升级的速度,而一个发展中国家的增长潜力,不是从收入水平来看,而是从后发优势的大小来看。以1990年的购买力平价计算,当日本、德国等国人均收入达到1万美元时,其人均收入已达到美国的65%;而我们达到1万美元时,人均收入还不足美国的25%。所以,同样是1万美元的水平,其后发优势潜力相差甚大。

当然,能否把潜力变为事实还需要我国充分利用后发国家的优势来进行技术创新和产业升级,并且需要克服作为发展中、转型中国家所必然存在的各种经济、社会、制度问题,给稳定、健康、快速、可持续的发展创造条件。

易纲:抓住机遇、防范风险,以平常心看待企业"走出去"

易纲副行长首先分析了中国企业"走出去"的现状和趋势,并对国际经验和中国经典案例进行总结,在此基础之上说明了当前中国宏观经济政策和外汇政策对"走出去"的支持,提出"走出去"应遵循的原则,最后强调了以平常心看待"走出去"的重要性。

改革开放以来,中国企业"走出去"主要经历了三个阶段:1984—2000年,我国主要处于"引进来"阶段,对外直接投资(ODI)规模较低,累计对外投资不足300亿美元;2001年至2007年金融危机前,我国首次将"走出去"提升至国家战略高度,同时在加入WTO的背景下,对外直接投资快速增长;2008年到现在,在全球金融危机影响下,海外资产估值较以往偏低,海外"抄底"的机会来临,我国进入大规模海外投资阶段。其中,2008年的投资规模比1980—2005年的总和还多。但是,与美、英、德等老牌发达国家相比,无论从流量还是从存量来看,中国都是"走出去"的后发国家,是最近才成规模的国家,与这些国家有较大的差距。

虽然与老牌发达国家存在差距,但是根据英国经济学家约翰·邓宁(John Dunning,1981)的理论,我国对外直接投资发展空间很大。因为邓宁认为,对外直接投资可分为四个阶段,GDP越高,ODI净额越大。我国人均GDP 5 414美元,剔除通胀等因素的影响,当前处于ODI大幅增加的时期(邓宁理论中的第三阶段),未来发展空间很大。同时,我们也应看到,当前的国际金融经济形势,为国内企业提供了比较好的"走出去"的机会,主要是由于全球发达市场股票的估值水平处于一个相对合理的阶段。尽管ODI不是投资到国外股市二级市场,但不管是兼并重组还是新项目的ODI都是与估值相联系的。

从"走出去"的构成来看,随着产业升级和结构转型的发展,中国企业海外并购将更加注重获取先进技术、品牌、市场和进行产业链整合等,"走出去"将由单一的资源需求,向多元化目标过渡。考虑到中国本土投资回报率较高,中国企业为什么还要"走出去"的问题,从发挥比较优势、分散风险、对冲风险、整合产业链等角度来分析,"走出去"还是非常必要的。例如,中国在基础设施建设方面是有比较优势的,竞争优势非常明显。

从"走出去"的区域来看,到目前为止,中国企业"走出去"的第一步往往是香港地区,且亚洲(包括澳大利亚在内)是其海外收购交易金额中占比最大的区域。根据2010年中国企业海外收购交易的金额,亚洲地区占比为59%,北美洲为25%,欧洲为10%,非洲及南美洲仅占6%。未来中国海外收购的覆盖区域会不断扩大,将逐渐向欧美等拥有先进技术、品牌和市场的国家和地区扩张。

从中国企业"走出去"的投资主体来分析,国有企业是中国对外投资的主力军。截至2010年年末,在非金融类对外直接投资存量中,国有企业占66%;在海外并购方面,央企占据并购数量的三分之一和并购金额的80%。未来我国民营企业、非央企、非国企的增长速度也会加快,无论是在竞争力上还是在增长方向,它们的表现都将更加突出。

无论是日本还是美国和德国,都是"走出去"的老牌国家,它们的经验教训是有借鉴意义的。第二次世界大战后至今,日本经济大致可以分为三个阶段:20世纪50—70年代,经济复苏阶段,名义GDP高速增长,平均增速约为15.8%,但并没有"走出去";20世纪70—90年代初,人均GDP超过3000美元,步入世界中等收入水平发达国家行列,名义GDP增速7.7%,国内经济增长逐步下降,但《广场协议》签订后日元大幅增值,ODI快速增长,所以1985年以后日本"走出去"处于一个非常快的上涨时期;20世纪90年代初至今,日本经济长期低迷,名义GDP平均增速约0.1%,但到目前为止,日本"走出去"依然强劲。日本"走出去"有其失败的教训,也有成功的经验。教训的例子是三菱集团收购洛克菲勒中心,在收购后不久以半价卖给原主;成功的经验是三井物产对整个产业链的整合和以少数股权投资的形式"走出去"的策略。美国"走出去"的规模全球第一,存量和流量均占据世界主导地位。同时,它们非常重视企业的发展战略,开拓国际市场时不计短期利益,严格要求保护知识产权。德国的对外投资以发达国家和制造业为主要对象,多以自有资本为主,企业杠杆率比较低,投资项目控股程度高,70%以上的投资为独资企业,大企业和大项目占绝对优势。在金融支持方面,美国、德国,包括日本在内,都会有银行和其他金融机构以及国家层面的支持。

关于中国的经典案例中,相对成功的案例有联想、吉利和中联重科,得到教训的案例有中国平安、中铁建、上汽集团和中信泰富。其中,得到教训的案例大多是由于企业对收益前景过于乐观,对当地国家的法律、环保要求和老百姓可能的诉求了解不清楚,对风险估计不足所导致的。企业"走出去"会面临诸多风险,包括宏观风险、政治风险、产业风险、微观风险、交易风险、操作风险、后续风险,等等。在涉及与资源相关的"走出去"时,一方面我们需要从成本与收益的角度去考虑问题,另一方面应当尽量遵守国际市场的游戏规则,遵守当地法律,减少或避免将高度敏感的话题政治化。

当前,我国对企业"走出去"提供了相关的政策支持,主要表现在以下几方面:ODI汇兑管理便利化程度大幅提升;取消ODI汇兑限制,实行登记管理,可兑换程度与FDI相当;国企、民企公平对待,一视同仁。需要强调的是,我国的强制结售汇制度已经完全退出历史舞台,这主要经历了以下几个阶段:1994年前,全面计划管理,对外汇实行严格管理;1994年之后,建立银行结售汇制度;1996年12月1日起,实现经常项目可兑换;2001年逐步放松管制;2007年取消强制结汇要求;2008年以修订《中华人民共和国外汇管理条例》为标志,在法规层面正式确立取消强制结售汇制度;2009年以来,开展大规模法规清理,宣布400余份文件废止和失效。过去这六七年,尤其是2005年以后,从外汇储备的快速增加可以看出实际上企业和居民在有人民币升值预期的时候,他们都是把美元尽早地卖出,而不是强制结售汇,从外汇积累这么快也可以反证这一点。在服务和配合企业"走出去"时,我国还可以充分利用多边开发平台,通过多边开发机构投资可以减少和降低一些问题的敏感性。

易副行长总结归纳了企业"走出去"应遵循的原则。第一,企业"走出去"应该坚持市场化原则,尊重市场规律,将本求利。第二,产权归属要清晰,责任明确,建立有效的激励约束机制。谁决策,谁负责;谁承担风险,谁获得收益。完善激励约束机制和公司治理结构,防范道德风险。第三,"走出去"项目应能承担合理的融资成本,确保现金流覆盖成本。合理成本有利于筛选出优质项目,保证对外投资经济可持续,提高资金配置效率。现金流应留有余量,以保障流动性安全。第四,保障资金安全与合理收益。安全第一,建立合理的退出机制。第五,重视社会责任、环境保护、公益事业、企业形象、教育培训、当地员工等问题。第六,特别注意对外投资的安全问题。审慎评估地缘政治、政变、恐怖袭击、海盗及绑架等投资风险。

总的来说,我们现在正逢时机,在看到这个时机的同时也要把防范风险放在第一位,以平常心看待"走出去"。平常心就是不温不火、不慢不急,一个商业决策、一个稳健的经营,要把所有风险考虑到,以一个按部就班的速度,按照市场规律"走出去"。如果政策对口的话,我们会拥有一个比较长的战略机遇期,所以不能太着急、不能急功近利,一定要非常稳健地以平常心看待企业"走出去"。

王志浩:中国若干经济数据探讨

中国 GDP 增长率数据的可靠性一直受外界质疑。如果只看官方数据,容易得到中国没有经济周期的结论。因为经过季节调整和去趋势后,中国 GDP 经济增长率是一个相当平稳的时间序列。1998 年亚洲金融危机发生时,中国 GDP 增长率仍达到 7.8%。2008 年美国爆发金融危机时,中国 GDP 增长率最低仍保持 6.1%。中国官方的 GDP 增长率除了在经济危机时没有大幅下降外,在 2006 年和 2007 年中国经济高速增长时,官方的中国 GDP 增长率也没有大幅跳升。国外学者认为,中国政府为了避免西方国家担心中国经济过快增长而低报 GDP 增长率。因此,监测中国经济运行需要观察各方面的数据才能得到比较完整的结论。

发电量是预测中国 GDP 常用的数据。2008 年以前发电量和工业增加值波动非常一致,但之后两个数据的走势出现较大差异。2011 年以后发电量疲软,但工业增加值增长状况保持良好。2012 年至今发电量增长率为零,但工业增加值仍保持正增长。有学者认为,地方政府为执行国家降低 GDP 能耗的政策,或者发电公司为规避发电指标的限制而低报发电量数据,从而使发电量不能成为预测工业增加值的指标。

与发电量相比,货运量(包括公路、铁路和水运)和柴油吞吐量更为可信。货运量一致保持稳定增长。去趋势和季节调整后,2012 年以来货运量同比增速仍在 12%—15% 的区间。虽然发展工业经济必须有货运量作为基础,但有学者认为货运量不是增加值指标,不能真正代表 GDP。不过货运量至少从一个侧面反映 GDP 增长率不为零。

对比汽油和柴油的净加工与净进口数据可以发现,中国目前的消费状况好于工业状况。柴油和汽油没有库存量问题,可以反映经济的增量变化。柴油用量与工业、农业发展密切相关。从 2007 年到 2008 年美国金融危机发生前,中国柴油用量稳步上升,2009 年后又大幅上涨,符合经济运行的经验事实。但 2012 年上半年柴油用量只有 2% 的增长,这从一个侧面反映中国 2012 年上半年工业增长率下降。汽油用量与消费的关系更密切。2012 年以来汽油用量增长率高于柴油用量增长率,反映中国 2012 年的消费状况比工业更为平稳。

钢材产量和水泥产量可以从特定侧面检验固定资产投资数据是否合理,并可作为投资的风向标。2008年下半年钢材产量和水泥产量大幅回升,和同期固定资产投资走势一致。水泥产量指标优于钢材产量指标,原因是钢材产量受库存影响大,但水泥运输和库存的成本都很高,水泥新增的产量可直接反映固定投资的增量。钢材产量和水泥产量这两个指标都表明2012年上半年工业增加值没有进入负增长状态。

轮式装载机销量是官方固定资产投资增长率的滞后指标,而不是领先指标。因为固定资产投资需要使用挖掘机,因此有观点认为根据挖掘机销售增长率可以预测固定资产投资。但数据分析给出相反的结论。由于挖掘机完全折旧后才会更新装备,因此挖掘机销售量滞后于项目投资。

在建工程项目总数是固定资产投资的领先指标。2009年的"4万亿"政策实施后,在建工程项目总数同比增长率明显上升,最高时达到30%。2010年和2011年发展和改革委员会放慢项目审批速度后,在建工程项目总数同比增长率在10%以下,2012年以来也呈现下降趋势。从结构上看,地方在建工程项目增长率比中央的稳定,即使2010年后也没有出现大幅度下降。且近期地方政府融资平台已经稍微放松,建设部有资金供地方政府项目使用,并已经在输送给地方,地方政府项目增长将保持稳定。而中央在建工程项目的增长率波动性较大,且该类项目有很大的供应链效应,反映出刺激政策主要靠中央项目推动。2012年后中央在建工程项目的增长率明显反弹,反映了中央宏观调控的意愿。

预测固定资产投资最好的指标是实际贷款增长率,进而还可以预测GDP增长率。如果用水泥产量代表固定资产投资,实际贷款增长率很好地领先于水泥产量。最近月新增贷款量为七八千亿元,低于1万亿元的预期。但通胀下降增加了贷款量的实际购买力,因此实际贷款增长率其实明显反弹。实际贷款增长率反弹的事实预示,未来水泥产量和固定资产投资量也会随之上升,这给下半年的稳定和U形反转带来了希望。

由于服务业的消费数据匮乏,分析消费只能依靠非服务业的数据,如零售额、城镇居民可支配收入等。从名义值看,社会零售额增速在2008年年初的一段时间里没有下跌,似乎没有对金融危机做出反应。但是零售额实际增长率在2008年出现明显下降,反映了外需的负向冲击也影响了国内消费业。实际值和名义值背离的情况并不少见,中国很多现象如果只看名义数据会无解。2012年以来零售额实际增长率有所下滑,但是没有呈现更加缓慢的迹象。

分析中国消费还可以参考一些产品销售量的增长率,但不同部门的情况差异很大。洗衣机国内销售量的增长率为负,出口增长率仍达到10%。肯德基销售增长率也明显放缓,第二季度销售量的增长率仅为10%,和洗衣机销售数据的走势一致。此外,肯德基员工工资的上涨幅度也从18%下降到目前15%的水平。

中国香港和澳门的数据也有助于分析中国内地的消费情况。内地消费者贡献了香港零售额的40%—50%,澳门赌场收入的一部分也来自内地消费者,且这两部分收入可代表内地中高层的消费状况。香港零售额和澳门赌场收入同比增长率自2011年以来开始下降,且最近几个月下降的幅度更加明显,这表明内地高端消费已经明显放缓。

就业数据明显滞后于投资、消费,且公开的就业数据有限,跟踪就业变化的难度也有所增加。人力资源和社会保障部经由100个城市调查得到的劳动力需求—供给比例能较好地反映就业状况。在2008年大约有两三千万农民工下岗,但由于农民工失业不在城镇居民失业的统计口径内,官方公布的数据低估了实际失业率。劳动力需求—供给比例指标却明确反映出金融危机给中国就业市场带来的负面冲击。2010年至今这一指标一直在100以上的区间,反映了中国劳动力市场结构性的变化,呼应了学界关于刘易斯拐点的讨论。2012年后这一指标有所下降,和前面提到的投资、消费下降的事实相吻合。

国外常用的个人所得税增长率难以反映中国的劳动力市场状况。2012年后中国个人所得税增长率为负值,但总税收增长率却出现反弹。造成两个指标走势不一致的原因是中国个人所得税政策的调整。如果不注意政策变化的影响,从个人所得税增长率的角度容易得到非常悲观的预测。

采购经理指数(PMI就业指数)是反映劳动力市场变化的很好的指标。该指标分为制造业和非制造业两部分,减去50后如高于0说明就业增长,如低于0说明就业减少。到目前为止,制造业就业指数略减,非制造业就业优于制造业就业,增长速度也有所下降。原材料—产品库存指标领先于PMI就业指数,可作为中国就业趋势的预测指标。低原材料库存的企业更倾向于缩减用工量。最近原材料—产品库存指标一直处于下降趋势,这表明中国工业企业生产还没开始反弹,因此就业增长率也可能还没开始反弹。

消费者信心和预期也影响未来经济的走势。谷歌在中国只占搜索引擎10%—15%的市场份额,但在搜索方式上能比国内引擎提供更多数据。谷歌把一定时期内热门搜索词的流行度做了0—100的区间标准化处理,该指标可在一定程度上反映人们的心理变化。2009年"经济复苏"的搜索频率远远高于"经济减速",但2011年后两者的关系发生过逆转,这反映了人们对经济减速的担心。2008年和2009年"美国经济危机"和"中国经济危机"两个关键词的查询频率非常高,2011年后被"欧债危机"所取代。现在"通胀"和"猪肉"的查询频率很低,"买车"和"银行理财"的查询频率很高,这反映人们对通胀预期并不强烈,对买车和理财产品仍然非常有兴趣。

宋国青:CPI与PPI不同变化带来的难题

2012年第一、第二季度内需疲软。内需用名义GDP减去海关口径的货物贸易顺差名义额衡量,名义GDP增长速度较低,贸易顺差同比大幅度增长,倒推出第二季度内需的季环比增长年率很低。内需疲软会影响未来一段时间的出口。目前情况下,外部经济中欧债危机持续演化,而内部经济中内需很弱。中国的内需即国外的外需,内需弱导致外部经济的外需弱,外部经济体增长乏力的情况可能进一步加剧,继而影响外部经济的内需。外部经济体的内需即中国的外需,因此中国的出口可能由于国内内需疲软以及欧债危机的影响在未来一段时间下降。

工业企业资产收益率和投资回报率明显下降,企业面临困难。ROE根据工业统计月报数据计算,等于工业企业期内年化利润总额除以期初期末平均净资产,ROA根据ROE推算。第二季度的ROA估计为11%多一点,跟过去长期比还处在高位,但同比下降很大,ROE 的第二季度同比增长率下降接近 20%。由于会计的资产大部分没有计算资源的价值,资源的租含在利润中。扣除这部分收益后,投资回报率会大幅度下降,从实现值来看,大约在 10% 左右。考虑到企业利润率的差异,可能相当多企业的投资回报率接近目前的银行贷款利率,有的甚至更低。从目前来看,企业的预期投资收益率比较差,工业企业贷款需求受到负面影响。

工业品相对价格在过去一年半时间里持续下降,导致工业利润下降。工业品相对价格用 PPI 和 CPI 的定基比指数比例衡量,在过去一年半时间里有相当大幅度的下降。对工业企业来说,工业品价格上升对工业利润的贡献是正的,但是 CPI 上升对工业企业利润的贡献是负的。后者是由于 CPI 的上升里面很大一部分是食品价格上升,如果持续时间长,那么农业生产收益会比较高,从机会成本的角度看会推动工资上涨,进而导致工业利润下降。不过,在短期内由于工资黏性或者偶然因素的影响,农产品价格上升不一定导致工资的相应上升和利润下降。明显的例子是 2007—2008 年上半年猪肉价格大幅上升并没有引起工业利润的下降。在过去一年半,PPI 与 CPI 的比例大幅下降,一方面导致工业企业收入相对于工资的增长率下降,另一方面对利率下调带来压力。

从企业角度来看,贷款利率相对于 PPI 偏高。6 月 PPI 同比下降 2.1%,过去 3 个月季节调整后 PPI 下降年率为 3.8%,超过 6% 的贷款利率对竞争性工业企业构成很大压力。从目前情况看,过去 3 个月 PPI 的下降速度仍然会持续一段时间,所以预期的贷款真实利率仍相当高。按目前的情况,如果没有其他方面的重要约束,这样的利率水平也还可以维持。但是房地产投资和基础设施投资受制约较多而比较弱,未来的出口环比增速还可能下降,再加上企业还受很多行政调控的约束,问题比较大。此处的偏高并没有隐含中国均衡利率水平是多少,而是与历史情况相比较来看。

从居民角度来看,存款利率相对于 CPI 难说偏高。6 月 CPI 同比上升 2.2%,过去 3 个月季节调整后 CPI 上升年率为 1.1%。不考虑最近国外农产品价格大幅上升的情况,预期未来一段时间 CPI 环比年率可能在 1.0%—2.0%。按此计算期望的存款真实利率大约在 1%—2%,按中国经济基本面的情况,这样的存款真实利率水平难说偏高。由于 PPI 与 CPI 的差别,导致企业和居民对利率高低的感受有很大差异,而政府在高通胀期间没有相应大幅度提高利率,现在通胀下来一些如果快速降息会面临社会压力,因此在目前利率政策的选择上面临诸多困难。

发达经济体中 PPI 与 CPI 比例的波动主要是由于服务价格的上升导致,而到目前为止中国这一比例的波动是由于食品价格的相对变化引起的。CPI 中食品价格和农产品生产者价格高度相关,绝大部分通货膨胀波动就是农产品价格的波动。在 CPI 和 PPI 大致同步变化时,通货膨胀情况是比较清楚的。在两者有较大差别,特别是食品价格波动主导 CPI 波动的情况下,宏观调控主要看当前 CPI 的做法存在改进的余地。在预测食品价格波动时,要考虑到价格本身的趋势自回归现象,审慎使用追涨杀跌的做法,并增加在农产品和食品生产供给方面对信息搜集和处理的投入。

贸易条件受到经济增速的影响,主要通过进口价格变化引起。在中国经济高增长的时候引起进口高增长,带动资源价格进而进口价格上升,贸易条件恶化;反之,贸易条件改善。这个情况在 2006 年以前比较不明显,2007 年以来非常显著。一部分是由于中国的影响日益增大,另一部分是由于其他主要经济体问题频发引起内需疲软。按 2006 年以来的情况估计,GDP 相对于趋势水平高 1 个百分点,大约导致 2 个百分点的贸易条件恶化,意味着 0.5 个百分点的国民收入损失;反之亦反。不过这是在国内外经济波动很大情况下的短期效果,长期效果完全不同。

目前看来,下半年的总需求会比较弱,同比的经济增长速度维持在目前水平,同比的 CPI 通胀率继续下降,发生通缩的可能性较低。十年前的通货紧缩,最主要的两条是企业负债率高和真实利率高,特别是国企对退休和下岗职工的隐性负债很大,在这样的背景下真实利率大幅度偏高的情况持续了一段较长时间。目前这两点不同于过去,但是房地产调控是新情况,还有其他一些偶然因素。总的来看,发生通缩的可能性比那时小,但不排除发生一个较短时期通缩的可能,采取合适的政策非常重要。

第31次 报告会快报

（2012年10月27日）

CMRC"中国经济观察"第31次报告会于2012年10月27日下午在北京大学国家发展研究院万众楼举行。会议由北京大学国家发展研究院黄益平教授和卢锋教授主持。卢锋教授根据第30次"朗润预测"的汇总结果，用四句话概括了25家特约机构对今年第四季度我国宏观经济走势的看法：外需好转内需稳，汇率缓升利率平，宏观回暖在年底，通胀隐忧未能忘。

本次报告会上半场由亚洲开发银行与北京大学国家发展研究院发布双方合作的《超越低成本优势的增长：中国能否避免中等收入陷阱？》报告。世界银行前首席经济学家、北京大学国家发展研究院名誉院长林毅夫教授发布报告并做主旨发言，亚洲开发银行副首席经济学家庄巨忠先生介绍了报告的主要观点与政策建议，财政部财政科学研究所所长贾康、澳大利亚国立大学中国经济项目主任宋立刚教授、北京大学国家发展研究院中国经济研究中心主任姚洋教授先后评论了报告的主要观点。报告会下半场讨论了近期国际国内宏观形势，中国国际金融公司董事总经理梁红博士、海通证券首席经济学家李迅雷先生、北京大学国家发展研究院宋国青教授先后发表演讲并回答听众提问。下文为主讲嘉宾的演讲摘要。

林毅夫：遵循比较优势发展战略，避免中等收入陷阱

中国改革开放32年取得了非常显著的成绩，以平均每年9.9%的速度持续增长，从一个非常低收入的国家发展成为一个中等收入国家。1979年，中国人均收入不及非洲国家平均水平的三分之一，而到2011年为止，中国的人均收入达到5 400美元，今年肯定可以超过6 000美元。取得骄人成绩的同时，也有很多问题令人担忧，包括收入差距的急剧扩大、环境的不断恶化和贪污腐败的日益严重等。最近经济增长速度放缓，有许多国外声音质疑中国会不会出现硬着陆？一旦出现硬着陆，再加上社会腐败、收入分配问题，可

能造成中国整个政治和社会的稳定不能维持,进而导致经济增长继续减速。

中国如何避免中等收入陷阱,是一个更现实的问题。回顾历史,通过分析1950—2008年的最新数据,我们看到全世界200多个国家和地区中,只有28个经济体的人均收入与美国的差距缩小了10个百分点或者更多。这28个经济体中绝大多数是欧洲国家,如果再剔除掉石油和钻石生产国,只剩下12个经济体,这意味着什么?从第二次世界大战到现在,世界上将近200个国家和地区实际上陷入了低收入陷阱或者中等收入陷阱,真正打破这个陷阱的国家和地区是非常少的。

当然,并不能断言,从低收入变成中等收入,再继续从中等收入变成高收入是不可能的。比如,20世纪50年代的中国台湾和韩国,人均收入都只有美国的10%左右,它们当然算是低收入经济体,70年代、80年代以后它们的经济开始持续发展,到2008年的时候人均收入都超过了美国的60%,已经成为高收入经济体。同样,日本、中国香港、新加坡当时的人均收入只达到美国20%的水平,与我们现在的情况相仿,但它们经历了持续的经济增长后,日本曾经达到美国80%的水平,现在降到70%多,而中国香港、新加坡的人均收入都达到了美国的80%甚至更高。所以东亚经济体有能力从低收入变成中等收入,然后继续走向高收入。而且,这不仅存在于东亚经济体,在其他地区和国家也有出现。

以爱尔兰和智利为例,从20世纪初开始,两国基本一样,一直占美国人均收入的30%左右,这种相似情形一直持续到七八十年代。但是80年代末以后,智利跟美国的差距没有缩小,爱尔兰却在2005年、2006年左右实现人均收入与美国持平。由此看来,中等收入陷阱不是必然。既然第二次世界大战以后,基本上所有的国家在取得政治、经济独立之后,都在努力发展本国的经济,追求国家的现代化,试图缩小跟发达国家的差距,比如拉丁美洲各国,那么为什么只有那么少的经济体成功,而大多数经济体失败?我们有一句话,思路决定出路,在我看来,大部分国家的思路是错的。

不管是发达国家、发展中国家还是落后国家,在工业化以后,在进入现代经济增长以后,其持续经济增长的最主要的决定因素是能否实现技术的不断升级创新,能否实现产业的不断升级,不断从低附加价值部门转向高附加价值部门。50年代的时候,不管是社会主义国家还是非社会主义国家,当时的政策都与中国的"超英赶美"政策类似。它们称作结构主义战略,中国则称之为重工业优先发展战略。发达国家国富力强,是因为其人均劳动生产率非常高,以及拥有现代化的产业。发展中国家之所以没有那样的产业,是因为其主要是落后的农业经济或者矿产经济,劳动生产率低。因此,要变成现代化的国家就要有现代化的产业,而为什么没有现代化的产业,当时它们诊断为市场失灵,并提出政府要干预、动员那些先进产业。然而,那些措施一一失败,最后造成企业没有自生能力,政府被迫给予各种保护补贴。政策推行二三十年之后,这些国家与发达国家的差距不仅没有缩小,还进一步扩大了。到了70年代末、80年代,"华盛顿共识"成为主导思想,即新自由主义。当时解释发展中国家经济绩效普遍较差是因为没有一个完善的现代市场经济体系,将发展中国家的失败归咎为政府失灵。因此,按照"华盛顿共识"提出的休克疗法,就是要建立一套让市场经济体制良好运行的自由化政策。在这种政策引导之下,发展中国家的实际绩效比六七十年代还差,平均增长速度降低,危机发生频率提高。

那么,成功的国家和地区是怎样的情形呢?实际上,它们在每一个发展阶段都充分利用了自己的比较优势。起初,往往推行劳动力相对比较密集的产业,利用其竞争力,积累资本,实现产业不断升级,当然这个过程必须以市场为基础。在产业升级过程中,政府因势利导,有所作为。对于东亚经济体,不管是日本、韩国还是中国台湾,或者是中国大陆这几年,当局都发挥了相当重要的作用。

仍然将爱尔兰和智利对比来看,智利一直实行进口替代战略,最终失败,而爱尔兰采取了有效的产业政策,实现了经济起飞。70年代以来,根据"华盛顿共识"的思想,智利一直努力克服政府失灵,完善市场。如果按照"华盛顿共识"的内容来看,它们做得非常好,比如按照世界银行的企业经营指标衡量,它在全世界排名第14位,刨除发达国家,在发展中国家中名列前茅。但是70年代以后,它基本上没有出现过新的产业,结构变迁基本停滞,创造就业相当困难,收入分配不断恶化。90年代,英特尔公司为了实现分散化,想到拉丁美洲设厂建基地,它一开始是与智利政府洽谈的,英特尔提出自己有几十亿美元的投资,要求政府做好基础设施建设,并且为配套生产需要的人力资本,提供相应的劳动力。智利政府却认为,这是市场的事,不应该政府干预,予以拒绝。后来,英特尔转到了哥斯达黎加。结果,哥斯达黎加改变了曾经90%的出口产品都是农产品的落后情形,实现了产业结构升级和收入增长。再看爱尔兰,爱尔兰原来被称为"欧洲的乞丐",虽然其教育水平非常高,各方面也没有问题,又是英联邦制度,也讲英语,但就是不能创造就业,导致大量人口外流。仔细研究爱尔兰发现,它实际上50年代开始就有产业政策。当时的产业政策是只要证明投资是为了出口,政府就给予优惠。1987年以后,它有所改变,开始实行选择性的产业政策,只针对信息、电子、化工和制药这四个产业。政府积极到国际上把美国的跨国公司引进来,很快就形成了几个产业集群,并且非常有竞争力,之后爱尔兰经济就发展起来了。

鉴于中国目前所处的阶段,要避免中等收入陷阱,最主要的有以下两点:第一,怎样创造条件让经济能够不断按照比较优势发展,充分利用后发优势,实现快于发达国家的产业升级和技术创新。第二,中国现在的市场体制还不完善,过去这三十多年改革实行的双轨制造成很多扭曲,这些扭曲带来收入分配不断恶化,引发贪污腐败等各种问题,所以要改革。但是在这个过程中,经济发展不是静态上的简单配置,还得靠市场这双看不见的手。产业升级和技术创新的过程必然会伴随着诸多外部协调问题,如果中国政府像智利政府那样,认为市场就可以完成,那么许多新产业不能出现,一旦没有新产业,即使有很完善的市场制度,也不会有技术不断创新和产业不断升级,这个中等收入陷阱或者低收入陷阱就会成为必然。目前,发达国家对发展中国家的技术创新和产业升级提供了一些必要的帮助,主要通过四种方式:专利、对基础科研的支持、政府采购、对某些技术或产品的行政指令。因为政府资源是有限的,它必须把有限的资源做一个策略性的配置。这个策略性配置必须支持某些特定的有前途的产业,这对中国未来的发展和改革至关重要。这里面的关键是,如何平衡市场跟政府的作用,在经济发展过程中克服现在的问题,并且创造条件不断地实现技术创新和产业升级。

庄巨忠：超越低成本优势——中国经济如何避免落入中等收入陷阱

中等收入陷阱至今没有严格的定义，通常指一国或地区人均收入达到中等水平后经济停滞的一种状态。典型的例子有巴西、墨西哥等拉美国家，以及菲律宾、马来西亚、泰国等东南亚国家。而日本、韩国、中国台湾则是成功跨越中等收入陷阱的例子。虽然各国陷入中等收入陷阱的原因不同，但有一个共同特征——当劳动力由过剩变为短缺、劳动力成本上升时，产业不能持续技术升级，导致该国既无法与低收入国家展开低成本竞争，又不能和高收入国家在高端产品上竞争。而成功跨越中等收入陷阱国家的共同点就是通过创新促进产业升级，从而跨入高收入国家行列。

一国如何通过不断创新适应产业升级？答案有共识也有争议。共识主要有两点：一是存在大量创新企业，企业是创新主体。二是政府应鼓励并提供创新环境，其中包括政治与经济稳定、良好的基础设施及人力资本、有效的市场竞争机制、健康的金融体系、社会的包容氛围、法制健全、产权保护以及廉洁高效的政府。争议主要出现在产业政策和"华盛顿共识"。每个国家国情各异，其着力点也应不同。

中国三十多年的经济增长主要归结于以下几个因素：一是改革开放；二是要素价格低廉，这些生产要素包括劳动力、资本和能源；三是政府在经济转型过程中发挥积极作用，解决了发展中国家经常碰到的市场问题，如信息不对称、协调不完善等。其他成功因素还包括国民高储蓄率、大规模基础设施投资、人口红利以及稳定的社会环境。

中国经济发展也伴随着很多问题，这些问题也使中国正面临落入中等收入陷阱的风险。报告讨论了六个主要问题。一是中国技术生产力水平与发达国家相比有很大差距。尽管中国劳动生产率高速增长，但2009年其水平只有美国的10%左右。中国虽是世界上最大的科技产品出口国，但大约80%是加工贸易，附加值很低。产业升级需要一大批勇于创新的企业，但是中国民营企业规模相对较小，国有企业生产效率的激励机制有待改进。二是工资上涨与人口老龄化会降低中国的低成本优势。近年来中国实际工资增长率超过了劳动生产率增长率，沿海地区开始出现劳动力短缺，工资上涨，中国正进入刘易斯拐点；并且，人口老龄化，人口红利逐渐消失。三是经济增长来源不平衡。需求方面主要是居民消费不足，供给方面主要是服务业发展相对落后。经济结构失衡很大程度上反映出体制改革不到位。例如，要素价格扭曲导致高投资率，国企和地方政府过度投资；市场准入限制、城市化程度低导致服务业发展滞后；汇率缺乏弹性导致中国持续贸易顺差、全球失衡和贸易保护主义。四是收入差距扩大。改革开放初期，中国基尼系数仅为0.3左右，2008年达到0.434，在亚洲属于中等偏高水平。虽然技术进步、全球化分工可能导致收入差距扩大，但在中国这主要反映出经济改革不到位。例如，户籍制度、大量行政干预资源配置产生寻租机会、政府公共投入不足等。五是能源和水资源的制约与环境可持续性。六是日益充满挑战的外部经济环境。中国制定经济政策时需充分考虑外力因素，以保证稳定和谐的外部经济环境。

中国应如何避免落入中等收入陷阱？报告中提出了六个原则、三个对策。六个原则包括:在低成本和创新的关系上更依赖创新;在市场与政府的关系上更依赖市场;在消费和投资的关系上更依赖消费;在内需与外需的关系上更依赖内需;在增长与分配的关系上要兼顾增长与分配;在发展与环境的关系上要兼顾发展和环境。三个对策包括:一是要超越低成本优势,通过科技创新实现产业升级,推动知识型经济的发展;二是深化企业、要素市场和财政体制改革,推动城市化与服务业的发展,以促进经济结构的调整;三是保持一个良好的经济与社会环境、稳定的宏观经济、健全的金融系统、和谐与包容的社会、环境的可持续性、稳定的外部经济环境。

关于如何推动创新和产业升级,报告提出了一些具体措施。一是深化企业改革。国有企业改革主要是进一步弱化行政干预,完善公司治理结构,使企业完全以商业化运行。同时,加强对国有企业的监督与绩效评估,防止腐败现象。对于民营企业主要是创造民营企业与国企公平竞争的环境,特别在市场准入、融资和税收方面,此外鼓励企业通过合并与收购扩大企业规模。对外资企业主要是给予公平待遇,鼓励公平竞争,并保护其知识产权。二是营造鼓励支持产业升级的环境。这包括鼓励市场竞争,增加公共基础科学研发,有效的产业政策、风险投资机制和保护知识产权。三是增加人力资本投资。把政府教育支出从目前不到 GDP 的 4% 增加到 5%,把成人平均受教育年数从目前的 8 年增加到 11—12 年,即韩国和日本的水平,同时继续推进教育体制改革。

在要素市场改革与财政体制改革、推动城市化与服务业发展方面,报告提出了以下几点:劳动力市场改革主要是改革户籍制度、降低劳动力流动阻力,同时健全劳动力市场机制,比如劳动保护、最低工资、集体协商和失业保险等建设,兼顾就业保障与劳动力市场的流动性。金融体制改革是进一步推动金融市场化,包括利率市场化、民营资本、国有银行商业化、资本市场发展和金融包容性等,增加中小企业融资比例,并进一步增加汇率的弹性。根据国内金融改革进程推进资本项开放。土地市场改革主要促进土地流通与土地市场的发展,使土地定价机制更加合理。财政体制改革包括优化支出结构和对公众服务的支出,如教育、医疗、社会保障。同时改革税制,加速增值税、财产税、房地产税和个人所得税改革,增加个人所得税的税收份额,增加国有企业利润的上交比例,理顺地方政府收支关系,完善预算系统。

报告认为服务业将成为中国重要的经济增长来源,且是创造就业的主要途径。2010年中国服务业占 GDP 的比例不到 44%,低于马来西亚的 46%、菲律宾与印度的 55%。且中国服务业就业占总就业的比例更低,2011 年只有 35%,而韩国为 77%、日本为 80%。可着重推动生产性和高附加值服务业的发展,如金融、电信、交通、医疗卫生、教育、咨询中介、科研、传媒法律,等等。同时消除宏观政策对制造业的倾斜,使人民币汇率更加富有弹性。在税收信贷方面,做到服务企业和制造企业一视同仁,并把服务企业营业税改为增值税。

增长包容性的提高主要体现为缩小城乡和地区差异,增加公共服务投入,保证机会平等。建立公平合理的税收制度,增强法制建设,确保社会公平,预防、杜绝腐败。中国收入差距的 50% 源于城乡差距与地区差距。通过在城乡建立更多的服务业,缩小地区差距。实施西部大开发战略,推动产业向内地转移,消除劳动力流动的障碍。

庄博士强调了中国个人所得税改革。目前中国个人所得税占 GDP 的比例是 1.3%

左右，OECD 国家是 8.7%，中国个人所得税的调节力有限。从税率上比较，中国个人所得税税率和其他国家相比并不低，如中国工资税最高税率是 45%，OECD 国家平均大概是 42%，日本是 50%，其他大多数亚洲国家和地区都在 40% 以下。主要问题是中国个人所得税税基小，45% 要到很高的收入才开始征收。另外，个人所得税实施不力，该交税的不交税。在中国提倡包容性增长，增加个人所得税对收入的调节作用是重要的一方面。为此中国应扩大税基，降低最高税率起征点，并且逐步实现综合征税，提高税制渐进性。

报告最后对中国经济未来 20 年的发展做了全景分析。如果报告提出的改革思路能有效实施，中国有望在 2030 年前成为高收入国家。具体来说，中国有潜力在 2010—2020 年达到年均 8% 左右的增长率，2020—2030 年保持 6% 左右。按 2010 年不变价计算，中国人均国民收入在 2030 年达到 16 500 美元。而根据世界银行目前的划分标准，中国在 2025 年将成为高收入国家。以市场汇率计算，中国在 2026 年将超过美国成为世界上最大的经济体。以购买力平价计算，中国将在 2016 年超过美国成为世界上最大的经济体。根据东亚经济体的经验，这样的增长速度是有可能的。日本在成为高收入国家（或地区）前的 10 年年均增长率是 10% 左右，韩国是 8.5%，中国台湾是 7.7%，而报告预测的中国大陆是 7%，是一个可能达到的下限。

最后，庄博士总结了报告的主要观点。中国过去三十多年的高增长相当程度上依赖于低成本优势，但是未来几年因为接近刘易斯拐点及人口老龄化引起劳动力成本上升，低成本优势对增长的贡献将逐步减少，经济增长将更多地依赖创新和产业升级。由于改革没有到位，经济高增长带来了一系列结构性问题，如增长来源失衡、收入差距扩大、资源利用效率低下、供给制约和环境恶化。此外，中国也面临日渐复杂的国际经济环境。以上问题可能制约中国产业升级。为避免落入中等收入陷阱，中国需要三方面的对策：一是超越低成本优势，通过科技创新实现产业升级；二是深化改革并推动城市化与服务业的发展，促进经济结构调整；三是保持一个稳定的经济与社会环境。如果能有效地实施以上对策，中国有望在 2030 年前成为高收入国家。

贾康：持续推进制度建设，冲破技术天花板

从短期来看，今年第四季度宏观经济运行的走势应该说不难预判，最大的可能性是在第四季度实现经济运行企稳筑底以后的回升，全年 GDP 增长 7.5% 的目标有较大把握，能够在年度内如愿实现，而且可以使我们对明年经济运行进行较好的年度规划安排。第四季度经济回升会有惯性，如果延续到明年第一季度，正好对应今年第一季度下滑的 0.8 个点的低基数，所以明年第一季度数据会比较好看，整个市场信心会进一步增强，对于景气的提升和经济的稳定有一定的正面效应，稳增长措施还会继续发挥积极的政策效应。这些归结为一句话就是从短期和年度中国经济运行来看，问题不大。

但这次季度报告研讨的重心是把视角从短期转向中长期，对此贾康教授表示非常赞赏。中国经济发展的中长期问题，实际上是一些更深层次的问题，是伴随着经济社会的转轨过程，特别是配套改革的攻坚过程出现的，是制约我们长远可持续发展的问题。

低成本优势曾经支持了持续三十多年被称为"中国奇迹"的中国经济快速增长，但这

种优势或者中国比较优势中一个很重要的组成部分,在最近一段时间里明显滑坡。"民工荒"问题多年前已经出现,现在不少中心城市的家政人员雇工市场上都出现了"高价""不稳定"的局面,实际用工成本明显急剧提高。而成规模的,像富士康这样的企业,其用人紧张局面总是不能够得到有效缓解。即使现在转移到了与沿海拉开一定距离的中原地区,比如河南,但很快就出现了原来在深圳出现的紧张局面。经济学理论中讨论的刘易斯拐点确实正在逼近,按照普遍的数据分析,人口红利在2015年之后迅速消退,同时老龄化压力会迅速显现。特别是,如果这个过程中其他很多矛盾凸显,也就是出现中等收入陷阱问题,我们就必须正视这个非常有挑战性,而且对中国现代化命运有威胁力的深刻问题。有些学者说不要简单地套用拉美国家的情况,中国情况跟它们有诸多差异,但是大的逻辑其实是高度一致的。那些国家开始发展得一直很好,但一旦达到中等收入阶段之后,再难以前行。中国前面三十多年连续平均以9.8%的速度增长,如果继续按照这一套是不是就可以像邓小平勾画的"三步走"战略那样,在2050年前后如愿实现中华民族的伟大复兴?现在有一系列令人担忧的问题,如果这些问题处理不好,这样的前景就会被不确定性因素所困扰,就不能够有把握地说中国可以避免沿着拉美和其他一些经济体走过的道路,即到了某个时刻突然增长失速而其他问题一起表现出来,跌入某种低速增长的状态而一蹶不振。

  目前,经济中"两头够不上"的现象比较明显。一方面,低劳动力成本优势丧失;另一方面,高科技附加值又没有培育出来。此时,民众很容易形成羊群效应的民粹主义基础上的福利赶超压力。老百姓到中等收入阶段以后,公民意识不断提升,对迅速致富、迅速享受高档生活充满憧憬,对政府的所作所为都可能感到不满意。只要某个公民出来发声,表明感觉政府什么地方没有做到位,要求尽快改进,在这个互联网和微博时代,这种声音立马一呼百应。政府面对这样的压力,自然而然要考虑回应民众呼声。拉美国家就普遍快速套用直接选举这个政治框架,谁要当选就要给出尽可能让民众满意的允诺,当选之后要连任就要竭尽全力实现这种允诺。在这样的体制之下,它们没有走远,民粹主义的福利赶超一旦没有了后劲,从云端跌落尘埃,就往往造成福利赶超没有了,经济赶超也泡汤了,一蹶不振几十年。中国现在很多的社会现象和它们有相似之处,同时伴随政府公信力的迅速下降,导致威权快速递减。这种迅速下降,是不是可能出现政治学中的"塔西佗陷阱"呢?也就是中等收入陷阱里面的威胁发展到了某一个临界点,政府再说什么,哪怕推出非常好的、值得肯定的政策改进和制度改革措施,老百姓都不认账,只要政府发声就是迎来一片讥讽、一片攻击,到了这个程度将更加不可收拾。只要稍微有点远见,就可以观察到中国十八大是非常关键的历史节点,十八大以后必然引出一轮顶层规划层面的全面配套改革设计,将体现应有的远见和配套水准,以更大的勇气深化改革。当然,除了有很大的勇气实施改革以外,还要更好地与民众互动。面对利益已经分化,各种诉求明显有所区别的现实,要更好地引导中国社会的方方面面,学会理性交流和探讨,在共和导向之下更多注入建设性的东西,对冲互联网上出现的暴戾之气,从而带来更多的正能量。这个报告已经从战略层面延伸到可操作层面,这些思路是客观地从学者的角度和政策研讨设计者的高度来关注这些问题的,值得进一步探讨。

  报告中强调了技术更新换代方面所碰到的问题,目前在中国值得高度关注。现在长三角、珠三角普遍出现发展壮大起来的、成一定规模的、以民间资本为主的标准股份制企业，无法突破其技术天花板，典型的是温州几十家当地代表性企业的老板以"跑路"避祸。如果实体经济层面的升级换代迟迟上不去，一旦竞争力丧失，资金链吃紧，加上外部压力的作用，以高利贷和准高利贷为基础的资金融通体系就禁不住这个压力，只能断裂。断裂的同时，整个经济生活陷入了非常严重的局部危机。温州这样的事情，最终最高决策层亲临一线坐镇指挥，应急处理、进行灭火、平息事态，实际上现在余波未平，也逼出了以温州为先导的金融综合改革，后边延伸出的很多改革应该与之一起发力突破技术天花板，在使中国实体经济真正如愿升级换代的同时，也解决了制度天花板的问题。

对于制度天花板，现在大家普遍关心的是减税问题。财政结构性减税还过得去，但一般人认为应该全面减税，大幅度减税。贾教授认为，全面减税逻辑上是不成立的，需要有增有减。直接税，比如个人所得税部分，不是简单地减少的问题，而是要更好地降低低端税负，同时增加高端税负的问题。另一些项目，比如房产税，其改革试点还要往前推进。另外一个不是结构性减税而是实现结构性增税的事项，就是资源税，它对突破技术天花板、产品升级换代有重大意义。它可以校正现在经济生活命脉层面的基础能源价格不合理，理顺堆积如山的严重矛盾导致的不合理的比价关系，解决价格形成机制越来越背离市场经济的内在要求问题，减少越来越强的电力部门过度垄断和对电价行政管制带来的副作用。实际上，中国千千万万的市场主体并不能感受到基础能源这种资源制约的经济压力，天然将节能降耗看成是无关痛痒的事情。资源税改革的启动，除了使更稀缺、更宝贵的资源表现出它的分量，更是依法透明地、可预期地加入以税收为代表的，符合市场经济波动规律的价格形成因子。这样可以激励所有企业一起努力节能降耗，一起开发有利于节能降耗的工艺技术和产品。这种税收变化，传导到最终消费品，会导致电价上涨，促使大家更注意省电，节约能源。平时所说的低碳可持续发展无非就是各个主体的具体经济活动组成的一个经济过程。所谓淘汰落后产能，就是靠经济杠杆的力量处理千千万万个的市场经济主体怎么自发地节能降耗。政府要做的是，保证大多数企业可以通过努力继续生存，少数企业淘汰出局。社会保障系统负责解决人民的分流安置问题，及时适度地提高最低生活标准，使得实际收入水平不下降，其他中等收入及以上的人自动改变消费习惯，顺应低碳化的经济压力。这些想法都可以在此报告的基础上继续讨论，但需要强调的是，制度变更支撑着我们突破实体经济更新换代的技术天花板。

宋立刚：浮动汇率有助于金融和银行体制改革

宋立刚教授认为这份报告的发布非常及时，中国在经历三十年的改革之后，进入了新的发展阶段，需要新的思路和战略。

报告中提到了金融市场化、利率市场化等方面的金融改革，宋教授主要就其中如何进一步增加汇率弹性发表了评论。宋教授认为，从理论上来说，金融改革需要一定的顺序。例如在资本项目开放之前，需要达到宏观经济稳定，银行系统和金融基础设施健全，以及具有充足外汇储备等方面的条件。尽管经历了20世纪90年代末的亚洲金融危机和本次的经济危机，中国仍在不断推进金融改革的步伐。宋教授认为，尽管需要一定的顺序,但人民币汇率(浮动)作为关键,能使中国在某种程度上规避上述顺序的要求,并借此加速金融改革的步伐。这是因为,调整汇率有助于实现以下四个目标:一是可以加速中国经济体制的改革和结构调整;二是有助于央行恢复货币政策的独立性;三是有助于深化中国金融体制的改革;四是可以规避估值效应带来的损失。

这里需要做一点说明,人民币的浮动过程其实早在2005年7月21日就已经开始了,2007年时我们又开放了合格的境内机构投资者,之后这几年又在热议人民币的国际化过程。目前,人民币的浮动范围已经加速,但是学者们仍有将其进一步放开的呼声。

为什么浮动汇率会有助于金融和银行体制改革?最重要的原因是储备银行在汇率浮动之后不必将国内金融条件和外资的流动相挂钩了。尽管过去十几年出现了几次经济过热的情况,但由于要维持固定的汇率,央行却仍需不断在国内发行货币。

但在浮动汇率下,央行就能将货币政策和汇率分开考量了。而一旦汇率由供给和需求决定,国内储备银行对商业银行的贴现率也就可以不受外汇市场的影响,从而利率也就可以相对浮动,这会进一步影响到所有商业机构对贷款人的利率。利率的浮动是金融体制改革的核心问题,同产品市场价格放开,市场会做活一样,利率是资本市场的一个价格。目前利率的不灵活是由汇率制度和相应的体制造成的,一旦汇率放开,利率也就能够做活了,从而银行体制改革也会更加容易。央行的独立性、资本的自由流动和固定汇率在理论上被称为"不可能三角"。中国要维持固定汇率,政府就只有牺牲央行货币政策的独立性。在资本项目趋于开放的大环境下,宋教授认为应当保持货币当局的独立性,因此将汇率放开便是唯一的出路。另外,放开汇率还有助于减少扭曲。利率放开在理顺信贷关系的同时,会有助于解决非国有企业融资方面的问题,

对于放开人民币汇率或加速浮动,还可以从估值效应来看。当一个国家的资产和负债用外币和本币购买的比例发生变化的时候,一国的福利会受到汇率和资产价格变化的影响。在这一点上,中国和美国是一个很好的例子。美国的资产中,三分之二是由外币计价的,但负债中的95%却是由美元来计价的,这实际上导致其他国家向美国的一个净财富转移。2003年的一项研究表明,美元贬值10%导致流向美国的财富值达到了其GDP的5.3%。中国作为其最大的债权国,受到的损失是首当其冲的。因此,规避估值效应风险对报告中提到的中国金融改革是非常重要的。如果人民币对美元升值意味着损失,为什么还要将汇率放开?这是因为我们不仅要考虑放开汇率带来的短期效应,还要认识到形成市场驱动的、稳定的人民币定价机制是人民币国际化的一个很好铺垫,而人民币国际化从长期来讲会减少估值效应的损失。

报告中提到的另外两点也很重要。第一,中国的结构转型不能再依赖低成本优势,对已习惯了低要素成本的中国,制度上需要进行很大的调整。例如在教育投资的地区发展上,很重要的一点是如何在财政投入上缩小地区差距。第二,报告中提到了全要素生产率的提高是今后经济发展的主要动力,在这方面我们的任务非常艰巨。因为尽管体制改革会带来全要素生产率的提高,但体制改革也很有可能受到边际报酬递减效应的支配,如何在不断深化改革的过程中保持改革给全要素生产率带来的收益,从而保持全要素生产率对经济增长的贡献,这项工作任重道远。

姚洋：关于中国增长潜力和教育公平的两点评论

姚洋教授对报告主要做了两方面的评论。

一是中国经济增长的潜力问题。对于这一点的判断很容易受到短期因素的影响。这几年中国经济增长的下降很明显，主要有两方面的原因：国外需求和房地产业额。今年中国的出口和房地产业额增长和去年相比都下降了10%，而二者对GDP的贡献也大概在10%左右，因此经济增长下降2%是十分自然的事情。但没有理由相信未来十年内世界经济无法恢复，而国内房地产市场在很大程度上是受到政府政策的影响的，因此从长期来看，中国仍有潜力保持8%的经济增长率。通过对比其他经济体也有助于相信这一判断：在达到我国2001年收入的水平之后的10年间，日本的增长率达到了9.6%，而韩国达到了9%。而根据我们的计算，我国到2021年就能超过美国成为世界最大的经济体。

谈到增长潜力，姚教授认为我们不仅要看未来10年，而且要看未来20—30年间，中国是否还能保持持续增长的势头。即使到2021年中国成为世界最大的经济体，中国的收入按人均现价计算也不过1万美元左右，仍未达到发达国家水平。因此，到那时我国仍将面临着如何维持经济长期增长的问题。

二是就报告中对教育问题的论述，姚教授认为还有待加深。中国教育增长得非常快，中国教育总量的问题并不值得担心。目前，中国已有80%的适龄青年就读高中，23%的适龄青年就读大学，预计到2020年适龄青年进入大学的比例会达到40%。目前中国的人均收入仅相当于日本1962年的水平，但日本在20世纪70年代出生的22—28岁之间的大学生比例才达到了22%，因此可以说中国教育现在超前了10年。

报告中提到中国的劳动力总量会在2015年开始下降，但由于教育水平的提高，劳动力总量的下降并不是大问题。清华大学的李洪彬用双胞胎数据进行的教育回报率研究发现，高中和大学阶段的教育回报率最高，在这一阶段多接受一年教育能够增加未来10%的回报。我们现在20—30岁人口的教育水平比50—60岁的人口高4.3年，如果按照10%的回报来算，新一代要比老一代的劳动生产率高43%。由此来看，尽管一些人在抱怨退休年龄过早导致劳动力资源的浪费，但从教育回报率来看，也许这个阶段的早退休并不是一个坏事。

现阶段中国最大的问题是教育资源的不平等，这主要体现在城乡教育水平的差距持续过大上。根据北京大学2010年的调查，城乡教育水平无论从哪个年龄段来看，差距都在2.4年左右，且从未缩小。这显然是造成城乡差距的重要原因。

教育资源分配不均不仅会对收入分配造成影响，还会给中国经济增长带来负面影响。现在年轻打工者的月工资为2 000—3 000人民币左右，到2020年时会达到1 000美元左右，按这个速度增长，到2030年时会达到2 000美元左右，但我国劳动力的教育水平却不足以支持如此高的工资水平。现在2.4亿的外出务工人员中，一方面年轻人占到一半，另一方面有80%的务工人员的教育年限低于9年。按现价计算，没有一个国家9年以下劳动力的月收入能够达到2 000美元。即使在美国，高中肄业生的月收入也不可能达到这一水平。

在达到中等收入水平之后,教育之所以显得更加重要的原因是高中和大学阶段的教育回报有一个规模报酬递增的过程。在收入较低的水平上,由于教育回报比较高,将教育资源集中分配给少数人是没有问题的。但当教育资源总量较多时,平均分配教育资源会更好。

要摆脱中等收入陷阱,教育的公平是非常重要的。尽管教育部去年发布的《2020年教育与改革发展纲要》对我国适龄人口的教育进行了全面的规划,但政府在对贫困地区的扶持、支持力度上仍有待加强。而对于已经离开学校的劳动力,政府还应加大再培训的力度。长期而言,一个国家的人力资源还是最重要的,特别是对发展中国家而言,缺乏高素质的人力资源是无法完成向发达国家的成功转型的。我们应当想到,在我国,绝大多数人的教育水平仍没有超过9年,在这一点上政府应当做得更多。

梁红:中国经济的长周期和短周期

梁红博士从长周期和短周期两个视角分析中国经济未来几年的增长前景,并反思了2009年、2010年的宏观政策、货币政策造成的影响,指出2009年以来的经济杠杆率快速提升已使中国经济积累了一定的风险,如果不去处理面对,继续以政府拉动投资或者提高金融杠杆的方式拉动经济增长,不但不能提高经济增长率,而且可能进一步积聚系统性风险。

梁博士指出,从长周期来看,中国经济增长将会减速。中国经济过去30年维持了平均10%的年增长,与别国最大的区别就是全要素劳动生产率的贡献非常大,这一贡献按不同算法在3.6—3.8之间。全员劳动生产率的提高可分为两部分,一部分是人均资本的积累导致的人均劳动生产率提高;另外很重要的一部分是全要素生产的提高,其中很重要的就是改革红利。改革开放以来中国经济潜在增速的三次高峰都与改革红利有关。第一次得益于20世纪80年代的改革开放和家庭联产承包责任制;第二次是因为邓小平南方谈话之后的城市工业的一些改革;最近一次是由于2002年加入WTO,以及前后的国企改革、金融改革,使生产效率有明显的提升。目前中国经济潜在增速处在下行区间。一方面,因为2007年以后潜在生产效率降低,投资效率低下,成本增加;另一方面,2012年左右,中国一胎化政策开始对人口增速有非常明显的影响,可能也会对潜在增速产生不利影响。因此长周期有下行的较大可能。

假如进入21世纪以来中国的潜在增长率是8%,而过去10年的增长率平均为10%,那么从短周期来看,未来有几年经济增速在8%以下将会很正常。另外,对于8%是不是目前一段时间的潜在增长率也有较多讨论,目前较悲观的证据更多。梁博士指出,未来两三年内,增长放缓可能难以避免,但是改革空间还很大,对资源配置低效率的机制进行改革之后会重新释放出全要素生产率的增长,进而促进经济增速的回升。

未来2—3年经济增速的放缓对市场的影响可能超出很多人的预期。由于长周期和短周期因素叠加,如果按照往次经济周期的经验,数年前以20%—30%高速增长很多年的企业,未来几年即使面临负增长,也属正常。GDP增速下滑对一些行业产出下滑影响的弹性可能非常大。工业增加值同比增长率从2002—2011年的14%—18%的同比增长率,降低到今年的10%以下,这对电力、原材料等需求变化的影响非常大。

假如潜在增长率下降,而政策还把经济增长目标定在8%、9%,并以过去的方式拉动经济增长,会造成怎样的后果?梁博士对比了2009年、2010年的大规模经济刺激与2003年的信贷膨胀后经济,发现在微观表现上的不同。她指出,最大的不同在于2009年、2010年依靠信贷扩张的经济刺激明显加大了中国的金融杠杆,以国内贷款/GDP或(国内贷款+非金融债)/GDP衡量的中国整体杠杆率都提高了20个百分点。如果有影子银行、民间信贷等方面可靠的时间序列数据,计算出的杠杆率会更高。梁博士指出,上次经济刺激的第一个问题是总规模太大,原本5万亿元的新增贷款足够保持经济8%的增长率,但2010年新增贷款却近10万亿元,并且还发行了约2万亿元的企业债。这种放债速度加以中国的金融体系和微观基础,结果是很低的资源配置效率。在目前试图平缓杠杆的过程中,从资产负债率、净资产收益率和企业利润等指标来看,企业的情况并不乐观。2003—2007年,企业的资产负债率逐步下降,当时微观层面要求的投资扩张和信贷增加是有较高投资回报支撑的,不需要快速增加杠杆率来维持企业的投资回报,因此那时中国没有明显的投资过剩。但是2009年、2010年杠杆率提高之后,政府在2010年、2011年以来希望把杠杆率平缓下来,却对企业层面带来很大的影响。这几年企业盈利下降,应收账款率上升,投资回报率下降,很多企业的资产负债率已达到80%以上。如果在现有情况下继续加大经济的杠杆,短期内企业盈利可能回调,但是中国不可能无限提高杠杆。如果考虑到影子银行等未纳入统计的融资手段,中国目前的杠杆率已经非常高了。基于中国目前的经济体量和较高的经济增速,如果再以2009年、2010年的速度提高杠杆率,中国出现较大系统风险的可能性将会提高。如果出现问题,再拿4万亿元恐怕不足以解决问题。

另一方面,企业的现金流也很吃紧。有些企业会计意义上的回报减低甚至亏损正在发展为现金流亏损。以M1/M2为指标进行观察,从长期来看,由于居民金融财富的增加(主要是放在银行的存款),这一比例有下行的长期趋势,但这个指标还表现出很强的周期性,每次宏观经济偏紧的时候,这一比例都会有较大下滑。现在央行流动性释放较多,外汇流出也有所缓解,但是微观层面上钱还是很紧。上次经济刺激的另一个问题是,中国主要不是通过财政赤字的手段而是使用银行信贷的途径来刺激经济,这种刺激经济的方式虽然速度较快,但目前看来影响了银行给资源配置较为有效的企业贷款融资的能力。为了支持2009年、2010年的大项目,现在不断出现银行系统担心的以新还旧,这种行为挤出了很多应该给更有效的行业和企业的贷款。梁博士建议在适当时候把上次经济刺激时的政策性贷款跟银行做一个划断,使银行给正常企业的融资功能较快得到恢复。

最后,梁博士总结了她的观点。第一,从今年开始,经济增长低于潜在增长率的情况可能会持续一段时间。经济既面临消化劳动力、金融、财政等成本的压力,也面临金融系统消化坏账的压力。这不仅是去库存的周期,可能也是一个去产能的周期。2009年、2010年的大规模投资整体效率比较低,随之扩大产能的一系列行业面临去产能的压力。第二,这些压力会表现在名义收入增长明显放缓、许多与高速投资相关的板块出现负增长等方面,中国将可能面临资产价格通缩的压力,包括信用事件也会出现。第三,这些经济增长的负面因素只能靠提高微观的效益来根本解决。提高微观效益的手段既包括自然、租金、税收等成本的降低,资源配置效率的提高(尤其是金融系统风险的控制和化解),也包括体制的改革等。中国金融系统的杠杆不能继续提高,这里所说的杠杆既包括银行信贷,也包括所有的债券扩容。第四,在现有的资源配置的体制和机制下,投资效率很差。在加大投资、提高杠杆的同时,投资回报率却在下降。继续拉动政府主导的投资增长,拉升中国整体的杠杆率,只会加剧资源错配及系统风险。

李迅雷:中国经济下一轮增长靠什么

李迅雷先生主要就中国当前与未来经济增长的问题展开议题。他用"去库存步入后期,去杠杆还在前中"来概括当前中国的经济状况,同时他还认为中国经济增长今后仍要靠投资来拉动,最后提出了下一轮经济增长要靠改革来推动的观点,并分析了改革的逻辑次序。

谈到当前的短期经济走势,普遍认为第四季度经济会迎来反弹,去库存还是在去,但是一方面去得不太彻底,另一方面去库存的时间比上几次都要长,表明中国消化能力有些转弱。从国际环境来看,刺激中国经济在第四季度至明年年初反弹的主要因素有美国QE3的推出以及就业数据的好转为中国经济在外需上带来的一些正面刺激。从国内来看,为了稳增长,尤其是第四季度要召开十八大,所以政府加大投入来稳定第四季度的增长应该是没有任何悬念的。从今年地方财政支出增速处于高位、城投债发行量明显增加可以看出,无论是财政投入还是直接融资都支持了经济增长。

从9月数据来看,工业增加值增速与发电量增速继续背离,但和工业用电量增速的走势一致。从历史经验看,经济增速变化基本上应该是与通胀变化同步的。在7月CPI创新低之后,估计11月的CPI环比应该会略有回升,CPI逐步回升,那么GDP的回升应该也是会出现的。对于中国经济来讲,短周期应该是个低点,但是长期下行压力也是大家达成共识的。对于未来GDP的走势,至少两点是比较确定的:一是今年年末至明年年初经济会保持反弹的趋势;二是明年年中比较难确定,这里有增长乏力的因素,但是明年年底还是会略有回升。中周期回升没有那么快因为相对于较灵活的短期政策手段,中周期的调整比较困难,需要一个更长的时间过程。总的来说,中国经济面临结构性调整的长期压力,同时又受到经济周期性因素减速的影响,尽管短期经济有回升迹象,但长周期中下一个台阶求增长已无悬念。

从粗钢产量增速来看,中国的粗钢产量在2005年达到历史最高水平,之后逐步回落,表明中国已步入了重工业化的后期。在这一发展阶段,伴随着企业资本回报率的下降,劳动力短缺导致的劳动报酬上升,制造业的盈利水平会下降。类似的情况无论在韩国还是在日本都发生过,随着工业化后期资本报酬率的下降,如果一个国家经济增长不是以企业的盈利增长为保证的话是不可持续的。

近年来,在提到中国经济面临的调整压力时,讲到最多的是库存,但是卖方分析普遍都把经济反弹的时间提前了,而且现在看来去库存是不能完全去干净的,因为从政策层面来讲还是会有稳增长的要求的。与此同时,去杠杆的压力依然存在。虽然与发达国家相比,我们国家、居民和企业的整体杠杆水平并不高,但是债务水平的增速非常快,同样还是存在去杠杆的压力。

在谈到今后中国经济增长的主要拉动因素时,李迅雷先生认为还是要靠投资来拉动,靠重型机械来推进,而不是靠创新。在分析中等收入陷阱问题与中国过去的高增长时,李迅雷先生认为这与儒家文化的勤劳是有关系的。中国、日本和韩国都是受儒家文化影响的国家,勤劳是它们的特征,日本和韩国都避免了中等收入陷阱;德国在欧洲也是以勤劳著称。从统计数据来看,中国人的每周平均工作时间也是高于美国和欧洲国家的,而且中国的女性就业比例也是最高的。

那么,城镇化能否成为未来经济增长的最大内需?中国过去三十年的增长是个城镇化的过程,这个城镇化的背景是工业化,它的优势在于低成本,因为有大量的劳动力从农村转移到城市。但是未来是否还能够有这么多的劳动力转移到城市?李迅雷先生通过全国"城镇非就业人口"加上"非农就业人口"来估算城镇化率的方法,估算得出2011年中国的城镇化率已超过60%了。这也意味着,我们所憧憬的拉动未来经济增长的城镇化因素,其动力已经比较有限了。从国际经验来看,未来中国经济更应该走向聚集化,应当搞大城市化,而不是本乡本土的城镇化。中国百万人以上城市的数量占比是上升的,但是大城市的人口占比是下降的,这对我们经济效率的提高是很不利的,城市集中度还不够,所以未来拉动中国经济增长的应该是大城市化。

最后,李迅雷先生提出未来的下一步增长还是要靠改革来推动的观点。从改革的次序来看,应该先进行包括产品创新、打破垄断、放松管制在内的金融改革,这主要是出于提高我国企业利润率的考虑。如果企业盈利水平很低,未来很难增加财政收入,经济转型也会非常困难。金融改革一方面使企业可以通过直接融资和发行债券等方式来降低企业融资成本;另一方面,通过打破垄断放松管制、利率市场化、金融管制放松等,让企业走出去在全球配置资源和资产,提高企业收益率。

除金融改革外,当前最需要做的就是加速"国退民进",未来中国的投资不是靠政府投资,而是要靠民间投资。未来可以通过降低民间融资成本、扩大社会融资渠道、打破金融垄断、结构性减税,以及开放民间资本的投资领域等措施来加快"国退民进"的步伐。

从逻辑上讲,改革的次序是与改革的难易程度相关的,往往将最难改的放在后面,相对容易改的放在前面,所以在金融改革之后,明年可能还会在财税改革方面有所举措,但核心是行政体制改革。总的来看,通过改革来推动中国下一轮经济增长还是非常有希望的。

宋国青:居民收入逆周期

城镇居民人均可支配收入的实际同比增长率和GDP的同比增长率在2008年以来显著反向变化。由于GDP和居民收入调查的口径差别,这两个指标本身不是在其所包含的意义上严格对应的。例如,居民收入包括股票交易损益,而GDP则不包括此类财产价格变化的结果。2007年上半年居民收入增长率很高,在一定程度上是由于股市大涨。除了这种定义上的差别之外,统计中存在这样或那样的误差,特别是高收入家庭的调查收入倾向于偏低,会影响居民收入增长率和GDP增长率的可比性。不过误差的比例在短期没有太大变化的话,增长率的变化就不受影响。

规模以上工业企业利润总额占名义GDP的比例与名义GDP的增长率有非常强的正相关性,简单来说就是利润份额是顺周期的。这里考虑名义GDP时包含了通胀率顺周期的情况。在不考虑滞后等细节的时候,说到一个变量顺周期可以理解为与真实GDP正相关,也可以理解为与名义GDP正相关。名义的劳动收入、利润和财政收入都是顺周期的,这一点没有问题,但是利润份额顺周期有更强的意思。财政收入份额也是顺周期的,只有劳动份额是逆周期的。再分配中的变化对这样的周期性没有大的影响。

利润份额顺周期的情况在其他经济中也存在。由于给定的固定资产折旧率和一般的工资黏性,以及借贷利率的事先决定,企业利润对于经济景气的弹性一般来说都比较大。中国的情况更进一步加强了利润的弹性。一是大型的国有部门——包括政府和企业——的就业和工资对于短期经济景气的反应很差;二是利率显著缺乏弹性。后者在企业负债率比较高的情况下影响更大。

修订后的资金流量表提供了可支配收入分配的一些情况。住户可支配收入的份额在2000—2009年的十年里总的来说在显著下降,但也包含与名义GDP反向变化的短期波动。特别是在2009年,当名义GDP达到多年最低增长率的时候,住户收入的份额反而上升。在2010年和2011年,由于企业利润和财政收入的高增长,住户收入的份额应当显著下降。

不过,居民收入份额与名义GDP的短期反向变化并不必然导致居民实际收入增长率与实际GDP增长率的反向变化。后者比前者更强。从前者到后者,需要几个有关的弹性达到一定的量值。这包括通胀率对GDP增长或缺口的弹性,利润和劳动收入对于名义GDP的弹性以及再分配中的一些情况。主要参考工业利润和名义GDP的关系,再考虑通胀率对GDP的弹性,可以认为城镇居民人均可支配收入实际同比增长率和GDP同比增长率在2008年以来显著反向变化的情况是可能的。

但是考虑到通胀的滞后,居民实际可支配收入与GDP的同期反向变化关系仍然难以成立。在需求扩张引起高增长的早期,通胀还没有起来,居民收入份额虽然下降,但绝对的增长率仍然上升,这导致了真实收入增长率上升。在晚些时候,CPI通胀率上升,居民真实收入增长率才开始下降。所以应当存在一个滞后的负相关关系。这里,CPI通胀率特别是食品通胀率的变化,与更多的变量有关,难说有一个确定的滞后时间,在一些情况下,就可能出现同期负相关的结果。

最近几年劳动年龄人口增长率下降,这早晚会导致利润率的下降,但是否会影响到利润和劳动收入的份额并不很确定。从其他同类型经济的情况看,经济增长率显著下降的过程确实伴随着劳动报酬份额的上升。这是一个比较长时期的变化趋势,在短期内难以产生很显著的影响以致达到使居民收入和GDP增长率反向变化的结果。最近两年的情况,可能仍然是以周期性变化的影响为主,但劳动收入份额的长期趋势可能已经发生并产生了一定的效果。

在简单的收入会计方法中,金融资产收益的计算可能产生歪曲。将表面收益计为金融资产的收益,在通货膨胀情况下对于本金的损失没有考虑。在 1988 年和 1994 年两次高通胀中,居民金融资产遭受了很大的损失,住户收入调查数据没有反映这方面的情况。过去十年的通胀率平均水平显著低于早先,但是居民金融资产与收入的比例显著上升了。1987 年,年末居民储蓄为当年 GDP 的 25.5%,到 2010 年,这个比例上升到了 77.2%。所以,尽管 2011 年的 5.4% 的 CPI 通胀率大幅度低于 1988 年的 18.8%,储蓄存款因通胀导致的损失相对于收入水平却是接近的。在金融资产迅速增长的情况下,居民对通胀越来越敏感。

做一个很简单的估计。首先,根据城乡人口和住户调查的人均收入计算居民总收入,其中城镇为可支配收入,农村为纯收入。其次,用上年年末的储蓄存款和当年的 CPI 通货膨胀率计算储蓄存款的本金损失,按当年价格计算。最后,将储蓄存款的本金损失从居民总收入中减掉,对结果按 CPI 做调整。用年度数据如此调整的居民收入增长率和 GDP 增长率在同期轻微负相关,当年收入增长率和上年 GDP 增长率的负相关更强一些。由于年度数据样本小,不确定性是比较大的。负的相关性主要来自 GDP 增长率波动大的时候,在 1997—2002 年的通货紧缩期间,GDP 增长率持续偏低,情况就不一样了。就最近几年的情况来说,2009 年是居民收入增长率最高的,2010 年最差(2012 年是估计数)。由于是增长率,2009 年的收入增长率高的部分原因是由于去年通胀高而存款损失大,2012 年的情况也是这样。

需要强调的是,逆周期只是在短期波动剧烈的时候才存在,如果低增长、低通胀甚至通缩持续一段时间,居民收入增长率也会下来。所以从较长的时间段来看,居民收入仍然是顺周期的。

在过去两年,基于较高的通胀,对于宏观政策刺激需求的倾向或可能性有不少批评,本来就存在的对投资高增长的担忧近一步增强,对 2008 年年底的"4 万亿"政策的负面评价也在增加。这样的舆论可能对今年以来的宏观政策产生了相当的影响。尽管很多企业感受到了严重的困难,盼望政策宽松,但消费者更担心政策宽松引起通胀回头。回顾过去,同样的情况在 1988 年前后和 1994 年前后的高通胀时期也出现过。这里的分析是希望从收入分配的角度来理解企业界和消费者群体的不同感受。消费者对于通胀的厌恶、对于 GDP 的冷漠、对于投资的担忧,与企业界的态度差别巨大。考虑到居民收入逆周期的情况,对问题的理解也许有所助益。当然,与总量上的收入波动相关的还有收入分配差距扩大的问题和其他,居民收入逆周期只是很多问题中的一个。

第32次 报告会快报

（2013年3月2日）

CMRC"中国经济观察"第32次季度报告会于2013年3月2日下午在北京大学国家发展研究院万众楼举行。会议由北京大学国家发展研究院卢锋教授和徐建国副教授主持。卢锋教授根据第31次"朗润预测"的汇总结果，用"经济温和回升，政策审慎求稳"两句话概括了28家特约机构对今年第一季度我国宏观经济走势的看法。

本次报告会上半场主要围绕中国城镇化问题进行了深入探讨。高盛投资管理部中国区副主席、首席投资策略师哈继铭博士，光大证券首席宏观分析师徐高博士，北京大学国家发展研究院卢锋教授先后发言。报告会下半场讨论了近期国际国内宏观形势，中国国际金融公司董事总经理王庆博士，中国人民银行货币委员会委员、北京大学国家发展研究院宋国青教授先后发表演讲并回答听众提问。下文为主讲嘉宾的演讲摘要。

哈继铭：全球经济展望与中国城镇化

哈继铭博士主要讨论了美国、欧洲国家、日本的总体经济情况，新兴市场短期经济增长与通胀展望，对中国经济短期变化趋势、风险和政策应对的预测，以及中国城镇化前景。

全球经济总体应比去年有所好转，尤其是新兴市场增速会比去年明显加快。美国经济增速与去年基本持平；欧元区可能继续衰退，但是幅度有望低于去年；日本受灾后重建影响，经济增长放缓，货币政策继续扩张会导致日元进一步贬值。

利用领先指标预测，美国第一季度经济增速平均值在2.5%，哈博士认为今年美国增速第一季度最高，第二、第三季度下降，第四季度回升，全年在2%左右，波动范围是1.5%—2.5%；明年经济增长速度会进一步加快至2.5%—3%。私营部门经济增长的活力可能会抵消甚至超过自动减支带来的负面影响。

关于美国的货币、财政政策，主要是对美国何时开始退出QE甚至加息的判断。目前,高盛的基本判断还是以失业率为准绳,失业率要达到6.5%需到2015年左右,所以货币政策在此之前有望保持进一步的宽松,加息会在2015年或2014年以后。但并不是说这两年货币政策就不会有调整,2014年量化宽松政策将有所收紧,美联储购买债券的数量将有所下降,这本身也是代表着一种紧缩。

美国财政政策的关键时点将在未来两个月出现。3月1日,美国自动削减支出开始实施,3月15日以前政府、众议院和参议院将提交财政预算,如果这段时期还没有达成关于债务上限协议的话,3月27日政府将面临临时关闭。4月中旬,参众两院通过财政预算方案,5月18日债务上限正式期满。这些重要事件会引起市场波动和不安,这种波动和不安是代表着应把全年经济看淡,还是反而提供了一个入市的机会?哈博士认为是一个机会,他相信最终这些问题会得到解决,而且美国私营部门经济尤其是房地产的复苏迹象非常明显。

从历史上看,财政悬崖和债务上限问题解决前往往会引起资本市场的巨大波动,但之后这种波动幅度会立即下降。相比起财政悬崖,对财政上限的讨论可能会引起更大的市场回调,提供入市的机会。尽管一两个星期以前全球的股票市场都表现得很好,然而,美联储的会议记录预示着一些对于货币量化宽松意见不一致的观点被披露出来,意大利的选举结果也不令市场满意,市场已经出现了相当幅度的调整。但哈博士认为接下来有进一步调整的机会,将提供继续入市的窗口。

目前来看,欧洲债务问题得到一定程度的解决,尤其是欧洲央行量的宽松政策推出之后,欧洲各国的债券价格明显提升。形势改观一方面在于欧洲央行力挺欧元区,另一方面这些国家确实采取了一些措施降低赤字。市场增强了对这些国家未来财政可持续性的信心,但它也是一把双刃剑,对实体经济带来短期的不良影响,因此目前欧元区经济比较低迷。所以,在欧元区市场上也会观察到一些重要的投资机会,比如高盛现在强调购买欧元区大的跨国公司的股票。这些大的跨国公司身处欧元区,受到整个市场氛围的不良影响从而估值较低,但其很多产品并不是在欧元区内销售,相当一部分销售到新兴市场,包括中国。

欧元区接下来的经济走势如何?根据欧洲许多领先指标可以编制一个欧元区稳定指数,以65%为分界,超过65%后的5—8个月,经济会走出衰退。这个指数目前已经超过65%,因此欧元区经济在今年下半年会走出衰退,尽管全年也许是小幅的负增长。全年将呈现前低后高的走势。

判断日本经济走势的关键还是货币政策。如果日本央行行长4月到位,日本有望采取进一步量化宽松政策,日元的贬值将拉动日本出口增长,并带动股票市场的上涨。这几个月以来,我们一直推荐投资者借日元买日本的股票,由于日元利率较低,利用汇率上的对冲,投资者从中可以得到相当可观的回报。

新兴市场增长还是低于潜在增速,无论是"金砖四国"还是N11。由于还低于潜在增速,增速进一步上升未必导致巨大的通胀压力,尤其是中国。中国目前的领先指标尽管在最近这一个月有所回落,但依然意味着经济积极向上。去年年中的一些项目审批、财政赤字以及两次减息带来的经济复苏还在持续,今年上半年经济增长依然强劲,可能达到8%以上。从全年来看,增长速度应当在8%左右,各个季度增速在7.5%—8.5%,很可能呈现倒V字形,即前高后低趋势。增速达到8%以上,可能会出现一些投资过热甚至于房价上涨速度过快的现象,但相信政府会采取措施防止风险的进一步蔓延。

除了投资过热和房价上涨过快带来的风险,通胀是主要隐忧。通胀压力主要来自劳动力成本上升以及可能出现的输入型通胀压力,因为许多国家都在实行量化宽松政策。从劳动力这个问题上看,目前中国60—65岁年龄段的人群数量上升。从联合国预测数据来看,中国的劳动力人口现在还没有到一个下降的拐点,但是2015年之后将会出现劳动人口的明显下降。

劳动人口的年龄结构对经济发展及产业结构的影响很大。未来我们制造业的发展优势,即劳动力成本优势会更明显地减弱,而中老年人所占比例较大的农业和第三产业受到的影响相对较小。这对于我国经济的转型,由依靠以出口为主的制造业来拉动转向由服务业带动,将是一个利好,也预示着我国在服务业甚至农业方面将有更大的发展机会。

市场对于今年通货膨胀的预测也是逐级上升的,最高点有可能出现在下半年第三季度,考虑到翘尾因素,估计会在6月、7月。未来几个月,政府会感受到通胀、房价、投资过热这些风险在积聚,货币政策也许会做出相应的调整。目前,房地产市场还是垄断着整个经济的走势,如果房价下降或者有关房地产的政策收紧,房地产行业本身以及相关的上、下游行业都会受到影响,这与刚刚所说的今年经济形势前高后低的倒V形变化也是一致的。

货币政策调整可能受社会融资总量增长的影响。虽然贷款在社会融资总量中的占比不断下降,但其他融资方式包括理财产品、承兑汇票以及小额信贷的增长速度非常可观。判断中国内部积聚的风险何时集中释放,最关键的指标是社会总体杠杆率。中国老百姓、企业、政府的总体负债,包括所有银行贷款及影子银行活动在内的社会信贷总量达到GDP的220%。其中,20%左右是居民信贷,主要是房贷;政府负债份额不到50%;余下的150%中相当一部分是政府隐性债务,一旦出现问题,负担仍可能会转嫁给政府。动态观察其上升速度很快,2008年以前,总量在150%左右,之后就逐年飞速上升。上升最快的是影子银行和地方政府融资平台。

人民币汇率,从趋势上看,两三年内会小幅升值。升值主要有内外两大因素:外部因素是指中国经济存在比较明显的外部失衡,主要表现在中国顺差和美国逆差,所以人民币对美元升值,从基本面来说是有支持的;内部因素表现在中国政府正在极力打造人民币国际化,这个过程中人民币贬值是不切实际的,至少会保持稳定,略有升值。

城镇化是政府努力推动的未来经济增长动力。城镇化与经济增长之间,究竟是城镇化推动经济增长,还是经济增长发展到一定阶段自然会推进城镇化?哈博士的研究表明,两方面的因果关系都存在。

首先,基础设施的完善,自然会带来包括消费、投资在内的经济增长便利。中国各个省市电信、交通运输基础设施的投资,本身与这些地区的消费密切相关。其次,城镇化会提升农村消费水平,提升已居住在城市但没有城市户籍的人群的消费水平。最后,城镇化会带来产业的转移。即使东部地区的劳动力成本已经上升到不太适合制造业发展的水平,然而一些内陆地区的人口红利还没有完全消失。未来十年中国很多沿海地区的产业将转移到内陆地区。

城镇化对中国不少产业会有巨大的推动作用，主要涉及房地产、农业和服务业。就房地产业而言，如要满足没有买房的城市居民的住房需求，再加上即将迁往城市的农村人口的需求，按现在总体住房面积计算，中国还需建170亿平方米的住房。按照现在每年8亿平方米的建设速度，中国房地产还需要20年的发展，还需要大量建设来满足城镇化过程中释放的真实需求。另外，房地产业发展会推动建筑材料的需求，比如水泥、电力和煤炭等都会有很大增长空间。其实"城镇化"口号提出来时，这些行业在资本市场上已出现反应。

城镇化对农产品价格会有明显影响。本来农民可以在家里种菜、养猪，但是目前这一块供给在明显减少，城镇化逐步推进后，居民食物消费都要到市场上才能实现。我相信，未来中国对国际粮食的进口依存度会明显上升，从而推高粮食价格，所以农业在城镇化的过程中一定会展露出巨大的投资机会。

城镇化将展现中国服务行业发展的巨大机会。目前，中国服务业的劳动力结构是有相对优势的，至少和制造业相比是如此。从需求方面来看，服务业也存在巨大的空间。无论电脑还是互联网的渗透率，在中国的城市中已经是比较高的，但是在农村边远地区依然是很低的。服务行业还包括医疗、教育方面的开支，农村和城市相比，差距依然很大。

徐高：理解中国城镇化的人口视角

在演讲伊始，徐高博士首先指出目前人们对城镇化问题的两点分歧：第一，城镇化与经济增长究竟哪个是原因，哪个是结果，目前还没有定论；第二，所谓新型城镇化与之前所提到的城镇化，在概念和结果上究竟存在何种差异还存在争论。针对上述问题，徐博士主要从人口结构变化的角度发表了自己的看法。

通过经验分析可以发现，尽管从经济增长、非农产业占比、非农就业占比、大城市居民占总人口比重、老龄化等五个方面同城镇化的关系来看，我国改革开放三十多年来的城镇化过程与世界其他国家的经验高度吻合，但依据上述事实得出中国的城镇化会继续快速推进的结论却为时过早。从韩国的经验来看，城镇化的过程会随着城镇和农村老龄化率差距的增大而趋于停滞。这是因为在该国农村转向城市的人口中，青少年是绝对的主力军，而老年人却并不多见。我国的情况与韩国类似，经过二十多年的城镇化发展后，我国农村中青少年人群的比例较1990年时已有了显著下降。尽管我国目前仍有约6亿的农村人口，但随着农村青年人口比例的减少，现在看起来还不明显的城乡老龄化差距会在在未来15—20年内大幅度拉开，从而给我国的城镇化进程带来很大的困难。

青年之所以成为我国城镇化人口转移过程中的主力，同城市对农村移民所采取的各种制度壁垒有着紧密联系。由于存在医疗、教育、社保等诸多方面的限制，农村移民无法在城市真正安家，从而也无法将小孩和老人接到城市生活。而与此同时，随着农村老龄化率的提高，农民进城的脚步会受到进一步的制约，继而加深农村地区的贫困并扩大城乡收入差距。

基于上述原因,我国目前正处于选择城镇化道路的十字路口。城镇化的道路将决定中国经济的未来。在目前的关键时期,我们应当进行恰当的政策调整以使中国摆脱城镇化的"死路"。在谈到如何使中国走上"新型"城镇化的道路时,徐博士认为有三个必要条件:一是城镇尤其是二三线城市要加强基础设施建设,为农村特别是农村老龄人口提供合适的居住环境和配套设施;二是改革户籍制度,为农村人口接受平等的医疗和卫生制度提供保障;三是改革农村土地制度,使进城的农村人口能够以土地换取其他形式的社会保险,从而彻底摆脱土地的束缚。

最后,徐博士还特别指出,目前留给政府采取行动的时间并不充裕,能否有效实现政策调整,需要决策者的魄力。

卢锋:中国当代农业革命(1978—2012)——大国城镇化的前提条件

改革开放以来,中国开始快速城市化的进程,农业劳动力占比从改革初期的约70%下降到目前的约35%。同时主要农产品产量大幅增长,农业劳动生产率持续提升,在中国几千年的农业史上堪称一场革命。农业革命有效保障了中国13亿人口的粮食安全,并构成中国大国城市化与结构持续转变的前提条件之一。卢锋教授考察了中国农业革命的表现、根源与贡献,并讨论了完成农业革命所面临的挑战。

中国当代农业革命主要表现在以下几个方面:

第一,三十多年来主要农产品产量不同程度地持续增长。粮食、棉花涨幅较低,共增长1—2倍;水产品涨幅最高,增长十多倍;油料、肉类涨幅居中,增长5—6倍。2004—2012年粮食产量"九连增",是中国新时期农业增长的最新成就。不过具体看取得"九连增"这一前所未有成就的背景条件之一,是此前五年中国粮食产量前所未有地持续下跌,这又与20世纪90年代后期空前规模的过量库存有联系。

第二,农业和粮食的平均劳动生产率持续增长。以1978年不变价农业增加值衡量年均劳动生产率,2011年为1 688元,是1978年362元的4.66倍,改革开放时期年均增长4.77%。1978年每工日平均产出6.65公斤粮食,比1953年的9.2公斤下降近三成。2003年每工日粮食产量31公斤,年均增长6.35%,2011年达到61.1公斤,2003—2011年年均增长率达8.84%。

第三,主要农产品的平均劳动生产率持续增长,过去三十多年13种主要农产品的劳动生产率的平均增长率为7.1%,最高是鸡蛋约10%,最低是苹果3.5%。4种粮食的劳动生产率的平均增长率为7%,最高是小麦8.1%,最低是稻谷6.3%。

第四,农业边际劳动生产率持续增长。以1978年不变价农业增加值衡量,农业边际劳动生产率从1978年的110元上下增长到2011年的527元,年均增长近5%。粮食边际劳动生产率从1978年的每个工日0.92公斤增加到2010年的8.13公斤,年均增长约7%。

第五,在粮价周期波动方面,谷物不变价经历了明显的周期波动,但在整个时期没有趋势性大幅上涨。具体表现为2011年每公斤均价为0.58元,略低于1980年的0.60元。

这样的特点反映了农业生产供给系统在过去三十年大体平顺的支撑结构。

第六,过去三十多年中国农业劳动力向非农部门累计转移约2.2亿—2.5亿人。如果加上城镇人口新增劳动力就业,非农就业总增量就达3.7亿人之多。与OECD国家过去一个多世纪农业劳动力平均占比从53%下降到10%相比,中国该占比值从改革初的约70%降到2010年的35.6%。

上述变化最有实质意义的是农业劳动生产率持续提升。马克思指出,超过劳动者个人需要的农业劳动生产率是一切社会发展的基础。只有劳动生产率提升,才能在改善大国国民膳食结构的同时,还能支持几亿农业劳动力转向非农部门。中国当代农业革命的基本特征事实,符合常规经济的分析逻辑,与农业部门生产率不变前提下"农业劳动力无限供给"的刘易斯二元结构的理论假说其实并不一致。

当代中国农业革命主要有三方面的根源。首先,是"政策好"与"人努力"。改革计划经济时期错误的体制政策,建立以确认农户自主产权为本质内容的家庭承包制土地制度,构建适应农业经济规律和特点的农村微观组织架构。放开价格管制,允许和培育农产品市场的产生和发展。降低直至取消农业税负,增加农业财政支出,重视农村教育以开发和培育农业劳动力资源。市场取向的农业改革政策,加上中国农民的勤劳努力与聪明善学的优良素质,善于通过"干中学"提升人力资本,构成农业劳动生产率持续提高的关键条件。

其次,是农业科技进步与现代投入大幅增长。1978年以来,我国耕地的有效灌溉面积从不到6亿多亩增长到9亿多亩,农业用电量则增长了几十倍,化肥尤其是复合肥使用量大幅增长,农用薄膜覆盖面积达到3亿亩左右。2004年以后大中型农业机械增速大幅提升。

最后,是开放环境中通过发挥比较优势提升农业产出效率。农业进出口从1981年的110亿美元增长到2011年的约1 600亿美元,年均增长率为9.3%。出口中水产品和园艺品增长较快,进口以土地密集型大宗农产品为主,与中国农业要素禀赋和相对成本结构的特点具有一致性。近十年来中国农业贸易逆差较快扩大,2012年超过600亿美元,但从提高效率和支持结构调整看,开放发挥比较优势作用对农业革命具有重要意义。

整个改革时期,农业对GDP增长贡献的年度平均值约1个百分点。另外,农业革命支撑的劳动力转移具有间接的宏观增长效应。根据广义奥肯模型对中国经济增长率与农业劳动力转移之间的定量关系的估测结果,劳动力转移对宏观增长的贡献在整个改革时期简单年均值超过2个百分点。随着结构转型的持续推进,我国农业劳动力占比在2020年有望降到约25%,2030年将降至14%以下。"退出"和"转出"将是决定未来农业劳动力占比下降的两大最重要因素。

未来中国农业增长面临多重挑战。一是现代投入增长带来各类环境污染的压力,包括化肥残留、残膜白色污染、农业面源污染导致水体富营养化等问题。二是新的食品安全挑战,包括三聚氰胺、瘦肉精、苏丹红、孔雀绿之类的问题。如果说传统粮食安全主要解决"有没有吃的"问题,新一代食品安全则要更重视应对"有东西敢不敢吃"的问题。三是农业劳动力老化的挑战。农业劳动力的年份分布从1990年下宽上窄的"金字塔形",已快速变为2010年腰身粗壮的"圆葫芦形"。

面临劳动力"量减年老"和环保压力趋势上升等限制,中国需持续进行制度创新以发掘农业的增长潜力,并在更高水平上借助技术进步和现代投入增长效应以持续提升农业劳动生产率,从而最终完成中国的农业革命。

王庆:中国经济的"新常态"

王庆博士以中国的储蓄为根本出发点,分析了中国经济的"过去式",并结合人口结构发生的变化指出了中国经济的"新常态",最后从杠杆率、债务水平、利率等方面分析了全球发达经济体的特征,并提出了中国将面临的挑战。

中国经济的"过去式"可理解为是2007年以前的状态,有三个特征:一是经济增速较快;二是通胀率很低;三是资产价格上行压力持续存在。理解这一现象以及更长时间诸多宏观经济现象的重要出发点就是高储蓄。如果假定中国储蓄给定的话,实际上储蓄的使用方式只有三种:一是形成境内有形资产,二是形成境外有形资产,三是形成境外金融资产。

中国高储蓄形成较高的境内有形资产,就是较高的投资水平;高投资形成高增长,但是中国高经济增长伴随的不是相对高通胀而是低通胀。对此可以从总供给和总需求框架考虑。投资扩张导致总需求曲线向右移动带来通胀压力上升;但投资形成产能扩张使总供给曲线向右移动。总供给的快速反应造成高增长伴随较低通胀,这一点与成熟经济体不一样。分析中国宏观经济问题时,不能简单地假定总供给曲线不变,即使在中短期也不应假定垂直总供给线。

虽然我国鼓励对外投资,但是由于获得境外有形资产难度较大,所以储蓄更多地体现在境外金融资产上。在外汇资本账户管制的情况下,中国对外金融资产集中体现为外汇储备积累,从国家整体来讲是对外金融资产的积累,同时也形成对内流动性的创造。换句话说,从国家整体来讲有对外金融资产,但是就每个居民个体、企业个体而言并没有形成境外金融资产,而是把各自手中的美元卖给央行然后由央行进行对外投资,这就造成了内部流动创造,产生流动性过剩的现象。

一方面境内有大量有形资产,另一方面境内又存在了大量的流动性创造,具体体现在货币增速很快。加之国内资本市场不发达,尤其体现在证券化产品供应比较弱(包括股票和债券市场),这就形成了资产价格的上升压力,因为多出来的流动性需要寻找投资机会。这种具有金融性质的投资机会由于不发达市场的存在形成了不对称,于是中国经济的"过去式"的根本特征表现在较高的经济增长、相对较低的通胀和资产价格上行的压力。

储蓄实际上并不是给定的。影响储蓄的一个很重要的因素就是人口结构。理解中国经济系统以及对储蓄的影响时,可将人口作为外生变量。计划生育政策相当于在中国社会中执行一个伟大的、深远的社会实验,改变了人们的基本行为,宏观层面表现出对储蓄率的影响。其他国家人口老龄化要花几十年、上百年的时间,中国三五十年就完成了。此外,人们的消费习惯难以改变,尤其体现在整个改革开放过程中受益最多的群体——我们这一代以及父辈,他们的经济实力、收入增长很快,但是消费行为变化比较慢,这也是造成高储蓄的一个重要因素。

在这样一个宏观经济特征和政策制度环境中,最突出的特点表现为金融压抑。政策制定者面对这样一个环境,实现经济增长和控制通胀对它们来说并不是难事,难点在于如何抑制资产价格上升的压力以及可能产生对金融系统的威胁,于是产生了金融压抑。金融压抑具体体现在通过对利率、汇率、金融机构、金融产品的管制,使得资金使用上受到严重限制,以至于防止由资金使用自由化引起的对资产价格上行的压力必然带来的泡沫以及泡沫可能对金融系统的影响,这既是中国经济的"过去式"的特征,也是政策制度的特点。

近年中国经济发生深刻变化,尤其是人口结构发生了巨大变化,从而形成了中国经济的"新常态"。计划生育政策本身并没有发生变化,但是政策带来人口结构的拐点已经出现,进而造成储蓄率停止上升甚至下降,储蓄率下降自然会引起境内有形资产、境外有形资产和境外金融资产积累放缓、投资增速放缓、GDP 增速放缓。投资扩张本身会形成需求增加和通货膨胀压力,但是供给反应不再那么迅速,使得经济出现相对较低的增长伴随着相对较高的通胀,这是中国经济"新常态"的一个很重要的特点。

在境外金融资产的积累方面,储蓄率下降会减缓境外金融资产的积累,加之资本账户管制,外汇储备的积累和流动性创造也会相应减少。过去两年我国外汇储备的积累速度明显放缓,去年几乎没有新增长,由外汇占款产生的流动性创造也很少。同时伴随着中国资本市场的进一步发展,有价证券供给大幅度增加,使资产价格的上行压力减弱。

所以,中国经济"新常态"的主要特征就是 GDP 增长速度放缓,通货膨胀率相对较高,资产价格的上行压力减弱。此外,造成储蓄率下降的另外一个因素是新一代人的消费习惯开始发生变化,出现了所谓"月光族"一代。

由于宏观经济变量发生上述变化,使金融压抑不再成为必要条件,同时在储蓄率放缓、投资增长速度放缓的情况下,要实现同样速度的经济增长必须提高投资质量。提高投资质量就要提高金融中介的效率,这种效率在原有金融压抑下是无法实现的,于是就有了金融创新的需要,从而出现了对利率、汇率、金融机构、金融产品创新的要求。金融创新主要体现为金融中介的多样化、金融产品的多样化,也会表现为金融资本价格的上升,也就是利率的上升,最近两三年信托产品的出现使得资金价格已经在明显上升了。由于金融创新管制放松,资本市场对价格的管制越来越松,资金将逐渐开始体现它的机会成本,这也是中国经济的"新常态"。

王博士主要从杠杆率、债务水平、利率等方面分析欧洲、美国、日本等发达经济体的特征,如公共和私人部门杠杆率停止上升或有所下降,非金融部门整体负债水平上升和负债支出下降。从利息支出占 GDP 的水平和利息支出占整个债务规模的比例来看,发达国家整个系统的负债水平在上升,但是负债单位成本在下降,使得负债成本下降。

美国、日本和欧洲国家财政融资需求大,如果市场利率上升将会使这些发达国家的财政状况迅速明显恶化。所以危机后发达国家最重要的特征表现为:一是负债率很高,尤其是公共部门的负债率更高;二是无法承受利率上升可能带来的负担,否则会再度开始一轮危机的过程。由于利率不能上升,利率实际上就不会上升。未来欧美国家利率将长期走低,因为无法承受高利率。

面对上述结构变化,中国将不得不依赖金融创新来提高金融中介质量,然后提高投资质量和经济增长质量,甚至维持一定的增长速度,这意味着利率水平较高从而形成挑战。政策上使央行上调利率的空间变小,否则的话,会形成进一步的资本流入压力以及汇率上升的升值压力,这将不得不依赖于进一步的资本账户管制来解决。境内金融创新必然带来金融成本上升,尤其是中长期利率上升,同时由于外部环境的这样一个约束,又抑制了中央银行调整利率,尤其是上调利率的空间。于是中国债券市场的收益率曲线会陡峭化,带来很多投资交易机会,中国资本市场不发达,不能直接通过这个判断投资,但是这个变化对判断市场变化甚至个人投资都有帮助。如果短期利率持续偏低,长期利率走高,一般情况下应当做空短期负债,做多长期负债,也就是借短贷长。但在实际中如果靠贷款买房,实际上是做空长期做多短期,这似乎不太说得通。另外,短期利率偏低对股市也有帮助。如果出现短期利率持续偏低、长期利率走高的趋势性变化,而且这种变化长期存在,从交易本身而言似乎炒股比买房更合适。

宋国青:货币产出比与资本产出比

目前来看,短期内宏观调控压力不大。去年第四季度经济恢复以后市场曾担心通胀抬头,受去年冬季天气异常的影响,今年1月、2月价格水平涨幅很高,但过去这一周农业部农产品价格下跌较多,由此看来3月CPI可能较低。此外,限制公款消费也可能在一定程度上限制总需求,有助于抑制价格上涨。总的来看,通胀压力较小使得货币政策紧缩压力不大。

宋国青教授主要从货币产出比及资本产出比的角度阐述了经济的中短期波动和长期趋势问题。这里的货币产出比是货币与名义GDP的比例,货币一般用M2来衡量,有时也加入其他的考虑;资本产出比则是指资本存量与GDP的比例。

2003—2009年M2与GDP的比例有所下降,最近又恢复上升,引起了人们普遍关注,也引发了货币是否多发的讨论。用年末M2与当年名义GDP总量的比例可以作为货币是否多发的指标,原因在于年底猛然增加货币供给,但年底GDP总量已经给定,因而确实可能导致该比例上升。但这种情况下M2与未来一年名义GDP的比例不一定会上升,其背后的原因在于货币投放多可能使得未来一段时间的真实经济活动提高。例如,货币供给比正常速度高了5%,如下一年名义GDP增长率为8%,该比例则会下降。

年末M2与GDP的比例倒过来看即是货币流动速度。经济不景气或通货紧缩时货币流通速度下降,通货膨胀时货币流通速度上升,再加之通货膨胀期间企业杠杆率下降,因而我们会看到通胀、低杠杆以及低货币产出比的组合情况。国民党执政后期货币贬值时,货币和GDP的比例肯定非常低,原因在于当时大家急于将现金换作实物,货币流通速度非常快。

中国在1997—2001年的五年通货紧缩期间,名义货币增长最低,但是M2与GDP的比例却在此期间大幅度上升,大致上升到2003年前后。如果认为货币产出比高是一个问题,是否可以通过通货紧缩的方式让它下降呢?从前面的分析可以看到,结果肯定是这一比例将会更快上升。这五年通货紧缩期间的另一个情况是货币的衡量变得更复杂,主要由于政府大量发债及股市大涨致使约4千亿元的资金流入,这些都没有进入M2统计。由于这期间国债余额高速增长、股市反常繁荣,股市融资也比较多,加入国债余额和股市融资累计额等加项的M2与GDP的比例上升得更快,1996年、1997年每年上涨超过13%。因而短期内控制货币或者流动性总量增长率并不能抑制,甚至可能推高货币或流动性与GDP的比例。对货币产出比或者反过来说货币流通速度的长期变化,一般认为与制度变量特别是金融体系的变化等有关,与名义货币的增长率最多弱相关而且方向不确定。从长期趋势上看,按更宽口径度量的流动性与GDP的比例还会上升,虽然上升速度可能减慢。M2比例是否上升,相当大程度上取决于非银行融资的进展情况,从目前看上升的可能性仍然相当大。

1978—2012年,GDP平均每年增长9.9%,按固定资产投资价格指数缩减固定资本形成平均每年增长11.8%,这导致资本产出比的显著上升。1978年的资本存量按资本产出比2.1倍算(资本存量都指年末值),资本用支出法GDP中的固定资本形成并按固定资产投资价格指数缩减,按5.0%的几何折旧率,可以估算出1978—2012年的中国资本产出比。这一估算结果显示2012年资本产出比为3.03,高于发达经济体长期约2点几的平均水平。进一步预测未来资本产出比的变化,即使按照想象中投资率能够下降的最快速度(2030年下降到34%),对应于固定资本形成增长率在2030年下降到2.6%这一极低的水平,资本产出比仍会一直上升到2030年的3.5之后才会基本持平。因而资本产出比的上升不是短期现象,应该说是比较长期的事情。

在这一过程中,资本的形成有一部分是企业自有资金,更大部分还是融资,所以融资比例也随之上升。假如各部门融资(包括股权和债权融资)与总资产同比例增长,那么资本产出比上升意味着总融资与产出比例的上升。考虑前面谈到的货币产出比。如果货币或者更广义的流动性与资产同比例增长,那么资本产出比上升则意味着货币或者更广义流动性与GDP比例的上升。另外,如果资产负债率、负债或者融资占总资产的比例不变,资本产出比的增加会导致负债占GDP的比例上升。目前企业部门资产负债率比较稳定,2012年负债率上升主要是受短期景气影响,企业利润比较差,自有资本比较少,贷款有比较高的增长。如果剔除这一短期因素,可能近几年企业负债率基本上走平或者由于股市融资较少而有轻微上升。由于地方融资平台问题,狭义政府部门的资产负债率上升了。全社会资产负债率,其中全社会总资产用实物资产加上外汇资产、对外净资产来衡量,可能没有上升,但是负债占GDP的比例由于资本产出比上升而上升了。

资本产出比的上升并不必然意味着效率的低下。由于2009年以前劳动生产率的上升速度更快,虽然劳动力有所减少、资本有所增多,经济增长率并没有下滑。但是近几年,由于资本存量增长率高,经济增长速度放缓,而劳动增长率又没有太大变化,因而提示全要素增长率在下降。但这并不说明要减少投资,投资主要由预期边际回报率决定。对于投资的边际回报率问题,未来资本产出比继续上升,利润份额可能会下降,投资回报率因而可能会有较大幅度的下降。从政策的角度来看,从拉动短期需求的角度考虑基础设施投资,一哄而上,会成为越来越严重的问题。如何从制度上保证投资的未来效益非常重要,企业投资也需要更加注重长期的投资效率。

第33次 报告会快报

（2013年4月21日）

CMRC"中国经济观察"第33次季度报告会于2013年4月21日下午在北京大学国家发展研究院万众楼举行。会议由北京大学国家发展研究院卢锋教授主持。卢锋教授根据第32次"朗润预测"的汇总结果，用"内需稳中有进，出口高位回落，总体温和回升"三句话概括了26家特约机构对今年第二季度我国宏观经济走势的看法。

本次报告会上半场主要围绕我国社保和户籍制度改革、农民工市民化等问题进行了深入探讨。北京大学国家发展研究院姚洋院长、中国社会科学院世界社会保障中心郑秉文主任、国务院发展研究中心农村经济研究部何宇鹏研究员先后发言。报告会下半场讨论了近期国际国内宏观形势，中国社会科学院数量经济与技术经济研究所李雪松副所长，银河证券首席经济学家潘向东博士和中国人民银行货币委员会委员、北京大学国家发展研究院宋国青教授先后发表演讲并回答听众提问。下文为主讲嘉宾的演讲摘要。

姚洋：户籍制度改革及其影响

我国在1958年颁布了《中华人民共和国户籍管理条例》，从此正式有了户籍制度。这个条例实行到今天已将近六十年。原来《中华人民共和国宪法》里有"公民拥有选择居住地的自由"这一条，由于和该条例冲突，因此1975年在修改《中华人民共和国宪法》时被删掉了。

20世纪90年代我国开始发生大规模的人口流动现象，正好又赶上城市职工下岗问题，政府对人口流动采取了一系列限制措施。一直到2003年出现了标志性的"孙志刚事件"后，政府才对《中华人民共和国收容遣返条例》进行大修改，基本上废止了这个条例。

2012年2月23日，国务院出台了新的户籍改革相关文件，对县级及以下城镇标准较为放宽,只要拥有稳定的工作和住所(包括租住住所)就可以申请当地户口。地级市要求在当地连续工作和居住满三年。副省级城市和直辖市维持现有制度不变。但是,在过去一年多的时间里,并没有出现很大的推动,发展和改革委员会调研后认为原因在于改革阻力太大。

唯一发生改革的是高考制度。高考制度作为户口制度改革的重要方面,实际上各地改革情况差别很大。去年很多省份都采取了一些措施,最激进的是黑龙江省,该省规定只要在本地上满一年中学就可以参加本地高考。相比之下,有一些省市变化较小,如北京只允许随迁子女就读职业高中和高职,不允许考普通高等院校。户口制度改革仅仅依靠这种试点放权的方式成效是不大的,因为先改革的地方就要先面临如何接纳更多人的问题,因此,需要中央政府下大的决心。

为什么户籍制度改革非常重要?主要有两方面原因:

第一,它事关公民权利。户籍改革的阻力非常大,但它不是来自特定利益集团,而是来自城市的中产阶级。进行户籍改革,以前是利用补偿的办法,但是怎么去补偿这么多现有城市人口或者说本地人口?在过去三十年里,我国是一边改革一边修改相关法律,所以很少谈到权利问题。我们都是中华人民共和国的公民,为什么有些人就永远不能获得同等权利?因此,权利问题是我们应该认真思考和讨论的。

第二,从经济学的角度来说,户籍制度改革有利于提高经济效率,优化经济结构;有利于劳动力自由流动,如果把户口取消,特别是子女教育问题解决之后,将更加有利于劳动力的自由流动;有利于服务业的发展,因为服务业的发展主要依靠城市;有利于提高国内消费水平。

目前,我国城市化率虽然已超过50%,但是相比于其他国家,还是相对落后。2012年,我国人均GDP已经超过6 000美元,而城市化率却只有50%左右,相比国际上同等人均收入国家的水平,仍然有较大差距。我国城市化滞后的原因在很大程度上跟户籍制度有关。

据测算,城市人均消费是农村人均消费的2.7倍。但是进城务工人员的储蓄率非常高。如果2.4亿进城务工人员中有三分之二,也就是1.6亿人的消费达到城市平均水平,我国居民消费将提高11.8%。这意味着消费占GDP的比重上升4.2个百分点,这是一个巨大的飞跃。

我国的城市化道路选择也遇到了一些难题。中央文件一般不用"城市化",而用"城镇化",意味着要避免大城市化。但直到今天我们还没有明确的城市化道路。20世纪80年代费孝通提出走小城镇化的道路,它基本上成了我国城市化道路的官方说法。

事实上,世界上多数国家都出现了"大集中,小分散"的现象,即全国人口集中到少数区域里,在同一区域里人口又分散在不同层次的城市。比如,美国人口基本集中在三个地区:波士顿到华盛顿的东海岸、旧金山到洛杉矶的西海岸和芝加哥地区。日本则是东京、大阪这两个地区集中了该国一半的人口。

在城市化的进程中需要注意以下问题:首先,城市化应该指城市化区域的概念,而不是单一的城市化,要形成特大城市、大城市、中等城市和小城市的网络。最坏的城市化形式就是北京这种形式,比较好的是长三角地区、珠三角地区,每个城市有自己的特色。也许未来我国就会形成珠三角地区、长三角地区、京津塘地区、武汉—长沙这一带地区,然后是四川盆地、西安—咸阳、辽东半岛这些中心地区。如果这些地方的人口达到我国总人口的40%左右,那么其他地方的问题就会较少,而且我国的环境保护也会变得较为容易,相比之下,遍地开花地进行城市化既浪费土地也扩大污染。其次,城市化还要避免纪念碑式的城市化。勒·柯布西耶当时想象的光辉城市是巨大的高楼大厦,大厦之间全是花园,而且用高速公路相连接,所有事情都在大厦里面进行。这样一种城市规划模式有很大的弊端,它不仅跟自然没有接触,而且人与人之间接触也很少。但中国很大程度上接受了这种概念,比如说低容积率要求,它不但会促使房价进一步提高,而且会浪费土地。

我国在进行城市化的进程中,也将面临一些挑战。

一是本地人口和外来人口的冲突。当然,对于承载压力巨大的北京、上海、广州等一线城市,政府可以采取差别政策。

二是外来人口市民化的成本问题。据估算,现在每个外来人口市民化只需要8万元,但随着通货膨胀和生活成本的提高,以后将会越来越高。

三是住房问题,廉租房不应该都由政府来做。如果都由政府来做,结果可能变成"立体贫民窟",因为政府收房租的动力一般比较低,最后可能水、电等基础设施都无保障。最好的办法是开发商申请到一块地后,把其中的一部分(比如四分之一)用做廉租房,这不仅可以确保它的可持续性,而且可以节约政府的成本。

四是农村土地制度改革。目前很多从西部到东部的农村移民会定居在东部农村地区,这将对现有土地制度提出挑战。按照现行规定,农民一旦拥有本地户口,就拥有了分土地的权利。但在发达地区的农村,外来人口是本地人口的十倍以上,这显然是不可能做到的。因此,在发达地区的农村,进行土地制度改革是必需的。目前有很多地区都在实行土地股份制,只要将这一土地制度固定下来,落实到每一个人,事实上也就实现了土地私有化。这也是土地资本化的过程。

五是要建立全国性的耕地指标交易市场。耕地保护的一个办法是建立全国性的耕地指标流转体系。对耕地的保护应该坚持,在这方面对小产权房的一些维护并不是合适的,因为一些观点只看到老百姓的权利,而忽略了耕地问题。为了保护耕地,有必要建立全国性的耕地交易市场。

六是教育问题。未来十年我国主要面临改革问题,但是发展同样很重要。影响我国长期发展的更重要因素可能是教育。2.4亿进城农民工中80%—90%的教育水平在初中或初中以下。到2020—2030年间,他们仍然是我国劳动力大军的主力,现在的收入水平是每月3 000—4 000元,如果他们的收入增长和全国经济增长保持同步,到了2030年,他们的月收入将达到2 000美元,相当于今天南欧国家工人的水平,而南欧国家的工人至少有高中教育水平。目前,我国的正规教育发展很好,而且投入也很大,相比之下,职业培训投入太少。如果国家每年能拿出300亿—500亿元就能解决这个问题。相比每年预算内收入的11万亿元左右,这只是个小数字。投资教育的回报最高,除了私人回报,还有很高的社会回报。

郑秉文:中国"统账结合"的养老保障——症结何在、路在何方

郑秉文主任首先就我国社保制度的缘起与成就做了简要介绍。国企改革促进了中国社保体系的诞生。社保体系的建立结束了之前国企的企业劳动保险制度,减轻了企业的负担,增强了企业的竞争力。

城镇职工养老保障制度是我国社保制度的主要部分。21世纪以来,这一制度取得了巨大成就:覆盖人数从2002年的8 200万人增加到2011年的2.8亿人,基金规模从2002年的1 600亿元增加到2012年的23 000亿元。养老保障制度对国企改革的功劳巨大。但城镇职工养老保险几乎是我国唯一的养老支柱,作为第二支柱的企业年金和第三支柱的私人商业年金替代率非常低。商业养老保险产品总额只有13 000亿元,一年支出只有1 000多亿元,涵盖100多万人,规模很小。

虽然我国养老保障制度取得了很大进步,但其在效率和公平方面存在许多尖锐的问题。在公平方面,存在两个横向问题和一个纵向问题。第一个横向公平问题是指不同人群之间的不公平。从理论上讲,我国基本实现了养老保险全覆盖,但事实上,农民工和城镇灵活就业人员没被覆盖进来,长期裸露在制度之外,这是最大的不公平。另外,地区"割据"情况严重,不同地区的保障水平差距很大。第二个横向公平问题是公共部门和私人部门之间的不公平。30%的事业单位和100%的公务员没有参加养老保险改革,70%的事业单位20世纪90年代实行了"半拉子"改革,长期没有实现多元退休制度的并轨。

纵向公平的问题是指退休金水平与退休时点之间存在高度相关性,退休早的退休金水平比较低,退休晚的比较高,缺乏正常的待遇水平调节机制。我国近九年每年上调10%的养老金水平,5 000元养老金和1 000元的养老金同样每年上调10%,其绝对额差距越来越大。此外,还有两个潜在的公平隐患:城乡制度差别和城镇居民社会养老保险问题。

我国劳动保障制度在效率上存在两个宏观问题、两个微观问题和两个潜在隐患。第一个宏观效率问题是投资体制低效导致养老金贬值风险加大。所有的养老保险基金(共23 000亿元)全部存在银行,收益率低于CPI,损失巨大。在过去十几年里,这种损失几乎可以抵消13 000亿元财政对养老保险的转移支付。

第二个宏观效率问题是资金运用低效导致财政转移支付的激励不足。地区间存在较大差异,一方面,一半地区收不抵支,需要财政转移支付;另一方面,少数几个沿海省份每年基金盈余较多,这部分积累资金又只能享受较低的利率,收益率低于CPI,造成宏观资金的运用效率低下。

第一个微观效率问题是制度收入受到影响。制度每年的实际收入水平受设定的费率、费基等参数不实的影响。过高的法定费率在执行中的实际费率较低,费基狭窄,影响了实际收入水平,财务隐患较大。这与公积金等制度截然相反。住房公积金的费基达到正常费基的100%,且逐年增加,目前大约为110%。而养老保险的费基大约只有目标费基的70%。

第二个微观效率问题是养老保险账户空转，个人和政府都不愿做实账户。占工资8%的个人账户只享受2%—3%的活期利息，如果用这部分钱去理财，收益率可以达到8%以上，因此个人没有做实账户的激励。企业和政府也没有做实账户的激励。从2001年辽宁省成为第一个做实个人账户试点的省份到现在已有12年，个人账户做实也扩大到13个省，可是截至2011年，做实的基金仅有2703亿元，平均到每个省、每个人身上的钱非常有限。空账额的增长率比做实额的更大。

效率低下造成了很多严重的后果，比如财务可持续性受到影响，财务隐患很多，也影响了政府公信力。此外，养老保障制度在效率上还存在两个隐患：一是参数不合理。养老保障最主要的参数有三个：缴费率、目标替代率和制度赡养率。而我国这三个参数与合理水平差距太大。比如，赡养率与人口老龄化程度有关，应该调整赡养率使退休年龄与预期寿命挂钩，而我们的退休年龄却还是半个世纪以前的退休年龄，这没有起到稀释赡养率以提高财务可持续性的作用。二是我国没有建立起多层次养老保障制度，市场因素不发达。

上述这些公平和效率问题在制度建立之初就有，现在问题更为尖锐，这是由多方面原因造成的。第一个原因是经济社会发展迅速，但相比之下，社保缺陷仍然存在，难以根除，反差越来越大。第二个原因是随着社保的作用和影响越来越大，大家对社保的依赖和惯性在迅速扩大和膨胀，从而问题也越多。第三个原因是舆论导向和宣传使社会形成了较大的反差和较高的预期。

我国养老保险统账结合的设计初衷是好的，但实行起来却不现实。第一，个人账户的引入是失败的，个人账户不能做实，影响了养老保险覆盖面的扩大。个人账户实账积累与高速经济成长的环境有冲突，应取消积累制。根据萨缪尔森和艾伦的理论，当一个经济体的人口增长率与社会平均工资增长率之和高于投资收益率的时候，应该采用现收现付制，不应该选择完全积累制。因此，在经济高速增长、社会平均工资高速增长的时候，个人账户的制度设计是失败的。第二，现在这种现收现付制的社会统筹与二元结构是冲突的。发达地区非常发达，不发达地区非常不发达。从经济学上解释，就是非精算型制度下道德风险导致逆向选择。这时，需要在制度设计中引入精算因素。

我国养老保障制度要提高统筹层次，并且重新认识统账结合。郑主任提出的改革思路是实行NDC（名义账户制），把个人账户扩大到100%，雇员和雇主的缴费都纳入账户，使所有缴费实现100%的个人精算中性运作，并提高统筹层次。这个办法同时实现了一个重要目标：多缴多得，少缴少得。只要实现了这个理念，养老保险覆盖面可以立刻扩大，缴费收入可以迅速实在起来，可以避免很大损失。

最后，郑主任指出，我国养老保障制度的改革需要正确的态度和改革路径。第一，要有急迫性，不能一届一届政府往后推。考虑到我国老龄化的速度，养老保险制度改革必须要有急迫性。第二，要有顶层设计，比如缴费型制度与非缴费型制度要相互配合，三个支柱之间要相互配合。第三，要有策略，比如退休年龄问题的解决，可以参考我国台湾地区正在实行的改革。第四，要有政治决心，打破利益格局，尤其是对于事业单位和公务员的改革。第五，要正确对待当前利益和长期利益的关系。

何宇鹏：农民工市民化的实现途径

何宇鹏研究员首先介绍了我国城镇化的背景及特征,并针对农民工市民化问题提出了基本思路和看法,在此基础之上提出了我国农民工市民化的实现途径,最后对我国城镇化的考评体系提出了建议。

城市化是世界各国发展进程中的普遍规律和共同现象,但是农民工却是中国城市化中的独特现象。过去三十年,农民工为我国经济增长提供了动力,他们所带来的低成本优势增强了我国的国际竞争优势。但是这种独特现象在改革开放三十年后也带来了很多问题。

因为农民工流动是以劳动力流动而非以家庭迁移的方式进行,长期的人户分离、家分两地的流动模式,使得农民工的数量越来越大,这样大的一个数量使他们在城市里面不能均享城市服务的公共资源。初步测算,现在10个城市人口中有4个人是不能够均享城市公共服务的,这是我们城市化过程当中面临的重要问题。在此背景下,十八大提出了要加快农民工市民化的政策目标,具体政策措施上要求加快户籍制度改革,有序推进农业转移人口市民化,努力实现城镇基本公共服务的常住人口全覆盖,提高城镇化质量。

农民工现象作为一个独特的现象,在过去为我们带来的好处是就业带动、渐进转移,这从农民工增量和城镇化增长率以及城镇就业增长率趋势图来看也是比较吻合的。通过渐进转移的办法,可以避免城镇大规模的失业和"贫民窟"现象。但是,长期实行这样的制度也带来了问题。从就业方面来看,由于是人户分离,它带来了中国农村的"三留守"现象。根据普查数据初步推算,中国农村现在大概有5 700万留守儿童、4 700万留守妇女、2 000多万留守老人,加起来大概1.25亿人。如果存在着人口自由流动条件的话,实际上在农村的1.25亿人有可能转到城市里面实现举家迁移。按照这样的情况进行模拟推演,实际上我们的城镇化要比现在高得多。但是由于户籍制度的限制、城乡对立的二元公共体制的存在,这一部分人不能转移进入城市。这在经济上直接导致了所谓"刘易斯拐点"的提前到来,对我国的经济增长和保持竞争优势也是不利的。同时,它还带来了城乡公共服务不均等的问题。

户籍制度改革是促进要素市场的进一步发育、实现将基本公共服务均等化的一项重要改革。改革需要建立一个激励相容的政策系统,通过户籍改革和社会政策改革加快农民流动,提高他们在城市留下来的可能性。

中国改革开放以来的成功经验中最重要的一条是利用"双轨"走出"双轨",所以在户籍制度改革的制度设计中也可以沿用这个思路。首先是户籍改革和居住证制度改革双轨,然后逐渐并轨人口居住证管理。同时,在公共服务制度改革上,将城乡两种社会与福利制度的改革逐渐并轨于均等化的公共服务体系中。2010年国务院办公厅出台了一个户籍制度的改革文件,基本思路是以"两个稳定"为基本条件来推进户籍制度的改革。但是到目前为止,很少看到地方政府在相关方面有实质性动作,这就需要更进一步推进相关措施的出台。根据广东省的经验,我们希望通过以完善"积分落户"政策为突破,加快户籍制度改革,促进农民工城市化。同时,以实施居住证制度为手段,梯度赋权,逐步实现城镇基本公共服务全覆盖。

在实现途径方面,首先是以"积分落户"政策为突破来加快户籍制度改革。这里需要按照"两个稳定"的原则,分类指导城市户籍制度改革,主要可分成三个阶段:初期实施条件准入和指标控制,主要是根据农民工个人职业、参加社保等一系列的情况进行打分。同时,由于在初期不知道有多少人要落户,对于大中城市来讲可以设立指标以实行数量控制。中期过渡到条件准入的政策,按照单一积分衡量是否能够落户。后期过渡到单一条件进入。

考虑到"积分落户"能解决的重点人群是1.5亿农民工当中的少数人,对于大多数的人来讲,可以通过实施居住证的手段,梯度赋权,逐步实现城镇基本公共服务全覆盖来推动公共服务的进一步改进。

除此以外,在农民工市民化的实现途径方面,需要以加强社会服务管理为重点,建立人口动态管理系统,合理分担农民工市民化的成本。

在现行体制下,对于城镇化是有一个考评体系的。大概在"十一五"时期,我国将城镇化率纳入了政府考核目标之中。所以,"十一五""十二五"规划中除了对经济增长率、就业率等一系列指标有一些考核外,里面还包括城镇化的指标。他们建议把常住人口服务覆盖率和城镇化率挂钩,综合考量城镇化水平,解决现行城镇化过程中重速度不重质量的问题。最近调研发现,很多城市存在通过扩城的方式将农民纳入城市人口统计中,但农民并没有享受到城市户籍人口的社会保障等福利,依然是新农合、新农保和农村低保。所以,丰富城镇化的考核体系,不再把城镇化率本身当做城镇化发展的唯一指标是十分必要的。简单来说,可以分成三个维度:一是把就业创造,比如服务业增长和就业比重等纳入城镇化考核经济效益的指标;二是可以纳入一些城镇化社会融合的指标,包括农民工子女在公办学校的入学率、农民工的五险参保率、市民化率、入户率、被城镇化部分的农民的非农就业再就业率以及城镇社会保险的覆盖率等;三是可以纳入一些可持续性的指标,例如一个城市的污水处理能力、公交拥有量等。最终从经济效率、社会融入指标和可持续性指标来综合考量当前城镇化的发展水平。

李雪松:未来十年中国经济总量与结构的变化趋势

在发言中,李雪松所长主要对未来中长期中国宏观经济的发展状况进行了预测和分析。他认为,对未来中长期进行经济预测的意义在于能够更好地把握未来经济潜在增长水平的变化,使经济政策能够同潜在产出的变化相协调。

对于影响宏观经济运行和增长的中长期因素,李所长认为主要来自供给面;另一方面,需求面因素尽管主要影响宏观经济的短期方面,但如果存在持续变化,需求也能够通过影响供给面从而最终影响经济的中长期发展。可将影响宏观经济中长期的主要因素归结为七类,分别为:人口与劳动力增长率、FDI增长率、国际经济增长率、人民币汇率、城镇化率、研发投入增长率、财政性教育经费占GDP的比率。将上述七个因素作为外生变量,参考"十二五"规划的目标、过去的历史演变规律和当前国际经济变化的规律,李所长把这些变量从2011年到2025年的变化分为乐观情景、基本情景和悲观情景,进而对中国宏观经济的运行进行了建模分析,并对不同情景下的中国经济走势做出了预测。

对于未来经济的潜在增长率,模型显示"十二五"期间中国经济的潜在年均增长率在7.7%—8.2%这一区间内:在乐观情景下为8.2%,基本情景下为7.9%,悲观情景下为7.7%。2012年中国经济的实际增长率为7.7%,属于偏弱。这主要是由于去年企业效益较差,前十个月规模以上工业企业利润一直呈负增长态势,直到11月、12月以后才上升到5%以上。尽管今年第一季度经济增长率仍为7.7%,但GDP中各个部分对经济增长的贡献却有了较大变化:企业利润有了明显好转,前两个月规模以上企业利润已经上升到7.2%;政府财政收入在第一季度增长率有了明显下滑,居民收入增长率也不及去年的水平。企业利润增长反映出我国企业活力的加强,而之所以今年第一季度7.7%的经济增长率同去年第四季度的7.9%相较更低,一个重要因素是今年第一季度消费的增长明显低于去年同期和去年第四季度的水平。如果今年没有对高端消费的抑制,第一季度增长率定会高于7.7%甚至达到7.9%的水平。在外贸方面,第一季度的增长水平高于去年第四季度的水平,3月又有所下降,这表明了国际经济具有不确定性。总的来说,我国的投资水平是基本稳定的,经济增长偏低的原因主要在于消费。针对模型估计的7.7%—8.2%这一潜在的增长水平,由于去年实际增长偏弱,相应的政策应适度向稳定增长的方向靠拢。

预测显示,同2010年相比,无论在何种情景下,2020年城镇居民的人均可支配收入都会翻番。但在悲观情景下,预测显示2020年时城镇居民可支配收入仅为2010年时的2.1倍,如果剔除价格因素,城镇居民要想达到十八大提出的翻一倍的目标还需努力。而预测显示农村居民2020年时的可支配收入会是2010年时的2.2倍(基本情景),这与目前我国劳动力结构和工资的上升有较大关系。居民收入相对于GDP的较高增长会带来如何在居民收入增长、政府收入增长和企业收入(利润)增长之间进行权衡的问题。尽管政府收入可以保持相对较低的增长,但如果企业收入增长过低,经济增长的微观活力就受到抑制,因此从总体来看企业收入应该保持适当的增长水平,不能过低。政府、企业和居民三者收入的增长应当有合适的比例,任何一方都不能增长过快。

对于构成总需求的各个方面,模型预测显示尽管未来固定资产投资的实际增长率会有所下降,但仍会维持较高水平。这是由于尽管目前我国新增劳动力在减少,但到2025年前适龄劳动力仍会保持较高的水平,从而使得储蓄率也维持相对较高水平。由于工资上升和社会保障制度的推行,最终消费的增长率在未来三个五年计划内会呈现逐渐上升的态势。名义出口的增长率会保持在9%—10%的水平,在扣除价格因素后同GDP增长率相同。从国际经验来看,国际贸易的实际增长率一般是实体经济增长率的2倍,有可能达到实体经济增长率的3倍,从这个角度来看,我国未来的贸易增长较金融危机之前的高水平会有较大下降。

在产业结构方面,未来十年会发生较大的变化。预测显示,2010—2020年间第一产业产值的GDP占比会下降不足3个百分点,相较于2000—2010年间的5个百分点会有所减缓;尽管第二产业的比重在2000—2010年间保持了上升态势,但根据模型预测,2010—2020年间其比重会明显下降;而第三产业产值占GDP的比重会在未来十年内加速上升。

在投资消费结构方面,尽管最终消费率在 2010—2020 年间明显下滑,但预测显示 2010—2020 年间会有小幅的上升,即从 48% 上升到 50%;投资率在 2010—2020 年仍会维持较高水平,但相较于 2000—2010 年 13 个百分点的上升会大大下降。

在国际比较方面,如按购买力平价计算,中国的经济总量到 2017 年会超过美国,2018 年超过欧盟,而人均 GDP 会在 2018 年达到世界平均水平,到 2025 年时达到欧盟的二分之一、美国的三分之一;如按汇率法测算,我国的经济总量到 2025 年时会达到美国和欧盟的水平,而人均 GDP 到那时会达到欧盟的三分之一、美国的五分之一。

李所长认为,为了适应国内经济低速增长放缓、国内劳动力和资源压力的变化,宏观政策思路需要进行调整,应将需求管理转向供给、需求管理相结合的方向。在需求管理方面,宏观调控政策应保持审慎灵活,把握好促进经济增长、稳定物价和防范金融风险之间的平衡;供给方面则需要关注今年十八届三中全会提出的改革路线图和时间表。希望上述政策既有参照性,也能够平衡各方面的利益,使改革释放我们经济的潜力,为经济增长提供动力和基础。

潘向东:接受更低一些的经济增速

潘向东博士主要对今年乃至明年短期的经济形势进行了分析,认为中国应该接受更低一些的经济增速。日前,国务院一改过去的基调,将强调"稳增长、控通胀、调结构"改为"稳增长、控通胀、防风险",因此潘博士也主要从经济增速回落、预防金融风险和分析政策导向三个方面对宏观经济形势进行了探讨。

潘博士回顾了近五年中国的经济增长路径,认为这是一条非常态的路径。面对 2008 年金融危机,政府于 2009 年振臂一挥强力刺激,经济开始复苏。然而,2010 年决策当局担心经济二次探底,于当年 6 月、7 月再次对经济进行刺激。2010 年在经济已经回升并且全球经济形势并不那么悲观的背景下,进行第二轮刺激是一个失误,并且产生了相当大的后遗症。潘博士将这种状况描述为"棘轮困境",如果不接受这种潜在增长率的下降,继续透支经济刺激工具,那么当面对未来冲击时,政府将没有留有余地的政策工具来维持经济的平稳,很容易造成经济出现严重问题。

2010 年经济刺激以后,通货膨胀随之而来。在这种困境之下,2011 年政府再次进行宏观调控,并且在当年的中央经济工作会议上,当局首次把经济增长目标调到 7.5%,而不是之前的 8%,这就标志着高层开始接受潜在增长率的下降。潘博士借助陈平老师的"混沌经济学"的概念,将此后的中国经济增长称为混沌增长,它主要有三个特征:

第一,经济增速的运行轨迹很难预测。2012 年,很多经济学家预测第一季度经济探底,结果没有;第二季度再说探底,又一次预言错误;实际上,经济直到第三季度才真正探底。这正是因为决策当局也不清楚中国经济的潜在增长率究竟是多少,只有在经济运行中不断与市场反复博弈,接受经济运行的结果,再推出一些政策。直到第三季度,政府认为不能接受经济增长率低于 7.5%,才开始了再次进行投资和货币刺激。在这样不断调整的过程中,要准确预测经济的运行轨迹相当困难。

第二,经济确定地呈现不断下台阶的走势。去年经济增速已经下降到 7%—8%,今年预计未来经济增速也将低于大家预期,甚至这种趋势会持续到明年。

第三,经济运行系统处于非稳态,导致某些宏观经济数据超乎预期。比如,今年第一季度所有经济学家都预测经济增速在8%以上,甚至达到8.5%,结果增速仅有7.7%,这种现象如何解释?主要是因为混沌增长表现为经济的非稳态,这种状态可能会延续3—5年。在目前这种混沌的经济增长状态下,要期盼新一轮的经济增长周期,就必须依靠制度改革,即中央政府进行大幅度的制度释放。

目前来看,经济增速再次回落到7.7%,尽管从各种指标来看,经济增长并不令人忧虑,可是假如没有进一步的政策刺激,第二季度是不是还会继续往下走?比如,目前PMI还在50以上,库存也处于相对稳定的状态,但如果从结构来分析,可以更加确定地认为未来经济增速将再次回落。

首先,这一轮经济回升,即自去年第三季度以来的回升,主要由投资带动。去年第三季度以来,项目审批速度加快,中央投资不断回升,带动了整个投资回暖,另外房地产投资也回稳。但是,地方投资有所回落。很遗憾的是,制造业投资也仍然不断走低。总而言之,这一轮投资回升主要由两个方面推动,即中央投资和房地产投资。

其次,这一轮消费的回升,也与房地产回暖密切相关。"八项规定"颁布之后,国民经济中的餐饮收入出现了快速回落,然而总体消费并未下降,这主要得益于房地产等相关的产业得到企稳回升。去年第二季度以来,房地产价格已经出现回升趋势,不仅表现为同比上升,也表现为环比上升,这一方面与货币政策有关,另一方面与中央对房地产调控力度的减弱密切相关。在这种经济形势下,中央颁布"国五条",就意味着中央并不认可房价的回暖,中央的"不接受"预示着政策的调整。随着"国五条"的推出,房地产作为促进经济回升的动力大打折扣。

最后,出口相对稳定,1月、2月出口处于正常,3月进入稳态。1月、2月,中国出口增长最快的地区是香港,1月增长88%,2月增长30%,3月增长90%多,而对过去香港的平均增速折算并拟合回归发现,其第一季度出口增速通常只有10%。什么原因导致对香港的出口增速快速上升?主要有两方面原因:第一,深圳前海保税区出现出口退税骗取补贴的现象,其1月出口增速高达587%,2月又达到300%;第二,热钱通过贸易的途径进入到中国内地,这种方式不可持续,它对实体经济的影响也没有数据表现出来得那么大。

鉴于出口相对稳定,经济增长更多地依赖于投资本身;投资增加主要集中于中央投资和房地产投资,其他变化不大,制造业投资甚至还在回落过程中,而房地产投资刺激的后遗症目前已经显现,中央投资的持续性也受到质疑。因此,在这种背景之下,应接受更低一点的经济增速。另外,从当局角度来看,宏观调控的控制指标也应该进行调整。过去,政府一直把经济增长和物价水平作为调控目标,然而从就业角度来说,目前压力已经缓解,不需要为了促进经济增长再动用刺激手段来扭曲经济结构。在宏观调控中,政府应该紧盯就业,只有失业出现了问题,才考虑是否动用刺激政策;如果没有,就应该接受更低一些的潜在增长率。

另一个重要的方面,就是预防金融风险,这有很强的现实依据。当前社会融资总规模很高,增长相当迅速;M2增速达到15.2%,超过全年目标。针对实际GDP 7.7%的增速,M2增速达到15.2%的水平意味着超常规的货币宽松政策。假如要实现全年13%的目标,那么未来将面临偏紧的货币政策。需要预防的金融风险主要在于财政收入不断下降引发的还贷问题。2008—2010年的刺激政策导致地方融资平台得到了快速扩张,审计署计算整个地方债务达到10.7万亿元的规模。在财政收入下降的情况下,庞大规模的债务面临严重的还本付息问题。目前的解决办法之一是快速发行城投债,然而规模毕竟有限,去年才发行1.2万亿元左右,相对于巨大的存量还是不足。另外,地方债也是解决手段之一,但是它的发行受到限制,每年也就是2 000多亿元。在这两种方法都无法对当时迅速膨胀的地方融资进行还本付息的情况下,地方政府开始利用银行表外资产来弥补资金来源的不足,这导致在财政收入进一步下降的背景下,地方政府利用更大规模的发债来偿还过去的本金和利息,其实就是庞氏骗局。这就在很大程度上形成了第一季度社会融资功能这么庞大的情况下,实体经济却相当疲弱的局面。银行大量发行理财产品,并相互之间购买,在金融系统中产生大量的流动性,但是这些资金都没有进入实体经济,所以6万多亿元社会总融资规模推动的经济增长速度才7.7%,投资、消费、进出口都没有出现多大的变化。目前金融市场上的这些交易需要巨大的成本,如果这些成本不能通过实体经济进行弥补,未来只会进一步放大金融风险,因此,从这个角度提出预防金融风险是非常必要的。

最后,近期一些政策动向表明政策已经在发生改变。2012年12月31日,四部委发文《关于制止地方政府违法违规融资行为的通知》;2013年2月20日,国务院确定了五项加强房地产市场调控的政策措施;3月27日、4月15日,银监会相继发布了银监发[2013]8号文件和银监发[2013]10号文件。这些政策都是针对金融风险的防范,政策的推出也必然会制约地方政府的部分投资。由于监管加强,政府未来投资增速将面临回落,同时房地产新政策的推出也将影响未来的房地产交易和投资。实际上,第一季度房地产新开工面积已经同比下降27%。鉴于拉动这一轮经济增长的主要固定资产投资未来都将面临回落,那么,经济增速也将面临回落。

宋国青:财政政策的短期影响

第一季度工业和GDP非常疲软,季节调整后GDP比上季增长年率为6.4%,名义GDP比上季增长年率为3.0%。从消费看,虽然限制公款吃喝、抑制高端消费确实导致社会消费品零售额中餐饮类增速较大幅度下跌,但对GDP和工业增加值的影响幅度还需更多的讨论。茅台这类高端酒可能因此要减产、压产,从而影响工业增加值,但餐馆消费的原材料是粮食,粮食有相对较长的生产周期,不会受到短期情况的影响。有一点影响的是猪,高端消费抑制可能影响猪的产量,但短期也不会有太大的影响。

从GDP的结构来看,第三产业中房地产销售可能比原来预测得要强,限制高端消费对第三产业的影响比原来想象得弱,一强一弱相互抵消,所以说GDP预测的偏差应该主要来源于工业。上一季度对工业增长预测的平均数是10.5%,结果实际值是9.5%。

3月季节调整后PPI环比为负,此前5个月平均轻微上升,再之前是大跌。CPI可能受冷冬和农业生产小周期影响,过去5个月环比年率平均达到2.9%。目前来看,PPI环比有进一步下跌的倾向,CPI同比、环比4月都会上升,后面可能有走平的倾向,但猪禽疫病会带来很大的不确定性。

总结起来,去年9月开始的一波生产强劲反弹骤然转向。转向原因在于总需求从强劲恢复变为相当疲软。就报告数据来看,出口极强,3月季节调整后出口比1—2月有所下降,但也只是从爆涨跌回到大涨,相比去年第四季度仍是猛增。实际出口可能远逊于此,但不会很弱,应该说出口基本上是比较正常的增长。所以,剧烈变化的是内需。

看进口数据,3月货物进口额同比增长14.1%,季节调整后比去年12月增长6.8%,折年率为30.1%。按过去的情况,进口的强劲增长意味着内需比较强。这与产量数据给出的信号很不相同。进一步看结构,列为机电产品和高新技术产品两项产品的进口占进口总额的75.3%,两项合计同比增长23.7%,但中国传统进口的大宗商品,包括原油和铜产品及铁矿石,同比下降15.7%。传统大宗商品进口的数据与需求疲软的情况比较一致。结合发电量等数据看,第一季度疲软并不是限制公款吃喝造成的,主要还是大型钢铁等工业生产下跌导致的。3月中国进口很弱,逐渐引起商品价格的下跌。4月15日公布第一季度经济数据后,商品价格大跌,很多股市也受挫。由于韩国出口初值数据公布早,其股市率先下跌。过去,韩国股市领先于中国股市的情况也都一直存在。

上面的分析说明第一季度的内需疲软,但用M2、货币融资余额或社会融资余额加外汇占款衡量的货币数量的增长并未显著变弱。这里的社会总额余额是在公布的增量的基础上,给定一个初始值推算得到的,由于时间已经比较长,目前初值造成的误差影响很小。3月社会融资余额的同比增长率比参考水平(2003—2008年均值)高2.9个百分点;社会融资加外汇占款余额的同比增长率比参考水平低3.4个百分点,考虑到潜在经济增长速度有所下降的情况,货币数量增长率应当有所下降。但不管哪个指标,今年第一季度的同比增长率都比去年年中显著回升,而且回升是比较均匀的。季节调整后三个序列的环比增长率也都无法说明第一季度内需的下降。

2012年财政预算支出增长14.1%,到7月累计支出同比增长23.4%。在没有追加预算的情况下,第四季度猛烈压缩支出。这里需要注意,由于12月财政支出数倍于1—2月,12月的同比增长率低一点在1—2月很难补回来,因此简单看同比增长率会导致误解。财政"年末突击花钱"的情况导致一般季节调整方法的误差很大,看来这是财政赤字变化引起需求变化没有得到关注的重要原因。为此,进一步分析财政赤字的情况。考虑财政赤字与季节调整后财政收入的比例,其最高点出现在2008年年底推出"4万亿"计划时。当时财政赤字绝对量上可能并没有现在多,但是比例很高。12月财政赤字与当月季节调整后财政收入的比例在2003—2011年的9年里均值为2.28倍,2012年为1.16倍,差了1倍还多;包括2012年本身在内的10年平均数是2.17倍,也差了近1倍。2012年12月季节调整后财政收入为1.08万亿元,差1倍意味着少了1万多亿元。不仅如此,2012年6—9月间这一比例比2003—2012年平均数高19.8%,相当于多支出2 000亿元。对比观察,上年12月财政支出紧缩的绝对量可能相当大。

再考虑衡量社会流动性的加总数据。一是社会融资总量余额加上政府累计赤字的3个月环比增长年率。月度累计赤字根据财政部公布的月度收支报告中的数据,并以2012年年末国债余额7.76万亿元为序列的端点值构造得到。社会融资总量余额在官方公布的增量数据的基础上,按作者认为偏高和偏低两个余额初值计算得到。这一增长率在去年8—10月极高,年底有所回落。从这一点来看,今年第一季度的内需偏弱应该是可预见的。二是在上述两项的基础上加入外汇占款(这里有小部分重复计算),再计算3个月环比增长年率。这个增长率去年年底并没有显著高了,但是3月数据比不加外汇占款的情况高多了,主要还是3月热钱增加较多的缘故。这里并没有完全确定的证据,只是说如果热钱的流动与短期套汇套利有关,和投资于正常贸易顺差形成的外汇占款有别,那看短期更多应参考社会融资加政府负债。

  总体上,对当前宏观形势有四点判断。首先,去年年末财政大幅度紧缩导致第一季度总需求疲软,但今年第一季度财政支出恢复正常增长,总需求疲软的情况可望改善。其次,总量流动性包括理财产品的增长率比较高,主要是居民货币资产增长率比较高。而除去居民金融资产外,企事业单位持有的流动性增长率不高。即使考虑到潜在经济增长率的下降,目前的流动性增长率也不明显偏高。除农产品价格或有异常波动外,基本通胀水平可望持平。再次,第一季度企业存款同比增长率较高,很大原因是住房销售同比高增长。住房销售增长率很可能较快降下来,对企业存款产生较大影响,应引起密切关注。最后,当前股市持续低迷有两个效果:一是股市资金中未包括在货币统计中的部分增长率较低;二是产生财富效应。货币政策应当密切关注这些变化。

第34次 报告会快报

(2013年7月20日)

CMRC"中国经济观察"第34次季度报告会于2013年7月20日下午在北京大学国家发展研究院万众楼举行。会议由北京大学国家发展研究院卢锋教授和李力行副教授主持。卢锋教授根据第33次"朗润预测"的汇总结果,用"经济低位盘整,增速短期企稳"概括了28家特约机构对今年第三季度我国宏观经济走势的看法。

本次报告会上半场主要围绕中国企业在非洲投资的机遇与挑战进行探讨。北京大学国家发展研究院名誉院长林毅夫教授、国家开发银行国际合作业务局石纪杨副局长、北京大学国家发展研究院卢锋教授先后发言。报告会下半场讨论了近期国际国内宏观形势,中银国际首席经济学家程漫江博士、中信证券首席经济学家诸建芳博士、北京大学国家发展研究院宋国青教授先后发表演讲并回答听众提问。下文为主讲嘉宾的演讲摘要。

林毅夫:中国经济发展和中非合作

林毅夫教授的演讲主要包含几个层次:

首先,他回顾了中国经济过去三十年奇迹般的表现。改革开放之初,中国是世界上最为贫穷落后的国家之一,人均收入不及撒哈拉以南非洲地区的三分之一。经过33年年均9.8%的经济增速,2012年中国人均收入已达到6 100美元,是非洲的4倍多,成为中等收入国家,堪称人类发展史上的奇迹。

林教授接着提出对中国经济发展长期前景的展望观点。我国现在的发展水平和发达国家仍有很大差距,因此追赶潜力依旧巨大。从日本和"亚洲四小龙"当年的追赶经验看,中国应该还有20年平均每年增长8%的潜力。如果中国能够深化改革开放,发挥后发优势,发掘出增长潜力,完全可以实现十八大提出的2020年人均收入要在2010年水平的基础上翻一番的发展目标。考虑到人民币升值的趋势,2020年中国可望达到12 500美元的人均收入,成为高收入国家。

随后林教授强调指出,要实现经济持续较快发展,需要大力推动产业升级与结构转型。他认为,在迈向高收入国家的过程中,对我国经济发展做出巨大贡献的劳动密集型制造业将面临工资成本迅速提高的局面。产业要升级到微笑曲线两端即附加值较高的销售和研发一端,产业要转型到附加值更高的资本和技术密集型制造业,劳动密集型产业必须转移到其他地区。转移出去以后,关键的机器设备和中间产品还是会来自于国内,这样也有利于国内的产业转型。

林教授指出,劳动密集型产业向海外逐步转移符合历史和经济规律。虽然我国东、中、西部的工资水平存在差距,但大部分中、西部的劳动力已经转移到东部沿海地区,再加上这几年交通基础设施改善得非常快,中国各地工薪趋近,因此国内转移的空间不大,到海外去是一个必然的选择。日本在20世纪60年代曾将劳动密集型纺织业、电子加工业等转移到"亚洲四小龙","亚洲四小龙"在80年代又把劳动密集型的加工环节用来料加工的方式转移到中国内地。这种转移支撑了日本和"亚洲四小龙"的产业升级和转型。所以,我国的产业向海外转移是符合历史规律、经济规律的必然选择。

关于海外转移的地点,林教授认为非洲是一个重要选择。中国附近的越南、柬埔寨和缅甸等国人口规模有限:越南人口是8800万,柬埔寨人口是1400万,缅甸人口是4800万,中国是一个拥有13亿人口的大国,中国的加工制造业有大量的工人。根据卢锋教授的研究,国内加工制造业雇用劳动力应有1.5亿人之多。在这种状况下,把中国的加工制造业往越南、柬埔寨等国转移,虽然比较近,但由于这些地区劳动力市场小,其工资也会很快上涨。对于有如此大劳动密集型产业的中国,"蓝天大海"只能在非洲。非洲有10亿人口,现在平均收入水平是中国的四分之一,很多国家的收入水平甚至还不及中国的十分之一。转移到非洲可以一步到位地让中国劳动密集型产业掌握渠道和研发从而进入到微笑曲线两端的可能性,并获得最大的加工制造业基地。转移到非洲对我国的产业转型也会有很大的好处,生产规模扩大后对我国机械制造业和相关产品的需求也会增长。

林教授介绍了华坚鞋业赴埃塞俄比亚投资的成功案例。2010年,埃塞俄比亚工人的工资是我国的1/10—1/8,大约是越南的一半,而其工人劳动生产率大约是我国的70%,与越南相当,所以埃塞俄比亚在制鞋业上具有很强的竞争力。可是2010年,我国约有制鞋工人1900万人,越南有120万人,而埃塞俄比亚的8000万人口中只有8000位制鞋工人。林教授2011年3月访问埃塞俄比亚时,曾对埃塞俄比亚前总理梅莱斯先生指出埃塞俄比亚具有承接中国制鞋业的潜力,如果能够像我国国内发展工业园区的方式一样提供一站式服务,像我国国内省长、书记亲自去招商引资一样由总理亲自招商,派部长作为项目负责人来帮助这些企业解决投资上的具体困难,埃塞俄比亚等非洲国家应该可以很快把我国的劳动密集型产业吸引过去。

梅莱斯总理听从了林毅夫教授的建议,利用2011年11月去深圳参加世界大学生运动会的机会亲自对制鞋业进行定向招商引资,最终邀请到华坚鞋业赴埃塞俄比亚投资。2012年,华坚在埃塞俄比亚投产两条生产线,雇600人,产品出口到美国市场。同年12月,华坚在埃塞俄比亚雇用工人增加到1600人,当年出口额占埃塞俄比亚皮革业出口的

57%。目前,华坚在埃塞俄比亚已雇用 2 500 人,并准备设立工业园区,在未来 3—5 年内发展成制鞋业产业集群,计划雇用 3 万人,而整个集群可能雇用多达 10 万人。华坚已成为非洲吸引中国制造业转移的成功案例。

林教授总结指出,非洲是我国劳动密集型企业走出去的蓝天碧海,它给我国劳动密集型产业第二次腾飞提供了一个足够大的载体,也给我国产业升级和产业转型提供了巨大商机。劳动密集型企业向非洲转移,不仅对我国经济有利,还能够促进非洲的经济发展,提高非洲人民的生活水平,使我国能够贡献于人类的共同发展。习近平主席指出:"一花独放不是春,百花齐放春满园。"中国企业走向非洲,可以让我们向百花齐放、大同世界的美好愿景迈进一步。

石纪杨:中国企业在非洲的机遇与挑战

石纪杨副局长根据其多年在非洲工作的经验,以中国企业在非洲的机遇与挑战为主线,讨论了目前非洲的现实状况与商业机遇,分析了中资企业投资非洲面临的各种挑战,最后总结了开拓非洲市场的工作思路。

非洲是一个多元化的大陆,体现在政治体制、经济发展程度、文化传统、宗教信仰、地域环境和资源禀赋等各个方面。从社会经济发展指标来看,非洲堪称一块充满活力的大陆。2000—2012 年,非洲 GDP 年均增长率约 5%,高于世界平均增长水平和非洲 20 世纪 80—90 年代的增长率。就发展前景而言,非洲也是孕育希望的大陆,2012 年全球 GDP 实际增长率前 20 名的国家中有 9 个是非洲国家。非洲也是世界大国和国际政治势力竞相角逐的地方,传统大国和新兴工业国都在不断加大对非投入。

石局长强调,非洲是我国传统的外交战略基地,也是我国多边外交最为稳定的依靠力量。深化对非合作,可扩大中非双方的战略空间和增强发展中国家对全球治理的话语权。伴随我国城市化、工业化对能源、资源以及粮食供应的需求拉动,非洲将是我国经济持续发展不可或缺的资源和原材料供应地,是我国经济结构调整、产业升级转移的重要投资合作区域,也是我国最具潜力的商品、服务贸易和工程承包市场。

非洲经济具有几个明显的特征:第一,殖民地色彩浓厚并延续至今,导致非洲生产和出口种类过于单一,生产与消费严重脱钩。第二,农业和能源矿产业支配经济发展。非洲工业化水平比较低,农业依然是多数国家的支柱产业,蕴藏着巨大的开发潜力,以石油、天然气、矿产品为代表的资源类商品贸易迅速增长。第三,经济增长内生动力在不断增强。非洲经济取得长足发展虽然受益于过去十年间大宗商品价格的飞涨,但是自然资源对增长的贡献只有 33%,其余来自交通、电信、制造业等行业。第四,多样化发展趋势明显。此外,非洲经济的快速发展吸引了全球投资者的目光,非洲是全球投资回报率最高的地区,导致国际社会对非投资迅速增加。

非洲的将来充满了诸多机遇,包括人口红利期到来、中产阶级崛起、投资环境改善以及一体化进程加快等多个方面。非洲的人口红利是随着城市化进程而不断累积的,撒哈拉以南地区的城市化速度比世界平均水平快一倍,到 2050 年城市人口将由 3 亿增加到 10 亿。非洲,特别是西部非洲,人均国民收入增加,中产阶级正在崛起,消费需求和消费能力不断提升。为了吸引外资,非洲国家努力改善内部投资环境,外资增长也直接推动了法律、制度和市场建设,促进了非洲投资环境改善。非洲区域一体化进程不断加快,催生跨境互联互通,促进市场不断扩大并发挥整体合力,实现合作与互补。

从产业来看,非洲的发展机遇主要体现在三大支柱行业上。首先,是农业。非洲耕地面积广阔,日照充足,水资源丰富,随着先进设备和管理经验的投入,农业发展潜力巨大。其次,是基础设施建设。非洲各国在实现城市化和区域一体化的进程中,基础设施建设将成为拉动投资的主要动力。最后,是能矿业。近年来非洲石油产量增长速度位居全球首位,天然气增长仅次于中东地区。到2015年,全球13%的石油产量将来自非洲。非洲也是世界固体矿业的仓库,黄金储量占全球的40%,钻石占全球的60%。

看到非洲经济发展的诸多机遇,中国企业越来越多地实行"走出去"的战略,投资非洲。在探索和利用投资机会的同时,中资企业投资非洲也不可避免地面临很多问题。就市场环境而言,大部分非洲国家国别经济规模小,政府财力弱,主权信用评级低,全世界39个重债国家中有32个非洲国家。非洲市场还不发达,投资风险依然较大,法律制度不健全。受限于体制,目前在非洲的中国企业大部分是中小企业,但由于资金渠道受限,投资保障体系不健全,阻碍了它们在非洲的发展能力。从中国企业本身的角度来看,投资非洲的大部分企业重贸易、轻投资,缺乏长远打算,普遍缺乏统筹和指导,部分无序竞争激烈。企业领导者的决策能力有限也常常成为企业成长的制约因素,领导者要么缺乏清晰的投资策略,要么对非洲的投资风险缺少专业分析和理智认识。

石局长强调,开拓非洲市场对于所有企业来说应该是一个历史大潮,要坚持市场导向、政府指引、企业运作的基本原则,支持中国企业走进非洲。义利并举、互利共赢、平等合作和市场化运作是企业在非洲可持续性发展的保障。中国与非洲国家具有很强的互补性,中国的技术、资金和运作方式可以助推非洲实现工业化。以前我们对非洲注重的是扩大贸易产品出口,现在进行单体项目合作,将来应该从项目合作拓展到市场合作,鼓励相关产业抱团出海。

总之,中国企业走进非洲还要以更开放的姿态,参与主流市场,融入主流社会,并与主流企业接触,和当地政府搭建不同的平台。非洲跟中国是命运的共同体,既是市场共同体也是利益共同体,我们希望进一步推动非洲建设,帮助发展非洲,同时也进一步巩固中非的双边合作。

卢锋:从"华坚现象"看我国对非投资类型的演变

随着内外经济环境的演变,近年我国企业在非洲的投资呈现较快的增长势头。由于种种原因,西方主流媒体对我国企业在非洲投资的增长存有较多误解与质疑,甚至不乏责难诋毁。在这一背景下,制鞋企业华坚在埃塞俄比亚投资建厂,破天荒地在西方主流媒体得到比较中性客观的报道以及不少正面评价,堪称"华坚现象"。

总部位于东莞的华坚是为发达国家各种品牌女鞋配套的大型ODM供货商。2011年10月,华坚董事长张华荣先生应埃塞俄比亚前总理梅莱斯邀请考察埃塞俄比亚投资环境,当场拍板决定招工建厂,去年年底投资约500万—600万美元。这个规模不算很大的

投资项目,在国际社会赢得了广泛关注与积极评价,主要有以下几点原因:

第一,在埃塞俄比亚华坚大批量生产 Guess 等品牌女鞋到美国商场销售,超出很多西方观察人士与记者编辑的想象力,案例具有独特的财经新闻价值。第二,华坚投产第一年便成为埃塞俄比亚最大的出口企业,出口额占埃塞俄比亚皮革制品出口总额的57%,使埃塞俄比亚皮革制品的出口额翻番。第三,今年年初华坚已雇用了1600多个工人,创造就业的成效突出。第四,华坚投产速度与运营绩效,得到埃塞俄比亚和其他非洲国家的广泛赞许,梅莱斯先生赞扬华坚创造了"前所未有的速度"。

北京大学国家发展研究院考察团今年年初访问埃塞俄比亚等东非三国,在卢旺达和坦桑尼亚不断听到当地人士表示特别欢迎"类似华坚的投资项目"。华坚在非洲的投资在类型学上有什么特点?

我国目前在非洲投资大致可分为三类:第一类是大宗商品的资源类投资。第二类是基础设施(路桥电港)与公共设施(楼堂馆所)的投资,主要是大型承包工程项目。这两类投资都具有必要性与双赢性,今后仍应发展。不过这两类投资对本地就业的带动作用比较有限,开发利用资源容易被贴上新殖民主义的标签。我国企业在这些投资领域已建立知名度与品牌度,但美誉度仍参差不齐。第三类是制造业投资,主要针对当地市场的"进口替代型"投资,也有较少的原料驱动型轻工业投资,民营企业占绝大部分。这类投资对提升非洲国家的产业也具有多方面的积极意义。不过受制于当地的经济增长与市场规模,有时难免与本土企业存在不同程度的竞争关系,往往存在"第一家赚钱,第二家亏本"的情况。

华坚代表一种新的制造业投资类型。它主要利用非洲劳动力成本的相对优势,产品销售主要针对第三国市场,类似我国改革开放初期的"三来一补、两头在外"的加工贸易模式。这类劳动密集型加工环节向包括非洲在内的海外低成本国家转移,是由内外基本经济条件与产业结构转型需要所决定的。由于对承接国制度政策与基础设施系统配套要求较高,起步阶段面临较多困难。然而由于其具有内在的经济合理性,具有很大发展潜力。

从我国国内条件看,要素环境成本趋势性提高,产业结构调整力度加大,推动部分劳动密集型加工环节走出去。例如,我国农民工月平均工资今年上半年已增长到400美元,比埃塞俄比亚这类低收入国家工人的平均工资高出5—6倍;我国厂商的用地成本以及环保标准大幅提升,客观上削弱了劳动密集型制造业的市场竞争力。

工资、地价、环保、币值等方面的变化具有趋势性。估计2020年我国人均GDP将超过1万美元,普通工人平均月工资会达到1000美元上下。我国制造业整体生产率仍快速增长,然而劳动最密集与生产率进步潜力较小的环节,难免会在新环境下失去可持续性需要逐步转移。非洲低收入国家作为全球最后和最大的"劳动力成本洼地",显然也应是转移的重要备选区域之一。

劳动密集型制造工序转移的同时具有积极意义。国外投资有助于带动我国相关机器设备等资本品的出口。劳动密集型加工工序转到国外,技术、研发、物流管理等高增加值流程仍会留在国内,推动转移厂商的经营重心向"微笑曲线"的两端有序移动。有序转移有助于我国应对劳动密集型行业出口面临的来自发达国家的贸易保护主义压力。

承接我国劳动密集型加工工序转移对非洲低收入国家的经济起飞具有多方面的助推作用。一是有助于创造就业,发挥非洲低收入国家的劳动力成本优势。二是有助于非洲国家创汇与缓解国际收支逆差失衡的压力。三是有助于培养非洲国家的熟练工人与管理人才,培育这些国家的本土供应链配套系统,通过"外溢效应"助推本土草根企业家的成长。

程漫江:中国经济转型的几点思考

程漫江博士主要通过分析经济转型的问题解答近期对转型、增长和改革之间关系的疑惑。她首先定义了两类经济转型:一是从投资驱动型的经济模式向投资消费相对均衡发展的模式转变。中国在20年内实现消费驱动型经济模式存在较大困难,但多方证据显示,现有的投资驱动型模式难以持续。二是从制造业驱动型经济向制造业和服务业相对均衡发展转变。这两个转型是否成功,决定着未来20年的经济增长状况。

根据程博士的测算,2012—2020年如果GDP中名义投资保持10%的增速。结合其他假定,消费占GDP的比例在2020年将达到56%附近,相较于现在49%的水平,年均增速约1个百分点。如果按此速度持续至2030年,消费占GDP的比重将达到61%,经济结构达到相对健康的状态。如果需要消费在2020年达到GDP 65%的水平,名义投资增速需要降至7%。这可能会给经济带来大的冲击,因为消费在一定程度上受投资驱动,投资增幅大幅地下降会抑制消费。经济应逐渐向合理结构转型。

经济结构失衡出现于2000年以后。事实上,2000年以前,消费占GDP的比重持续保持在60%以上,投资与消费增速相对均衡。而2000—2012年名义投资年均增速为18.0%,名义消费年均增速为12.7%,导致了结构失衡,特别是2008年以来,结构失衡加速。回到相对均衡状态,未来消费需要持续保持高于投资的增速,而政策需要进行方方面面的调整。

产业结构转型机理相同。如果调整过于激进,2020年第三产业占GDP的比例增加至60%,制造业将基本处于零增长状态。经济产业结构调整是更为痛苦的过程。但根据上半年公布的数据,我们欣喜地看到调整过程在加速。今年上半年第二产业增速为7.6%,但是第三产业增速达到8.3%。如果未来服务业和制造业增速继续保持现有态势,经济转型还是有望实现的。

现今制造业处于下行周期之中,未来几年将继续调整。首先,过去几年中制造业对资源的占有度在下降。2009年后大多数制造业子行业的资本回报率均处于下降过程,不论是上游资源性制造业,还是下游高端制造业,ROE都在下行。而房地产等服务业行业资本回报率却稳定或上升。持续下降的ROE预示着未来制造业增速的下行,市场规律决定经济中制造业的比例会越来越小。

投资对制造业下行同样有所反应。2010年以后制造业投资持续下行。今年上半年制造业整体投资增速处于15%左右,但由于其中土地成本较高,如果去除土地因素,制造业投资的名义增速可能下滑更快。制造业产品在2010年之后出现持续通缩,即使高端产品也不例外,PPI同比长期处于零以下,通缩态势明显。以此观察未来ROE,制造业盈利可能会在未来一两年处于加速下滑的状态。

数据给出了比较明确的结论,即中国制造业的转型是正在发生的事实,无论从成长周期、世界市场份额还是短期竞争力看,制造业均为下行态势。政府需要对此有所反思,在此情况下,通过何种政策,才能引导服务业获得较快的发展,弥补制造业增速下滑对经济增长的负面效应。中国经济已经到了转折点,改革势在必行。

制造业转型的短期冲击较为有限,但随着经济下行风险会有所加大。房地产是资产负债率最高的行业,制造业处于中等水平。制造业内部的钢铁、有色、石油石化等行业的资产负债率较高,如果这些行业情况继续恶化,可能对银行资产带来大的冲击。制造业的利息保障倍数高于国际平均水平。总体来讲,制造业转型对银行资产的冲击幅度不大,制造业整体负债状况相对健康。目前,银行贷款中的25%投向制造业,这部分出问题的概率并不大。

如果政府采取措施加速制造业经济转型,对整体经济的影响相对其他行业更小。制造业过去实现了较高速的发展,其中的重要原因是政府较少的管制。如果服务业要获得大的发展,政府需要做的最重要的事依旧是简政放权,打破目前的行政垄断,减少服务业的发展障碍。否则,经济增速可能难以保住7%。

劳动力结构的变化同样要求经济结构转型。在目前的经济中,蓝领工人供不应求,人口结构已不支持制造业推动的经济模式。劳动年龄人口的减少反映了劳动力供给的下降趋势,经济结构转变需要与之相一致。未来制造业的劳动力需求应该逐渐下降,实现就业向服务业行业转移。

从制造业的目前状况、人口结构、资金成本等方面看,经济转型均正在发生。程博士认为政府应顺势而为,通过政策调整加速服务业发展,针对制造业的新特点,转变政策方向、方式。同时扶持服务业发展,需要落实措施,如放开对民办医院、民办教育的管制等。经济转型有内在需求,如果宏观政策不当,经济转型可能夭折。在制造业不能成功转型、服务业未能及时替代的情况下,经济可能面临大幅下行的风险。对现有货币政策,程博士认为较为宽松,而房地产和地方融资平台挤出了企业融资需求,导致虽然货币发行量较大,但企业资金面仍然较紧。如果不能对此有所制约,将构成转型的较大障碍。政策应该对经济内在的转型需求顺势而为,而非单一促增长。短期内忍受一定的经济下滑,培育新的经济增长点,应该是未来政策的着力点。

诸建芳:放权解局

诸建芳博士在演讲中通过观察全球与国内的经济形势,分析了我国目前经济发展陷入困局的原因,并提出解局的两方面政策建议:一是维持"社会可接受的最低增长",二是放权改革、促经济转型升级。

诸博士认为造成我国经济陷入困局的原因主要有五点:

第一,美国政策转向带来的不确定性增加,具体表现为美国QE政策退出的问题。由于QE政策通过信贷、利率和汇率以及财富效应渠道对经济的刺激作用已经明显减弱,因此退出的可能性很大。如果QE政策提前退出,它不仅将通过人民币汇率的波动直接冲击我国经济,而且将通过从新兴经济体抽离资金影响新兴经济体的金融体系、货币政策、债务情况等渠道进而影响实体经济,并最终间接冲击中国经济。

第二,经济增长持续下滑,经济缺乏活力。数据显示,从同比增长率和环比增长年率看,中国经济增长在过去几年均有一个持续下滑的趋势。过去五年,中国经济增长愈来愈依赖要素投入,反映技术进步和结构优化的 TFP 对经济增长的贡献大幅下降,投资效率明显下降。

第三,产能过剩情况日趋严重,结构问题凸显。从 2003 年只有四个主要产业出现明显的产能过剩问题,发展到 2012 年 19 个主要产业均出现了较为严重的产能过剩现象。

第四,政策空间已经十分有限。在财政政策方面,一方面财政收入增长放缓的同时,使用自由度较高的超收部分将进一步减少;另一方面,国防、外交等政府运营的刚性支出超过 27%,下降幅度有限,而民生和环保领域还需进一步支持。在货币政策方面,由于目前货币总量已经过高,因此货币刺激的风险加大。

第五,系统性风险上升。从经济结构来看,首先,真实出口小幅改善,但程度有限。在第二季度出口增速回落的情况下,下半年将较第二季度略微改善但难以反弹至第一季度的高度。其次,投资的增长将被产能过剩拖累,相关的负面因素主要有:PPI 持续为负,企业实际利率高,扩张意愿不强;产能利用率较低,设备购置相关投资放缓;新政府不会采取大规模刺激需求措施,终端需求复苏较弱;房地产调控的影响在下半年逐步显现;去年第四季度投资基数快速提升。最后,消费乏力贯穿全年。通过分析,预期零售全年增长率为 12.8%,相比以往,这是比较乏力的,其中,住房相关、服务消费及汽车零售增速相对较好。

针对上述困局,诸博士提出在短期应最大限度地维持"社会可接受的最低增长"。社会可接受的最低增长是指就业、盈利、税收不全面恶化的经济增长。为了实现这一目标,政策方面的建议主要有:首先,尽可能地避免新一轮刺激。其次,财政政策要收缩战线,把钱用在刀刃上;目前由于经济放缓,财政收入难达目标,预计将低于目标 2 个百分点,潜在支出缺口有 2 000 亿元左右,下半年财政支出可能进一步"精细化"。同时,如果转向"消费型财政",民生和环保支出增速维持在 25% 以上。再次,货币政策应从宽松到中性。下一阶段我国货币政策将主要表现如下三个特征:基准利率调整的可能性不大;利率市场化应是主轴;人民币汇率升值将会放缓。数据估算得出,货币增长略有回落,流动性有所收紧。最后,长期政策也会有短期效果,所谓"以长带短"。新一届政府的政策大都着眼于长期,但也有提振短期经济的作用。

长期应放权改革促进经济转型升级。首先要启动新一轮改革。历史经验显示,经济增长比较低迷时,政府往往会顺应潮流推动改革。目前以政府主导的资源配置模式已走到尽头,表现在如下三方面:与民争利、干预过多和阻碍竞争。与民争利表现在政府总收入占 GDP 的比例属全球同等收入国家的较高水平;干预过多表现为政府财政支出高、政府自身支出及政府控制的企业支出较高,以及政府审批等行政干预过多;阻碍竞争表现在垄断管制造成能源、金融、交通运输和电信等行业供给不充分,从而导致价格过高和垄断利润产生。其次,改革的核心内容是放权给市场和企业。改革的领域主要有:财税体制、金融体制、国有垄断领域、土地制度、户籍制度、民生保障制度、资源品价格和创新效率等。重塑促进经济增长的三大关键因素分别是优化资源配置、激发创新和催生新产业。最后,放权改革的经济前景和产业亮点。如果改革能在土地、资源、金融、医疗、教育等领域取得突破,那么会出现以下效果:消除制造业产能过剩、服务业超过制造业、解决民间融资难题、经济恢复内生动力等。相关的亮点行业将包括金融、现代农业、医药医疗护理、文化体育娱乐教育、新业态零售业等。

宋国青:M2 流通速度和机构货币

针对当前宏观形势,宋国青教授结合货币总量在结构上出现的一些新特点,阐释了 M2 流通速度短期变化的原因及宏观政策的应对思路。

2013 年第二季度,名义 GDP 同比增长 8.0%,是 2000 年以来除 2009 年前两个季度以外最低的。在此前的两个季度,M2 同比增长率各月平均为 15.0%,其中 2013 年第一季度平均为 15.6%。这样名义 GDP 的同比增长率比之前的 M2 同比增长率低了 7 个百分点或更多。在 4 月的工业生产和主要价格指数公布以后,第二季度名义 GDP 的同比增长率大致上就可以看到 8.0%左右了。在那前后出现了"货币空转"的提法。如果只是指名义 GDP 增长率显著低于货币数量增长率,用货币流通速度下降的传统说法就可以了。"货币空转"的说法对于更多考虑货币不同部分的情况或者有提示。

宋教授认为,M2 流通速度的下降趋势在 20 年前是由金融深化所致,然后是由于资本产出比的上升,再后来是融资多元化导致了越来越大的不确定性。用资本产出比的上升来解释社会融资总额与 GDP 的比例更好一些,而银行融资只是整个融资的一部分。在融资结构发生变化的情况下,资本产出比的上升不一定导致货币流通速度的下降。

M2 流通速度对趋势值的偏差与真实利率具有反向关系。生产者面临的真实利率和消费者面临的真实利率并不相同。在 20 世纪 90 年代,居民持有货币的比例比较高,按消费者价格计算的真实利率比较重要。后来企事业单位持有货币的比例上升,按生产者价格计算的真实利率相对更重要一些。但最近几年机关团体的存款猛烈增长,这其中的一部分可能对真实利率不敏感。

对真实利率影响最大的是 PPI 和 CPI 通胀率的差别。在 1996 年,CPI 上升 7.6%,一年期存款利率平均为 9.2%,由此计算的真实利率不算高,但 PPI 只上升了 2.7%,按此计算的真实利率就很高了。最近两年的情况与 1996 年相同。在 2004—2008 年,真实利率低的一个重要原因是 PPI 涨幅高于 CPI。这是生产者的黄金时期。过去 10 年里影响上述真实利率的最主要因素是 PPI 与 CPI 之比的变化。虽然利率对 CPI 变化也缺乏弹性,但是其间差别相对次要一些。

2013 上半年 CPI 的同比上升率为 2.4%,但 6 月达到了 2.7%,7 月可能还会有所上升。如果认为目前的 CPI 通胀率是比较合适的水平,那么宏观政策大幅度变化就难以期盼,虽然微调或者小幅调整的余地总是有的。PPI 大幅下降和 CPI 不低的情况给政府出了一道难题:从 CPI 的角度看利率不高,从 PPI 的角度看则太高。

去年年底以来,控制公款消费和反铺张浪费的政策也对货币流通速度下降产生了一些影响。一些方面的行政开支受到了一定程度的抑制,但是今年前五个月财政支出仍然保持了较高的增长。机关团体存款的高增长可能在一定程度上与此有关。5月,金融机构的机关团体存款同比增长了20.3%,比M2 15.8%的同比增长率高了很多。6月,机关团体存款可能仍然高增长。从前五个月的财政收入和支出增长情况看,仍然可以说是积极的财政政策,但是一部分支出到了受款单位就不动了。

如果只考虑对总需求的短期影响,盘活存量货币和增大总量的效果是一样的。存量货币活性增强可以刺激需求,但是不可能只刺激生产不刺激通胀,尽管生产和价格变化的时间不一致。从提高微观效率包括抑制一些方面的寻租行为角度看,盘活国有部门存量货币是一种改革,而且可能是成本很低、收效很好的改革,但是最好不要将这样的改革作为短期的宏观调控工具来用。在需要刺激需求的时候盘活存量货币自然没问题,但是在需要抑制需求的时候总不能反着来。

宋教授接着讨论了货币结构特别是机关团体存款的问题。过去二十年M2高增长的一个重要情况是机构货币占M2的比例在上升。机构货币在过去二十一年平均每年增长22.4%,居民货币平均每年增长19.0%,其间名义GDP年均增长16.3%。

很多分析在计算政府部门或企业资产负债表,对债务计算比较充分,但是没有全面计算这些机构的货币资产或者更广泛的金融资产。政府和企业的债务相对GDP的比例在上升,但是政府和企业货币资产对GDP的比例在更快地上升。从这一点来看,计算社会总债务与GDP的比例反映了一个方面的情况,但分部门计算金融净债务的结果可能很不相同。

在5月底,机关团体存款达到了14.3万亿元,相对今年GDP估计值58.7万亿元的比例为24.4%,这里还没有考虑3.5万亿元的财政性存款。没有更详细的机关团体存款分类数据,不清楚与财政拨款有直接关系的机关团体存款到底有多少。有一条是肯定的,财政部门一方面发国债借钱,另一方面有大量的直接银行存款,还有更大量的间接银行存款,即机关团体接受财政拨款后形成的存款。

中国人民银行报告的机关团体存款没有分活期、定期,从其他数据推算活期存款的规模很大。5月,M1中的活期存款25.9万亿元,非金融企业活期存款13.5万亿元,两者相差12.4万亿元,其中大部分应当是机关团体的活期存款。

5月,非金融企业存款有35万亿元,其中定期存款21.5万亿元。企业的金融负债不少,不过银行存款量也很大。对私营企业来说,算总账可能忽略了企业间资产债务的分布;但对国企算总账仍有一定意义,毕竟名义上存在一个共同所有者。事实上,如果发生了大的金融问题,中央对地方收入可以有一定的调剂。

一般来说,同一个企业一方面大量借钱,另一方面大量存钱的情况比较少,不过很多情况会导致例外。频繁发生的信贷数量控制可能产生银行停贷的情况,迫使企业在能贷款时多贷一些放在银行慢慢用。这可能是导致中国M2与GDP比例高的一个原因,但不是主要原因。5月,非金融企业活期存款同比增长6.7%,定期存款同比增长21.5%。这个差别部分是金融深化提高效率的结果,部分是由于企业对经济预期不好,按PPI计算真实利率很高导致企业投资意愿下降。从短期看,后者是主要的。与之对比的是,M1中的其他活期存款同比增长17.2%,比8.0%的名义GDP增长率高了很多。这部分应主要反映机关团体的活期存款大幅增长,与今年控制行政开支有一定联系。M1作为预测短期需求的一个指标在通常情况下是不错的,但是在今年这一特殊情况下,由于非企业活期存款流动性发生较大变化,M1指标的预测效果也就相应受到影响。

总的来看,机构货币占M2比例的上升从一个角度反映了国民收入分配中的一些问题。多年来,居民可支配收入占GDP的比例不断下降,导致了一系列矛盾。经济结构的变化是一个原因,1994年确定基本收入分配框架是一个原因,近年来国有部门和政府越来越大也是一个重要原因。所以,盘活存量货币或者更广泛地说是盘活存量资产,最重要的是国民收入分配向居民倾斜。

从社会资源分配角度看,有部分货币使用率不高是次一级的问题。给定宏观调控管通胀这个前提,一些部门货币流通速度低,就可以多增加一些货币。反过来说,一些部门货币流通速度增加,就得控制货币总量,压缩别的部门的需求。在现在总需求疲软的情况下,盘活国有部门货币的好处很多,最简单地说,就是将铺张浪费的钱省下来用于基础设施投资。进一步看,收很多税由政府部门去花总是个问题。少收一些税,需要基础设施投资时发债借钱;这样比现行体制下收税过多的部门分钱,更容易建立约束机制,也有助于抑制铺张浪费。

第 35 次 报告会快报

（2013 年 10 月 20 日）

CMRC"中国经济观察"第 35 次季度报告会于 2013 年 10 月 20 日下午在北京大学国家发展研究院万众楼举行。会议由北京大学国家发展研究院卢锋教授主持。卢锋教授根据"朗润预测"的汇总结果，用"增速'七上八下'，通胀'破二进三'，政策求稳谋变，'保底'几无悬念"四句话概括了 25 家特约机构对今年第四季度我国宏观经济走势的看法。

本次报告会上半场主要讨论了新形势下我国对外投资推动对外贸易的问题，北京大学国家发展研究院周其仁教授做了精彩演讲。报告会下半场讨论了近期国际国内宏观形势，天则经济研究所学术委员会主席张曙光教授、中国社会科学院世界经济与政治研究所全球宏观经济研究室张斌主任、北京大学国家发展研究院宋国青教授先后发表演讲并回答听众提问。下文为主讲嘉宾的演讲摘要。

周其仁：生产能力与市场能力——当前经济形势的一个问题

周其仁教授演讲的主题是"中国生产能力与市场能力的平衡问题"。他首先分析了目前中国的经济形势。中国经济增速已从 2007 年第二季度的 15% 降到今年第二季度的 7.5%，第三季度增速略微回高到 7.8%。虽然短期"企稳向好"，然而自金融危机以来中国经济增速几乎减半。其中结构调整对经济长期发展有好处，然而经济增速下行也使企业承担着巨大压力。

三方面因素把中国经济增速拉了下来：一是金融危机、欧债危机导致的全球普遍增速下滑和我国外需乏力；二是新世纪以来国内为调控经济过热不断增加的行政管制；三是真实利率发生变化使企业面临困难。

经济增速趋缓使企业和地方政府面临"水落石出"的局面。压在它们头上的"石头"有三块：第一块是随收入增长不断上升的成本，第二块是债务压力，第三块是"产能过剩"。高速增长下行后,原来支持高速增长的生产能力现在变成大问题。然而真正清理过剩产能并不容易:将工厂关掉,一些工人就没有工作;数量过多对经济、社会都会造成很大影响。如何看待过剩产能,实质是如何看待生产能力和市场能力的问题。

与中国经济体量相比,中国制造业产能巨大,远超中国自身市场的吸纳能力。世界银行数据显示,2010年中国制造业附加值占全球的17.7%,美国占全球的17.1%;联合国数据显示,2011年中国制造业附加值占全球的20.7%,美国占全球的16.8%。两组数据都说明中国制造业附加值份额已是世界第一。一些劳动密集型产业的产能份额还要更大,比如制鞋业产能占62%。中国制造业产能附加值占全球的20%,出口占全球的11.1%,国内GDP占全球的11.5%。从这三个数字可以看出,中国制造业产能巨大,"卖的能力"和国内的"消化能力"严重不匹配。

目前外需乏力,但也很难指望内需完全替代降低的外需。原因有四点:首先,中国很多产能一开始就不是为内需而生,尤其是多年来扭曲的汇率机制导致国内外相对价格信号出现很大误差,使国内生产者产生错误的价格预期,布下过多产能,这些产能很难仅靠内需消化。其次,不少地方、企业面临"三块石头"的挤压,成本压力、债务压力和产能压力需要时间来消化,不可能迅速恢复高速增长。再次,寄予较大希望的城市化不会马上刺激内需。城镇化首先是体制、机制问题,不把这些调整好,到处建新城只会使问题更加严重。最后,改革释放红利需要时间,因为中国的改革是渐进式改革,越留在后面的,改革难度越大,要改出效果需要时间。因此,尽管中国内需已经保持高速增长,然而要寄希望于内需达到全球的20%,与制造业生产能力相匹配,非常困难。在这种局面下看短期经济问题,周教授认为中国继续开放非常重要,尤其要增强对外开放的针对性。

中国过去的开放模式目前遇到了挑战。从建立特区到现在,中国的开放基本上是针对发达经济体市场出口产品。发达经济体有如下特点:第一,购买力现成;第二,商业通道现成,只要我们有能力生产出产品,通过香港地区的订单物流配送渠道、发达经济体的基础设施可以保证产品很快销售出去;第三,尤其重要的是,发达经济体有相当成熟的信用体系,这也是这些年中国出口非常顺利的主要原因。尽管中国建立了大量工厂,但很多市场能力却一直借助于发达经济体,这也是为什么中国香港地区、新加坡以及其他发达经济体借助中国发展机遇一直繁荣的原因,也是我国工业化领先、城市化落后的原因。然而以2007年的金融危机为拐点,发达经济体成熟的购买力、成熟的设施、成熟的体系遇到了全球化以来的一次大冲击。尽管这套体系还是很成熟,但是吸收新增流量的能力下降了。

为什么中国继续开放还有潜力?一个潜力是进口。随着汇率扭曲局面的改观,人民币较快升值,中国的旅游、境外活动、对外投资迅速升温。我们在降低关税、扩大进口等方面有很大潜力。另一个潜力是今天要讨论的重点,就是以中国企业面向新兴市场扩张带动国内生产能力面临新的机遇。

2007年发达国家遇到重大挫折后,全球经济体量份额发生很大的变化。新兴市场经济总量占比从15.4%上升到29.7%,G7国家从65.4%收缩到47.3%。中国的产能原来主要面向发达国家,如果发达市场能慢慢恢复,中国企业应对起来自然是熟门熟路。然而发达国家可能陷入低速增长的"新常态",新兴市场国家的全球份额正在快速增大,如果我们抓住新兴市场会大有机会。中国有生产能力,然而相应的市场能力是薄弱环节。我们对新兴市场国家了解少、销售能力差。新兴市场国家与发达国家还有一个很大区别是没有现成的购买力,但是有潜在购买力;没有现成的成熟的商业基础设施以及很好的信用与服务体系,但是有改善的机会。这些都是中国的机会。

周教授指出,在全球化方面中国企业已经有很多成功的案例。比如华为、联想、海尔都开始成为诞生于中国的全球公司。在东盟、中亚、东欧和非洲等地,可看到一批中国企业在"走出去"的过程当中,不仅仅购买资源,而且介入当地的投资和建设,出现以对外投资带动对外贸易的新苗头。比如新疆特变电工到哈萨克斯坦、塔吉克斯坦投资。这些国家与发达国家不同,虽然发展潜力很好,但缺乏基础设施。特变电工去承包大型工程,铺设电网、建立电站,与早年占地、买矿不同,很受当地欢迎。新疆另一家企业三宝实业,帮助中亚国家建立工业园,就像当年新加坡帮助中国建立工业园一样。还有中亚食品研究中心,国内生产成本提高之后,将生产基地搬到中亚,把当地人送到中国来培训,培训完再回到当地开拓市场,创立品牌。新疆有一批这样公司。中亚国家固然基础设施落后,但中国可以建设基础设施,借钱给这些国家买中国的产品。对中国来说,"走出去"不仅是买资源、卖产品,而且可以是"做好事"。这个过程又可以带动国内产能,形成对外投资带动对外贸易的新局面。

微观上看,不少企业已经有面向新兴市场的动向,但仍需要两方面的政策支持:一是简化审批,二是金融支持。金融支持要与产业结合,要为中国产能开拓海外市场提供金融支持。这方面可以学习发达国家投资的经验,比如当年谷牧副总理访欧时,德国总理就提出可以向中国提供设备贷款,也可以支持中国在外的BOT项目。如果政策对这两方面进行支持,中国开放也将出现"升级版",并以此支持经济转型和升级。

周教授指出,未来人才趋势也是要往新兴市场走。目前经常听到三种信息:一是大学生就业难、年轻人购房和生活成本压力巨大;二是出国旅游的国人不断带回国外的商品和物业比国内便宜、相对价格条件在发生变化的信息;三是中国企业在新兴市场经常面临人才短缺的信息。周教授认为,这三方面加不到一起的信息,提示年轻人与其在国内"受煎熬",不如找机会出去闯一闯。周教授特别为听众介绍了著名经济学家熊彼特年轻时离开伦敦和维也纳去埃及谋生的故事。目前国内大城市生活成本巨大,4 000元人民币在北京、上海生活得很艰辛,但在一些暂时比较落后的发展中国家的首都可能生活得挺好,并可能有更好的机会来历练提高自身的能力。有胆识的年轻人应该勇于走出去,并在当地扎根实干。

周教授最后总结了几点:第一,中国经济增速高位下行不可避免,因为过去依靠发达国家繁荣拉动外需的局面发生变化。第二,形势变化带来两方面的困局,一个是"水落石出"后企业和地方政府要应对成本、债务、产能这三块"石头",另一个是从整体结构看生产能力与市场能力不匹配的问题突出。第三,应对这个困局的一个可能方向,是面向新兴市场进行对外投资,为中国产能开拓市场。中国不能完全靠内源式发展,中国经济的升级版离不开有针对性的扩大开放。这个过程需要策略调整,除了简化审批和金融支持,还要在相关的人才培养方面跟进。

张曙光：宏观形势、对外开放和环境保护

张曙光教授主要讨论了三个方面的问题：一是中国目前的宏观经济形势；二是关于中国的对外开放；三是环境保护与经济增长的关系。

张教授首先根据统计数据分析了中国当前的经济形势。日前国家统计局公布了第三季度经济运行的结果，第一季度GDP增长率为7.7%，第二季度为7.5%，第三季度则为7.8%，超出了许多人的预期。张教授认为第三季度的超预期增长主要是因为政府采取了一些刺激经济的政策。张教授并不赞成政府过度刺激经济。他认为中国经济增速下行是趋势，中国经济经历了三十年的高速增长，现在确实有从高速增长向中低速增长转变的需要，因为中国经济的潜在增长率在下降。中国过去依靠低成本扩张的时代结束了，很多经济发展条件都发生了变化，总体经济增速走低是合理的，依靠刺激政策强行让经济反弹未必有利。中国的土地成本、劳动成本和环境成本都在上升，人口也已经进入老龄化时代，而且还要考虑到中国的经济结构调整，因此经济增速趋缓是大势。中国现在仍然是靠投资拉动GDP，但目前又面临产能过剩的问题。如果一方面产能过剩，另一方面大规模投资，只会加剧产能过剩的情况。消费方面，消费水平的提升需要通过一系列体制调整才能做到，只有收入水平真正提高，消费才能跟上。外需方面，今年总的来看国际经济形势还不错，但是中国净出口状况并不理想，说明依靠过去的办法已经不灵了，需要有新的增长途径。因此，张教授认为，判断中国宏观经济形势要认清中国的这些状况，适应中国经济总体走势，改善增长质量，保持中低速的有效率、有质量的增长。

张教授指出，相比其他国家，中国经济7%的增长已经是理想的结果。今年美国经济增速只有2%，欧洲基本上零增长，日本也是2%左右，印度增长下滑，巴西也有困难。中国经济现在的情况相对不错，可以不依靠刺激政策。中国这些年消耗的资源很多，如水泥消耗占世界的53%、钢铁占49%、铜占39%，而生产的GDP占世界的比重却只有9%。生产效率低，光靠刺激投资是不行的，不如把速度稍微降一点，把力量转移到调整上。这不是说投资不需要增加，有些投资是需要的，但有些投资是不需要的。中国只要稳扎稳打，加强调整，经济不会有太大的问题，但是如果不做好调整，未来的经济风险是相当大的。

接着，张教授讨论了有关中国对外开放的一些问题。在中国过去的经济发展中，对外开放起了非常重要的作用，特别是加入WTO，使中国经济与世界接轨，促进了后来这些年的经济高速发展。中国现在的一个新政策是上海自贸区的实行，这件事情总的来说是好事情。但其中一个问题是，中国实行自贸区的意图是什么？因为一个很大的背景是美国主导的TPP，上海自贸区和它将来是什么关系？美国自贸区的规则是超过了WTO规则的，那么上海自贸区的规则该如何调整？后续规则准备不准备实施？如果准备实施，可以和TPP接轨；如果不准备实施，上海自贸区就会受到很大的限制。

张教授指出，中国进出口现在面临的主要问题是增长率不可能再像过去那么高了。在走向发达国家的过程中，开始时鼓励出口是对的，中国也是在外源工业化的道路上成功了，但是长期实施这个政策有困难。那么就得改变和调整，走出去是很重要的一个途

径。李克强总理访问泰国时提出修中国西南地区到泰国,甚至通过马来西亚到新加坡的高铁,这是可行的,因为中国在技术上、产业上都有丰富的积累,因此向外来做可能对这个产业发展是非常重要的事情。这就需要改变政策和形象,让国外相信中国,才出得去、做得好。不仅是高铁,中国很多产业都成长起来了,有技术和能力上的储备,在走出去的融资问题上中国也有实力,当然很多限制和政策是需要调整的。而且还要考虑一个问题,就是不单是国有企业要走出去,民营企业作为重要主体也要走出去。所以在这个过程中,企业和政府都需要努力,但是政府要起的作用不是取代企业去主导,而是创造一系列的条件来保护和支持企业走出去。中国现在走出去,国内保持5%—10%的增长,再加上国外的增长,可以实现有力的发展。

张教授讨论的第三个问题,是关于环境保护优于经济增长的问题。中国这些年经济增长很快,但是付出的环境代价也很大。现在空气污染、水体污染和土壤污染都相当严重,食品安全也成了大问题。经济发展的目的是为了改善生活,提高生活质量,而现在发展的结果把环境完全破坏了,这样的发展就失去了意义。因此,张教授认为应该优先考虑保护环境,并提倡发展新型能源。他以光伏产业为例说明了应该如何促进新型能源发展。中国光伏产业依靠国际市场发展壮大起来,但是遇到国外反倾销就立即出了问题。其实国内也有很大的市场,现在政府依靠建几个大的光伏电站来解决问题很困难,要解决这个问题可以依靠广大农村,如果让农村所有的房顶和墙壁上都安装上光伏太阳能,国内就会是很大的市场。因此,光靠政府还不够,得让老百姓都能进入。个体和企业愿意装,初期投资比较大,政府需要给予一定的补贴,政府如果解决了补贴政策、上网政策等问题,光伏产业就没有问题。同理,中国可以发展一系列的节能产业、节能设备和节能产品,市场都是很大的。能源结构改善了,污染问题也就解决了。

最后,张教授指出,环境保护的问题还需要政策上的调整。现在很多环保问题引起了中央政府的重视,对地方有一些考核,比如说对二氧化硫或者二氧化碳的排放量进行考核。但这个政策导致了一个很重要的现象,就是考核的领域能达标,污染在下降,但没有考核的领域污染照样在增长,甚至出现地方政府与企业的联合。所以,这个问题单靠中央政府监管是解决不了的,必须让老百姓和社会参与。这些问题和宏观经济也是相关的,如果投资都能投到好的产业,经济增长也是有质量的增长,我们的生活也能得到改善。

张斌:经济趋势性下行的逻辑

中国的 GDP 增长率从 2007 年之后趋势性下行,虽然中间经历了一轮刺激,但是下行趋势并没有改变。目前的增长率是否已到底,仍然没有明确的答案。经过对增长做简单的分解,发现促使增长率趋势性下行的最主要原因是净出口对 GDP 的贡献下降。因为金融危机发生之前净出口平均每年贡献 1.2%,而危机之后,平均每年贡献 -0.93%,二者之间的落差有近 2%。

中国经济除了增速下行,经济结构在危机前后也发生了明显变化。首先,危机之前中国工业品在最终使用品中的比重不断上升,而危机之后则下降;危机之前服务业比重一直下降,危机之后则不再下降。其次,中间投入品结构中工业品的比重也是在危机之前不断提高,危机之后下降。最后,产业增加值中工业品的比重,除了2004—2005年间有一个大滑坡外,危机之前不断增加,而危机之后则下降。

在此简单总结如下:首先,危机之后外部需求下降,从而对工业品需求下降;与此同时,政府4万亿元的投资使市场对建筑等服务需求增加。其次,在最终使用层面上,工业品与GDP之比由升反降。再次,在中间投入品结构层面上,工业品在全部中间投入品中占比由升转降。最后,是增加值结构,工业增加值与GDP之比下降。由此可见,中国经济近几年面临两大冲击:一是外部需求减少的冲击,二是刺激政策变化的冲击,二者共同作用使中国经济发生了一系列结构性变化。

经过这些分析后,问题变为:为什么净出口下降带来中国经济增速的趋势下行?可以看到的现象是,工业品部门占比在经济活动中发生趋势性变化,危机之前上升,危机之后由于结构发生调整,工业部门占比从各个角度都在下降,而这种下降伴随着经济增长率的趋势下行。

一个经济体增长取决于三个变量:一是要素禀赋,包括劳动力、资本和土地等,禀赋问题是经济增长理论最关键的问题。二是要素参与率,它是经济周期理论最核心的问题。三是要素生产率,它也是经济增长理论的主要问题之一。这里主要讨论要素参与率和要素生产率的问题。

要素参与率取决于市场完善程度。在一个完全充分竞争的市场上,不存在要素参与率的问题,因为所有要素都会被完全利用。但是现实中不存在完美的市场,市场总有失灵或失效的地方。如果市场不完美,市场机制的一些缺陷将造成某些经济资源不能得到充分利用。由于垄断市场定价比边际成本高很多,市场价格对应的产出比完全竞争市场低。市场上行政力量或自然垄断力量越严重,产品之间的替代性则越差,对应的均衡产出水平将越少。所以市场完善程度越差,要素参与率越低,资源越不能得到充分利用。

中国工业部门中80%左右是充分竞争,而服务业部门只有50%左右,如旅游、餐饮等,是充分竞争的;另外50%左右,如医疗、电讯等,有严格的准入限制,竞争不充分。比较后可知,工业部门比服务部门市场化的程度高,产品替代弹性也较高。因此,当一个经济的工业部门占比下降而服务业占比上升的时候,市场不完善的程度就加大,要素参与率也会下降,资源不能得到充分利用。要素参与率下降有几个代表性的证据,如PMI从业人员指数等。危机之前中国PMI从业人员趋势性上升,而危机之后则趋势性下降。

要素生产率方面,一般来讲工业部门要素生产率的提高速度快于服务业部门,因为工业化产品比服务性产品的标准化程度高,比较容易模仿学习。另外,工业部门生产还有融资优势,厂商可以利用厂房、设备到银行做抵押获得贷款,它对金融发育程度要求不高。卢卡斯说技术的进步就是生产过程的外溢效应,有生产才有技术进步。融资优势可以帮助企业不断扩大生产过程,获得新技术。所以正是由于部门之间的差别,造成工业部门要素生产率一般高于服务业部门。

中国目前的情况是工业部门的比重下降、服务业部门的比重提高与生产率有关。目前,对中国要素生产率的计算存在较多争议。根据 Conference Board 的数据,我国要素生产率的现状不容乐观。中国经济活动由于外部冲击或者经济刺激政策的冲击,重心由工业部门转移到服务业部门,这对要素参与率和要素生产率都有负面影响,从而带动经济增长速度下滑。

面临经济增长率下降,政府的对策应该怎样考虑?从短期来看,存在两难选择,一方面更多的刺激措施可以提高要素利用率,另一方面政府增加刺激会带来金融杠杆率不断提高、低效率投资、不良资产率提高等问题,进而带来金融危机的隐患。面临这样的两难选择时,各国政府都不希望看到资源、福利遭到损失,特别是在就业方面。所以短期内,根据两害相权取其轻原则,应该选择合适的刺激措施,选择的标准是:第一,是否有效地提高需求水平,特别是增加就业机会;第二,是否有显著的正面溢出效应;第三,尽可能减少对其他部门投资的挤出效应。

从长期来看,政府应该提高要素利用率。但是由于长期可能带来金融危机的问题,所以依靠改革来完善市场,使资源能够得到充分利用是更好的选择。在政府职能改革方面,最后都涉及政府部门利益的调整问题。在这个过程中,范围较广、具有普遍意义的改革行不通。从过去几次改革的成功经验来看,每一届政府如果能够在一个重点领域里推进一个好的改革就已经很成功了。目前中国居民的生活与发达国家相比,主要是居住、医疗、教育和环境等服务产品稍显不足,工业产品则相差不多。

宋国青:从总需求预测的角度看利率

宋国青教授主要阐述了如何从总需求预测的角度观察利率。利率是传统的货币需求函数的重要解释变量。我国由于利率管制,存款利率长期不变,宋教授将银行存款利率称为"乏味的存款利率"。"乏味"是从预测的角度来说的,因为无法想象利用存款利率这样一个基本不变的变量去预测变动的货币需求。近年的情况发生了相当大的变化,影子银行或表外银行业务发展非常快,企业和一些个人可以获得比银行存款利率高的利率,但考虑到风险,实际也并不比银行利率高很多。

利率对货币流通速度有显著的影响。使用 M1 和 M2 的月度数据进行季节调整可发现,它们的比例从长期趋势来看一直在下降,2012 年以后加速下降。而 M1 和 M2 之比正好等于 M2 流通速度和 M1 流通速度之比,这一比率与一年期定期存款利率有明显的负相关关系。可见尽管由于存款利率受到管制,存款利率变动较小,但从长期来看,即使不太变化的利率对货币流通速度的影响也非常大。

在贷款利率上限放开后,基准贷款利率意义已经不大,寻找一个能够反映市场供求的均衡贷款利率是一件重要的事情。他们用票据利率作为贷款利率的一个近似测度,由于贷款对象、贷款条件等普遍存在差异,如果认为票据融资作为贷款利率很好的标尺也不尽然,它仅是贷款利率的一个度量。原则上,票据融资利率要低于平均贷款利率,因为票据融资利率是短期利率,进行票据贴现的企业信用较好,且波动也要大于贷款利率。

在银行资金成本方面,用七天回购利率作为银行间融资的成本,另一个资金成本就是存款利率。

贷款利率的一个特点是CPI相关性较好,而与PPI相关性不强,这主要是因为宏观调控基本上盯住CPI。这种特点导致在PPI相对于CPI上升快的时候,工业企业面临较好的经营条件。2009年下半年到2011年上半年,票据融资利率相对于CPI较低,而PPI上升较快,企业面临较低的实际利率,后来情况反转。

票据融资利率与一年期定期存款利差可作为存贷款利差的近似指标来使用。2009年的一段时间内存贷款利差为负,出现了"利率倒挂"。当时定期存款利率在2%以上,但票据融资利率只有1%左右,银行间利率接近或等于超额准备金利率,银行从银行间市场融资的成本很低,但银行却以2%的利率吸收定期存款,以1%左右的利率进行票据融资。2009年之后,存贷款利差开始增大,2011年票据融资利率曾达到9%,存贷款利差也达到了一个高点,之后开始回落。2013年5月、6月,存贷款利差很小,票据融资利率很低,企业面临的贷款成本较低,此时CPI也比较低,存款所获得的真实利率较高。但是2013年7月以后,存贷款利差又开始上升,这次上升主要是由于票据融资利率的上升,而存款利率基本没有变化。2009—2011年存贷款利差扩大有两方面的原因,一方面与CPI和PPI的相对变化情况有关——PPI在上涨,但是CPI没有上涨。PPI上涨意味着企业产品价格上涨,企业经营状况改善,企业贷款利率上升,而CPI不涨,政府不会进行宏观调控。另一方面是存款利率相对被压低,而贷款利率已经市场化了。

银行间利率可以看成银行的短期资金成本,而贷款利率是收益,两者之差是存贷款利差的重要组成部分。现在这个差大概为1.5个百分点,4月银行间利率与票据融资利率差不多,这也是后来出现钱荒的原因,而2010—2011年这个利差非常高,差距最高的时候超过5个点,最低的时候差不多是零。贷款利率和银行间利率差的波动与宏观调控采取的不同方式有关。一种控制是贷款数量控制,它可以直接导致贷款利率高于银行间利率,这个差超过正常水平的部分可以理解为信贷额度的价值。此外,资本充足率如果构成有效约束,也能提高这个利差。2010—2011年银监会加强资本充足率管控,导致贷款利率与银行间利率差别扩大,效果与直接贷款数量控制差不多。另外一种控制就是提高准备金率,准备金率会通过增加存款成本提高银行间利率,原则上主要影响存款利率和银行间利率之差,但是有些参数可能也会影响到银行间利率和贷款利率之差。

最后看存贷款利差。存贷款利差可以分解为银行间利率与存款利率之差,以及银行间利率与贷款利率之差。给定存款利率,贷款利率上升引起存贷款利差扩大,银行间市场利率可能发生相应的变化。如果存款准备金上调,银行间利率上升则是结果,银行资金成本上升。而如果使用信贷额度或强化资本充足率要求的方式调控,银行间利率可能下降,银行资金成本不上升,但限制资金用途,贷款利率与银行间利差上升。

这与限行、限购类似,信贷额度控制和资本充足率调整类似于限行,而不准吸收存款则类似于限购,提高准备金率相当于加税。不同调控方式的区别主要在于利差的归属。用贷款额度或资本充足率的调控方法,存贷款利差基本上归银行,同时贷款额度分配中也隐含了很大的利益。用一般的提高准备金率的方式调控,相当于对贷款加税,这个税归央行,实际上用在补贴外汇储备损失或低收益上。

但是应该明确的是,是存贷款利差决定了另外两个利差,而不是相反。存贷款利差在这两个利差之间的分配由不同的宏观调控工具决定。近期银行间利率上升是表面现象,根本情况是第三季度经济有所恢复,恢复以后贷款利率上升,导致利差扩大。在财政盘活存量和地方融资平台带动下,7月、8月投资增长拉动经济上行,而央行6月以来继续保持调控,反映到银行间市场利率上,导致利率上行。

附 录 | 朗润预测

"朗润预测"是 CCER/CMRC"中国经济观察"从 2005 年 7 月开始实施的预测项目,该项目对中国宏观经济主要指标 GDP、CPI、工业增加值、固定资产投资、消费品零售额、出口、进口、利润、利率、汇率等提供季度预测。"朗润预测"实行特约机构制度,先后参与这一项目的机构包括 30 多家学术单位、国内证券公司、国际金融机构等。

预测指标说明

1. 预测机构按机构全称拼音字母排序,机构全称见后面附表"先后参与'朗润预测'的特约机构及其主要预测人员"。

2. 除利率和汇率外,各指标为今年第一季度比上年第一季度的同比增长率。其中,GDP 和工业同比增长率按可比价格计算,投资和零售同比增长率按名义价格计算,出口和进口同比增长率按美元价格计算。

3. "工业"指规模以上工业增加值,"投资"指城镇固定资产投资,"零售"指社会消费品零售总额。

4. "利率"和"汇率"分别指季末最后一天的一年期储蓄存款利率和人民币美元汇率。

5. 加权平均是基于预测机构历史预测误差调整的计算结果。平均绝对预测误差越小,加权系数越大。

2005 年第三季度"朗润预测"

	GDP	CPI	工业	投资	零售	出口	进口	利润	利率	汇率
CCER	9.4	1.2	16.5	26	12.4	30.0	21.0	21.3	2.25	8.11
机构 2	9.2	NA	NA	NA	NA	NA	NA	NA	NA	8.11
机构 3	10.1	-0.9	NA	NA	NA	28.4	10.4	NA	NA	NA
机构 4	9.4	1.7	16.7	26.5	12.8	27.0	18.0	20.0	2.25	8.11
机构 5	9.1	1.4	16.5	24.0	12.6	23.0	15.0	20.0	2.25	8.11
机构 6	9.3	1.3	16.0	23.0	12.5	25.0	15.0	15.0	2.25	8.11

(续表)

	GDP	CPI	工业	投资	零售	出口	进口	利润	利率	汇率
机构7	9.2	1.6	16.1	26.7	13.1	26.8	17.2	18.4	2.25	8.10
机构8	9.0	1.5	16.3	25.8	12.1	27.0	20.0	18.0	2.25	8.11
机构9	9.2	2.5	16.0	23.0	13.0	30.0	20.0	13.0	2.25	8.08
机构10	9.2	1.5	16.0	22.0	12.5	22.0	16.0	15.5	2.25	8.10
机构11	9.2	2.0	16.0	25.0	12.8	22.0	23.0	18.0	2.25	8.11
机构12	9.2	1.9	16.0	25.0	13.1	26.0	20.0	15.0	2.25	8.10
机构13	9.2	1.4	15.8	22.3	12.1	27.7	17.2	15.6	2.25	8.10
简单平均	9.3	1.4	16.2	24.5	12.6	26.2	17.7	17.3	2.25	8.10

2005年第四季度"朗润预测"

	GDP	CPI	工业	投资	零售	出口	进口	利润	利率	汇率
CCER	9.2	1.4	16.3	23.8	12.7	23.0	17.5	17.0	2.25	8.05
机构2	9.0	NA	NA	NA	NA	NA	NA	NA	NA	NA
机构3	10.7	1.0	15.0	25.6	13.0	20.2	16.5	12.5	2.25	8.00
机构4	9.2	1.2	16.1	25.0	12.4	23.0	21.0	16.5	2.25	8.06
机构5	8.6	1.6	15.9	21.0	13.0	27.0	18.1	18.0	2.25	8.09
机构6	9.5	0.5	16.5	27.0	12.5	30.0	17.0	18.0	2.25	8.09
机构7	9.2	1.9	16.4	27.9	12.9	19.4	22.6	16.5	2.25	8.06
机构8	9.3	2.6	NA	43.3	NA	29.7	36.4	NA	NA	NA
机构9	9.0	1.3	15.0	20.1	13.0	18.6	21.0	18.0	2.25	8.03
机构10	9.3	2.5	16.0	25.0	12.8	28.0	20.0	NA	NA	NA
机构11	9.0	2.0	15.5	25.8	12.7	23.5	27.5	NA	NA	NA
机构12	9.2	1.6	16.2	25.0	13.0	27.0	25.0	20.0	2.25	8.00
机构13	9.1	1.2	16.0	28.0	12.5	25.0	22.0	20.0	2.25	8.08
机构14	9.0	2.1	15.1	19.6	13.0	25.8	24.9	16.0	2.25	8.08
简单平均	9.2	1.6	15.8	25.9	12.8	24.6	22.3	17.3	2.25	8.05
加权平均	9.2	1.3	15.8	25.3	12.8	24.8	21.2	17.4	2.25	8.07

2006年第一季度"朗润预测"

	GDP	CPI	工业	投资	零售	出口	进口	利润	利率	汇率
CCER	9.6	1.3	15.6	29.0	12.8	21.0	26.2	26.0	2.25	8.03
机构2	9.0	NA	NA	NA	NA	NA	NA	NA	NA	7.99
机构3	9.9	1.2	15.9	27.5	12.8	24.0	22.0	12.0	2.25	8.01
机构4	9.7	1.3	16.1	25.0	12.4	15.5	18.4	15.0	2.25	8.00
机构5	9.5	2.0	16.0	23.0	14.0	20.0	22.0	15.0	2.25	8.06
机构6	9.5	1.7	16.3	26.7	13.1	23.6	23.0	16.0	2.25	8.02
机构7	9.5	1.5	16.3	26.0	12.7	22.0	26.0	22.0	2.25	8.03
机构8	9.3	2.0	15.6	25.0	13.2	25.0	20.0	NA	NA	8.04
机构9	9.6	2.2	16.0	25.5	13.0	18.0	20.0	15.0	2.25	8.05
机构10	9.7	1.7	16.0	27.0	13.0	22.0	20.0	20.0	2.25	8.00

(续表)

	GDP	CPI	工业	投资	零售	出口	进口	利润	利率	汇率
机构 11	9.7	1.5	16.2	25.0	13.0	23.0	22.0	26.0	1.71	8.04
机构 12	9.4	1.1	16.3	23.5	13.0	22.0	17.0	10.2	2.25	8.05
简单平均	9.5	1.6	16.0	25.7	13.0	21.5	21.5	17.7	2.20	8.03
加权平均	9.6	1.5	16.0	27.0	13.0	21.8	22.5	20.6	2.25	8.03

2006 年第二季度"朗润预测"

	GDP	CPI	工业	投资	零售	出口	进口	利润	利率	汇率
CCER	10.5	1.3	17.4	33.5	13.2	26.0	25.5	27.0	2.35	7.98
机构 2	10.4	0.9	17.1	28.9	12.7	26.8	22.6	19.0	2.25	7.96
机构 3	9.9	1.2	16.5	27.4	12.5	24.1	24.9	20.7	2.25	7.96
机构 4	10.0	1.0	16.8	29.5	13.0	22.0	24.0	21.5	2.25	7.85
机构 5	9.6	1.3	16.2	25.0	12.4	27.0	20.0	21.1	2.25	7.93
机构 6	9.7	1.5	16.1	27.0	13.5	25.0	23.2	21.0	2.25	7.95
机构 7	9.8	1.4	16.4	26.9	12.4	21.5	23.5	22.3	2.25	8.15
机构 8	9.9	1.4	16.5	27.0	12.7	22.5	23.5	20.5	2.25	7.98
机构 9	9.8	1.0	16.5	27.0	12.5	28.0	25.0	22.0	2.25	8.00
机构 10	9.9	1.5	16.4	27.1	12.9	23.8	27.7	23.5	2.25	7.98
机构 11	9.9	1.1	16.6	27.2	12.6	26.0	24.0	21.0	2.25	8.00
机构 12	9.5	1.8	NA	15.0	13.0	19.6	24.9	19.0	2.30	7.93
机构 13	8.9	NA	NA	NA	NA	NA	NA	NA	5.58	7.95
简单平均	9.9	1.3	16.5	27.9	12.8	24.4	24.1	21.6	2.26	7.97
加权平均	10.0	1.2	16.6	28.5	12.8	24.7	23.8	21.9	2.26	7.98

2006 年第三季度"朗润预测"

	GDP	CPI	工业	投资	零售	出口	进口	利润	利率	汇率
CCER	11.8	1.7	19.4	32.0	13.9	26.0	22.0	42.0	2.50	7.97
机构 2	9.5	NA	NA	NA	NA	NA	NA	NA	6.12	7.90
机构 3	9.8	2.5	16.0	13.0*	14.0	21.0	25.4	27.0	2.30	7.85
机构 4	11.1	1.7	18.8	31.6	13.8	28.0	23.0	28.0	2.25	7.94
机构 5	10.9	1.6	17.8	30.0	13.5	23.0	19.0	26.0	2.50	7.96
机构 6	10.9	1.3	19.5	32.0	13.5	25.0	22.0	27.0	2.25	7.95
机构 7	10.5	1.7	18.4	28.7	13.9	23.1	20.9	29.1	2.52	7.95
机构 8	10.8	1.6	18.0	30.0	13.6	24.0	23.0	24.0	2.50	7.96
机构 9	10.6	1.5	17.5	30.4	14.0	24.0	22.7	41.8	2.25	7.91
机构 10	10.2	2.0	17.0	27.0	13.2	24.0	22.0	20.0	2.50	7.88
机构 11	10.4	1.8	16.5	29.0	13.3	22.0	20.0	27.0	2.50	7.90
机构 12	10.8	1.8	19.0	32.0	14.1	26.0	20.0	33.0	2.52	7.85
机构 13	10.3	2.0	17.5	29.0	13.9	23.5	19.0	25.0	2.25	7.90
机构 14	10.2	2.0	16.7	29.5	12.8	23.0	23.5	28.0	2.25	7.90
简单平均	10.7	1.8	17.9	30.1	13.7	24.0	21.7	29.1	2.39	7.92
加权平均	10.9	1.7	18.0	30.7	13.7	24.3	21.3	31.9	2.40	7.93

2006年第四季度"朗润预测"

	GDP	CPI	工业	投资	零售	出口	进口	利润	利率	汇率
CCER	10.3	1.4	16.0	24	13.9	27.8	20.0	30.0	2.52	7.85
机构2	10.2	1.5	15.9	21	13.9	29.8	23.5	27.0	2.52	7.83
机构3	10.4	1.7	16.2	24	14.0	28.7	20.2	26.3	2.52	7.80
机构4	10.1	1.9	16.5	22	13.8	26.0	21.0	27.0	2.52	7.70
机构5	10.0	1.6	16.0	25	13.8	23.0	21.0	27.0	2.52	7.85
机构6	10.0	1.7	16.1	23.4	13.5	20.0	23.0	29.8	2.52	7.79
机构7	10.0	1.6	16.0	22.5	14.0	29.0	26.0	30.0	2.52	7.85
机构8	10.2	1.0	16.0	20.0	13.5	30.0	20.0	26.0	2.52	7.80
机构9	10.2	1.5	16.5	23.0	13.5	24.0	21.0	29.0	2.52	7.85
机构10	10.3	1.7	16.1	23.8	13.9	28.2	24.6	29.2	2.52	7.80
机构11	10.2	1.4	16.2	24	13.8	27	24.0	30.0	2.52	7.83
机构12	9.6	1.9	16.0	12	13.7	18.3	18.5	28.0	2.89	7.82
简单平均	10.2	1.6	16.1	23.0	13.8	26.0	21.9	28.3	2.55	7.81
加权平均	10.2	1.5	16.2	22.8	13.8	26.9	21.6	28.2	2.52	7.82

2007年第一季度"朗润预测"

	GDP	CPI	工业	投资	零售	出口	进口	利润	利率	汇率
CCER	10.0	2.9	13.6	25.0	14.1	23.5	15.9	30.0	2.79	7.69
机构2	9.8	NA	NA	NA	NA	NA	NA	NA	NA	7.63
机构3	9.4	2.2	14.7	11.5	12.5	17.8	21.7	23.8	NA	7.65
机构4	10.5	2.5	16.3	27.0	14.6	27.6	20.6	37.9	2.79	7.71
机构5	10.5	2.2	15.5	25.0	15.0	22.0	20.0	26.5	2.52	7.70
机构6	9.5	3.0	15.0	20.0	14.0	27.0	17.0	28.0	2.52	7.70
机构7	9.8	2.6	15.3	21.5	14.4	22.6	20.7	35.0	2.79	7.72
机构8	10.1	1.9	15.3	23.0	13.8	23.6	22.5	26.0	2.79	7.70
机构9	10.4	2.8	16.5	28.0	14.5	21.0	16.5	30.0	2.79	7.72
机构10	10.1	2.5	16.3	23.0	13.8	23.0	21.0	26.0	2.75	7.60
机构11	10.2	2.5	14.8	22.0	14.5	22.0	18.0	25.0	2.52	7.65
机构12	10.0	2.9	15.6	20.0	15.1	21.0	19.0	22.0	2.79	7.70
机构13	10.3	2.7	14.8	20.0	14.0	25.0	20.0	27.0	2.79	7.70
机构14	10.2	2.6	16.3	24.0	14.5	22.7	19.6	19.0	2.79	7.72
简单平均	10.1	2.6	15.4	23.2	14.2	23.0	19.4	27.4	2.72	7.69
加权平均	10.1	2.6	15.4	23.2	14.4	23.5	18.8	27.9	2.72	7.70

2007年第二季度"朗润预测"

	GDP	CPI	工业	投资	零售	出口	进口	利润	利率	汇率
CCER	10.9	3.1	16.8	28.3	14.9	27.0	21.6	37.0	3.06	7.65
机构2	10.5	2.7	16.8	26.5	14.1	26.8	21.6	29.3	3.06	7.65
机构3	11.0	3.0	17.0	29.0	14.5	25.0	20.0	35.0	2.79	7.60
机构4	9.8	2.8	16.8	25.5	15	25.0	20.0	35.0	3.06	7.60

(续表)

	GDP	CPI	工业	投资	零售	出口	进口	利润	利率	汇率
机构 5	10.9	2.5	17.5	27.0	15.0	26.0	20.0	30.0	3.06	7.65
机构 6	10.8	3.0	17.2	25.6	15.6	23.0	21.0	43.0	3.33	7.65
机构 7	10.5	2.8	16.0	24.0	15.2	20.0	16.0	30.0	3.06	7.6
机构 8	10.5	3.5	18.0	20.0	13.5	25.0	15.0	35.0	3.06	7.7
机构 9	10.5	3.0	17.5	25.0	14.8	22.5	19.5	30.0	3.06	7.6
机构 10	11.0	2.8	17.7	25.8	15.1	23.8	21.5	48.3	3.06	7.66
机构 11	11.3	3.0	18.5	23.0	15.0	26.2	21.0	35.0	3.06	7.66
机构 12	10.5	3.0	17.2	24.0	14.8	25.0	21.0	30.0	3.01	7.01
机构 13	9.8	3.5	16.0	11.0	14.1	22.9	23.9	15.0	3.10	7.65
机构 14	10.3	2.8	17.8	26.5	13.8	28.4	16.8	NA	NA	7.45
简单平均	10.7	3.0	17.2	25.4	14.7	24.8	19.9	33.3	3.06	7.58
加权平均	10.7	3.0	17.2	25.1	14.8	24.8	19.9	35.7	3.06	7.60

2007 年第三季度"朗润预测"

	GDP	CPI	工业	投资	零售	出口	进口	利率	汇率
CCER	12.6	4.8	21.0	29.5	16.5	25.0	17.5	3.60	7.50
机构 2	11.3	3.4	17.5	26.5	14.4	25.2	18.8	3.33	7.42
机构 3	10.9	3.5	16.9	12.6	15.0	25.0	21.8	3.30	7.47
机构 4	11.8	4.3	18.5	29.8	16.3	26.8	18.4	3.60	7.50
机构 5	11.4	4.0	18.5	26.0	15.0	22.0	18.0	3.60	7.20
机构 6	11.0	4.5	17.5	25.0	15.5	20.0	15.0	3.60	7.45
机构 7	11.6	4.3	17.6	26.4	16.2	25.1	19.3	3.60	7.49
机构 8	11.5	4.5	19.0	23.0	15.8	26.5	18.5	3.60	7.52
机构 9	12.2	4.6	19.5	32.0	17.0	26.0	17.0	3.33	7.50
机构 10	11.4	4.5	18.5	26.0	16.1	26.8	18.7	3.30	7.50
机构 11	11.6	4.4	18.0	26.0	16.3	25.0	19.0	3.60	7.46
机构 12	12.1	4.6	18.8	28.5	16.5	26.0	19.1	3.33	7.48
机构 13	10.8	3.9	17.8	26.8	16.0	18.0	15.5	3.33	7.55
机构 14	10.9	4.0	18.0	25.0	15.2	24.5	20.0	3.60	7.45
简单平均	11.6	4.3	18.4	27.1	15.9	24.4	18.2	3.47	7.46
加权平均	11.8	4.5	18.1	27.2	16.1	25.1	18.2	3.51	7.47

2007 年第四季度"朗润预测"

	GDP	CPI	工业	投资	零售	出口	进口	利率	汇率
CCER	12.1	6.4	19.5	22.0	16.8	24.5	21.5	4.14	7.42
机构 2	11.2	4.9	17.3	25.3	16.8	24.5	20.8	4.14	7.35
机构 3	10.8	4.8	16.7	11.5	17.1	23.9	25.0	3.60	7.35
机构 4	11.3	5.9	18.0	25.6	17.0	23.8	22.0	4.14	7.40
机构 5	11.1	6.0	18.2	25.0	17.0	27.5	18.0	4.14	7.35
机构 6	11.5	5.5	18.5	23.0	16.5	25.0	20.0	4.14	7.45

(续表)

	GDP	CPI	工业	投资	零售	出口	进口	利率	汇率
机构 7	11.2	3.6	17.0	21.5	15.3	24.0	21.0	4.14	7.40
机构 8	11.6	5.8	18.6	25.3	16.8	26.2	19.5	4.14	7.40
机构 9	11.1	5.9	16.5	21.9	16.5	23.3	19.1	4.41	7.34
机构 10	11.3	4.8	18.0	25.0	15.5	26.0	20.5	4.14	7.39
机构 11	11.2	5.6	18.0	25.5	17.0	20.0	18.0	4.41	7.42
机构 12	11.2	5.6	18.3	25.5	17.4	22.0	17.3	4.41	7.30
机构 13	11.1	5.8	17.9	25.5	16.5	24.5	19.2	4.14	7.35
机构 14	11.5	5.2	18.3	26.0	16.2	25.9	21.8	4.14	7.40
机构 15	11.3	5.1	17.3	23.9	16.4	22.3	19.1	4.14	7.42
机构 16	10.9	4.9	18.1	25.8	16.3	20.0	18.5	4.14	7.38
简单平均	11.3	5.4	17.9	24.3	16.6	24.2	20.1	4.16	7.38
加权平均	11.3	5.9	17.8	24.8	16.8	24.4	20.2	4.19	7.37

2008 年第一季度"朗润预测"

	GDP	CPI	工业	投资	零售	出口	进口	利率	汇率
CCER	10.0	7.6	15.8	26.0	19.3	26.0	27.2	4.41	7.05
机构 2	10.7	6.6	17.2	26.0	19.5	18.4	19.4	4.41	7.10
机构 3	10.7	4.0	17.3	12.0	NA	20.5	21.5	4.14	7.10
机构 4	10.2	6.9	16.4	23.5	18.0	18.0	21.0	4.41	7.10
机构 5	10.5	6.8	18.0	26.5	18.5	22.0	23.0	4.14	7.10
机构 6	11.0	6.5	17.0	27.1	19.3	25.3	25.5	4.14	7.08
机构 7	10.0	7.0	17.5	23.5	17.0	23.0	24.0	4.41	7.02
机构 8	10.1	7.5	16.0	20.5	18.7	16.4	20.7	4.41	7.00
机构 9	10.0	6.5	16.0	22.0	15.0	19.0	20.0	4.41	7.09
机构 10	10.7	6.9	16.0	22.0	19.4	24.0	26.0	4.41	7.00
机构 11	10.2	7.0	16.5	23.8	19.0	21.0	25.0	4.14	7.12
机构 12	10.6	6.8	16.6	21.3	20.6	22.9	24.6	4.14	7.08
机构 13	10.4	7.1	16.5	24.0	20.5	20.3	21.0	4.14	7.07
机构 14	10.4	7.4	16.6	26.3	22.0	19.9	20.2	4.41	6.90
机构 15	10.7	7.4	17.1	27.3	18.7	22.4	23.8	4.41	7.01
简单平均	10.4	6.8	16.7	23.2	19.0	21.2	22.8	4.29	7.06
加权平均	10.5	7.1	16.5	21.4	19.4	21.0	22.9	4.31	7.06

2008 年第二季度"朗润预测"

	GDP	CPI	工业	投资	零售	出口	进口	利率	汇率
CCER	10.8	8.3	16.2	27.5	21.0	16.0	27.0	4.41	6.87
机构 2	10.2	6.5	NA	NA	NA	18.8	20.0	NA	6.85
机构 3	10.2	6.7	16.8	12.0	NA	18.5	21.5	4.14	6.80
机构 4	10.8	7.9	17.4	27.1	21.3	20.7	30.8	4.14	6.82
机构 5	10.7	7.8	16.8	26.0	20.8	18.0	26.0	4.14	6.85

(续表)

	GDP	CPI	工业	投资	零售	出口	进口	利率	汇率
机构 6	10.5	8.1	16.8	25.5	21.0	20.0	30.0	4.41	6.75
机构 7	9.9	6.0	15.7	25.0	20.0	18.0	20.0	NA	6.88
机构 8	10.6	7.9	17.0	26.5	20.5	20.8	30.0	4.14	6.83
机构 9	11.0	7.6	18.0	26.5	21.0	22.0	26.0	4.41	6.80
机构 10	10.7	7.8	16.7	26.0	20.7	18.0	26.0	4.41	6.82
机构 11	10.0	6.5	16.0	22.0	15.0	19.0	20.0	4.41	7.09
机构 12	10.7	8.5	16.6	25.0	21.2	19.7	29.6	4.41	6.85
机构 13	10.2	7.9	16.0	25.2	20.5	18.3	27.0	4.14	6.90
机构 14	10.3	7.7	16.1	26.5	20.1	19.1	27.5	4.14	6.83
机构 15	10.0	7.7	15.7	24.3	19.9	18.0	25.3	4.14	6.72
简单平均	10.4	7.5	16.6	25.6	20.2	19.0	25.8	4.26	6.84
加权平均	10.5	7.8	16.4	26.2	20.4	19.5	24.4	4.24	6.83

2008 年第三季度"朗润预测"

	GDP	CPI	工业	投资	零售	出口	进口	利率	汇率
安信证券	9.8	6.2	15.5	25.7	21.6	20.2	29.1	4.14	6.74
北大 CCER	10.0	6.4	16.0	27.5	21.3	23.0	29.0	4.14	6.75
国家信息中心	9.8	5.6	15.6	26.0	19.0	17.0	28.0	4.14	6.75
国泰君安	9.6	6.5	15.8	24.0	20.0	18.0	27.0	4.41	6.78
花旗集团	9.8	6.9	16.4	25.0	20.0	18.4	21.6	4.14	6.75
汇丰银行	9.5	6.3	15.0	26.0	23.0	15.0	20.0	4.41	6.80
美林证券	10.2	5.9	15.8	27.1	22.3	20.6	32.5	4.14	6.70
瑞银证券	9.7	6.2	15.7	25.0	21.2	16.5	22.0	4.14	6.70
社科院数量所	10.7	6.5	16.7	26.2	21.0	22.8	28.5	4.41	6.70
申银万国	10.2	5.7	16.0	28.0	22.3	20.0	28.0	4.14	6.72
天则所	10.0	6.5	16.0	22.0	15.0	19.0	20.0	4.41	7.09
银河证券	9.8	5.6	15.7	27.0	19.9	18.6	30.2	4.14	6.72
招商证券	10.2	6.6	16.2	28.5	20.0	19.2	28.8	4.14	6.70
中金公司	9.8	6.5	15.7	27.0	21.0	17.0	25.1	4.14	6.69
中信建投	9.7	6.2	15.4	27.3	20.8	18.6	33.2	4.14	6.74
中信证券	10.2	5.7	16.1	27.1	20.4	18.1	27.7	4.14	6.74
中银国际	9.5	7.0	15.5	24.0	21.0	16.0	26.0	4.14	6.62
简单平均	9.9	6.3	15.8	26.1	20.6	18.7	26.9	4.20	6.75
加权平均	10.0	6.1	15.8	25.8	20.9	19.7	29.1	4.18	6.72

2008 年第四季度"朗润预测"

	GDP	CPI	工业	投资	零售	出口	进口	利率	汇率
安信证券	9.1	3.2	13.4	26.2	22.4	20.4	18.1	3.33	6.84
北大 CCER	8.8	3.1	11.2	27.0	19.0	18.5	14.5	3.06	6.83
国家信息中心	9.2	3.7	13.0	25.0	20.0	18.0	24.0	3.60	6.83

(续表)

	GDP	CPI	工业	投资	零售	出口	进口	利率	汇率
国泰君安	9.0	4.3	14.0	25.0	20.0	16.0	25.0	3.60	6.85
花旗集团	9.2	4.0	12.0	28.0	20.0	20.0	20.0	3.36	6.75
汇丰银行	9.3	4.2	14.0	27.5	23.0	17.0	20.0	3.33	6.75
美林证券	9.8	3.0	14.5	27.0	21.2	18.5	18.0	3.33	6.82
瑞银证券	8.7	4.2	12.8	25.0	21.0	9.6	13.2	2.79	6.80
社科院数量所	9.3	4.0	15.2	25.5	22.0	18.0	24.0	3.33	6.81
申银万国	9.2	3.8	13.5	26.0	22.0	22.0	16.0	3.33	6.81
天则所	9.0	4.5	15.0	27.5	21.0	18.0	27.0	3.87	6.70
银河证券	9.4	3.9	12.0	25.8	21.6	20.8	22.6	3.33	6.78
招商证券	8.5	3.5	11.4	25.0	17.8	20.0	20.5	3.60	6.90
中金公司	9.1	3.6	13.0	26.0	22.0	13.1	13.0	3.06	6.82
中信建投	8.6	4.1	12.6	28.9	23.0	16.4	21.5	3.60	6.83
中信证券	9.1	3.7	12.2	27.0	21.8	18.1	19.2	3.33	6.86
中银国际	8.6	4.9	12.6	23.2	21.0	13.5	15.9	3.33	6.79
简单平均	9.1	3.9	13.1	26.2	21.1	17.5	19.6	3.36	6.81
加权平均	9.0	3.7	13.5	26.8	20.8	18.6	18.9	3.33	6.83

2009 年第一季度"朗润预测"

	GDP	CPI	工业	投资	零售	出口	进口	利率	汇率
安信证券	6.6	-0.4	6.2	22.1	16.9	-7.6	-23.2	1.71	6.84
北大 CCER	6.5	-0.4	5.4	16.0	14.8	-18.0	-36.0	1.98	6.83
国家信息中心	6.5	-1.0	6.3	15.0	13.0	-6.0	-10.0	1.71	6.83
国泰君安	7.0	-0.6	6.0	15.0	13.0	5.0	-28.0	2.25	6.83
花旗集团	5.8	-0.3	6.2	21.0	18.5	-7.8	-27.0	1.71	6.85
汇丰银行	6.5	0.7	6.0	23.0	19.0	-19.0	-13.0	1.98	6.80
美林证券	6.6	-1.1	6.9	18.0	16.7	-7.0	-20.0	1.71	6.83
瑞银证券	5.8	-0.5	7.0	NA	NA	-10.0	-25.0	1.98	6.80
社科院数量所	6.5	-0.8	6.3	16.0	12.0	-5.0	-10.0	1.98	6.80
申银万国	6.2	-0.7	7.0	15.0	13.5	-11.4	-40.2	1.71	6.83
天则所	7.0	0.5	10.0	27.5	23.0	1.0	3.0	2.25	6.83
银河证券	7.3	-1.6	8.2	15.5	12.0	-2.0	-20.0	1.98	6.85
招商证券	5.6	-0.8	5.4	15.0	15.6	-7.5	-25.0	2.25	6.84
中金公司	6.4	-0.4	5.8	17.0	14.0	-5.0	-20.0	2.25	6.84
中信建投	6.4	-0.2	5.5	20.8	13.2	-2.4	-21.6	2.25	6.85
中信证券	7.0	-0.9	6.9	12.8	13.5	-12.5	-17.6	1.98	6.82
中银国际	6.7	0.6	6.2	18.0	15.0	-0.9	-5.6	2.25	6.84
简单平均	6.5	-0.5	6.5	18.0	15.2	-6.8	-20.0	2.00	6.83
加权平均	6.6	-0.7	6.6	18.3	14.9	-7.7	-22.6	2.04	6.83

2009 年第二季度"朗润预测"

	GDP	CPI	工业	投资	零售	出口	进口	利率	汇率
安信证券	6.9	−1.3	7.9	32.5	13.4	−20.7	−25.8	2.25	6.83
北大 CCER	6.8	−1.3	6.9	30.0	14.5	−20.0	−27.0	1.98	6.83
法国巴黎银行	7.2	−1.1	7.4	22.0	13.0	−15.0	−20.0	2.25	6.89
工商银行	7.1	−1.7	8.0	31.2	14.0	−20.1	−19.5	2.25	6.80
国家信息中心	7.0	−1.3	8.0	28.0	14.5	−15.0	−19.0	1.98	6.83
国泰君安	7.0	−1.2	6.8	24.0	14.3	−19.0	−21.0	2.25	6.83
花旗集团	6.7	−1.8	9.0	28.0	13.0	−20.0	−22.0	2.25	6.83
汇丰银行	7.2	−1.0	9.6	29.0	13.0	−18.0	−25.0	2.25	6.80
交通银行	7.0	−0.3	10.0	32.0	14.0	−20.0	−18.0	2.25	6.83
美林证券	7.2	−0.9	9.1	28.0	15.0	−13.6	−23.0	2.25	6.83
摩根士丹利	6.3	−1.3	6.9	32.0	12.6	−14.0	−20.0	1.98	6.82
瑞银证券	6.8	−0.6	9.0	32.0	14.5	−10.0	−17.7	2.25	6.80
社科院数量所	7.0	−0.4	10.0	25.0	15.0	−10.0	−15.0	1.71	6.83
申银万国	7.5	−1.2	8.0	30.6	14.4	−19.7	−25.0	1.98	6.83
天则所	6.4	−0.3	10.5	27.5	16.0	−12.0	−18.0	2.25	6.81
银河证券	6.8	−1.0	10.0	30.0	14.0	−15.0	−20.0	1.98	6.89
中金公司	6.9	−0.9	8.5	30.0	15.0	−15.0	−20.0	2.25	6.83
中信建投	7.0	−0.9	9.6	30.5	14.5	−20.8	−18.7	2.25	6.83
中信证券	7.0	−1.0	7.4	27.1	14.3	−12.1	−16.6	2.25	6.83
中银国际	7.0	−1.4	7.6	24.2	13.3	−11.5	−10.6	2.25	6.83
简单平均	6.9	−1.0	8.5	28.7	14.1	−16.1	−20.1	2.16	6.83
加权平均	7.0	−1.1	8.1	29.8	14.3	−17.0	−22.5	2.20	6.83

2009 年第三季度"朗润预测"

	GDP	CPI	工业	投资	零售	出口	进口	利率	汇率
安信证券	9.4	−1.1	12.8	35.8	14.9	−22.9	−8.1	2.25	6.83
北大 CCER	9.8	−1.0	15.5	39.0	16.0	−23.3	−8.2	2.25	6.83
法国巴黎银行	8.6	−0.7	10.7	30.0	11.9	−18.0	−15.0	2.25	6.83
工商银行	9.6	−1.1	13.2	41.5	15.8	−23.0	−12.1	2.25	6.82
国家信息中心	8.3	−1.3	9.6	30.0	15.0	−18.0	−15.0	2.25	6.83
国泰君安	8.5	−1.4	11.6	34.0	12.7	−19.5	−12.5	2.25	6.82
花旗集团	8.6	−0.8	10.7	NA	NA	−22.0	−14.0	2.25	6.83
汇丰银行	8.6	−0.6	10.6	30.0	15.0	−10.0	11.0	2.25	6.80
交通银行	9.0	−0.8	12.0	35.0	16.0	−10.0	−2.0	2.25	6.83
蓝橡资本	7.2	−0.7	13.3	35.6	16.0	−36.0	−32.7	2.25	6.85
美林证券	9.0	−1.5	12.1	36.0	15.2	−19.0	−17.5	2.25	6.83
摩根士丹利	9.5	−0.9	13.0	36.0	18.0	−20.0	−8.0	2.25	6.82
瑞银证券	8.7	−0.8	10.8	30.0	15.0	−12.3	−12.7	2.25	6.80
社科院数量所	8.5	−0.7	11.0	32.0	15.0	−16.0	−14.0	2.25	6.84
申银万国	9.3	−1.5	12.1	42.1	15.0	−23.5	−17.8	2.25	6.83
天则所	8.4	−0.5	10.5	30.5	16.0	−15.0	−18.0	2.25	6.80

(续表)

	GDP	CPI	工业	投资	零售	出口	进口	利率	汇率
野村证券	8.5	-1.5	13.5	34.0	13.2	-12.3	2.9	2.25	6.80
银河证券	9.2	-1.2	13.0	40.0	15.0	-10.0	-8.0	2.25	6.82
招商证券	9.0	-0.9	10.8	33.0	15.4	-18.0	-9.0	2.25	6.65
中金公司	8.7	-1.4	12.0	38.0	15.0	-18.0	-12.0	2.25	6.83
中信建投	8.6	-0.6	11.5	32.5	15.6	-17.6	-9.5	2.25	6.82
中信证券	9.2	-0.8	13.5	35.2	15.2	-19.0	-12.0	2.25	6.83
中银国际	8.9	-0.9	10.2	33.2	14.0	-12.2	-11.3	2.25	6.83
简单平均	8.8	-1.0	11.9	34.7	15.0	-18.1	-11.1	2.25	6.82
加权平均	8.8	-1.1	12.0	33.7	15.2	-19.8	-10.9	2.25	6.82

2009 年第四季度"朗润预测"

	GDP	CPI	工业	投资	零售	出口	进口	利率	汇率
北大 CCER	10.9	0.0	17.2	30.0	15.5	-9.0	12.0	2.25	6.82
法国巴黎银行	10.6	1.4	16.0	30.7	15.4	-8.3	12.5	2.25	6.83
工商银行	10.2	0.4	15.2	35.0	15.8	0.0	30.0	2.25	6.83
国家信息中心	10.0	-0.1	16.0	30.0	15.5	-10.0	-8.0	2.25	6.82
国泰君安	10.8	0.7	14.0	35.5	15.6	0.0	18.5	2.25	6.82
花旗集团	10.4	0.8	15.1	30.0	15.5	-7.5	10.0	2.25	6.80
汇丰银行	9.9	0.1	13.0	30.0	15.0	6.0	8.0	2.25	6.80
交通银行	10.0	0.5	13.5	34.0	15.5	-3.1	2.3	2.25	6.82
蓝橡资本	11.1	0.3	16.1	42.1	NA	-13.8	5.9	2.25	6.84
美林证券	11.3	0.5	17.6	33.5	16.3	-7.4	13.2	2.25	6.83
摩根士丹利	11.6	0.6	15.5	30.0	16.2	-4.3	9.6	2.25	6.80
瑞银证券	10.0	0.4	14.0	31.0	15.0	-1.4	6.7	2.25	6.80
社科院数量所	9.9	0.2	15.3	32.0	15.5	-11.0	-7.0	2.25	6.80
申银万国	10.5	0.3	14.0	37.0	16.8	-5.2	17.8	2.25	6.82
野村证券	11.0	1.2	18.0	35.0	15.3	-8.1	11.3	2.25	6.70
银河证券	10.2	-0.2	16.0	35.0	16.0	-10.0	-0.1	2.25	6.77
招商证券	11.2	0.0	18.0	36.0	17.0	-4.0	15.0	2.25	6.75
中金公司	10.1	-0.1	15.0	32.0	15.7	0.0	0.0	2.25	6.83
中信建投	10.6	0.7	15.9	34.7	15.6	6.2	25.5	2.25	6.81
中信证券	11.1	0.6	18.5	32.8	16.5	1.3	21.5	2.25	6.82
中银国际	11.0	0.9	14.2	31.0	15.5	5.9	21.0	2.25	6.83
简单平均	10.6	0.4	15.6	33.2	15.8	-4.0	10.8	2.25	6.81
加权平均	10.6	0.5	15.2	34.3	15.9	-3.3	15.7	2.25	6.81

2010 年第一季度"朗润预测"

	GDP	CPI	工业	投资	零售	出口	进口	利率	汇率
安信证券	11.5	2.6	19.2	28.3	17.9	24.1	45.4	2.25	6.83
北大 CCER	11.6	2.0	18.8	27.0	18.1	22.0	54.0	2.37	6.82
长城证券	10.8	2.1	17.5	21.0	19.0	22.5	49.0	2.25	6.82

(续表)

	GDP	CPI	工业	投资	零售	出口	进口	利率	汇率
法国巴黎银行	11.5	2.3	18.2	28.0	17.0	12.9	22.1	2.25	6.83
工商银行	11.4	2.3	16.9	24.0	18.5	30.5	64.1	2.25	6.83
信息中心	11.5	2.3	18.0	25.0	17.8	23.0	45.0	2.25	6.82
国泰君安	11.5	1.8	22.2	25.0	19.5	26.0	55.0	2.25	6.82
花旗集团	11.3	2.5	18.0	NA	NA	26.9	49.4	2.25	6.80
汇丰银行	10.2	2.0	17.0	25.0	17.0	18.0	30.0	2.25	6.80
交通银行	11.0	2.8	18.0	26.0	17.5	25.0	30.0	2.25	6.82
蓝橡资本	13.5	2.4	21.3	48.7	20.4	27.1	59.6	2.25	6.83
美银美林	11.2	2.3	18.5	25.0	17.5	25.0	45.0	2.25	6.83
瑞银证券	10.4	3.1	15.5	30.0	18.0	27.5	47.5	2.25	6.80
社科院数量所	11.5	2.1	18.0	28.0	17.0	25.0	30.0	2.25	6.82
申银万国	10.8	3.1	18.1	26.7	19.1	26.3	45.1	2.52	6.83
天则所	9.5	2.5	16.5	30.0	16.0	9.0	12.0	2.25	6.82
野村证券	12.0	2.2	22.0	36.0	17.3	15.5	36.5	2.52	6.82
银河证券	10.5	2.2	17.0	30.0	16.0	19.0	23.0	2.25	6.82
中金公司	11.5	2.6	19.5	25.0	18.0	25.0	50.0	2.25	6.83
中信建投	11.2	2.1	18.3	28.8	17.8	22.6	55.6	2.25	6.83
中信证券	11.1	2.1	18.5	25.4	18.1	22.1	35.0	2.27	6.83
中银国际	11.2	2.5	19.0	24.5	16.0	25.0	28.9	2.50	6.80
简单平均	11.2	2.4	18.5	28.0	17.8	22.7	41.5	2.29	6.82
加权平均	11.4	2.4	19.7	28.0	18.2	25.2	47.5	2.30	6.82

2010 年第二季度"朗润预测"

	GDP	CPI	工业	投资	零售	出口	进口	利率	汇率
安信证券	11.0	3.0	17.4	25.1	18.0	34.2	43.7	2.25	6.82
北大 CCER	11.4	3.1	18.5	24.0	17.0	30.0	45.0	2.52	6.80
长城证券	10.7	3.0	17.5	21.4	18.3	38.8	55.2	2.25	6.81
工商银行	10.3	2.6	17.5	24.6	17.8	25.7	42.1	2.25	6.83
国家信息中心	10.0	3.7	16.0	26.5	18.0	19.0	30.0	2.25	6.75
国泰君安	10.0	2.9	17.5	20.2	19.6	31.0	46.0	2.52	6.82
花旗集团	11.0	3.2	17.2	NA	NA	21.7	24.5	2.25	6.75
汇丰银行	10.5	3.2	16.0	25.0	17.0	25.0	30.0	2.52	6.75
交通银行	10.8	4.4	18.5	26.0	20.5	19.0	20.0	2.25	6.81
蓝橡资本	10.1	3.0	16.0	26.7	19.0	30.0	42.0	2.52	6.82
美银美林	10.3	3.2	15.8	25.5	18.3	33.0	47.0	2.25	6.80
摩根士丹利	10.7	3.5	16.7	20.0	18.2	20.0	22.0	NA	6.83
瑞银证券	10.6	2.7	NA	NA	NA	NA	NA	2.52	6.70
社科院数量所	11.0	3.9	17.0	26.0	18.0	25.0	28.0	2.25	6.78
申银万国	10.4	2.7	17.0	27.1	18.0	28.5	42.0	2.25	6.80
天则所	9.8	2.8	17.5	26.0	17.5	20.0	30.0	2.25	6.65
银河证券	9.5	3.0	16.0	23.0	18.0	25.0	30.0	2.52	6.81

(续表)

	GDP	CPI	工业	投资	零售	出口	进口	利率	汇率
渣打银行	11.0	4.0	NA	NA	NA	NA	NA	2.79	6.81
招商证券	11.0	2.6	18.0	25.4	18.3	20.0	25.0	2.25	6.83
中金公司	10.5	3.5	16.0	25.0	18.9	30.0	40.0	2.25	6.75
中信建投	10.5	3.6	18.4	23.6	18.2	32.5	41.8	2.52	6.82
中信证券	10.7	3.0	17.2	25.1	18.3	20.2	24.5	2.52	6.77
中银国际	10.3	2.9	15.8	23.5	17.0	33.0	35.0	2.25	6.81
简单平均	10.5	3.2	17.0	24.5	18.2	26.7	35.4	2.38	6.79
加权平均	10.5	3.1	16.8	24.8	18.0	26.5	38.9	2.34	6.80

2010 年第三季度"朗润预测"

	GDP	CPI	工业	投资	零售	出口	进口	利率	汇率
安信证券	9.2	3.2	13.1	22.1	17.9	31.4	30.2	2.25	6.75
北大 CMRC	9.3	2.8	13.8	22.0	18.0	30.0	35.0	2.25	6.76
长城证券	9.2	2.8	12.0	24.8	16.5	29.1	21.3	2.25	6.70
工商银行	9.6	2.9	15.5	25.0	18.3	33.0	35.0	2.25	6.68
国家信息中心	9.5	3.0	14.0	22.0	18.5	19.0	26.0	2.25	6.70
国泰君安	8.5	3.4	12.9	24.0	18.8	30.1	33.3	2.25	6.70
花旗集团	9.0	3.5	12.3	NA	NA	28.6	25.8	2.25	6.73
汇丰银行	9.5	3.7	14.4	23.0	16.0	25.0	30.0	2.52	6.75
交通银行	9.7	3.0	15.3	20.0	18.5	20.0	30.0	2.25	6.67
蓝橡资本	9.3	2.5	14.0	25.0	17.0	23.0	20.0	2.52	6.70
美银美林	9.6	3.4	13.0	22.5	18.0	28.7	31.1	2.25	NA
摩根士丹利	9.1	3.3	14.0	23.0	17.1	28.8	38.0	2.25	6.70
瑞银证券	9.4	3.2	12.0	22.0	17.8	26.0	22.0	2.25	6.60
社科院数量所	9.5	2.4	13.0	23.0	17.5	26.0	22.0	2.25	6.75
申银万国	9.3	3.1	12.5	24.0	18.1	29.9	32.0	2.25	6.73
天则所	8.9	3.0	15.5	25.0	16.0	30.0	35.0	2.25	6.55
银河证券	9.0	2.7	11.8	25.2	17.9	29.0	28.0	2.25	6.72
巴黎银行	9.5	3.5	14.8	23.0	16.1	16.5	22.1	2.25	6.70
中金公司	8.7	3.5	12.5	24.5	18.0	20.0	18.0	2.25	6.70
中信建投	9.5	3.7	13.5	25.4	18.5	30.1	25.0	2.25	6.72
中信证券	9.1	3.2	12.5	24.5	18.4	29.3	27.5	2.25	6.70
中银国际	8.5	3.1	14.0	24.0	17.2	35.0	30.0	2.25	6.71
简单平均	9.2	3.1	13.5	23.5	17.6	27.2	28.1	2.27	6.70
加权平均	9.3	3.0	13.5	22.7	17.8	28.7	30.8	2.26	6.70

2010 年第四季度"朗润预测"

	GDP	CPI	工业	投资	零售	出口	进口	利率	汇率
安信证券	8.8	3.7	13.1	21.9	17.9	24.8	19.2	2.50	6.60
北大 CMRC	9.6	3.4	14.0	23.0	18.2	24.0	22.0	2.75	6.60
法国巴黎银行	8.5	2.8	10.8	19.0	18.5	15.0	14.0	2.50	6.55
工商银行	9.2	3.3	13.4	22.5	18.3	27.0	24.5	2.50	6.50
国家信息中心	8.5	2.8	10.8	19.0	18.5	15.0	14.0	2.50	6.55
国泰君安	9.4	3.6	14.0	24.8	18.5	19.6	24.1	2.50	6.55
国信证券	8.2	3.5	9.0	23.0	18.2	24.2	13.0	2.50	6.60
汇丰银行	8.9	3.2	13.1	26.0	17.5	17.0	20.0	2.70	6.60
花旗银行	8.5	4.1	11.6	NA	NA	15.9	24.2	2.75	6.60
交通银行	9.0	3.0	12.5	23.5	18.0	27.2	29.8	2.50	6.50
蓝橡资本	8.9	3.3	12.0	25.0	18.0	23.0	19.0	2.50	6.50
美银美林	9.4	3.6	13.0	22.5	18.5	17.6	25.6	2.50	6.60
摩根士丹利	9.3	3.6	11.2	21.0	17.0	20.0	26.0	2.50	6.60
瑞银证券	8.7	3.5	9.5	20.0	18.2	12.0	5.0	2.50	6.55
社科院数量所	8.8	3.0	13.0	23.0	18.1	22.0	20.0	2.50	6.60
申银万国	8.9	3.6	12.8	22.1	18.1	22.2	21.1	2.50	6.60
天则所	8.5	3.3	14.8	24.6	18.0	28.0	33.0	2.75	6.64
野村证券	9.2	3.3	13.7	23.5	18.6	10.0	20.8	2.50	6.60
银河证券	8.9	2.9	10.9	24.9	18.1	13.5	22.8	2.50	6.49
招商证券	8.5	3.2	13.5	24.3	18.5	26.7	28.7	2.50	6.62
中金公司	8.5	3.6	13.0	24.5	18.3	7.5	10.0	2.50	6.62
中信建投	9.0	3.3	12.5	24.0	24.2	22.6	27.7	2.50	6.60
中信证券	9.0	3.7	13.0	22.5	18.7	18.7	20.3	2.75	6.61
中银国际	8.0	3.4	12.0	20.0	17.5	17.0	18.0	2.50	6.35
简单平均	8.9	3.4	12.4	22.8	18.4	19.6	21.0	2.55	6.57
加权平均	8.9	3.4	12.4	22.4	18.6	21.7	22.0	2.51	6.54

2011 年第一季度"朗润预测"

	GDP	CPI	工业	投资	零售	出口	进口	利率	汇率
安信证券	9.7	5.2	13.6	26.1	19.3	22.5	24.0	3.00	6.51
北大 CMRC	10.1	5.1	14.2	26.0	20.0	30.0	40.0	3.25	6.55
法国巴黎银行	9.7	4.6	13.4	21.5	18.0	21.5	24.0	3.25	6.58
工商银行	9.4	4.8	13.8	24.1	18.9	28.2	30.1	3.25	6.52
国家信息中心	9.0	4.7	13.0	25.0	19.0	23.0	27.0	3.25	6.50
国泰君安	10.2	4.7	12.2	18.8	19.9	34.5	41.6	3.00	6.56
国信证券	9.7	5.0	13.0	21.4	19.0	22.0	19.4	3.25	6.50
汇丰银行	9.0	5.0	13.0	20.4	19.0	20.0	25.0	3.00	6.52
交通银行	9.6	5.2	15.0	23.0	19.0	21.5	24.5	3.00	6.45
美银美林	9.3	4.9	13.2	23.0	18.5	25.9	27.0	3.00	6.55
瑞银证券	9.8	5.2	13.0	22.0	19.5	20.0	22.0	3.00	6.50
社科院数量所	9.8	4.8	14.5	24.5	18.5	23.0	30.0	3.25	6.53

(续表)

	GDP	CPI	工业	投资	零售	出口	进口	利率	汇率
申银万国	9.3	5.2	13.5	24.5	19.2	29.1	35.6	3.25	6.50
天则所	9.2	4.8	15.0	22.0	19.6	22.0	28.0	3.00	6.50
野村证券	9.4	4.1	12.8	23.0	20.1	18.0	12.0	3.00	6.50
银河证券	9.4	5.1	13.0	23.8	21.0	21.0	32.0	3.00	6.49
招商证券	9.0	5.1	13.6	22.5	18.0	25.0	35.8	3.00	6.53
中国经济政策（伦敦）研究中心	9.5	5.0	13.0	24.0	20.0	35.0	50.0	3.25	6.50
中金公司	9.8	4.9	13.0	23.5	18.5	20.0	22.0	3.00	6.50
中信建投	9.7	4.6	14.5	26.3	19.2	30.5	38.5	3.00	6.54
中信证券	9.2	4.8	14.5	22.1	18.6	28.4	30.7	3.00	6.53
中银国际	9.4	5.1	13.0	24.0	19.0	22.0	28.0	3.00	6.54
简单平均	9.5	4.9	13.5	23.3	19.2	24.7	29.4	3.09	6.52
加权平均	9.5	4.9	13.3	23.0	19.0	25.2	32.3	3.11	6.52

2011年第二季度"朗润预测"

	GDP	CPI	工业	投资	零售	出口	进口	利率	汇率
安信证券	10.1	5.5	15.4	25.8	17.0	23.8	35.0	3.50	6.47
北大CMRC	10.3	5.2	15.9	24.0	17.0	24.0	36.0	3.50	6.48
法国巴黎银行	9.1	5.4	12.8	22.5	16.5	20.5	27.3	3.75	6.49
工商银行	9.5	4.8	14.8	24.6	17.0	23.3	32.4	3.50	6.50
国家信息中心	9.7	5.4	14.5	25.0	17.5	23.0	29.0	3.50	6.45
国泰君安	9.7	5.4	15.4	23.0	17.2	25.8	28.6	3.25	6.50
国投瑞银基金	9.6	5.2	14.5	25.6	16.0	26.2	33.0	3.50	6.48
花旗银行	9.5	5.6	14.0	NA	NA	19.0	23.5	3.50	6.45
汇丰银行	9.0	5.2	14.0	24.0	17.5	22.0	25.0	3.50	6.48
交通银行	10.0	5.0	14.5	24.0	17.5	25.5	34.5	3.50	6.45
美银美林	9.5	5.3	14.2	23.8	16.5	23.0	30.5	3.50	6.45
农业银行	9.8	5.3	13.6	24.0	19.4	30.0	28.8	3.50	6.46
瑞银证券	9.7	5.3	14.0	25.0	17.5	22.0	27.0	3.50	6.40
社科院数量所	9.6	4.9	14.5	24.0	16.5	22.0	28.0	3.75	6.45
申银万国	9.5	5.0	14.3	24.0	16.8	18.8	26.8	3.50	6.44
天则所	9.5	5.2	15.0	24.5	17.0	21.0	28.0	3.75	6.39
野村证券	9.7	5.2	14.2	23.5	19.7	18.5	20.0	3.50	6.40
银河证券	9.6	4.6	14.1	26.2	17.2	20.0	26.0	3.50	6.48
招商证券	9.0	4.8	14.2	22.3	17.8	18.0	23.0	3.25	6.45
中国经济政策（伦敦）研究中心	9.4	5.2	14.0	24.0	16.0	20.0	25.0	3.50	6.45
中金公司	9.7	5.2	14.6	22.2	18.1	23.0	25.0	3.50	6.40
中信建投	9.9	5.2	15.6	25.5	17.5	21.0	25.0	3.50	6.44
中信证券	9.7	5.1	14.5	23.9	17.3	20.7	28.1	3.50	6.43
中银国际	9.2	5.3	14.5	24.0	17.0	17.0	20.0	3.50	6.50
简单平均	9.6	5.2	14.5	24.1	17.3	22.0	27.7	3.51	6.45
加权平均	9.6	5.2	14.4	24.7	17.2	23.2	29.7	3.52	6.46

2011 年第三季度"朗润预测"

	GDP	CPI	工业	投资	零售	出口	进口	利率	汇率
安信证券	9.7	5.7	15.5	25.0	17.5	18.5	25.0	3.75	6.41
北大 CMRC	9.2	6.1	14.2	25.5	17.2	24.0	22.0	3.50	6.42
工商银行	9.8	5.9	15.2	25.6	18.1	18.3	23.4	3.75	6.40
光大证券	9.2	6.1	13.5	24.5	16.5	24.5	23.0	3.50	6.37
国家信息中心	9.0	5.5	13.0	25.0	17.5	15.0	18.0	3.75	6.41
国泰君安	9.2	6.1	14.0	25.0	16.8	19.0	24.0	3.50	6.35
国投瑞银基金	9.2	6.1	13.0	24.0	17.4	23.3	22.4	3.50	6.40
花旗银行	9.1	6.0	13.6	NA	NA	16.0	22.0	3.75	6.41
汇丰银行	9.0	5.9	13.0	24.5	17.5	17.0	17.0	3.50	6.46
交通银行	9.3	6.1	14.8	24.5	16.9	20.4	25.5	3.50	6.40
美银美林	9.2	5.6	13.2	23.5	17.0	16.5	22.7	3.50	6.40
农业银行	9.4	6.3	14.7	26.2	17.4	22.3	27.2	3.75	6.41
瑞银证券	9.3	6.0	14.5	25.0	17.5	15.5	21.0	3.75	6.35
社科院数量所	9.4	5.7	14.2	25.8	16.6	20.0	21.0	3.75	6.40
申银万国	9.8	5.9	14.4	24.5	16.8	22.8	24.6	3.50	6.40
天则所	9.3	5.6	14.0	25.0	17.0	20.0	22.0	3.75	6.40
野村证券	9.3	5.5	14.0	22.5	18.0	10.0	18.0	3.75	6.35
银河证券	9.6	5.0	15.4	26.8	17.6	16.4	31.6	3.50	6.44
渣打银行	9.3	5.5	14.5	25.6	17.4	NA	NA	3.50	6.40
招商证券	8.8	4.6	13.6	22.5	17.3	13.8	18.6	3.50	6.37
中金公司	9.2	5.5	13.7	24.0	16.5	20.0	23.0	3.75	6.33
中信建投	9.3	5.8	15.1	25.0	17.5	16.9	18.8	3.50	6.40
中信证券	9.2	5.5	13.7	24.3	17.2	15.8	18.1	3.50	6.39
中银国际	9.0	5.8	13.0	25.0	17.0	17.0	21.0	3.50	6.39
简单平均	9.3	5.7	14.1	24.7	17.2	18.4	22.2	3.60	6.39
加权平均	9.3	5.9	14.1	24.7	17.0	20.9	22.6	3.58	6.40

2011 年第四季度"朗润预测"

	GDP	CPI	工业	投资	零售	出口	进口	利率	汇率
北大 CMRC	8.7	4.9	13.2	21.0	17.0	10.0	12.0	3.50	6.25
工商银行	9.0	5.3	13.6	24.7	17.8	14.8	18.6	3.50	6.30
光大证券	8.5	5.2	12.5	23.0	16.0	15.0	15.0	3.50	6.30
国家信息中心	8.8	5.0	13.4	22.5	17.5	14.0	19.0	3.50	6.30
国泰君安	8.0	4.7	11.9	21.1	15.7	14.8	18.6	3.50	6.30
国投瑞银基金	8.7	4.8	13.0	24.6	17.0	10.4	6.6	3.50	6.30
花旗银行	8.4	5.0	13.0	NA	NA	16.0	19.0	3.50	6.30
汇丰银行	8.6	4.8	13.3	14.0	16.5	15.0	18.0	3.50	6.35
交通银行	9.0	4.8	13.8	24.8	17.5	19.5	23.4	3.50	6.30
美银美林	8.7	5.1	12.8	21.9	16.8	13.5	17.5	3.50	6.30
农业银行	8.9	4.9	12.6	25.2	17.5	6.5	9.3	3.50	6.30
瑞银证券	8.4	4.5	12.0	20.0	16.0	1.1	10.0	3.50	6.20

(续表)

	GDP	CPI	工业	投资	零售	出口	进口	利率	汇率
社科院数量所	8.9	4.5	13.6	24.0	16.7	17.0	22.0	3.50	6.34
申银万国	8.9	5.0	13.2	22.9	16.5	15.1	14.9	3.50	6.30
天则所	8.8	5.6	14.2	24.5	17.2	18.0	22.0	3.50	6.29
湘财证券	8.7	4.8	13.2	22.0	17.5	17.0	22.0	3.50	6.30
野村证券	8.6	5.4	13.3	23.8	16.8	8.0	15.0	3.50	6.33
银河证券	9.2	5.1	14.2	25.0	17.3	15.7	19.1	3.50	6.30
渣打银行	8.3	5.0	NA	NA	NA	NA	NA	3.50	6.31
招商证券	8.8	4.8	13.2	22.6	17.1	20.0	21.6	3.50	6.30
中金公司	8.6	5.0	12.6	23.6	17.0	18.2	19.0	3.50	6.23
中信建投	9.2	4.9	13.5	24.6	17.5	18.0	20.5	3.50	6.30
中信证券	8.8	4.8	13.2	22.0	16.7	14.1	17.5	3.50	6.29
简单平均	8.7	5.0	13.2	22.8	16.9	14.2	17.3	3.50	6.30
加权平均	8.8	5.0	12.9	23.4	16.7	13.9	16.2	3.50	6.30

2012 年第一季度"朗润预测"

	GDP	CPI	工业	投资	零售	出口	进口	利率	汇率
安信证券	8.6	3.7	12.5	18.6	18.3	13.1	12.2	3.50	6.25
北大 CMRC	8.6	3.8	12.3	23.0	17.0	12.6	11.6	3.50	6.28
法国巴黎银行	8.1	3.9	11.3	17.3	13.5	5.0	9.3	3.50	6.27
工商银行	8.6	3.9	12.9	22.7	17.8	7.9	2.2	3.50	6.28
光大证券	8.5	3.5	11.5	17.8	20.0	8.4	4.0	3.50	6.25
国家信息中心	8.4	3.5	12.0	19.0	16.5	18.0	16.0	3.50	6.27
国投瑞银基金	8.5	4.2	12.0	17.0	17.8	4.8	5.1	3.50	6.25
花旗银行	8.0	3.9	11.6	NA	NA	9.0	12.0	3.50	6.29
汇丰银行	8.1	3.9	11.6	21.0	17.2	6.0	9.0	3.50	6.30
交通银行	8.4	3.5	12.6	23.5	17.0	−7.2	2.0	3.50	6.28
美银美林	8.5	3.7	12.1	18.0	15.0	11.5	11.5	3.50	6.30
农业银行	8.4	3.7	11.5	18.3	16.8	8.2	11.3	3.50	6.27
瑞银证券	8.2	4.0	12.0	15.0	20.0	5.0	−3.0	3.50	6.26
社科院数量所	8.4	3.9	12.5	20.0	17.1	13.0	17.0	3.50	6.28
申银万国	8.4	3.7	12.0	20.0	16.2	6.8	4.7	3.50	6.24
天则所	8.6	4.3	12.8	21.5	17.0	13.5	18.0	3.50	6.25
湘财证券	8.5	3.4	12.2	17.0	18.2	6.9	−6.5	3.25	6.25
野村证券	7.5	3.9	11.5	18.0	15.2	8.0	15.0	3.25	6.28
渣打银行	7.9	3.8	NA	NA	NA	NA	NA	3.50	6.33
招商证券	8.3	3.5	12.9	23.1	17.0	10.8	12.0	3.50	6.25
中金公司	8.7	4.0	12.0	21.5	18.5	11.0	7.0	3.50	6.28
中信建投	8.3	3.7	12.1	20.5	16.5	10.8	7.2	3.50	6.30
中信证券	8.3	3.7	10.9	18.0	16.7	8.5	9.3	3.50	6.26
中银国际	8.4	4.1	11.7	21.5	17.0	8.0	7.6	3.50	6.26
简单平均	8.3	3.8	12.0	19.7	17.1	8.7	8.5	3.48	6.27
加权平均	8.3	3.7	11.8	19.0	17.7	8.7	6.7	3.49	6.27

2012 年第二季度"朗润预测"

	GDP	CPI	工业	投资	零售	出口	进口	利率	汇率
安信证券	8.2	3.2	11.8	18.6	13.4	7.5	6.9	3.50	6.27
北大 CMRC	8.3	3.0	12.0	20.0	14.9	11.0	9.5	3.50	6.29
高盛高华	8.4	3.0	12.3	22.0	14.9	12.0	10.0	3.50	6.26
工商银行	8.2	3.1	11.8	20.3	15.4	10.7	13.5	3.50	6.25
光大证券	8.1	3.2	12.0	19.9	15.5	10.0	10.5	3.50	6.26
国家信息中心	8.0	3.5	11.6	19.0	15.0	9.0	10.0	3.50	6.26
国泰君安	8.0	3.3	11.8	18.7	13.7	9.8	13.6	3.50	6.30
国投瑞银基金	7.9	2.8	10.9	19.2	14.0	0.0	3.8	3.25	6.25
花旗集团	7.9	3.3	NA	NA	NA	4.2	6.1	3.50	6.31
汇丰银行	8.3	2.8	12.2	19.0	15.0	7.5	12.0	3.50	6.27
交通银行	8.5	3.3	12.5	21.5	15.8	9.5	12.1	3.50	6.20
美林证券	8.5	3.2	12.1	19.8	14.8	9.1	9.0	3.50	6.29
农业银行	8.2	3.1	11.7	19.3	15.8	9.8	8.6	3.50	6.29
瑞银证券	8.5	3.3	13.6	21.0	15.2	6.4	15.7	3.50	6.25
社科院数量所	8.2	3.3	11.8	20.3	14.5	11.7	10.2	3.50	6.29
申银万国	8.1	3.2	11.6	19.5	14.5	8.0	12.2	3.50	6.24
天则所	8.4	3.5	12.2	21.5	15.1	8.5	10.0	3.50	6.27
湘财证券	8.2	3.2	11.6	18.5	16.0	9.0	11.5	3.50	6.28
野村证券	8.2	3.6	12.0	20.0	15.7	10.0	15.0	3.50	6.18
渣打银行	7.8	1.9	NA	NA	NA	NA	NA	3.50	6.31
招商证券	7.9	3.0	10.1	18.8	16.2	10.1	12.9	3.50	6.21
中金公司	8.2	3.3	12.1	20.0	15.1	7.0	9.0	3.50	6.27
中信建投证券	7.8	3.3	12.3	20.5	15.6	10.5	14.2	3.50	6.25
中信证券	8.3	3.1	12.0	19.7	15.5	11.0	14.3	3.50	6.26
中银国际	8.2	3.2	11.7	19.1	15.8	7.9	7.1	3.50	6.28
简单平均	8.2	3.1	11.9	19.8	15.1	8.8	10.7	3.49	6.26
加权平均	8.1	3.1	11.8	19.6	15.0	8.7	11.3	3.49	6.27

2012 年第三季度"朗润预测"

	GDP	CPI	工业	投资	零售	出口	进口	利率	汇率
安信证券	7.4	1.9	9.2	20.5	13.5	10.0	6.0	2.75	6.34
北大 CMRC	7.4	1.5	9.0	20.2	13.0	10.5	7.0	2.75	6.32
高盛高华	7.9	1.8	10.0	22.0	13.5	9.0	5.0	2.75	6.34
工商银行	7.8	2.2	10.8	20.7	14.5	11.2	7.2	3.00	6.25
光大证券	7.8	2.1	10.5	20.5	14.5	9.0	7.0	2.75	6.30
国家信息中心	8.0	2.0	10.5	21.5	13.5	10.0	8.0	2.75	6.35
国泰君安	7.6	1.7	8.8	19.5	12.3	13.0	14.7	2.75	6.30
国投瑞银	7.2	1.2	8.4	19.8	12.3	7.2	3.0	2.50	6.40
花旗集团	7.8	1.8	10.5	NA	NA	8.7	7.8	2.75	6.33
汇丰银行	8.5	2.2	12.4	20.0	15.0	9.0	14.5	3.00	6.33
交通银行	8.0	2.2	9.8	21.0	13.8	12.0	10.4	2.75	6.31

(续表)

	GDP	CPI	工业	投资	零售	出口	进口	利率	汇率
美银美林	8.0	1.8	10.4	20.3	13.6	8.0	8.5	2.75	6.30
农业银行	7.9	2.1	9.7	20.9	14.3	9.3	7.2	2.75	6.30
社科院数量所	8.0	2.1	9.9	20.5	13.2	10.1	8.2	2.75	6.35
申银万国	7.9	2.0	10.2	20.5	13.9	13.5	13.5	2.75	6.32
天则所	7.9	2.5	11.0	21.5	15.0	8.0	7.0	3.00	6.25
湘财证券	7.8	1.6	9.8	20.0	13.4	12.0	9.0	3.00	6.28
渣打银行	8.2	1.7	NA	NA	NA	NA	NA	2.75	6.36
招商证券	8.0	1.9	10.1	20.2	14.0	11.2	10.5	3.00	6.30
中金公司	7.6	2.0	11.3	19.0	14.2	11.0	13.0	3.00	NA
中信建投	7.5	1.7	10.3	20.8	13.8	6.5	9.2	3.00	6.30
中信证券	8.2	1.6	10.5	21.5	14.3	12.5	12.0	2.75	6.30
简单平均	7.8	1.9	10.1	20.5	13.8	10.1	9.0	2.81	6.32
加权平均	7.8	1.9	10.1	20.6	13.7	9.7	8.0	2.79	6.31

2012年第四季度"朗润预测"

	GDP	CPI	工业	投资	零售	出口	进口	利率	汇率
安信证券	7.7	2.5	9.7	21.0	14.0	10.5	6.5	3.00	6.30
北大CMRC	7.6	1.9	9.4	23.5	13.9	8.0	4.0	2.75	6.31
高盛高华	7.5	1.9	9.3	23.0	13.8	9.0	2.0	3.00	6.30
工商银行	7.8	2.3	9.8	20.8	14.5	10.7	10.4	3.00	6.28
光大证券	7.7	2.3	9.5	21.0	14.0	9.0	0.0	3.00	6.30
国家信息中心	7.9	2.4	10.0	20.0	14.5	7.0	7.0	3.00	6.20
国泰君安	7.8	2.2	9.1	20.6	13.8	7.6	8.1	3.00	6.30
花旗集团	7.8	2.4	10.0	NA	NA	6.8	6.5	3.00	6.25
汇丰银行	8.0	2.6	10.5	21.0	14.0	5.0	6.0	2.75	6.30
交通银行	7.8	2.3	9.6	21.5	14.8	9.2	6.9	3.00	6.33
美银美林	7.7	2.6	9.8	20.5	14.0	5.1	5.4	3.00	6.25
农业银行	7.6	2.4	9.9	22.0	14.8	9.3	7.3	3.00	6.27
瑞银证券	7.0	2.7	9.3	19.0	13.5	8.0	1.0	3.00	6.35
社科院数经所	7.8	2.0	9.5	21.2	13.8	10.5	7.2	3.00	6.22
申银万国	7.6	2.2	9.5	20.5	13.6	7.5	−2.5	3.00	6.30
天则所	7.5	3.0	10.5	21.0	14.5	6.0	5.0	3.00	6.28
湘财证券	7.6	2.4	9.3	20.8	13.5	10.0	4.0	3.00	6.25
野村证券	8.4	3.1	12.0	21.0	15.0	5.0	9.0	3.00	6.28
银河证券	7.6	2.2	9.0	19.8	14.0	7.1	1.2	3.00	6.29
渣打银行	7.6	2.2	NA	NA	NA	NA	NA	3.00	6.31
招商证券	8.1	2.2	9.5	20.5	14.1	9.9	5.7	3.00	6.24
中金公司	7.5	2.2	9.2	18.0	13.8	4.0	6.0	3.00	6.27

(续表)

	GDP	CPI	工业	投资	零售	出口	进口	利率	汇率
中信建投	8.0	2.2	9.9	20.5	14.0	12.5	7.8	2.75	6.20
中信证券	7.8	2.3	10.0	21.0	13.8	8.0	6.7	3.00	6.28
中银国际	7.6	2.2	9.5	20.0	14.0	8.0	6.0	3.00	6.25
简单平均	7.7	2.3	9.7	20.8	14.1	8.1	5.3	2.97	6.28
加权平均	7.8	2.2	10.0	21.5	14.0	8.9	4.0	2.98	6.27

2013年第一季度"朗润预测"

	GDP	CPI	工业	投资	零售	出口	进口	利率	汇率
安信证券	8.2	2.5	10.7	22.0	15.4	9.0	6.0	3.00	6.27
北大CMRC	8.3	2.2	10.6	22.0	15.0	15.0	5.0	3.00	6.28
法国巴黎银行	8.1	2.8	10.8	19.5	14.5	5.7	7.9	3.00	6.18
高盛高华	8.2	2.3	10.5	22.2	14.9	13.0	6.0	3.00	6.28
工商银行	8.2	2.5	10.5	21.3	15.9	14.9	9.9	3.00	6.28
光大证券	7.9	2.3	10.0	19.0	15.0	11.9	4.3	3.00	6.28
国家信息中心	8.1	2.6	10.5	21.0	14.5	8.0	6.0	3.00	6.28
国泰君安	8.2	2.5	10.3	20.4	15.7	5.0	6.0	3.00	6.30
国信证券	8.1	2.7	10.5	21.0	15.0	11.0	7.0	3.00	6.28
花旗集团	8.0	2.3	10.2	NA	NA	6.0	8.0	3.00	6.19
汇丰银行	8.4	2.7	11.6	20.5	14.0	5.0	8.0	3.00	6.23
交通银行	8.3	2.4	10.5	21.0	15.0	12.0	5.9	3.00	6.27
美银美林	8.3	2.5	11.3	21.5	14.8	10.0	7.5	3.00	6.20
农业银行	8.3	2.4	10.3	20.5	14.2	15.0	13.0	3.00	6.30
瑞银证券	8.0	2.6	11.0	21.2	15.4	16.0	18.0	3.00	6.23
社科院世经政所	8.2	2.5	10.5	20.7	16.1	14.1	7.6	3.00	6.28
社科院数量所	8.0	2.5	10.7	21.0	15.0	10.0	8.0	3.00	6.25
申银万国	8.0	2.5	10.5	22.3	15.4	7.5	5.5	3.00	6.27
天则所	7.5	2.5	10.0	20.0	14.5	7.5	5.5	3.00	6.27
湘财证券	8.1	2.4	10.2	20.3	15.2	7.0	5.0	3.00	6.22
野村证券	8.2	2.1	10.8	21.0	16.2	3.0	7.0	3.00	6.22
银河证券	8.1	2.5	10.7	20.8	16.4	22.7	11.4	3.00	6.29
渣打银行	8.0	2.5	NA	NA	NA	NA	NA	3.00	6.21
招商证券	8.0	2.5	10.6	20.9	14.5	16.0	6.5	3.00	6.21
中金公司	8.1	2.5	10.5	21.0	15.3	12.0	9.0	3.00	6.27
中信建投	7.8	2.5	10.0	21.3	15.0	11.9	13.2	3.00	6.28
中信证券	8.2	2.4	11.3	22.8	15.5	8.0	9.5	3.00	6.26
中银国际	8.1	2.5	10.1	20.1	14.4	12.0	9.5	3.00	6.27
简单平均	8.1	2.5	10.6	21.0	15.1	10.7	8.0	3.00	6.26
加权平均	8.2	2.4	10.5	21.0	15.0	11.3	7.5	3.00	6.23

2013 年第二季度"朗润预测"

	GDP	CPI	工业	投资	零售	出口	进口	利率	汇率
安信证券	7.8	2.4	9.7	21.0	12.5	15.0	8.0	3.00	6.23
北大 CMRC	8.1	2.4	11.2	22.0	12.7	7.0	6.5	3.00	6.10
法国巴黎银行	7.9	2.9	10.1	19.2	13.0	10.0	9.2	3.00	6.17
高盛高华	8.0	2.5	11.1	21.8	13.8	12.0	14.0	3.00	6.21
工商银行	7.9	2.8	9.6	21.3	13.2	8.3	14.5	3.00	6.20
光大证券	8.2	2.4	10.9	21.0	14.0	7.3	9.9	3.00	6.25
国家信息中心	8.0	2.5	10.2	20.5	13.0	9.0	12.0	3.00	6.21
国泰君安	7.8	2.8	9.7	22.6	14.1	9.0	10.2	3.00	6.23
国信证券	7.9	2.5	9.8	21.0	13.5	13.0	11.0	3.00	6.25
花旗集团	7.8	2.7	9.7	NA	NA	6.0	10.0	3.00	6.17
汇丰银行	8.0	2.8	10.2	21.0	13.0	10.0	10.5	3.00	6.18
交通银行	8.0	2.4	10.5	22.0	13.0	14.4	8.4	3.00	6.26
美银美林	8.1	2.4	10.3	21.0	13.0	10.0	10.0	3.00	6.15
摩根士丹利	8.4	3.2	NA	NA	NA	NA	NA	NA	NA
农业银行	7.9	2.2	9.9	21.2	13.1	9.5	8.5	3.00	6.23
瑞银证券	8.0	2.7	10.0	21.0	13.0	10.0	15.0	3.00	6.20
社科院世政经所	7.9	2.2	10.7	21.1	13.6	10.1	15.0	3.00	6.23
社科院数量所	7.9	2.9	9.6	21.0	12.9	10.0	9.0	3.00	6.21
申银万国	8.1	2.4	10.0	22.2	13.3	9.2	9.5	3.00	6.20
天则所	7.6	3.0	10.5	21.0	14.2	6.0	10.0	3.00	6.24
湘财证券	8.2	2.4	10.0	21.0	13.5	12.0	7.0	3.00	6.15
野村证券	8.0	3.2	10.0	21.2	13.0	4.0	8.0	3.00	6.18
银河证券	7.8	2.5	9.6	20.7	12.1	8.0	9.5	3.00	6.17
中金公司	7.9	2.7	10.8	20.5	12.8	8.0	8.0	3.00	6.24
中信建投	7.8	2.5	10.5	21.5	13.0	6.7	11.4	3.00	6.20
中信证券	8.0	2.4	9.9	22.0	13.4	9.3	9.6	3.00	6.23
中银国际	7.6	2.3	9.5	20.2	12.7	12.5	9.5	3.00	6.24
简单平均	7.9	2.6	10.2	21.2	13.2	9.5	10.2	3.00	6.21
加权平均	8.0	2.4	10.1	21.2	13.1	9.1	11.7	3.00	6.22

2013 年第三季度"朗润预测"

	GDP	CPI	工业	投资	零售	出口	进口	利率	汇率
北大 CMRC	7.4	2.6	9.2	20.0	13.0	1.0	3.0	3.00	6.15
安信证券	7.4	2.7	8.9	19.9	13.3	6.0	5.0	3.00	6.20
法国巴黎银行	7.3	2.2	8.9	19.0	13.2	1.0	2.0	3.00	6.20
高盛高华	7.5	2.7	9.2	20.5	13.1	0.0	3.0	3.00	6.15
工商银行	7.5	2.5	9.6	20.4	13.1	3.9	6.2	3.00	6.15
光大证券	7.4	2.5	9.2	20.0	14.7	6.0	7.0	3.00	6.20
国家信息中心	7.6	2.6	9.3	20.0	13.3	7.0	7.0	3.00	6.16
国泰君安	7.3	2.8	8.7	20.1	14.4	7.4	7.0	3.00	6.25
国信证券	7.7	2.4	9.6	20.5	13.0	5.0	0.0	3.00	6.18

	GDP	CPI	工业	投资	零售	出口	进口	利率	汇率
花旗集团	7.4	2.7	9.1	NA	NA	4.0	5.0	3.00	6.16
汇丰银行	7.4	2.4	9.2	20.1	13.3	4.0	5.0	2.75	6.15
交通银行	7.4	2.6	9.5	20.3	13.8	7.0	6.5	3.00	6.19
美银美林	7.5	2.8	9.1	19.6	13.3	0.0	4.0	3.00	6.16
摩根士丹利	7.7	3.0	NA	NA	NA	NA	NA	NA	NA
农业银行	7.5	2.9	9.1	20.3	12.9	5.1	6.2	3.00	6.16
瑞银证券	7.6	2.7	9.2	20.1	13.4	6.0	5.0	3.00	6.19
社科院世政经所	7.4	2.6	9.1	19.0	12.6	4.5	5.5	3.00	6.14
社科院数量所	7.6	2.6	9.0	20.0	13.1	8.0	6.0	3.00	6.15
申银万国	7.5	2.7	9.1	19.7	13.3	5.5	5.0	3.00	6.14
天则所	7.4	3.0	9.5	20.5	12.5	3.0	5.0	3.00	6.20
湘财证券	7.6	2.5	9.1	20.3	13.5	3.0	2.0	3.00	6.10
野村证券	7.4	2.7	8.9	19.6	13.1	5.0	7.0	3.00	6.17
银河证券	7.5	2.5	8.9	20.0	13.0	−0.4	1.7	2.75	NA
渣打银行	7.5	2.8	NA	NA	NA	NA	NA	3.00	6.15
招商证券	7.7	2.6	9.5	20.5	13.1	8.9	8.5	3.00	6.13
中金公司	7.4	2.8	9.0	19.4	13.2	9.0	10.0	3.00	6.16
中信建投	7.3	2.4	9.0	19.8	13.0	3.2	5.7	3.00	6.18
中信证券	7.5	2.6	9.3	19.7	13.3	7.0	10.5	3.00	6.16
中银国际	7.4	2.7	8.9	19.5	13.0	4.0	3.0	3.00	6.18
简单平均	7.5	2.6	9.2	20.0	13.3	4.6	5.3	2.98	6.17
加权平均	7.5	2.6	9.2	20.1	13.2	4.7	5.0	2.99	6.17

2013年第四季度"朗润预测"

	GDP	CPI	工业	投资	零售	出口	进口	利率	汇率
北大CMRC	7.7	3.1	9.8	19.4	13.3	3.0	6.0	3.00	6.10
安信证券	7.6	3.3	9.6	19.5	13.4	5.0	5.5	3.00	6.12
法国巴黎银行	7.6	3.4	9.8	19.3	13.0	8.3	8.1	3.00	6.12
高盛高华	7.6	3.1	9.7	19.0	13.5	2.0	8.0	3.00	6.10
工商银行	7.6	3.3	10.5	20.1	13.5	2.8	7.8	3.00	6.12
光大证券	7.3	2.9	9.6	20.3	13.7	7.9	5.8	3.00	6.15
国家信息中心	7.5	3.1	9.7	20.0	12.8	7.5	8.0	3.00	6.15
国泰君安	7.6	3.3	9.6	20.0	15.0	8.1	7.7	3.00	6.15
汇丰银行	7.6	3.2	9.6	20.0	13.5	9.0	8.2	3.00	6.12
美银美林	7.7	3.3	9.7	20.8	13.7	1.0	8.0	3.00	6.10
摩根士丹利	7.4	2.6	NA	NA	NA	NA	NA	NA	NA
农业银行	7.6	3.2	9.8	20.2	13.8	3.1	8.5	3.00	6.12
瑞银证券	7.5	3.3	9.7	21.0	13.0	2.0	10.0	3.00	6.20
社科院世经政所	7.5	3.0	9.8	20.4	13.4	5.2	8.0	3.00	6.13
社科院数量所	7.6	2.9	10.0	20.2	13.6	8.0	7.0	3.00	6.09
申银万国	7.5	3.3	9.6	19.7	13.9	3.2	7.2	3.00	6.11

(续表)

	GDP	CPI	工业	投资	零售	出口	进口	利率	汇率
天则所	7.8	3.0	12.5	21.0	14.0	5.0	8.0	3.00	6.15
湘财证券	7.5	3.4	9.7	20.4	13.5	4.0	5.0	3.00	6.10
野村证券	7.5	3.2	9.2	20.1	13.6	5.0	7.0	3.00	6.17
渣打银行	7.3	2.7	NA	NA	NA	NA	NA	3.00	6.12
招商证券	7.4	3.2	9.3	20.0	13.6	7.9	9.0	3.00	6.12
中金公司	7.5	3.2	10.2	20.2	13.3	4.0	7.0	3.00	6.12
中信建投	7.7	3.1	10.2	20.0	13.5	5.8	9.4	3.00	6.10
中信证券	7.5	3.3	9.6	19.8	13.0	5.0	8.0	3.00	6.14
中银国际	7.4	3.3	9.4	19.0	13.5	6.0	7.0	3.00	6.20
简单平均	7.5	3.1	9.9	20.0	13.5	5.2	7.6	3.00	6.13
加权平均	7.5	3.1	9.7	20.1	13.3	5.3	7.2	3.00	6.12

附表 先后参与"朗润预测"的特约机构及其主要预测人员

特约机构名称	主要预测人员
安信证券	高善文
北京大学中国宏观经济研究中心	宋国青
长城证券	吴土金
法国巴黎银行	陈兴动
高盛高华	宋宇
光大证券	徐高、高善文
国家信息中心经济预测部	范剑平、祝宝良
国泰君安证券	李迅雷、姜超、汪进
国投瑞银基金	吴土金
国信证券	周炳林、吴土金
花旗银行	黄益平、丁爽、彭程、彭垦
华夏证券	诸建芳
汇丰银行	屈宏斌
蓝橡资本/中国经济政策(伦敦)研究中心	Michael Taylor、叶桐
交通银行	连平
美银美林证券	陆挺
摩根士丹利	乔虹、王庆
清华大学中国与世界经济研究中心	袁钢明
瑞银证券	汪涛、Jonathan Anderson
社科院世界经济与政治研究所全球宏观实验室	张斌
社科院数量经济与技术经济研究所	汪同三、李雪松
申银万国证券	杨成长、李慧勇

(续表)

特约机构名称	主要预测人员
天则经济研究所	张曙光
湘财证券	李康
野村证券	张智威、孙明春
银河证券	潘向东、王国平、张新法、滕泰
渣打银行	王志浩
招商证券	丁安华、王建、王琼
中国工商银行	莫扶民、张都兴、李勇
中国国际金融有限公司	彭文生、哈继铭
中国宏观经济学会	王建
中国农业银行战略规划部	胡新智、李运
中信建投证券研究所	黄文涛、魏凤春、彭砚萍、诸建芳、胡艳妮
中信证券	诸建芳、徐刚
中银国际	曹远征、程漫江